MONOGRAPHIE DES ASSEMBLÉES DÉPARTEMENTALES

L'ADMINISTRATION DÉPARTEMENTALE

DE

SEINE-ET-OISE

1790-1913

Législation — Personnes — Locaux

CONTRIBUTION A L'HISTOIRE DU DÉPARTEMENT

PAR

E. COÜARD

ARCHIVISTE HONORAIRE DE SEINE-ET-OISE

ILLUSTRATIONS hors texte et dans le texte.

VERSAILLES

IMPRIMERIE J. AUBERT ET Cie

6, Avenue de Sceaux, 6

1913

L'ADMINISTRATION DÉPARTEMENTALE

DE SEINE-ET-OISE

Pl. 1

Composition de P.-E. Mangeant

SEINE-ET-OISE

MONOGRAPHIE DES ASSEMBLÉES DÉPARTEMENTALES

L'ADMINISTRATION DÉPARTEMENTALE

DE

SEINE-ET-OISE

1790-1913

Législation — Personnes — Locaux

CONTRIBUTION A L'HISTOIRE DU DÉPARTEMENT

PAR

E. COÜARD

ARCHIVISTE HONORAIRE DE SEINE-ET-OISE

ILLUSTRATIONS hors texte et dans le texte.

VERSAILLES

IMPRIMERIE J. AUBERT ET Cie.

6, avenue de Sceaux, 6

1913

A Monsieur E. LAURENT

SECRÉTAIRE GÉNÉRAL DE LA PRÉFECTURE DE POLICE

PRÉCÉDEMMENT

Secrétaire général de la Préfecture de Seine-et-Oise
(22 Mai 1886—7 Janvier 1891)

Et Préfet du Tarn
7 Janvier 1891—4 Mars 1892)

je dédie respectueusement ce livre, en témoignage
de profonde gratitude.

E. COUARD.

18 février 1913.

PRÉFACE

M. le docteur Peyron, membre du Conseil général pour le canton de Marines, me faisait parfois l'honneur et le plaisir, au cours des sessions du Conseil, de venir me voir à mon cabinet; il voulait bien s'y entretenir familièrement avec moi du passé archéologique et historique de la région, très riche à bien des égards, qu'il représentait à l'Assemblée départementale.

Au cours de l'une de ces conversations, dont je garde le souvenir le plus agréable, il me fit part du désir qu'il éprouvait de connaître les noms des représentants auxquels il avait succédé : qui étaient-ils, en quel nombre, comment avaient-ils été nommés, où et pendant combien de temps avaient-ils siégé? Et il ajouta, fort gracieusement : « Pourquoi ne nous donneriez-vous pas, condensés dans une sorte de monographie des Assemblées départementales, des renseignements de cette nature sur chacun de nos prédécesseurs, ce qui très certainement intéresserait à un haut degré tous mes collègues? N'êtes-vous pas en situation mieux que personne d'exécuter ce travail, vous, enfant de ce beau département, qui connaissez à fond le dépôt des Archives de Seine-et-Oise, dont vous êtes le conservateur et qui n'ont pas de secrets pour vous? » Je ne pouvais, sans doute, qu'être très flatté de cette demande. Voilà pourquoi, après m'avoir quitté, M. le docteur Peyron déposa sur le bureau du Conseil général, le 18 août 1902, une proposition qui fut renvoyée à la troisième Commission; elle était conçue en ces termes :

« Le Conseil général prie M. le Préfet de vouloir bien faire rédiger par les soins de l'Administration un historique succinct des Assemblées départementales en Seine-et-Oise. (*Approbation.*)

« C'est un honneur pour nous tous, — dit M. Peyron, — honneur auquel nous

2

sommes sensibles, de venir prendre place dans cette assemblée, et nous serions désireux de connaître ceux qui nous y ont précédés, de savoir quel a été le mode de nomination des diverses Assemblées départementales, Conseils de districts, Conseils généraux, et quels sont les membres qui les ont composés. Il est bien entendu que le nom des Administrateurs du département figurerait dans ce travail avec celui des Conseillers généraux. (*Très bien.*) »

Quelques jours après, dans sa séance du 23, le Conseil général adoptait le projet de délibération qui lui était présenté au nom de la Commission et dont voici le texte :

« Le Conseil général,

« Vu la proposition de M. Peyron, conseiller général;

« Considérant que l'historique résumé des Assemblées départementales présente un réel intérêt;

« Sa troisième Commission entendue,

« Sa première Commission consultée,

« Prie M. le Préfet de faire établir par les soins de l'Administration une monographie des Assemblées départementales de Seine-et-Oise. Ce travail devra relater, depuis janvier 1790, la composition du Directoire du département, indiquera ses différentes divisions en cantons, le mode de nomination, les noms des membres des Assemblées départementales, les locaux où se tenaient ces assemblées. »

Je me mis donc à recueillir patiemment les notes, à établir les fiches qui devaient servir à la rédaction de l'ouvrage, mais, malheureusement, mes occupations comme Archiviste départemental furent si nombreuses et si absorbantes — et elles le furent plus encore, pour des causes diverses, à partir de 1903, — que le temps me manqua pour parfaire l'œuvre entreprise. Aujourd'hui que les mêmes raisons n'existent plus pour moi et que je puis, après de longues années de service, m'appliquer le vers du poète :

Deus nobis hæc otia fecit,

j'ai été heureux de consacrer les loisirs que m'a créés la retraite à l'achèvement du travail dont le Conseil général et le Chef de l'Administration départementale m'ont — et je leur en exprime toute ma reconnaissance — confié et conservé l'exécution[1].

On trouvera donc dans le présent volume un « historique succinct » des Assem-

[1] Je tiens à remercier également mon excellent successeur et ami M. André Lesort de toutes les facilités qu'il m'a données pour la consultation des registres, dossiers et livres dont j'avais à terminer le dépouillement.

blées départementales en Seine-et-Oise traitant de la législation, des personnes et des locaux, et aux noms des membres des Conseils généraux pendant la Révolution et depuis le Consulat seront associés ceux des Administrateurs du département, des Préfets et des Secrétaires généraux.

On y trouvera également une liste, aussi complète que possible, des Représentants du peuple qui furent envoyés en mission dans le département, de 1792 à 1795, et dont le rôle fut si considérable qu'on peut les regarder comme étant alors les grands maîtres de l'Administration départementale.

Puisse ce livre[1], où l'on trouvera, je veux l'espérer, autre chose que les restes d'une ardeur qui s'éteint, offrir l'intérêt et rendre les services que lui attribuait par avance et qu'en attendait le distingué membre du Conseil général, mort en 1908, à qui en revient l'idée et dont je tenais à rappeler ici le nom.

---

[1] Les documents que nous avons utilisés pour l'établissement de cette monographie sont, à moins d'indications contraires, conservés et classés dans les dépôts publics; quelques-uns aux Archives nationales, la presque totalité aux Archives départementales de Seine-et-Oise, principalement dans les séries L, M, N, et dans la bibliothèque, un tout petit nombre aux Archives communales de Versailles.

PREMIÈRE PARTIE

L'ADMINISTRATION DÉPARTEMENTALE

PENDANT LA RÉVOLUTION

1790-1800

CHAPITRE PREMIER

L'ADMINISTRATION DÉPARTEMENTALE, DE 1790
AU 5 BRUMAIRE AN IV (27 octobre 1795)[1]

La division de la France en départements : le département de la Seine et de l'Oise; Versailles, siège de l'Assemblée du Département; 9 districts; 59 cantons; 685 villes, bourgs et paroisses. — L'Administration départementale organisée par le décret du 22 décembre 1789 : assemblées primaires et assemblées électorales; Département, Districts, Cantons, Communes; Conseil et Directoire de département; Président et Procureur général syndic; système des administrations et des pouvoirs collectifs conforme aux idées nouvelles. — Première période de la vie administrative. Fonctionnement de cette organisation, modifiée au cours des événements, de mai 1790 à l'application de la Constitution de l'an III (1795). — L'étude de cette première période sera divisée en sections, au nombre de cinq.

On sait que la division de la France en départements date de 1790.

Les « Lettres patentes du Roi sur Décrets de l'Assemblée Nationale des 15 janvier, 16 et 26 février 1790, qui ordonnent la Division de la France en quatre-vingt-trois Départemens », furent données à Paris, le 4 mars 1790[2]. « Isle-de-France, Paris, Soissonnois, Beauvoisis, Amiénois, Vexin-François » devaient former six départements, dont l'un était celui « de la Seine et de l'Oise », l'Assemblée de ce département se tenant dans la ville de Versailles. L'ancien moule provincial était brisé.

Dans un ouvrage spécial qui a paru en 1911[3], j'ai indiqué ce qu'était l'organisation administrative de notre région au moment où prit fin l'ancien régime. J'ai rappelé aussi, d'une manière sommaire, que les discussions et les opérations relatives à la division en départements avaient duré plusieurs mois, de septembre 1789 à janvier 1790, et j'ai montré plus particulièrement, en ce qui concerne le département de Seine-et-Oise, quelles difficultés avaient eu à résoudre les Comités de l'Assemblée nationale, tant au sujet des doubles limites de la circonscription Seine-et-Oisienne — limites extérieures et limites intérieures, ce département ayant une configuration unique en son genre, puisqu'il est le seul à en contenir un autre, qu'il enveloppe entièrement, celui *de Paris*, nous disons depuis 1795 : *de la Seine*, — qu'au sujet des compétitions multiples qui

---

[1] Ce premier chapitre correspond, dans l'histoire générale, à la période pendant laquelle siégèrent l'Assemblée Constituante, l'Assemblée Législative et la Convention.

[2] Arch. dép. de Seine-et-Oise, Lt, follos 72-92.

[3] *Inventaire sommaire des Archives départementales de Seine-et-Oise postérieures à 1789*, série L, tome 1er. (Versailles, Imprimerie coopérative « La Gutenberg », 1911.) Voir en particulier l'Introduction.

s'étaient produites entre les principaux centres, les villes de Versailles, de Saint-Germain-en-Laye, de Pontoise, d'Etampes ayant fait tout ce qui était en leur pouvoir à l'effet d'être choisies comme ville où se tiendrait « l'Assemblée de ce Département », c'est-à-dire comme chef-lieu[1].

Dans cette lutte, ce fut Versailles qui l'emporta, et il n'est pas étonnant que sa cause ait triomphé. Entre autres arguments, cette ville avait fait valoir les considérations suivantes :

« La ville de Versailles est la plus considérable et la plus peuplée de la province de l'Isle-de-France. On y compte environ soixante mille habitans. — Après Paris, la ville de Versailles attire le plus grand nombre d'habitans des campagnes, soit pour leurs affaires, soit pour y vendre leurs denrées, la consommation de cette ville étant très considérable. — Les chemins qui y conduisent sont en très grand nombre et en très bon état, ce qui ne nécessiterait point de dépense. Ces chemins sont dirigés vers toutes les parties de la province. — Une grande quantité de bâtimens publics y offrent partout les établissemens nécessaires pour l'Assemblée du département. — La position de la ville de Versailles, son importance et les contributions qu'elle paye sont telles qu'il n'y a point une seule ville à plus de vingt-cinq lieues de distance qui puisse entrer en concurrence avec elle pour devenir le chef-lieu du département. — Cette ville est d'autant plus convenable pour un département que son importance exige l'établissement d'une juridiction principale. — L'Assemblée Nationale est suppliée de considérer que le séjour le plus habituel que Sa Majesté a déclaré être dans l'intention de faire à Paris prive la ville de Versailles de toute espèce de ressources. Il serait sans doute douloureux pour l'Assemblée Nationale de penser que les habitans de la Commune de Versailles fussent les seuls Français qui ne participeraient point au bienfait de l'heureuse révolution qui s'opère et que ces habitans n'eussent désormais qu'à pleurer sur leur ruine. — Si la ville de Versailles n'était plus la résidence habituelle du Roi, des Ministres et des Bureaux, ce n'est qu'en y fixant une Assemblée de département, une juridiction principale, et en y formant de grands établissemens publics, ce qui peut se faire sans dépense, que l'on y conservera les superbes édifices qui décorent cette ville, ces chefs-d'œuvre de l'art qui ont coûté des sommes immenses, et que l'on pourra soutenir le prix des propriétés particulières en bâtimens qui s'élèvent à plus de cent millions, et il ne saurait entrer dans de bonnes vues politiques d'anéantir une masse aussi énorme de propriétés, qui sont une richesse pour la Nation. »

Voilà le département de Seine-et-Oise créé. Versailles en est le chef-lieu ; c'est là que siégera « l'Assemblée de ce Département », qui est « divisé en neuf Districts », dont les chefs-lieux sont : Versailles, Saint-Germain-en-Laye, Mantes, Pontoise, Gonesse,

[1] Pour les citations qui suivent, se rapporter à l'Introduction de notre Inventaire sommaire,

Corbeil, Étampes, Dourdan, Montfort-l'Amaury. Les districts se partagent eux-mêmes en Cantons, qui sont, en 1790, au nombre de cinquante-neuf, comprenant six cent quatre-vingt-cinq villes, bourgs et paroisses.

Que faut-il entendre par cette expression : « l'Assemblée de ce Département » ? Qu'est-ce qu'un département, un district, un canton ? Autant de termes nouveaux, ou ayant pris une signification différente, qu'il s'agit, tout d'abord, d'expliquer : c'est en fait l'organisation administrative nouvelle qu'il nous faut exposer ici en résumant, aussi brièvement que faire se pourra, le « Décret de l'Assemblée Nationale pour la Constitution des Assemblées primaires et des Assemblées administratives » qui porte la date du 22 décembre 1789, les « Lettres patentes du Roi » sur ce décret portant celle de janvier 1790. Il comprend un titre général ou préliminaire — articles 1 à 12[1], — et trois sections de 35, 31 et 10 articles, lesquelles sont intitulées : « De la formation des Assemblées pour l'élection des Représentans à l'Assemblée Nationale; de la formation et de l'organisation des Assemblées administratives; des fonctions des Assemblées administratives. »

« Il sera fait une nouvelle division du Royaume en *Départemens*, tant pour la représentation que pour l'administration..... Chaque département sera divisé en *Districts*, dont le nombre, qui ne pourra être ni au-dessous de trois, ni au-dessus de neuf, sera réglé par l'Assemblée Nationale, suivant le besoin et la convenance du département, après avoir entendu les Députés des provinces. Chaque district sera partagé en divisions appelées *Cantons*, d'environ quatre lieues carrées (lieues communes de France).

« La nomination des Représentans à l'Assemblée Nationale sera faite par départemens.

« Il sera établi, au chef-lieu de chaque département, une Assemblée administrative supérieure, sous le titre d'*Administration de département*. Il sera également établi, au chef-lieu de chaque district, une Assemblée administrative inférieure, sous le titre d'*Administration de district*. Il y aura une *Municipalité* en chaque ville, bourg, paroisse ou communauté de campagne.

« Les Représentans nommés à l'*Assemblée Nationale* par les départemens ne pourront pas être regardés comme les Représentans d'un département particulier, mais comme les Représentans de la totalité des départemens, c'est-à-dire de la Nation entière. Les Membres nommés à l'*Administration de département* ne pourront être regardés que comme les Représentans du département entier, et non d'aucun district en particulier. Les Membres nommés à l'*Administration de district* ne pourront être regardés que

[1] « Les douze premiers articles contiennent les dispositions fondamentales de la nouvelle organisation du royaume en départemens, en districts et en cantons, et quelques règles communes à la double représentation élevée sur cette nouvelle organisation; savoir la représentation nationale dans le Corps législatif, et la représentation des citoyens de chaque département dans les Corps administratifs. » Instruction de l'Assemblée Nationale, 8 janvier 1790. — Série L, art. 1er, p. 25.

comme les Représentans de la totalité du district, et non d'aucun canton en particulier. Ainsi les Membres des administrations de district et de département, et les
Représentans à l'Assemblée Nationale, ne pourront jamais être révoqués, et leur destitution ne pourra être que la suite d'une forfaiture jugée.

« Les Assemblées primaires,..... celles des Electeurs des administrations de département, des administrations de district et des municipalités, seront Juges de la validité
des titres de ceux qui prétendront y être admis. »

De la section première[1], les articles suivants sont à mentionner :

« Tous les Citoyens qui auront le droit de voter se réuniront, non en assemblées
de paroisse ou de communauté, mais en assemblées primaires par cantons.

« Les Citoyens actifs, c'est-à-dire ceux qui réuniront les qualités qui vont être
détaillées ci-après, auront seuls le droit de voter, et de se réunir pour former dans les
cantons les assemblées primaires. Les qualités nécessaires pour être Citoyen actif
sont : 1° d'être François ou devenu François; 2° d'être majeur de vingt-cinq ans
accomplis; 3° d'être domicilié de fait dans le canton, au moins depuis un an; 4° de
payer une contribution directe de la valeur locale de trois journées de travail; 5° de
n'être point dans l'état de domesticité, c'est-à-dire de serviteur à gages.

« Il y aura au moins une assemblée primaire en chaque canton. Lorsque le nombre
des Citoyens actifs d'un canton ne s'élèvera pas à neuf cents, il n'y aura qu'une assemblée en ce canton; mais dès le nombre de neuf cents, il s'en formera deux, de quatre
cent cinquante chacune au moins. Chaque assemblée tendra toujours à se former,
autant qu'il sera possible, au moins de six cents, de telle sorte néanmoins que, s'il y a
plusieurs assemblées dans ce canton, la moins nombreuse soit au moins de quatre cent
cinquante... Dans les villes de quatre mille âmes et au-dessous, il n'y aura qu'une
assemblée primaire; il y en aura deux dans celles qui auront quatre mille âmes jusqu'à huit mille; trois dans celles de huit mille âmes jusqu'à douze mille, et ainsi de
suite. Ces assemblées seront formées par quartiers ou arrondissemens.

« Les assemblées primaires nommeront un Electeur à raison de cent Citoyens
actifs, présens ou non présens à l'assemblée, mais ayant droit d'y voter, en sorte que,
jusqu'à cent cinquante Citoyens actifs, il sera nommé un Electeur, et qu'il en sera
nommé deux depuis cent cinquante-un Citoyens actifs jusqu'à deux cent cinquante,
et ainsi de suite.

« Chaque assemblée primaire choisira les Electeurs qu'elle aura droit de nommer
dans tous les Citoyens éligibles du canton. Pour être éligible dans les assemblées

---

[1] « La première section du Décret établit les principes et les formes des élections. Les assemblées d'élection
sont de deux espèces : les premières, appelées primaires, sont celles dans lesquelles les Citoyens actifs se réuniront pour nommer des Electeurs; les secondes sont celles des Electeurs qui auront été nommés par les assemblées primaires. » (Même instruction.

primaires, il faudra réunir aux qualités de Citoyen actif ci-dessus détaillées la condition de payer une contribution directe plus forte, et qui se monte au moins à la valeur locale de dix journées de travail.

« Tous les Electeurs nommés par les assemblées primaires de chaque département se réuniront, sans distinction d'état ni de condition, en une seule assemblée, pour élire ensemble les représentans à l'Assemblée Nationale. Cette assemblée de tous les Electeurs du département se tiendra alternativement dans les chefs-lieux des différens districts de chaque département.

« Les assemblées primaires et les assemblées d'élection ne pourront, après les élections finies, ni continuer leurs séances, ni les reprendre jusqu'à l'époque des élections suivantes. »

Les articles de la section II sont à reproduire ici in extenso, car ils se rapportent entièrement à notre sujet, parce qu'ils sont relatifs à la « formation et [à] l'organisation des Assemblées administratives ». En voici le texte :

« Art. 1er. — Il n'y aura qu'un seul degré d'élection intermédiaire entre les assemblées primaires et les assemblées administratives.

« 2. Après avoir nommé les Représentans à l'Assemblée Nationale, les mêmes Electeurs éliront en chaque département les Membres qui, au nombre de trente-six, composeront l'administration de département.

« 3. Les Electeurs de chaque district se réuniront ensuite au chef-lieu de leur district, et y nommeront les Membres qui, au nombre de douze, composeront l'administration de district.

« 4. Les Membres de l'administration de département seront choisis parmi les Citoyens éligibles de tous les districts du département, de manière cependant qu'il y ait toujours dans cette administration deux Membres au moins de chaque district.

« 5. Les Membres de l'administration de district seront choisis parmi les Citoyens éligibles de tous les cantons du district.

« 6. Pour être éligible aux administrations de département et de district, il faudra réunir aux conditions requises pour être Citoyen actif celle de payer une contribution directe plus forte, et qui se monte au moins à la valeur locale de dix journées de travail. — 7. Ceux qui seront employés à la levée des impositions indirectes, tant qu'elles subsisteront, ne pourront être en même temps Membres des administrations de département et de district. — 8. Les Membres des Corps municipaux ne pourront être en même temps Membres des administrations de département et de district. — 9. Les Membres des administrations de district ne pourront être en même temps Membres des administrations de département. — 10. Les Citoyens qui rempliront les places de judicature et qui auront les conditions d'éligibilité prescrites pourront être Membres des administrations de département et de district, mais ne pourront être nommés aux directoires dont il sera parlé ci-après. — 11. Les Membres des administrations de département et de district seront choisis par les Electeurs, en trois scrutins de liste double ; à chaque scrutin, ceux qui auront la pluralité absolue seront élus définitivement, et le nombre de ceux qui resteront à nommer au troisième scrutin sera rempli à la pluralité relative.

« 12. Chaque administration, soit de département, soit de district, sera permanente, et les Membres en seront renouvelés par moitié tous les deux ans ; la première fois au sort, après les deux premières années d'exercice, et ensuite à tour d'ancienneté. — 13. Les Membres des administrations seront ainsi en fonction pendant quatre ans, à l'exception de ceux qui sortiront par le premier renouvellement au sort, après les deux premières années.

« 14. En chaque administration de département, il y aura un Procureur général Syndic, et en chaque administration de district un Procureur Syndic. Ils seront nommés au scrutin individuel et à la pluralité absolue des suffrages, en même temps que les Membres de chaque administration, et par les mêmes Electeurs. — 15. Le Procureur général Syndic de département et les Procureurs Syndics des districts seront quatre ans en place, et pourront être continués par une nouvelle élection pour quatre autres années ; mais ensuite ils ne pourront être réélus qu'après un intervalle de quatre années. — 16. Les Membres des administrations de département et de district, en nommant ceux des directoires, comme il sera dit ci-après, choisiront et désigneront celui des Membres des directoires qui devra remplacer momentanément le Procureur général Syndic ou le Procureur Syndic, en cas d'absence, de maladie ou autre empêchement. — 17. Les Procureurs généraux Syndics et les Procureurs Syndics auront séance aux assemblées générales des administrations sans voix délibérative ; mais il ne pourra y être fait aucuns rapports sans qu'ils en aient eu communication, ni être pris aucune délibération sur ces rapports sans qu'ils aient été entendus. — 18. Ils auront de même séance aux directoires, avec voix consultative, et seront au surplus chargés de la suite de toutes les affaires.

« 19. Les administrations, soit de département, soit de district, nommeront leur Président et leur Secrétaire au scrutin individuel et à la pluralité absolue des suffrages. Le Secrétaire pourra être changé, lorsque l'administration le trouvera convenable.

« 20. Chaque administration de département sera divisée en deux sections, l'une sous le titre de *Conseil de département*, l'autre sous celui de *Directoire de département*. — 21. Le Conseil de département tiendra annuellement une session, pour fixer les règles de chaque partie de l'administration, ordonner les travaux et les dépenses générales du département, et recevoir le compte de la gestion du directoire. La première session pourra être de six semaines, et celle des années suivantes, d'un mois au plus. — 22. Le Directoire de département sera toujours en activité pour l'expédition des affaires, et rendra tous les ans au Conseil de département le compte de sa gestion, qui sera publié par la voie de l'impression. — 23. Les Membres de chaque administration de département éliront, à la fin de leur première session, huit d'entre eux pour composer le directoire; ils les renouvelleront tous les deux ans par moitié. Le Président de l'administration de département pourra assister et aura droit de présider à toutes les séances du directoire, qui pourra néanmoins se choisir un Vice-Président. — 24. A l'ouverture de chaque session annuelle, le Conseil de département commencera par entendre, recevoir et arrêter le compte de la gestion du directoire; ensuite les Membres du directoire prendront séance et auront voix délibérative avec ceux du Conseil.

« 25. Chaque administration de district sera divisée de même en deux sections, l'une sous le titre de *Conseil de district*, l'autre sous celui de *Directoire de district*; et ce directoire sera composé de quatre Membres. — 26. Le Président de l'administration de district pourra de même assister, et aura droit de présider au directoire de district. Ce directoire pourra également se choisir un Vice-Président. — 27. Tout ce qui est prescrit par les articles 22, 23 et 24 ci-dessus, pour les fonctions, la forme d'élection et de renouvellement, le droit de séance et de voix délibérative des Membres du directoire de département, aura lieu de même pour ceux des directoires de district. — 28. Les administrations et les directoires de district seront entièrement subordonnés aux administrations et directoires de département. — 29. Les Conseils de district ne pourront tenir leur session annuelle que pendant quinze jours au plus, et l'ouverture de cette session précédera d'un mois celle du Conseil de département. — 30. Les Conseils de district ne pourront s'occuper que de préparer les demandes à faire et les matières à soumettre à l'administration de département pour l'intérêt du district, de disposer les moyens d'exécution, et de recevoir les comptes de la gestion de leur directoire. — 31. Les directoires de district seront chargés de l'exécution dans le ressort de leur district, sous la direction et l'autorité de l'administration de département et de son directoire, et ils ne pourront faire exécuter aucuns arrêtés du Conseil de district, en matière d'administration générale, s'ils n'ont été approuvés par l'administration de département. »

Enfin, il est non moins indispensable de faire connaître ici tous les articles de la troisième section, qui traite « Des fonctions des Assemblées administratives », lesquels sont ainsi conçus:

« Art. 1er. Les administrations de département sont chargées, sous l'inspection du Corps législatif, et en vertu de ses Décrets:

« 1° De répartir toutes les contributions directes imposées à chaque département. Cette répartition sera faite par les administrations de département entre les districts de leur ressort, et par les administrations de district entre les municipalités;

« 2° D'ordonner et de faire faire, suivant les formes qui seront établies, les rôles d'assiette et de cotisation entre les contribuables de chaque Municipalité:

« 3° De régler et de surveiller tout ce qui concerne, tant la perception et le versement du produit de ces contributions, que le service et les fonctions des agens qui en seront chargés;

« 4° D'ordonner et de faire exécuter le paiement des dépenses qui seront assignées en chaque département sur le produit des mêmes contributions.

« 2. Les administrations de département seront encore chargées, sous l'autorité et l'inspection du Roi, comme Chef suprême de la nation et de l'administration générale du Royaume, de toutes les parties de cette administration, notamment de celles qui sont relatives :

« 1° Au soulagement des pauvres et à la police des mendians et vagabonds;

« 2° A l'inspection et à l'amélioration du régime des hôpitaux, hôtels-dieu, établissemens et ateliers de charité, prisons, maisons d'arrêt et de correction;

« 3° A la surveillance de l'éducation publique et de l'enseignement politique et moral;

« 4° A la manutention et à l'emploi des fonds destinés, en chaque département, à l'encouragement de l'agriculture, de l'industrie, et à toute espèce de bienfaisance publique;

« 5° A la conservation des propriétés publiques;

« 6° A celle des forêts, rivières, chemins et autres choses communes;

« 7° A la direction et confection des travaux pour la confection des routes, canaux et autres ouvrages publics autorisés dans le département;

« 8° A l'entretien, réparation et reconstruction des églises, presbytères et autres objets nécessaires au service du culte religieux;

« 9° Au maintien de la salubrité, de la sûreté et de la tranquillité publiques;

« 10° Enfin, au service et à l'emploi des milices ou gardes nationales, ainsi qu'il sera réglé par des décrets particuliers par Nous sanctionnés ou acceptés.

« 3. Les administrations de district ne participeront à toutes ces fonctions, dans le ressort de chaque district, que sous l'autorité interposée des administrations de département.

« 4. Les administrations de département et de district seront toujours tenues de se conformer, dans l'exercice de toutes ces fonctions, aux règles établies par la Constitution et aux Décrets des Législatures par Nous sanctionnés.

« 5. Les délibérations des assemblées administratives de département, sur tous les objets qui intéresseront le régime de l'administration générale du Royaume, ou sur des entreprises nouvelles et des travaux extraordinaires, ne pourront être exécutées qu'après avoir reçu notre approbation. Quant à l'expédition des affaires particulières et de tout ce qui s'exécute en vertu de délibérations déjà approuvées, notre autorisation spéciale ne sera pas nécessaire.

« 6. Les administrations de département et de district ne pourront établir aucun impôt, pour quelque cause et sous quelque dénomination que ce soit, en répartir aucun au delà

des sommes et du temps fixés par le Corps législatif, ni faire aucun emprunt, sans y être
autorisées par lui, sauf à pourvoir à l'établissement des moyens propres à leur procurer
les fonds nécessaires au paiement des dettes et des dépenses locales, et aux besoins
imprévus et urgens.

« 7. Elles ne pourront être troublées dans l'exercice de leurs fonctions administratives
par aucun acte du pouvoir judiciaire.

« 8. Du jour où les administrations de département et de district seront formées, les
états provinciaux, les assemblées provinciales et les assemblées inférieures qui existent
actuellement demeureront supprimés et cesseront entièrement leurs fonctions.

« 9. Il n'y aura aucun intermédiaire entre les administrations de département et le
pouvoir exécutif suprême. Les Commissaires départis, Intendans et leurs Subdélégués,
cesseront toutes fonctions aussitôt que les administrations de département seront
entrées en activité.

« 10. Dans les provinces qui ont eu jusqu'à présent une administration commune, et
qui sont divisées en plusieurs départemens, chaque administration de département
nommera deux Commissaires qui se réuniront pour faire ensemble la liquidation des
dettes contractées sous le régime précédent, pour établir la répartition de ces dettes entre
les différentes parties de la province, et pour mettre à fin les anciennes affaires. Le
compte en sera rendu à une nouvelle assemblée formée de quatre autres Commissaires
nommés par chaque administration de département[1]. »

En résumé, l'administration du département est divisée en deux sections : le Conseil
et le Directoire.

Le Conseil de département se compose de trente-six membres, nommés par des électeurs qui ont été eux-mêmes nommés par les assemblées primaires, élection à deux
degrés. Ces trente-six élus nomment parmi eux un Directoire, composé de huit membres.

Indépendamment des trente-six membres, les mêmes électeurs nomment un Procureur général syndic.

Le Conseil de département nomme un Président, qui a aussi le droit de présider les
séances du Directoire, lequel ne nomme qu'un Vice-Président. On fait également choix
d'un Secrétaire.

Il en est de même pour l'administration du district : un Conseil, un Directoire, un
Procureur syndic, un Président.

En chaque Canton, au moins une Assemblée primaire formée par les citoyens actifs
du Canton.

A la base, les Municipalités, les Communes : « Une municipalité en chaque ville,
bourg, paroisse ou communauté de campagne ».

---

[1] Les Lettres patentes du Roi [A Paris, de l'Imprimerie royale, 1790] figurent en un recueil factice conservé aux
Archives de Seine-et-Oise sous la cote L4, folios 42-51.

N'ayant à nous occuper, dans le présent ouvrage, que du Département, nous laisserons de côté l'historique des Districts, des Cantons, des Communes ; mais il était nécessaire d'indiquer, au début de cette étude, les divisions administratives que comportait un département. On verra, du reste, que l'Administration départementale fut, à une certaine époque et temporairement, dépouillée d'une partie de ses attributions au profit des Districts, dont l'importance était alors notablement augmentée[1].

Ainsi qu'il apparaît, les législateurs de 1789 ont adopté pour les Départements et pour les Districts le système des administrations collectives, des pouvoirs collectifs, aussi bien pour l'action que pour la délibération. Ce système leur a semblé plus conforme aux idées nouvelles, sans doute parce qu'il s'écartait des pouvoirs autocratiques de l'ancien intendant : voilà pourquoi l'action administrative elle-même a été confiée à des corps délibérants, à des directoires. Et près de ces corps délibérants, ils ont placé un procureur, — procureur général syndic au Département, procureur syndic au District, — également électif, chargé de la suite de toutes les affaires. On a dit de ces procureurs qu'ils étaient « les véritables chevilles ouvrières des administrations nouvelles ; aussi la logique aurait-elle voulu [qu'ils] fussent indéfiniment rééligibles. Mais la crainte de les voir s'éterniser au pouvoir avait déterminé l'assemblée à limiter leur réélection sans intervalle à une seconde période de quatre ans[2]. » N'allons pas toutefois nous les représenter comme des préfets. Ils « étaient beaucoup moins que les préfets actuels : ils n'avaient aucun pouvoir de décision; ils remplissaient à peu près dans les assemblées le rôle du ministère public dans nos cours et tribunaux : aucune décision ne pouvait être prise sans qu'ils eussent été entendus; ils étaient en outre chargés de la suite de toutes les affaires[3] ».

On n'a pas été sans remarquer qu'il dut n'y avoir « aucun intermédiaire entre les administrations de département et le pouvoir exécutif », et cette mesure a donné lieu, de la part de M. A. Aulard, à une critique qui est ainsi formulée : « L'autorité et l'inspection du roi, dont la loi proclama le principe, fut illusoire, le roi n'ayant aucun agent près des administrations départementales, et les ministres étant trop éloignés des départements pour voir en détail ce qui s'y passait, de même que les départements n'avaient d'abord aucun moyen légal de maintenir les municipalités dans la subordination. Il est vrai que la loi du 15 mars 1791 donna au roi le droit de révoquer, dans des cas graves, les membres des directoires, soit de département, soit de district, et les directoires de département eurent le même droit à l'égard des directoires de district. Mais, en dehors des cas de véritable rébellion, la loi n'indiquait aucune voie pour prévenir ou punir les

---

[1] Voir la section de ce chapitre intitulée : III. L'Administration du département. Gouvernement provisoire et révolutionnaire. Décembre 1793-17 avril 1795.

[2] DE LUÇAY, La Décentralisation [Paris, 1895]. p. 48.

[3] H. BERTHÉLEMY, Traité élémentaire de droit administratif, 2e édition, Paris, 1912, p. 131-132.

fautes de négligence et pour maintenir la hiérarchie entre les pouvoirs. Tout semblait devoir concourir à une sorte d'anarchie administrative, qui ne fut pas le résultat d'une vue théorique des Constituants. Ils avaient voulu réagir contre l'excès de la centralisation gouvernementale, qui était un des grands griefs de l'opinion contre l'ancien régime. En ôtant au roi les moyens de rétablir son despotisme, dont la centralisation avait paru être la forme, ils paralysèrent l'action du pouvoir exécutif[1]. » Le même historien fait une constatation identique dans un autre de ses ouvrages : « Par l'organisation départementale (22 décembre 1789), où il n'y a place pour aucun agent du pouvoir central », l'Assemblée nationale « établit une sorte d'anarchie administrative[2]. »

C'est cette organisation administrative — notablement modifiée, au cours des événements, par le décret du 14 frimaire an II [4 décembre 1793] — qui fonctionna de 1790 à l'application de la Constitution de l'an III. Elle correspond donc à une première période de la vie départementale, période dans laquelle nous avons à étudier successivement :

1° Le Conseil de département — Conseil général, — de 1790 au 19 décembre 1793;

2° Le Directoire de département, pendant le même laps de temps;

3° L'Administration du département [Gouvernement provisoire et révolutionnaire], du 20 décembre 1793 à l'application du décret du 28 germinal an III [17 avril 1795];

4° Le Directoire de département, depuis l'application de ce décret jusqu'au 5 brumaire an IV [27 octobre 1795];

5° Les Représentants du peuple en mission de 1792 à 1795.

A chacune de ces subdivisions doit nécessairement correspondre une section spéciale.

Avant d'aborder la première, nous croyons devoir placer ici sous les yeux de nos lecteurs quelques considérations que nous empruntons à l'*Histoire de la juridiction administrative sous la Révolution et sous l'Empire*, de M. J. Lucas de Pesloüan, livre dont nous aurons occasion de parler quand il sera question du Directoire du département :

La Révolution ne reconnaît qu'une personnalité, celle de l'État : devant cette personnalité supérieure disparaissent toutes les autres; le département, en particulier, n'a à cette époque aucune existence propre : ce n'est pas un centre d'administration autonome, mais l'une des 80 parcelles formées du morcellement des provinces. Il n'existe que relativement à l'État : les impôts qu'il perçoit sont presque exclusivement des impôts d'État, il n'a point de propriétés dont il puisse tirer des ressources, pas d'établissements publics, et ce sont les recettes de l'État qui servent à payer les travaux qu'il

---

[1] *Histoire générale du IVe siècle à nos jours*, sous la direction de LAVISSE et RAMBAUD, tome VIII : La Révolution française, p. 83-84.

[2] A. AULARD, *Histoire politique de la Révolution française*, 1re édition, p. 59.

exécute. Sur ce point, toutefois, il y a une exception : l'instruction du 17 avril 1791 sur le service des ponts et chaussées met à la charge du département une partie des dépenses occasionnées par les travaux des routes, mais on ne lui reconnaît point pour cela le droit de faire surveiller ces travaux par des agents qui lui soient propres : la direction en est dévolue aux seuls agents de l'État. Il faut ajouter que l'approbation de l'autorité supérieure est nécessaire pour toute délibération des assemblées de départements sur les objets intéressant l'administration générale du royaume ou sur des entreprises nouvelles ou des travaux extraordinaires. Mais, si le département, en tant que pouvoir local, voit ses attributions limitées, son rôle devient d'une importance toute spéciale quand il s'agit de surveiller les administrations inférieures. « Un des points essentiels de la Constitution, dit l'instruction du 8 janvier 1790, est l'entière et absolue subordination des administrations et des directoires de district aux administrations et aux directoires de départements..... Sans l'observation exacte et rigoureuse de cette subordination, l'administration cesserait d'être régulière et uniforme dans chaque département; les efforts des différentes parties pourraient bientôt ne plus concourir au plus grand bien du tout; les districts, au lieu d'être des sections d'une administration commune, deviendraient des administrations en chef, indépendantes et rivales, et l'autorité administrative dans le département n'appartiendrait plus au corps supérieur à qui la Constitution l'a conférée pour tout le département. » En résumé, « le principe constitutionnel sur la distribution des pouvoirs administratifs est que l'autorité descende du Roi aux administrations de département, de celles-ci aux administrations de district, et de ces dernières aux municipalités ». L'Assemblée [Constituante] ne pouvait exprimer plus nettement sa conception de la hiérarchie et de la centralisation : entre le roi, chef suprême de l'administration générale, d'une part, les districts et les municipalités, d'autre part, se trouve l'autorité interposée du département, intermédiaire nécessaire du pouvoir central; toutes les parties de l'empire, comme le disait Merlin, sont donc unies par un lien commun, toutes leurs forces concentrées en un même foyer. Ainsi nous croyons pouvoir affirmer qu'au moment où la Constituante élabore les grandes lois sur l'organisation départementale et communale, elle est guidée par des idées centralisatrices. Mais, comme le montrera la suite de ce travail, en déléguant aux municipalités élues directement par le peuple des fonctions d'administration générale, en ne reconnaissant aux procureurs syndics aucun pouvoir effectif, bref, en limitant imprudemment l'action de l'autorité exécutive, elle travaille à ruiner l'édifice qu'elle vient d'élever : partie de la centralisation, elle arrive à décentraliser [1].

[1] J. LUCAS DE PESLOÜAN, p. 16-49.

I

LE CONSEIL GÉNÉRAL DU DÉPARTEMENT

MAI 1790—DÉCEMBRE 1793.

Le département de Seine-et-Oise ayant été constitué dans les premiers mois de l'année 1790 — avec ses neuf districts de Versailles, Saint-Germain-en-Laye, Mantes, Pontoise, Gonesse, Corbeil, Etampes, Dourdan, Montfort-l'Amaury, — il convenait de le pourvoir au plus tôt de ses rouages administratifs. Les *Assemblées primaires* furent donc convoquées par Cantons et se tinrent au mois de mai. Chacune des assemblées primaires choisit les *électeurs* qu'elle avait à nommer : le nombre de ceux-ci s'éleva à 720. Ils se réunirent presque aussitôt après à Versailles, afin d'y procéder à l'élection des membres qui, au nombre de trente-six, devaient composer l'*Administration de département*. Le procès-verbal de cette première assemblée électorale a été conservé [1] :

[1] Arch. dép. de Seine-et-Oise, L. III 337.

nous en avons donné un résumé dans notre introduction à l'*Inventaire sommaire de la série L* des Archives départementales de Seine-et-Oise, tome premier, à laquelle nous renvoyons.

Ouvertes le lundi 17 mai, les séances ne se terminèrent que le 31 de ce mois; elles eurent lieu « dans la salle où l'Assemblée Nationale tenoit ses séances pendant son séjour en la ville de Versailles », c'est-à-dire dans l'hôtel des Menus-Plaisirs du roi, dont quelques parties demeurent encore et qui s'étend entre l'avenue de Paris, la rue de l'Assemblée-Nationale [autrefois rue Saint-Martin] et la rue des Chantiers. Elles furent précédées d'une messe célébrée en l'église Saint-Louis, à laquelle assistèrent les électeurs, et la première séance fut ouverte par « MM. de Grouchi, Berthier et de Périgord, commissaires chargés par le Roi de la convocation de ladite assemblée ». M. Louis-Alexandre de Savary, grand-maître des eaux et forêts de Normandie, le premier maire de Mézières-sur-Seine[1], âgé de soixante-dix-huit ans, fut reconnu le plus âgé des électeurs présents et prit place au bureau provisoire en qualité de président d'âge. Il proposa comme secrétaire provisoire M. Challan, maire de Meulan, qui fut agréé par l'assemblée.

Le mercredi 19, on procéda à l'élection du bureau définitif. M. Cheddé, maire de Mantes, ayant obtenu au premier tour de scrutin 475 voix, fut élu président. Le lendemain, M. Challan, ayant aussi obtenu au premier tour la majorité absolue, fut élu définitivement secrétaire. En installant son successeur au fauteuil de la présidence, M. de Savary fit son éloge, et aussi celui de M. Challan : « J'aspirois au moment de céder le fauteuil à celui d'entre nous que vous honorez de votre choix. Mes vœux sont remplis de la manière la plus satisfaisante pour moi. Dans le sein d'une assemblée déjà favorisée de la confiance de ses concitoyens, j'étois d'avance assuré que vous ne seriez embarrassés que du choix. J'ai la satisfaction de voir qu'il est tombé sur un membre à l'élection duquel vous avez applaudi de manière à justifier votre discernement. Si ce choix, Messieurs, par la grande majorité des suffrages qui l'a déterminé a quelque chose de bien flatteur pour l'honorable membre qui les a réunis, vous ne tarderez pas à vous apercevoir, et peut-être l'avez-vous déjà senti, combien M. Cheddé en étoit digne. Choisi dans la ville de Mantes, où il réside, et où il a exercé longtemps avec distinction la charge de procureur du Roi du bailliage et de président du Comité de subsistances de cette ville, élu ensuite son maire, la manière avec laquelle il a successivement rempli ces différentes fonctions, tout vous assure en lui un président digne de votre estime et de votre confiance. Le choix que vous avez fait, Messieurs, de M. Challan, pour l'associer comme secrétaire à ses travaux, ne vous fait pas moins d'honneur. Cet honorable membre, revêtu de la charge de procureur du Roi du bailliage de Meulan, où il réside,

[1] Arr' et C°⁰ de Mantes.

et élu unanimement son maire, que ne devez-vous pas attendre de lui, venant surtout d'être le témoin de ses talens pour remplir cette place, dont vous l'aviez provisoirement jugé digne? » Et il termina ainsi son discours : « Vos bontés, Messieurs, resteront toujours empreintes au fond de mon âme; et comment, indépendamment de la reconnoissance que vous y avez gravée, pourrois-je cesser un moment d'être attaché aux membres d'une assemblée dans le cœur de laquelle j'ai eu lieu de remarquer qu'il n'existoit que des sentiments purs, droits, patriotiques, des principes conformes à ceux de l'Assemblée nationale et aux vues tendres, sages et bienfaisantes du Monarque qui nous gouverne, digne héritier du trône et des vertus de saint Louis, et qui mérite, à titre du meilleur des Rois, de plus en plus l'amour de la Nation, puisqu'il ne fait consister son bonheur qu'à faire celui de ses sujets, qu'il regarde comme ses enfants? »

Après avoir arrêté les termes d'une adresse qui serait présentée à l'Assemblée nationale et qui correspondait à une préoccupation d'ordre économique, l'Assemblée décida — le nombre des districts étant de neuf et celui des membres à élire étant de trente-six — que le nombre d'administrateurs à élire dans chaque district serait de quatre, et les élections commencèrent aussitôt. Elles donnèrent les résultats suivants.

Etaient élus administrateurs du département[1] :

Pour le district de Versailles,

MM. Laurent Le Cointre, « négociant à Versailles »,
Haussmann, « négociant à Versailles et officier municipal »,
de La Chevardière, « maire de Verrières »,
Germain, « maire de Viroflay »;

Pour le district de Saint-Germain-en-Laye,

MM. Venard le jeune, « négociant au Pecq »,
Caillot, de Saint-Germain-en-Laye,
Dieulefit de Beaulieu, de Vaux-sur-Seine,
Pierron, « architecte à Chatou »;

Pour le district de Mantes,

MM. Mautemps, « laboureur et maire à Banthelu »,
Troussel, « propriétaire et maire à Bonnières »,
Feugères, « avocat et bailli à La Roche-Guyon »,
Durand, « président de l'Election à Mantes »;

[1] Sur ces trente-six premiers membres du Conseil général, ainsi que sur le Procureur général syndic Challan, on trouvera des renseignements biographiques dans notre Introduction à l'Inventaire sommaire, p. XXI-XXIX et XXXVIII, à laquelle nos lecteurs voudront bien se reporter. Voir aussi, à la fin du présent ouvrage, *Appendices*.

Pour le district de Pontoise,

MM. Dubois, « bourgeois à Pontoise »,
    Chéron de La Bruyère, propriétaire à Auvers-sur-Oise,
    Dupré, cultivateur à Puiseux-Pontoise,
    Bailly, procureur du Roi à Beaumont-sur-Oise ;
M. Dubois, « officier municipal de la ville de Pontoise », ayant écrit, le 26, qu'il ne pouvait accepter, fut remplacé, le 27, par M. Le Tavernier de La Mairie, « conseiller au bailliage de Pontoise » ;

Pour le district de Gonesse,

MM. Le Flamant de Joyenval, « directeur des postes et maire de Luzarches »,
    Le Turc, « procureur et maire à Montmorency »,
    Huet, « avocat à Marly-la-Ville »,
    Poiret, « maître de poste et maire à Arnouville » ;

Pour le district de Corbeil,

MM. Boyer, « bourgeois à Corbeil »,
    Laisné, « notaire à Arpajon »,
    Janvier, « cultivateur au Perray »,
    Venteclef, « maire et marchand épicier à Brunoy » ;

Pour le district d'Etampes,

MM. Brichard, « laboureur à Brouy »,
    Hénin de Chérelle, « maître des comptes à Longuetoise, paroisse Saint-Mard » [Châlo-Saint-Mars],
    Pineau, « procureur au bailliage d'Etampes »,
    Pasquet de Leyde, « ancien officier à Milly » ;

Pour le district de Dourdan,

MM. Le Gendre, « ancien cultivateur à Bonnelles »,
    Boutroue, « laboureur à Allainville »,
    Roger, « lieutenant général de Dourdan »,
    Vaillant de Bissy, « propriétaire, cultivateur à Bonnelles » ;

Pour le district de Montfort-l'Amaury,

MM. Rouveau, « bourgeois aux Mesnuls »,
    Courtin, « avocat au Parlement, à Maulette »,

MM. La Truffe, « fermier à Neauphle-le-Château »,

    Belin de Ballu, membre de l'Académie des inscriptions et belles-lettres, propriétaire à Garancières.

Le jeudi 27, eut lieu l'élection du Procureur général syndic. M. Challan, ayant réuni la majorité absolue, fut proclamé élu et accepta. Le lendemain, il demanda la parole et s'exprima en ces termes :

« Messieurs, les administrateurs élus du département de la Seine et de l'Oise me chargent de vous présenter leurs hommages. Ils savent, Messieurs, que c'est à votre indulgence qu'ils doivent le choix dont vous les avez honorés. Persuadés que leurs travaux sont au-dessus de leurs forces, ils attendent de vos lumières les secours dont ils ont besoin; ils vous promettent une volonté constante dirigée vers le bien, qui sera le seul but où tendront toutes leurs démarches. Les Districts vont s'organiser, Messieurs, et le concert le plus parfait doit régner entre eux et le Département; ils seront le centre du mouvement qui donnera l'impulsion aux Municipalités et au Département. Les administrateurs réclament donc, Messieurs, les secours de collègues qui trouveront dans le Département des frères toujours disposés à leur donner des preuves de dévouement et de civisme.

« Quant à moi, Messieurs, pénétré des témoignages flatteurs dont vous m'avez honoré, j'ignore l'art de vous exprimer mes sentiments. Je sens que, pour les mériter, il ne suffit pas d'avoir obtenu vos suffrages. Associé aux travaux de MM. les Présidents de cette assemblée, j'ai profité de leurs lumières et de leurs exemples. C'est à eux que je dois l'accueil que vous avez fait à mon travail comme secrétaire. Cependant, Messieurs, s'il ne fallait, pour remplir les grandes obligations que vous m'avez imposées, que du zèle et du courage, je ne douterais pas du succès : mais en m'appelant à des fonctions difficiles, vous n'avez pu me douer de tous les talens qu'elles exigent, et je perdrais toute espérance de m'en acquitter dignement sans le choix sage que vous avez fait de MM. les Administrateurs, dont la vigilance éclairée dirigera ma conduite. Sous leurs auspices, je ne perdrai jamais de vue les obligations que je contracte envers mes concitoyens, auxquels je consacrerai toujours mon application, ma fortune et mon existence. »

Alors on s'occupa de rédiger une adresse à l'Assemblée nationale : « Nous espérons, Messieurs, que le zèle de nos administrateurs justifiera notre choix et vous prouvera notre attachement inviolable à la Constitution et à ses principes régénérateurs, par lesquels nous avons recouvré les droits de l'homme et la dignité du citoyen », et d'en rédiger une autre au Roi, à qui est offert l'hommage de l'Assemblée électorale : « Le seul esprit qui a présidé au choix de ses administrateurs est le zèle du bien public, l'amour pour la personne sacrée de Votre Majesté, la fidélité, l'attachement inviolable que tous les Français ont juré à leur Roi. »

Le samedi 29, le Président, accompagné de neuf commissaires choisis par l'Assemblée, du Secrétaire et de quelques-uns des électeurs, se rendit à Paris, auprès de l'Assemblée nationale, pour remettre à celle-ci le procès-verbal des opérations électorales ainsi que l'adresse. Les circonstances firent qu'elle ne put être admise, car elle « n'était pas dans l'ordre du jour », et, d'autre part, le plus grand nombre des députés de l'Assemblée électorale « étaient obligés de se retirer dans leur district, pour y procéder à l'élection des membres de l'administration de district, dont les assemblées s'ouvrent lundi prochain ».

Ils furent plus heureux le lendemain, quand ils se trouvèrent au château des Tuileries, « à l'heure de la messe ». La députation fut introduite, le dimanche 30, « dans la chambre du Roi. Sa Majesté s'avança de quelques pas et la reçut avec tous les témoignages de la bonté la plus caractérisée et écouta avec bienveillance l'adresse, qui lui fut présentée par le Président portant la parole. A peine fut-elle achevée que Sa Majesté avança la main pour la prendre avec le procès-verbal, qui fut reçu par M. de Saint-Priest[1] ; en même temps, le Roi répondit : « Vous pouvez compter sur ma protection. » La députation fut reconduite par M. de Saint-Priest jusque vers le milieu de la pièce qui précède la chambre du Roi, et M. de Saint-Priest, étant retourné vers Sa Majesté, revint sur-le-champ et, s'adressant au Président, qui avait porté la parole, lui dit : « Monsieur, le Roi m'a chargé de vous demander votre nom » ; et, le Président ayant satisfait à sa demande, la députation resta sur le passage du Roi, qui alloit à la messe. Il daigna la remarquer avec beaucoup de bonté. La Reine passa ensuite et daigna aussi lui marquer sa bienveillance par une légère inclination ; Madame lui fit aussi le même honneur. »

Le lundi 31 mai, le Président, revenu à Versailles, rendit compte à l'Assemblée électorale de l'accomplissement de sa mission à Paris. Après quoi, il leva la séance et déclara « que l'Assemblée était désunie » : celle-ci avait siégé pendant quinze jours.

Les trente-six administrateurs du département ainsi élus — les premiers élus départementaux, — formant le Conseil de département, tinrent leur première session à Versailles, siège de l'assemblée, du 14 juin au 8 juillet 1790. Ce fut une session préliminaire.

Ils choisirent, dans la séance du 14, Laurent Le Cointre pour président et s'occupèrent, sans tarder, de prendre les mesures relatives à l'administration du département ainsi qu'à la formation des bureaux. Dès le 17 juin, ils adressaient « à leurs commettants » la lettre dont le texte suit :

« Messieurs, Honorés du choix de nos Concitoyens, Représentans de cinq cent mille Français, Administrateurs de la chose publique, à quelles sublimes fonctions nous

---

[1] Guignard de Saint-Priest, secrétaire de la Maison du Roi, ministre de l'Intérieur jusqu'en décembre 1790.

avez-vous élevés? Mais aussi de quel fardeau pénible nous avez-vous chargés? Nous ne pouvons le dissimuler, Messieurs; c'est à nous à tracer et à frayer la route que doivent tenir nos successeurs; c'est à nous à écarter tous les obstacles, à détruire les abus jusques dans leurs racines, à dégorger les canaux de la richesse publique; c'est à nous à rechercher ces sources précieuses qu'avoit taries la soif inaltérable des Vampires de l'Etat; c'est à nous à en épurer le cours empoisonné et à le faire refluer également dans les champs de l'agriculture, du commerce et de l'industrie. Quelle tâche! Quelle gloire, si nous avons le bonheur de la remplir! Oui, nous la remplirons. Après l'exemple étonnant qui nous a été donné par nos augustes Législateurs, nous est-il permis de douter un moment de nos forces et de notre courage?

« Nous les imiterons, Messieurs; nous saurons faire taire l'intérêt particulier devant l'intérêt général; nés dans votre sein, votre indulgente confiance en nous aura des droits éternels et sacrés à notre reconnaissance; l'espoir de la mériter va nous faire travailler à nous en rendre dignes. Parens de la même famille, les intérêts de nos Commettans nous seront tous également chers, leurs véritables besoins seront pour nous les sollicitations les plus pressantes. Honorés de votre choix, nous le justifierons; Représentans de cinq cent mille Français, nous y verrons autant de frères; Administrateurs de la chose publique, nous armerons nos cœurs contre ces préférences qui font naître les jalousies; Citoyens de ce département, de la France entière, nous ne ferons point d'acception de lieux ni de personnes; et, si nous avions le malheur d'être obligés de nous refuser à des demandes illégitimes, nous aurions le courage de déplaire pour remplir notre devoir d'être justes. Voilà ce qu'ont fait les Représentans de la Nation, voilà ce qu'a fait le Restaurateur de la Liberté française; sachons, Sujets d'un Monarque, et à son exemple, avoir des vertus républicaines.

« Il faut en convenir, Messieurs: moins élevés que les Législateurs de la France, nous sommes moins aperçus; l'opinion publique nous investit moins fortement; notre caractère moins sacré est aussi moins inviolable, et conséquemment la séduction est plus facile, et le danger plus près de nous. La délicatesse de nos fonctions nous avertit de nous tenir sans cesse sur nos gardes; mais aussi, loin de nous ces perquisitions odieuses de la haine et de la vengeance; justes et clairvoyans, fermes sans être inquisiteurs, nous ne sommes point chargés de punir, mais de rechercher les abus. Montrons-les au grand jour, et que le bienfait du remède suive de près la découverte de nos blessures. Arrêtons le mal, faisons le bien; voilà nos devoirs, voilà notre loi.

« Ces sentimens sont sans doute dans tous vos cœurs, Messieurs, et déjà votre choix vous semble justifié; mais, ô nos Concitoyens, ô nos Frères, rentrons en nous-mêmes et rendons-nous justice; nous n'avons à offrir que du zèle à notre Mère commune, à notre Patrie régénérée, à nos augustes Législateurs, à notre Monarque adoré. Puisse ce zèle, aussi pur que nos cœurs, puisse l'activité la plus infatigable suppléer à l'insuffisance de nos talens et de nos lumières! Puissions-nous, nous servant d'appuis mutuels les uns aux autres, concourir également au bien général, faire le bonheur de nos familles, et, transmettant la liberté sans tache à nos derniers neveux, mériter à jamais les bénédictions de notre siècle et de la postérité.

« Nous sommes bien fraternellement, Messieurs, vos très humbles et très obéissans serviteurs.

« Signé, pour les Membres de l'Assemblée administrative du Département de la Seine et de l'Oise :

« LECOINTRE,   CHÉRON DE LA BRUYÈRE,
« Administrateur et Président.   Administrateur et Secrétaire provisoire. »

Le Conseil s'occupa, peu après, de la nomination d'un secrétaire, pris hors de son sein. M. Castellan, élu Secrétaire général dans la séance du 17 juin, n'accepta pas; il fit savoir que, « trouvant ses talens insuffisans pour cette place, [il offrait] ses services pour une autre de moindre importance ». M. Carton, élu dans la séance du 18, donna, au commencement de juillet, sa démission, que le Conseil accepta non sans regret. M. Bocquet fut appelé à cette fonction, dans la séance du 7 juillet. « Secrétaire général du département », il devait être en même temps « Archiviste du département »; il restera à son poste jusqu'au mois de février 1794.

L'Assemblée eut aussi à s'occuper d'un local. Elle tenait sa première session en l'hôtel des Menus-Plaisirs, devenu libre depuis le départ de l'Assemblée nationale, mais elle ne pouvait y siéger que provisoirement. Dans la troisième partie de cette étude, nous traiterons des édifices qui ont été affectés à l'Administration départementale; qu'il nous soit permis de dire ici, dès maintenant, qu'au mois de juin 1790, Conseil et Directoire de département purent s'installer, pour deux ans, dans un immeuble situé avenue de Saint-Cloud, au numéro actuel 77, appartenant au célèbre manufacturier Oberkampf.

Dans sa séance du 7 juillet, elle procéda à la nomination des huit membres devant composer le Directoire du département. Les élus furent MM. Chéron de La Bruyère, Belin de Ballu, Huet, Hénin de Chérelle, Vaillant, Le Flamand de Joyenval, Rouveau et Durand [1].

Comment fut accueilli le Conseil de département, de quels objets il eut à s'occuper, de quelle manière il résolut les difficultés qui se présentaient? On pourra s'en rendre compte, ou tout au moins s'en faire une idée, en lisant l'analyse que nous avons donnée dans l'Inventaire sommaire des travaux de l'Assemblée administrative du département

[1] Voir section II : Le Directoire du Département.

pendant cette session. Il nous suffira de dire ici que l'Assemblée s'était divisée en cinq Comités, — comme notre Conseil général actuel répartit ses membres en Commissions, — à savoir : le premier comité, « Comité des impositions », qui était chargé : « 1° de toutes les contributions directes, la formation des rôles d'assiètes, des cotizations entre les Municipalités, 2° des dépenses qui seront assignez sur le produit des contributions »; le second, « Comité de police générale », qui était chargé : « 1° de la sûreté publique, de la police, de la mendicité, du service et emploi des gardes nationales, 2° de l'inspection des vagabons, de l'inspection et amélioration du régime des hôpitaux, hôtels-dieu, prisons, maisons d'arrêts et de correction »; le troisième, « Comité des travaux, propriétés et biens nationaux », qui était chargé : « 1° de l'imposition (sic) des établissemens relatifs à la salubrité, la conservation et entretien des propriétés publiques, des forêts, des rivières, chemins et autres choses communes, 2° des ateliers de charité, de la direction et confection des travaux pour les routes, canaux et autres ouvrages publics authorisés dans le département, l'entretien, réparation des églises et presbytères »; le quatrième, « Comité d'agriculture et de commerce », qui était chargé « de surveiller l'éducation publique, la manutention des fonds destinés à l'encouragement de l'agriculture et de l'industrie, toute espèce de bienfaisances publiques, au service du culte et au soulagement des pauvres »; le cinquième, « Comité du Secrétariat général », qui était chargé « de la rédaction, du contentieux, de la correspondance ». Elle avait agréé pour « premier commis des Impositions » M. Castellan; pour « premier commis de la Police » M. Durup de Baleine; pour « premier commis des Travaux et propriétés publiques » M. Cadiaux; pour « premier commis du comité d'Agriculture et de Commerce » M. Durvy; pour « premier commis du Secrétariat général » M. Chauvot.

Une députation de l'Assemblée administrative du département se rendit à Paris, au cours de la session, pour présenter des adresses à l'Assemblée nationale et au Roi.

Admis à la barre de l'Assemblée nationale le samedi 26 juin, les députés remirent l'adresse dont ils étaient chargés et dont il fut donné lecture :

« Messieurs, l'Assemblée administrative du département de la Seine et de l'Oise n'a pas été plutôt organisée que le premier vœu qu'elle a formé a été celui de vous offrir ses hommages, de vous assurer de son zèle et de son adhésion la plus respectueuse à tous vos décrets. C'est à regret, Messieurs, qu'elle s'est vue contrainte de différer jusqu'à ce jour un si juste tribut de ses sentiments. Oui, Messieurs, telle est notre vénération pour vous, Législateurs, et pour les oracles qui sortent de ce temple de la Patrie que chacun de nous n'a pu voir qu'avec un sentiment d'indignation quelques personnes, égarées par le fanatisme, oser faire entendre des réclamations et publier des protestations séditieuses contre des lois qui font le bonheur de la France. Si nous n'étions persuadés que le tems amènera le repentir dans leurs cœurs, nous [les] dévouerions à l'infamie et à l'exécration publique, comme nous y dévouons d'avance tous ceux qui, par la suite, seroient

assés audacieux et assés ennemis de l'État pour les imiter. Nous ne reconnoissons pour
François que les religieux observateurs de vos décrets. Déjà, pour les exécuter, nous
avons ouvert la carrière de nos travaux, de ces travaux qui doivent faire refleurir nos
campagnes, desséchées par le despotisme et par la tyrannie des capitaineries, sous
laquelle notre département gémissoit depuis si longtems. Mais, pour y pénétrer plus
avant, pour la parcourir d'un pas ferme et assuré, nous vous supplions, Messieurs, de
vouloir bien nous communiquer au plutôt les instructions qui doivent diriger l'Assemblée administrative dans ses opérations. L'amour du bien public dont elle est animée,
le désir ardent qu'elle a d'affermir la constitution lui font attendre avec impatience le
moment où elle pourra fournir dans toute son étendue la carrière que vous devés lui
tracer, et où elle pourra prouver à l'Assemblée et à toute la France le patriotisme qui
enflamme le cœur de tous les administrateurs. »

La lecture de cette adresse donna lieu à un violent tumulte; le Président de l'Assemblée nationale se couvrit et se découvrit « jusqu'à trois fois », et, quand elle fut
achevée, il répondit en ces termes :

« L'Assemblée Nationale est sensible aux expressions de votre patriotisme. Elle
regarde les Assemblées [de] département comme les plus fermes appuis de la Constitution, elle s'occupe de préparer les instructions nécessaires pour vos travaux, et elle
applaudit à la juste impatience que vous lui témoignez. Vous désirez de voir ouvrir
promptement devant vous la carrière civique à laquelle vous êtes envoyés : votre zèle
est un sûr garant du succès avec lequel vous saurez la parcourir. L'Assemblée Nationale vous engage d'assister à la séance. »

Le lendemain, dimanche, la députation se rendit chez le Roi, qui l'accueillit
« avec bonté », et elle lui présenta l'adresse du Département :

« Sire, c'est sous les yeux et sur les ordres de Votre Majesté que l'Assemblée
administrative du département de la Seine et de l'Oise va commencer ses travaux.
Au moment où elle vient de s'organiser, elle s'empresse d'apporter à Votre Majesté
son hommage respectueux et de l'assurer de son zèle à seconder les intentions bienfaisantes d'un Roi, l'amour de ses peuples, à exécuter avec promptitude et fidélité les
décrets acceptés ou sanctionnés par Votre Majesté, et à lui prouver le dévouement
et l'attachement inviolable de tous les membres de l'Administration aux intérêts
inséparables de la Nation et de son Roi. »

Le Roi répondit « qu'il prenoit sous sa protection les travaux du Département ».

Quelques jours après, le 4 juillet, les membres de l'Assemblée administrative
du département adressèrent aux Municipalités une circulaire qu'il n'est pas inutile
de reproduire ici :

« Messieurs et chers Concitoyens, L'importance des fonctions que votre choix
nous a confiées excite de plus en plus notre attention. Les difficultés de cette

tâche se développent chaque jour à nos yeux; mais loin de nous effrayer, Messieurs, notre attachement et notre zèle pour nos frères s'en accroissent; elles redoublent notre courage, et nous osons vous jurer qu'il ne nous abandonnera pas. Cependant nous ne pouvons vous dissimuler que, sans votre concours, Messieurs, et sans la résignation la plus parfaite de la part de nos Concitoyens, et de chacun d'eux en particulier, aux décrets de l'auguste Assemblée Nationale acceptés ou sanctionnés par le Roi, tous nos efforts deviendroient impuissans, ou tout au moins les effets en seroient suspendus. Oui, chers Concitoyens, de l'observance la plus étroite des lois que ces décrets proscrivent dépendent notre bonheur commun, le maintien de la Constitution, le salut de l'Etat.

« La vérité d'un principe aussi intéressant reconnue, combien l'Assemblée administrative du Département ne doit-elle pas gémir en apprenant qu'il existe encore dans son arrondissement des Citoyens assez ennemis de la chose publique pour se refuser au payement des impositions directes, droits d'aide et autres, dont la continuation provisoire a été décrétée par les Représentans et sanctionnée par le Chef suprême de la Nation.

« Quelle pourroit donc être la cause d'un tel refus? Seroit-ce intérêt personnel? Peuvent-ils ignorer qu'il doit disparaître et céder à l'intérêt général? Seroit-ce défaut de patriotisme? L'Assemblée administrative ne peut les en suspecter, tant est absolu l'empire qu'exerce aujourd'hui sur tous les cœurs Français l'amour de la patrie et de la liberté. Non, Messieurs, ne cherchons pas plus loin la cause de ces refus. Elle naît des insinuations dangereuses de certains ennemis de la Révolution, ou de l'erreur des refusans qui s'y méprennent et confondent la liberté avec la licence. Ils ignorent sans doute que la liberté élève l'âme, pour ainsi dire, au-dessus d'elle-même, dirige et soutient invariablement l'homme dans le chemin de la vertu et de l'honneur, symboles caractéristiques du vrai patriote, et que la licence, au contraire, l'avilit et le dégrade, le précipite d'abus en abus, de crimes en crimes, et le rend pernicieux dans la société. Plaignons l'erreur de nos frères égarés, et rappelons-les à leur devoir. Ils ne seront pas parjures au serment qu'ils ont prêté aussi solennellement. Ils ont juré d'être fidèles à la Nation, à la Loi et au Roi, et leur promesse ne sera pas vaine.

« L'Assemblée administrative connoît aussi l'étendue des soins fraternels du plus grand nombre des Municipalités et la sagesse des mesures qu'elles ont prises pour le rétablissement des impôts : elle leur donne à cet égard les justes éloges qu'elles méritent; mais en même tems elle les invite toutes à redoubler d'activité sur une partie aussi intéressante pour la Nation.

« Si la modération des conseils et l'exemple des bons citoyens ne pouvoient rétablir complettement le bon ordre dans les perceptions et démouvoir les refusans de leur opiniâtreté, il est tems que la Nation use de son droit, et soumette au respect et à l'obéissance envers elle des enfans indociles qui voudroient prolonger l'abus qu'ils ont fait de sa douceur et de sa clémence à leur égard.

« L'Assemblée administrative attend donc de votre patriotisme et de votre vigilance, Messieurs, que vous engagerez encore les habitans de votre Commune qui seroient refusans ou en retard de paiement des impositions directes, droits d'aydes ou tous autres dont la perception est autorisée, à s'acquitter dans le plus bref délai. Ne perdez jamais de vue, Messieurs, qu'il est de votre devoir d'en protéger la perception et les percepteurs; en conséquence, vous ne devez pas vous borner à de simples invitations, même à des ordonnances que vous pourriez rendre. Vous ne pouvez vous dispenser de donner assistance et main-forte aux collecteurs, préposés et employés, dans le cas où il seroit usé contre eux de voie de fait, ou exercé quelques violences, et alors requérir la Maréchaussée et la Garde nationale de votre lieu, même, au besoin, user de tous les moyens que la sagesse de l'Assemblée Nationale et du Roi ont confiés à votre prudence et à votre patriotisme.

« L'Assemblée administrative estime que si, nonobstant les mesures sages et fraternelles dont useront MM. les Officiers Municipaux, quelques citoyens mal-intentionnés persévéroient dans leur refus, il conviendroit que la Municipalité en dressât contr'eux procès-verbal et envoyât ce procès-verbal à son Directoire, afin de mettre l'Administration à portée de prendre auprès du Pouvoir exécutif des moyens efficaces pour le plus prompt et le plus parfait rétablissement de l'ordre.

« Vous voudrez bien aussi, Messieurs, ne pas négliger de faire publier et afficher cette circulaire, même en faire faire la publication au prône de vos paroisses.

« Nous sommes avec la plus véritable confraternité, Messieurs, vos très-humbles serviteurs et affectionnés frères.

« Les membres de l'Assemblée administrative du Département de la Seine et de l'Oise :

« HAUSSMANN, DE LA CHEVARDIÈRE, GERMAIN, VÉNARD LE JEUNE, DIEULEFIT, CAILLOT, PIÉRON, MAUTEMPS, TROUSSEL, FEUGÈRES, DURAND, CHÉRON, DUPRÉ, BAILLY, LE TAVERNIER, LE GENDRE, BOUTROUE, ROGER, VAILLANT, ROUVEAU, COURTIN, LA TRUFFE, BÉLIN, BRICHARD, HÉNIN, PINEAU, PASQUIET DE LEYDE, BOYER, LAISNÉ, JANVIER, VENTECLEF, LE FLAMAND, LE TURC, HUET, POIRET;

« CHALLAN,	LE COINTRE,	CARTON,
« *Procureur général-syndic.*	*Président.*	*Secrétaire-général.*

« *Nota.* Vous voudrez bien désormais envoyer vos paquets sous bande, pour éviter les frais de ports. »

Lorsque, le jeudi 8 juillet, le Président leva la séance, au cours de laquelle avait été « ouvert un paquet contenant une lettre du Ministre de la Maison du Roi et envoi de lettres patentes du deux juillet sur un décret de l'Assemblée Nationale du vingt-huit et trente du mois dernier pour mettre les nouveaux corps administratifs en activité, et des Instructions de M. Thouret relatives à l'organisation », il déclara que « l'Assemblée administrative étoit dissoute et prorogée au premier octobre prochain en vertu du décret de l'Assemblée Nationale ». A l'unanimité, l'Assemblée lui vota des remerciements et lui donna « des marques de sa satisfaction par les applaudissemens les plus flatteurs ». La session préliminaire était close.

Ce même jour, le Directoire du département commençait ses travaux et tenait sa première séance sous la présidence de Le Cointre, président du Département. On sait que cette section de l'Assemblée administrative devait toujours être en activité pour l'expédition des affaires.

Arrivé à ce point de notre étude, nous avons à faire une constatation, qui est celle-ci : La loi avait dénommé Assemblée de département l'assemblée administrative supérieure établie au chef-lieu de chaque département, laquelle était divisée en Conseil et en Directoire. Dès qu'elle se réunit, cette Assemblée prit le titre de « Conseil général du département ». Le premier registre de ses délibérations est intitulé : « Registre..... destiné à contenir les délibérations du Conseil général du département de Seine-et-Oise..... cotté et paraphé par première et dernière page, en exécution des décrets des dix-huit et vingt janvier mil sept cent quatre-vingt dix, par nous Président du Département soussigné. A Versailles, le quatorzième jour de juin mil sept cent quatre-vingt dix. L. Le Cointre, président¹ ». Cette expression « Conseil général » du département fut sans doute créée et employée par analogie avec le terme « Conseil général de la Commune », qui se trouve dans le décret du 14 décembre 1789, relatif à la constitution des Municipalités, dont l'article 31 est ainsi conçu : « Ces notables formeront avec les membres du corps municipal le conseil général de la commune, et ne seront appelés que pour les affaires importantes ». Elle devint même d'un usage courant dans bien d'autres départements que celui de Seine-et-Oise et passa enfin dans la langue officielle, ainsi qu'en témoignerait, au besoin, le décret du 14 frimaire an II [4 décembre 1793], dont l'article 6 de la section III porte : « Les conseils généraux, les présidens et les procureurs généraux syndics des départemens sont également supprimés. »

Et ce qui se fit au Département eut également lieu dans les districts. On eut donc : le Conseil général du département, les Conseils généraux des districts, les Conseils généraux des communes.

Fixée d'abord au 1er octobre 1790², la première session ordinaire de l'Assemblée administrative de département — nous emploierons désormais le terme de Conseil

¹ Arch. dép. de Seine-et-Oise, L21.
² Arch. dép. de Seine-et-Oise, L1, t. 1er, folio 213.

général du département — fut remise, par un décret de l'Assemblée nationale, à la date du 3 novembre. Voici le début du procès-verbal de la séance tenue le 4 :

« L'an 1790, le jeudi 4 novembre, heure de midy, le Conseil général de l'adminis-tration du département, convoqué par M. le Procureur général syndic,..... s'étant réuni dans la salle où il a tenu ses précédentes assemblées, la séance a été ouverte par M. Le Cointre, président du Département, à laquelle ont assisté MM. Germain, Vénard le jeune, Beaulieu, Caillot, Pierron, Mautems, Feugère, Roger, Courtin, Lainé, Brichard, Pineau, Pasquier, Poiret, Legendre, membres du Conseil, MM. Huet, Rouveau, Chéron, Vaillant, Hénin, Belin, Le Flamand, Durand, membres du Directoire, et Challan, procu-reur général syndic. MM. de La Truffe, du nombre des autres administrateurs absens, et de La Chevardière se sont excusés de leur absence, le premier comme étant occupé à Paris conjointement avec M. Vénard, en qualité de commissaires à la liquidation des comptes de l'ancienne administration provinciale de l'Isle-de-France, et le second pour cause de maladie, suivant leurs lettres des 29 octobre et 1er novembre derniers. »

Le Procureur général syndic Challan ayant alors demandé la parole prononça un discours, dont on sera sans doute heureux de trouver ici le texte :

« Messieurs, destiné par les fonctions honorables qui me sont confiées à être le témoin des travaux auxquels vous allez vous livrer, permettez que je m'applaudisse d'avoir à réunir vos lumières pour déterminer l'opinion que je suis obligé de vous pré-senter quelquefois..... J'ai appris, dans la première séance de cette assemblée, combien il étoit heureux pour moi d'avoir à suivre l'impulsion de vos sentimens. Daignez, Mes-sieurs, agréer le seul hommage qui soit digne de vous, c'est-à-dire le désir ardent de seconder de toutes mes facultés les vues que vous manifestés sans cesse pour le bonheur de frères dont la confiance nous a appellés à l'administration. Il est sans doute pénible pour vous et pour moi de sentir combien il est difficile de répondre à une si haute confiance; malheureusement le département que vous administrés comprend dans son enceinte une partie de cette Généralité qui, sous prétexte qu'elle présentoit de grandes ressources, supportoit de grands fardeaux. Placée plus près des mouvemens qui faisoient agir la grande machine, elle éprouvoit la première le choc qui, transmis aux autres Généralités, venoit, après les avoir parcourues, refouler cette même Généralité par les excédens dont un administrateur courtisan se chargeoit sans difficulté. Alors des res-sources immenses sembloient excuser cette pression; privée aujourd'hui d'un grand nombre des canaux qui y faisoient circuler les richesses, vous aurez plus de peine à en extraire l'impôt légitime que n'en avoient les anciens administrateurs à percevoir des impôts onéreux. Cependant, Messieurs, si la franchise de mon caractère ne m'a pas permis de vous dissimuler les peines que vous éprouvés, je ne dois pas non plus vous taire les avantages que vous trouverés dans un pays qui ne met aucune borne à son patriotisme. Vous allez, Messieurs, sous l'inspection du Corps législatif, vous occuper

Pl. II

Laurent Le Cointre
Président du Département
1790.

Ch.-Fr. Le Brun
Président du Département
1791.

J.-M.-Cl.-Al. Goujon
Procureur général Syndic
du Département 1792-1793.

d'un nouveau mode d'imposition. Ce mode sera dirigé de manière à atteindre le riche et à permettre au pauvre de respirer, lui qui jusqu'alors avoit seul été frappé de la fiscalité. Vous allez, Messieurs, diriger les travaux du Directoire, et ce sera à vous qu'appartiendra l'honneur des opérations que vous lui aurez confiées. Jusqu'à présent, Messieurs, guidé par ses propres forces, il a pu chanceler dans la carrière pénible qui s'offroit devant lui, et si, malgré la pureté de ses intentions, il s'étoit trompé dans l'application des principes, c'est à vous à réparer les erreurs qui auroient pu se glisser dans sa gestion. Quant à moi, Messieurs, obligé de préparer le travail, d'exécuter les ordres qui me sont intimés, je puis avoir plus facilement qu'un autre laissé échapper une partie de mes attributions. Cependant, fort de ma conscience, si j'ai failli, c'est sans dessein, et, par cette raison, je sollicite moins votre indulgence que vos sages conseils pour réparer, autant qu'il sera en moi, les fautes que j'aurois pu commettre involontairement. La Loi sera notre guide à tous, et à cet effet je dépose sur le bureau les décrets relatifs aux fonctions des assemblées administratives, pour y avoir recours à mesure que vos opérations l'exigeront. »

Ce discours ayant été applaudi par l'assemblée, le Président Le Cointre prit à son tour la parole et dit :

« Messieurs, Le moment est arrivé où vous allez déployer pour la chose publique ce zèle, déjà si bien manifesté dans toutes les circonstances : elle sollicite aujourd'hui vos soins par des intérêts trop puissants, elle réclame votre attention par des besoins trop connus, elle commande même à votre conscience des devoirs trop rigoureux pour que vous lui dérobiés aucun des momens précieux que vous lui avez consacrés par les sermens les plus redoutables. C'est vers vous que les espérances des peuples sont actuellement tournées. C'est de vous, c'est de vos travaux qu'ils attendent les fruits d'une Constitution achetée par tant de sacrifices et retardée dans ses progrès par tant de difficultés : nous indiquer à nous-mêmes les moyens de les vaincre et de les surmonter, préparer aux peuples des ressources qui doivent les dédommager de leurs pertes et de leurs sacrifices, voilà l'objet qui vous rassemble et la mission importante que vous venés remplir. Qu'elle est digne de votre zèle, qu'elle est satisfaisante pour des cœurs vertueux, qu'elle est honorable pour des citoyens chargés de la confiance des peuples! Par quels efforts n'allez-vous pas leur prouver bientôt combien ils l'avoient solidement établie, par quels succès né vont-ils pas connoître avec quelle sagesse ils avoient placé dans vos mains le soin de leurs plus grands intérêts! Ce moment n'a pas été attendu avec moins d'impatience dans le cours des fonctions honorables dont vous nous avez chargés, dans la carrière pénible d'une administration rendue si difficile et si fatigante par la rigueur des circonstances. Combien de fois le besoin de vos lumières et de vos conseils n'a-t-il pas été vivement senti! Les détails qui seront ouverts à votre discussion vous prouveront même jusqu'à quel point cet utile concours eût été nécessaire à la chose publique. Certes,

6

les efforts de votre Directoire sont bien dignes d'éloges. Ses travaux ont été aussi assidus que ses principes ont été sages et éclairés : mais combien l'étendue des affaires et la difficulté des moyens n'est-elle pas au-dessus des forces ordinaires. Il y a donc bien long-tems que nous avons connu le besoin de nous réunir à vous et de nous aider de vos conseils. La part que j'ai prise habituellement aux travaux de votre Directoire ne me permettant pas de remplir auprès de vous pendant la tenue du Conseil les fonctions honorables dont vous m'avez chargé, il est indispensable, Messieurs, et le vœu de la loi vous le prescrit, que vous me donniez un successeur qui me remplace dans cet intervalle. Vous jugerez vous-mêmes s'il est plus sage de le choisir au scrutin ou de déférer cet honneur au plus ancien d'entre nous. Accoutumé à vos bontés par des preuves si multipliées et si flatteuses, dès que je serai rendu aux fonctions honorables que vous m'avez confiées, vous ne me verrez jamais occupé d'autre ambition que de mériter votre confiance et votre estime, ni d'autre soin que de veiller à l'exécution de ce que vous aurez ordonné pendant cette assemblée pour la prospérité publique. »

Le Conseil général eut alors à se préoccuper de la situation faite au Président de département, qui avait « le droit de présider le Directoire et d'y avoir voix délibérative », conformément à « la nouvelle Instruction de l'Assemblée nationale sur les fonctions des Assemblées administratives du 12 août dernier, sanctionnée par le Roi », par suite de quoi il ne pouvait plus « présider l'Assemblée générale du Conseil sans être juge et partie dans sa propre cause ». Après une discussion suivie et très approfondie, il fut arrêté à l'unanimité par l'Assemblée générale du département « de nommer à chacune de ses sessions, à compter de ce jour, un Président du Département, qui continuera ses fonctions jusqu'à la session suivante; que cependant cette élection sera soumise à l'Assemblée Nationale, pour savoir d'elle si le Conseil général du département a eu le droit de déterminer cette clause de police intérieure; que, de plus, il sera fait une adresse à l'Assemblée Nationale pour lui soumettre les inconvéniens qu'entraine la voix délibérative accordée au Président du Département aux séances du Directoire avec la voix prépondérante que le Directoire a droit d'accorder tous les mois à l'un de ses membres ».

Le Cointre quitta donc le fauteuil présidentiel, où il fut provisoirement remplacé par le doyen d'âge, et l'on procéda à la nomination d'un nouveau Président. Au deuxième tour de scrutin, M. Laisné, notaire à Arpajon, réunit « la pluralité absolue des suffrages, au nombre de quinze sur vingt-cinq votans », et fut, en conséquence, proclamé « Président du Département de Seine et d'Oise par M. le Président doyen d'âge », qui lui céda le fauteuil, « aux applaudissemens les plus manifestés de l'Assemblée entière », et il prêta le serment requis. Et le Conseil général termina cette première séance en votant des remerciements à M. Le Cointre.

La session dura jusqu'au dimanche 12 décembre. On saura ce qui s'y fit en prenant connaissance de l'analyse que nous avons donnée, dans l'*Inventaire sommaire de la série L*, des délibérations prises par le Conseil général au cours de ses laborieuses séances. Dans sa dernière réunion, l'Assemblée départementale, « considérant qu'elle ne [pouvait] s'occuper en ce moment du travail important de la répartition des impositions jusqu'à ce que le nouveau mode en [eût] été décrété et envoyé officiellement à l'Administration », arrêta « d'ajourner sa présente session à cette époque » et invita « le Directoire à s'occuper de la réunion de tous les détails et renseignemens qui pourront faciliter cette répartition en faisant connoître les facultés respectives de chaque district et même de chaque municipalité ».

Le Conseil général devait se réunir, l'année suivante, plus tôt qu'il ne se le figurait et dans des circonstances critiques, — au mois de juin 1791, — convoqué extraordinairement par lettre du 21, à l'occasion de la fuite du Roi. Avant de parler de cette « session extraordinaire », il nous faut signaler l'existence d'une loi qui fut établie dans l'intervalle des deux sessions, de la « Loi contenant des dispositions relatives à l'organisation des Corps administratifs, donnée à Paris, le 27 mars 1791 ». Elle comprend deux sections : la première, sans intitulé, composée de 38 articles ; la seconde, intitulée : « De la manière de terminer les contestations qui peuvent s'élever à la suite des Assemblées de Commune, des Assemblées primaires et des Assemblées électorales », composée de 10 articles. De cette loi nous n'indiquerons ici que les articles qui modifient ou complètent ce qui existait antérieurement. Ainsi :

« Les actes des Directoires ou Conseils de district ou de département ne pourront être intitulés ni *décrets*, ni *ordonnances*, ni *règlemens*, ni *proclamations*; ils porteront le nom d'*arrêtés*. — Les Conseils de département ou de district, après avoir procédé à l'élection du Directoire, nommeront, les premiers, quatre membres; les seconds, deux membres du Conseil, lesquels remplaceront au Directoire ceux dont les places deviendront vacantes par mort, démission ou autrement. — Les membres des Conseils de district ou de département, dont les places deviendront vacantes par mort, démission ou autrement, ne seront remplacés qu'à l'époque des élections ordinaires. — Le président d'une administration de district ou de département aura voix délibérative au Directoire ; il ne présidera point l'assemblée du Conseil, lors de la reddition des comptes. — Les membres des administrations de département ou de district ne pourront être réélus qu'après un intervalle de deux années. — Si la place de Procureur-général-syndic ou de Procureur-syndic devient vacante par démission ou mort, le Directoire de département ou de district nommera dans son sein ou dans le Conseil un Commissaire qui fera les fonctions de Procureur-général-syndic ou de Procureur-syndic jusqu'à l'époque du rassemblement des Electeurs.

« Les Conseils de district seront tenus d'adresser, chaque année, au Directoire de département, le procès-verbal de leur session, avant l'ouverture de la session du Conseil de département. — Indépendamment de la correspondance habituelle avec les Directoires de département, les Directoires de district seront tenus d'envoyer tous les mois au département un tableau raisonné des progrès de l'exécution des diverses parties confiées à leurs soins.

« La session de chaque Conseil de département ordonnée par l'art. XXI de la deuxième section du décret du 22 décembre 1789 aura lieu sans aucune convocation. L'époque de cette session ne pourra être ni retardée, ni avancée, à moins que, d'après une nécessité reconnue par la majorité des membres du Conseil, et sur une pétition qu'ils auroient adressée au Roi, le Roi n'en eût accordé la permission. Dans le cas où l'époque du rassemblement seroit avancée, les Directoires de département le notifieroient aux Directoires de district, afin que l'intervalle prescrit entre la tenue des Conseils de district et celle de département soit toujours observé. — Les Conseils de département ne pourront ni discontinuer leurs séances, ni s'ajourner qu'aux époques fixées par la loi, à moins que la nécessité des circonstances n'ait, sur leur demande, déterminé le Roi à autoriser cette discontinuation ou cet ajournement. — Néanmoins, dans le cas où la sûreté intérieure d'un département seroit troublée, au point qu'il fût nécessaire de faire agir la force publique de tout le département, le Président du Directoire sera tenu de convoquer le Conseil ; et à défaut de convocation, le Conseil sera tenu de se rassembler, mais toujours en donnant sur-le-champ avis de ce rassemblement extraordinaire à la Législature, si elle est réunie, ainsi qu'au Pouvoir exécutif. Le Conseil ne pourra alors s'occuper que des moyens de rétablir l'ordre, et il se séparera aussitôt que la tranquillité ne sera plus troublée.

« Les Conseils de département seront tenus de faire adresser au Roi chaque année, et dans la quinzaine après la clôture, deux expéditions du procès-verbal de leur session, dont l'une sera déposée aux archives de l'Assemblée Nationale.

« Indépendamment de la correspondance habituelle que les Directoires de département seront obligés d'entretenir avec le Ministre de l'intérieur, ils lui feront parvenir tous les mois un tableau raisonné des affaires du département et des progrès de l'exécution des diverses parties confiées à leurs soins.

« Les Conseils ou Directoires de département seront tenus d'exécuter et faire exécuter sans délai les ordres d'administration émanés du Roi en qualité de Chef suprême de l'administration générale et contresignés par le Ministre de l'intérieur ; mais si ces ordres leur paroissent contraires aux lois, après les avoir exécutés provisoirement, ils en instruiront le Corps législatif.

« Si le Procureur-syndic requiert, ou si le Directoire d'un district prend des arrêtés contraires soit aux lois, soit aux arrêtés de l'administration du département, soit aux ordres qui leur auroient été donnés ou transmis par le Directoire du département, celui-ci déclarera ces actes nuls ; il notifiera son arrêté au Directoire de district, et en instruira le Pouvoir exécutif.

« Si un Directoire de département met à exécution un arrêté du Conseil de département auquel le Roi auroit refusé son approbation, ou prend, de toute autre manière, des arrêtés contraires, soit aux règles établies par la constitution des Corps administratifs, soit aux lois de l'État, soit aux ordres donnés par le Roi en matière d'administration sous le contre-seing du Ministre qui en est responsable, le Roi pourra, sous la responsabilité de son Ministre, annuler ces actes par une Proclamation, et défendre de les mettre à exécution. — Si une administration de département prenoit, dans des circonstances urgentes, des arrêtés capables de compromettre la sûreté ou la tranquillité publique ; comme aussi dans le cas où, après une déclaration de nullité prononcée par le Roi et les ordres donnés par lui en matière d'administration, soit le Conseil de département, soit le Directoire, soit le Procureur-général-syndic persistoient dans leur insubordination, le Roi, sous la responsabilité de son Ministre, pourroit suspendre les auteurs du délit individuellement ou collectivement. — Si la suspension est prononcée contre tous les membres du Directoire, ils seront remplacés provisoirement, d'abord par les suppléans mentionnés en l'article III, ensuite par des Commissaires que le Roi choisira parmi les membres du Conseil de département, et, au besoin, parmi les membres de tous les Conseils de districts du même département. Le remplacement aura lieu de la même manière dans le cas où la suspension aura été prononcée contre quelques membres du Directoire, individuellement.— Si un Conseil de département se trouve suspendu, soit à l'époque où il doit tenir sa session annuelle, soit avant d'en avoir consommé les opérations, le Roi nommera trois commissaires pris dans chaque Conseil de district du même département dont les fonctions seront bornées à la réception des comptes de la gestion du Directoire, à la répar[ti]tion des contributions de l'année, et à la distribution des travaux publics de la même année, si ces opérations n'ont pas été faites. — La suspension mentionnée en l'article XXXIII, ainsi qu'en l'article XXVIII, pourra être prononcée, soit contre le corps entier du Conseil ou du Directoire, à raison des arrêtés qu'il aura pris, quel que soit le nombre des membres qui auront concouru à les former, soit contre un ou plusieurs de ces membres, pour les actes qui leur seront personnels, hors la délibération. — Dans tous les cas où une suspension sera prononcée, soit par le Directoire de département, soit par le Pouvoir exécutif, le Roi en instruira sur-le-champ la Législature, si elle est assemblée, et dès les premiers jours de la session, si elle est en vacance. — Sur cette notification, le Corps législatif, après avoir examiné la conduite du Ministre en cette occasion, pourra ou lever la suspension, ou dissoudre le Corps administratif, ou renvoyer quelques-uns de ses membres aux Tribunaux criminels de département ; ou, enfin, en déclarant qu'il y a lieu à accusation, les faire poursuivre devant la haute Cour Nationale. »

La « manière de terminer les contestations qui peuvent s'élever à la suite des Assemblées de Commune, des Assemblées primaires et des Assemblées électorales » fait, ainsi que nous l'avons dit, l'objet des dix articles de la seconde section de cette loi.

Trois mois plus tard, l'Assemblée administrative du département tenait sa première session extraordinaire, au milieu de l'effervescence générale[1].

« Ce jour d'huy, mercredi 22 juin 1791, M. Laisné, Président du Département, a ouvert la séance à neuf heures du matin. L'Assemblée étoit composée de MM. de La Chevardière, Pierron, Vesnard, Courtin, Caillot et Haussmann, membres du Conseil général du Département, qui se sont réunis au Directoire en vertu de la lettre de convocation extraordinaire du Conseil général en datte du vingt-un de ce mois. MM. Vaillant, Belin, Huet, Durand, Le Flamand, membres du Directoire, ainsi que M. le Procureur-général-syndic, étoient présens à l'Assemblée. Les membres qui composoient cette Assemblée, informés que le Directoire et quelques membres du Conseil général s'étoient réunis hier au Directoire du district de Versailles, à la Municipalité de Versailles, aux membres du Tribunal et aux députés des Sections de la ville, pour concerter les moyens d'assurer la tranquillité publique, ont arrêté, sur la demande qui en avoit été faite par l'Assemblée générale de la Commune, qu'il seroit laissé, pour le moment, auprès de la Municipalité, deux Commissaires pour suivre ensemble et successivement les détails de chaque circonstance et mettre la Municipalité à portée d'obtenir à tout instant les secours qui pourroient lui être nécessaires. » Il fut également arrêté que « l'Assemblée seroit permanente et se tiendroit jour et nuit, tant que les circonstances l'exigeroient ».

Ce que l'Assemblée fit dans ces circonstances critiques, on le saura en lisant notre Inventaire sommaire[2], et nous nous bornons à citer ici le texte de l'avis qu'elle décida immédiatement de faire imprimer et d'adresser aux Municipalités :

« Messieurs, le Conseil du département de Seine-et-Oise, convoqué extraordinairement, employe les premiers momens de sa réunion dans la circonstance critique où se trouve l'Empire à renouveler à tous les citoyens du département l'assurance des sentimens d'union et de patriotisme qui doivent, en ce moment surtout, ne faire de tous les François qu'un peuple de frères. Ce pacte de famille, dont la base redoutable pour qui seroit tenté de l'enfreindre est le serment de vivre [libres] ou de mourir, ce pacte auguste, si souvent ratifié dans les occasions les plus solemnelles, ne laisse que peu aucun François arbitre de sa destinée. L'intérêt particulier doit plus spécialement encore dans ces jours d'inquiétude générale se taire devant l'intérêt public, qui commande impérieusement à chaque citoyen l'oubli de ses pertes personnelles, le rapprochement de toutes les opinions, et, s'il le faut, même le sacrifice de sa vie à la cause nationale.

« Frères et Concitoyens, notre union fera notre force et notre tranquillité ; un courage ferme intimidera nos ennemis intérieurs. Quant aux Puissances voisines, dont on nous

---

[1] Arch. dép. de Seine-et-Oise, L21.

[2] Pages 32-39. Voir aussi, dans les *Mémoires de la Société des Sciences morales..... de Seine-et-Oise* [tome XVII, 1893], un discours de M. Paul Boxbois sur ce sujet : *Versailles pendant la fuite de Louis XVI à Varennes*.

menace, croyons, sans négliger nos préparatifs de défense, qu'elles respecteront un peuple libre qui n'aura pas longtems des ennemis *et dont les imitateurs seront bientôt aussi nombreux que tous les peuples de l'Europe.*

« Croyons à la fermeté et à la prudence de nos Représentans, qui ont si bien mérité notre confiance depuis que nous les avons chargés de nos intérêts. Reposez-vous sur le zèle et l'activité des Corps administratifs, formés par votre choix, pour vous transmettre le vœu de la loi. Par une correspondance suivie, ne ménagez ni leurs peines, ni leur tems, et persuadez-vous bien que, si les malheurs des circonstances ne pouvoient être prévus ou détournés, ils seroient les premières victimes des coups dont les ennemis du bien public et de la Constitution auroient l'audace sacrilège de menacer vos têtes.

« Telle est la profession de foi de vos Administrateurs, telle est sans doute la vôtre.

« Mais, Messieurs, hâtons-nous d'assurer notre liberté par le payement le plus prompt de nos contributions respectives. Déjà nous vous avons réitéré nos invitations à ce sujet. Plusieurs y ont adhéré; que ceux qui ont jusqu'ici négligé d'y répondre se pénètrent bien de cette vérité que l'État ne peut subsister, ni les particuliers même ne peuvent jouir tranquillement de leurs propriétés, si les impôts ne sont exactement acquittés aux termes prescrits; qu'ils soient bien convaincus que l'Assemblée Nationale ne leur demande pas des sacrifices, mais l'acquit d'une dette sacrée, à laquelle les mauvais citoyens peuvent seuls tenter de se soustraire, et qu'ils ont tous également intérêt à payer, s'ils veulent continuer à jouir des fruits que leur promet et que leur a déjà assurés la Constitution. »

Quatre Commissaires nommés par l'Assemblée des trois Corps administratifs — Département, District, Municipalité, — réunis en la Maison commune, avaient, d'autre part, et en toute hâte, porté à l'Assemblée nationale l'adresse suivante :

« Messieurs, Le départ du Roi est un événement affligeant pour tous les bons François; mais, si le Roi abandonne son poste, l'Assemblée Nationale aura le courage de conserver le sien. Le Département de Seine-et-Oise, le District et le Conseil général de la Commune de Versailles, les députés de chaque Section et le Tribunal, rassemblés à la Maison commune et réunis d'opinions et de sentiments, ont arrêté à l'unanimité que quatre députés porteront à l'instant à l'Assemblée Nationale le témoignage de confiance qui lui est dû et l'assurance que dans ce moment ils considèrent le corps constituant comme le centre auquel doivent se rallier tous les François qui, fidèles à leurs serments, sacrifieront tout pour la Constitution du Royaume. »

Cette session « extraordinaire » ne dura que six jours. Le lundi 27 juin, l'Assemblée, « informée d'une manière indubitable du retour du Roi et de la famille royale à Paris, et assurée de la tranquillité qui règne dans le département et dans le Royaume », jugea « que la réunion extraordinaire de ses membres devenoit inutile, et [arrêta] de se séparer, après avoir chargé son Président d'écrire circulairement à la Municipalité de

Versailles et aux Districts pour leur en faire part et pour leur témoigner toute la satisfaction de l'Assemblée du zèle, du courage et du patriotisme qu'ils ont montrés dans
cette circonstance. M. le Procureur général syndic a été chargé de faire part au Ministre
de l'intérieur de la cessation des séances du Conseil général. »

C'était la dernière fois que les trente-sept premiers élus départementaux s'étaient
trouvés réunis, car, entre cette session extraordinaire de juin 1791 et la session ordinaire dont nous aurons bientôt à parler, se plaça un renouvellement partiel du Directoire et du Conseil général, dont nous avons maintenant à donner les raisons.

Par lettres patentes du 29 mai 1791, le Roi avait sanctionné le décret des 27 et 28
de ce mois relatif à la convocation de la première législature. Ce décret est divisé en
deux titres : titre premier, « Convocation de la première législature »; titre deux,
« Dispositions sur le mode d'élire et époque définitive des élections et des remplace-
ments ». Voici les dispositions essentielles qu'il y a lieu de faire connaître :

« Les Procureurs généraux syndics des départemens enjoindront aux Procureurs
syndics des districts de réunir en Assemblées primaires, du 12 au 25 juin de la présente
année, les citoyens actifs de tout le Royaume, pour nommer de nouveaux Electeurs,
sans qu'on puisse néanmoins se dispenser de l'exécution de la loi qui ordonne un intervalle de huit jours entre la convocation et la tenue des Assemblées primaires et sans
que les Assemblées primaires du même département puissent commencer à des jours
différens. — Les Electeurs se réuniront dans le chef-lieu du département les douze
jours qui suivront le jour indiqué par le Directoire de département pour le commencement des Assemblées primaires : ils y procéderont à la nomination des Députés au
Corps législatif, et ils feront, conformément aux lois, les élections qui pourront survenir
jusqu'à la formation du Corps électoral au mois de mars 1793.

« A l'avenir, la valeur de la journée de travail sera fixée par le Directoire de département, pour chaque district, sur la proposition du Directoire du district.

« Les Electeurs seront choisis au scrutin de liste simple et en trois tours, si cela est
nécessaire; il n'y aura plus de scrutin de liste double en aucun cas.

« Les Electeurs, après avoir nommé les Députés à la Législature, procéderont au remplacement de la moitié des membres des Administrations de département et de district :
l'intervalle, quel qu'il soit, écoulé depuis la nomination de ces derniers sera compté pour
deux ans; et l'intervalle qui s'écoulera ensuite jusqu'à l'époque des élections de 1793
sera également compté pour deux autres années. — Attendu que les Membres des Administrations de département et de district dont les fonctions vont cesser aux termes de l'article précédent n'auront pas exercé deux années, ils pourront être réélus pour cette fois
seulement et nonobstant l'article 6 de la loi du 27 mars de l'année présente.

« Les Procureurs généraux syndics et les Procureurs syndics actuels de tout le
Royaume cesseront leurs fonctions en l'année 1793, s'ils ne sont pas réélus. »

Il avait donc été arrêté par le Directoire du département de Seine-et-Oise, en sa séance du 3 juin, « que la convocation de tous les Citoyens actifs du département pour se réunir en Assemblées primaires à l'effet de nommer de nouveaux Electeurs [auroit] lieu dans tout le département le dimanche 19 du présent mois, que l'Assemblée électorale [seroit] convoquée pour le samedi 2 juillet suivant, et que M. le Procureur général syndic [feroit] les dispositions nécessaires pour opérer lesdites convocations ». Dès le 4, le Procureur général syndic adressait, en conséquence, une lettre aux Procureurs syndics des districts. Et le 15 du même mois, le Roi sanctionnait le décret du 10 relatif au renouvellement de la moitié des membres des Administrations de département et de district :

« Le tirage au sort de la moitié des Membres des Administrations de département et de district qui doivent être remplacés aux termes de la loi sur la convocation de la première législature sera annoncé trois jours à l'avance et se fera par les Directoires de département et de district, les portes ouvertes. — Ceux qui sont morts et [ceux] qui auroient donné ou donneroient leur démission avant le tirage feront partie de la moitié qui doit être remplacée, et le tirage n'aura lieu que pour l'excédent jusqu'à concurrence de cette moitié. — Un premier tirage fera sortir la moitié des Membres des Directoires de département et de district, et un second tirage ne portera plus que sur les Membres du Conseil. — L'Administration entière de département ou de district, en nommant les Membres qui doivent compléter le Directoire, ne pourra les choisir que parmi ceux qui vont être élus ou réélus, aux termes de la loi du 29 mai dernier. — Les Citoyens qui vont être élus pour renouveler la moitié des Membres des Administrations de département et de district n'entreront en activité qu'à l'époque de la session des Conseils qui sera incessamment déterminée, et chacun des Membres actuels des Directoires continuera ses fonctions jusqu'à l'ouverture de cette session. »

Mais survint, dans la nuit du 20 au 21 juin, le gros événement de la fuite du Roi, accompagné de sa famille, tentative qui « échoua beaucoup moins par suite de l'imprudence des fugitifs, que parce que l'indiscipline des troupes rendit vaines les habiles précautions que le général Bouillé avait prises[1] ». L'Assemblée nationale rendit donc, à la date du 24 juin, un décret par lequel elle ordonnait « que les Electeurs qui ont été ou qui seront nommés par les Assemblées primaires ne se réuniront pas et surseoiront aux nominations auxquelles il devoit être procédé, d'après la loi du 29 mai, jusqu'au jour qui sera déterminé par un décret ». Ce second décret, rendu le 5 août et promulgué le 8, est ainsi conçu : « L'Assemblée Nationale décrète qu'elle lève la suspension portée par le décret du 24 juin dernier, et qu'en conséquence les Assemblées électorales seront incessamment convoquées dans tous les départements du Royaume pour nommer les Députés

---

[1] ACLARD, *Histoire politique de la Révolution française*, p. 117.

7

au Corps Législatif, à compter du 25 août présent mois jusqu'au 5 septembre prochain. »
Le 13 août, le Procureur général syndic du département adressa donc une lettre aux
Procureurs syndics des districts relativement à la « convocation de l'Assemblée électorale pour l'élection : 1° des Députés au Corps législatif et de leurs suppléants; 2° des
deux Hauts-jurés qui doivent servir auprès de la Haute-cour nationale; 3° du Président
du Tribunal criminel, de l'Accusateur public et du greffier; 4° des Membres de l'Administration dont les fonctions vont cesser par l'effet du sort ».

La date fixée pour la tenue de l'Assemblée électorale à Versailles était celle du
28 août.

La veille de ce jour, conformément aux prescriptions de la loi, le Directoire du département procéda au tirage au sort « de la moitié des Membres qui composent le Directoire
du Département et pareillement de la moitié des Membres du Conseil général qui doivent
être renouvelés[1] ». L'Assemblée était composée de MM. Huet, Rouveau, Vaillant, Durand,
Hénin, Chéron, Le Flamand et de M. le Procureur général syndic. Etaient présents :
MM. Le Cointre, Haussmann, de La Chevardière, La Truffe, Caillot, Vénard, Pierron, Le
Gendre, Courtin, Pinaut, Pasquier, Bailly, Troussel, Le Tavernier, Poiret, Brichard,
Boyer, Venteclef.

Le Procureur général syndic prononça d'abord un discours, dont nous voulons citer
au moins quelques lignes : « Messieurs, Le sort, qui va faire cesser les travaux administratifs d'une partie d'entre vous, ne terminera pas vos obligations..... Amis de l'ordre,
vous reporterez dans vos foyers l'esprit de modération qui vous a dirigés dans une administration naissante et difficile; vous donnerez à ceux qui méconnoissent les vrais principes de la liberté l'exemple de la soumission aux autorités constitutionnelles. Chacun,
remplissant à son tour des fonctions déléguées par la confiance publique, recueillera
l'estime des Citoyens qui l'auront précédé ou qui lui succéderont, et par un heureux
concours propageront les lumières, les vertus nécessaires au maintien des loix, et le respect qui leur est dû deviendra la religion des peuples. Cet espoir diminue, sans doute,
le regret de ceux qui sont destinés par la Loi à fournir une plus longue course de la
perte des coopérateurs estimables, dont toutefois ils sentent l'étendue. Pour moi, Messieurs, je ne puis dissimuler mes regrets. Les bontés dont m'ont honoré chacun de vous
ont gravé dans mon cœur un long souvenir de reconnoissance. Pardonnez, Messieurs,
ces épanchemens. L'obéissance à la Loi n'éteint pas la sensibilité..... »

Il annonça ensuite que MM. Janvier, Mautemps et Feugères avaient remis leur démission, « leurs occupations ne leur permettant plus de donner leurs soins à l'Administration ». MM. Boyer, juge de paix, et Le Tavernier de La Mairie prièrent l'assemblée d'agréer
la leur. « Au moyen des démissions ci-dessus », il fut reconnu « qu'il ne restoit que neuf

[1] Arch. dép. de Seine-et-Oise, L 42, p. 457 et suivantes.

membres du Conseil général qui fussent dans le cas de sortir par la voye du sort ». On procéda donc au tirage au sort qui désigna :

Pour sortir du Directoire du département, MM. Rouveau, Durand, Chéron et Le Flamand ;

Pour sortir du Conseil général, MM. Troussel, Caillot, Pierron, Laisné, Dieulefit de Beaulieu, Le Turc, de La Chevardière, Legendre et Poiret.

Restaient donc : au Directoire du département, MM. Hénin, Belin, Vaillant et Huet ; au Conseil général, MM. Le Cointre, Haussmann, Vénard, La Truffe, Germain, Dupré, Bailly, Boutroue, Roger, Courtin, Brichard, Pineau, Pasquet de Leyde et Venteclef.

Le dimanche 28 août, les Electeurs du département de Seine-et-Oise nommés dans les Assemblées primaires qui avaient été tenues au mois de juin se réunirent, comme en 1790, à Versailles, « en la salle où l'Assemblée Nationale a tenu ses séances », en l'hôtel des Menus-Plaisirs. La liste officielle de ces Electeurs indique qu'ils étaient au nombre de 724. On sait quel était l'objet de leur mission : procéder à l'élection des Députés au Corps législatif, au choix de deux Hauts-Jurés devant servir auprès de la Haute-Cour nationale, à la nomination du Président du Tribunal criminel, de l'Accusateur public et du Greffier, au remplacement des membres de l'Administration du département dont les fonctions avaient cessé par l'effet du sort. Ces travaux nécessitèrent une longue session, qui prit fin le samedi 17 septembre, ayant duré vingt et un jours. Nous avons publié in extenso le texte du procès-verbal de cette Assemblée électorale dans une étude intitulée : *Les Elections à l'Assemblée législative de 1791 dans le département de Seine-et-Oise*[1], à laquelle nous ne pouvons que renvoyer les lecteurs. Nous dirons seulement que MM. Le Cointre, Haussmann et Courtin ayant été élus députés au Corps législatif, le nombre des membres à élire au Conseil de département fut de vingt et un. Les élus furent :

Pour le district de Versailles[2] :

MM. Carpentier, maire de Vaucresson,
Goujon, citoyen de Meudon,
Bournizet l'Américain, assesseur du juge de paix à Versailles,
Adant, curé de Chevreuse, ex-Administrateur du district,
Hettlinger, contrôleur de la Manufacture de porcelaines de Sèvres,
Richaud (Hyacinthe), Administrateur du district ;

[1] *Mémoires de la Société Archéologique de Rambouillet*, tome XX, 1908.
[2] « Liste de MM. les Electeurs du département de la Seine et de l'Oise nommés dans les Assemblées primaires tenues en 1791. » N° 84. CARPENTIER, maire de Vaucresson. — N° 87. GOUJON, bourgeois de Meudon (Jean-Marie-Claude-Alexandre ; voir notre Introduction à l'Inventaire, p. XXXVIII). — N° 4. BOURNIZET l'Américain (Jean-Baptiste), notable, et assesseur du juge de paix. — N° 73. ADANT (Jean-Baptiste-Joseph), curé de Chevreuse et administrateur du district [Voir à son sujet le dossier G 534]. — N° 88. HETTINGER (sic), inspecteur de la Manufacture

Pour le district de Saint-Germain-en-Laye :

MM. Collas, major de la Garde nationale d'Argenteuil,
Caillot, ex-Administrateur du Département,
Martin, négociant à Poissy ;

Pour le district de Mantes :

MM. Durand, ci-devant Administrateur du Département,
Lépicier, citoyen de Méricourt ;

Pour le district de Pontoise :

M. Cadet de Vaux, citoyen de Franconville ;

Pour le district de Gonesse :

MM. Riot, Vice-Président actuel du Directoire du district, propriétaire à Sevran,
Le Flamand, ex-Administrateur du Département, citoyen de Luzarches,
Morillon, à Villiers-le-Bel,
La Chabeaussière, commandant de la Garde nationale de Margency ;

Pour le district de Corbeil :

MM. Laisné, notaire à Arpajon, Président actuel du Département,
Benezech, juge de paix à Sucy ;

Pour le district de Dourdan :

MM. Le Brun, actuellement Député à l'Assemblée nationale, citoyen du district,
Charles Rohan, citoyen de Rochefort ;

Pour le district de Montfort-l'Amaury :

M. Rouveau, ex-Administrateur du Département, citoyen des Mesnuls.

de porcelaine, à Sèvres. — N° 10. RICHAUD (Hyacinthe), administrateur du district. — N° 180. COLLAS (Jean-Antoine
négociant, major de la garde nationale. — N° 249. MARTIN, négociant et administrateur du district. — N° 43. CADET
DE VAUX (Antoine-Alexis), membre de la Société d'Agriculture, demeurant à Franconville [canton actuel de Montmorency ; voir notre Introduction, p. XXXVII]. — N° 679. RIOT, propriétaire à Sevran, administrateur et vice-président du directoire du district. [Voir notre Introduction, p. XL.] — N° 715 LE FLAMAND, membre du directoire du
département, demeurant à Luzarches. — N° 706. MORILLON, négociant à Villiers-le-Bel. [Voir notre Introduction,
p. XL.] — N° 691. LA CHABAUSSIÈRE, commandant de la garde nationale, à Margency. — N° 647. BÉNÉZECH, juge
de paix à Sucy. [Pierre Bénézech, agent d'affaires, avocat, ministre et préfet, né à Montpellier (Hérault), le 8 avril
1749,... mort à Saint-Denis (Saint-Domingue), le 13 juin 1802 ;... ministre de l'Intérieur le 12 brumaire an IV. *Dictionnaire historique et biographique de la Révolution et de l'Empire*, 1789-1815, de ROBINET, ROBERT et LE CHAPLAIN.]
— N° 451. ROHAN (Charles), de Rochefort. — En ce qui concerne CAILLOT, LÉPICIER, LE FLAMAND DE JOYENVAL,
LAISNÉ, LE BRUN, ROUVEAU, voir notre Introduction. p. XXXVI-XLIII. Nous n'omettrons pas de dire qu'en 1897,
M. Georges Moussoir a publié un très intéressant ouvrage ayant pour titre : *Le Conventionnel Hyacinthe Richaud*
(Paris, Plon), dont nous conseillons vivement la lecture.

A la fin de la dernière séance, le Président de l'Assemblée électorale, Jean Bassal, curé de Saint-Louis de Versailles[1], s'adressa aux Electeurs en ces termes :

« Messieurs, Le terme de vos travaux est enfin arrivé. Les nôtres vont commencer, et ce sera pour nous une grande gloire si nous remplissons nos devoirs avec autant de courage que vous avez rempli les vôtres avec sagesse. Vous nous laissez en partant tous vos droits et tous vos pouvoirs : partez avec la ferme confiance que vous les avez déposés dans des mains sûres. Organes de votre volonté, nous n'avons pas d'autre devoir que d'en être les fidèles interprètes. Celui qui oublierait ce que vous avez fait pour la plus sublime des Constitutions serait le plus lâche de tous les parjures et le traître le plus détestable. Comptez donc avec assurance sur notre courage ; jamais nous n'oublierons par qui nous sommes envoyés et pour quels intérêts nous avons été investis du plus grand de tous les caractères ; heureux si, après avoir reçu de votre part des marques de votre confiance aussi précieuses, nous pouvons recueillir à notre tour des marques de votre estime ! »

L'Assemblée électorale ayant ainsi terminé les différentes opérations qui faisaient l'objet de sa convocation, le Président leva la séance et déclara « l'Assemblée désunie ». Le procès-verbal porte *in fine* les signatures : BASSAL, président, et SORET, secrétaire.

La « loi du 2 octobre 1791 » fixa au 15 novembre la réunion des Administrateurs composant les Conseils de département. En conséquence, le mardi 15 novembre, à dix heures du matin, plusieurs de MM. les Administrateurs se réunirent « dans une des salles de l'hôtel du Département servant ordinairement aux séances du Conseil général » et s'y formèrent en assemblée sous la présidence de M. Caillot, reconnu doyen d'âge. Comme il manquait encore quatorze Administrateurs, il fut décidé qu'on « [suspendrait] jusqu'à cette après-midi la nomination d'un Président du Département et que l'audition du rapport de M. le Procureur général syndic [serait] demain à l'ordre du jour ».

A la séance de l'après-midi se trouvaient MM. Pasquet de Leyde, Germain, Richaud [Hyacinthe], Carpentier, Collas ou Colas, Durand, Laisné, Riot, Bénézech, Goujon, Le Brun, Bournizet, Morillon, Le Flamand, Adant, La Chabeaussière, Rouveau, Caillot, Hettlinger, Martin, Huet, Vaillant, Belin, Hénin et Roger, ainsi que MM. Challan, procureur général syndic, et Bocquet, secrétaire général.

M. Laisné prononça d'abord « un discours où il a témoigné à l'Assemblée sa reconnaissance de l'honneur qu'elle lui avoit fait et de la confiance dont elle lui avoit donné la preuve la plus sensible en l'élevant à la Présidence. Il y a rappelé les principaux devoirs de l'Administration, l'attention la plus scrupuleuse qu'elle devoit

---

[1] Jean Bassal avait été élu par cette assemblée député à la Législative.

apporter à rectifier les erreurs et les inégalités qui paraissent s'être glissées dans la répartition des contributions et étouffer en ce point des murmures dont le fanatisme et les ennemis du bien public ne manqueroient pas de tirer avantage pour abuser les peuples et détruire le grand ouvrage de la Constitution ; il a aussi fixé l'attention de l'Assemblée sur les secours dus à l'indigence, les ateliers publics et leur distribution dans la plus sage proportion. »

Après quoi on procéda, par la voie du scrutin, à l'élection d'un Président. Aucun des membres n'ayant réuni la majorité absolue aux deux premiers tours, on « a été à un troisième scrutin, qui n'a porté que sur MM. Le Brun et Richaud, qui avaient réuni le plus de voix au précédent. Et M. Le Brun ayant obtenu dix-sept voix sur vingt cinq, M. le Président d'âge a proclamé Président du Département de Seine-et-Oise M. Le Brun, auquel il a cédé le fauteuil et qui a marqué à l'assemblée toute sa sensibilité et le désir de justifier sa confiance ».

On nomma ensuite celui des membres qui, aux termes de la loi, aurait, en cas de partage d'opinions dans les délibérations du Conseil, la voix prépondérante pendant huit jours. Ce fut également à M. Le Brun qu'elle fut attribuée.

Enfin, on choisit M. Hettlinger comme vice-président, « qui, en cas d'absence ou autre empêchement, remplacerait M. le Président pendant la présente session ».

MM. Bénézech et Cadet de Vaux étaient, en même temps, désignés comme « Commissaires pour la rédaction du procès-verbal ».

Le Brun[1] — le futur duc de Plaisance et architrésorier de l'Empire — ne devait conserver la présidence que pendant quelques jours. Le 22 novembre, en effet, le Conseil général s'occupa de pourvoir au remplacement des quatre membres sortis du Directoire et le scrutin donna les résultats suivants. Étaient élus : premier membre du Directoire, M. Le Brun, par 25 voix sur 31 ; deuxième membre, M. Le Flamand, par 17 voix ; troisième membre, M. Durand, par 25 voix ; quatrième membre, M. Rouveau. M. Le Brun déclara accepter « cette place, et qu'il ferait tout ce qui serait en son pouvoir pour justifier [la] confiance de l'Assemblée ». Et il prévint celle-ci que « les nouvelles fonctions auxquelles elle l'avait destiné exigeant un service habituel, elle serait obligée de lui choisir un successeur dans le jour ». MM. Le Flamand, Durand et Rouveau acceptèrent aussi leur nomination et « [marquèrent] à l'assemblée leur sensibilité de cette nouvelle marque de confiance, qui ne peut qu'augmenter leur zèle et leur activité dans l'exercice des fonctions que l'Assemblée venait de leur continuer ».

Ce même jour, on procéda à la nomination des quatre suppléants pour le Directoire, et le choix se porta sur MM. Bénézech, Lépicier, Goujon, de La Chabeaussière, qui furent élus premier, deuxième, troisième et quatrième suppléants.

[1] Voir notre Introduction à l'Inventaire, p. XXXVI.

On eut alors à nommer le nouveau Président du Département, « à la place de M. Le Brun, nommé au Directoire ». Au troisième tour de scrutin, « qui n'a porté que sur MM. Germain et Cadet, qui avaient obtenu le plus de voix au scrutin précédent », le résultat fut que « M. Cadet [avait] réuni vingt voix sur trente une ». En conséquence, M. Cadet de Vaux[1] fut proclamé Président par l'assemblée, qui vota des remerciements à M. Le Brun pour la manière dont il l'avait présidée et lui donna « la voix prépondérante » pendant huit jours. Le lendemain, 23 novembre, le Directoire, composé de MM. Hénin, Belin, Vaillant et Huet, restés membres, et Le Brun, Le Flamand, Durand et Rouveau, nouveaux élus, nommait M. Le Brun « Vice-Président du Directoire du département ».

Cette session ordinaire de 1791 dura un mois, du 15 novembre au 15 décembre. Elle fut très importante et très chargée : on pourra s'en convaincre en lisant dans notre Inventaire sommaire l'analyse des procès-verbaux des séances[2]. Il ne saurait entrer dans nos vues de donner ici même un aperçu des travaux de l'Assemblée; nous nous bornerons à faire remarquer qu'en cette session fut appliqué pour la première fois l'article 24 de la section II du décret sur la constitution des Assemblées primaires et des Assemblées administratives : « A l'ouverture de chaque session annuelle, le Conseil de département commencera par entendre, recevoir et arrêter le compte de la gestion du Directoire; ensuite les membres du Directoire prendront séance et auront voix délibérative avec ceux du Conseil. » Ce premier compte de gestion du Directoire du département fut présenté par le Procureur général syndic; nous n'en parlerons pas ici, nous réservant de dire quelques mots des comptes de gestion quand nous traiterons du Directoire du département, dans une autre partie de cette étude[3]. Nous constaterons seulement que, dans sa séance du 21 novembre, le Conseil général du département, « après avoir porté son attention la plus scrupuleuse sur toutes les parties de l'administration et sur les détails infinis qu'elle embrasse, a reconnu que le Directoire avait administré les affaires du département avec zèle, activité et intelligence. malgré les circonstances les plus difficiles et le changement de mode dans toutes les parties; que, si le Conseil s'est aperçu qu'il existait des affaires en retard, on ne pouvait l'attribuer qu'aux circonstances du moment, que le zèle du Directoire n'a pu surmonter, mais qu'il n'a rien négligé pour l'instruction des Directoires des districts, pour celle des Municipalités et pour leur donner l'activité nécessaire; qu'il a porté ses soins au recouvrement des anciennes impositions et à une répartition des nouvelles aussi exacte que les bases que le Directoire a pu se procurer ont pu le permettre, mais que les administrés n'ont pas tous également répondu à la sollicitude du Directoire sur cette partie; qu'il a établi par la comptabilité la plus claire

[1] Introduction à l'Inventaire, p. xxxvii.
[2] Inventaire sommaire, p. 40-57.
[3] Voir plus loin, section II, Le Directoire du Département.

l'emploi des fonds qui ont été à sa disposition et l'état des biens nationaux; que la partie de la police a été surveillée avec l'exactitude la plus conforme à la Loi; que ses opérations sur le bien public ne laissent que le regret de ce que le Directoire n'a pas eu plus de fonds à sa disposition; qu'il a employé tous les moyens qui étaient en son pouvoir pour le bonheur des administrés et pour l'exécution de la Loi; enfin que l'impression du résumé du compte rendu par le Directoire ne pouvait qu'ajouter à la confiance qu'il a méritée ».

Le Conseil général arrêta ensuite que les Administrateurs composant le Directoire du département seraient invités à se rendre à l'Assemblée et que le Président voudrait bien leur témoigner les sentiments et la satisfaction du Conseil. Quand MM. du Directoire furent entrés, le Président leur dit : « Messieurs, L'Assemblée, après avoir applaudi successivement à chacune des parties du travail que vous avez soumis à son examen, me charge de vous exprimer encore l'approbation qu'elle donne à leur ensemble. Nous étions impatients de nous réunir à vous et de nous éclairer de vos lumières. L'Assemblée m'ordonne d'ouvrir dès demain les séances du Conseil général. »

D'où il suit — et cette constatation est à faire — que cette session de l'Assemblée administrative du département se divise en deux parties. Dans la première, du 15 au 21 novembre, l'Assemblée procède surtout à l'examen de la gestion du Directoire. Dans la seconde, du 22 novembre au 13 décembre, — constituée en assemblée générale par la réunion du Conseil et du Directoire — et en présence du Procureur général syndic, qui a remercié MM. du Conseil : « Agréez ma reconnaissance pour tous les témoignages flatteurs dont vous m'avez comblé, que je dois plus à votre indulgence qu'aux faibles travaux dont j'ai été occupé », — elle s'occupe, après s'être divisée en Bureaux, — nous dirions aujourd'hui en Commissions, — des autres objets dont l'accomplissement lui est confié par la Loi, notamment de la répartition des Contributions entre les neuf districts; des traitements des employés départementaux, répartis en six Bureaux : Bureau des Impositions, Bureau des Travaux publics et Biens nationaux, Bureau de la Police générale, Bureau d'Agriculture et Commerce et de Comptabilité, Bureau de M. le Procureur général syndic, Bureau du Secrétariat; des moyens de réprimer les brigandages, à propos desquels il fut envoyé à l'Assemblée nationale une adresse dont la lecture est très instructive, mais dont nous ne pouvons citer que quelques lignes du début : « Messieurs, un fléau né de l'anarchie désole différentes parties de notre département. Des scélérats réunis en troupes, avec des armes, avec des chevaux et des voitures, parcourent nos campagnes, dévastent les habitations et vont cacher et vendre dans les villes le fruit de leurs brigandages. Des mendians et des vagabonds, complices peut-être de ces ennemis publics et la plupart flétris déjà par la justice, exigent avec audace les secours qu'ils doivent attendre de la bienfaisance, portent la terreur dans les asiles qui les reçoivent et n'y laissent presque toujours que les traces du vol et de la violence. Nos routes sont redoutées du voyageur; le cultivateur, tremblant pour ses propriétés et pour sa vie, menace d'abandonner ses foyers et ses travaux ou, doutant de la force des lois, il s'arme pour se défendre, et déjà la vengeance ou une crainte meurtrière ont immolé des victimes qui peut-être ne seraient pas tombées sous le glaive de la justice[1]..... »

Le jeudi 15 décembre, l'Assemblée ayant appris ce qui s'était passé la veille à l'Assemblée nationale et ayant entendu la lecture du discours du Roi, « applaudi avec transports », vota à l'unanimité une adresse au Souverain pour lui exprimer son amour et sa reconnaissance :

« Sire, nous lisons votre discours à l'Assemblée Nationale; nous le lisons avec joie : nos cœurs, pleins d'un sentiment de bonheur, se disent avec transport : nous avons un Roi digne d'un peuple libre. Ce sentiment nous entraîne, nous nous hâtons de vous en faire jouir. L'expression de l'amour, de la reconnaissance du Peuple, ne peut jamais parvenir assez tôt à celui dont la probité est le garant de la félicité publique. Sire, nous seconderons vos vœux, nous remplirons nos devoirs. Ils nous sont plus chers encore depuis que vos vœux nous sont connus[2]. »

Dans une lettre écrite en même temps au Ministre de l'Intérieur, l'Assemblée disait au sujet de cette adresse : « Pénétré du sentiment délicieux que [le discours du Roi] a dû faire naître, le Conseil général a arrêté une adresse au Roi. Elle a été aussitôt rédigée que conçue. C'est le dernier ouvrage de notre session, il étoit impossible de la terminer d'une manière plus heureuse pour nos cœurs[3]. »

La clôture de la session eut lieu dans l'après-midi. Le Conseil général se transporta d'abord en la salle d'assemblée du Directoire, où « MM. du Directoire et M. le Procureur général syndic s'étoient retirés pour s'occuper des détails de l'Administration ». Le Président du Département, Cadet de Vaux, assura MM. du Directoire « des sentimens de fraternité et de satisfaction des membres du Conseil envers eux » et « annonça particulièrement à M. le Procureur général syndic que son travail et ses soins assidus lui ont assuré l'estime et l'amitié de tous les membres du Conseil ». Après quoi, le Conseil général, rentré au lieu de ses séances, exprima au Président « toute sa satisfaction de la manière avec laquelle il a présidé l'Assemblée ». Alors le Président, « après avoir marqué toute sa sensibilité des témoignages de confiance et d'amitié qu'il [avoit] reçus du Conseil général », déclara que « la séance étoit levée, que l'assemblée alloit se séparer et que la session étoit terminée ».

Sept mois après, l'Assemblée administrative se réunissait en session extraordinaire et permanente dans les circonstances les plus graves, aux heures sombres de notre histoire.

[1] Arch. dép. de Seine-et-Oise, I, 21, p. 328.
[2] Ibid., p. 361.
[3] Ibid.

Les 5-8 juillet 1792, avait été rendu le décret fixant « les mesures à prendre quand la Patrie est en danger », décret dont il importe d'avoir présents à l'esprit au moins les articles ci-après :

« Lorsque la sûreté intérieure ou la sûreté extérieure de l'Etat seront menacées, et que l'Assemblée Nationale aura jugé indispensable de prendre des mesures extraordinaires, elle le déclarera par un acte du Corps législatif, conçu en ces termes : *Citoyens, la Patrie est en danger.*

« Aussitôt après la déclaration publiée, les Conseils de Département et de District se rassembleront, et seront, ainsi que les Conseils généraux des Communes, en surveillance permanente; dès ce moment, aucun fonctionnaire public ne pourra s'éloigner ou rester éloigné de son poste.

« Le Corps législatif fixera le nombre de Gardes nationales que chaque département devra fournir. — Les Directoires de département en feront la répartition par district, et les districts entre les cantons, à proportion du nombre de gardes nationales de chaque canton.

« Aussitôt après la publication du présent décret, les Directoires de district se fourniront chacun de mille cartouches à balle, calibre de guerre, qu'ils conserveront en lieu sain et sûr, pour en faire la distribution aux volontaires, lorsqu'ils le jugeront convenable. Le Pouvoir exécutif sera tenu de donner les ordres pour faire parvenir aux Départemens les objets nécessaires à la fabrication des cartouches.

« La solde des volontaires leur sera payée sur les états qui seront délivrés par les Directoires de district, ordonnancés par les Directoires de département, et les quittances en seront reçues à la Trésorerie nationale comme comptant.

« Lorsque le danger de la Patrie aura cessé, l'Assemblée Nationale le déclarera par un acte du Corps législatif, conçu en ces termes : *Citoyens, la Patrie n'est plus en danger.* »

Les 11-12 juillet, paraissait le décret déclarant « que la Patrie est en danger ».

« Des troupes nombreuses s'avancent vers nos frontières; tous ceux qui ont horreur de la Liberté s'arment contre notre Constitution. — Citoyens, la Patrie est en danger. Que ceux qui vont obtenir l'honneur de marcher les premiers pour défendre ce qu'ils ont de plus cher se souviennent toujours qu'ils sont Français et libres; que leurs concitoyens maintiennent dans leurs foyers la sûreté des personnes et des propriétés; que les magistrats du Peuple veillent attentivement; que tous, dans un courage calme, attribut de la véritable force, attendent pour agir le signal de la loi, et la Patrie sera sauvée. »

En conséquence, le mardi 24 juillet 1792, « l'an quatrième de la Liberté », à une heure de l'après-midi, le Conseil général du département s'assemblait « dans la nouvelle salle de ses séances », c'est-à-dire au « pavillon du Grand-Veneur »[1]. Assistaient

---

[1] Arch. dép. de Seine-et-Oise. L 24, p. 375. Voir la troisième partie du présent travail.

à cette réunion : MM. Cadet de Vaux, président du Département, Morillon, Germain, Collas, Vénard le jeune, Martin, Roger, Le Brun, Belin, Vaillant, Hénin, Rouveau, Le Flamand, Durand et Challan, procureur général syndic, soit quatorze membres du Conseil sur trente-six.

Le Procureur général syndic rendit compte à l'Assemblée des démarches qu'il avait faites auprès des neuf districts en leur envoyant le texte des décrets précités, et il fut reconnu qu'il « avoit rempli toutes les dispositions nécessaires pour les faire exécuter ». Il fut aussitôt après décidé que l'adresse suivante, « relative aux circonstances actuelles », serait faite aux citoyens du département :

« Citoyens, Le tems est arrivé qui doit décider si nous serons libres ou esclaves, le Peuple le plus heureux de l'univers ou la dernière des Nations.

« La Patrie est en danger. Elle y est en effet si nos sermens sont vains, si l'amour de la Liberté n'a été pour nous que l'ivresse de la Licence, si nous restons divisés par les factions au lieu de nous rallier autour de la Constitution et des Lois.

« La Patrie triomphera de tous les dangers si nous aimons la véritable gloire; si notre Liberté n'est que l'obéissance aux Lois; si chacun de nous veut être heureux, non par la domination, mais par l'égalité des droits et des devoirs; si tous, enfin, nous n'avons qu'une seule volonté, celle de sauver l'Etat, de sauver notre honneur, nos fortunes, nos vies, celles de nos femmes et de nos enfans.

« Que tout se rapproche, que tout s'unisse au nom de l'intérêt commun, au nom de la Patrie et de la Liberté; que les haines s'éteignent; que les dissentimens se taisent; que tous les partis se confondent dans un seul, celui de la Constitution et du Salut public.

« Que la jeunesse s'arme, pour défendre contre l'ennemi étranger cette Liberté qui a été créée pour elle, et dont elle surtout recueillera les heureux fruits; mais qu'elle ne s'arme que pour obéir à la voix de ses chefs, pour n'agir que par leur impulsion et par leurs ordres : une armée sans discipline est le fléau du Citoyen et la proie de l'Ennemi.

« Que ceux qui resteront dans leurs foyers redoublent de zèle et d'activité pour maintenir l'ordre public, pour faire respecter l'ordre et les propriétés; que partout règne dans l'intérieur le calme de la paix la plus profonde; que les événemens malheureux, s'il en arrive, n'altèrent point la tranquillité des Citoyens; qu'ils les attendent avec la conscience de leurs forces et le courage qui seul pourra les réparer.

« Que tous les Fonctionnaires publics, fidèles à leur poste et à leurs devoirs, donnent l'exemple du dévouement et de l'intrépidité : fermeté, patience dans le malheur, calme dans la prospérité, fidélité inviolable à la Nation, à la Loi, au Roi, et la Patrie sera sauvée. »

Au cours de cette longue session extraordinaire, se produisirent, dès le commencement du mois d'août, de graves incidents, qui eurent pour résultat de modifier la composition et l'esprit du Directoire et du Conseil général du département. Nous en parlerons plus longuement quand nous traiterons du Directoire, mais nous ne pouvons nous dispenser de les faire connaître ici d'une manière sommaire.

Ce fut d'abord la démission de Le Brun[1]. Dans la séance tenue le mercredi 8 août, à dix heures du matin, par le Conseil général, le Président donna lecture d'une lettre qui lui avait été adressée « par M. Le Brun, administrateur du Département et membre du Directoire, dans laquelle il le [prioit] de faire agréer au Conseil général sa démission de la place d'administrateur ». Dans cette lettre, Le Brun représentait que « quatre années[2] entièrement consacrées à la chose publique n'ont lassé ni son courage ni son zèle, mais qu'il doit les porter où il croit qu'ils seront plus utiles, et que c'est au milieu de ses Concitoyens qu'il se propose de donner l'exemple du dévouement à la Patrie et du respect pour les principes et les lois dont il connoît le prix et celui de l'ordre public ». Il témoignait « à l'Administration sa reconnoissance pour les bontés qu'il en a éprouvées et [l'assurait] qu'il emporte dans sa retraite la certitude de n'avoir dans sa double mission ni manqué à la Patrie, ni menti à sa conscience ».

La lecture de cette lettre produisit sur l'Assemblée « une sensation qui tenoit autant de la surprise, que du regret de perdre cet administrateur, dont les motifs de la démission étoient inconnus ». Et Morillon demanda — mais le Conseil arrêta qu'il n'y avait lieu à délibérer — qu'il fût écrit à Le Brun « pour l'inviter à reprendre ses fonctions, conformément à l'article 2 de la loi du 8 juillet dernier, qui déclare qu'aucun fonctionnaire public ne peut s'éloigner de son poste lorsque la Patrie est en danger », concluant « à ce que le Conseil général n'acceptât point la démission de M. Le Brun ».

Le Conseil général arrêta donc qu'il serait adressé à Le Brun la lettre dont le texte suit — M. Germain s'étant opposé à cette rédaction, car il considérait « que M. Le Brun n'auroit pas dû quitter son poste au moment où la Patrie est en danger et vu sa responsabilité comme membre du Directoire » — :

« Je vous appelois hier mon cher Collègue, Monsieur; j'ai communiqué votre lettre au Conseil général; il est superflu de vous dire que ses membres ont été pénétrés des mêmes sentimens, car vous savez quels droits vous aviez à l'estime et à l'attachement et conséquemment aux regrets de vos anciens Collègues, surtout dans un moment où la Patrie est en danger et où vos conseils pouvoient nous devenir précieux. Je ne vous dissimule pas même notre étonnement. Vous redeviendriez, Monsieur, ce collègue si les vœux des membres de l'Assemblée pouvoient vous rappeler à votre poste. Agréez les regrets personnels et l'inviolable attachement de votre ancien Collègue. CARPENTIER [Président comme doyen d'âge]. »

Le Brun persista dans sa détermination. A la séance du 15 août, le Procureur général

[1] Voir l'Inventaire sommaire, p. 62 et suivantes.

[2] 1789, 1790, 1791 comme député à la Constituante, 1791 et 1792 comme Administrateur du département de Seine-et-Oise.

syndic faisait la remise à l'Assemblée des pièces de la correspondance, « dans le nombre desquelles s'est trouvée une lettre de M. Le Brun, ex-administrateur du Département, qui remercie le Conseil général des choses obligeantes qu'il a bien voulu lui dire sur sa démission ».

Ce fut ensuite l'arrêté pris par le Conseil général dans sa séance du 20 août au matin[1], décidant que les membres du Directoire du département et le Procureur général syndic cesseraient à l'instant leurs fonctions; « qu'il sera nommé pour les remplacer des Administrateurs du Conseil ; qu'il sera sur-le-champ rendu compte à l'Assemblée Nationale de cette mesure, et que, pour lui prouver la pureté des intentions qui dirigent chacun des membres de l'Administration, il sera fait à l'Assemblée Nationale une adresse afin d'obtenir la réorganisation en entier des Corps administratifs à l'époque des Assemblées électorales, en lui déclarant néanmoins que chacun des membres du Conseil est résolu de rester au poste qui lui est confié et d'y défendre la Liberté et l'Egalité jusqu'à ce que la mort ou la Loi l'en arrache ».

Cet arrêté était pris par le Conseil général à l'unanimité des membres présents, « Messieurs du Directoire étant retirés ». Qui étaient-ils ? Le procès-verbal de cette séance l'indique; c'étaient MM. « Rohan, Morillon, Collas, Martin, Lépicier, Goujon, Riot, Venteclef, Adant, Caillot, Vénard, Germain, Brichard, Cadet de Vaux, président », soit quatorze votants, c'est-à-dire exactement la moitié des membres du Conseil général, dont le nombre était normalement de vingt-huit en dehors des huit membres du Directoire.

A la séance de l'après-midi, les membres du Directoire du département, à qui une expédition de l'arrêté avait été remise, furent invités par l'Assemblée à se réunir à elle « en qualité d'administrateurs ». Ils firent répondre qu'ils croyaient devoir s'abstenir de toute délibération jusqu'à la décision de l'Assemblée nationale sur les arrêtés pris par le Conseil dans sa séance de ce jour; que, « n'ayant pas conservé la confiance générale comme membres du Directoire, leurs soins comme membres du Conseil ne pouvoient être utiles à la chose publique ».

Cette mesure entraîna la démission du Président du Département, M. Cadet de Vaux, qui la donna en ces termes : « Messieurs, en ma qualité de Président du Département, j'ai participé, surtout depuis l'instant qui a réuni le Conseil général, aux opérations du Directoire. Je crois qu'il est de ma délicatesse de prier le Conseil général de nommer à ma place et de me permettre de rentrer dans son sein comme administrateur. Je laisse par écrit ma démission sur le bureau. » L'Assemblée, en acceptant la démission de M. Cadet de Vaux, lui donna « des témoignages d'estime, de confiance et d'attachement ».

[1] Voir à ce sujet l'Inventaire sommaire, p. 67 et suivantes.

Elle arrêta ensuite de nommer au scrutin et à la majorité absolue des suffrages cinq membres qui rempliraient « provisoirement les fonctions directoriales », et un sixième qui remplirait « celles de Procureur général syndic aussi provisoirement ».

Furent élus : « Membres du Directoire provisoire », MM. Lépicier, Morillon, Vénard, Venteclef et Riot [1] », par 8 et 9 voix sur quatorze votants, et « Procureur général syndic provisoire M. Goujon », par 11 voix.

En même temps, M. Germain était porté par 8 voix à la Présidence du Département.

Cette « session extraordinaire et permanente » dura près de cinq mois, car elle ne se termina que le 11 décembre 1792. Il serait même plus juste de dire qu'elle ne prit pas fin à cette date, mais que les Administrateurs du Département cédèrent la place aux nouveaux Administrateurs qui avaient été nommés dans l'Assemblée électorale tenue du 11 au 20 novembre, lesquels continuèrent à tenir une « session extraordinaire et permanente ». Le décret des 5-8 juillet 1792 ne portait-il pas que, « quand la Patrie est en danger », les Conseils de département et de district se rassembleront et seront, ainsi que les Conseils généraux des communes, « en surveillance permanente » ?

On trouvera dans notre Inventaire sommaire une analyse suffisamment détaillée, qui permettra de se rendre compte de l'activité dont fit preuve le Conseil général, de juillet à décembre 1792, surtout en ce qui concerne la levée et l'organisation des troupes destinées à la défense de la patrie. Quand Germain, son président, eut à céder, le 11 décembre, aux nouveaux Administrateurs les rênes de l'administration, il s'exprima ainsi : « Citoyens Administrateurs, Au moment même des plus grands dangers de la Patrie, un dévouement sans bornes m'a fait accepter la place de Président de l'administration. Je savais, en me chargeant des fonctions de cette place, qu'il me manquait les talens nécessaires pour la remplir d'une manière distinguée ; mais il me fallait répondre aux témoignages de confiance de mes Collègues, et un refus de ma part, dans des circonstances qui devenaient de jour en jour plus critiques par l'approche de l'ennemi, aurait pu faire soupçonner mon courage, et certes vous savez combien il était nécessaire d'en montrer alors pour intimider non-seulement les despotes, mais encore les ennemis intérieurs, dont l'espérance criminelle augmentait en raison du succès des tyrans. Si les occasions n'ont pas exigé que je donnasse des preuves éclatantes de ce courage, j'espère du moins qu'on ne me reprochera pas d'avoir négligé d'apporter à mes fonctions le zèle et l'assiduité qu'elles demandaient. Aujourd'hui que cessent ces fonctions, persuadé, comme je l'ai toujours été, que tout autre de mes Collègues les eût mieux remplies que moi, je ne peux voir qu'avec plaisir l'instant où le nouveau Conseil va les remettre en d'autres mains. Rendu tout entier au travail de mon Bureau, j'emporte avec moi et je ne perdrai jamais le doux souvenir que l'union a toujours

---

[1] Lépicier, Morillon et Riot avaient été nommés Administrateurs du département en 1791.

régné entre nous, et, si quelque chose peut ici adoucir la peine que je ressens de voir
mes anciens Collègues quitter l'Administration, c'est la persuasion où je suis de
retrouver dans les nouveaux Administrateurs des amis et des frères. Je n'oublierai pas
non plus, Citoyens Administrateurs, la jouissance que j'éprouve en ce moment d'être
le premier qui siège dans cette salle imposante, sous la statue du plus vertueux des
Républicains, dont je jure de professer toute ma vie les principes[1]. »

Quels étaient ces nouveaux Administrateurs du Département, pourquoi et quand
avaient-ils été nommés?

Le « Décret[2] qui règle le mode d'exécution de celui relatif au renouvellement des
Corps administratifs et judiciaires » comprend 18 articles, dont il y a lieu de faire connaître
ceux-ci :

« Il sera, dans la forme et les délais ci-après fixés, procédé au renouvellement : 1° de
tous les Corps administratifs et municipaux, ainsi que de leurs secrétaires et greffiers ; 2°.....

« Le renouvellement des secrétaires des Administrations et secrétaires greffiers des
Municipalités sera fait par les Conseils généraux des Corps administratifs et municipaux.

« Les membres des Directoires des Administrations seront nommés par les Corps électoraux, par un scrutin de liste simple, et séparément des autres Administrateurs, qui
seront nommés ensuite aussi par un scrutin de liste simple ; et, parmi ces derniers, ceux
qui auront réuni le plus de voix seront suppléans des membres des Directoires. Il n'y
aura que deux tours de scrutin dans toutes les élections pour lesquelles la loi jusqu'ici en
admettait trois.

« Les Corps électoraux de Département où il y aura des renouvellemens à faire se
réuniront, le 11 novembre prochain, au chef-lieu du district qui suivra immédiatement
dans l'ordre du tableau celui où ont été tenues les assemblées électorales pour la nomination des Députés à la Convention. Ils procéderont à l'élection : 1° du Procureur général
syndic de l'Administration ; 2° des membres du Directoire ; 3° des autres membres de
l'Administration et ensuite des Président, Accusateur public et Greffier du Tribunal
criminel.

« Le dimanche qui suivra immédiatement l'achèvement des élections ci-dessus confiées
aux Corps électoraux de Département, les électeurs du district où il y aura des renouvellemens à faire se réuniront au chef-lieu de l'Administration de district, et y procéderont à l'élection : 1° du Procureur syndic de l'Administration ; 2° des membres du Directoire ; 3° des autres Administrateurs ; 4° des Juges, Commissaires nationaux, Suppléans
des Juges et Greffiers des Tribunaux de district ; 5° des Juges suppléans, des Juges et

---

[1] Voir ce qui sera dit, dans la troisième partie, au sujet de la décoration de la salle du pavillon du Grand-
Veneur, où siègea le Conseil général en 1792.

[2] Des 19-20 octobre 1792.

Greffiers des Tribunaux de commerce ; 6° des membres des Bureaux de paix de district ; 7° et enfin des Directeurs des postes de leurs arrondissemens respectifs.

« Le dimanche qui suivra immédiatement l'achèvement des élections ci-dessus confiées aux Corps électoraux de district, les Assemblées primaires des Cantons où il y aura des renouvellemens à faire procéderont à l'élection des Juges de paix, Assesseurs et Greffiers des Juges de paix.

« Huit jours après, les Assemblées de Commune procéderont aux renouvellemens qu'elles auront elles-mêmes à faire.

« Immédiatement après les élections, les nouveaux élus seront tenus d'entrer en fonctions.

« A l'instant où les nouveaux membres des Directoires des Administrations et Corps municipaux entreront en fonctions, ceux auxquels ils succéderont leur remettront toutes les pièces dépendant de leurs Administrations respectives ; il en sera dressé des inventaires sommaires, sur lesquels les nouveaux Membres s'en chargeront. Et, dans les trois jours qui suivront, les anciens Membres des Directoires d'Administration et Corps municipaux remettront les comptes de leurs gestions respectives aux Conseils généraux des Administrations et Municipalités réunis en permanence à cause de la Patrie en danger, et ils ne seront affranchis de leur responsabilité envers la République qu'après l'apurement définitif de leurs comptes.

« Les Electeurs seulement qui seront obligés de quitter leur domicile recevront quinze sous par lieue de poste pour l'aller, et autant pour le retour, et trois livres par jour de séjour. — La disposition portée en l'article précédent n'aura pas lieu à l'égard des Electeurs qui reçoivent de la République, soit à titre de salaire, soit à titre de pension, un revenu qui, divisé par jour, égalerait ou surpasserait l'indemnité ci-dessus fixée. — L'Administration principale du lieu où se rassembleront les Corps électoraux est autorisée à délivrer les ordonnances nécessaires pour l'acquittement de l'indemnité due aux Electeurs, sauf à faire le remplacement dans les caisses du district, sur le produit des sous additionnels du département. »

Comme l'Assemblée électorale pour la nomination des députés à la Convention nationale s'était tenue à Saint-Germain-en-Laye, ce fut, suivant l'ordre du tableau, dans la ville de Mantes que dut se tenir l'Assemblée électorale qui eut à procéder à la nomination du Procureur général syndic, des membres du Directoire, des autres membres de l'Administration, des Président, Accusateur public et Greffier du Tribunal criminel. Le procès-verbal de cette Assemblée[1] constate que les séances durèrent du 11 au 20 novembre et qu'elles se tinrent d'abord dans « l'église des ci-devant Ursulines de la ville », puis dans « l'église Notre-Dame de Mantes », à partir du 12, le pre-

---

[1] L. 1 m 337.

mier local « ayant offert des incommodités ». Le bureau définitif fut constitué dans la
séance du 12, et voici quelle en fut la composition : Président, Charbonnier jeune.
élu par 204 suffrages; Vice-Président, Baron, de Corbeil, par 81 suffrages; Secrétaire,
Lavallery, par 267 suffrages; Vice-Secrétaire, Hodanger, par 99 suffrages; Scrutateurs,
Le Turc, Rotrou et Leroux, de Neauphle, par 68, 44 et 32 suffrages ; Vice-Scrutateurs,
Vosgien [ou Vaugien], Le Maître et Tavernier, par 31, 16 et 14 suffrages.

Conformément aux prescriptions de la loi, les élections eurent lieu dans l'ordre
suivant :

Procureur général syndic. Fut élu le citoyen Goujon[1], qui, sur 673 votants, recueillit
308 suffrages contre 281 donnés au citoyen Lavallery.

Membres du Directoire. Furent élus les citoyens Lavallery, qui recueillit 358 suffrages [votants, 657]; Morillon, Le Turc, Charbonnier jeune, Germain, Hodanger,
Rotrou, Vénard [Étienne] du Port-Marly. Morillon n'ayant pas accepté fut remplacé
par Richaud [Hyacinthe], qui était celui des membres ayant obtenu le plus de suffrages
après Vénard [du Port-Marly].

Membres du Conseil général élus par districts :

District de Versailles.

Richaud l'aîné[2], Lebas, Bournizet l'Américain et Richaud [Hyacinthe]. — Bournizet
n'ayant pas accepté fut remplacé par Legris, et Richaud [Hyacinthe] dut passer au
Directoire.

District de Saint-Germain-en-Laye.

Paré, Prévost et Gourdin. — Ces deux derniers n'acceptèrent pas. Pierron, Roger,
Le Clerc et Armagis venaient ensuite; Pierron accepta; Roger et Armagis refusèrent[3].

District de Mantes.

Vosgien ou Vaugien, Aubé, Rivette. — Aubé refusa et fut remplacé par Fougères.

District de Pontoise.

Sauvat, Angot, Lacroix. — Ce dernier refusa et fut remplacé par Delaissement,
« vivant de son revenu », qui refusa également.

District de Gonesse.

Florens, Le Couteulx, Mascrey. — Florens et Mascrey refusèrent, et Barbé remplaça
l'un d'eux.

[1] Jean-Marie-Claude-Alexandre Goujon.
[2] François Richaud, frère aîné d'Hyacinthe.
[3] Armagis revint sur sa détermination et fut membre du Conseil général.

9

District de Corbeil.

Baron, Pellé, Le Vacher. — Ce dernier refusa et fut remplacé par Dancourt.

District d'Etampes.

Charpentier, Baron de Lisle, Voizot.

District de Dourdan.

Buffy, Peschard, Raguideau. — Raguideau refusa et fut remplacé par Dupeuty.

District de Montfort-l'Amaury.

Le Roux, Verger. — Truchon, qui venait ensuite, n'acceptant pas, fut remplacé par Pigeon. — Boutry, qui avait été élu le premier, avait refusé.

Président du Tribunal criminel du département. Fut élu le citoyen Alquier. Dans le cas où il ne pourrait accepter, était élu comme suppléant Paré.

Accusateur public près le Tribunal criminel. Fut élu le citoyen Gillet, qui accepta.

Greffier du Tribunal criminel. Fut élu le citoyen Brun, greffier actuel).

Le procès-verbal constate, en même temps, que « la multiplicité des démissions a donné lieu d'observer qu'il seroit à propos d'ajouter dans le procès-verbal les noms de tous les citoyens compris dans les relevés du recensement et non portés au procès-verbal de la séance d'hier matin ». Voici donc par districts les noms des citoyens sur lesquels s'étaient portés les suffrages; plusieurs d'entre eux deviendront administrateurs du département.

District de Versailles.

Legris, Gastinel, Noël Dodin, Perrault, Corderant, Coupin, Tavernier, Briard, Vautier, Fauvel, Desclozeaux, Bluteau, Bocquet, Couturier.

District de Saint-Germain-en-Laye.

Pierron, Roger, Le Clerc, Armagis, Chapelle fils, Dufresnay, Lhérault, Aubert, Corborand, David, Bourgoing.

District de Mantes.

Aubry, Feugères, Le Maître, Havard, Alexandre.

District de Pontoise.

Delaissement, « vivant de son revenu », Dupré, Delaissement, « épicier », Barré, Dupuis, Bernard, Lavoiepierre, Gohier et Besnard.

District de Gonesse.

Barbé, Josse, Cardine, Sollier, Valnet, Ducrocq, Roubeau, Millon, Laurent, Baudouin.

District de Corbeil.

Dancourt, Badouleau, Poiret, Piat, Hourlat, Martin, Langlois, Vyon, Boivin.

District d'Etampes.

Baude, Vénard, « homme de loi », Dolivier, Sureau, Lorins, Robert, Richard.

District de Dourdan.

Dupeuty, D'Envers, Horeau fils, Supersac, Pichon, Savouré, Dufoys, Besson. Gautier.

District de Montfort-l'Amaury.

Truchon, Pigeon, Police, Baudouin.

C'était à l'aide de ces noms que devait être complétée, s'il y avait lieu par suite de non-acceptations ou de démissions, la liste des membres du Conseil général.

L'Assemblée électorale prit fin le mardi 20 novembre 1792, « premier de la République française ».

Ce fut le 11 décembre que la nouvelle Assemblée administrative du département tint sa première séance, à laquelle assistaient : Lavallery, d'Etampes; Charbonnier jeune, Germain, Hodanger et Rotrou, membres du Directoire; — Richaud l'aîné, Le Bas, Legris, de Versailles; Pierron, de Chatou; Sauvat, de Pontoise; Buffy, de Dourdan; Pigeon, de Grosrouvre; Charpentier, d'Etampes; Pellé, d'Arpajon; membres du Conseil général. Etaient absents : Gastinel jeune, de Versailles; Paré et Armagis, de Saint-Germain-en-Laye; Rivette, de Magny-en-Vexin; Feugères, juge au Tribunal de Mantes, et Havard, en remplacement de Le Maître, district de Mantes; Angot et Dupré, de Pontoise; Le Couteulx, de Noisy-le-Grand; Ducrocq, de Roissy, et Millon, de Montfermeil, district de Gonesse; Baron et Dancourt, de Corbeil; Baude et Vénard, « en remplacement de Voizot », d'Etampes; Dupeuty, de Clairefontaine, et Peschard, de Dourdan, tous deux de ce district; Police, de Houdan, et Baudouin, en remplacement de Verger, du district de Montfort-l'Amaury.

Dans un discours dont nous avons publié le texte, Lavallery indiqua aux nouveaux Administrateurs « la tâche infiniment honorable » que leur imposait la confiance de leurs concitoyens, et qui était « moins la récompense d'un civisme éprouvé qu'un encouragement à bien mériter », et fit l'éloge des Administrateurs auxquels ils succédaient. « Dans cette épineuse carrière, nous serons soutenus par l'exemple de votre courage, Citoyens que nous vîmes accourir au poste de l'honneur dans le moment du danger,

vous qui n'avez pas hésité d'appliquer à des hommes faibles ou corrompus la déclaration d'improbation générale. D'une main courageuse, vous avez saisi les rênes de
l'Administration, vous nous avez garantis des inconvénients inappréciables auxquels
nous eût exposés le défaut d'ensemble et d'activité que se promettaient les dignes
complices des coupables du 9 août. Nos braves fédérés combattaient sur la brèche d'une
bastille nouvelle, et vous, non moins généreux, vous n'avez pas craint d'affronter les
menaces d'une conspiration encore existante et des Prussiens déjà campés au milieu
de nos départements. Citoyens, votre récompense est assurée : vous la trouverez dans
l'estime et les regrets de vos concitoyens et dans notre empressement à imiter votre
exemple. Comme vous, nous ne perdrons jamais de vue les principes régénérateurs de
la République, et, pénétrés de l'importance des devoirs que nous avons à remplir, c'est
avec une parfaite sérénité de confiance que nous allons prêter entre vos mains le serment décrété par la Convention nationale. »

Il fut alors procédé à l'élection du Président du Département. Le nombre des votants
étant de quinze, le citoyen Richaud aîné recueillit neuf suffrages et prit le fauteuil en
cette qualité. Fut aussi élu Secrétaire général du Département François-Nicolas Bocquel,
« ex-Secrétaire ». Le Président prononça aussitôt « le serment d'être fidèle à la République et à la Loi, de maintenir de tout son pouvoir la Liberté et l'Égalité, et de mourir,
s'il le faut, en les défendant ». Le même serment fut prêté par chacun des Administrateurs et par le Secrétaire général. On nomma Germain substitut du Procureur
général syndic; on décida que, « pour maintenir le principe d'égalité entre les membres
du Directoire », le Vice-Président ne serait que quinze jours en fonctions et qu'il
serait choisi par rang de nomination suivant le procès-verbal de l'Assemblée électorale;
enfin « la voix prépondérante » fut donnée à Sauvat, devant être « renouvelée tous les
huit jours ».

Ce nouveau Conseil général tint deux sessions, toutes deux extraordinaires et per-
manentes. C'est à lui que furent présentés deux comptes rendus, dont nous aurons
l'occasion de parler ailleurs, l'un par « les membres du Directoire du Département de
Seine-et-Oise de leur gestion et administration depuis le mois de novembre 1791 jusqu'au 20 août 1792 », l'autre par Goujon, au nom du Directoire provisoire, ce dernier
s'appliquant à la période qui commença le 21 août 1792.

Nous ne pouvons, on le conçoit, donner même une idée générale des travaux auxquels se livra le Conseil général dans ces deux sessions, dont la première prit fin en
février-mars 1793, et dont la seconde eut pour dates extrêmes celles des 1er mai-23 septembre de cette même année. On pourra s'en rendre compte en lisant notre Inventaire
sommaire[1]. Nous nous bornerons à faire les constatations qui suivent.

[1] Inventaire sommaire, p. 133-242.

Dans sa séance du 20 février 1793, la dernière de sa première session[1], le Conseil général approuva le compte présenté au nom du Directoire provisoire, donna « décharge pleine et entière aux membres du Directoire provisoire et au Procureur général syndic provisoire de leur gestion depuis le 21 août 1792 jusqu'au 11 décembre suivant inclusivement », et, en conséquence, déclara, aux termes de la loi du 19 octobre 1792, qu'ils étaient affranchis de leur responsabilité envers la République. Il ajouta que « les Commissaires aux fonctions Directoriales et le Procureur général syndic provisoire depuis le 20 août [avaient] bien mérité des administrés du Département par l'intelligence et le courage avec lesquels ils ont géré leurs intérêts et par le zèle et le patriotisme qui les ont décidés de s'en charger dans des circonstances aussi difficiles ».

La seconde session, qui commença, comme nous l'avons dit, le 1ᵉʳ mai 1793, prit fin le 23 septembre suivant[2]. À cette dernière date, le Conseil général, qui était entré en séance à dix heures du matin, présidé par François Richaud, reçut des Représentants du Peuple en mission dans le département de Seine-et-Oise, Ch. Delacroix et J.-M. Mussel, une lettre ainsi conçue : « Citoyens, Nous vous invitons à vous réunir ce soir, à cinq heures. Nous nous rendrons dans votre sein pour vous communiquer des objets importants. » L'Assemblée décida donc qu'elle se réunirait de nouveau, à cinq heures du soir.

À six heures, Delacroix se présenta. Il annonça « qu'une indisposition subite ne permettait pas au citoyen Mussel, son collègue, de se réunir à lui, mais qu'il croyait que cette circonstance ne pouvait retarder l'effet des mesures générales qu'exige le salut public ». Il lut donc l'arrêté pris par son collègue et par lui, dont le texte suit :

« Les Représentants du peuple, commissaires de la Convention Nationale dans le département de Seine-et-Oise, considérant que, dans le moment de crise où se trouve la République, attaquée au dehors par les tyrans coalisés, tourmentée au dedans par les manœuvres des mauvais citoyens, elle ne peut être sauvée que par le courage et l'énergie des Représentants du peuple et de ses magistrats; qu'au milieu de la tempête, l'ignorance et la faiblesse de ceux qui tiennent le gouvernail peuvent devenir aussi funestes que la perfidie; considérant que l'Administration du département de Seine-et-Oise, par la destitution de quelques-uns de ses membres, par les démissions que beaucoup d'autres ont données, par les dissensions dont elle a été la proie, est tombée dans un état de langueur qui la rend entièrement incapable de répondre au vœu de la loi; qu'il

---

[1] Les membres du Conseil ne se séparèrent pas sans doute à cette date, car une note faisant partie des dossiers annexes du Directoire [feuilles des séances] est ainsi libellée : « 4 mars... Cessation des fonctions du Conseil général jusqu'après le recrutement. Arrêté d'en demander l'autorisation au Ministre. » Et l'on voit dans une Délibération du Directoire du département portant la date du 4 mars 1793 : Sont proposés le rapport de l'arrêté qui admet les membres du Conseil général à remplacer momentanément ceux du Directoire « et la cessation des fonctions du Conseil général jusqu'après le recrutement »; le Ministre sera consulté.

[2] Inventaire sommaire, p. 140-242; registres des Délibérations I, 22 et 23.

importe au salut public qu'elle soit renouvelée et rendue à l'énergie nécessaire dans les temps de Révolution, arrêtent :

« 1° Les Administrateurs actuels du département de Seine-et-Oise sont destitués.

« 2° Ils sont remplacés ainsi qu'il suit :

« Directoire : Charbonnier jeune, administrateur actuel du Département ; Charpentier, administrateur actuel du Département ; Goujon, administrateur du district de Montfort ; Morillon, ancien administrateur du Département ; Danvers [d'Envers][1] ; Devèze, procureur syndic du district de Versailles ; Germain, administrateur actuel du Département ; Lépicier, de Mantes.

« Conseil général : Pellé, administrateur actuel du Département ; Venteclef, de Corbeil ; Rivet, de Magny ; Vial, marchand boucher à Bonnelles, district de Dourdan ; Supersac, marchand limonadier à Dourdan ; Dambly ; Pigeau jeune, de Beaumont-sur-Oise ; Sibillon, maire d'Etampes ; Houdon, du Port-Marly ; Caillot, maire de Saint Germain ; Gourdin, de Saint-Germain ; Soyer, de Versailles ; Guérin ; Michel, de la dixième section ; Noël Dodin ; Maillard, de la huitième section ; Gastellier, de Versailles ; Parfond ; Fauvel, de la onzième section ; Boutmi, horloger ; Hodanger, administrateur actuel ; Julien Vénard[2], de Saint-Germain ; Alizard, de Longjumeau ; Lenoble, de Versailles ; Gastinelle, le jeune ; Thibaut fils, de Montfort ; Courtès, de Versailles ; Clémendot.

« Procureur général syndic : Goujon [J.-M.-Cl.-A.].

« 3° Il est enjoint, au nom de la Loi, aux membres ci-dessus désignés de se rendre à leur poste dans les trois jours de la notification du présent arrêté et d'y rester, à peine d'être réputés démissionnaires et soumis à la rigueur des Lois.

« 4° Les Représentants du peuple déclarent qu'en prononçant la destitution des membres actuels de ladite Administration, ils n'entendent point inculper leur civisme, qu'ils n'ont cédé qu'à la nécessité de rendre à cette Administration l'énergie et l'activité que le salut public exige, et que les dits administrateurs destitués ne pourront être regardés comme gens suspects et traités comme tels, à moins qu'ils ne le soient ou ne le deviennent par des actes étrangers à la présente destitution.

« A Versailles, le 23 septembre 1793, deuxième année de la République une et indivisible;

« Ch. DELACROIX. — J.-M. MUSSET. »

Ce qu'avait été la vie administrative de ce Conseil général, du 11 décembre 1792 au 22 février 1793 et du 1er mai 1793 au 23 septembre suivant, on pourra s'en rendre compte si l'on prend la peine de lire notre Inventaire sommaire, pages 123-242. Ainsi

[1] Delaine d'Envers, du district de Dourdan.
[2] Ce n'est pas Julien, mais Claude Jean Vénard qu'il faut lire.

qu'on l'a vu, les Représentants en mission qui prononçaient la destitution des membres de l'Administration départementale — Directoire et Conseil — avaient soin de déclarer qu'ils n'entendaient point inculper leur civisme, et que, par conséquent, on ne pouvait pas les regarder comme gens suspects et les traiter comme tels; qu'en la circonstance ils avaient seulement cédé à la nécessité de rendre à cette Administration l'énergie et l'activité qu'exigeait le salut public. Aussi les Administrateurs actuels devaient-ils continuer leurs fonctions jusqu'au moment de la réunion des nouveaux Administrateurs, afin que le service de la chose publique ne souffrît aucun retard.

La nouvelle Administration départementale fut installée le lendemain, le mardi 24 septembre — 3 vendémiaire an II, — par Ch. Delacroix. Il convient de faire remarquer que, de 1790 à septembre 1793, les membres de l'Administration départementale — Conseil général, Directoire, Procureur général syndic — avaient été élus à deux degrés, c'est-à-dire par une assemblée électorale composée d'électeurs choisis par les assemblées primaires. Les nouveaux Administrateurs, au contraire, avaient été nommés par les Représentants en mission, c'est-à-dire par les représentants du pouvoir central, de la Convention nationale, comme plus tard les membres du Conseil général seront nommés. de 1800 à 1833, par le pouvoir central, qui s'appellera alors le Consulat, l'Empire, la Restauration, la Monarchie de Juillet.

La séance d'installation eut quelque chose de solennel. En présence de Charles Delacroix, le Secrétaire général procéda à l'appel des membres de la nouvelle Administration, et le citoyen Courtès, « comme le plus âgé », prit le fauteuil et fut proclamé président d'âge. Charbonnier, substitut provisoire du Procureur général syndic — avaient été élus à deux degrés, fit part à l'Assemblée « d'une lettre du Cen Michel, qui s'excus[ait] » sur son insuffisance de ne pouvoir accepter la place à laquelle il est appelé, et d'une semblable lettre du Cen Parfond ». Il fut décidé que le Substitut écrirait au citoyen Michel « qu'il ne [pouvait] sous aucun prétexte se dispenser de répondre à la confiance qui lui est accordée, les circonstances critiques dans lesquelles se trouve la chose publique ne permettant pas aux citoyens appelés à la servir de calculer leurs intérêts ou leur goût, qu'en conséquence le Cen Michel [serait] requis de se rendre sans délai à l'Administration ». Ch. Delacroix fit alors un discours « dans lequel il a montré succinctement la position dans laquelle se trouvait l'Administration ancienne et la nécessité de son renouvellement pour sauver la chose publique ». Il fit ensuite remarquer « que le Cen Germain, nommé au Directoire, avait manifesté le désir et le besoin de donner à ses affaires personnelles un temps qu'il avait depuis longtemps consacré à la chose publique, ce qui met sa fortune en danger d'être considérablement diminuée s'il ne s'occupait sur-le-champ des détails qu'elle exige impérieusement; qu'il ne demand[ait] cependant pas mieux que de continuer ses soins à la chose publique, si on voulait consentir qu'il prît place au Conseil et qu'il fût remplacé dans le Directoire ». Il ajouta qu'il avait « vu avec douleur ce changement, mais qu'ayant jugé

suffisants les motifs du C^{en} Germain, il déclarait qu'il consentait à sa demande, et qu'en
conséquence Germain passerait au Conseil général en remplacement de Noël Dodin, qui
prendra place au Directoire ».

Après quoi, il reçut le serment de tous les membres présents à la séance, lesquels
« jurèrent d'être fidèles à la loi, de maintenir la liberté, l'égalité, l'unité et l'indivisi-
bilité de la République, de remplir avec zèle, énergie et courage les fonctions auxquelles
ils sont appelés, et de mourir, s'il le faut, à leur poste, en les exerçant ». Et comme la
totalité des membres de l'Assemblée ne se trouvait pas encore réunie, on arrêta que
le Président d'âge continuerait provisoirement ses fonctions « jusqu'à la réunion du plus
grand nombre des membres de la nouvelle Administration ».

Alors Ch. Delacroix appela l'attention des membres « sur les travaux importants
ordonnés par la Convention pour le maintien de la liberté et de l'indépendance Française ». Il fit observer que « rien n'[était] plus urgent que de donner à la fabrication des
armes le degré d'activité dont elle est susceptible et de mettre les jeunes défenseurs de
la République en état de voler au poste où la gloire les appelle », et requit l'Assemblée
de s'occuper sur-le-champ de la formation d'une Commission centrale qui serait chargée
de diriger ces travaux et d'en rendre compte à l'Administration. Le substitut du Procureur général syndic ayant, à ce propos, rappelé « les services importants et inappréciables
que le C^{en} Bénézech [avait] rendus dans cette partie » comme Commissaire du gouvernement, il fut arrêté que « le C^{en} Bénézech, que le Conseil général du Département
nomme son Commissaire en chef de la Commission centrale, [serait] chargé, comme il
l'était ci-devant, de la direction de tous les travaux relatifs à l'habillement, équipement
et armement des volontaires du département, et de l'exécution des ordres du Ministre
pour tout ce qui tient à la partie militaire et dont le renvoi sera fait par le Département
à la Commission centrale ; qu'il serait aussi chargé de la direction des ateliers et des
travaux de tout genre qu'exigera la fabrication des armes dans toute l'étendue du département et dont les plans en projets ont été fournis aux Représentants du peuple, enfin de
tous les détails relatifs à la levée, au recrutement et à l'organisation tant des bataillons
que des corps de cavalerie, soit qu'ils soient levés par le Département, soit que des ordres
du Ministre exigent des opérations particulières pour ceux qui seraient en station dans
son territoire », enfin qu'il prendrait « séance dans l'Assemblée lorsqu'il [aurait] des
propositions, des rapports ou des travaux à lui soumettre et qu'il [obtiendrait] la parole
de préférence à tous lorsque les rapports qu'il aura à faire seront assez importants pour
exiger cette mesure ».

Le Représentant du peuple termina cette partie de la séance « en faisant des vœux
pour le succès de la nouvelle Administration. Il a tracé en peu de mots les devoirs
qu'elle s'est imposés au nom de la loi ; il lui a recommandé la plus grande énergie et a
demandé surtout qu'aucun des détails tenant à la levée des citoyens, à la fabrication des

armes et aux subsistances ne fussent négligés; il a invité l'Administration à établir entre elle et les Représentans du peuple une communication amicale et fraternelle, qui doit être d'un grand secours pour le salut de la chose publique; il a promis, tant en son nom qu'en celui de son collègue, de donner à l'Administration tous les secours dont elle pourrait avoir besoin et de l'aider de tout leur pouvoir auprès de la Convention nationale dans les circonstances où cette intervention sera nécessaire. » Et il se retira après qu'un Comité de sûreté générale, composé de deux membres, eût été formé.

Ce fut dans la séance du vendredi 27 septembre [6 vendémiaire] qu'il fut procédé à l'élection du Président. On a vu plus haut que le Conseil général comprenait les citoyens Alizart, Boutmy, Caillot, Clémendot, Courtès, Dambly, Fauvel, Gastellier, Gastinel jeune, Germain [venu du Directoire], Gourdin, Guérin, Hodanger, Houdon, Lenoble, Maillard, Michel, Parfond, Pellé, Pigeaux, Rivet, Sibillon, Soyer, Supersac, Thibault, Vénard, Venteclef, Vial, et que le Directoire était composé des citoyens Charbonnier jeune, Charpentier, Devèze, Dodin [venu du Conseil général], d'Envers, Goujon, Lépicier, Morillon. Le citoyen Germain ayant obtenu la majorité absolue des suffrages fut élu et proclamé Président. Après avoir exprimé sa reconnaissance au Conseil pour la confiance qu'il lui avait ainsi témoignée, il le pria « de lui permettre de ne point accepter, attendu que des affaires personnelles qui compromettent sa fortune et celle de son fils exigent sa présence, et que c'est l'exposé de cette position embarrassante qui a déterminé les Représentants du peuple à ne point exiger de lui qu'il conservât la place de membre du Directoire, où ils l'avaient appelé; que, déterminé à donner à l'Administration tout le temps qu'il ne sera pas forcé d'employer à suivre cette affaire malheureuse, il espère que le Conseil général ne l'obligera pas à accepter des fonctions qui ne lui laisseraient pas le tems de défendre une cause qui intéresse également son honneur et sa fortune, puisqu'il s'agit de prouver qu'il n'a pas calomnié en accusant son débiteur de banqueroute frauduleuse ». Le Conseil général, « pénétré de la vérité des observations du Cᵉⁿ Germain, mais persuadé en même temps que son patriotisme doublera ses moyens et qu'il donnera à l'Administration tout le tems qu'il pourra dérober à ses affaires », persista dans la nomination qu'il avait faite, sauf à accorder à son Président « les congés qui lui seront nécessaires pour vacquer à ses affaires ». Caillot, élu Vice-Président, pria l'Assemblée « de le dispenser d'accepter », ce à quoi elle consentit, et le choix se porta sur Pellé, qui fut proclamé Vice-Président. Les fonctions de substitut du Procureur général syndic étaient confiées à Charbonnier.

Jean-Marie-Claude-Alexandre Goujon ne devait pas, d'ailleurs, rester bien longtemps au poste de Procureur général syndic. Ayant été nommé, le 5 brumaire [26 octobre], membre de la Commission des subsistances et approvisionnements de la République créée par décret du 1ᵉʳ brumaire [22 octobre], il fut remplacé dans ses fonctions par Hodanger, membre du Conseil général, qui fut lui-même remplacé au Conseil général

10

par Legris, de Versailles; de plus, Alizart et Gastellier, membres du Conseil général, devaient remplir provisoirement les fonctions de membres du Directoire et jouir de l'indemnité attribuée à ces fonctions. Ces mesures étaient prises par Delacroix et Musset à la date du 13 brumaire [3 novembre].

Le lendemain, le Conseil général arrêta définitivement la composition des bureaux de l'Administration départementale, dont Bocquet continua à être le Secrétaire général et l'Archiviste; il décida également « qu'il [serait] dressé une liste des noms, âge de chacun des Administrateurs et de la profession qu'ils exerçaient avant leur entrée à l'Administration ». Chaque Administrateur rédigea donc sa notice biographique, que l'on aura intérêt à consulter; la plupart d'entre elles ont été conservées. Voici la liste de ces dernières : « Généalogies » de Germain; — Devèze, Dodin, d'Envers, Goujon, Lépicier, membres du Directoire; — Alizart, Caillot, Clémendot, Courtès, d'Ambly ou Dambly, Fauvel, Gastellier, Guérin, Houdon, Legry, Le Noble, Maillard, Michel, Parfond, Pellé, Pigeaux, Soyer, Thibault, Venteclef, Vial, — membres du Conseil général; — Hodanger, procureur général syndic[1].

Quelques modifications furent d'ailleurs apportées ultérieurement dans la composition du Directoire et dans celle du Conseil général. C'est ainsi que, le 15 brumaire [5 novembre], le Conseil général arrêta que la place de chef des Bureaux des biens nationaux, liste civile et travaux publics réunis serait remplie par le citoyen Devèze, « qui jouira du traitement attaché à ladite place, à la charge par lui de se démettre de celle de membre du Directoire du Département, dont il est maintenant pourvu », et décida qu'il serait écrit aux Représentants en mission « pour leur faire connaître de quelle utilité le Cᵉⁿ Devèze peut être dans la place qui lui est déférée et les engager à agréer cette nomination en acceptant du Cᵉⁿ Devèze sa démission de membre du Directoire du Département [et] en le remplaçant par le Cᵉⁿ Pellé ». On demandera en même temps à Ch. Delacroix et à J.-M. Musset de « remplacer le Cᵉⁿ Gourdin, de Saint-Germain, qui n'a pas encore paru au Conseil,...... et le Cᵉⁿ Boutmy, qui a une place d'inspecteur garde-magasin de la manufacture d'armes établie à Versailles ».

La réponse des Représentants en mission n'étant pas parvenue le 17 novembre, le Conseil général arrêta que deux commissaires se transporteraient auprès d'eux pour les prier de donner une solution à cette affaire et pour leur demander « si, sans encourir la peine infligée aux démissionnaires, il sera permis à quelques-uns des membres de l'Administration d'accepter des places auxquelles leurs talents les rendraient propres, et qui seraient par là très utiles à la chose publique ».

Quelques jours après, le 22 novembre, le citoyen Houdon exposait au Conseil général qu'il avait été nommé par les Représentants en mission à la place de juge de paix du

---

[1] Arch. dép. de Seine-et-Oise, I, 1 m 337.

canton de Marly et que, ne pouvant, aux termes de la loi, cumuler deux fonctions, il invitait l'Administration à accepter sa démission de membre du Conseil général.

Enfin, le 2 décembre, les Représentants en mission venaient « se concerter avec l'Administration pour la solution des différentes questions qu'elle leur a proposées ». Ils arrêtèrent : « Qu'ils acceptoient la démission du Cᵉⁿ Devèze, membre du Directoire du Département, et approuvoient sa nomination à la place de chef du Bureau des biens nationaux, liste civile et travaux publics, attendu que les citoyens doivent être placés où ils peuvent être le plus utiles à la chose publique ; — que le Cᵉⁿ Gourdin, qui a été destitué au Comité de salut public de Saint-Germain et qui n'a point encore paru au Département depuis l'instant de sa nomination, sera remplacé au Conseil général ; — que le Cᵉⁿ Boutmy, membre du Conseil général et nommé depuis garde-magasin de l'atelier d'armes, sera remplacé au Conseil général ; — qu'il sera pareillement pourvu au remplacement du Cᵉⁿ Houdon, qui a donné sa démission pour accepter la place de juge de paix du canton de Marly. » Ils invitaient donc l'Administration à former une liste de huit candidats, « afin d'en pouvoir choisir quatre pour compléter le Conseil, après qu'ils auront présenté cette liste au scrutin épuratoire des Sociétés populaires ». Quant à la question de savoir comment le Conseil général se compléterait par la suite, dans le cas où il n'y aurait pas de Représentants en mission, Delacroix et Musset déclarèrent ne pouvoir se prononcer sur ce point ; ils dirent que « le Conseil général devait alors s'adresser au Comité de salut public et même à la Convention[1] ». Plusieurs membres firent aussi observer qu'ils étaient membres du Comité de surveillance du district de Versailles et qu'ils « ne pouvaient assister aux délibérations de ce Comité et en suivre les opérations sans que les affaires de l'Administration n'en éprouvassent un retard considérable ». Ils furent autorisés à ne pas rester plus longtemps membres dudit Comité.

Dans l'intervalle, le Conseil général avait appris, non sans surprise, le 25 novembre, que deux membres de l'Administration, d'Envers et Vial, avaient été mis en état d'arrestation par des commissaires du Comité de sûreté générale de la Convention. Et il décidait que deux de ses membres se rendraient à Paris, à l'effet « de représenter au Comité que l'intérêt général exige que la conduite et les principes de ces deux administrateurs soient promptement examinés, afin que ces deux citoyens, qui n'ont montré dans l'exercice de leurs fonctions que l'amour le plus ardent pour la chose publique, soient rendus à celles-ci ». Malgré cette démarche, d'Envers et Vial ne furent pas de sitôt remis en liberté, sans que, d'ailleurs, le Comité de salut public fît connaître à l'Administration de Seine-et-Oise les motifs de leur arrestation.

À noter encore que, dans la séance du 15 décembre, il fut donné lecture d'une lettre du citoyen Soyer, par laquelle il prévenait l'Administration qu'étant obligé, aux termes de la

---

[1] Le cas ne devait pas, d'ailleurs, se présenter, puisque les Conseils généraux allaient être supprimés peu après.

loi, de choisir entre les fonctions de membre du Comité de surveillance du district de Versailles et celles d'Administrateur du Département, il optait en faveur des premières et priait le Conseil général d'accepter sa démission.

Si l'on a le désir de savoir quelles occupations multiples incombaient alors à un administrateur du Département, on n'aura qu'à se reporter aux pages 242-319 de notre Inventaire sommaire, et l'on reconnaîtra que les membres de l'Administration départementale nommés par Delacroix et Musset avaient assumé une lourde tâche lorsqu'ils avaient juré de remplir avec zèle, énergie et courage les fonctions auxquelles ils étaient appelés. Ils ne devaient pas, du reste, — ceux du Conseil général du moins, — avoir à les remplir bien longtemps, car l'article 6 de la section III du décret du 14 frimaire an II [4 décembre 1793] déclara que les Conseils généraux, les Présidents et les Procureurs généraux syndics des départements étaient supprimés.

En conséquence, le 29 frimaire an II [19 décembre 1793], à neuf heures du soir, le Conseil général du département tint, sous la présidence de Pellé, vice-président, sa dernière séance, dont voici le procès-verbal :

« Le Conseil étant réuni, Hodanger, procureur général syndic, requiert la lecture et l'exécution du décret de la Convention nationale du 14 courant sur le mode de gouvernement provisoire et révolutionnaire, et particulièrement l'exécution de l'article 6 de la 3ᵉ section qui supprime les Conseils généraux, les Présidents et les Procureurs généraux syndics de département.

« Le Conseil général adhère à son réquisitoire, ordonne une nouvelle lecture de la loi et arrête que les fonctions des membres du Conseil général cesseront aujourd'hui, que le Directoire fera dans le plus court délai la réunion de tous les papiers qui doivent être renvoyés aux Administrateurs de district et remis sur inventaire sommaire, et que les Représentants du peuple seront informés de la clôture des séances du Conseil général dans le délai fixé par la Loi.

« Pellé, président, a fait un discours dans lequel il a retracé en peu de mots les efforts de l'Administration pour le succès de la chose publique, le dévouement de ses membres dans l'exercice des fonctions dont ils ont été chargés et les vœux du Conseil général pour l'affermissement de la République une et indivisible. Il a encouragé les membres du Directoire dans les fonctions pénibles qui lui sont confiées et l'Assemblée s'est séparée après les témoignages les plus complets d'estime, d'amitié et de fraternité. »

Il faudra, dès lors, attendre l'application de la Constitution de l'an VIII pour retrouver l'existence d'un Conseil général dans le département de Seine-et-Oise.

Il ne paraît pas superflu de dire ici un mot des traitements ou indemnités dont jouissaient les Conseillers généraux.

A l'origine, les membres du Conseil général du département — à la différence des membres du Directoire — ne touchaient aucune indemnité. Il en fut autrement le jour

où les membres de cette assemblée furent en session permanente, et le 1ᵉʳ janvier 1793
fut rendu un décret qui fixait « l'indemnité des membres des Conseils généraux de
département et de district en état de surveillance permanente ». L'article 1ᵉʳ de cette loi,
qui avait un effet rétroactif, fixait cette indemnité à 3 livres par jour, indépendamment
de 15 sols par lieue de poste pour un seul voyage, tant pour l'aller que pour le retour. En
exécution de l'article 2, il était formé un « état de présence effective aux séances du
Conseil pour chaque administrateur », et les états devaient être certifiés par chacun
d'eux [1].

C'est ainsi que Germain, de Viroflay, ayant siégé au Conseil général du 24 juillet
1792 au 11 décembre suivant, c'est-à-dire pendant 138 jours, — il avait fait quelques
absences, — reçut en 1793 un mandat de 414 livres « pour l'indemnité qui lui est
accordée à raison de 3 l. par jour », payable par le receveur du district de Versailles sur
les fonds destinés au paiement des dépenses générales de l'Administration du département pendant l'année 1792.

Brichard reçut un mandat de 159 livres, soit 141 l. pour 47 jours de présence,
et, parce qu'il venait d'Etampes, 18 l., à raison de 15 s. par lieue à l'aller et au
retour.

Dans cette première période de la Révolution, les Présidents du Département avaient
été :

Le Cointre (Laurent), 14 juin-4 novembre 1790,

Laisné (Louis-Augustin), 4 novembre 1790-15 novembre 1791,

Le Brun (Charles-François), 15-22 novembre 1791,

Cadet de Vaux (Antoine-Alexis-François), 22 novembre 1791-20 août 1792,

Germain (Simon-François), 20 août-11 décembre 1792,

Richaud (François), 11 décembre 1792-23 septembre 1793,

Germain, [pour la seconde fois], 27 septembre-19 décembre 1793 ;

et les Procureurs généraux syndics avaient été :

Challan (Antoine-Didier-Jean-Baptiste), 27 mai 1790-20 août 1792,

Goujon (Jean-Marie-Claude-Alexandre), 20 août 1792-fin octobre 1793,

Hodanger (Denis-Anne-Ferdinand), 3 novembre-19 décembre 1793.

Nous devons maintenant revenir en arrière et parler du Directoire du département
pendant cette même période, limitée par les dates des 7 juillet 1790-19 décembre 1793.

[1] Arch. dép. de Seine-et-Oise, L 1 m 337.

II

LE DIRECTOIRE DU DÉPARTEMENT

Juillet 1790—Décembre 1793.

La composition et le rôle du Directoire de département. — Le premier Directoire, juillet 1790-novembre 1791. — Le second Directoire, novembre 1791-août 1792. Influence prépondérante de Le Brun. — Le Directoire provisoire, août-décembre 1792. — Le quatrième Directoire, décembre 1792-septembre 1793. — Le cinquième Directoire, septembre-décembre 1793. — Les comptes rendus au Conseil général, au nom du Directoire, par Challan et par Goujon (J.-M.-Cl.-A.), de 1790 à 1793. — Les traitements des membres du Directoire, du Procureur général syndic et du Secrétaire général du Département.

Nous avons dit qu'aux termes de la loi des 22 décembre 1789-janvier 1790 réglant l'organisation administrative départementale, qui avait pour base exclusive l'élection à double degré, à la tête de chaque département se trouvait placée une double assemblée partagée en deux sections : l'une, sous le nom de *Conseil de département* [Conseil général], qui, dans une session annuelle d'un mois au plus, fixait les règles de chaque partie de l'administration, ordonnait les travaux et les dépenses générales du département et recevait le compte de la gestion du Directoire; l'autre, sous le nom de *Directoire de département,* qui était toujours en activité pour l'expédition des affaires et rendait tous les ans au Conseil de département le compte de sa gestion, lequel devait être publié par la voie de l'impression. Ce Directoire était, dans une certaine mesure et jusqu'à un certain point, un Préfet en huit personnes; le Président de l'Administration de département pouvait assister et avait droit de présider à toutes les séances du Directoire, qui pouvait néanmoins se choisir un vice-président.

Nous avons jusqu'ici traité du Conseil général, de 1790 à décembre 1793; parlons à présent du Directoire pendant le même laps de temps.

Il y a quelques années, M. Jean Lucas de Pesloüan a fait paraître une *Histoire de la Juridiction administrative sous la Révolution et sous l'Empire;* nous ne saurions mieux faire que de renvoyer nos lecteurs à cette remarquable et très intéressante étude, d'autant mieux que son auteur a puisé dans les Archives départementales de Seine-et-Oise — et nous en avons été très flatté — une partie des renseignements dont il a tiré un si bon parti. « Il nous a paru utile », lit-on dans l'Avertissement, « d'entrer en contact plus direct avec le passé, de donner un peu de vie aux textes révolutionnaires, en cherchant dans les archives quelques exemples propres à les illustrer : c'est dans cette intention que nous avons parcouru les registres des délibérations du Directoire de

Seine-et-Oise aux époques qui nous ont paru les plus intéressantes. » Nous empruntons à cet excellent ouvrage, pages 59-77, les indications qui suivent :

Au Département, les 36 membres choisissent 8 d'entre eux pour former le Directoire:
dans le District, le Directoire se compose de 4 membres. C'est entre ces assemblées,
toujours en activité, que la loi des 7-11 septembre 1790 distribue, dans des proportions
variables, les attributions contentieuses : I. Contributions directes..... II. Travaux
publics et Voirie..... III. Élections..... IV. Matières diverses : Engagements, Domaines
nationaux. Il faut rattacher au contentieux général des biens nationaux celui des biens
d'émigrés..... Ainsi les Directoires héritent tout à la fois des attributions des intendants,
des officiers des élections et des eaux et forêts, des trésoriers de France; mais c'est la
succession de l'intendant qui fait leur véritable puissance. Sur ce point, la tendance de
l'Assemblée Constituante, est très nette : elle ne voit que des avantages à substituer au
pouvoir du seul commissaire départi un pouvoir collectif, il lui semble qu'une réunion
de citoyens élus qui délibèrent et discutent offre toute garantie aux particuliers. Une
telle conception est assurément dangereuse — le législateur de l'an VIII ne manquera
pas de l'observer, — mais elle le devient plus encore quand les décrets du 22 juillet et du
28 août 1792 rendent publiques les séances des Directoires : le contrôle des clubs peut
s'exercer au grand jour, et non plus seulement de façon occulte, sur la juridiction
administrative. En somme, si la Révolution rend au pouvoir judiciaire la connaissance
de litiges autrefois jugés administrativement, par les cours des aides par exemple, des
raisons le plus souvent politiques la poussent à élargir sans cesse le domaine du contentieux administratif. « En donnant tout-à-coup au pouvoir administratif jusque-là si peu
connu, si imparfaitement défini, et mêlé de toutes parts avec le pouvoir judiciaire..... une
juridiction illimitée, elle laisse, sans le vouloir et sans s'en douter, un instrument
redoutable dans les mains du gouvernement. » Telles sont les matières qui sont traitées
dans le chapitre III du Titre premier : « La Constituante et la Législative », lequel est
intitulé : « La Juridiction des Directoires ». Les chapitres IV et V sont consacrés aux
« Voies de recours » et aux « Rapports avec la justice ordinaire ». Le chapitre Ier du
Titre deux : « La Convention et le Directoire », a pour objet : « La Juridiction administrative sous la Convention ». Enfin, deux Notes sont à signaler à la fin du livre, l'une
intitulée : *Sur l'organisation administrative départementale de Seine-et-Oise*, l'autre :
Une affaire de subsistances sous la Révolution et l'Empire.

Les huit membres élus par le Conseil, dans sa séance du 7 juillet 1790, pour composer le Directoire du département[1] tinrent leur première séance le lendemain 8, heure

<hr/>

[1] Les délibérations et arrêtés du Conseil général sont contenus dans cinq gros registres cotés L 21 - L 25; nous
en avons donné dans notre Inventaire sommaire une analyse suffisante, qui permet aux lecteurs de se rendre
compte des travaux de l'Assemblée départementale pendant les années 1790-1793. Les délibérations et arrêtés du
Directoire qui correspondent à la même période ayant nécessité trente-cinq registres, non moins épais, nous
n'avons pas, à notre vif regret, cru pouvoir agir de même à leur endroit, et nous avons dû nous borner à citer ou

de midi. C'étaient MM. Chéron de La Bruyère, Belin de Ballu, Huet, Hénin de Chérelle, Vaillant de Bissy, Le Flamand de Joyenval, Rouveau et Durand; à eux s'étaient joints le Procureur général syndic Challan et le Président du Département Le Cointre. Ils se réunirent dans « une salle commune, à l'effet de s'organiser et de nommer leur Président ». Le Cointre ouvrit la séance. L'un des membres proposa, « pour conserver plus d'harmonie et d'union entre les membres du Directoire, que la Vice-Présidence serait déférée successivement, par rang d'âge, pendant l'espace d'un mois, en commençant par le doyen et en continuant de suite jusqu'au plus jeune », et cette proposition fut acceptée à l'unanimité. Il fut en outre décidé que, « dans le cas où le Vice-Président ne pourrait remplir les fonctions de sa place, il serait remplacé par l'ex-Président ». M. Huet, ayant été reconnu pour le plus âgé de l'assemblée, fut donc proclamé Vice-Président du Directoire. Et l'on décida également que le Vice-Président « aurait, en même tems, la voix prépondérante pendant le tems de sa Présidence ». Après quoi, l'on s'ajourna au lendemain, neuf heures du matin.

La composition du personnel de ce Directoire ne subit pas de modifications jusqu'au mois de novembre 1791. Le 27 août de cette même année[1], MM. Rouveau, Durand, Chéron de La Bruyère et Le Flamand de Joyenval avaient été désignés pour sortir du Directoire, et ce fut dans la séance du 22 novembre que le Conseil général nomma les quatre membres destinés à remplacer ceux qui étaient sortis. Les nouveaux élus furent MM. Le Brun (nouveau), Le Flamand de Joyenval, Durand et Rouveau (nommés pour la seconde fois). Le Conseil général décidait en même temps que quatre membres suppléants pour le Directoire seraient pris parmi les Administrateurs nouvellement élus ou réélus et nommait à cette fonction MM. Bénézech, Lépicier, Goujon et de La Chabeaussière.

Le Directoire se trouva donc ainsi composé à partir du 22 novembre 1791 :

Membres anciens : MM. Hénin de Chérelle, Belin de Ballu, Vaillant de Bissy et Huet;

Membres nouveaux : MM. Le Brun, Le Flamand de Joyenval, Durand et Rouveau; et il tint le 23 la « première séance » de sa « seconde session ». M. Huet ayant pris séance en qualité de Vice-Président provisoire, proposa de nommer un Vice-Président du Directoire. On agita la question de savoir « quelle sera la durée de la Vice-Présidence », et il fut convenu « que le temps de la Vice-Présidence serait de trois mois consécutifs, après lequel temps expiré il serait fait une nouvelle élection pour trois autres mois, et ainsi de suite de trois en trois mois ». Il fut aussi arrêté « qu'en cas d'absence du Vice-Président, le dernier Président présiderait l'Assemblée ».

analyser quelques délibérations ou arrêtés choisis dans chacun des registres, autrement chaque registre du Directoire, analysé de la même manière que les registres du Conseil général, eût nécessité environ trois feuilles d'inventaire, soit, pour les 35 registres, plus de 100 feuilles, c'est-à-dire plus de 800 pages venant s'ajouter aux 319 précédentes, au total 1.100 pages environ.

[1] Voir ci-dessus, p. 38.

On procéda immédiatement au vote : M. Le Brun, ayant réuni la majorité des suffrages, fut proclamé Vice-Président du Directoire par M. Huet, « doyen d'âge », qui lui céda le fauteuil. On nomma ensuite celui des membres qui devrait « avoir la voix prépondérante pendant la durée de la Vice-Présidence dans les circonstances où il y aurait parité d'opinions dans la moitié de l'Assemblée. M. Le Brun a réuni la majorité des suffrages. M. Huet a été de même élu pour avoir la voix prépondérante en cas d'absence de M. le Vice-Président. »

Réélu Vice-Président pour une nouvelle période de trois mois, dans la séance du 1er mars 1792, Le Brun continua à être maintenu à ce poste par ses collègues; il l'occupait au commencement du mois d'août, quand survinrent les événements qui amenèrent sa démission, la retraite du Directoire, la démission du Président du Conseil général, événements sur lesquels nous avons à revenir ici [1].

M. Dramard a publié en 1872 une très curieuse étude intitulée : *Episodes de la Révolution française dans le département de Seine-et-Oise. La disette de 1789 à 1792, jusqu'à la loi du maximum* [2]. On peut, en la lisant, se faire une idée des troubles qui agitèrent le département de Seine-et-Oise en 1791 et en 1792, et se rendre compte aussi du rôle que joua dans ces circonstances graves le Directoire du département, sur les déterminations duquel le Vice-Président Le Brun, esprit modéré, exerçait incontestablement une influence prépondérante. Ce Directoire était certainement du nombre de ceux auxquels pouvait s'appliquer la phrase de François de Nantes, le rapporteur du *Comité des douze* : « Dans toutes les pièces que j'ai examinées, les seuls Directoires m'ont paru les seuls conservateurs des principes constitutionnels, les seuls fils par lesquels j'ai eu l'espoir de ramener l'ordre partout [3]. » Aussi n'est-il pas surprenant que dans sa séance du 26 juin, à la suite des événements des 20 et 21, il ait arrêté « qu'il sera fait une adresse au Roi, pour lui exprimer l'indignation que lui ont causée les événemens arrivés aux Tuileries, ... et une autre aux Administrés du département pour les exhorter à persévérer dans les véritables principes de la Constitution qu'ils ont juré de maintenir et à rester unis contre toutes les factions ». Le Brun et Vaillant de Bissy devaient porter au Roi « dans le jour » l'adresse dont le texte suit :

« Au Roy. Sire, nous venons au nom des citoyens de notre département démentir les factieux qui osent présenter à Votre Majesté le vœu surpris à quelques individus égarés comme le vœu de la Nation. Le vœu de la Nation, Sire, est que la Constitution soit respectée; la Constitution a garanti à son représentant héréditaire la sûreté, l'inviolabilité, la liberté la plus absolue dans l'exercice de ses droits légitimes.

[1] Voir ci-dessus, p. 47 et suivantes.
[2] Versailles, imprimerie Aubert, 1872. [Extrait des *Mémoires de la Société des Sciences morales, Lettres et Arts de Seine-et-Oise*, t. IX, 1873.]
[3] Cité par M. Dramard, page 2 du tirage à part.

Croyez, Sire, que les cris de quelques séditieux n'ébranleront point cette volonté immuable du peuple Français. Il se lèvera, s'il le faut, tout entier pour accabler les hommes pervers qui usurpent son nom et outragent ses loix. Cependant, la Garde nationale de Paris veille pour la France; son courage, sa fidélité nous répondent des dépôts précieux qui lui sont confiés. Mais si les dangers croissaient, si la faction devenait plus redoutable, la Garde nationale de notre département volerait au secours de la Constitution, comme ses frères d'armes, elle saurait combattre et mourir pour la défendre. Continuez, Sire, de montrer le courage de la Vertu et des Loix. Vous ne craignez pas de mourir pour elles; vous vivrez pour être heureux par elles et pour voir la France entière réunie et fortunée sous leur empire. »

Quant à l'adresse aux Administrés, elle était conçue en ces termes :

« Aux Citoyens du département.

« Vu l'acte du Corps législatif relatif au maintien de la tranquillité publique du 23 juin 1792, l'an 4ᵉ de la Liberté ;

« Vu les conclusions de M. le Procureur général syndic ;

« Le Directoire, profondément indigné des atteintes qui ont souillé la journée du 20 juin et craignant que des agitateurs étrangers ne viennent troubler la paix du département et y apporter de coupables maximes et de perfides insinuations, invite tous les Citoyens à demeurer constamment unis pour la défense de la Constitution, à opposer la fermeté des principes aux efforts des ennemis publics qui, par la violation des formes légales, préparent la ruine de la liberté et de la monarchie constitutionnelle, à rester inviolablement fidèles à la Nation, à la Loi, au Roi, le représentant héréditaire de la Nation, le dépositaire du pouvoir, qui, par l'exécution des Loix, assure le repos et la prospérité de l'État; à ne jamais oublier que la personne du Roi est inviolable et sacrée ; que son azile, défendu comme celui de tous les citoyens par les loix générales, est encore comme un sanctuaire de la puissance publique; que le droit de sanctionner les décrets de l'Assemblée Nationale doit être libre et indépendant pour assurer notre liberté; que tout rassemblement d'hommes armés, s'il n'est pas avoué par les Loix, est un rassemblement criminel; que les Citoyens ont droit de présenter des pétitions, mais qu'ils doivent les présenter paisiblement, sans armes et au nombre prescrit par les Loix; exhorte les gardes nationales du département à persister dans leur attachement aux Loix qu'ils ont juré de maintenir, à combattre et à mourir pour les défendre;

« Arrête que tous ceux qui tenteraient d'égarer le Peuple et de lui faire méconnaître les principes seront dénoncés et poursuivis comme perturbateurs du repos public et ennemis de la Constitution ;

« Arrête, en outre, que deux de ses Membres porteront au Roi l'expression des sentimens dont il est pénétré et l'assurance que les Citoyens du département de Seine-et-Oise maintiendront dans toute sa pureté la Constitution qu'ils ont jurée. »

Le Brun et Vaillant de Bissy annoncèrent, le lendemain 27, que Sa Majesté, à qui ils avaient présenté les deux adresses, « les avait très bien accueillis et les avait chargés de témoigner au Directoire la satisfaction de sa conduite et de lui exprimer ses remerciements pour l'intérêt qu'il avait pris à sa personne dans les circonstances alarmantes où il s'était trouvé ».

Quinze jours plus tard, la Patrie était déclarée en danger, le Conseil général se réunissait, et une nouvelle journée, celle du 10 août, qui devait amener la chute du trône, se préparait. Dès le 29 juillet, Robespierre avait réclamé formellement, aux Jacobins, la suspension du Roi et une Convention nationale. Le Brun estima sans doute qu'il était de sa dignité de ne plus rester à l'Administration départementale, de ne plus présider le Directoire, qui allait, peut-être, se trouver en désaccord avec une fraction importante du Conseil général, et il envoya sa démission de membre des deux assemblées. Ceci se passait les 7 et 8 août.

Le 11, le Procureur général syndic annonce au Conseil général qu'il a reçu par un courrier extraordinaire, arrivé à cinq heures du matin, « un paquet contenant une loi relative à la suspension du Pouvoir exécutif sur un décret de l'Assemblée Nationale du 10 août 1792, une adresse de l'Assemblée Nationale aux Français et un acte du Corps législatif portant suspension du Pouvoir exécutif ». Tous les Corps administratifs siègent à la Maison commune de Versailles. Le 17, il est décidé que Bénézech, « administrateur du Département et premier suppléant au Directoire », remplira « au Directoire la place vacante par la démission de M. Le Brun ». Le 19, arrivent au Conseil général différentes lettres, dont une de Goujon, annonçant « qu'il se réunira aujourd'hui à ses collègues pour donner tous ses soins à la chose publique en qualité d'administrateur du Département ». Ce même jour, l'Assemblée se rend à la Maison commune, d'où elle se transporte à la place d'Armes avec MM. du District et la Municipalité. Le commandant de la Garde nationale prête le serment de maintenir l'égalité et la liberté, entre les mains de la Municipalité et en présence des autres Corps réunis, « qui se sont rendus successivement à la tête de tous les bataillons, qui ont prêté le même serment, ainsi que les invalides ». La journée du lendemain devait voir la retraite du Directoire ; voici comment elle fut préparée et comment elle se produisit[1].

Le lundi 20 août, le Conseil général ouvrit sa séance à neuf heures du matin. Après l'expédition de quelques affaires, le Procureur général syndic Challan rendit compte à l'Assemblée que, « dans la séance qui a eu lieu hier soir à la Maison commune, une des Sections de la Ville de Versailles ayant proposé la destitution du Directoire, il a cru devoir saisir cette occasion pour faire une nouvelle profession de son civisme, partagé par tous les membres du Directoire, et faire connaître le zèle qui a dirigé ses opéra-

[1] Voir l'Inventaire sommaire, p. 67 et suivantes et 413.

tions; que cette apologie a été reçue sans improbation ni approbation de la part de l'assemblée; qu'il a cru remarquer sur les visages des marques de satisfaction; que cependant plusieurs personnes [s'étant] levées pour appuyer les pétitionnaires, il avoit cru ne pas devoir insister, sauf à en référer au Conseil général ».

Un des membres du Conseil observa « qu'il avoit été témoin des détails pénibles de la fin de [cette] séance; qu'ils lui ont confirmé qu'il existoit contre le Directoire une prévention marquée; qu'il en résultoit un défaut de confiance préjudiciable à la chose publique; que, dans une telle circonstance, il lui paraîtroit convenable et même utile que MM. du Directoire cessassent toute fonction. Cette opinion ayant été adoptée par une grande partie de l'assemblée, et même par MM. du Directoire, ils se sont retirés avec M. le Procureur général. »

Réunis dans la salle où ils tenaient leurs séances, les membres du Directoire délibérèrent sur ce qu'ils avaient à faire. L'un d'entre eux rappela que Goujon, membre du Conseil général, venait de « déclarer qu'il étoit nécessaire que le Directoire donnât sa démission pour ne plus entraver la marche de l'Administration, paralysée par le défaut de confiance; que cette démission étoit urgente, pour éviter tous excès contraires à la tranquillité publique et à la sûreté individuelle; que son dessein étoit d'inviter le Directoire à prendre ce parti; que, dans le cas où le Directoire ne le prendroit pas, il en référeroit au Conseil et que, si le Conseil ne l'ordonnoit pas, il rendroit son opinion publique sur la nécessité de cette démission ».

Etant donnée l'invitation faite par le Conseil général au Directoire « de céder à des circonstances impératives », il y avait à prendre « à l'instant » un parti décisif. Les membres du Directoire et le Procureur général syndic, « considérant, d'un côté, que l'honneur, la loi et la ferme résolution où ils sont de remplir le serment qu'ils ont prêté ne leur permettent pas d'abandonner leur poste; de l'autre, que le bien public pourroit être compromis », arrêtèrent que « le Conseil seroit consulté, pour qu'il voulût bien leur dicter le parti qu'ils devoient suivre dans ces circonstances ». Ils rentrèrent donc dans la salle du Conseil général et déposèrent sur le bureau la déclaration dont le texte suit, après que l'un d'eux en eût donné lecture :

« Les membres du Directoire du Département et le Procureur général syndic ne pouvant se dissimuler que, malgré le serment qu'ils ont solennellement prêté entre les mains du Peuple de maintenir de tout [leur] pouvoir la Liberté et l'Egalité ou de mourir à leur poste, malgré toutes les preuves de civisme qu'ils n'ont cessé de donner tant avant que depuis les nouvelles circonstances et l'activité avec laquelle ils ont promulgué et fait exécuter toutes les loix, néantmoins des pétitions émanées des Sections de Versailles leur annoncent qu'ils n'ont plus la confiance nécessaire à des Administrateurs pour opérer le bien;

« Considérant que, quels que puissent être les motifs, sans doute peu fondés, de ce défaut de confiance, il leur devient impossible de continuer à travailler d'une manière utile; que, s'ils persistoient plus longtemps dans l'exercice de leurs fonctions, la prévention qui s'est élevée contre eux pourroit donner lieu aux plus grands inconvénients pour la tranquillité publique et pour le bien même de l'Administration; que ce bien, qui a toujours été leur unique passion, leur fait une loi de céder, quoiqu'à regret, aux circonstances impérieuses qui ravissent de leurs mains le gouvernail que la Loi leur avoit confié; mais que si, d'un côté, leur retraite est devenue nécessaire, de l'autre, l'honneur et la Loi leur commandent de rester fermes à leurs postes et d'y subir plutôt la mort que de l'abandonner par une lâche désertion; que ces deux motifs, l'honneur et la Loi, les ont empêchés jusqu'ici d'offrir au Conseil général du Département leur démission, de rendre à l'instant tous leurs comptes et de donner tous les renseignements nécessaires à ceux qui les remplaceront;

« Dans l'alternative douloureuse qui les presse, ou de ne pouvoir opérer tout le bien qu'ils désirent ou de trahir un serment qu'ils sont résolus de remplir jusqu'au dernier souffle de leur vie, ils prient le Conseil général de prendre en considération la situation pénible où ils se trouvent, le désir qu'ils ont d'opérer le bonheur du Peuple, même aux dépens du leur, et de leur dicter le parti qu'ils doivent prendre.

« Fait en Directoire, le 20 août 1792, l'an 4e de la Liberté et le 1er de l'Egalité.

« Huet, Vaillant, Belin, Hénin, Durand, Le Flamand, Rouveau, Challan. »

Les membres du Directoire s'étant alors retirés, le Conseil général, après une mûre délibération, prit à l'unanimité l'arrêté suivant :

« Vu la déclaration remise sur le bureau du Conseil par les membres du Directoire et le Procureur général syndic, par laquelle ils reconnoissent qu'il leur devient impossible, vu le défaut de confiance, de continuer à travailler d'une manière utile; que, s'ils persistoient plus longtemps dans l'exercice de leurs fonctions, la prévention qui s'est élevée contre eux pourroit donner lieu aux plus grands inconvénients pour la tranquillité publique et le bien même de l'Administration, et déclarent que l'honneur et la Loi les ont seuls empêchés jusqu'ici d'offrir leur démission, de rendre à l'instant tous leurs comptes et de donner les renseignements nécessaires à ceux qui les remplaceroient, et demandent au Conseil le parti qu'ils doivent prendre dans cette circonstance ;

« Le Conseil, considérant que toute Administration qui ne peut plus le bien devient dangereuse, que le moindre moment d'inaction dans une Administration que les circonstances ont rendue nécessaire et permanente peut mener au danger le plus imminent; que cette inaction nuit parce que la confiance attaquée à l'égard du Directoire ne lui permet plus de faire ce que le salut public exige et le réduit à une espèce d'inertie qui perdroit 'la chose publique, [et] mettroit en danger le Département en avilissant une autorité nécessaire;

« Considérant qu'appelé à remédier aux dangers de la Patrie, le Conseil ne peut tarder plus longtemps à prévenir ce malheur sans se rendre coupable envers elle;

« Estime que le Directoire ne peut sans péril continuer ses fonctions;

« En conséquence, arrête que ses Membres et le Procureur général syndic les cesseront dès l'instant; qu'il sera nommé pour les remplacer des Administrateurs du Conseil, qu'il sera sur-le-champ rendu compte à l'Assemblée Nationale de cette mesure, et que, pour lui prouver la pureté des intentions qui dirigent chacun des membres de l'Administration, il sera fait à l'Assemblée Nationale une adresse afin d'obtenir la réorganisation en entier des Corps administratifs à l'époque des assemblées électorales, en lui déclarant néantmoins que chacun des membres du Conseil est résolu de rester au poste qui lui est confié et d'y défendre la Liberté et l'Egalité jusqu'à ce que la mort ou la Loi l'en arrache[1]. »

Les membres du Directoire et le Procureur général syndic rentrèrent alors dans la salle du Conseil général, et l'un des membres de l'Assemblée leur donna lecture de l'arrêté qui venait d'être pris et dont il leur serait remis une expédition. Il était trois heures et demie : la séance fut levée et « ajournée à quatre heures et demie ».

Ces mêmes membres, rentrés dans leur salle du Directoire, arrêtèrent « que toutes les pièces relatives à la délibération du Conseil général [seroient] envoyées au Ministre de l'Intérieur et aux neuf Districts, et que néanmoins ils [resteroient] auprès de l'Administration pour y attendre la décision de l'Assemblée Nationale[2] ».

Une seconde séance commença à cinq heures, dans laquelle il fut procédé à l'élection

---

[1] Il est intéressant de compléter ces renseignements par ceux-ci, que nous empruntons à l'ouvrage de M. Laurent-Hanin : « Le 16 août, les treize sections de la Ville entrèrent dans une période d'activité, pour laquelle elles n'étaient pas nées, mais que les événements venaient de lui ouvrir, personne n'ayant soupçonné les destinées qu'elles y rempliraient; ces destinées furent d'une importance vraiment capitale... La loi municipale de 1789 avait fait des sections un élément de la municipalité, qui n'avait aucune attribution bien définie, qui ne délibérait point, mais qui avait le droit d'émettre des vœux sur les sujets soumis à son examen. C'était, comme on dirait aujourd'hui, un facteur nouveau de puissance inconnue, à fonctionnement intermittent, et bien qu'il n'eût le droit de fonctionner que quand il y était autorisé par le Conseil général de la commune, il était la multitude, et le fait seul d'exister lui assurait, le cas échéant, un rôle puissant et redoutable avec lequel il fallait compter. » LAURENT-HANIN, Histoire municipale de Versailles, 1787-1799, t. II, p. 277-278. Et M. Laurent-Hanin ajoute que les treize sections attirèrent, ce premier jour 16 août, tous ou presque tous les citoyens qui réunissaient les conditions nécessaires pour en faire partie. Dans les jours de crise qui suivirent la journée du 10 Août, les Administrateurs du département, ceux du district, le Conseil général de la Commune se réunissaient en une Assemblée unique permanente, pour délibérer en commun, et étaient représentés par le Conseil permanent des trois corps administratifs. Or, les sections avaient constitué leurs bureaux et deux de leurs membres étaient nommés pour assister aux séances des corps administratifs. « Pour la plupart d'entre les sections, la première manifestation devait être et fut en effet de déclarer inéligibles à aucune fonction les signataires d'une adresse au Roi dont les termes ne furent consignés nulle part, mais dont le sens était connu; il allait droit à l'encontre de l'adresse par laquelle la Ville faisait acte d'adhésion aux suites de la révolution du 10 août. » Ibid., p. 279. Cette adresse au Roi est probablement celle dont nous donnons le texte page 70.

[2] On a vu plus haut, page 49, que les membres du Directoire ainsi destitués refusèrent de siéger dès lors au Conseil général comme Administrateurs.

d'un nouveau Président du Département, de cinq membres qui rempliraient provisoirement les fonctions directoriales, et d'un sixième qui remplirait, aussi provisoirement,
celles de Procureur général syndic.

Ce Directoire de Département provisoire fut composé de MM. Lépicier, Morillon,
Vénard, Venteclef et Riot. Les fonctions de Procureur général syndic provisoire étaient
confiées à Goujon. Et ce provisoire dura jusqu'au jour où l'Assemblée électorale tenue à
Mantes, du 11 au 20 novembre 1792, renouvela les membres de l'Administration départementale et envoya siéger au Directoire du département Lavallery, d'Etampes, Le Turc,
de Montmorency, Charbonnier jeune, de Versailles, Germain, de Viroflay, Hodanger, de
Versailles, Rotrou, de Versailles, Vénard, du Port-Marly. Richaud [Hyacinthe], de Versailles. Mais à la séance d'installation du Directoire qui eut lieu le 12 décembre, il fut
constaté que Richaud avait « notifié sa non-acceptation au citoyen Mascré, secrétaire de
l'Assemblée électorale, par lettre du 26 novembre dernier, au moyen de quoi il [restoit]
à choisir un membre pour compléter le Directoire ». Sauvat, de Pontoise, fut ce huitième
membre du Directoire, ayant déclaré dans la séance du 15 décembre qu'il acceptait cette
place ; il prit séance le 16. Le Directoire du département fut alors au complet, étant
« composé de huit membres, non compris le Président du Département [François Richaud],
qui a droit de présider le Directoire, quand il s'y trouve, et le Procureur général syndic ».

Il devait être en exercice jusqu'au 24 septembre 1793 ; mais, pendant ces dix mois,
plusieurs modifications furent opérées, pour des causes diverses, dans le personnel dont
il se composait.

A la séance du 21 septembre assistaient Richaud [François], qui la présidait, Germain,
Charbonnier, Pellé ; Sauvat y remplissait les fonctions de substitut du Procureur général
syndic ; Lavallery, Rotrou, Charpentier et Le Couteulx étaient déclarés « absents par
commission », et Legry, du Conseil général, devait prendre place au Directoire, « pour
le compléter afin qu'il puisse délibérer ».

A celle du 22, ne figuraient que Richaud [François], président, Germain, Charbonnier, Pellé, Charpentier, Sauvat, substitut du Procureur général syndic ; Lavallery et Le
Couteulx étaient absents par commission.

A celle du 23, le procès-verbal constate la présence de Richaud, président, Germain,
Charbonnier, Pellé, Noël Dodin et Sauvat, substitut du Procureur général syndic ; Charpentier est « absent par commission », Lavallery et Le Couteulx sont « absents ».

Et c'est à cette dernière date que les Représentants en mission Delacroix et Musset,
considérant que l'Administration départementale, « par la destitution de quelques-uns
de ses membres, par les démissions que beaucoup d'autres ont données, par les dissensions dont elle a été la proie[1] », était tombée dans « un état de langueur qui la rend

---

[1] Voir ci-dessus, p. 57.

entièrement incapable de répondre au vœu de la loi[1] », prononcent la destitution des Administrateurs actuels et composent le nouveau Directoire des citoyens : Charbonnier jeune, Charpentier, Germain, administrateurs actuels du Département; Morillon, ancien administrateur du Département; Devèze, procureur syndic du district de Versailles; Lépicier, de Mantes; d'Envers, du district de Dourdan; Goujon [Ambroise-Claude], administrateur du district de Montfort. Germain fut autorisé, le lendemain, à passer au Conseil général, dont un membre, Noël Dodin, le remplaça au Directoire du département. Jean-Marie-Claude-Alexandre Goujon était, nous l'avons dit ailleurs, nommé par eux Procureur général syndic.

Ce nouveau Directoire est le dernier qui ait été élu ou nommé de 1790 à l'époque où furent supprimés dans toute la France les Conseils généraux de département. Du 24 septembre au 29 frimaire an II [19 décembre 1793], il subit des modifications très légères dans sa composition, car le procès-verbal de la séance qu'il tint à cette dernière date constate que les Administrateurs présents étaient Pellé, Vice-Président du Département, Lépicier, Devèze, Goujon [Ambroise-Claude], Noël Dodin, Gastellier, Charbonnier, avec Hodanger, Procureur général syndic, Charpentier étant « absent par commission » et d'Envers « en état d'arrestation[2] ». Ce fut le jour où le Conseil général du département se sépara, après que Pellé, qui présidait cette dernière séance, eût encouragé les membres du Directoire « dans les fonctions pénibles qui lui sont confiées »; le surlendemain, Charbonnier, Charpentier, Goujon [Ambroise-Claude], Morillon, Devèze, Lépicier, Noël Dodin se réunirent en la salle du Directoire et, après lecture de la loi du 14 frimaire, se constituèrent « en Administration de département provisoire et révolutionnaire ».

Avant de parler de cette Administration, il nous reste à dire quelques mots des Comptes de gestion du Directoire du département.

On sait qu'à l'ouverture de chaque session annuelle, le Conseil de département devait entendre, recevoir et arrêter le compte de la gestion du Directoire, et que ce compte était publié par la voie de l'impression. Tous ces comptes ont été rendus et publiés; ils sont conservés et classés aux Archives départementales[3].

Le premier est intitulé : « Compte rendu au nom du Directoire du Département de Seine-et-Oise par Antoine-Didier-Jean-Baptiste Challan, Procureur-Général-Syndic, à Messieurs du Conseil Général, le 16 novembre 1791 ». En voici le début :

« Le peu de temps qui s'était écoulé entre la formation du Directoire et la première

---

[1] Voir plus loin, à la section V, Les Représentants du peuple en mission, la mission de Bonneval et Roux.

[2] Consulter à ce sujet notre étude L'Administration départementale de Seine-et-Oise de 1792 à 1795, parue dans le Bulletin du Comité départemental des Études économiques de la Révolution de 1912.

[3] Voir un mémoire de M. Defresne ayant pour titre : Les Premières Transformations économiques dans le département de Seine-et-Oise, 1790-1792, paru dans le Bulletin du Comité départemental des Études économiques de la Révolution de 1908.

12

session du Conseil général n'avait pas permis d'établir un compte de gestion; à cette époque, Messieurs, vous vîntes plutôt éclairer le Directoire de vos conseils qu'examiner ses travaux.

« La France avait perdu sa liberté depuis trop long-tems pour que ses premiers momens n'aient pas été troublés par les obstacles qu'éprouve tout établissement nouveau ; d'une part, la méfiance excusable dans le peuple affranchi d'un joug sous lequel il craint de retomber, de l'autre, les oppositions des malveillans froissèrent chaque espèce d'administration entre l'incertitude et l'anarchie : ce choc des différens intérêts rendit ses commencemens faibles, incertains, pénibles et décourageans ; réduite aux simples lumières de la raison, il fut nécessaire que ses dispositions ne contrariassent pas l'exécution des loix que les Législateurs méditaient en silence pour les soumettre ensuite à la discussion.

« Placés ainsi entre les routes encombrées de l'ancienne Administration et le terrain que devait occuper la nouvelle, il lui restait à peine quelques traces pour suppléer à l'expérience des anciens Administrateurs, n'ayant pas même le loisir de se livrer à l'étude et à la réflexion, puisqu'à chaque instant elle était dans l'obligation de répondre au désir actif des nombreuses municipalités, nécessitées de recourir à la seule autorité constituée qui existât alors.

« Les districts, également agités entre les municipalités et le département, n'apercevaient que confusément le rapport par lequel devait s'établir le concours affluant et effluant d'une délégation établie pour transmettre au département les pétitions des municipalités, épurées par les lumières du district, et faire arriver aux municipalités les décisions du département, afin d'en assurer l'exécution.....

« Je vais, Messieurs, vous présenter le tableau général des objets qui ont occupé l'Administration, suivant leur ordre successif, divisé selon la distribution des travaux du Directoire : j'ai lieu de croire qu'en vous présentant ainsi l'ensemble, il vous sera plus facile d'apprécier les bordereaux de détail ; j'espère que vous adopterez cette méthode, car l'esprit d'ordre est pour le mouvement de l'administration ce que l'esprit public est pour son organisation. »

Les objets sont présentés dans l'ordre suivant :

I. Impositions. — II. Travaux publics. — III. Aliénation et Administration des Domaines nationaux. — IV. Agriculture et Commerce. — V. Voirie. — VI. Municipalités. — VII. Réunion des Municipalités et Circonscription des Paroisses. — VIII. Police. — IX. Organisation de la gendarmerie nationale et des volontaires nationaux. — X. Bien public. — XI. Régime intérieur de l'Administration. — XII. Comptabilité.

Le présent compte se termine ainsi : « Je crois, Messieurs, avoir parcouru tous les travaux de l'Administration ; chargé par la loi d'en suivre tous les détails, j'ai senti combien il était difficile d'en faire le rapprochement, d'une manière digne de vous, digne de Messieurs du Directoire; mais j'ai été encouragé par la gloire d'être l'organe des dépositaires de votre confiance; je ressens, Messieurs, dans toute sa plénitude, la satisfaction de pouvoir prouver, en remplissant cette tâche, mon attachement à la Constitution, mon dévouement envers la Nation, ma soumission à la Loi et mon respect pour le Roi. »

Le deuxième compte fut présenté par les membres du Directoire dont la retraite eut lieu le 20 août 1792[1], et il le fut au commencement du mois de janvier 1793. Il est intitulé : « Compte rendu par les membres du Directoire du département de Seine-et-Oise de leur Gestion et Administration, depuis le mois de Novembre 1791 jusqu'au 20 Août 1792, au Conseil général du Département ». Il commence ainsi :

« Observations préliminaires. Avant que de vous occuper de l'examen des comptes que l'ancien Directoire vous a présentés; avant de vérifier les détails et de comparer les résultats avec les pièces restées dans les bureaux de l'administration, vous avez arrêté qu'il présenteroit un aperçu raisonné de ses travaux jusqu'au vingt août dernier.

« Ses membres ne se permettront point d'examiner si la tâche qui leur est imposée est obligatoire, ni même s'il leur est possible d'exécuter une délibération qui suppose que le temps écoulé depuis la cessation de leurs fonctions n'a pas effacé de leur mémoire une partie des causes qui ont déterminé leurs opérations.

« Ils désirent sincèrement remplir vos intentions; au moins auront-ils fait tous leurs efforts, et, s'ils n'étoient pas assez heureux pour y parvenir, ils espèrent qu'ayant en votre possession toutes les pièces qui y sont relatives, vous suppléerez aisément à ce qui auroit pu leur échapper dans une communication rapide et incertaine.

« Puisse le zèle avec lequel ils vont essayer de répondre au désir de leurs concitoyens les convaincre de la pureté de leurs intentions et de leur dévouement envers la chose publique.

« Le Compte rendu, lors de la dernière session du Conseil, ayant obtenu son approbation, nous suivrons l'ordre qui y est établi : cette marche est d'autant plus convenable que beaucoup d'opérations seront expliquées par les motifs que l'ancien Conseil a adoptés et dont la répétition seroit inutile.

« A la clôture de cette session, le Directoire espéroit n'avoir à s'occuper que des objets qui lui étoient désignés par le Conseil et de la perfection des travaux administratifs; il supposoit à tous les agens de la chose publique les sentimens dont chaque membre de l'administration étoit pénétré : il étoit loin de prévoir les funestes projets qui depuis ont affligé la France.

« Ami de la justice, la franchise et la loi ont dirigé son administration; la franchise et la loi dirigeront le compte qu'il va en rendre. »

[1] Celui qui est appelé l'*ancien Directoire*, pour le distinguer du *Directoire provisoire*.

Voici l'ordre dans lequel sont rangées les matières dont traite le compte rendu :
I. Contributions. — II. Travaux publics. — III. Aliénation et Administration des Domaines nationaux. — IV. Edifices publics. — V. Police contentieuse et administrative. — VI. Bien public. — VII. Comptabilité. — VIII. Régime intérieur de l'Administration.

De ce dernier chapitre nous croyons intéressant de publier quelques passages, dont nos lecteurs prendront sans doute connaissance avec plaisir.

« La loi qui prescrit la publicité des séances n'étoit point portée, néanmoins les bureaux ont toujours été ouverts ; jamais on n'a refusé les renseignemens dont chacun pouvoit avoir besoin, et les citoyens, quand ils en ont témoigné le désir, ont été admis aux séances du Directoire ; souvent même ils y ont discuté leurs affaires personnelles. Mais aussi-tôt que la loi a été promulguée, une inscription, encore existante sur le frontispice du Département, a instruit le peuple d'une publicité qui devenoit sa sauve-garde. Au dernier Conseil, le Directoire avoit proposé quelque simplification dans le travail ; il auroit encore eu des propositions de ce genre à faire pour lui donner plus d'activité..... Mais il ne doit point anticiper les propositions que vous fera sans doute le nouveau Directoire. »

Et plus loin, à propos du personnel des bureaux :

« En répartissant la somme destinée aux gratifications des commis, le Directoire n'a eu à regretter que la modicité de celle mise à sa disposition.

« Vous ne serez sûrement pas surpris de l'attachement des membres du Directoire pour des collaborateurs qui se sont instruits avec eux dans une administration neuve pour les uns et pour les autres. C'est surtout dans le secours qu'ils ont donné individuellement au secrétaire-général qu'ils ont prouvé combien ils partageoient les sentimens du Directoire : pendant une maladie longue et dangereuse, nous leur devons la justice d'assurer que si l'absence du secrétaire a été pénible pour notre cœur, au moins le travail n'en a pas souffert par les soins assidus et multipliés de celui qui a rempli ses fonctions, quoiqu'il cumulât celles de premier commis du secrétariat. Nous ne pouvons donc que nous féliciter de laisser à nos successeurs de tels coopérateurs. Nous recommandons aussi à leur bienveillance, à la vôtre, l'huissier, les garçons de bureau, le portier ; nous avons connu leur zèle, et surtout leur probité à toute épreuve ; nous espérons que vous ne laisserez pas ces qualités précieuses sans récompense. »

Le compte rendu prenait fin en ces termes :

« Citoyens, Vous avez entendu le Compte du Directoire ; un autre, peut-être, eût mieux que moi exposé les faits et enchaîné les preuves ; mais plus jaloux de mériter l'estime de mes Concitoyens que d'obtenir des suffrages, j'ai parcouru avec rapidité, mais avec exactitude, les travaux d'une administration vouée aux intérêts du peuple..... Puisse ce tableau l'instruire des efforts et des sacrifices que chacun de nous a faits pour son bonheur; puisse leur étendue le convaincre des véritables sentimens de ceux qui toujours ont parlé le langage de la loi, respecté les droits du peuple et maintenu la liberté et l'égalité.

« LEBRUN, LE FLAMAND, HUET, ROUVEAU, BELIN, VAILLANT, DURAND, Administrateurs ; et CHALLAN, Procureur-général-syndic. »

Le troisième compte fut présenté au Conseil général, le 15 janvier 1793, par les membres du Directoire et le Procureur général syndic nommés à titre provisoire dans la séance du 20 août 1792. Il est intitulé : « Compte rendu au nom du Directoire provisoire, par J. M. C. A. Goujon, Commissaire provisoire aux fonctions de Procureur-Général-Syndic, au Conseil général du département de Seine-et-Oise, le 15 janvier 1793 », et s'applique à la période qui va du 20 août au 11 décembre 1792. Goujon s'exprime ainsi au début de ce rapport :

« Citoyens Administrateurs, Le Compte que nous vous devons ne ressemble en rien à ceux qui, jusqu'à ce moment, ont pu être rendus par les différentes Administrations. Les tems pendant lesquels nous avons agi étoient trop différens.

« D'autres ont marché au milieu du calme, soutenus par les Loix, placés par le vœu public, protégés par des autorités puissantes. Nous, nous sommes jettés au milieu de la tempête, alors que les Loix étoient muettes, les autorités méconnues, les despotes dans les fers.

« Nous nous sommes volontairement assis à des places abandonnées ; nous nous sommes arrêtés à un poste frappé d'anathème par l'opinion publique[1] dans un tems où l'opinion publique étoit la seule Loi. Nous avons agi seuls par notre propre impulsion, soutenus par le seul amour de la Patrie, dirigés par le salut général, sans autre force que celle de la confiance. Ce simple exposé vous indique assez, Citoyens Administrateurs, l'ordre de choses que nous avons à vous développer.

« Ce n'est point de ce qu'ordonnoient les Loix que nous avons à vous parler, c'est de ce qu'exigeoient les circonstances ; ce ne sont point des principes que nous avons à vous exposer, ce sont des faits qu'il faut vous raconter.

« C'est notre âme toute entière qu'il faut vous ouvrir ; ce sont nos vœux, nos sensations, et jusqu'à nos moindres pensées, qu'il faudroit vous faire connoître.

« Je vais m'efforcer de remplir cette tâche importante, mais vous sentirez sans doute combien elle est difficile, et vous pardonnerez à l'imperfection du tableau.

« Qu'est-ce que le souvenir peut recueillir de cette multitude d'idées brûlantes qui successivement ont régné sur nos âmes ? Lorsqu'après s'être élancé au milieu des orages sur un navire abandonné, fracassé et battu par la tempête, l'heureux pilote se voit rendu au port, tranquille sur la rive, lui est-il possible de retracer à la mémoire les élans répétés

[1] Le Directoire du département.

qui sans cesse ont agité et soutenu son cœur, le feu dévorant qui a nourri son courage et lui a fait braver les dangers? Le passager avec lequel il a traversé les écueils doit-il attendre de lui tant de détails? Ensemble ils se sont sauvés, le navire est au port, voilà tout.

« Il n'est rien qui ne soit dit dans ce seul mot, et on ne voit pas quel compte reste à rendre où le salut commun étoit la suprème Loi.

« Tel seroit l'ordre ordinaire des choses; mais, nous le savons, l'homme public a d'autres devoirs à remplir; l'homme revêtu de quelque pouvoir au milieu de l'insurrection doit compte aux générations de ce qu'il a fait pour la Liberté; le Citoyen doit compte à la Patrie de ce qu'il a fait pour elle. Le Magistrat, organe des Loix, doit compte à la Loi même des moyens par lesquels il l'a soutenue.

« Nous allons donc tâcher de mettre sous vos yeux le tableau fidèle de la situation dans laquelle nous nous sommes trouvés et des principes par lesquels nous nous y sommes dirigés.

« Vous ne serez pas étonnés, sans doute, de voir nos opérations continuellement liées à celles du Conseil général; il a été si peu nombreux pendant tout ce tems, et nous étions tellement unis, que nous ressemblions plutôt à des frères marchant vers le même but qu'à deux sections d'une même Administration. »

Goujon explique alors comment, après les « Evénements du 10 Août », fut amenée la « suspension du Directoire » — de l'ancien Directoire, — dont les membres furent remplacés par des « Commissaires provisoires aux fonctions directoriales »; il montre le territoire français envahi par l'ennemi et « les phalanges despotiques [s'avançant] vers Longwy »; et il rappelle que « l'Administration étoit réduite à seize Membres, au lieu de trente-six qu'elle auroit dû avoir; par cette raison, le Directoire ne fut composé que de cinq membres au lieu de huit, et enfin les embarras et les affaires étoient triplés..... Le Directoire étoit changé : mais combien de Citoyens l'ignoroient; combien, tandis que nos cœurs brûlans voloient au-devant d'eux pour les aider et les secourir, ne s'approchoient de nous qu'avec une prévention marquée, qu'avec les soupçons injurieux que depuis long-tems ils avoient recueillis dans l'opinion publique, sur le compte en général de tous les Directoires de Département; il auroit fallu que nous eussions pu faire écrire sur nos fronts : *Nous sommes un Directoire du 10 Août*. C'est dans cette position, et du sein de cet inextricable labyrinthe, que le Directoire provisoire se trouva tout-à-coup jetté au milieu d'une tourmente effroyable, avant d'avoir pu apprendre à connoître les fils qui devoient le guider. Il se livra donc à l'impulsion de son cœur; vous allez juger, par le récit de ses travaux, si son cœur l'a égaré. »

Les objets sont présentés dans l'ordre suivant :

I. Mesures de salut public. — II. Formation de la Gendarmerie en Divisions, pour la guerre. — III. Contributions. — IV. Biens nationaux. — V. Emigrés. — VI. Travaux

publics. — VII. Police. — VIII. Organisation de la Gendarmerie de remplacement. —
IX. Mesures diverses. — X. Subsistances. — XI. Régime intérieur : « Les bureaux de
l'Administration n'ont éprouvé dans leur régime intérieur que très-peu de changemens.
— Le Directoire provisoire n'a cru pouvoir mieux faire à cet égard que de suivre la
marche qui avoit été tracée par ses prédécesseurs. Nous saisissons avec plaisir cette
occasion de rendre justice à leur intelligence et à leurs connaissances en administration. »

Goujon termine ainsi : « Tel est, Citoyens Administrateurs, l'aperçu des travaux auxquels s'est livré le Directoire provisoire ; déjà les détails des différentes dépenses qu'il a
autorisées ou ordonnées sur chaque objet vous ont été mis sous les yeux, ainsi que les
pièces justificatives de cette portion matérielle de son compte ; chargé de vous en développer la portion morale, j'ai tâché d'en parcourir à-peu-près toutes les branches. Je n'y
ai point compris environ deux mille décisions rendues sur des affaires particulières,
parce que cette partie, n'étant que l'application pure et simple de la loi à des cas particuliers, n'est point susceptible d'analyse, et que l'examen ne peut en être fait que sur les
registres où ces décisions sont consignées.

« Notre but principal a été de vous manifester les principes qui nous ont dirigés,
les sentimens qui ont régné sur nos âmes.

« Sans doute que j'aurois bien peu tiré parti de mon sujet si je n'étois parvenu, par
les détails dans lesquels je suis entré, à vous faire reconnoître jusques à l'évidence ce
respect pour la justice et l'égalité, cet ardent amour pour la Patrie, pour la liberté,
pour le bonheur des hommes, qui remplissoient le cœur de mes collègues et le mien.
Nous marchions animés de ce saint enthousiasme qui n'abandonne pas le vrai Citoyen,
unis par cette brûlante et durable amitié qui lie les hommes justes, dans quelque lieu
qu'ils se rencontrent.

« S'il se trouve quelques imperfections dans le tableau que je viens de tracer, vous
me les pardonnerez sans doute : elles ne tiendront qu'à la foiblesse de mes talens, et
non point à celle de mon cœur ; et, pour fonder votre indulgence, vous voudrez bien
vous rappeler que nous n'avons été que trois mois dans des places périlleuses que nous
ne pouvions nullement connoître, et que nous avons dû, pendant ce court espace de
tems, apprendre, pratiquer et rendre compte.

« Nous remplissons aujourd'hui cette dernière partie de notre tâche ; c'est à vous
et au Peuple de nous juger. Quelle que soit l'opinion sur ce que nous avons fait, il est
du moins un témoignage que nous espérons qui ne nous sera pas refusé, c'est que nous
avons pris la vérité pour règle, c'est que, du fond du cœur, nous avons chéri l'égalité
et voulu servir la Patrie.

« L'Épicier, Morillon, Venard le jeune, Venteclef, Riot, Germain, Président ; Goujon, Procureur-général-syndic. »

Le Directoire qui entra en fonctions le 12 décembre 1792 et dont la destitution fut prononcée le 23 septembre 1793 aurait dû présenter son compte au Conseil général nommé à cette même date. Comme il ne semblait pas se préoccuper de satisfaire à cette obligation, qui lui incombait aux termes de la loi, le Conseil général prit soin de lui rappeler qu'il ne pouvait s'y soustraire. Le procès-verbal de la séance tenue par l'Assemblée départementale le 22 brumaire an II [12 novembre 1793] porte, en effet, ce qui suit :

« Un membre de l'Assemblée observe qu'aux termes des loix, les Administrateurs cessant les fonctions dont ils ont été chargés doivent compte de leur gestion aux Administrés et aux Administrateurs qui leur succèdent, que cependant le Conseil général n'a point encore reçu le compte de la gestion des Administrateurs qu'il a remplacés ; il demande que les membres du Directoire qui a été renouvelé le 23 septembre dernier soient invités de présenter le plutôt possible le compte qu'ils doivent de leur gestion aux termes des Loix.

« Le Procureur général syndic entendu,

« Le Conseil général arrête que les membres de l'ex-Directoire seront invités de présenter leur compte dans le plus bref délai et qu'à cet effet il leur sera écrit individuellement par le Procureur général syndic ;

« Et cependant, considérant que le citoyen Le Couteulx, l'un des membres de l'ex-Directoire, est détenu à Paris par ordre du Comité de sûreté générale de la Convention nationale ; qu'il a été chargé par la précédente Administration de missions très importantes, dont lui seul peut rendre le compte demandé par le Conseil général ; qu'il a d'ailleurs été chargé des détails du bureau de la comptabilité qui embrasse l'ensemble de l'Administration ; que ces circonstances rendent nécessaire, et même indispensable, la présence du citoyen Le Couteulx pour mettre l'ex-Directoire à portée de rendre ses comptes ;

« Arrête que le Comité de sûreté générale de la Convention nationale sera invité par le citoyen Hodanger, procureur général syndic du Département, qu'il charge de cette mission, à prendre les mesures qui lui paraîtront les plus convenables pour donner au citoyen Le Couteulx la liberté qui lui est nécessaire pour rendre les comptes dont il s'agit, et sur lesquels lui seul peut porter les lumières et les détails que l'Administration a droit d'exiger. »

Des démarches furent donc faites, mais sans succès, et, le résultat de ces mesures ne produisant aucun effet, le Conseil général se disposait à lever les obstacles qui en retardaient l'exécution, lorsque la loi du 14 frimaire sur le mode du Gouvernement provisoire et révolutionnaire vint supprimer les Conseils généraux de département. « Alors les membres du Directoire restant en fonctions, n'ayant pas caractère pour recevoir ce compte, ne durent plus s'en occuper. » On en trouvera cependant les éléments, « en ce qui concerne seulement la partie matérielle de la comptabilité », dans un autre compte dont nous parlerons plus loin[1], celui qui fut présenté à l'Administration centrale du Département pour la période du 21 septembre 1793 au 5 brumaire an IV.

Avant d'en finir avec le Directoire, il nous reste à dire que les Administrateurs dont il était formé touchaient un traitement, qui avait été fixé par le décret des 31 août, 1er-2-11 septembre 1790, dont l'article 4 était ainsi conçu :

« Directoires de département. Le traitement sera, dans les villes au-dessous de vingt mille âmes, savoir : — Pour les huit membres des Directoires, seize cents livres. Pour les Procureurs généraux syndics, trois mille livres. Pour les Secrétaires, quinze cents livres. — Dans les villes depuis vingt mille âmes jusqu'à soixante mille : Pour les huit membres des Directoires, deux mille livres. Pour les Procureurs généraux syndics, quatre mille livres. Pour les Secrétaires, deux mille livres. — Dans les villes au-dessus de soixante mille âmes et à Paris : Pour les huit membres des Directoires, deux mille quatre cents livres. Pour les Procureurs généraux syndics, cinq mille livres. Pour les Secrétaires, deux mille cinq cents livres. »

Versailles, ayant alors plus de cinquante et moins de soixante mille habitants, se trouvait appartenir aux villes de la seconde catégorie, celles où les membres du Directoire recevaient 2.000 livres, où le Procureur général syndic en recevait 4.000, où le Secrétaire de Département en recevait 2.000. Il en fut ainsi, en effet, comme en témoigne l'extrait ci-après des délibérations du Conseil général[2] :

« Le Directoire a présenté ensuite la délibération qu'il a prise le 23 août dernier [1791], en exécution de l'article 3 de la loi du 17 juin précédent[3], pour la fixation des dépenses générales à la charge du département et dont l'imposition a été faite par sols et deniers additionnels des contributions foncière et mobiliaire de cette année. Il résulte de cette délibération que les dépenses générales à la charge du département s'élèvent à 858.420 l. 15 s., qui reviennent à 1 sol 11 deniers du principal des deux contributions foncière et mobiliaire. Ces dépenses consistent en :

« 574.580 livres 15 s. destinés aux frais d'entretien et réparations des chemins pendant ladite année.

« 30.000 livres destinées au paiement des réparations de tous les bâtimens publics à la charge du Département.

« 19.600 livres destinées à l'amélioration de l'agriculture et aux encouragemens à donner au commerce, aux arts et aux manufactures.

« 28.200 livres destinées aux secours d'humanité et bienfaisance.

[1] A la section IV, Le Directoire du Département, du 28 germinal an III au 5 brumaire an IV, in fine.
[2] Délibération du 21 novembre 1791. L 21, p. 264-265.
[3] Décret relatif au mode de perception des contributions foncière et mobilière pour 1791, 11 et 13-17 juin 1791.

13

« 7.750 livres pour les frais de justice auprès des tribunaux.

« 22.000 livres *pour les honoraires de MM. du Directoire*[1].

« 57.320 livres pour les appointemens des commis, loyer et frais de bureaux de tout genre.

« 95.000 livres pour les frais d'impression, qui éprouveront pour l'avenir une très forte réduction.

« 23.670 livres destinées au payement des dépenses imprévues et extraordinaires pendant l'année 1791.

« L'Assemblée a reconnu que ces dépenses étoient nécessaires et qu'elles n'excédoient pas les proportions admises par l'assemblée du Conseil dans sa séance de novembre 1790 pour les objets dont elle s'étoit occupée; elle en a approuvé la détermination et la répartition, sauf à rendre compte de l'emploi dans la session de novembre 1792. »

---

[1] Soit, évidemment, 8 membres du Directoire à 2.000 livres, 16.000; 1 Procureur général syndic, 4.000 livres; 1 Secrétaire général du Département, 2.000 livres.

III

L'ADMINISTRATION DU DÉPARTEMENT

« GOUVERNEMENT PROVISOIRE ET RÉVOLUTIONNAIRE »

21 Décembre 1793 — 17 Avril 1795.

La première séance de l'Administration du Département. — Comment le décret du 14 frimaire an II, instituant une organisation nouvelle, amoindrit le rôle du Département. — Le personnel de l'Administration du Département, du 1ᵉʳ nivôse au 11 au 28 germinal an III. — Modification dans la composition du personnel de l'Administration du Département résultant du décret du 1ᵉʳ ventôse an III. — La conduite et les travaux des Administrateurs. — Le 9 Thermidor; comment cet événement fut jugé par l'Administration départementale de Seine-et-Oise : adresse à la Convention. — Un souvenir à Hodanger; Delaine d'Envers. — Comment l'Administration du Département comprit son rôle et remplit sa mission.

Le « premier nivôse l'an second de la République française une et indivisible », 21 décembre 1793, à onze heures du matin, « les citoyens Charbonnier, Charpentier, Goujon [Ambroise-Claude], Morillon, Devèze, Lépicier et Dodin », c'est-à-dire les membres du Directoire, à l'exception de d'Envers, en état d'arrestation, se réunirent en la salle du Directoire, et il fut fait lecture de la loi du 14 frimaire sur le mode de gouvernement provisoire et révolutionnaire. L'assemblée se constitua alors en « Administration de département provisoire et révolutionnaire » et « arrêta, conformément aux dispositions de l'article 6 de la section 3 de cette loi, que le citoyen Charbonnier, porté le premier sur le tableau du Directoire, occuper[ait] le fauteuil pendant le mois de nivôse et remplir[ait] toutes les fonctions attribuées au Président ».

Il nous paraît nécessaire de dire ici quelques mots de ce décret du 14 frimaire an II [4 décembre 1793] « sur le mode de gouvernement provisoire et révolutionnaire ».

Ce décret est divisé en cinq sections.

La première est intitulée : Envoi et promulgation des lois.

La seconde : Exécution des lois.

La troisième : Compétence des autorités constituées.

La quatrième : Réorganisation et épuration des autorités constituées.

La cinquième : De la pénalité des fonctionnaires publics et des autres agens de l'autorité.

Voici, relativement à l'objet qui nous occupe, les principaux articles qu'il importe d'en connaître :

« *Section Iʳᵉ.* — Art. 1ᵉʳ. Les lois concernant l'intérêt public, ou qui sont d'une exécution générale, seront imprimées séparément dans un bulletin numéroté, qui servira désormais à leur notification aux autorités constituées. Ce bulletin sera intitulé *Bulletin des lois de la République*. — Art. 8. Ce bulletin sera adressé directement, et jour par jour, à toutes les autorités constituées et à tous les fonctionnaires publics chargés, ou de surveiller l'exécution, ou de faire l'application des lois. Ce bulletin sera distribué aux membres de la Convention. — Art. 9. Dans chaque lieu, la promulgation de la loi sera faite dans les vingt-quatre heures de la réception, par une publication à son de trompe ou de tambour; et la loi deviendra obligatoire à compter du jour de la promulgation. — Art. 10. Indépendamment de cette proclamation dans chaque Commune de la République, les lois seront lues aux citoyens dans un lieu public, chaque décadi, soit par le maire, soit par un officier municipal, soit par les présidens de section.

« *Section II.* — Art. 1er. La Convention nationale est le centre unique de l'impulsion du gouvernement. — Art. 2. Tous les corps constitués et les fonctionnaires publics sont mis sous l'inspection immédiate du Comité de salut public, pour les mesures de gouvernement et de salut public, conformément au décret du 19 vendémiaire; et pour tout ce qui est relatif aux personnes et à la police générale et intérieure, cette inspection particulière appartient au Comité de sûreté générale de la Convention, conformément au décret du 17 septembre dernier..... — Art. 6. La surveillance de l'exécution des lois révolutionnaires et des mesures de gouvernement, de sûreté générale et de salut public dans les départemens est exclusivement attribuée aux districts, à charge d'en rendre compte exactement, tous les dix jours, au Comité de salut public, pour les mesures de gouvernement et de salut public, et au Comité de surveillance de la Convention, pour ce qui concerne la police générale et intérieure, ainsi que les individus. — Art. 7. L'application des mesures militaires appartient aux généraux et autres agens attachés au service des armées; l'application des lois militaires appartient aux tribunaux militaires; celle des lois relatives aux contributions, aux manufactures, aux grandes routes, aux canaux publics, à la surveillance des domaines nationaux, appartient aux administrations de département; celle des lois civiles et criminelles, aux tribunaux, à la charge expresse d'en rendre compte, tous les dix jours, au conseil exécutif. — Art. 8. L'application des lois révolutionnaires et des mesures de sûreté générale et de salut public est confiée aux municipalités et aux Comités de surveillance ou révolutionnaires, à la charge pareillement de rendre compte, tous les dix jours, de l'exécution de ces lois, au district de leur arrondissement, comme chargé de leur surveillance immédiate. — Art. 13. Tous les corps constitués seront sédentaires, et ne pourront délibérer que dans le lieu ordinaire de leurs séances, hors les cas de force majeure..... — Art. 14. A la place des procureurs-syndics de district, des procureurs de Commune, et de leurs substituts, qui sont supprimés par ce décret, il y aura des agens nationaux spécialement chargés de requérir et de poursuivre l'exécution des lois, ainsi que de dénoncer les négligences apportées dans cette exécution et les infractions qui pourraient se commettre. Ces agens nationaux sont autorisés à se déplacer et à parcourir l'arrondissement de leur territoire, pour surveiller et s'assurer plus positivement que les lois sont exactement exécutées. — Art. 15. Les fonctions des agens nationaux seront exercées par les citoyens qui occupent maintenant les places de procureurs-syndics de district, de procureurs des communes, et de leurs substituts, à l'exception de ceux qui sont dans le cas d'être destitués. — Art. 19. Le nombre des agens nationaux, soit auprès des districts, soit auprès des communes, sera égal à celui des procureurs-syndics de district et de leurs substituts, et des procureurs de commune et de leurs substituts, actuellement en exercice.

« *Section III.* — Art. 5. Les administrations de département restent spécialement chargées de la répartition des contributions entre les districts, et de l'établissement des manufactures, des grandes routes et des canaux publics, de la surveillance des domaines nationaux. Tout ce qui est relatif aux lois révolutionnaires et aux mesures de gouvernement et de salut public n'est plus de leur ressort. En conséquence, la hiérarchie qui plaçait les districts, les municipalités, ou toute autre autorité, sous la dépendance des départemens est supprimée, pour ce qui concerne les lois révolutionnaires et militaires, et les mesures de gouvernement, de salut public et de sûreté générale. — Art. 6. Les conseils généraux, les présidens et les procureurs-généraux-syndics des départemens sont également supprimés. L'exercice des fonctions de président sera alternatif entre les membres du directoire, et ne pourra durer plus d'un mois. Le président sera chargé de la correspondance, et de la réquisition et surveillance particulière dans la partie d'exécution confiée aux directoires de département.

« *Section IV.* — Art. 1er. Le Comité de salut public est autorisé à prendre toutes les mesures nécessaires pour procéder au changement d'organisation des autorités constituées portées dans le présent décret. — Art. 2. Les Représentans du peuple dans les départemens sont chargés d'en assurer et d'en accélérer l'exécution, comme d'achever sans délai l'épuration complète de toutes les autorités constituées, et de rendre un compte particulier de ces deux opérations à la Convention nationale, avant la fin du mois prochain.

« *Section V.* — Art. 4. La peine infligée aux membres des corps judiciaires, administratifs, municipaux et révolutionnaires, coupables de négligence dans la surveillance ou dans l'application des lois, sera la privation du droit de citoyen pendant quatre ans, et une amende égale au quart du revenu de chaque condamné pendant une année pour les fonctionnaires salariés, et de trois ans d'exclusion de l'exercice des droits du citoyen pour ceux qui ne reçoivent aucun traitement. »

Telle était l'organisation résultant du « grand décret du 4 décembre 1793 (14 frimaire an II) », dont le principal effet fut de briser l'autorité des administrations départementales élues. Il y est dit formellement que « la hiérarchie qui plaçait les districts, les municipalités, ou toute autre autorité, sous la dépendance des départements est supprimée pour ce qui concerne les lois révolutionnaires et militaires et les mesures de gouvernement, de salut public et de sûreté générale ». Les départements n'avaient plus dans leurs attributions que la répartition des contributions entre les districts, l'établissement des manufactures, des grandes routes et des canaux publics, la surveillance des domaines nationaux. Réduites aux huit membres qui formaient leur Directoire, privées de leur Conseil général, de leur président et de leur procureur général syndic, les assemblées départementales ne jouaient plus aucun rôle dans l'administration générale et dans le gouvernement de la France. La surveillance de l'exécution des lois révolutionnaires et des mesures de sûreté générale et de salut public dans les départements était exclusivement attribuée aux districts..... Un des plus graves inconvénients de la Constitution de 1791, c'était que le pouvoir central n'y avait aucun agent auprès des assemblées élues. Le décret du 14 frimaire, à la place des procureurs syndics de district et des procureurs de commune, établit des *agents nationaux*, nommés par la Convention. Toutes les autorités constituées, départements, districts, municipalités, épurées à bref délai par les représentants en mission, étaient rigoureusement subordonnées au Comité de salut public. Il leur était défendu de se coaliser entre elles. Les armées révolutionnaires régionales, les congrès ou comités divers étaient supprimés, sauf les *Comités révolutionnaires* ou *de surveillance*, chargés d'arrêter les suspects, et encore on affaiblissait d'avance leurs velléités possibles d'indépendance en ordonnant que leurs présidents et secrétaires seraient renouvelés tous les quinze jours. Quant au pouvoir central, la Convention se déclarait « le centre unique de l'impulsion du gouvernement ». Elle était censée gouverner par ses deux Comités de salut public et de sûreté générale, qui reçurent dans l'usage le nom de *Comités de gouvernement*[1].

Et ailleurs, le même historien, M. Aulard, s'exprime ainsi : « La vie administrative et la vie politique étaient transférées par la loi nouvelle là où elles se trouvaient déjà en fait, c'est-à-dire dans la commune. Les assemblées de département voyaient leurs fonctions réduites presque uniquement aux affaires de contributions et de voirie. Le district servait d'intermédiaire entre le pouvoir central et la commune. On voit que le gouvernement révolutionnaire tendait de plus en plus à la centralisation[2]. »

Ainsi le principe hiérarchique qui soumettait la Municipalité et le District au Département disparaît en ce qui touche les mesures politiques. « Comment penser », observe judicieusement M. J. Luças de Pesloüan, « que les directoires départementaux,

---

[1] LAVISSE et RAMBAUD, *Histoire générale du IVᵉ siècle à nos jours*, tome VIII, p. 197. [La Convention nationale, par F.-A. Aulard.]

[2] AULARD, *Histoire politique de la Révolution française*, p. 355.

ainsi ramenés au second rang, puissent exercer un contrôle efficace en matière d'administration pure ou contentieuse[1]? »

L'Administration du Département — c'est le titre que prend le Directoire à partir du 1er nivôse an II [21 décembre 1793] — était donc composée de huit membres, dont l'un, d'Envers, avait été mis en état d'arrestation, ainsi que Vial, membre du Conseil général, par ordre du Comité de sûreté générale de la Convention. Le 2 nivôse [22 décembre], un arrêté des Représentants du peuple Delacroix et Musset dispensa Devèze d'exercer les fonctions d'administrateur et le remplaça par l'ancien Procureur général syndic Hodanger. Celui-ci cessa, de fait, d'exercer les fonctions administratives le 19 ventôse suivant [9 mars 1794], par suite de son arrestation en vertu d'un ordre du Comité de sûreté générale. Quelques mois plus tard, aux termes d'un arrêté du Représentant en mission Crassous, pris à la date du 17 messidor [5 juillet], Noël Dodin cessa aussi l'exercice des fonctions administratives; il fut remplacé, ainsi que d'Envers et Hodanger, par Farnoux, Gastinel et Vallier. Quatre jours après, un arrêté de ce même Représentant, pris à la date du 21 [9 juillet], dispensa Gastinel d'entrer en fonctions.

Bientôt après arrivèrent la révolution du 9 thermidor [journées des 8, 9 et 10 thermidor] — 27 juillet 1794 — et la chute de Robespierre. D'Envers fut des premiers à en bénéficier : un arrêté du Comité de salut public du 23 thermidor [10 août 1794] le réintégra dans ses fonctions d'Administrateur. Si la Terreur ne cessa pas aussitôt après la chute de Robespierre, si le gouvernement révolutionnaire fut maintenu après thermidor, « on en modifia les organes, et, sans renoncer officiellement à la Terreur, on en changea peu à peu les formes et les moyens dans le sens des idées d'humanité et de clémence qui étaient la conséquence des victoires à la frontière[2] ».

L'année suivante, c'est-à-dire en 1795, une loi vint modifier la composition de l'Administration du Département, c'est le décret du 1er ventôse an III [19 février 1795], qui comprend six articles, dont il y a lieu de citer ceux-ci :

« Art. 1er. La permanence des Conseils généraux des districts est supprimée.

« Art. 2. Le nombre des Administrateurs de Département est provisoirement réduit à cinq. Cette réduction s'opérera par la voie du scrutin entre eux.

« Art. 3. A compter du 1er germinal prochain [21 mars 1795], les comités révolutionnaires établis dans les chefs-lieux de district et les communes dont la population est au-dessous de cinquante mille âmes sont supprimés.

« Art. 6. Le Comité des finances tiendra un registre sur lequel sera inscrit le nombre des fonctionnaires publics, des commis ou employés dans leurs bureaux..... Le Comité

---

[1] Op. cit., p. 115.
[2] Aulard [tome VIII de l'Histoire générale, p. 215].

est chargé en outre de se procurer tous les renseignements nécessaires pour connaître le montant des frais d'administration. »

En conséquence des dispositions de cette loi, l'Administration du Département se réduisit à cinq membres; c'est dans la séance du 16 ventôse [6 mars 1795] qu'il fut procédé à cette réduction, et voici ce que constate le procès-verbal :

« Vu l'arrêté du Comité de législation en date du 14 de ce mois [4 mars] portant, entr'autres dispositions, que, sur la ..... question proposée par les Administrateurs du Département de Seine-et-Oise, tendant à savoir si, malgré l'impossibilité de réunir les huit membres dont elle est composée, attendu l'absence de l'un d'eux[1], elle peut procéder au nombre de sept à la réduction prescrite par l'article 2 de la loi du 1er ventôse; considérant que l'absence d'un membre n'est point un motif suffisant pour suspendre l'exécution de la loi; le Comité arrête qu'il n'y a pas lieu à délibérer;

« Vu la loi du 1er ventôse.....;

« L'Administration arrête qu'elle va procéder sur-le-champ par la voie du scrutin à la nomination des cinq membres qui, aux termes de la loi, doivent composer l'Administration du Département. En conséquence, les scrutins ont été déposés dans le vase destiné à les recevoir, et, après avoir été préalablement comptés, il a été procédé à leur dépouillement. Il est résulté de cette opération que les citoyens qui ont réuni le plus de suffrages pour rester membres de l'Administration sont les citoyens Farnoux, Goujon, Lépicier, Morillon et Vallier, lesquels sur 7 votans ont réuni, savoir : le Cen Farnoux 5 suffrages, le Cen Goujon 6 suffrages, le Cen Lépicier 6 suffrages, le Cen Morillon 5 suffrages, le Cen Vallier 6 suffrages.

« Et attendu que les dits citoyens ont réuni la majorité absolue des suffrages et qu'aucun des trois autres membres de l'Administration n'a réuni autant de voix que ceux susnommés, le Président a déclaré que, conformément aux dispositions de la loi du 1er de ce mois, l'Administration du Département de Seine-et-Oise était réduite à cinq membres et composée des citoyens Farnoux, Goujon, Lépicier, Morillon et Vallier. » C'est ainsi que Charpentier, Charbonnier jeune et Delaine, « connu sous le nom d'Envers », cessèrent leurs fonctions le 16 ventôse an III.

Le lendemain, 17 ventôse [7 mars 1795], se tint la première séance de l'Administration réduite à cinq membres, lesquels se réunirent « dans le lieu des séances de l'Administration ».

Il en fut ainsi jusqu'à l'application de la loi du 28 germinal an III [17 avril 1795] relative à la réorganisation des Administrations de département et de district, dont nous parlerons plus loin, loi qui réintégra les Administrations de département dans les fonctions dont les avait dépouillées le décret du 14 frimaire an II.

[1] Charpentier.

On trouvera dans le « Compte rendu par les membres composant le Directoire du Département de Seine-et-Oise de leur gestion et administration depuis le 24 septembre 1793 jusqu'au 5 brumaire de l'an IV° de la République française une et indivisible à l'Administration qui les a remplacés [l'Administration centrale du département] » de très intéressants renseignements sur la conduite et les opérations de ces Administrateurs[1]. On en trouvera de non moins intéressants dans le volume d'Inventaire sommaire, série L, tome 2, dont notre distingué successeur a commencé la rédaction et l'impression, et qui sera consacré à l'analyse complète des registres de l'Administration du département depuis le 1er nivôse an II [21 décembre 1793] jusqu'au 30 germinal an III [19 avril 1795], registres dont le nombre est de trente-deux.

La révolution du 9 thermidor an II (27 juillet 1794) est l'événement le plus important qui se soit accompli pendant cette période de notre histoire départementale. Le lendemain 10, « vers sept heures et demie du soir, Robespierre et son frère, Couthon, Saint-Just, Fleuriot-Lescot, Payan, Hanriot et plusieurs membres du club des Jacobins et de la Commune (22 condamnés au total) furent guillotinés. La foule était innombrable, dit le journaliste Perlet; les accents d'allégresse, les applaudissements, les cris de : *A bas le tyran! Vive la République!* les imprécations de toute espèce ont retenti de toute part le long du chemin. Bientôt 82 robespierristes, pour la plupart membres de la Commune, furent envoyés à la guillotine, sur la simple constatation de leur identité..... De tous les points de la France, des adresses de félicitations furent envoyées à la Convention : on y traitait Robespierre de *Cromwell*, de *Catilina*, et personne ne défendit sa mémoire insultée. On personnifia en lui tous les excès de la Terreur, et on crut que la République était sauvée, pacifiée par la mort d'un homme[2]. »

M. Madelin, dans son livre intitulé : *La Révolution*, fait cette constatation à propos de Thermidor : « La Révolution, brusquement arrêtée à un tournant, va virer sur elle-même. A l'étonnement de ceux-là même qui ont fait le 9 thermidor, le 9 thermidor va apporter au pays la réaction, parce que le pays en veut tirer la liberté et la paix. Une phase de l'histoire est révolue[3]. »

Veut-on savoir comment l'Administration du département de Seine-et-Oise apprécia cet événement et quelle conduite elle tint? Le procès-verbal de la séance extraordinaire du 10 thermidor [28 juillet] est de nature à satisfaire cette légitime curiosité.

« Ouverture de la séance à huit heures du matin.

« Administrateurs présents : Charpentier, président, Charbonnier, Goujon, Morillon, Farnous et Vallier; — Lépicier, absent par congé.

« L'Administration, informée par les papiers publics qu'une faction liberticide, à la

[1] *Bulletin du Comité départemental des Etudes économiques de la Révolution française*, 1912, p. 39-99.
[2] AULARD, tome VIII de l'*Histoire générale*, p. 214.
[3] Louis MADELIN, *La Révolution*, p. 384.

14

tête de laquelle on comptoit des hommes qui avoient su capter au plus haut degré la confiance du peuple par les dehors trompeurs d'un faux patriotisme, avoit eu l'insolence de lever l'étendart de la révolte, appeloit à son secours des citoyens trompés et, dans son délire contre-révolutionnaire, menaçoit la Représentation nationale en annonçant le projet, aussi insensé que criminel, d'élever à sa place une autorité aussi tyrannique que monstrueuse ; — considérant que, dans les dangers de la Patrie, la Convention nationale est le point de ralliement de tous les vrais amis de la Patrie ; considérant que par la loi du 14 frimaire toutes les mesures de sûreté générale lui sont interdites et qu'elle ne peut, dans cette circonstance, servir la chose publique que par la manifestation des sentimens qui l'animent et de son dévouement à la Convention nationale ; considérant, enfin, que, dans un moment où la Liberté semble menacée, il est du devoir de toutes les autorités constituées de rester en permanence pour attendre les ordres que la Convention pourroit juger nécessaire de leur adresser ; — arrête que deux de ses membres, Charpentier et Charbonnier, qu'elle nomme à cet effet, se rendront sur-le-champ dans le sein de la Convention nationale pour lui témoigner, par l'adresse suivante, l'attachement de l'Administration aux vrais principes, sa haine pour les factieux et son dévouement à la Représentation nationale ; arrête, en outre, qu'elle restera en permanence jusqu'au retour de ses commissaires. »

L'adresse à la Convention était conçue en ces termes :

« Citoyens Représentans,

« Venir au milieu de vous dans ce moment de crise témoigner notre horreur pour le Catilina et les Cromwell qui avaient conçu le projet infâme de dissoudre la Représentation nationale, c'est protester de notre amour sacré pour la Liberté et l'Egalité, c'est assurer que nous applaudissons avec transports aux mesures énergiques prises par la Convention nationale, c'est enfin jurer de nouveau que nous observerons les lois et que nous saurons mourir pour les défendre.

« Quoi ! Nos armées victorieuses auroient combattu pour les intérêts de quelques factieux ! Loin de nous cette idée funeste. ..... Tous les amis de la Liberté n'ont pour but que l'intérêt commun, et ils s'écrient, ainsi que nous : Périssent à jamais et les factions et les factieux ! Le Gouvernement Révolutionnaire a sauvé la France : notre zèle saura s'arrêter aux limites qu'il nous a tracées, et, tandis que deux d'entre nous vous apportent l'expression des sentimens qui nous animent, le reste de l'Administration, ferme à son poste, attend les ordres que la Convention nationale pourroit lui adresser.

« Vivent la République et la Convention nationale! Mort aux conspirateurs et aux tyrans ! »

Cette adresse, en même temps qu'elle était portée à la Convention, devait être imprimée et envoyée à toutes les autorités constituées et à la Société populaire de l'arrondissement.

A midi, les Administrateurs se retirèrent dans leurs bureaux, après avoir décidé
qu'ils tiendraient de nouveau séance aussitôt qu'ils seraient invités à le faire. Cette
seconde réunion eut lieu à huit heures du soir. Les citoyens Charbonnier et Charpentier
y rendirent compte de leur mission à Paris, et de cette communication il résulte « que la
Convention nationale a vivement applaudi aux sentiments patriotiques qui ont dicté
l'adresse de l'Administration du département de Seine-et-Oise et que le Président, dans
sa réponse, a rendu justice aux principes qui ont été constamment professés par le Département. Ils ont assuré l'Administration que l'état de Paris étoit on ne peut plus satisfaisant, que partout ils avoient remarqué le plus grand attachement aux principes et à la
Convention nationale, et que les principaux chefs avoient subi le supplice dû à leur forfait au milieu des cris unanimes de : Vive la République ! vive la Convention nationale ! »

Vingt jours plus tôt, l'un des membres de cette Administration, condamné par le Tribunal révolutionnaire de Paris, Hodanger, avait porté sa tête sur l'échafaud. Ses collègues songèrent peut-être à lui le 10 thermidor; en tout cas, ils ne l'oublièrent pas le
jour où fut présenté par eux à l'Administration centrale le compte rendu de leur gestion
et administration des affaires départementales, dans lequel ils s'exprimèrent ainsi à son
sujet : « Le règne ensanglanté de la Terreur s'élevait avec une rapidité sans exemple,
et la hache de la mort, qui ne devait frapper que les ennemis de la République, a immolé
trop souvent des hommes brûlant du plus ardent amour de la Liberté. Hodanger, ce
magistrat dont les lumières égalaient les vertus civiques, a porté sur l'échafaud sa tête
à peine échappée au fer des brigands de la Vendée. Républicain courageux, tu as laissé
dans le souvenir de tes concitoyens les tristes et longues impressions de la douleur et
des regrets[1]. »

Plus heureux qu'Hodanger, Delaine d'Envers voyait, moins de quinze jours après le
9 Thermidor, s'ouvrir devant lui les portes de la prison des Récollets, où il était détenu
depuis le 5 frimaire an II [25 novembre 1793]; un arrêté du Comité de salut public en
date du 23 thermidor [10 août 1794] le rendait à ses fonctions d'Administrateur du
Département[2]. Il avait été détenu pendant plus de huit mois sans même savoir quel délit
lui était imputé, ce qui a, très justement, inspiré à M. E. Tambour les réflexions suivantes, par lesquelles il termine son article intitulé Un épisode de la Terreur[3] : « Voici
deux hommes — Delaine d'Envers et Vial — qui viennent d'être appelés par la volonté
des représentants du Gouvernement à remplacer les administrateurs que les électeurs

----

[1] L'Administration départementale de Seine-et-Oise de 1792 à 1795, p. 41. [Bulletin du Comité départemental des
Etudes économiques de la Révolution, 1912.]

[2] Arch. dép. de Seine-et-Oise, L t III 337.

[3] Revue de l'Histoire de Versailles et de Seine-et-Oise, février 1908, p. 64.

avaient choisis; ils n'ont cessé de se signaler, selon le vocabulaire alors en usage, par leur sans-culottisme; l'un a pris part, l'année précédente, à une tentative démagogique; l'autre est considéré comme l'effroi des gens suspects. Ils sont tout à coup dénoncés; il a suffi qu'un de leurs ennemis, qui professait des opinions non moins violentes et qui devait, quelques années plus tard, périr sur l'échafaud comme criminel de droit commun, connût quelque membre influent de la Convention, pour qu'ils soient eux-mêmes arrêtés, ainsi que treize habitants inoffensifs d'une petite commune [celle de Bonnelles]. Vainement les administrateurs du département, les membres des Sociétés populaires intercèdent pour eux; le Comité de la Convention refuse obstinément tout renseignement précis. Les détenus passent de longs jours en prison sans être l'objet d'aucune mesure d'instruction; le jour où ils recouvrent la liberté, ils ne savent même pas quel délit on leur a imputé. Il n'y avait plus nulle part en France de sécurité pour qui que ce fût. Dans les campagnes comme dans les villes, la liberté de chacun était sans cesse menacée par la violence des passions déchaînées. L'attitude la plus révolutionnaire ne suffisait pas à vous protéger; le persécuteur d'aujourd'hui devenait souvent le persécuté de demain. Celui qui se croyait à l'abri des haines politiques pouvait tout redouter des vengeances privées. C'était bien, suivant la dénomination que l'histoire a consacrée, le régime de la Terreur. »

Aussi les Administrateurs du Département pouvaient-ils écrire : « Placés au Directoire dans des circonstances difficiles, ce n'a été (qu'il nous soit permis de le dire) qu'à l'aide du courage né de l'amour de nos devoirs, et soutenus par l'espoir de servir utilement nos concitoyens, que nous sommes parvenus à fournir notre pénible carrière. Souvent nous avons eu à lutter contre les obstacles en tout genre qui s'opposaient au but que nous nous proposions. Au milieu de l'exercice de nos fonctions, nous apercevions les périls qui nous environnaient[1]. »

---

[1] *L'Administration départementale de Seine-et-Oise, de 1792 à 1795*, p. 40.

LE DIRECTOIRE DU DÉPARTEMENT

28 Germinal an III [17 Avril 1795] — 5 Brumaire an IV [27 Octobre 1795].

Le décret du 28 germinal an III. Restitution aux Administrations de département de leurs anciennes attributions : Directoire, Président, Procureur général syndic, Conseil général. — Le Représentant du peuple en mission André Dumont. — La reconstitution du Directoire et le nouveau Procureur général syndic. Difficultés avec André Dumont. — L'installation des membres des nouveaux corps constitués. — Le Brun replacé à l'Administration départementale : son existence de 1792 à 1795 — Destitution de deux membres du Directoire et leur remplacement par le Représentant du peuple en mission Charles Delacroix. — Germain replacé à l'Administration départementale. — Mort du Procureur général syndic; son remplaçant provisoire. — La Constitution de l'an III et la fin du Directoire : dernière séance de l'Administration départementale. — Le compte rendu administratif.

Les Administrations de département et de district furent réorganisées par le décret du 28 germinal an III [17 avril 1795], dont nous ne pouvons nous dispenser de citer ici le texte :

« Art. 1er. La loi du 14 frimaire an II est rapportée, en ce qui concerne les administrations de département et de district.

« Art. 2. Les départemens et les districts reprendront les fonctions qui leur étaient déléguées par les lois antérieures au 31 mai 1793.

« Art. 3. Les directoires de département seront composés de huit administrateurs; ils nommeront leurs présidens.

« Art. 4. La place de procureur-général-syndic est rétablie.

« Art. 5. Les représentans en mission compléteront ou réorganiseront les directoires, dans les deux décades de la publication de la présente loi.

« Art. 6. Dans le même délai, les nominations seront faites par le comité de législation, pour ceux des départemens dans l'étendue desquels il n'y a pas de représentans en mission.

« Art. 7. En attendant ces nominations, les directoires désigneront un de leurs membres pour remplir les fonctions de procureur-général-syndic.

« Art. 8. Le comité de législation présentera, dans le plus bref délai, le tableau des lois qui doivent être rapportées ou modifiées, d'après les dispositions de la présente; et, cependant, les administrations et les procureurs-syndics des districts rempliront, sous la surveillance des départemens, les nouvelles fonctions attribuées aux districts et agens nationaux par les décrets postérieurs au 31 mai 1793.

« Art. 9. Les directoires de département, par le procureur général syndic, rendront compte, chaque décade, au comité de Sûreté générale, des diligences qu'ils auront faites pour l'exécution des lois, et notamment de celles relatives aux émigrés, aux prêtres réfractaires et au libre exercice des cultes. »

C'est ainsi que, « quand la paix signée avec la Prusse et l'Espagne fit espérer une pacification générale et le retour à des circonstances normales, les Girondins, rappelés à la Convention, firent rendre (28 germinal an III) un décret qui restituait aux administrations de département (et aussi à celles de district) les fonctions qui leur étaient déléguées par les lois antérieures au 31 mai 1793 [1] ».

Rétablissement des Directoires de Départements composés de huit administrateurs et nommant leur président; rétablissement de la place de Procureur général syndic, tels sont les objets principaux que la loi spécifie. Mais il en est un troisième qui s'y trouve contenu implicitement, c'est le rétablissement du Conseil général, car c'est par la loi du 14 frimaire que les Conseils généraux des Départements avaient été supprimés. D'où il suit que, si la Constitution de l'an III, qui fut promulguée peu après et qui transforma, une fois encore, l'Administration départementale, n'avait pas été établie, les Conseils généraux auraient dû normalement tenir leur session en novembre-décembre 1795. L'application, dès le 27 octobre, de la nouvelle Constitution fit qu'à partir de ce jour il n'y eut plus en Seine-et-Oise ni Directoire, ni Président, ni Procureur général syndic, ni Conseil général, comme on le verra au chapitre II.

Le décret du 28 germinal ayant été remis le 30 à l'Administration départementale, en « un paquet apporté par un courrier extraordinaire », l'Assemblée décida, le jour même, que le Président se rendrait, le lendemain, « chez le Représentant du peuple André Dumont, en mission dans le Département, pour lui donner connaissance de cette loi et l'inviter à décider si l'Administration devoit, aussitôt après la promulgation qui en seroit faite à la séance du 1er floréal [20 avril 1795], procéder à la désignation d'un de ses membres pour remplir provisoirement les fonctions de Procureur général syndic, ainsi qu'il est prescrit par l'article 7 de ladite loi [2] ». A la séance du lendemain, 1er floréal, le président Morillon rendit compte de la démarche qu'il avait faite, et qui malheureusement avait été infructueuse, « attendu que le Représentant du peuple étoit absent ». Il fut donc arrêté qu'une nouvelle démarche serait tentée le lendemain. Elle n'eut pas un meilleur résultat, « le Représentant du peuple n'étant point encore de retour ». L'Administration arrêta donc, le 2 floréal, qu'il serait procédé à l'instant à la nomination d'un Procureur général syndic provisoire, et ce fut Goujon [3] qui, au deuxième tour de scrutin, fut désigné pour ce poste. Il fut aussi arrêté, en la même séance, qu'il serait « écrit cir-

[1] AULARD, *Histoire politique de la Révolution française*, p. 511.
[2] Voir à la section V, Les Représentants du peuple en mission, la mission d'André Dumont.
[3] Ambroise-Claude GOUJON.

culairement aux neuf districts pour leur donner connaissance de la désignation faite de la personne du C⁰ⁿ Goujon » pour remplir cette fonction.

Goujon devait la remplir jusqu'au 4 messidor suivant [22 juin 1795], au sein de l'Administration départementale, qui n'était encore composée que de Morillon, Farnoux, Vallier, Lépicier et lui. Car ce ne fut seulement le 3 messidor que le Représentant André Dumont arrêta la composition de la nouvelle Administration. Dans l'intervalle, ce Représentant avait cherché à se renseigner et à savoir quels étaient les citoyens en état de remplir les fonctions d'Administrateurs du Département. C'est ce qui résulte de la délibération suivante prise à la date du 21 prairial [9 juin] :

« Le Directoire, délibérant sur le rapport qui lui a été fait par le Procureur général syndic que le Représentant du peuple André Dumont l'avoit chargé d'inviter l'Administration à lui indiquer dans les différents districts non représentés dans l'Administration du Département des citoyens en état de remplir les fonctions d'Administrateurs du Département, arrête qu'il sera écrit audit citoyen André Dumont la lettre suivante :

« Citoyen Représentant,

« Le Procureur général syndic provisoire nous a informés que vous désiriez, avant
« de réorganiser ou compléter l'Administration du Département, que nous vous indi-
« quassions des citoyens dans les districts non représentés dans l'Administration du
« Département. Nous allons répondre à la confiance que vous nous témoignez avec la
« franchise de républicains et l'intérêt que nous prenons à ce que la marche de l'Admi-
« nistration réponde au vœu du Gouvernement en s'occupant avec succès du bonheur
« de ses administrés.

« En conséquence, nous croyons devoir vous indiquer :
« Du district d'Etampes, notre ancien collègue Charpentier, dont vous avez été à
« portée d'apprécier le zèle pour la chose publique, comme nous l'avons été de rendre
« justice à ses qualités personnelles ;

« De Pontoise, le citoyen Sauval, ex-Administrateur du Département, homme probe
« et instruit, qui n'a été destitué en 1793 que parce qu'il étoit d'une caste ci-devant pri-
« vilégiée ;

« De Saint-Germain-en-Laye, le citoyen Langoisseur-Lavallée, maintenant adminis-
« trateur de ce district et ci-devant consul de France à Alger ;

« De Corbeil, le citoyen Mariette, ci-devant procureur-syndic du district et mainte-
« nant commissaire national près le tribunal dudit district, dont les talens et l'acti-
« vité sont avantageusement connus de plusieurs d'entre nous ;

« De Dourdan, nous ne pourrions vous indiquer que le citoyen Delaine ¹, notre ancien
« collègue, que nous croyons cependant plus propre à être placé dans le Conseil général.

¹ Delaine d'Envers.

« Nous croyons devoir aussi vous représenter que la haute estime que nous avons
« conçue pour notre collègue Goujon [Ambr.-Cl.] nous a déterminés à le désigner pour
« remplir provisoirement les fonctions de Procureur général syndic et que nous sommes
« intimement persuadés que la chose publique gagneroit à ce que ce choix fût confirmé.

« Tels sont, Citoyen Représentant, les renseignements que nous avons cru devoir
« vous donner pour répondre à vos intentions, et nous sommes persuadés, d'ailleurs,
« que votre amour pour le bien public vous mettra plus que personne à portée de faire
« un choix qui répondra aux intentions de la Convention nationale et au vœu des admi-
« nistrés du département de Seine-et-Oise. »

Dix jours après, un gendarme remettait à l'Administration une lettre d'André
Dumont ainsi conçue : « Je vous invite, Citoyens, à vous rendre près de moi, si vos
occupations ne s'y opposent pas. Je vous tiendrai peu, mais, m'occupant de vous
mettre au complet, je désire avoir un moment d'entretien avec vous. »

Les quatre membres du Directoire — Farnoux, président, Morillon, Lépicier,
Vallier — et le Procureur général syndic provisoire Goujon se transportèrent sur-
le-champ chez le Représentant en mission, qui « les reçut debout dans son cabinet »
et leur dit : « Je viens de terminer mon travail sur la composition du Directoire
du département. J'ai voulu vous en donner connaissance et savoir si vous aviez
quelques objections à faire. Les citoyens que j'ai choisis sont : Le Brun, du district de
Dourdan ; Langoisseur-Lavallée, de celui de Saint-Germain ; Hennin, ci-devant Commissaire national du district de Versailles, et Guillery, défenseur officieux. » L'un des
membres de l'Administration ayant observé que le citoyen Langoisseur, ci-devant
consul de France à Alger, pouvait être considéré comme ayant infiniment de mérite,
André Dumont reprit la parole et « déclara que ce n'étoient pas des renseignements
favorables qu'il demandoit, parce que l'élection étoit faite et signée, mais qu'il désiroit
savoir si l'Administration avoit des observations à faire contre les citoyens qu'il venoit
de nommer ». Le Procureur général syndic fit alors remarquer que deux de ses collègues avaient exercé les fonctions d'Administrateurs du Département dans le même
temps que le citoyen Le Brun et qu'ils pourraient donner des renseignements à cet
égard. Ces deux membres — Lépicier et Morillon — gardèrent le silence. Puis, le Représentant du peuple demanda le nom de chacun des Administrateurs et écrivit sur son
arrêté le nom du district dans lequel chacun d'eux avait fixé son domicile. Il voulut
savoir ensuite si l'Administration était contente de son Secrétaire[1], et, sur la réponse
unanime que ce citoyen remplissait ses devoirs au gré de l'Administration et qu'elle le
considérait comme un sujet utile, il se fit donner son nom.

. Puis, « après avoir conduit les Administrateurs dans une partie de son logement

[1] Le citoyen Peyronel.

où la pluie pénétroit de plusieurs côtés », il « se plaignit de ce que le District n'exerçoit pas une surveillance plus active sur les bâtimens nationaux confiés à ses soins, et il invita l'Administration à donner des ordres pour faire réparer sans délai la couverture de cette maison[1] ».

Ensuite, il reconduisit les Administrateurs en leur disant : « Vous pouvez maintenant aller reprendre vos travaux; je vais vous envoyer l'arrêté que j'ai pris pour vous compléter. Vous aurez soin d'appeler les nouveaux élus. »

L'arrêté pris par le Représentant du peuple porte la date du 2 messidor an III [20 juin 1795]; en voici le texte :

« André Dumont, Représentant du peuple dans les départements de l'Oise, de Seine-et-Oise et Paris *extra muros*, pour activer les opérations de l'Administration de Département de Seine-et-Oise et l'organiser conformément à la loi, arrête qu'elle sera composée ainsi qu'il suit :

« Les citoyens Hennin (de Versailles), président;

« Le Brun (de Dourdan), — Morillon (de Gonesse), — Goujon (de Montfort), — Vallier (de Versailles), — Lépicier (de Mantes), — Farnous (de Versailles), — Langoisseur (de Saint-Germain);

« Procureur général syndic : Guillery;

« Secrétaire général : Peyronet;

lesquels citoyens sont, dès ce moment, mis en réquisition pour remplir les fonctions auxquelles ils sont appelés.

« Le présent arrêté sera imprimé et adressé à toutes les Municipalités du département de Seine-et-Oise, pour y être lu et affiché.

« Le Représentant du peuple,

« André DUMONT. »

Le Directoire, au reçu de cet arrêté, constata qu'il n'était pas absolument correct, car c'était à l'Administration — et non pas au Représentant en mission — qu'appartenait le droit de nommer son président et son secrétaire. Il décida donc qu'il serait écrit le lendemain à André Dumont, pour lui faire les représentations nécessaires « sur les dispositions de son arrêté qui désignent le Président du Département et mettent en réquisition le Secrétaire général ».

Le lendemain, 3 messidor [21 juin], le secrétaire du Représentant en mission invitait le Directoire, au nom de ce citoyen, à lui remettre l'arrêté pris la veille par André

_____

[1] L'Administration, « rentrée dans le lieu de ses séances, a chargé le Procureur général syndic provisoire d'écrire au District de Versailles relativement aux réparations à faire à la partie de la maison dite les Écuries de Louis-Stanislas-Xavier Capet, occupée par le Représentant du peuple André Dumont ». Avenue de Paris, nos 7, 7 *bis*, 9. Maisons bâties depuis quelques années sur une partie du jardin de l'hôtel des Écuries de Monsieur. [LE ROI, *Histoire de Versailles*, t. Ier, p. 376.]

Dumont, « attendu que [celui-ci était] dans l'intention d'y faire quelques changements ». Il fut fait droit à cette demande; après quoi, l'on écrivit au District de Versailles au sujet des réparations à faire à l'immeuble de l'avenue de Paris occupé par André Dumont.

On reçut alors un nouvel arrêté du Représentant en mission, daté du 3 messidor [21 juin], lequel ne différait de celui pris la veille qu'en ce qu'il appelait à la présidence Le Brun au lieu de Hennin. Il fut donc décidé que la lettre suivante serait adressée au Représentant :

« Citoyen Représentant, En vous accusant réception de l'arrêté par lequel vous avez organisé l'Administration, nous ne pouvons nous dispenser de vous représenter qu'il renferme des dispositions dérogatoires aux droits accordés à l'Administration par les lois sur l'organisation des Corps administratifs et confirmés par celle du 28 germinal.

« L'article 3 de cette dernière loi porte textuellement : *Les Directoires de départe-ment seront composés de huit administrateurs; ils nommeront leur président.* Nous sommes trop persuadés de votre justice pour qu'il nous soit possible de penser que vous ayez eu l'intention de dépouiller l'Administration d'un droit qu'elle tient de la loi et de la nature des choses.

« La disposition qui met en réquisition les citoyens dénommés en votre arrêté pourroit faire croire qu'elle est applicable au Secrétaire général, et, s'il en étoit ainsi, elle pourroit rendre illusoire le droit accordé à l'Administration par le décret du 22 décembre 1789 et l'instruction de l'Assemblée nationale du 8 janvier suivant, qui laissent aux Administrateurs la faculté de nommer leur secrétaire et de le changer dans les cas où elles le trouveroient convenable. Cette observation, qui ne peut être consi-dérée comme défavorable à celui qui en remplit maintenant les fonctions (d'après les témoignages que nous vous avons rendus de sa conduite), nous paraît mériter toute votre attention.

« Nous avons trop lieu de croire que vous rendez justice à notre zèle et à notre activité pour craindre que l'expression *pour activer les opérations de l'Administration du Département de Seine-et-Oise* emporte avec elle un reproche indirect; cependant, elle pourroit jeter des doutes sur notre empressement à remplir nos devoirs, et nous sommes d'autant plus intéressés à ce qu'il ne puisse s'en élever aucun à cet égard que votre arrêté doit être imprimé et affiché.

« Nous terminerons par une dernière observation sur la rédaction de votre arrêté, qui présente l'idée que l'Administration du Département a été renouvelée en entier, tandis qu'en conservant les cinq membres qui étoient en fonctions, vous avez jugé convenable de borner votre travail à la nomination du Procureur général syndic et de trois membres du Directoire.

« La confiance que nous avons dans la sévérité de vos principes et la pureté de vos intentions nous assure que vous prendrez en grande considération ces observations, que nous avons cru ne pouvoir nous dispenser de vous soumettre. »

Ceci se passait à la séance du matin, qui prit fin à midi et demi. A celle du soir, qui s'ouvrit à cinq heures et demie, on lut tout d'abord la réponse d'André Dumont : « Vous pouvez, Citoyens, supprimer la qualification de *Président* qui se trouve dans l'arrêté qui vous organise; mais le surplus étant indispensable pour exprimer la vérité, je ne me prêterai à aucun changement et j'en requiers l'impression sur-le-champ et l'envoi d'un exemplaire au Comité de législation. A. DUMONT. »

Le Directoire arrêta donc que la qualification de *président* « en suite du nom du Citoyen Le Brun » serait supprimée sur la pièce officielle, et une longue discussion s'engagea au sujet des termes de cette lettre d'André Dumont, qui était de nature à « confirmer un soupçon injurieux pour le Directoire ». Et il fut pris, à la fin de la séance, l'arrêté suivant :

« Le Directoire s'étant fait représenter la lettre par lui écrite ce matin au Représentant du peuple André Dumont et la réponse faite à ladite lettre,

« Considérant que le Représentant du peuple n'a point répondu aux objections qui lui ont été faites relativement à la mise en réquisition du Secrétaire général ;

« Ouï le Procureur-général-syndic ;

« Arrête qu'il sera écrit au citoyen André Dumont la lettre suivante :

« Citoyen Représentant, Nous venons de recevoir la lettre par laquelle vous nous « autorisez à supprimer la qualification de *Président* dans l'arrêté qui complète le Direc- « toire du Département, et nous allons envoyer copie de cet arrêté à l'imprimeur.

« Nous croyons devoir réclamer de nouveau, auprès de vous, l'exécution de la loi « qui accorde aux Administrations la faculté de nommer leur Secrétaire et celle de pou- « voir le changer. La nature de ces fonctions exigeant que celui qui les exerce ait l'entière « confiance de l'administration, nous persistons à penser qu'il ne peut être nommé que « par elle et qu'elle ne peut éprouver aucun obstacle pour opérer sa destitution et son « remplacement, si elle cessoit un seul instant d'avoir confiance en lui. »

Le Directoire raisonnait justement, André Dumont avait évidemment tort et il ne pou-vait pas ne pas s'en rendre compte. Mais les rapports avec ce Représentant du peuple, d'un caractère plutôt violent, ne devaient pas être toujours faciles. Goujon en fit l'expérience le lendemain, 4 messidor [22 juin], car, à la séance de l'après-midi, il rendit compte au Directoire que « le Représentant du peuple André Dumont l'ayant fait inviter à se rendre chez lui, il s'y est rendu à une heure un quart ; — que le citoyen André Dumont lui a dit en l'apercevant : « Est-ce que vous êtes fous, vous autres, de m'écrire comme « vous le faites? Savez-vous que, si je vous dénonçais à la Convention, vous n'auriez pas « deux heures de liberté? L'observation relative à la nomination de votre Président est « juste, aussi j'y ai fait droit. Quant à votre Secrétaire, je ne sais comment vous avez pu

« croire que sa mise en réquisition le rendait indépendant de l'Administration : elle aura
« toujours le droit de le destituer, s'il vient à y donner lieu. C'est d'après le témoignage
« de l'Administration, et dans l'intention de le faire connaître, que je l'ai compris dans
« mon arrêté »; — qu'il lui a demandé ensuite si la salle des séances était assez grande
pour contenir les membres de toutes les autorités constituées de Versailles, et que, sur
la réponse qu'elle pourrait les contenir, il lui a dit : « Je vais vous envoyer les arrêtés
« que j'ai pris pour le renouvellement des autorités constituées de cette Commune ; vous
« voudrez bien convoquer, pour sept heures, au local des séances de l'Administration de
« département, à l'effet d'y prêter le serment entre mes mains, tous les membres qui
« doivent les composer. »

Ce même jour donc, à la séance du soir, qui commença à six heures et quart et que
présida Farnoux, « une grande partie des citoyens nommés [par André Dumont] pour
composer les Administrations de Département et de District, la Municipalité, les Tribunaux et Bureau de conciliation de Versailles se trouvaient réunis dans le lieu des
séances de l'Administration du Département », lorsque André Dumont s'y rendit. Le
Président, « après s'être assuré que chacune des autorités constituées de Versailles
avait sinon la totalité, du moins partie de ses membres dans l'assemblée », céda le
fauteuil au Représentant du peuple, qui retraça, « dans un discours improvisé, les
combats que la Convention nationale a été obligée de livrer aux agents de la tyrannie
depuis la mémorable journée du neuf thermidor. Il [déclara] qu'envoyé dans ce département pour anéantir les misérables restes de la horde impure des brigands et des assas-
sins, il n'avait pu prendre aussitôt qu'il l'aurait désiré les mesures nécessaires pour
remplir l'objet de sa mission, dans la crainte que ces gens qui ont toujours à la bouche
le bonheur du peuple, tandis qu'ils ne s'occupent que de leur intérêt particulier, ne
profitassent de la pénurie des subsistances pour troubler l'ordre public; que, maintenant qu'il a acquis la certitude que les habitans de la Commune de Versailles ont trouvé
dans leur courage et leur patriotisme les moyens de supporter les privations les plus
pénibles et de détruire ainsi les espérances coupables de ceux qui auraient compté sur
cette calamité pour rétablir le système de la Terreur, il a fait choix d'hommes probes et
instruits pour composer les autorités constituées de Versailles, réparer les maux produits par la tyrannie et concourir à la punition des hommes immoraux qui ont propagé
le système affreux du brigandage et de l'assassinat. Il [déclara] que ceux qui vont
cesser leurs fonctions par l'effet de cette nouvelle organisation ne peuvent être considérés
comme des hommes répréhensibles; qu'il n'a point eu l'intention de les destituer, mais
d'appeler en leur place des citoyens que l'opinion publique lui a désignés comme plus
capables de les remplir, et il [ajouta] qu'il doit même des éloges à l'activité et au zèle
que la Municipalité a montrés dans les circonstances difficiles où s'est trouvée la commune de Versailles. Après avoir fait l'éloge du courage et du patriotisme des habitans de

cette Commune, [il invita] tous les citoyens appelés par ses arrêtés de ce jour à remplir des fonctions publiques et qui n'ont point encore prêté serment à vouloir bien se lever. » Il lut alors la formule du serment prescrit par la loi, et les citoyens dont il s'agit levèrent la main en prononçant les mots : **Je le jure.** De ce nombre étaient les citoyens Hennin, membre du Directoire du Département, et Guillery, procureur général syndic.

Le Représentant du peuple s'étant alors retiré, ainsi que les citoyens appelés à cette séance qui ne faisaient pas partie de l'Administration départementale, le Président reprit le fauteuil et la séance continua. Goujon, après avoir obtenu la parole, s'exprima ainsi : « Citoyens collègues, je dépose avec reconnaissance les fonctions de Procureur général syndic que vous m'aviez provisoirement confiées et que je n'ai acceptées que par déférence aux volontés de l'Administration. Je les dépose avec d'autant plus de plaisir que l'opinion publique, qui vous a déjà fait connaître la probité et les talents du citoyen Guillery, nous assure qu'elles ne peuvent être confiées en de meilleures mains, et, pour gage de ma sincérité, je demande à lui donner et à recevoir de lui le baiser fraternel. »

Goujon et Guillery se donnèrent donc « réciproquement le baiser fraternel » ; ensuite, celui-ci protesta « de son empressement à remplir les devoirs de sa place et à donner à l'Administration les témoignages d'une franche et cordiale fraternité ».

Le lendemain, 5 messidor [23 juin], Langoisseur, membre du Directoire, prit séance après avoir prêté serment. Le Brun se fit un peu plus attendre, et on ne saurait s'en étonner, car, si quelqu'un dut être surpris de sa nomination de membre du Directoire, ce fut sans doute lui.

Sorti de l'Administration départementale au commencement du mois d'août 1792[1], il s'était retiré dans son domaine de Grillon[2], où il chercha, mais en vain, à se faire oublier. Voici, en effet, ce que contient le procès-verbal de la séance extraordinaire tenue par le Conseil général du département le 15 août de l'année suivante :

« Séance du 15 août 1793..... Deux membres de l'Administration chargés de mission tant auprès du Comité de salut public qu'auprès de celui de sûreté générale de la Convention nationale, après avoir rendu compte de leur mission, ont dit qu'ils avoient rencontré à Paris les citoyens Adant, curé de Chevreuse[3], et Saulnier, ci-devant employé à l'Administration, tous deux chargés actuellement de mission importante par le Conseil exécutif; que tous deux leur avoient dit qu'il existoit dans l'étendue du département bien des hommes dangereux et qui manifestoient des intentions perfides, et entr'autres Le Brun, ci-devant Administrateur du Département, dont il a été le Président, demeurant actuellement à Grignon (sic), district de Dourdan, Chéron, aussi ci-devant Administrateur et Député à l'Assemblée législative; qu'ils ont rencontré ledit Chéron dans

---

[1] Voir ci-dessus, p. 48.
[2] Commune de Dourdan.
[3] Nommé Administrateur du Conseil général aux élections de 1791 ; voir p. 39.

le département du Jura, propageant une doctrine erronée et contre-révolutionnaire, — il demeure actuellement à Auvers[1], où il a des propriétés assez étendues, — et Challan, ci-devant Procureur général [syndic] du Département, actuellement maire de la ville de Meulan, district de Saint-Germain; qu'il est accusé d'insinuer, de la manière la plus perfide et en prenant le masque du patriotisme, ses principes royalistes et anti-civiques et de les avoir propagés dans plus de quatre-vingts paroisses environnant ladite ville de Meulan. » Alors, sur la proposition d'un membre, « ouï le Procureur général syndic », le Conseil général arrêta que « les sieurs Le Brun, ex-Constituant et ex-Administrateur du Département de Seine-et-Oise, Chéron, ex-Député à la Législative et aussi ex-Administrateur du Département, seront mis en état d'arrestation et transférés à la Maison de détention dite des Récollets, pour y être gardés comme hommes suspects; et, à l'égard du sieur Challan, qu'avant de statuer sur la dénonciation faite contre lui, il sera pris des renseignements très prompts ».

Amené à Versailles et incarcéré aux Récollets le 10 septembre 1793, transféré à la Maison d'arrêt le 15 décembre suivant, reconduit aux Récollets le 12 janvier 1794, par ordre du Comité de surveillance de Versailles, mis en liberté, « de l'ordre du Représentant délégué au Département Crassous, sous la garde d'un sans-culotte », le 16 février suivant, et retourné à Grillon, ramené à Versailles et réincarcéré aux Récollets, par ordre de ce même Crassous en date du 14 juillet, Le Brun ne devait être mis en liberté et sortir des Récollets que le 11 octobre 1794, par ordre du Comité de sûreté générale :

« Du 19 vendémiaire l'an III de la République Française une et indivisible.

« Le Comité de Sûreté générale arrête que le C⁰⁰ Le Brun, détenu à Versailles, sera mis en liberté et les scellés levés.

        « Les membres du Comité de sûreté générale :

    « A. Dumont. — Bentabole. — Reverchon. — Reubell. — Clauzel. — Goupilleau (de Fontenai). »

Après avoir contribué à faire mettre Le Brun en liberté, André Dumont l'avait rappelé à l'Administration départementale en le nommant membre du Directoire. Le Brun essaya d'abord de se dérober à ce périlleux honneur : il ne savait que trop combien, à de certaines époques, la roche Tarpéienne est près du Capitole; mais il n'y réussit point, et, le 14 messidor an III [2 juillet 1795], il adressa la lettre dont voici le texte au Procureur général syndic :

    « Liberté-Egalité.

« Le citoyen Le Brun, administrateur du Département de Seine-et-Oise, au citoyen Procureur général syndic du même Département.

---

[1] Auvers-sur-Oise. Il s'agit de Chéron de La Bruyère. Voir p. 18.

« Citoyen, j'avois cru que je remplirois mal deux devoirs à la fois et que je devois la préférence à celui auquel je m'étois soumis le premier. Mais, puisque le Représentant du peuple persiste dans son arrêté, je me rendrai sans hésiter au poste où il m'appelle. Ce sera une grande douceur pour moi d'en partager la peine avec des hommes auxquels j'ai voué estime et amitié. Je n'ose pas songer à des succès pour eux ni pour moi ; mais nous ferons ce que nous pourrons et j'espère que nos concitoyens ne nous nommeront dans leurs plaintes que pour nous absoudre de leurs maux.

« Salut et fraternité.

« LE BRUN.

« Grillon, le 14 messidor l'an III de la République.

« Je compte être à Versailles d'ici au 20. J'ai ici des mesures à prendre pour mes affaires et j'ai besoin de m'arrêter quelques moments à Paris[1]. »

Le Brun ne tarda pas à se rendre à Versailles. A la séance du 19 messidor [7 juillet], il prêta le serment prescrit par la loi et prit place au bureau. Le personnel du Directoire, tel qu'il avait été constitué par André Dumont, — Le Brun, Morillon, Goujon, Vallier, Lépicier, Farnoux, Hennin, Langoisseur, Administrateurs, et Guillery, Procureur général syndic, — était maintenant au complet.

Dans l'intervalle, à la séance du 12 messidor [30 juin], le Directoire avait songé à nommer son Président et un substitut du Procureur général syndic. Il avait arrêté que le Président qu'il nommait exercerait cette fonction pendant trente jours, et qu'alors il serait procédé à une nouvelle nomination. Vallier fut élu. Goujon, ayant obtenu, au deuxième tour de scrutin, la majorité absolue, fut proclamé Substitut. Enfin, « la voix prépondérante pendant un mois » fut attribuée à Morillon.

Le Brun conquit rapidement l'estime et la confiance de ses collègues, qui le chargèrent de missions auprès des Comités de la Convention nationale, missions dont il rendit compte le 9 thermidor [27 juillet 1795], et quand il fut question de procéder à la nomination du Président, le 17 thermidor [4 août], cinq suffrages s'étant portés sur son nom, « il fut proclamé Président, pour en exercer les fonctions pendant trente jours ».

Farnoux lui succéda en cette qualité, mais pour un jour seulement, le 18 fructidor [4 septembre], car à la séance de ce jour il fit observer au Directoire que « les comptes dont l'Administration lui a confié l'examen éprouveront nécessairement des retards par sa nomination à la Présidence, et que, d'un autre côté, l'état de sa santé le porte à désirer que le Directoire confie ces fonctions à un autre de ses membres ». Le choix du Directoire se porta sur Lépicier, qui prit alors le fauteuil et l'occupa jusqu'au 17 vendémiaire [9 octobre].

[1] Arch. dép. de Seine-et-Oise, L 1 m 337.

La veille, 16 vendémiaire, une modification avait été apportée dans la composition du personnel du Directoire du Département, Charles Delacroix, Représentant en mission dans le département de Seine-et-Oise, ayant pris l'arrêté suivant :

« Au nom du Peuple français,

« Charles Delacroix, Représentant du peuple dans le département de Seine-et-Oise, arrête ce qui suit :

« Les citoyens Hennin et Langoisseur, administrateurs du département de Seine-et-Oise, sont destitués. Ils seront remplacés par les citoyens Bournizet[1], membre du Bureau de conciliation, et Germain, ancien Administrateur du Département, qui seront requis de se rendre à leur poste.

« Le Président de l'Administration du Département est chargé de l'exécution du présent arrêté, dont il me rendra compte dans le plus bref délai.

« Versailles, le 16 vendémiaire l'an IVᵉ de la République une et indivisible.

« Ch. DELACROIX. »

Les deux nouveaux membres du Directoire avaient pris séance le 17 vendémiaire et participé au scrutin qui appela Vallier à la Présidence. En même temps, Lépicier était nommé substitut du Procureur général syndic, et la voix prépondérante était attribuée à Farnoux.

A cette date, Guillery n'était plus Procureur général syndic. La maladie l'avait empêché d'assister aux séances de l'Administration depuis le 6 fructidor [23 août], et, le 16 fructidor [2 septembre], le Directoire, « informé que le citoyen Procureur général syndic est décédé hier soir », nommait à l'unanimité le citoyen Goujon « pour en exercer provisoirement les fonctions ». On décidait dans la séance du lendemain qu'une lettre conçue en ces termes serait adressée « à la citoyenne veuve Guillery » :

« L'Administration a reçu avec le sentiment de l'affliction la plus profonde, Citoyenne, la nouvelle de la perte qui lui est commune avec vous dans la personne du Procureur général votre époux ; c'est en manifestant ses regrets à cet égard, en donnant à sa mémoire les larmes de la sensibilité et de l'affection que, dans son ensemble comme dans le nombre de ceux de ses membres qui l'ont connu plus particulièrement, elle honorera toujours ses vertus privées comme citoyen, ses qualités, son zèle et ses lumières comme magistrat. »

Guillery [Etienne-Rémy] était un enfant de Versailles, et c'est dans cette ville qu'il était mort le 15 fructidor. L'acte de son décès constate qu'il avait quarante-quatre ans au jour

---

[1] J'ai lieu de croire qu'il s'agit de Bournizet (Jean-Nicolas), qui était Procureur syndic du district de Versailles, et non de Bournizet l'Américain (Jean-Baptiste).

de son décès, qu'il était époux de Marie-Julie Le Roux, à laquelle il avait été uni le 9 août 1787, et qu'il était mort en son domicile, rue Cicéron [rue Neuve], n° 6. Il repose dans le cimetière de Thiais[1], et le cercueil de plomb qui renferme ses restes porte l'inscription suivante :

ÉTIENNE REMY GUILLERY

AGÉ DE 43 ANS MORT

A VERSAILLES LE PREMIER

SEPTEMBRE MIL SEPT CENT

QUATRE VINGT QUINZE[2]

Goujon remplit de nouveau, à titre provisoire, les fonctions de Procureur général syndic jusqu'au jour où la loi mit fin à l'existence du Directoire, qui n'avait plus, d'ailleurs, que quelques jours à vivre, car la Constitution de l'an III allait être mise en vigueur, et elle modifiait profondément l'organisation départementale. Nous parlerons de ces modifications dans notre chapitre II. Le Directoire tint sa dernière séance le 5 brumaire an IV [27 octobre 1795], à dix heures et demie du matin, sous la présidence de Vallier; les nouveaux Administrateurs du Département, au nombre de cinq, — les citoyens Hennin, Langoisseur, Carqueville, Garnier et Chandellier, — élus par l'Assemblée électorale dans sa séance du 27 vendémiaire [19 octobre], s'étaient rendus dans la salle des réunions du Directoire. Voici ce que constate le procès-verbal :

« Le Procureur général syndic[3] obtient la parole et dit que, lorsque les Administrateurs se sont présentés, il y a quelques jours, à la séance, il n'était pas présent à leur admission; qu'en rentrant il avait pensé que ces citoyens étaient porteurs du procès-verbal de leur nomination et qu'il avait cru devoir requérir leur installation; qu'en ce moment il ne répétera pas ce qu'il a dit dans cette circonstance, mais que, se bornant à renouveler le vœu qu'il fit alors pour le succès de la nouvelle Administration, il requiert qu'il soit procédé à son installation, et que, conformément aux dispositions de la loi du 19 vendémiaire dernier [11 octobre 1795], il en soit dressé procès-verbal et que cet acte termine les travaux de l'Administration actuelle.

« Il ajoute qu'il doit rendre compte à l'Administration qu'il a reçu ce matin, par un courrier extraordinaire, deux rapports faits à la Convention nationale par les citoyens Barras et Tallien sur la révolte du 13 vendémiaire [5 octobre 1795], à la suite desquels

[1] Département de la Seine, arrondissement de Sceaux.

[2] Voir le *Bulletin de la Commission des Antiquités et des Arts de Seine-et-Oise*, XXIX° vol., 1909, p. 39. On y a imprimé à tort 1793 pour 1795.

[3] Goujon [Ambroise-Claude], Procureur général syndic provisoire.

se trouve la loi du 3 brumaire [25 octobre], qui exclut de toutes fonctions publiques les provocateurs ou signataires de mesures séditieuses et contraires aux lois.

« L'Administration, après avoir entendu la lecture du rapport fait à la Convention nationale par le Représentant du peuple Tallien et de la loi susdatée, en ordonne l'enregistrement.

« Le Président, adressant la parole aux membres de la nouvelle Administration, a dit : « Citoyens nos successeurs, Appelés dans des temps difficiles à l'Administration « de ce Département, nous avons constamment donné l'exemple de la soumission aux « lois. Persuadés qu'il n'existe de véritable liberté, de bonheur durable que sous leur « empire, nous n'avons rien négligé pour les faire respecter et pour en maintenir « l'exécution. Jaloux de leur rendre jusqu'au dernier moment l'hommage qui leur « est dû, nous remettons, ainsi qu'elles le commandent, entre vos mains les pouvoirs « dont elles nous avaient investis et nous vous invitons en leur nom à prendre sans « différer l'exercice des fonctions qui vous sont déléguées. »

« S'adressant ensuite aux citoyens qui assistaient à la séance, il leur dit :

« Citoyens administrés, Votre bonheur, qui, pendant la durée de notre existence « administrative, a été l'objet de tous nos travaux, sera jusqu'à notre dernier soupir « celui de nos vœux les plus ardents. Nous aimons à croire que ce bonheur n'est pas « éloigné, et, grâces au ciel, tout se réunit en faveur de ce pressentiment, puisque « la nation touche au moment de conclure une paix aussi glorieuse que durable et de « recueillir le fruit du courage sans exemple et des triomphes sans nombre auxquels « elle doit la conquête de sa liberté. »

Alors, les membres actuellement en fonctions cédèrent leurs places aux membres de la nouvelle Administration, et c'est à eux qu'ils rendirent le « Compte de leur gestion et administration depuis le 21 septembre 1793 jusqu'au 5 brumaire de l'an IVᵉ de la République française une et indivisible », compte qui, « en ce qui concerne seulement la partie matérielle de la comptabilité », remonte sans interruption au 11 décembre 1792 et fait suite à celui qui fut présenté au Conseil général, le 15 janvier 1793, par J.-M.-C.-A. Goujon et dont il a été question à la page 81. Comme nous avons publié ce document *in extenso* dans le *Bulletin du Comité départemental de Seine-et-Oise* pour la recherche et publication des documents relatifs à la vie économique de la Révolution[1], il nous suffira de renvoyer à ce mémoire ceux de nos lecteurs qui voudraient avoir des renseignements détaillés sur la gestion de ces Administrateurs départementaux, qui terminent ainsi leur long et curieux exposé :

« Qu'il nous soit permis, en quittant des fonctions que nous nous sommes appliqués

[1] Année 1912, p. 35-99.

à remplir en hommes qui chérissent leur Patrie, de consigner un témoignage de l'estime dont nous sommes pénétrés pour un grand nombre de nos collaborateurs. Nous déclarons que c'est avec une véritable satisfaction que nous rendons justice au zèle et aux talents distingués du Secrétaire général et des chefs de Bureaux de l'Administration, qui, constamment animés des principes qui présidaient à nos délibérations, ont efficacement secondé les efforts que nous avions à faire pour fournir notre pénible carrière.

« VALLIER. — FARNOUS. — LÉPICIER. — BOURNIZET. — GERMAIN. — MORILLON. — GOUJON[1]. »

[1] On remarquera que Le Brun n'a pas signé ce document, et on n'en sera pas surpris après avoir lu ce que nous avons écrit pages 105 et 106.

LES REPRÉSENTANTS DU PEUPLE EN MISSION

1792—1795.

Les principaux agents du pouvoir central dans le Gouvernement révolutionnaire : Commissaires de la Convention, Représentants en mission. — Origines de l'institution. — Subordination des Administrations élues aux
Représentants en mission. — Les agents nationaux. — Représentants du peuple envoyés en Seine-et-Oise :
missions de Le Cointre et Albitte, de Lidon, Tellier et Le Febvre en 1792; de Chales et Maure, de Bonneval et
Roux, de Giraud, d'Audrein en 1793: de Delacroix et Musset en 1793-1794; de Pottier, de Vernerey, de Couturier, de Loiseau, de Levasseur, de Guillemardet, de Treilhard, Auguis et Eulart, de Frémanger en 1793; de
Battellier en 1793-1794; de Sergent, de Niou, de Crassous, d'Isoré, de H. Richaud, de Trullard et Rougemont en
1794; de Delacroix en 1794-1795; d'Eulart et Deydier, de Lequinio en 1795; de Loiseau et Roux en 1794-1795;
de Fleury, de Musset, d'Isoré. Garnier et Frémanger, d'André Dumont, de Barailon, de Delacroix en 1795. —
L'un des derniers arrêtés pris par celui-ci, le 25 octobre 1795, est relatif à la réorganisation du Muséum établi
au palais de Versailles.

Ayant à faire connaître l'Administration départementale pendant la Révolution et
ayant traité jusqu'ici du Conseil général et du Directoire de 1790 à décembre 1793, puis
de l'Administration du département de décembre 1793 au 17 avril 1795, enfin du Directoire du 17 avril au 27 octobre 1795, nous ne pouvons nous dispenser de parler maintenant, au moins d'une manière sommaire, des Représentants du peuple qui, de 1792 à
1795, furent envoyés en mission dans le département de Seine-et-Oise[1].

« Les principaux agents du pouvoir central dans le gouvernement révolutionnaire
furent les *représentants en mission*, appelés d'abord *commissaires de la Convention*, qui
peu à peu en vinrent à jouer, pour un temps, le rôle de préfets ou d'intendants. » Ainsi
s'exprime M. Aulard, qui ajoute : « Faire administrer les départements ou diriger les
armées par certains de ses membres, c'est à quoi la Convention nationale ne se décida ni
tout d'un coup, ni franchement, et, ici, c'est encore son respect pour le principe de la
séparation des pouvoirs qui la fit hésiter quelque temps à obéir aux injonctions des circonstances. » M. Aulard montre comment, à l'occasion de l'événement de Varennes,
l'Assemblée constituante « donna l'exemple de législateurs assurant eux-mêmes l'exécution de leurs décrets..... (décret du 22 juin 1792) »; comment la Législative, « dans sa
lutte contre le pouvoir exécutif, fut amenée à empiéter sur les attributions de ce pouvoir »
et chargea plusieurs de ses membres de diverses missions dans les départements et aux
armées, « empiétant même sur le pouvoir judiciaire ». La Convention trouva donc là

[1] Voir, pour cette partie de notre travail, AULARD, *Histoire politique de la Révolution française*, p. 342-349
et 513-514. Les citations que nous faisons dans les premières pages qui suivent proviennent de cette histoire.

une institution déjà existante : « Elle maintint en fonction les commissaires de la Législative jusqu'à l'achèvement de leur mission. Puis elle envoya, au fur et à mesure des besoins, quelques-uns de ses membres, soit aux armées, pour y surveiller les généraux, soit en divers départements, pour des objets spéciaux. Ces premières missions des membres de la Convention semblaient avoir le caractère de mesures exceptionnelles pour des circonstances exceptionnelles. Ces circonstances se prolongèrent, la guerre dura, elle devint malheureuse, et les premiers échecs de l'armée de Dumouriez amenèrent la Convention à généraliser les missions de représentants et à les étendre à toute la France. Le 9 mars 1793, elle décréta l'envoi de deux de ses membres dans chaque département, non-seulement pour faire exécuter la levée de 300.000 hommes décrétée le 24 février précédent, mais pour exiger des comptes de toutes les autorités constituées, pour prendre toutes les mesures qui leur paraissaient nécessaires au rétablissement de l'ordre, pour suspendre au besoin et incarcérer les fonctionnaires suspects, requérir la force armée, vérifier l'état des subsistances, rechercher les causes de la disette fictive et de la non-circulation du grain, en un mot avec un mandat et des pouvoirs illimités. Le décret du 30 avril organisa d'une façon régulière l'institution des représentants en mission. C'est ainsi que les nécessités de la défense militaire inspirèrent un expédient qui eut pour résultat de remédier provisoirement au vice anarchique de cette Constitution de 1791, décentralisatrice à l'excès, et où le pouvoir central n'avait pas même un agent d'exécution et de surveillance auprès des départements. Cet agent d'exécution et de surveillance, voilà que les circonstances le créent : c'est le représentant en mission. Il fera marcher les administrations locales élues dans le sens de la politique générale du gouvernement. Envoyé surtout pour faire lever les 300.000 hommes, il restera dans le département encore après que cette levée aura été achevée, et il y exercera ou s'efforcera d'y exercer les fonctions d'un préfet, d'un intendant..... Près de la moitié des membres de la Convention nationale allèrent ainsi en mission tour à tour, soit aux armées, soit dans les départements..... Les missions dans les départements ne durèrent pas aussi longtemps que les missions auprès des armées, qui ne furent jamais interrompues. A partir de floréal an II [avril-mai 1794], la plupart des représentants dans les départements furent rappelés et le gouvernement révolutionnaire fonctionna ensuite par les agents nationaux. »

Les Administrations départementales et autres élues étaient sévèrement subordonnées aux Représentants en mission, dont une des tâches fut, d'abord, d'épurer les Administrations suspectes, puis, aux termes du décret du 14 frimaire an II [4 décembre 1793], d'épurer toutes les autorités civiles sans exception. Le 17 juillet 1793, la Convention avait déclaré que les arrêtés des Représentants étaient des lois provisoires; le 16 août suivant, elle décrétait que « les administrateurs qui suspendraient l'exécution des arrêtés des représentants du peuple seraient punis de dix ans de fers ». Enfin, aux termes de ce même décret du 14 frimaire, les Représentants du peuple devaient correspondre tous les dix jours avec le Comité de salut public.

Les Représentants en mission — préfets ambulants — furent les premiers agents de la centralisation. Leur institution « était déjà en décadence » — fait remarquer M. Aulard — « au moment de la chute de Robespierre, en ce sens que, depuis plusieurs mois, c'est-à-dire depuis l'installation des agents nationaux, le Comité de salut public avait renoncé à administrer la France par des conventionnels. On avait rappelé la plupart de ces préfets ambulants[1], et on n'en envoyait plus que pour des objets spéciaux ».

Le 26 thermidor an II [13 août 1794], la Convention décréta que « les missions des représentants ne pourraient durer plus de six mois près les armées, ni plus de trois mois près les départements ». Le 12 fructidor suivant [29 août], elle « décréta le rappel de tous les Représentants dans les départements, et, toujours préoccupée d'empêcher l'établissement d'une prépondérance personnelle quelconque, elle décida, en même temps, que les représentants rappelés ne pourraient être envoyés en mission qu'après trois mois ». Ce ne fut plus, du reste, « le Comité de salut public qui envoya les représentants en mission : la Convention les nomma elle-même. Cependant, elle autorisa (14 floréal an III — 3 mai 1795) le Comité de salut public à donner, dans les cas pressants, une mission particulière à un ou deux de ses membres. »

Telle fut cette institution des Représentants en mission qui, avant comme après le 9 Thermidor, « resta à peu près la même : parmi les institutions provisoires dont le gouvernement révolutionnaire se trouvait formé, ce fut la seule qui ne reçut alors [après le 9 Thermidor] aucune modification essentielle. » Cette constatation est de M. Aulard; nous n'avons guère fait que résumer ici les parties de son *Histoire politique de la Révolution française* où il parle des Représentants du peuple en mission.

Quels furent, et à quelles dates, les Représentants envoyés en Seine-et-Oise, en quoi consista leur mission, comment la remplirent-ils? Il y aurait là sans doute matière à une très sérieuse étude — d'autant plus attrayante à faire qu'elle serait entièrement neuve, — pour la rédaction de laquelle on trouverait de multiples éléments d'information. Nous n'avons pas la prétention de l'aborder dans cet « historique succinct », et nous devons nous borner à énumérer, autant que possible dans l'ordre chronologique, les différentes missions qui eurent lieu, en disant à ceux de nos lecteurs qui voudraient être plus complètement renseignés qu'il leur sera facile de satisfaire leur curiosité : ils trouveront aux Archives nationales, — aux Archives départementales de Seine-et-Oise, série L, particulièrement dans les liasses Li 300 à 320, et série Q, — enfin dans les Archives communales, matière à une très abondante récolte. Ils devront aussi dépouiller avec le plus grand soin le *Recueil des actes du Comité de salut public*

---

[1] Il n'en fut pas ainsi dans le département de Seine-et-Oise, comme on le verra quand nous parlerons de la mission de Crassous.

avec la Correspondance officielle des Représentants en mission et le Registre du Conseil exécutif provisoire, publié par M. Aulard; le tome XXII° de cette publication a paru en 1912 et conduit au 20 floréal an III [9 mai 1795].

Il semble que la première mission que nous ayons à signaler soit celle qui fut confiée, le 29 août 1792, à « Jean de Bry[1], Merlin[2], Le Cointre[3] de Versailles, Albitte[4], Lefebvre[5] et Richard[6], afin qu'ils se transportent dans les départements qui doivent fournir les trente mille hommes et exciter le zèle des citoyens pour la défense de la patrie[7] ». Le Département reçoit, le 25 septembre de cette année, une lettre de « MM. Le Cointre et Albitte, commissaires de l'Assemblée Nationale auprès des départements qui avoisinent la capitale[8] ».

En octobre-novembre 1792, une autre mission est donnée à Lidon[9], Tellier[10] et Le Febvre[11], des troubles s'étant produits dans le département de Seine-et-Oise à l'occasion des subsistances. « Des députés des départements de Seine-et-Oise ont donné [aux Comités d'agriculture et du commerce] des détails qu'ils n'ont pas cru devoir retarder de vous faire connaître. Inquiet sur les subsistances, le peuple s'agite, sans voir la main cachée qui le pousse; il creuse lui-même le précipice où l'on veut le jeter. Des agitateurs soudoyés attisent le désordre, et tourmentent, par des craintes chimériques, un peuple bon dont ils osent se dire les amis. Une insurrection s'est manifestée dans le district de Montfort-l'Amaury; des citoyens armés se sont portés dans les marchés. Les commissaires envoyés par le pouvoir exécutif avaient reçu de quelques fermiers la soumission, libre ou forcée, de fournir le blé à un prix convenu. Cette soumission impolitique a bientôt amené la disette dans ces marchés. Le peuple l'a regardée comme une taxe, a exigé qu'on lui livrât le blé au même prix. Les vendeurs se sont éloignés, et la disette s'est fait sentir au milieu de l'abondance. Les troubles vont cependant toujours en augmentant; les personnes, les propriétés, les administrateurs sont menacés; la circulation est interrompue. A Étampes, on se plaint des approvisionnements faits pour Paris. On menace de détruire les moulins, et un commissaire du département n'a pu parvenir à calmer l'effervescence. Le ministre de l'intérieur nous a

[1] Jean-Antoine-Joseph de Bry, député de l'Aisne.
[2] Antoine Merlin, dit Merlin de Thionville, député de la Moselle.
[3] Laurent Le Cointre, député de Seine-et-Oise, ancien président du Département.
[4] Antoine-Louis Albitte, député de la Seine-Inférieure.
[5] Il y a deux députés portant ce nom à la Législative : Lefebvre (Jean-René), député d'Eure-et-Loir, et Lefebvre (Charles), député du Nord.
[6] Joseph-Étienne Richard, député de la Sarthe.
[7] AULARD, *Recueil....*, t. Iᵉʳ, p. LXII.
[8] Inventaire sommaire, p. 91.
[9] Bernard-François Lidon, député de la Corrèze.
[10] Armand-Constant Tellier, député de Seine-et-Marne.
[11] Julien Le Febvre, député de la Loire-Inférieure.

fait part que, dans les départements de la Somme et de l'Aisne, la circulation éprouvait les plus grandes entraves. Pour remédier à ces maux présents, ... vos Comités vous [à la Convention] proposent de décréter qu'il sera envoyé trois commissaires pris dans le sein de la Convention nationale, dans les départements de Seine-et-Oise, de l'Aisne et de la Somme, pour y rétablir la tranquillité publique et y assurer la libre circulation des subsistances[1]. »

La Convention décréta donc, le 30 octobre 1792, l'envoi de ces trois Commissaires, qui étaient de retour le 26 novembre.

L'année suivante vit confier à de nombreux Représentants des missions ayant des objets très différents.

Dans sa séance du 9 mars 1793, la Convention décréta que des Commissaires tirés de son sein se rendraient, sans délai, dans les divers départements de la République, à l'effet d'instruire leurs concitoyens des nouveaux dangers qui menaçaient la Patrie et de rassembler des forces suffisantes pour dissiper les ennemis; que ces Commissaires seraient au nombre de quatre-vingt-deux, lesquels se diviseraient en quarante et une sections, de deux membres chacune; qu'ils parcourraient ensemble deux départements. Étaient choisis pour Eure-et-Loir et Seine-et-Oise, Chales[2] et Maure[3]. « Cette mission est la plus considérable qui ait été formée par la Convention. Ce fut surtout une mission de défense nationale, en vue d'exciter les courages et de provoquer de nouveaux enrôlements au moment où la situation de Dumouriez semblait compromise et où la guerre venait d'être déclarée à l'Espagne (7 mars 1793)[4]. » Dans cette mission, Maure fut remplacé par Guffroy[5], ainsi qu'on peut le voir en lisant le procès-verbal de la séance tenue par le Directoire du département le 15 mars, date à laquelle Guffroy et Chales arrivèrent à Versailles; notre Inventaire sommaire peut sur ce point être consulté avec profit[6].

Quelques mois après, une mission de même nature fut donnée à Bonneval[7] et Roux[8], aux termes du décret du 18 juillet 1793 ainsi conçu :

« La Convention nationale, après avoir entendu ses Comités d'agriculture et de salut public, décrète que les citoyens Bonneval et Louis Roux, représentants du peuple, se transporteront sans délai dans les départements de Seine-et-Oise, de l'Eure et d'Eure-et-Loir, et les citoyens Maure et Du Bouchet, aussi représentants du peuple, dans les départements de Seine-et-Marne et du Loiret, pour conférer avec les administrations, et

[1] AULARD, Recueil..., t. Ier, p. 210-212.
[2] Pierre-Jacques-Michel Chales, député d'Eure-et-Loir.
[3] Nicolas Maure, député de l'Yonne.
[4] AULARD, Recueil..., t. II, p. 298-315.
[5] Armand-Benoît-Joseph Guffroy, député du Pas-de-Calais.
[6] Inventaire sommaire, p. 442 et suivantes.
[7] Germain Bonneval, député de la Meurthe.
[8] Louis Félix Roux, député de la Haute-Marne.

prendre toutes les mesures nécessaires pour que les lois des 4 mai dernier, 1er et 5 juillet présent mois, relatives à la vente et à la circulation des grains, reçoivent leur entière exécution[1]. »

Le 23 juillet, Bonneval et Roux présentaient au Conseil général les pouvoirs « qui les commettent pour parcourir les départements environnant Paris, à l'effet de favoriser par tous les moyens possibles l'approche des subsistances dont cette ville est sur le point de manquer[2] », et, dès le lendemain, ils communiquaient au Comité de salut public le détail de leurs opérations dans le département de Seine-et-Oise, en vue d'approvisionner Paris[3].

De Chartres, ils adressaient, le 26 juillet, deux lettres à la Convention et au Comité de salut public; dans la première, ils faisaient connaître que la loi sur le maximum avait sa pleine exécution en Seine-et-Oise et qu'à Chartres ils avaient trouvé de grandes ressources. Ils y vantaient le patriotisme de l'Administration départementale d'Eure-et-Loir et le zèle des Administrateurs du Directoire de ce département. Leur silence au sujet de l'Administration départementale de Seine-et-Oise semble indiquer qu'ils avaient emporté une impression moins favorable quand ils avaient quitté Versailles. Est-ce la raison pour laquelle, lorsqu'ils se trouvèrent à Mantes le mois suivant, ils prirent parti pour la Municipalité et le District de cette ville contre le Département? Nous ne saurions l'affirmer, mais il y a lieu de signaler qu'à la date du 31 août le procès-verbal de la séance tenue par le Conseil général relate ce qui suit[4] :

« Affaire du district et de la municipalité de Mantes. — Rapport est fait sur une lettre des Représentants du peuple à Mantes, Roux et Bonneval, ... et sur un arrêté par eux pris le 29 du présent mois, par lequel ils cassent celui du Département du 17 courant, qui mande à l'Administration le président du district, le maire et le procureur du district de Mantes pour s'expliquer sur le refus par eux fait d'obtempérer à l'arrêté qui établit l'emprunt forcé. Il est arrêté par le Conseil général que copie de l'arrêté du Département du 29 août sera envoyée sur-le-champ aux Représentants du peuple près le Département de Seine-et-Oise actuellement à Mantes, en les prévenant que la conduite du district de Mantes ayant été dénoncée aux autorités supérieures, ... la suite de cette affaire n'est plus au pouvoir de l'Administration. Arrêté, en outre, que le Procureur général syndic et trois Administrateurs se rendront dans le jour près le Comité de sûreté générale de la Convention, pour lui donner communication de la lettre des Représentants du peuple et lui demander la cassation de leur arrêté ou l'indication, dans le cas contraire, de la marche que le Département doit tenir vis-à-vis des parents des volontaires. Si le Comité de sûreté générale pense que le Département doive paraître

---

[1] AULARD, Recueil.... t. V, p. 294-295.
[2] Inventaire sommaire, p. 185.
[3] AULARD, Recueil..., t. V, p. 353.
[4] Inventaire sommaire, p. 214.

à la Convention, le Conseil général autorise les mêmes commissaires à s'y présenter. »

Les rapports entre le Département et les deux Représentants en mission devinrent de plus en plus tendus. Le 13 septembre, le Conseil général décida qu'il serait fait une adresse à la Convention « pour repousser les inculpations dirigées contre l'Administration du Département de Seine-et-Oise par le citoyen Roux, représentant du peuple », relativement aux subsistances [1]. Et cette adresse fut très énergique. On peut en lire le texte dans notre Inventaire sommaire; en voici le début et la fin : « Représentants, Nous vous transmettons nos justes réclamations contre les expressions d'un rapport du citoyen Roux inséré dans le *Journal du Soir* en date d'hier et rédigé par P. Sablier : « Quant au « Département de Seine-et-Oise, je me réserve de vous en parler dans un rapport plus « étendu. Vous verrez que nos plus proches voisins ne sont pas nos meilleurs amis, et que, « si Paris n'est point affamé, ce n'est pas la faute du Département de Seine-et-Oise. » Notre respect pour un Représentant du peuple ne peut nous interdire le droit d'établir la vérité et de repousser avec énergie la supposition d'un projet aussi opposé aux sentiments d'humanité et de fraternité que celui qui nous est imputé..... Nous ne redoutons pas l'application des principes de la responsabilité la plus rigoureuse. Elle est la sauvegarde du peuple; elle est aussi celle des magistrats honnêtes et purs, et nous devons être rangés dans cette classe. Justice et vérité, c'est l'idée que nous nous sommes faite de nos devoirs, et nous n'avons besoin que d'elles pour être jugés. »

Quelques jours après, à la séance du 16 septembre [2], un membre faisait lecture du « journal d'Etienne Feuillant, en date du 15 septembre, d'après lequel il paraît que la Convention nationale, sur la motion de Roux, représentant du peuple, a prononcé l'arrestation de Lavallery, Charbonnier et Le Couteulx, membres du Département [3] ». Alors, le Conseil général, « profondément affligé de la calomnie dont quelques-uns de ses membres se trouvent victimes, considérant qu'il est du devoir de tout républicain de rendre justice à la vérité », arrêta que la totalité de ses membres se rendrait, le soir même, à la Convention, qu'ils y présenteraient les trois membres accusés, et qu'ils réclameraient pour eux la justice qu'ils avaient droit d'attendre de la Convention; qu'enfin il serait rédigé une adresse qui, ainsi que le présent arrêté, serait imprimée et rendue publique. Le texte de cette adresse à la Convention figurant dans notre Inventaire sommaire, nous ne le reproduisons pas ici; elle se termine par ces phrases : « Convaincus de la pureté de notre conduite et de celle de nos collègues, nous vous demandons le rapport du décret par vous prononcé le 15 de ce mois et que vous nous

[1] Inventaire sommaire, p. 228-229.
[2] *Ibid.*, p. 233.
[3] Voir, au sujet de cette arrestation, ce qui en est dit dans l'Inventaire sommaire et l'article que M. Fromageot a fait paraître sous ce titre : *Madame Du Barry, de 1791 à 1793*, dans la *Revue de l'Histoire de Versailles et de Seine-et-Oise*, années 1908 et 1909, et en particulier les pages 24-26, 35-43 de la *Revue de 1909*.

rendiez à la confiance de nos commettants, qu'il pourrait altérer. Représentants, les hommes que vous avez frappés ont constamment servi la Patrie, et l'on a eu l'impudeur de vous les désigner comme les complices des Pitt et des Cobourg; mais la République nous voit, votre équité va nous juger : notre patriotisme sortira plus certain encore de cette épreuve, et notre énergie sera toujours plus forte que les pièges dont on nous entoure et que la calomnie qui nous persécute. »

La Convention avait, en effet, rendu, le 15 septembre, l'arrêté suivant :

« La Convention nationale, après avoir entendu le rapport de ses commissaires Roux et Bonneval, envoyés dans le département de Seine-et-Oise pour l'approvisionnement des subsistances de Paris, sur les manœuvres et abus d'autorité des citoyens Lavallery, Lecouteux et Charbonnier, membres du Directoire du département de Seine-et-Oise, relatives aux subsistances de Paris, décrète : Art. 1er. Les citoyens Lavallery, Lecouteux et Charbonnier, membres du Directoire du département de Seine-et-Oise, sont destitués et mis en état d'arrestation. — Art. 2. Il est sursis à toutes poursuites de la part du Département de Seine-et-Oise envers les administrateurs du district et les officiers municipaux de Mantes pour le contingent des 3.500.000 livres imposées par ce Département sur ses administrés pour la levée de volontaires jusqu'après le rapport que la Convention nationale a ordonné à son Comité des finances sur cet objet[1]. »

Le geste du Conseil général se rendant à la Convention pour y défendre trois Administrateurs était beau, mais il n'eut aucun résultat. Le lendemain, 17 septembre, le Substitut du Procureur général syndic, qui attendait toujours en vain le retour des Administrateurs du Département partis la veille pour Paris, recevait à onze heures une lettre ainsi conçue : « Charles Delacroix, représentant du peuple, commissaire de la Convention nationale dans le département de Seine-et-Oise, aux citoyens administrateurs dudit département. Citoyens administrateurs, Aussitôt l'arrivée de mon collègue Musset, qui sera vers les dix heures, nous nous rendrons dans votre sein pour vous notifier les pouvoirs que la Convention nationale nous a donnés par son décret d'hier. Je vous invite, en attendant, à ne rien faire imprimer ni afficher relativement aux troubles qui se sont élevés parmi vous et à la demande formée par la Société populaire. Je vous rends formellement responsables des effets fâcheux qui pourraient en résulter. Salut et fraternité. Ch. DELACROIX[2]. »

Avant de parler de cette importante mission de Delacroix et Musset, nous devons en mentionner deux qui, dans l'ordre chronologique, sont antérieures à celle-ci.

Au mois de juillet, un Représentant du peuple du nom de Giraud était en mission à Essonnes. « Nous ignorons », dit M. Aulard, « à quelle date et comment cette mission à Essonnes fut confiée à Giraud. Nous ne la connaissons que par ce passage du procès-

[1] Arch. dép. de Seine-et-Oise, LI III 337.
[2] Inventaire sommaire, p. 231.

verbal de la séance du 22 juillet 1793 : « Giraud, représentant du peuple, envoyé à
« Essonnes, fait passer à la Convention la description de la fête qui a précédé la procla-
« mation de l'acte constitutionnel dans la ville de Montmarand [1]..... »

Au mois de septembre, Audrein était également chargé d'une mission. Le procès-
verbal de la séance tenue par le Conseil général, le 14 septembre, mentionne, en effet,
la « lecture d'une lettre du citoyen Audrein, représentant du peuple et commissaire à
Sèvres, par laquelle il invite l'Administration à consentir à ce que Coupin, membre du
Conseil général du Département, termine la mission dont il a été chargé par le district
de Versailles relativement à la manufacture de porcelaine ». Il sera répondu au Représentant que les travaux multiples de l'Administration ne lui permettent pas de consentir à
ce qui lui est demandé; « que, d'ailleurs, le citoyen Escard, qui a aussi les connaissances
locales de la manufacture de porcelaine, pourra facilement remplacer le citoyen Coupin
en cette partie [2] ».

La mission d'Audrein [3] était relative à la Manufacture de porcelaine de Sèvres.

Avec Delacroix et Musset, nous touchons à une grosse et longue mission, qui commence au mois de septembre 1793 et ne se termine qu'à la fin du mois de janvier 1794.
Elle leur était confiée par le décret du 16 septembre portant : « La Convention nationale
décrète que les citoyens Charles Delacroix [4] et Musset [5], envoyés dans le département de
Seine-et-Oise, sont revêtus des mêmes pouvoirs que les autres Représentants envoyés
près les armées et dans les autres départements [6]. » Ils se présentèrent au Conseil
général du Département, le 17, à six heures du soir [7], et demandèrent « la situation des
travaux du Département sur la réquisition des jeunes gens au-dessous de vingt-
cinq ans ». Ils se retirèrent peu après, ayant invité Bénézech, qui s'occupait spécialement de tout ce qui concernait le recrutement et les levées, à se rendre chez eux, le
lendemain, à huit heures du matin, « pour conférer sur tous les projets d'établissement
du Département et de la Commission centrale ». Le 22, au cours de « la cérémonie de
la proclamation relative à la réquisition des citoyens de dix-huit à vingt-cinq ans qui
doivent marcher pour la défense de la Patrie », Delacroix donna lecture de la proclamation que son collègue et lui avaient rédigée et qui commençait ainsi : « Citoyens, le
moment est arrivé où vous allez donner de nouvelles preuves du civisme énergique qui

---

[1] AULARD, *Recueil*..., t. V, p. 337. M. Aulard note qu'il y avait à la Convention deux députés de ce nom, Pierre-
François-Félix-Joseph Giraud, de l'Allier, et Marc-Antoine-Alexis Giraud, de la Charente Inférieure. « Nous ne
savons duquel de ces deux Giraud il est question ici. »
[2] Inventaire sommaire, p. 230.
[3] Yves-Marie Audrein, député du Morbihan. Il fut rappelé le 16 septembre [AULARD, *Recueil*..., t. VI, p. 514].
[4] Charles Delacroix, député de la Marne.
[5] Joseph-Mathurin Musset, député de la Vendée.
[6] AULARD, *Recueil*..., t. VI, p. 514.
[7] Inventaire sommaire, p. 234.

a signalé le département de Seine-et-Oise depuis la Révolution. » Il s'y trouvait cette phrase : « Appelés à diriger dans ce département le grand mouvement que la Convention vient d'imprimer à la nation entière, nous attendons des magistrats du peuple qu'ils se porteront avec zèle à l'exécution de la loi; nous attendons des commissaires des assemblées primaires qu'honorés de la confiance nationale, ils s'empresseront d'exercer la surveillance active que la loi du 14 août leur a confiée; nous attendons des uns et des autres qu'ils feront parvenir sans délai au Directoire du district le recensement de tous les jeunes citoyens compris dans la réquisition [1]. »

Le lendemain, 23 septembre, les Représentants en mission prenaient l'arrêté qui réorganisait l'Administration départementale de Seine-et-Oise et dont nous avons donné le texte à la page 57, et, le 24, ils rendaient compte à la Convention de la suite de leurs opérations [2] :

« Samedi soir [21 septembre], nous réunîmes le Département et le District à la Municipalité, pour prendre avec eux les dernières mesures pour la réquisition.

« Avant-hier [22 septembre], à neuf heures et demie du matin, réunis aux deux Corps administratifs et au Conseil général de la commune, accompagnés de huit cents piquiers, précédés de la musique militaire, nous nous rendîmes sur la Place d'armes. Là, après avoir chanté cet hymne cher aux patriotes, l'hymne des Marseillais, il fut fait lecture de l'adresse de la Convention nationale aux Français et de la loi pour les réquisitions. Un de nous fit ensuite la proclamation dont un exemplaire est ci-joint. Ces différentes lectures ont été accompagnées de mille cris de : Vive la République! Vive la Convention nationale! répétés à l'envi par le 16e régiment de chasseurs, rangé à cheval sur la place, et les deux compagnies de cavalerie faisant partie des trente mille hommes de nouvelle levée.....

« L'après-midi, nous nous sommes réunis à la Société fraternelle, dans la salle des ci-devant gardes du corps, que nous avons fait préparer pour la recevoir. Nous l'y avons fait installer avec solennité........ La Municipalité est venue fraterniser avec la Société.....

« A sept heures du soir, le contrôle des jeunes gens qui s'étaient présentés a été clos et s'est trouvé monter à 916 hommes..... Les renseignements que nous avons reçus nous font présumer que le département fournira encore 8.000 hommes. Tous les jeunes gens du district de Versailles se réuniront demain et s'organiseront en compagnies. Nous espérons que sous peu de jours ils seront habillés, armés et équipés. L'ardeur républicaine de cette vigoureuse et brillante jeunesse ne nous permet pas de douter qu'elle ne rende des services signalés à la belle cause qu'elle va défendre.

« Il nous restait à remplir une mission pénible, même pour des républicains.

[1] Inventaire sommaire, p. 239.
[2] AULARD, Recueil..., t. VII, p. 39-41.

L'Administration du Département vous avait été dénoncée; l'opinion publique la condamnait; celle du District elle-même avait besoin d'être purgée de quelques membres ou faibles ou environnés de soupçons déshonorants. Nous avons cru devoir les renouveler. Nous vous prions d'approuver nos arrêtés, dont expédition est ci-jointe [1]. Dans les choix que nous avons faits, nous avons vu par l'œil du peuple. Nous espérons qu'ils seront heureux et utiles à la République, car rarement le peuple se trompe [2]. »

La suite des lettres et rapports émanant de Delacroix et Musset, et dont on trouve le texte dans le *Recueil des actes du Comité de salut public*, serait des plus intéressantes à publier ici; on la compléterait par celle des pièces que nous avons mentionnées dans notre Inventaire sommaire et surtout par les documents qui sont classés dans la série L 1 m 305, 306, 307 et 319. Nous ne pouvons songer à le faire, et nous devons nous contenter de dire que cette mission prit fin lorsque le Comité de salut public écrivit, le 2 pluviôse an II [21 janvier 1794], à Delacroix et Musset la lettre suivante :

« Votre mission est remplie, citoyens collègues. Le Comité de salut public a nommé des Représentants pour établir le gouvernement révolutionnaire, chargés en même temps de suivre les opérations que vous pourriez n'avoir pas terminées. Le Comité de salut public vous invite à rentrer dans le sein de la Convention nationale; vous la mettrez à même de faire un usage utile de l'expérience et des renseignements que vous avez acquis pendant le cours de votre mission [3]. »

Les Représentants nommés pour établir en Seine-et-Oise le gouvernement révolutionnaire sont ceux que nous allons trouver à partir de 1794 et qui succéderont à Delacroix et Musset. Ce sera surtout Crassous, dont nous parlerons bientôt et sur le rôle duquel il conviendra d'autant plus de nous arrêter que c'est au cours de sa mission qu'eut lieu la révolution du 9 Thermidor. Mais avant d'arriver à eux, nous devons mentionner les missions suivantes.

Le 25 septembre 1793, Charles Pottier [4], « Représentant à la papeterie d'Essonnes », écrit au Comité de salut public « que la commune d'Essonnes, dans l'arrondissement de laquelle est une manufacture de poudre, inquiète sur les entreprises que pourraient tenter des malveillants pour rendre inutile à la République un établissement de cette nature, qui n'est pas gardé, députe des commissaires vers le Comité pour être autorisée à prendre les mesures convenables. Je vous prie de leur donner les quelques instants d'audience qu'exige l'importance de leur mission [5]. »

[1] Arrêtés du 25 septembre 1793 par lesquels Delacroix et Musset destituaient et remplaçaient : 1º les membres de l'Administration du Département ; 2º ceux de l'Administration du District de Versailles.
[2] Dans le *Recueil*, on trouvera en son entier le présent rapport, dont nous n'avons donné ici que des fragments.
[3] AULARD, *Recueil...*, t. X, p. 360.
[4] Charles-Albert Pottier, député d'Indre-et-Loire.
[5] AULARD, *Recueil...*, t. VII, p. 58. « C'est le seul document que nous ayons sur cette mission de Charles Pottier à la papeterie d'Essonnes. Nous ignorons quand et comment elle lui fut donnée. »

Vernerey[1] accomplit également une mission dans le département de Seine-et-Oise, mission pour laquelle il est associé à Charles Delacroix, ainsi qu'en témoignent deux arrêtés pris par ces deux Représentants du peuple les 6 octobre 1793 et 1er frimaire an II [21 novembre 1793], qui commencent ainsi : « Les Représentants du peuple commissaires de la Convention nationale pour les biens de la ci-devant Liste civile » et qui portent les signatures : Vernerey, Ch. Delacroix[2].

Dès le mois de septembre 1793, Couturier[3] avait été envoyé en Seine-et-Oise, « nous ne savons à quelle date », dit M. Aulard, mais « par suite du décret du 10 juin 1793, qui ordonnait de procéder à l'inventaire et à la vente du mobilier de toutes les maisons ci-devant royales[4] ». Le 24 septembre, il adressait, de Rambouillet, au Comité de salut public une lettre commençant par ces mots : « Citoyens mes collègues, Depuis quelque temps, on m'a vu triste : c'est que je savais qu'il existait dans la contrée que j'habite un foyer de fanatisme et d'aristocratie bien dangereux, qui n'attendait qu'un moment favorable pour lever la tête[5]. » Les rapports qu'il fit parvenir soit à la Convention, soit au Comité de salut public, commencent généralement ainsi : « Le Représentant chargé de la vente du mobilier de la liste civile à Rambouillet à..... »; mais il ne borna pas là sa mission, qui ne prit fin qu'au mois de décembre. On le trouve à Dourdan, à Étampes, à « Favières-défanatisé, ci-devant Saint-Sulpice-de-Favières », à Courances, à Milly, etc.; c'est dans les districts de Rambouillet, de Dourdan et d'Étampes que s'exerce son activité : il y organise révolutionnairement les autorités qui ne lui semblent pas avoir le zèle et l'ardeur nécessaires[6]. C'est ainsi que, « le quatrième jour de la troisième décade du premier mois de l'an II de la République une et indivisible [15 octobre 1793] », il procède à la destitution et réorganisation révolutionnaire des Corps constitués des district et commune d'Étampes :

« Moi, Jean-Pierre Couturier, Représentant du peuple, l'un des membres de la Commission de la Convention nationale répartis pour la surveillance et la vente des effets de la Liste civile et particulièrement délégué par mes collègues pour opérer la régénération des autorités constituées en exécution du décret du 23 août dernier, d'après les avis réitérés donnés à ladite Commission par les citoyens patriotes et les Sociétés populaires sur la nécessité de cette régénération révolutionnaire, tant dans le district de Dourdan que partout ailleurs où besoin sera, et au vu de l'urgence des mesures de salut public que l'affaissement de l'esprit républicain indique et que la malveillance des ennemis dé-

---

[1] Charles-Baptiste-François Vernerey, député du Doubs.
[2] Arch. dép. de Seine-et-Oise, Li 307.
[3] Jean-Pierre Couturier, député de la Moselle, qu'il ne faut pas confondre avec Louis-Charles Couturier, régisseur et receveur du domaine national de Versailles, dont il est fréquemment question dans l'Inventaire sommaire.
[4] AULARD, Recueil..., t. VII, p. 42.
[5] Ibid.
[6] Arch. dép. de Seine-et-Oise, Li 303 et 319.

guisés en patriotes commande impérieusement, me suis arrêté en la ville d'Etampes à mon départ de Dourdan, pour, sur la demande des patriotes et vrais républicains, opérer la régénération totale des membres des autorités constituées qui ne jouissent pas de toute l'étendue de confiance que les circonstances difficiles où nous nous trouvons exigent indispensablement pour ranimer l'énergie du patriotisme et lui assurer le triomphe que les entraves qu'éprouve l'administration des subsistances et les menées sourdes des contre-révolutionnaires voudraient lui disputer, où étant, après avoir consulté les membres de la Société populaire connus pour patriotes prononcés et obtenu de la Société une liste de candidats qui a été discutée, j'ai requis le procureur syndic du district de faire convoquer toutes les autorités constituées en l'église paroissiale de Saint-Gilles, pour donner la facilité à tous les citoyens d'assister à la séance, ce qui ayant eu lieu à deux heures de relevée, j'ai fait donner lecture de l'arrêté pris par mes collègues Besson et Robin, et après avoir fait donner pareillement lecture de la liste des citoyens sortis au scrutin épuratoire qui avait été ouvert en ma présence par six commissaires du club choisis à cet effet et soumis le résultat à la censure de l'Assemblée, j'ai déclaré au nom de la Loi la destitution du Conseil général du district, celui de la Commune et des membres composant les Comités de surveillance des deux sections de la ville, comme aussi des juridictions de paix et du tribunal du district, et enfin du bureau de conciliation du district, sans que cette régénération seule puisse être envisagée comme un motif suffisant de suspicion contre les membres qui seront restés destitués, sauf aux Comités de surveillance à exercer ses inspection et vigilance contre ceux qui pourraient se trouver dans le cas d'être rangés dans la classe des hommes suspects, et de suite j'ai procédé à la création et réorganisation révolutionnaires desdits corps et autorités constitués de la manière cy-après[1]..... »

Cette réorganisation faite par Couturier surprit, d'ailleurs, Delacroix et Mussel, qui, le 17 octobre, écrivirent au Comité de salut public :

« Citoyens collègues, Nous venons d'apprendre qu'un de nos collègues, Couturier, s'est transporté à Etampes et a destitué une partie, peut-être la totalité des autorités constituées, sans qu'il nous en ait prévenus, sans qu'il ait rien concerté avec nous. Nous ne connaissons pas de décret qui lui ait donné ce pouvoir. Si vous eussiez pris un arrêté sur cet objet, nous présumons que vous nous en eussiez fait part. Nous ne cherchons pas à retenir l'autorité que vous nous avez fait déférer par la Convention, et nous la résignerons sans la moindre peine aussitôt même que vous croirez que le bien public l'exigera, mais nous croyons devoir vous observer que cette division d'autorité peut avoir des conséquences funestes et dont la moindre est de l'avilir.

« L'organisation de la première réquisition, la réforme de l'administration du Dépar-

____

[1] Arch. dép. de Seine-et-Oise, 1re pièce de la liasse Lt 303.

tement, celle du District, etc., l'établissement des ateliers d'armes, de sellerie, les réquisitions pour les subsistances nous ont empêchés jusqu'à présent de nous écarter beaucoup du chef-lieu ; mais nous vous avouons que nous n'avons pas été peu surpris de nous voir prévenus au district d'Etampes, au moment même où nous nous disposions à nous y rendre pour y faire les réformes qu'exige le bien de la République, après avoir pris les renseignements que nous commandaient la prudence et l'intérêt même de la République.

« Nous vous prions de nous tracer la marche que nous avons à tenir pour ce district, et, si nous n'avons pas cessé de mériter votre confiance, d'empêcher que nous ne soyons troublés dans nos opérations pour les autres districts, opérations que nous espérons devoir être utiles à la République, d'après les renseignements multipliés et sûrs que nous avons pris auprès des Sociétés populaires et des patriotes les plus marquants, qui connaissent le mieux les différentes parties du département[1]. »

Ainsi que nous l'avons dit, cette mission de Couturier prit fin au mois de décembre 1793[2].

Nous avons encore à signaler les missions de :

Loiseau[3], dont une lettre du 10 brumaire an II [31 octobre 1793] nous révèle la présence à Essonnes : « Un Représentant à la papeterie d'Essonnes au Comité de salut public. Papeterie d'Essonnes, 10 brumaire an II. Citoyens collègues, Le besoin de prendre l'air de la campagne m'a fait désirer d'être envoyé en mission à la papeterie pour surveiller la fabrication du papier assignat. Quelle est ma surprise de voir que, dans un lieu où ont séjourné depuis longtemps des Représentants du peuple qui auraient dû être patriotes, le modérantisme le plus révoltant y domine ! A Essonnes, petit bourg près cette papeterie, le peuple y est encore dans l'enfance de la liberté ; on m'assure qu'à Corbeil, petite ville proche Essonnes, c'est bien pis : l'aristocratie y domine..... LOISEAU, Montagnard » ;

Levasseur[4], dont la mission commence le 4 novembre 1793, ainsi qu'il résulte du procès-verbal de la séance de la Convention en date du 14 brumaire an II [4 novembre] : « La Convention nationale, après avoir entendu le rapport du Comité de salut public, rappelle tous les représentants du peuple envoyés dans les départements pour surveiller la vente des mobiliers de la ci-devant liste civile et des émigrés, et décrète que le citoyen Levasseur se rendra sur-le-champ dans le district de Gonesse, département de Seine-et-

[1] AULARD, Recueil..., t. VII, p. 467.
[2] Voir AULARD, Recueil..., t. VII à X, et notre Inventaire sommaire.
[3] Jean-François Loiseau, député d'Eure-et-Loir. « Nous ne savons », écrit M. Aulard [Recueil..., t. VIII, p. 147], « à quelle date le représentant Loiseau avait obtenu une mission à Essonnes. Il n'existe aucun décret de la Convention ni aucun arrêté du Comité de salut public sur cette mission. »
[4] Probablement René Levasseur, député de la Sarthe.

Oise, pour y épurer l'administration et prendre toutes les mesures de salut public qu'il croira convenables[1] » ;

Guillemardet[2], « Représentant chargé de la levée des chevaux à Versailles », qui écrit de cette ville, le 25 brumaire an II [15 novembre 1793], au Président de la Convention, lui mandant que la levée s'exécute avec la plus grande activité dans la 18ᵉ division. « J'aurai avant quinze jours de quoi monter au moins quinze escadrons au grand complet, sans compter environ six cents chevaux propres aux charrois ou à l'artillerie..... — Presque tous les chevaux que je reçois au dépôt seront vigoureux, accoutumés à la fatigue et en état de servir sur-le-champ. Lorsqu'ils seront montés par des hommes libres, la Convention nationale peut compter que *ça ira*, et au grand galop[3] » ;

Treilhard[4], Auguis[5] et Enlart[6], qui se qualifient « Représentants, commissaires de la Convention nationale pour la vente des biens meubles et immeubles de la ci-devant liste civile, section de Marly », et dont la liasse L 310 contient quelques arrêtés ayant pour dates extrêmes le 23 vendémiaire an II [14 octobre 1793] et le 3 frimaire [23 novembre] suivant. Le 7 brumaire [28 octobre], le Comité de salut public écrivait à Treilhard et Auguis, « Représentants en mission pour la vente du mobilier de la Liste civile en Seine-et-Oise », la lettre suivante : « Nous vous adressons, citoyens nos collègues, copie de l'arrêté du Comité de salut public qui met à la disposition du ministre de la marine, pour des expériences relatives à l'artillerie, le château neuf et le petit parc de Meudon, ainsi que des meubles pour les commissaires et agents du ministre qui doivent diriger les opérations. Comme il est important que l'objet de ces expériences soit secret, il n'est pas convenable d'en parler à la tribune; mais nous avons pensé qu'en prenant l'arrêté qui vous charge spécialement de donner les ordres nécessaires pour l'exécution du premier, et dont nous vous envoyons copie, vous seriez suffisamment autorisés. Nous vous invitons, citoyens nos collègues, à favoriser de tous vos pouvoirs une opération à laquelle le Comité prend le plus grand intérêt[7] » ;

Battellier[8], dont la mission ou les missions à Sèvres et à Meudon furent remplies pendant les mois de frimaire-thermidor an II [décembre 1793-août 1794]. Dans ses lettres et rapports au Comité de salut public, il se qualifie : « Le Représentant à la manufacture de Sèvres »; dans les arrêtés qu'il prend, il emploie, au contraire, les formules : « Le Représentant du peuple à Sèvres » et, au mois de floréal an II [28 avril 1794], « le

[1] AULARD, *Recueil...*, t. VIII, p. 225.
[2] Ferdinand-Pierre-Marie-Dorothée Guillemardet, député de Saône-et-Loire.
[3] AULARD, *Recueil...*, t. VIII, p. 439.
[4] Jean-Baptiste Treilhard, député de Seine-et-Oise.
[5] Pierre-Jean-Baptiste Auguis, député des Deux-Sèvres.
[6] Nicolas-François-Marie Enlart, député du Pas-de-Calais.
[7] AULARD, *Recueil...*, t. VIII, p. 78.
[8] Jean-César Battellier, député de la Marne.

Représentant du peuple à Sèvres et Meudon ». Le 14 germinal an II (3 avril 1794), il écrivait, de Sèvres, au Comité de salut public : « Citoyens collègues, Ma proclamation a tranquillisé entièrement les citoyens des communes du département de Seine-et-Oise, voisines de Meudon, sur les travaux militaires que vous y avez ordonnés, mais il n'en est pas de même de celles du département de Paris. Avant-hier, le Conseil de surveillance de Vaugirard est venu à Meudon; j'étais alors à Brimborion. Il s'est dit porteur d'un ordre du Comité de sûreté générale de la Convention, il a exigé que les salles du château lui fussent ouvertes, et il a dressé procès-verbal. Je n'ai pas cru devoir me permettre d'aller dans les petites communes voisines de Paris : je changeais de département. Il serait cependant nécessaire qu'on en éclairât les citoyens. La malveillance y travaille en tout sens. On y fait circuler que les mêmes préparatifs ont lieu au Calvaire et à Montmartre, qu'on veut assiéger Paris. On y dit aussi qu'on va retirer du Panthéon Marat et tous les martyrs de la liberté. Des scélérats disaient à Boulogne que cette commune mériterait beaucoup, si elle prévenait le décret en précipitant du sommet de la montagne, érigée lors de la fête des représentants assassinés pour la cause populaire, Marat et Le Pelletier, que les sans-culottes y ont placés. Il faudrait faire la chasse à tous ces distributeurs de nouvelles perfides. Salut, amitié et fraternité. J.-C. BATTELLIER, député[1] »;

Frémanger[2], qui reçoit, le 30 brumaire an II (20 novembre 1793), une mission particulière à Saint-Cloud. La Commission autorise Frémanger, commissaire nommé par le Comité de l'examen des marchés, en continuité de la commission à lui donnée par le décret du 20 brumaire, à se transporter à Saint-Cloud, pour assister à une levée de scellés[3];

Sergent[4], qui fut envoyé, antérieurement au 29 nivôse an II (18 janvier 1794), dans le district de Corbeil, pour choisir des objets d'art destinés au Muséum national;

Niou[5], qui, par arrêté du 6 pluviôse an II (25 janvier 1794), fut envoyé « en qualité de représentant du peuple dans le département de Seine-et-Oise pour y faire couper pour la marine tous les arbres qui y seront propres, dans les forêts de Marly, Saint-Germain et autres forêts nationales. Il fera marquer les divers échantillons et désignera leurs destinations respectives. Il mettra en réquisition les bûcherons, charpentiers et autres ouvriers qui seront nécessaires aux travaux de la coupe extraordinaire nécessaire à la création de la marine de la République[6]. » Mais il écrivit, le lendemain, au Comité de salut public « qu'ayant sérieusement réfléchi à la nature de la mission dont on a voulu le charger relativement à l'approvisionnement des bois de construction de la marine, il

[1] AULARD, Recueil..., t. XII, p. 369.
[2] Jacques Frémanger, député d'Eure-et-Loir.
[3] AULARD, Recueil..., t. VIII, p. 574.
[4] Il est fait allusion à cette mission dans un arrêté de l'Administration du département du 29 nivôse an II [L 115, fol. 248]. Il s'agit d'Antoine-François Sergent, député de Paris.
[5] Joseph Niou, député de la Charente-Inférieure.
[6] AULARD, Recueil..., t. X, p. 437.

a pensé que cette mission ne convenait pas à un représentant du peuple, attendu qu'elle le mettrait sans cesse aux prises avec les fournisseurs..... Il invite le Comité à ne pas attribuer au manque de courage sa répugnance entière à remplir la mission dont il voulait le charger ; il est prêt à voler au poste le plus périlleux[1]. »

Crassous[2] est le premier Représentant du peuple que le Comité de salut public ait envoyé dans le département de Seine-et-Oise postérieurement au décret du 14 frimaire an II ; il y arrivait quelques semaines après le jour où Delacroix et Musset avaient été rappelés au sein de la Convention. Il était donc muni des pleins pouvoirs que les lois — et particulièrement ce dernier décret — donnaient aux Représentants en mission.

Le Comité de salut public avait adressé, le 10 pluviôse an II [29 janvier 1794], à Crassous, « Représentant dans les départements de Seine-et-Oise et de Paris », la lettre suivante :

« Les districts de Dourdan et d'Étampes, citoyen collègue, sont travaillés par le fanatisme ; des mouvements s'y préparent dans les ténèbres. Enveloppé dans une obscurité perfide, le monstre veille, il épie. Pars, ne lui laisse pas le temps de préparer ses armes parricides. Renferme-toi dans les instructions du Comité ; parle au peuple le langage de la raison ; aux faibles, montre de la douceur, de la fraternité ; aux conspirateurs, ne parle pas, frappe[3]. »

Deux jours après, le même Comité lui écrivait, à Franciade [Saint-Denis] : « Nos collègues Delacroix et Musset, tes prédécesseurs dans le département de Seine-et-Oise, ont désiré, citoyen collègue, que les pièces ci-jointes te fussent communiquées. Nous cédons à leur vœu, d'autant plus volontiers qu'ils n'ont fait que prévenir le nôtre ; elles te serviront à éclairer ta marche dans la carrière que tu es chargé de parcourir ; tu y trouveras des renseignements importants sur le fanatisme et ses agents ; ta prudence et ton activité sauront en faire l'usage le plus utile au maintien de la liberté, aux progrès de la raison[4]. »

Et le jour même [31 janvier 1794]. Crassous répond, de « Charenton-Républicain », au Comité : « Je reçois ici, citoyens collègues, votre lettre du 10 et je vais partir à l'instant pour les districts de Dourdan et d'Étampes[5]..... »

Il y aurait toute une étude à faire sur cette mission de Crassous, qui se trouve coïncider avec la période la plus aiguë de la Terreur et aussi avec la révolution de Thermidor, puisque, commençant au mois de janvier 1794, elle dura jusqu'au mois d'août suivant, soit plus de six mois. Cette étude, qui serait des plus curieuses, nous ne pouvons

[1] Aulard, Recueil..., t. X, p. 467.
[2] Jean-Augustin Crassous [de Médeuil], député de la Martinique. Élu aussi comme troisième suppléant dans la Charente-Inférieure, il avait opté pour la Martinique.
[3] Aulard, Recueil.., t. X, p. 508.
[4] Ibid., p. 574.
[5] Ibid., p. 578.

songer même à l'esquisser; on en trouverait les meilleurs éléments, et les plus nombreux, dans le *Recueil des actes du Comité de salut public*, et aux Archives départementales de Seine-et-Oise, dans les séries L et Q, notamment dans les liasses L 304 et 319. On suivrait ainsi Crassous sur un très grand nombre de points du département, à Étampes, à Dourdan, à Versailles, à Gonesse, à Pontoise, à Mantes, à Montfort-le-Brutus [Montfort-l'Amaury], à la Montagne-du-Bon-Air [Saint-Germain-en-Laye], à Corbeil, car sa mission avait fini par s'étendre sur tout Seine-et-Oise. Et de la lecture attentive des documents émanant de Crassous on emporterait cette impression que le Représentant du peuple avait, en somme, une assez mauvaise opinion de la région Seine-et-Oisienne, même après six mois qu'il y était en mission. C'est ainsi que le 24 messidor an II [12 juillet 1794], il écrivait au Comité de salut public : « Je viens de compléter, citoyens collègues, les réformes nécessaires dans les autorités constituées de Versailles. Il a fallu éviter bien des écueils. Le royalisme avait laissé de profondes traces, et l'esprit intrigant de la cour se manifestait presque partout. Là, au milieu du dévouement le plus absolu du peuple à la Révolution, on avait vu des administrateurs du département se mettre lâchement aux pieds du tyran et lui adresser, après le 20 juin, des vœux impies au nom de leurs administrés[1]; on avait vu cette bassesse imitée au sein de la municipalité; une adresse avait été proposée à la signature des citoyens dans le bureau de conciliation, et ensuite chez des notaires; tous les royalistes s'étaient empressés d'aller s'y faire connaître; et ils avaient été suivis par beaucoup d'hommes, peut-être plus égarés que coupables. D'un autre côté, parmi les patriotes qui se sont élevés contre ces signataires, on a vu ceux qui se sont fait le plus de réputation tomber dans le vice contraire et substituer une nouvelle domination à celle qui se détruisait. Perdus par l'ambition et la cupidité, Couturier[2] et une foule d'autres ont, il est vrai, combattu l'aristocratie, mais ont travaillé à la ruine de la République par des dilapidations et l'abus le plus affreux des pouvoirs; ils ont été combattus à leur tour, mais ils ont été longtemps maîtres de l'opinion, et c'était élever contre soi le signal de la persécution que de parler contre Couturier, qui dirigeait le Département, le District, le Comité de surveillance, la Municipalité, la Société populaire. Une seconde Société de sans-culottes s'était formée ; la première a fait des efforts pour l'anéantir ; et pour réussir, elle a songé à se la réunir. Elle a réussi, mais au même instant Couturier, ayant été arrêté avec quelques-uns de ses adhérents par ordre du Comité de sûreté générale, la chance a tourné, et la vérité s'est fait connaître. Malheureusement, dans le nombre de ses antagonistes, il s'est encore

---

[1] Allusion au rôle du Directoire de département présidé par Le Brun; voir plus haut, p. 70 et suivantes.

[2] C'est le Couturier (Louis-Charles) dont il est question dans la note 3 de la page 124. Traduit devant le Tribunal criminel du département de Seine-et-Oise, il fut acquitté, le 27 frimaire an III [17 décembre 1794], de « l'accusation de dilapidation et malversation dans ses fonctions de régisseur et receveur du domaine de Versailles », mais fut condamné à payer 270 livres pour la valeur de 54 ananas du potager de Versailles, dont il avait indûment disposé. [Greffe du Tribunal de Versailles.]

trouvé des hommes qui ont regardé les biens de la République comme leur apanage et que l'intérêt a perdus. Il a donc fallu démêler tous ces intérêts particuliers, chercher des hommes étrangers aux diverses factions et capables de servir la chose publique. J'ai pris toutes les précautions nécessaires pour les connaître, et je crois avoir réussi [1]..... »

Le 6 thermidor [24 juillet], il adressait encore, de Corbeil, un rapport qui parvenait, deux jours après, au Comité de salut public, rapport dans lequel il exposait « que, dans le district de Corbeil, l'esprit public n'a pas cette énergie et cette vigueur qui convient pour déterrer l'aristocratie dans tous ses replis, et que tout ce qui s'y fait s'élève sur un fond de modérantisme qui empêche de reconnaître les masques [2]..... ».

Mais le 9 Thermidor arrive et modifie d'une façon très sensible son opinion sur le département. Sa mission prenant fin, il écrit, le 19 thermidor [6 août], au Comité de salut public la lettre suivante :

« J'ai fini, citoyens collègues, la mission dont j'avais été chargé dans les départements de Seine-et-Oise et Paris, pour l'organisation du gouvernement révolutionnaire. Je vous remettrai sous peu de jours le compte de mes diverses opérations. Je puis vous attester que le meilleur esprit anime toutes les parties de ces départements, et vous les voyez toutes s'empresser de manifester leur union cordiale à la Convention nationale, dont elles n'ont jamais été séparées par aucun attachement aux individus. La commune de Versailles a été la première à venir dans le sein de la Convention, dès le 10 au matin [28 juillet] ; celle de Corbeil, où j'étais, a fait la même démarche le 11 [29 juillet], aussitôt qu'elle a été instruite, et presque toutes les communes ont agi de même. Tout ce qui environne Paris est donc un rempart solide sur lequel la Convention peut parfaitement compter. Salut et fraternité. A. CRASSOUS [3]. »

Pendant que Crassous accomplissait la mission dont il était investi, d'autres Représentants du peuple étaient envoyés ou se trouvaient avoir à opérer dans le département pour des objets particuliers.

Isoré [4], « Représentant du peuple, chargé par la Convention nationale de surveiller l'exécution des lois sur les subsistances, et principalement celle du 19 vendémiaire, qui porte que Paris sera approvisionné au 11 ventôse [1er mars 1794] », prend à la date du 22 pluviôse [10 février] un arrêté aux termes duquel (article 1er) il sera fait, le 30 de ce mois, un recensement général des farines, blés, méteils, seigles battus et à battre dans toutes les communes des districts de « ..... Mantes, Pontoise, Gonesse, Corbeil, Etampes

[1] AULARD, Recueil..., t. XV, p. 115-116. On trouve dans ce recueil le texte complet de ce rapport, où se lit cette phrase : « J'ai fait l'examen de la plupart des détenus, et j'en ai fait partir plusieurs pour le Tribunal révolutionnaire [de Paris], où quelques-uns ont déjà subi leur juste châtiment. »
[2] Ibid., p. 408.
[3] Ibid., p. 712.
[4] Jacques Isoré, député de l'Oise.

et Dourdan, département de Seine-et-Oise¹ ». Il en prend un autre le 9 ventôse [27 février], lequel est approuvé par la Convention et qui commence ainsi : « Le Représentant du peuple chargé de la surveillance de l'approvisionnement de Paris, en blés et farines, aux autorités constituées des districts de Soissons, Egalité-sur-Marne, Meaux, Rozay, Provins, Melun, Chartres, Janville, Dreux, Clermont, Breteuil, Crépy, Senlis, Chaumont, Pontoise, Etampes et Gonesse. Depuis un mois, citoyens, vous vous êtes occupés avec moi de l'approvisionnement de la commune de Paris, et vous n'avez cessé de me répéter que votre activité était sans bornes²..... »

Richaud³ est chargé, le 9 thermidor [27 juillet 1794], par les Comités de salut public et de sûreté générale, « d'aller prévenir la municipalité et les gardes nationales de Sèvres et de Versailles de la conjuration qui vient d'éclater, pour qu'ils mettent toute leur surveillance à arrêter ceux qui y ont part, s'ils passent sur leur territoire ». Le Conseil général de la commune de Versailles s'étant réuni le 10 thermidor, à six heures du matin, Richaud se présente devant lui et fait lecture du pouvoir dont il est porteur⁴.

La commune de Meudon possédait alors un établissement qui jouait un grand rôle au point de vue de la défense nationale. En conséquence, la Convention rend, à la date du 5 vendémiaire an III [26 septembre 1794], un décret relatif à la mission de Meudon : « La Convention nationale, après avoir entendu le rapport de son Comité de salut public, approuve le régime qui a été suivi jusqu'à ce jour à l'établissement des épreuves de Meudon, sous la surveillance de son Comité; décrète, en outre, qu'il y aura près de cet établissement deux représentants du peuple, qui seront remplacés tous les trois mois, et qui seront autorisés à se transporter dans les lieux où se fabriquent les objets d'approvisionnement destinés pour Meudon, lorsqu'il sera nécessaire d'en presser l'activité⁵. »

Le 19 vendémiaire [10 octobre], elle décréta que les Représentants du peuple Trullard⁶ et Rougemont⁷ se rendraient, en qualité de commissaires, à l'établissement de Meudon⁸.

Deux mois après, une nouvelle mission dans le département de Seine-et-Oise était confiée à Charles Delacroix. Le 23 frimaire an III [13 décembre 1794], la Convention rendait le décret suivant : « La Convention nationale, après avoir entendu les Comités

¹ Arch. dép. de Seine-et-Oise, Ll 313.
² Ibid.
³ Hyacinthe Richaud, député de Seine-et-Oise, dont il a été question aux pages 40 et 70.
⁴ AULARD, Recueil..., t. XV, p. 467, texte et note.
⁵ Ibid., t. XVII, p. 87.
⁶ Narcisse Trullard, député de la Côte-d'Or.
⁷ Ignace Rougemont, député du Mont-Terrible.
⁸ AULARD, Recueil..., t. XVII, p. 342.

de salut public, de sûreté générale et de législation, décrète que le Représentant du peuple Delacroix, qui est actuellement à Versailles, est investi, pour cette commune et lieux circonvoisins, des pouvoirs attribués aux Représentants du peuple dans les départements. Le présent décret sera envoyé dans le jour au Représentant du peuple Charles Delacroix[1]. » On propose le lendemain à la Convention que « Charles Delacroix, envoyé en mission à Versailles et lieux circonvoisins avec les mêmes pouvoirs que les Représentants du peuple dans les départements, soit investi de ces mêmes pouvoirs dans toute l'étendue du département de Seine-et-Oise, et chargé de proposer au Comité de législation les citoyens propres à remplir les différentes places vacantes dans les autorités constituées, par destitution ou autrement, afin que, sur l'état nominatif qui en sera présenté à la Convention nationale, il soit statué définitivement à la nomination des citoyens proposés », et cette proposition est renvoyée au Comité de législation pour qu'il en soit fait rapport le lendemain[2].

Le 25 frimaire [15 décembre], Charles Delacroix adresse de Versailles son premier rapport : « Citoyens collègues, Tout est calme ici ; cependant, quelques symptômes prouvent la nécessité de prévenir une rechute. La faiblesse des autorités constituées et leur imprévoyance ont en partie causé le mal. Il est donc essentiel d'en presser l'épuration. Le décret est rendu pour le District ; il faut en envoyer l'expédition. Quant à la Municipalité et autres autorités, le Comité de législation a tous les renseignements ; qu'il ne perde pas un instant pour terminer, et pour peu que cela puisse tarder, qu'il le dise ; je me procurerai le duplicata du travail préparatoire et je prendrai un arrêté. Je ne suis retenu que par la crainte qu'il ne soit rendu un décret pendant que j'agirai de mon côté. Tirez-moi de cette incertitude et songez qu'un jour perdu peut être bien important pour une commune qui, dans sa position actuelle, n'est que trop susceptible d'être agitée. On me dit que la Société populaire n'est pas exempte de reproches. Je pourrais bien être forcé à singer la Convention nationale. Je dois avoir ce soir des renseignements précis. Les informations se font contre les principaux agitateurs. Quelques rapports annoncent des liaisons avec ceux qui ont voulu agiter Paris. Mais rien encore de positif. Je vous rendrai compte successivement. Salut et fraternité. Ch. DELACROIX[3]. »

Nous ne pouvons, à notre grand regret, suivre, jour par jour, dans l'accomplissement de sa mission, Charles Delacroix, qui, dans sa correspondance, se qualifia « le Représentant à Versailles », jusqu'au jour où la Convention rendit, à la date du 19 nivôse an III [8 janvier 1795], un décret conçu en ces termes : « La Convention nationale, après avoir entendu son Comité de salut public, décrète que le Représentant du peuple

[1] AULARD, Recueil..., t. XVIII, p. 682.
[2] Ibid., p. 710.
[3] Ibid., p. 733.

Charles Delacroix est investi pour tout le département de Seine-et-Oise des mêmes pouvoirs qui lui ont été donnés pour la commune de Versailles[1]. »

Dès le lendemain, 20 nivôse, un membre de la Convention, au nom du Comité de salut public, proposait de décréter que Ch. Delacroix irait à Rouen et qu'il aurait « des pouvoirs dans les départements de Seine-et-Oise et de la Seine-Inférieure[2] ». Sa juridiction s'étendit donc : il devenait le Représentant du peuple en Seine-et-Oise et dans la Seine-Inférieure. C'est en cette qualité qu'il adressa ses rapports au Comité de salut public pendant les mois de nivôse, pluviôse, ventôse, germinal an III [janvier-avril 1795][3]. Le Comité de législation lui écrivait, le 10 germinal [30 mars] : « Nous avons reçu, citoyen collègue, l'expédition que tu as fait passer au Comité de ton arrêté du 4 pluviôse dernier, relatif aux terroristes de la commune de Poissy. Tes principes et ta conduite dans cette circonstance ne peuvent, en effrayant les coupables, que ranimer la confiance du bon peuple en ses représentants, et le rattacher à un gouvernement qu'il n'aurait pas cessé de bénir, s'il avait été fondé sur la justice et l'humanité[4]..... »

Charles Delacroix communiquait de Versailles, le 19 germinal [8 avril], un arrêté pris par lui, portant qu'il serait fourni par l'atelier d'armes 420 fusils neufs avec leurs baïonnettes et 120 carabines de 25 pouces de canon pour l'armement de 600 hommes dont l'organisation avait été arrêtée la veille pour maintenir l'ordre dans la commune de Versailles et autres environnantes, et pour protéger l'arrivage des subsistances[5].

A la mission de Charles Delacroix allait succéder celle d'André Dumont[6], la Convention ayant pris, le 19 germinal, l'arrêté dont voici le texte :

« Sur le rapport du Comité de salut public et de sûreté générale, la Convention nationale décrète que le Représentant du peuple André Dumont se rendra dans le département de Seine-et-Oise et dans celui de l'Oise, pour y maintenir la tranquillité publique, et qu'il y sera investi des mêmes pouvoirs que les autres Représentants en mission dans les départements[7]. »

Avant de parler de cette mission, nous devons revenir un peu en arrière, pour signaler celles de plusieurs Représentants du peuple.

Enlart[8] et Deydier[9] furent envoyés par la Convention, à la date du 28 nivôse an III [17 janvier 1795], « auprès de l'établissement des épreuves nationales de Meudon,

---

[1] AULARD, Recueil..., t. XIX, p. 364.
[2] Ibid., p. 385.
[3] Ibid., t. XIX, XX et XXI, passim.
[4] Ibid., t. XXI, p. 403.
[5] Ibid., p. 691.
[6] André Dumont, député de la Somme.
[7] AULARD, Recueil..., t. XXI, p. 684.
[8] Voir note, p. 127.
[9] Etienne Deydier, député de l'Ain.

pour y remplacer Trullard et Rougemont[1] ». Enlart paraît avoir rempli seul cette mission, car il signe seul une lettre qu'il adresse au Comité de salut public, le 26 ventôse an III [16 mars 1795], pour lui faire connaître un terrible incendie qui « vient de se manifester à l'établissement de Meudon ; il a pris par le frottement d'une fusée qui a mis le feu à un boulet..... Le vent affreux qu'il fait nous laisse craindre de n'en pouvoir totalement prévenir les funestes effets. La crainte d'une explosion arrête d'ailleurs le zèle des citoyens qui pourraient porter du secours[2]..... » Sa mission lui fut renouvelée, car nous le trouvons à Meudon au mois de floréal [avril-mai 1795]; les arrêtés qu'il y prend commencent ainsi : « Mort aux tyrans. Au nom de la République française. Le Représentant du Peuple surveillant les Épreuves à Meudon[3]..... »

Le 24 nivôse an III [13 janvier 1795], la Convention, sur la proposition de son Comité de salut public, décréta que les Représentants Soulignac[4], Froger[5], Lequinio[6] et Jacomin[7] se rendraient dans les départements qui environnent Paris, « pour faciliter la libre circulation des subsistances », et qu'ils s'y concerteraient « avec Roux et Loiseau, déjà nommés pour le même objet ». Lequinio est à Étampes le 13 pluviôse [1er février 1795]; il adresse une proclamation « aux citoyens Cultivateurs, Propriétaires, Fermiers et Possesseurs de grains », dans les districts de Dreux, Chartres, Étampes et Janville : « Citoyens, aucun de nous ne périra de faim : d'un bout de la République à l'autre, tous les Français sont frères, et les blés d'excédant en une de ses extrémités alimenteront l'autre partie si rien ne s'oppose à cette répartition..... », et prend un arrêté concernant le maire et l'officier municipal d'une commune du district de Janville. Le 15, il est encore à Étampes; un arrêté qu'il y signe commence ainsi : « Lequinio, Représentant du peuple en mission dans les districts environnant Paris[8]. » De Chartres, où il est le 17, il écrit à la Convention une lettre, dont voici les premières lignes : « Citoyens collègues, Violation du secret des familles, inexactitude dans la remise des lettres, souvent leur suppression totale, et larcins des assignats, même pour des sommes considérables, voilà les plaintes que je reçois partout contre le régime des postes. Le plus affligeant encore, c'est que ceux qui en souffrent le plus habituellement sont nos frères des armées, qui versent leur sang pour la patrie sur les frontières : le coquinisme en prive un très grand nombre des légers secours que leur envoient leurs parents[9]..... » Le 15 ventôse [5 mars], il se trouve à Melun.

[1] AULARD, Recueil..., t. XIX, p. 538.
[2] Ibid., t. XXI, p. 110.
[3] Arch. dép. de Seine-et-Oise, Lt 310 bis.
[4] Jean-Baptiste Soulignac, député de la Haute-Vienne.
[5] Louis-Joseph Froger [Plisson], député de la Sarthe.
[6] Joseph-Marie Lequinio, député du Morbihan.
[7] Jean-Jacques-Hippolyte Jacomin, député de la Drôme.
[8] Arch. dép. de Seine-et-Oise, Lt 314.
[9] AULARD, Recueil..., t. XX, p. 84.

Dès le 1er brumaire an III [22 octobre 1794], les Représentants Loiseau et Roux avaient été chargés d'assurer l'approvisionnement de Paris en parcourant les districts affectés à cet approvisionnement[1]. Le 13 frimaire [3 décembre 1794], la Convention leur renouvelait cette mission : ils devaient prendre toutes les mesures nécessaires pour achever le versement des réquisitions, lever tous les obstacles qui pourraient s'y opposer et assurer d'une manière certaine l'approvisionnement de Paris[2].

A la date du 27 ventôse an III [17 mars 1795], il était décrété que Loiseau retournerait « dans les départements environnant Paris, pour surveiller et assurer l'approvisionnement de cette commune[3] ».

La Convention avait également fait appel, en vue du même objet, au zèle d'un autre Représentant, et avait décrété, le 7 ventôse an III [25 février 1795], que « le Représentant Fleury (des Côtes-du-Nord)[4] se [rendrait] dans les départements qui environnent Paris, pour y assurer la libre circulation des subsistances[5] »; il paraît avoir résidé surtout à Chartres, d'où il écrit à la Convention, notamment le 21 germinal an III [10 avril 1795][6].

Dans sa séance du 4 germinal an III [24 mars 1795], elle décidait que le Représentant du peuple Musset était envoyé dans les départements environnant Paris[7].

Dans celle du 12 germinal [1er avril], elle adjoignait Isoré, Garnier (de Saintes)[8] et Frémanger aux Représentants déjà nommés pour s'occuper de l'approvisionnement de Paris.

C'est alors que se place la mission, très importante, d'André Dumont, envoyé par la Convention dans les départements de Seine-et-Oise et de l'Oise, « pour y maintenir la tranquillité publique », à la date du 19 germinal an III [8 avril 1795][9]. Elle dura plusieurs mois, de germinal à messidor [avril-juillet], et mériterait d'être étudiée avec un soin particulier et dans le détail; nous ne pouvons faire mieux ici que de renvoyer au *Recueil des actes du Comité de salut public*[10] et aux Archives départementales de Seine-et-Oise, série L, spécialement à la liasse Lt 309. Nous rappelons seulement que c'est André Dumont qui réorganisa l'Administration départementale, où il plaça Le Brun, qu'il avait contribué à faire remettre en liberté[11]. Le 20 germinal [9 avril], la Convention

[1] AULARD, *Recueil...*, t XVII, p. 561.
[2] *Ibid.*, t. XVIII, p. 490.
[3] *Ibid.*, t. XXI, p. 123.
[4] Honoré-Marie Fleury, député des Côtes-du-Nord.
[5] AULARD, *Recueil...*, t. XX, p. 521.
[6] *Ibid.*, t. XXI, p. 781.
[7] *Ibid.*, p. 283.
[8] Jacques Garnier, député de la Charente-Inférieure.
[9] AULARD, *Recueil...*, t. XXI, p. 684.
[10] Tomes XXI, XXII et tomes qui paraîtront ultérieurement.
[11] Voir ci-dessus, p. 101 et suivantes.

avait décrété que sa mission s'étendrait « sur les deux districts de Franciade [Saint-Denis] et de Bourg-Egalité [Bourg-la-Reine], faisant partie du département de Paris[1] » ; il prend donc dans ses actes le titre de « Représentant du peuple en mission dans les départements de l'Oise, Seine-et-Oise et Paris *extra muros*[2] ». André Dumont se rendit sans tarder au chef-lieu du département de Seine-et-Oise ; dès le 22 germinal [11 avril], il écrivait de Versailles au Comité de salut public une lettre dont nous ne donnerons ici que la première phrase : « La situation de Versailles est terrible, son dénuement est effrayant ; mais je ne m'alarme pas aisément, et, à l'aide de l'active et sévère police que je vais organiser, j'espère que bientôt je serai moins embarrassé[3]. »

Quelques jours plus tôt, la Convention, voulant assurer « la prompte exécution des lois relatives à l'instruction publique, et particulièrement de celles sur l'établissement des écoles primaires et des écoles centrales, instituées par décret des 17 brumaire [7 novembre 1794] et 9 ventôse [27 février 1795] », rendait, à la date du 18 germinal [7 avril 1795], un décret aux termes duquel il devait être envoyé dans les départements cinq Représentants du peuple nommés par elle, sur la présentation du Comité d'instruction publique. Ces Représentants seraient investis, pour l'objet de leur mission, des pouvoirs dont étaient revêtus les autres Représentants du peuple dans les départements. Les cinq arrondissements affectés aux Représentants nommés seraient déterminés par arrêté du Comité d'instruction publique. Les Représentants nommés se concerteraient, avant leur départ, avec le Comité d'instruction publique et entretiendraient avec lui une correspondance suivie pendant la durée de leur mission[4]. La nomination de ces Représentants eut lieu le 21 germinal [10 avril][5] ; c'étaient : Dupuis (de Seine-et-Oise)[6], Barailon[7], Lakanal[8], Bailleul[9] et Jard-Panvillier[10].

Le département de Seine-et-Oise fit partie de l'arrondissement affecté à Barailon, et Versailles fut désigné pour recevoir une École centrale. Bientôt après, le Représentant en mission arrivait à Versailles, où il prenait, le 8 floréal [27 avril], un arrêté aux termes duquel, « désirant répondre à la vive sollicitude de la Convention nationale et à l'impatience de la cité entière », il décidait que l'École centrale du département serait en pleine activité le 1er prairial suivant [20 mai] et qu'elle serait placée dans les deux ailes du château dites des Ministres, « sauf la physique et la chimie, qui seront provi-

[1] AULARD, *Recueil...*, t. XXI, p. 723.
[2] Arch. dép. de Seine-et-Oise, L† 309.
[3] AULARD, *Recueil...*, t. XXI, p. 826.
[4] *Ibid.*, p. 635.
[5] *Ibid.*, p. 760.
[6] Charles-François Dupuis, député de Seine-et-Oise.
[7] Jean-François Barailon, député de la Creuse.
[8] Joseph Lakanal, député de l'Ariège.
[9] Jacques-Charles Bailleul, député de la Seine-Inférieure.
[10] Louis-Alexandre Jard-Panvillier, député des Deux-Sèvres.

soirement enseignées dans le logement de la cy-devant femme de Stanislas-Xavier[1] »; que les professeurs seraient logés dans ces mêmes bâtiments; que le Potager demeurerait consacré à la collection et à la culture des plantes, arbres, arbustes, indigènes et exotiques, et à l'enseignement de la botanique. Cet arrêté ne reçut d'ailleurs pas son exécution, du moins en ce qui concerne la date de l'ouverture de l'École centrale, et l'organisation des Écoles centrales fut modifiée par la loi du 3 brumaire an IV [25 octobre 1795]. Ce ne fut donc qu'en 1796 — le 1er messidor an IV [19 juin 1796] — que se fit l'inauguration de celle de Versailles. Nous ne nous étendrons pas davantage sur la création de cet établissement, dont nous avons fait connaître les origines dans une étude ayant pour titre : *Installation et ouverture à Versailles de l'École centrale du département, 1795-1796*[2], et dont on trouvera l'histoire dans un savant travail que lui a consacré M. Godart, lequel est intitulé : *L'École centrale de Seine-et-Oise*[3]. Ces quelques mots étaient nécessaires et devaient trouver place ici, au moment où nous parlons de Barailon, dont la mission en Seine-et-Oise dura pendant les mois de germinal et de floréal. Les arrêtés qu'il prit commencent par la formule : « Au nom de la Nation française. Le Représentant en mission dans les départements pour assurer l'exécution des lois relatives à l'instruction publique. »

Et nous arrivons à la dernière mission que les Représentants du peuple aient eu à remplir dans notre département; ce fut encore Charles Delacroix qui en fut investi, ainsi qu'il résulte du décret dont voici le texte :

« Loi qui envoie en mission dans le département de Seine-et-Oise le Représentant du peuple Charles Delacroix.

« Du 14e jour de vendémiaire l'an IVe [6 octobre 1795] de la République Française, une et indivisible.

« La Convention nationale décrète que le Représentant du peuple Charles Delacroix se rendra sur-le-champ dans le département de Seine-et-Oise[4]. »

Le 15 [7 octobre], Charles Delacroix était à Versailles. Il requérait le Procureur général syndic du département « de lui transmettre sans délai une copie de l'arrêté du Représentant du peuple André Dumont pour le renouvellement de cette autorité constituée », et, dès le lendemain, prenait un arrêté aux termes duquel il destituait les Administrateurs du département « Hénin et Langoisseur », qu'il remplaçait par « Bournizet et Germain[5] ».

---

[1] Mme la comtesse de Provence.

[2] *Mémoires de la Société des Sciences morales, des Lettres et des Arts de Seine-et-Oise*, t. XVIII, 1895.

[3] *Revue de l'Histoire de Versailles et de Seine-et-Oise*, 1909-1911.

[4] Arch. dép. de Seine-et-Oise, Lt 308. Mission Delacroix.

[5] Après la suppression des Conseils généraux de département en décembre 1793, Germain avait été nommé Administrateur du district. « Le 19 ventôse an II [9 mars 1794], Crassous lui confiait les fonctions d'agent national provisoire près ce district. Il se compromit trop par l'ardeur de son zèle pour pouvoir les conserver après le 9 Thermidor. Un décret du 18 frimaire an III [8 décembre 1794] le destitua ; le 24 germinal [13 avril 1795], André

Sa mission dura quelque temps et coïncida avec les derniers jours de l'existence du Directoire du département, dont la fin eut lieu le 5 brumaire [27 octobre]. L'avant-veille de ce jour, le Représentant du peuple était encore à Versailles et, par son arrêté du 3 brumaire, réorganisait le Muséum[1] :

« Au nom du Peuple Français. — Liberté. Egalité.

« Charles Delacroix, Représentant du peuple en mission dans le département de Seine-et-Oise ;

« Vu les pétitions à moi présentées par les Commissaires artistes préposés à la conservation du Muséum établi au palais national à Versailles, tendantes à obtenir une augmentation de traitemens proportionnée à la cherté excessive des vivres et au travail énorme dont ils sont chargés ; les différents arrêtés par lesquels les pétitionnaires ont été appelés à ces fonctions et qui ont réglé l'indemnité dont ils jouiraient ; la délibération du Directoire du district de Versailles en date du 2 courant, par laquelle il est d'avis que ladite indemnité soit portée au double de ce qu'elle a été jusqu'à présent à compter du 1er vendémiaire dernier ; ayant égard aux travaux immenses de la plus grande partie des pétitionnaires pour réunir et classer cette multitude d'objets précieux offerts à la curiosité et à l'instruction ; à la nécessité de constater ces travaux et d'épargner au Directoire exécutif l'injustice dans laquelle pourraient l'entraîner des intrigants qui chercheraient à l'entourer pour s'approprier la récompense due à ces hommes instruits et laborieux, que l'on doit regarder comme les fondateurs de cet établissement, j'arrête ce qui suit :

« Article 1er. L'arrêté de mon collègue André Dumont en date du 10 messidor dernier est rapporté, mais seulement en ce qu'il établit le citoyen Hugues Lagarde bibliothécaire chargé de surveiller toutes les parties du Muséum, de correspondre avec les Administrateurs de Département et de District.

« Art. 2. Le nombre des Conservateurs du Muséum est fixé provisoirement à quatorze, lesquels seront répartis ainsi qu'il suit : 1re section. *Histoire naturelle, Antiquités* et *Physique*. Les citoyens Fayolle, Péradon. — 2e section. *Bibliographie*. Les citoyens Buffy, Paillet, Mayeur, Hugues Lagarde. *Géographie*. Le citoyen Hervet. *Musique*. Le citoyen Bèche. — 3e section. *Peinture*. Les citoyens Gazard, Langlier, Durameau. *Sculpture*. Le citoyen Pillon. *Architecture*. Le citoyen Huvé. *Gravure* et *dessin*. Le citoyen Lausans. Secrétaire, le citoyen Damarin. Concierge, le citoyen Lemariés.

Dumont le faisait incarcérer aux Récollets ; il n'y resta que quatre jours. » E. TAMBOUR, *L'Administration centrale de Seine-et-Oise et le Directoire* [*Revue de l'Histoire de Versailles et de Seine-et-Oise*, 1911, p. 202].

[1] Arch. dép. de Seine-et-Oise, L¹ 308. Voir à ce sujet : A. DUTILLEUX, *Le Muséum national et le Musée spécial de l'Ecole Française à Versailles* (1792-1823) [dans l'*Annuaire départemental* de 1887], et, pour la période de 1792 à 1794, E. COÜARD, *La Commission des Arts du département de Seine-et-Oise* [dans le Bulletin de la *Conférence des Sociétés savantes de Seine-et-Oise*, 1904-1905].

« Art. 3. Tous les Conservateurs jouiront des mêmes droits et du même traitement, lequel est fixé provisoirememt à 450 livres par mois.

« Art. 4. Les frais de déplacement nécessités par les travaux relatifs au Muséum leur seront remboursés sur leurs mémoires, qui seront réglés, arrêtés et ordonnancés par l'Administration du Département.

« Art. 5. Le concierge continuera à jouir du traitement qui lui a été alloué jusqu'à ce jour.

« Art. 6. Le citoyen Damarin, secrétaire, continuera à jouir du traitement qui lui a été alloué; en cas de vacance, il sera choisi par les Conservateurs hors de leur sein.

« Art. 7. Il sera nommé par les Conservateurs et à la pluralité des suffrages un Directeur temporaire, dont les fonctions se borneront à présider les Conservateurs lorsqu'ils seront réunis, à surveiller l'exécution des règlements et des délibérations des autorités constituées ou de celles prises par les Conservateurs pour le plus grand avantage de chacune des parties du Muséum, et à correspondre en leur nom avec l'Administration du Département et, s'il y a lieu, avec le Ministre de l'Intérieur.

« Art. 8. Le Directeur sera renouvelé tous les trois mois et pourra être continué, mais seulement pendant quatre trimestres de suite.

« Art. 9. Il sera nommé également par les Conservateurs un Agent temporaire, choisi parmi eux, pour recevoir les attributions qui leur sont faites, en faire la répartition et traiter avec les autorités instituées pour tout ce qui concerne les dépenses du Muséum. La durée de ses fonctions sera d'un an. Il pourra être continué indéfiniment.

« Art. 10. Les Conservateurs sont requis de se réunir pour concerter entre eux et sous la présidence du Directeur qu'ils auront choisi tous les règlements relatifs à l'organisation et à l'amélioration du Muséum, les rédiger, et les présenter à l'Administration du Département et par suite au Ministre de l'Intérieur.

« Art. 11. Il n'est rien innové à ce qui s'est pratiqué jusqu'à présent pour la nomination et la fixation du salaire des citoyens chargés de coopérer avec les Conservateurs à la conservation et manutention des objets qui composent le Muséum. L'Agent temporaire recevra et leur répartira le salaire qui leur sera accordé, ainsi que le montant des mémoires des dépenses qu'ils pourraient avoir faites.

« Art. 12. Les Conservateurs sont renvoyés à se pourvoir auprès de l'Administration pour le supplément d'indemnités pour les mois antérieurs au premier vendémiaire dernier.

« Versailles, le 3 brumaire de l'an IVᵉ de la République française une et indivisible.

« Ch. Delacroix.

« Le Procureur général syndic est chargé de l'exécution du présent arrêté. Ch. De-
LACROIX[1]. »

Il nous est agréable de prendre congé sur cette note d'art des Représentants du
peuple envoyés en mission dans le département de Seine-et-Oise de 1792 à 1795[2].

[1] Cachet en cire rouge à l'effigie de la République, avec les mots : REPRÉSENTANT DU PEUPLE. RÉP. Fᴀ.

[2] Ainsi qu'il a été dit à la page 116, le tome XXII du *Recueil des actes du Comité de salut public*, dernier paru (1912),
s'applique à la période comprise entre le 12 avril et le 9 mai 1795. Le dernier document concernant Seine-et-Oise que
nous ayons à y signaler émane d'Enlart, et porte la date du 18 floréal an III [7 mai 1795]. Enlart « observe au Comité
[de salut public] que la Commission des transports militaires fait éprouver des retards multipliés pour l'enlèvement
des munitions de guerre confectionnées à Meulon. Invite le Comité à donner des ordres les plus prompts pour
faire charger 3.060 obus du calibre de 24 destinés pour le siège de Mayence. Urgence pour ce départ. Envoie au
Comité l'état des caisses et leur destination. » [Page 756.] — Nos lecteurs compléteront avantageusement ce que
nous avons dit sous les sections 1 à 5 de ce premier chapitre en prenant connaissance de l'ouvrage suivant : Paul
MAUTOUCHET, *Le Gouvernement révolutionnaire* (10 août 1792 — 4 brumaire an IV). [Paris, 1912.] Cet ouvrage fait
partie de la Collection de textes sur l'histoire des institutions et des services publics de la France moderne et
contemporaine publiée sous la direction de M. Camille Bloch, inspecteur général des Archives et des Bibli-o-
thèques. [Paris, librairie Cornély et Cⁱᵉ.]

CHAPITRE II

L'ADMINISTRATION DÉPARTEMENTALE
DU 5 BRUMAIRE AN IV (27 octobre 1795) AU 24 VENTOSE AN VIII (15 mars 1800)

La Constitution de l'an III : l'Administration centrale du département et le Commissaire du Directoire exécutif. — L'Assemblée électorale de vendémiaire an IV [octobre 1795]. — Composition de la nouvelle Administration; première séance de celle-ci. — Félix Le Peletier, puis Germain nommés Commissaires du Directoire exécutif; comment ce dernier est accueilli par l'Administration centrale. — Destitution des membres de l'Administration et leur remplacement, janvier 1796. Les nouveaux Administrateurs du Département. — Destitution du Commissaire Germain, 22 mai 1796, et son remplacement par Chandellier, puis par Brunet, juin et juillet 1796. — Destitution de deux membres de l'Administration et leur remplacement par Le Couteulx et Le Laurain, août-septembre. — L'Assemblée électorale de germinal an V [avril 1797]. Nomination de nouveaux Administrateurs du Département. Le Commissaire Brunet élu membre du Conseil des Cinq-Cents. — Chandellier nommé Commissaire du Directoire exécutif le 6 mai. — Le Couteulx appelé à l'Administration centrale le 26 mai. — Destitution des membres de l'Administration le 31 août et leur remplacement, août-octobre. — Destitution de Chandellier, septembre. — Laporte, puis Challan nommés Commissaires du Directoire exécutif, septembre et octobre. — L'Assemblée électorale de germinal an VI [avril 1798]. Scission dans l'Assemblée. Pellé, Président de l'Administration centrale, nommé au Conseil des Anciens; Challan à celui des Cinq-Cents. — Les nouveaux membres de l'Administration centrale, qui se complète au mois de mai. — Hyacinthe Richaud nommé Commissaire du Directoire exécutif au mois de juin. — Lépicier appelé à siéger au Département en remplacement de Richaud. — L'Assemblée électorale de germinal an VII [avril 1799]. — Pas de changements opérés dans le personnel de juin 1798 à mars 1800. — Dernière séance tenue par l'Administration centrale le 15 mars 1800; le lendemain 16, « le citoyen Préfet » commence ses fonctions.

La Constitution de l'an III[1] modifia sensiblement l'Administration départementale; il importe donc de placer ici sous les yeux de nos lecteurs le texte des principaux articles de cette « Constitution de la République française, proclamée loi fondamentale de la République, en vertu de l'acceptation du peuple, le 23 septembre 1795 (1ᵉʳ vendémiaire an IV) », en ce qui concerne le Département.

DÉCLARATION DES DROITS ET DES DEVOIRS DE L'HOMME ET DU CITOYEN.

Droits.

« Art. 1-22 . . . . »

Devoirs.

« Art. 1-9 . . . . »

[1] La date de la Constitution est celle du 5 fructidor an III [22 août 1795]. Cette Constitution établit le gouvernement du Directoire. Après quatre années d'existence, elle sera remplacée par la Constitution du 22 frimaire an VIII [13 décembre 1799], qui créera le Gouvernement consulaire.

CONSTITUTION.

« Art. 1er. La République française est une et indivisible.
« 2. L'universalité des citoyens français est le souverain.

Titre 1er. — *Division du territoire.*

« 3. La France est divisée en . . . . départements. — Ces départements sont
l'Ain . . . . la Seine, la Seine-Inférieure, Seine-et-Marne, Seine-et-Oise,
les deux Sèvres, ... l'Yonne.
« 4. . . . .)
« 5. Chaque département est distribué en cantons, chaque canton en communes. —
Les cantons conservent leurs circonscriptions actuelles. — Leurs limites pourront néanmoins être changées ou rectifiées par le Corps législatif; mais, en ce cas, il ne pourra y
avoir plus d'un myriamètre (deux lieues moyennes de deux mille cinq cent soixante-six
toises chacune) de la commune la plus éloignée au chef-lieu de canton.
« 6 et 7. . . . .

Titre II. — *État politique des citoyens.*

« 8 à 16. . . . .

Titre III. — *Assemblées primaires.*

« 17. Les assemblées primaires se composent des citoyens domiciliés dans le même
canton. — Le domicile requis pour voter dans ces assemblées s'acquiert par la seule
résidence pendant une année et il ne se perd que par un an d'absence.
« 18. Nul ne peut se faire remplacer dans les assemblées primaires, ni voter pour
le même objet dans plus d'une de ces assemblées.
« 19. Il y a au moins une assemblée primaire par canton. — Lorsqu'il y en a plusieurs,
chacune est composée de quatre cent cinquante citoyens au moins, de neuf cents au
plus. — Ces nombres s'entendent des citoyens présens ou absens, ayant droit d'y voter.
« 20 à 25. . . . .
« 26. Les assemblées primaires se réunissent : — 1° Pour accepter ou rejeter les changemens à l'acte constitutionnel, proposés par les assemblées de révision ; — 2° pour faire
les élections qui leur appartiennent suivant l'acte constitutionnel.
« 27. Elles s'assemblent de plein droit le 1er germinal de chaque année, et procèdent,
selon qu'il y a lieu, à la nomination : — 1° des membres de l'assemblée électorale ; —
2° du juge de paix et de ses assesseurs ; — 3° du présidènt de l'administration municipale
de canton, ou des officiers municipaux dans les communes au-dessus de cinq mille
habitans.
« 28 à 32. . . . .

Titre IV. — *Assemblées électorales.*

« 33. Chaque assemblée primaire nomme un électeur à raison de deux cents citoyens, présens ou absens, ayant droit de voter dans ladite assemblée. Jusqu'au nombre de trois cents citoyens inclusivement, il n'est nommé qu'un électeur. — Il en est nommé deux depuis trois cent un jusqu'à cinq cents; — trois depuis cinq cent un jusqu'à sept cents; — quatre depuis sept cent un jusqu'à neuf cents.

« 34. Les membres des assemblées électorales sont nommés chaque année, et ne peuvent être réélus qu'après un intervalle de deux ans.

« 35. Nul ne pourra être nommé électeur, s'il n'a vingt-cinq ans accomplis et s'il ne réunit aux qualités nécessaires pour exercer les droits de citoyen français l'une des conditions suivantes, savoir : — dans les communes au-dessus de six mille habitans, celle d'être propriétaire ou usufruitier d'un bien évalué à un revenu égal à la valeur locale de deux cents journées de travail, ou d'être locataire, soit d'une habitation évaluée à un revenu égal à la valeur de cent cinquante journées de travail, soit d'un bien rural évalué à deux cents journées de travail; — dans les communes au dessous de six mille habitans, celle d'être propriétaire ou usufruitier d'un bien évalué à un revenu égal à la valeur locale de cent cinquante journées de travail, ou d'être locataire, soit d'une habitation évaluée à un revenu égal à la valeur de cent journées de travail, soit d'un bien rural évalué à cent journées de travail; — et dans les campagnes, celle d'être propriétaire ou usufruitier d'un bien évalué à un revenu égal à la valeur locale de cent cinquante journées de travail, ou d'être fermier ou métayer de biens évalués à la valeur de deux cents journées de travail. — A l'égard de ceux qui seront en même temps propriétaires ou usufruitiers, d'une part, et locataires, fermiers ou métayers, de l'autre, leurs facultés à ces divers titres seront cumulées jusqu'au taux nécessaire pour établir leur éligibilité.

« 36. L'assemblée électorale de chaque département se réunit le 20 germinal de chaque année, et termine, en une seule session de dix jours au plus, et sans pouvoir s'ajourner, toutes les élections qui se trouvent à faire; après quoi elle est dissoute de plein droit.

« 37 à 40. . . . .

« 41. Les assemblées électorales élisent, selon qu'il y a lieu : — 1° les membres du Corps législatif, savoir les membres du Conseil des anciens, ensuite les membres du Conseil des cinq-cents; — 2° les membres du Tribunal de cassation; — 3° les Hauts-jurés; — 4° les Administrateurs de département; — 5° le président, accusateur public et greffier du Tribunal criminel; — 6° les juges des tribunaux civils.

« 42. Lorsqu'un citoyen est élu par les assemblées électorales pour remplacer un fonctionnaire mort, démissionnaire ou destitué, ce citoyen n'est élu que pour le temps qui restait au fonctionnaire remplacé.

« 43. Le Commissaire du Directoire exécutif près l'Administration de chaque département est tenu, sous peine de destitution, d'informer le Directoire de l'ouverture et de la clôture des assemblées électorales : ce Commissaire ne peut arrêter ni suspendre les opérations, ni entrer dans le lieu des séances ; mais il a droit de demander communication du procès-verbal de chaque séance dans les vingt-quatre heures qui la suivent, et il est tenu de dénoncer au Directoire les infractions qui seraient faites à l'acte constitutionnel. — Dans tous les cas, le Corps législatif prononce seul sur la validité des opérations électorales.

Titre V. — *Pouvoir législatif.*

Dispositions générales.

« 44 à 72. . . . .

Conseil des Cinq-cents.

« 73 à 81. . . . .

Conseil des Anciens.

« 82 à 101 . . . .

« 102. Le Conseil des Anciens peut changer la résidence du Corps législatif ; il indique, en ce cas, un nouveau lieu et l'époque à laquelle les deux Conseils sont tenus de s'y rendre. — Le décret du Conseil des Anciens sur cet objet est irrévocable.

« 103. Le jour même de ce décret, ni l'un ni l'autre des Conseils ne peuvent plus délibérer dans la commune où ils ont résidé jusqu'alors. — Les membres qui y continueraient leurs fonctions se rendraient coupables d'attentat contre la sûreté de la République.

« 104. . . . .

« 105. Si, dans les vingt jours après celui fixé par le Conseil des Anciens, la majorité de chacun des deux Conseils n'a pas fait connaître à la République son arrivée au nouveau lieu indiqué, ou sa réunion dans un autre lieu quelconque, les Administrateurs de département, ou, à leur défaut, les tribunaux civils de département convoquent les assemblées primaires pour nommer des électeurs qui procèdent aussitôt à la formation d'un nouveau Corps législatif par l'élection de deux cent cinquante députés pour le Conseil des Anciens et de cinq cents pour l'autre Conseil.

« 106. Les Administrateurs de département qui, dans le cas de l'article précédent, seraient en retard de convoquer les assemblées primaires se rendraient coupables de haute trahison et d'attentat contre la sûreté de la République.

« 107 à 109. . . . .

De la garantie des membres du Corps législatif.

« 110 à 123. . . . .

Relations des deux Conseils entre eux.

Promulgation des lois.

Titre VI. — *Pouvoir exécutif.*

Titre VII. — *Corps administratifs et municipaux.*

« 174. Il y a dans chaque département une Administration centrale, et dans chaque canton une Administration municipale au moins.

« 175. Tout membre d'une Administration départementale ou municipale doit être âgé de vingt-cinq ans au moins.

« 176. L'ascendant et le descendant en ligne directe, les frères, l'oncle et le neveu, et les alliés aux mêmes degrés, ne peuvent simultanément être membres de la même Administration, ni s'y succéder qu'après un intervalle de deux ans.

« 177. Chaque Administration de département est composée de cinq membres; elle est renouvelable par cinquième tous les ans.

« 178. Toute commune dont la population s'élève depuis cinq mille habitans jusqu'à cent mille a pour elle seule une Administration municipale.

« 179. Il y a dans chaque commune dont la population est inférieure à cinq mille habitans un agent municipal et un adjoint.

« 180. La réunion des agens municipaux de chaque commune forme la municipalité de canton.

« 181. Il y a de plus un président de l'Administration municipale, choisi dans tout le canton.

« 186. Les Administrateurs de département et les membres des Administrations municipales peuvent être réélus une fois sans intervalle.

« 187. Tout citoyen qui a été deux fois de suite élu Administrateur de département ou membre d'une Administration municipale, et qui en a rempli les fonctions en vertu de l'une et l'autre élection, ne peut être élu de nouveau qu'après un intervalle de deux années.

« 188. Dans le cas où une Administration départementale ou municipale perdrait un ou plusieurs de ses membres par mort, démission ou autrement, les Administrateurs restans peuvent s'adjoindre en remplacement des Administrateurs temporaires, et qui exercent en cette qualité jusqu'aux élections suivantes.

« 189. Les Administrations départementales et municipales ne peuvent modifier les actes du Corps législatif, ni ceux du Directoire exécutif, ni en suspendre l'exécution. — Elles ne peuvent s'immiscer dans les objets dépendant de l'ordre judiciaire.

« 190. Les Administrateurs sont essentiellement chargés de la répartition des contributions directes et de la surveillance des deniers provenant des revenus publics dans leur territoire. — Le Corps législatif détermine les règles et le mode de leurs fonctions, tant sur ces objets que sur les autres parties de l'administration intérieure.

« 191. Le Directoire exécutif nomme, auprès de chaque Administration départementale et municipale, un Commissaire qu'il révoque lorsqu'il le juge convenable. — Ce Commissaire surveille et requiert l'exécution des lois.

« 192. Le Commissaire près de chaque Administration locale doit être pris parmi les citoyens domiciliés depuis un an dans le département où cette Administration est établie. — Il doit être âgé de vingt-cinq ans au moins.

« 193. Les Administrations municipales sont subordonnées aux Administrations de département, et celles-ci aux Ministres. — En conséquence, les Ministres peuvent annuler, chacun dans sa partie, les actes des Administrations de département, et celles-ci les actes des Administrations municipales, lorsque ces actes sont contraires aux lois ou aux ordres des autorités supérieures.

« 194. Les Ministres peuvent aussi suspendre les Administrations de département qui ont contrevenu aux lois ou aux ordres des autorités supérieures, et les Administrations de département ont le même droit à l'égard des membres des Administrations municipales.

« 195. Aucune suspension ni annulation ne devient définitive sans la confirmation formelle du Directoire exécutif.

« 196. Le Directoire peut aussi annuler immédiatement les actes des Administrations départementales ou municipales. — Il peut suspendre ou destituer immédiatement, lorsqu'il le croit nécessaire, les Administrateurs, soit de département, soit de canton, et les envoyer devant les tribunaux de département, lorsqu'il y a lieu.

« 197. Tout arrêté portant cassation d'actes, suspension ou destitution d'Administrateurs doit être motivé.

« 198. Lorsque les cinq membres d'une Administration départementale sont destitués, le Directoire exécutif pourvoit à leur remplacement jusqu'à l'élection suivante; mais il ne peut choisir leurs suppléans provisoires que parmi les anciens Administrateurs du même département.

« 199. Les Administrations, soit de département, soit de canton, ne peuvent correspondre entre elles que sur les affaires qui leur sont attribuées par la loi, et non sur les intérêts généraux de la République.

« 200. Toute Administration doit annuellement le compte de sa gestion. — Les comptes rendus par les Administrations départementales sont imprimés.

« 201. Tous les actes des Corps administratifs sont rendus publics par le dépôt du registre où ils sont consignés, et qui est ouvert à tous les administrés. — Ce registre est clos tous les six mois, et n'est déposé que du jour où il a été clos. — Le Corps législatif peut proroger, selon les circonstances, le délai fixé pour ce dépôt.

Titre VIII. — *Pouvoir judiciaire.*

« 202 à 273 . . . .

Titre IX. — *De la force armée.*

« 274 à 295. . . . .

Titre X. — *Instruction publique.*

« 296 à 301 . . . .

Titre XI. — *Finances.*

« 302 à 309 . . . .

« 310. Sont également publiés les comptes des dépenses particulières aux départemens, et relatives aux tribunaux, aux administrations, au progrès des sciences, à tous les travaux et établissemens publics.

« 311. Les Administrations de département et les Municipalités ne peuvent faire aucune répartition au delà des sommes fixées par le Corps législatif, ni délibérer ou permettre, sans être autorisées par lui, aucun emprunt local à la charge des citoyens du département, de la commune ou du canton.

« 312 à 314. . . . .

Trésorerie nationale et comptabilité.

« 315 et 316. . . . .

« 317. Les Commissaires de la Trésorerie sont chargés de surveiller la recette de tous les deniers nationaux; — . . . .; — de tenir un compte ouvert de dépense et de recette avec le receveur des contributions directes de chaque département, avec les différentes régies nationales et avec les payeurs qui seraient établis dans les départemens; — d'entretenir avec lesdits receveurs et payeurs, avec les régies et administrations, la correspondance nécessaire pour assurer la rentrée exacte et régulière des fonds.

« 318 et 319. . . . .

« 320. Les receveurs des contributions directes dans chaque département, les différentes régies nationales et les payeurs dans les départemens remettent à la Trésorerie nationale leurs comptes respectifs : la Trésorerie les vérifie et les arrête.

« 321 à 325. . . . .

Titre XII. — *Relations extérieures.*

« 326 à 335. . . . .

Titre XIII. — *Révision de la Constitution.*

« 336 à 350. . . . .

Titre XIV. — *Dispositions générales.*

« 351 à 375 . . . .

« 376. Les citoyens se rappelleront sans cesse que c'est de la sagesse des choix dans les assemblées primaires et électorales que dépendent principalement la durée, la conservation et la prospérité de la République.

« 377. Le Peuple français remet le dépôt de la présente Constitution à la fidélité du Corps législatif, du Directoire exécutif, des Administrateurs et des Juges, à la vigilance des pères de famille, aux épouses et aux mères, à l'affection des jeunes citoyens, au courage de tous les Français. »

Telles sont, au point de vue auquel nous avons à nous placer dans ce travail, les dispositions essentielles de l'acte constitutionnel du 5 fructidor an III. Résumons-les brièvement.

La France continue à être divisée en départements. « Nous avons cru », disait Boissy d'Anglas, dans l'exposé des motifs, « ne devoir rien changer à la division actuelle de la France en départements ; les habitudes sont formées d'après cette division, et tout changement eût entraîné un grand nombre d'inconvénients. Nous avons conservé la nomenclature des départements, à l'exception de celui de Paris, que nous proposons de nommer département de la Seine. Il ne faut pas que, dans les plus petites choses, il puisse exister un privilège[1]. »

Les Districts sont supprimés. « Supprimez les districts », avait dit Daunou, « et vous donnerez une action plus facile aux autorités constituées, je veux dire au pouvoir exécutif, aux administrations départementales et aux municipalités[2]. » Administrations intermédiaires, leur inutilité, « dans leur première organisation, avait été signalée dès le début et dénoncée ensuite. Mais ce n'est pas le souvenir de leur insignifiance primitive qui les fit supprimer en l'an III. Le souvenir du rôle actif qu'ils avaient joué dans leur seconde organisation, quand le décret du 14 frimaire en fit un des rouages du

[1] Cité par le comte DE LUÇAY, *op. cit.*, p. 57.
[2] Cité par J. LUCAS DE PESLOÜAN, *op. cit.*, p. 126.

gouvernement révolutionnaire et leur donna une partie des attributions des départements, le souvenir de ce rôle « d'agents de la terreur », voilà ce qu'on invoqua surtout contre les districts[1]. »

Les Cantons prennent une importance considérable : « C'est, en effet, le canton qui devint la base de la nouvelle organisation municipale, soit pour réduire, soit pour fortifier l'importance de chaque unité municipale. On décida qu'il y aurait dans chaque canton une assemblée municipale au moins. On supprima.......... une partie de la personnalité des petites communes. Il n'y eut, en principe, qu'une administration municipale par canton, avec une exception en faveur des communes peuplées de 5.000 à 100.000 habitants, qui eurent chacune pour elle seule une administration municipale. Dans les communes inférieures à 5.000 habitants, il y eut un agent municipal et un adjoint élus, qui faisaient fonction d'officiers d'état civil. La réunion des agents municipaux de chaque commune formait la municipalité du canton, dont les membres étaient nommés pour deux ans et renouvelés chaque année par moitié. Les assemblées municipales étaient strictement subordonnées aux administrations de département[2]. »

Boissy d'Anglas avait dit, dans l'exposé des motifs : « Les 546 districts, les 44.000 communes étaient une superfétation dangereuse; cette immensité d'administrations, toutes agissantes à la fois, trop souvent dans des directions contraires, presque toujours sans subordination, était dans le corps politique un germe d'anarchie et de mort. Au lieu de tant de municipalités, nous vous proposons d'en nommer une seule dans chaque canton, formée d'un membre pris dans chaque commune actuelle, lequel sera chargé en particulier d'une portion de sa police[3]..... »

Ainsi le Département, le Canton, la Commune.

A la tête du département, une Administration centrale, composée de cinq membres. Une administration peu nombreuse, avait-on dit, met beaucoup plus de suite, d'ensemble et d'activité dans toutes ses opérations. D'ailleurs, si l'administration suprême de la République est confiée aux mains de cinq hommes, pourquoi l'administration secondaire de chaque département en nécessiterait-elle un plus grand nombre[4]? Ces cinq

---

[1] A. AULARD, *Histoire politique de la Révolution française*, p. 567. — L'histoire d'aucune de nos Administrations de districts n'a été écrite jusqu'ici. Nous croyons ne pas être indiscret en disant que Mlle Rocher, professeur au Collège de jeunes filles de Saint-Germain-en-Laye, prépare en ce moment la monographie du district dont cette ville était le chef-lieu, et nous souhaitons vivement que ce travail, dont elle réunit les éléments depuis plusieurs années, voie bientôt le jour.

[2] *Ibid.*, p. 568.

[3] Cité par le comte DE LUÇAY, p. 57. — Notre regretté ami M. Henri Forgeot, ancien élève de l'Ecole des Chartes, stagiaire aux Archives départementales de Seine-et-Oise avant d'entrer aux Archives nationales, a publié, en 1894, dans les *Mémoires de la Société des Sciences morales, des Lettres et des Arts de Seine-et-Oise*, une très intéressante étude intitulée : *La Municipalité cantonale de Rambouillet sous la Constitution de l'an III (24 brumaire an IV-14 germinal an VIII)*. Nous ne saurions mieux faire que d'y renvoyer nos lecteurs.

[4] J. LUCAS DE PESLOÜAN, p. 126 et 127.

membres étaient choisis par l'Assemblée électorale : l'élection à deux degrés avait donc été maintenue. Ils étaient nommés pour cinq ans et renouvelés, chaque année, par cinquième. Le Directoire exécutif pouvait annuler les actes des Administrations départementales, suspendre, destituer, remplacer provisoirement leurs membres. Il nommait, de plus, auprès de chaque Administration départementale un Commissaire chargé de surveiller et de requérir l'exécution des lois, et il pouvait le révoquer.

Ainsi, sans renoncer au système des administrations collectives, la Constitution de l'an III simplifiait l'organisation départementale et fortifiait l'intervention du pouvoir central.

L'Assemblée électorale se tint, du 20 au 28 vendémiaire an IV [12 au 20 octobre 1795], « en la commune de Versailles, dans une des salles du Palais national¹ ». Elle y procéda à la nomination des Membres du Corps législatif, du Haut-Juré, des Administrateurs du Département, des Membres du Tribunal criminel, des Juges du Tribunal civil. Les Administrateurs du Département choisis par elle étaient : Hennin, de Versailles ; Langoisseur, de Saint-Germain ; Carqueville, d'Étampes ; Garnier, de Pontoise ; Chandellier, de Saint-Germain². L'ancien Président du Département Le Brun était envoyé au Corps législatif, où il siégea au Conseil des Anciens ; Challan, l'ancien Procureur général syndic, était nommé Président du Tribunal criminel.

Ce fut le 5 brumaire an IV [27 octobre 1795] que la nouvelle Administration départementale tint sa première séance, et voici ce que constate le procès-verbal qui fut rédigé³ :

« A midi trois quarts, les travaux de l'ancienne Administration ayant été déclarés terminés, ainsi qu'il résulte du procès-verbal dressé par cette Administration, les citoyens Langoisseur, Carqueville, Garnier et Chandellier ont pris place au Bureau, sous la présidence du citoyen Hennin, le plus âgé d'entre eux, et l'Administration départementale a été déclarée installée.

« Le citoyen Chandellier obtient la parole et dit :

« Citoyens collègues, Appelés par les suffrages de vos concitoyens à des fonctions de « la plus haute importance, vous ne pouvez vous déguiser la dette immense que vous « venez de contracter solennellement avec eux. Par un élan spontané, qui ne peut être « produit que par une estime acquise et sentie, ils vous ont rendus les dépositaires de leur « bonheur. Tromperiez-vous leur attente? Non, Citoyens. Ils en ont pour caution vos « principes connus. La plénitude de la confiance dont ils vous ont investis vous enchaîne « aujourd'hui à tous les genres d'intérêts qui les pressent. Dès cet instant, les vôtres « restent muets. Cet acte de courage était digne de vous, et cette expropriation anticipée

¹ L. 1 m 362.
² Hennin et Langoisseur [Langoisseur-Lavallée] étaient les membres du Directoire du département qui, nommés par André Dumont, avaient été destitués par Charles Delacroix. Voir p. 138.
³ L. 1. Registre des Délibérations et Arrêtés de l'Administration centrale. Brumaire an IV.

« vous honore. Signalés par l'opinion publique, ils se sont empressés de placer sous la
« double garantie de vos talents et de votre délicatesse tout ce qu'ils ont de plus cher.
« Cet abandon, qui renferme tous les éloges, vous impose sans doute de grands devoirs
« à remplir, mais commande-t-il donc des sacrifices si pénibles lorsqu'aux yeux de
« Caton ils eussent paru légers et qu'Aristide les eût trouvés faciles?

    « Nos administrés, battus, pendant l'intervalle de six années, par des ouragans dont
« les annales du monde ne présentent aucune image, ressemblent à ces liqueurs hétéro-
« gènes auxquelles des commotions violentes ont fait perdre leur équilibre respectif. Ce
« n'est que dans le repos et loin des tourbillons qui les agitent qu'elles recouvrent le
« niveau que leur assigne la nature, et c'est aussi ce calme si précieux après lequel vos
« concitoyens soupirent avec d'autant plus d'énergie qu'ils se trouvent peut-être trop
« voisins d'un volcan qui fume encore. Qui pourra donc enfin, à la place des convulsions
« de l'anarchie, leur offrir les avantages très prochains d'une paix profonde et durable?
« Un gouvernement d'aplomb, voilà, Citoyens, le port tutélaire qui puisse seul les dérober
« à de nouveaux orages. Le nouveau pacte qui rattache à la grande famille tous ses
« membres dispersés le découvre à leurs avides regards : mais qui leur en facilitera
« l'entrée? Vous, fonctionnaires publics : c'est à vous qu'est exclusivement réservé ce
« magnifique privilège; vous allez rouvrir les sources de la prospérité générale et
« rappeler leur cours bienfaisant, que le malheur des temps avait égaré.

    « Cosmopolites par philosophie, philanthropes par sensibilité, vous n'économiserez
« ni vos soins ni vos veilles pour donner la vie à une Constitution qui n'attend, pour
« marcher, que l'impulsion simultanée de tous les agents immédiats du corps social.
« L'amour de la patrie, le plus puissant des leviers, va reporter tout entier l'édifice
« politique sur sa véritable base. Ce nouveau phare lancera ses feux sur un plus vaste
« horizon, et, spécialement chargés de les alimenter, je ne crains pas de les voir s'éteindre.
« Votre active surveillance, semblable à celle des Vestales, m'en est un sûr garant. C'est
« ce sentiment intime et profond qui ajoute au bonheur de me compter au nombre de
« vos collaborateurs. Car, Citoyens collègues, sentir c'est jouir. Tous dirigés par un
« même esprit, maîtrisés par le même ascendant, emportés par les mêmes élans, nos
« vœux se confondront pour frapper au même but. Cette heureuse transfusion s'opérera
« avec d'autant moins d'efforts que les âmes des hommes probes sont toujours à l'unis-
« son. Votre vertu, à l'exemple de ceux qui vous ont si glorieusement précédés dans la
« carrière que vous allez parcourir, votre vertu sera l'écueil de l'intrigue, le défenseur
« officieux de l'opprimé et le consolant espoir du malheureux.

    « Pardonnez cette légère esquisse, Citoyens; ma sensibilité, entraînée par un attrait
« irrésistible, n'a pu lutter un moment contre le plaisir touchant de tracer le tableau que
« j'expose à vos yeux. Eh! n'était-il pas juste qu'elle vous fît l'hommage du sujet qu'elle
« avait puisé dans vos cœurs? »

« Le Président a dit en peu de mots que, par leur conduite, les précédents Administrateurs avaient mérité de tous ceux qui s'étaient adressés à eux les éloges vraiment dus à leur intégrité et à leur attachement inviolable aux lois ; que les nouveaux Administrateurs ne pouvaient qu'être animés des mêmes principes, puisque c'était le seul moyen de rétablir l'ordre ; qu'ils se trouvaient heureux, à cet égard, de n'avoir trouvé dans leurs prédécesseurs que des exemples à suivre et que les administrés trouveraient dans ceux qui avaient été nommés par le choix du peuple le même zèle pour le maintien de l'ordre et la même surveillance sur les intérêts du public en général et de chacun en particulier.

« En exécution de l'article 6 de la loi du 3 brumaire présent mois [25 octobre 1795], qui exclut de toutes fonctions publiques les provocateurs ou signataires de mesures séditieuses et contraires aux lois, les membres de l'Administration ont requis l'insertion au présent procès-verbal de la déclaration suivante, qu'ils ont déclaré être dans l'intention de signer individuellement :

« Je, soussigné, déclare n'avoir provoqué ni signé aucun arrêté séditieux et con-
« traire aux lois, et que je ne suis point parent ou allié d'émigrés aux degrés déterminés
« par l'article 2 de la loi du 3 brumaire précitée. Signé : Garnier. »

« [Semblables déclarations signées : Chandellier, Hennin, Langoisseur, Carqueville.] »

L'Administration départementale eut ensuite à s'occuper des moyens d'installer le Tribunal civil et de la désignation des édifices propres à la tenue des audiences des différents tribunaux qui devaient siéger à Versailles. Après quoi elle procéda, par la voie du scrutin, à la nomination de son Président. Au second tour de scrutin, Garnier obtint trois suffrages et fut proclamé président.

A la suite d'un nouveau scrutin, Carqueville fut proclamé suppléant du Commissaire du Directoire exécutif.

Peyronet, secrétaire actuel, fut nommé à l'unanimité secrétaire en chef provisoire.

Enfin, « sur l'observation faite par un membre qu'il était nécessaire de partager le travail et la surveillance des Bureaux entre les membres de l'Administration », cet ordre de travail fut arrêté ainsi qu'il suit :

Le citoyen Langoisseur aura la surveillance sur le bureau de la Police.

Le citoyen Hennin surveillera celui des Travaux publics.

Les citoyens Carqueville et Chandellier étendront leur surveillance sur les bureaux des Domaines nationaux et des Émigrés.

Le citoyen Garnier surveillera ceux des Contributions et du Secrétariat.

La séance fut levée à trois heures, « après la lecture des lois contenues dans le cent quatre-vingt-dix-septième cahier des lois, Garnier, président. Peyronet, secrétaire général. » [Minute du procès-verbal.]

Ce même jour, dans une séance extraordinaire tenue à six heures et demie du soir, l'Administration départementale, ayant à procéder à la désignation de celui de ses membres qui suppléerait le Président dans les cas prévus par la loi, fit choix de Hennin, qui fut proclamé Vice-Président, et nomma, à titre définitif, Peyronet « Secrétaire en chef de l'Administration du Département ».

L'histoire de cette Administration centrale, qui dura de l'an IV à l'an VIII [1800], vient d'être écrite par M. Tambour et publiée par lui dans la *Revue de l'Histoire de Versailles et de Seine-et-Oise*, années 1911 et 1912[1]. Nous y ferons de larges emprunts, mais nous tenons surtout à y renvoyer ceux de nos lecteurs qui voudront se faire une idée plus complète de ce que fut la vie administrative dans le département de Seine-et-Oise pendant cette période de plus de quatre années.

Ainsi les cinq Administrateurs choisis par l'Assemblée électorale en vendémiaire an IV étaient : Hennin, de Versailles ; Chandellier et Langoisseur, de Saint-Germain ; Carqueville, d'Etampes ; Garnier[2], de Pontoise. Quant au Commissaire du Directoire exécutif, c'était Félix Lepeletier, le frère du célèbre conventionnel, un ami et un disciple de Babeuf ; il habitait Buc. « Un arrêté pris *in extremis*, le 13 vendémiaire précédent, par le Représentant Delacroix, l'avait nommé Procureur de la commune de Versailles; après avoir fait de grandes difficultés pour accepter ces fonctions, il ne les occupa pour ainsi dire pas, car il partit presque aussitôt en voyage. Cette fois, il refusa sans hésiter le poste de commissaire auquel il était appelé sur la recommandation de Carnot. Un simple refus ne lui parut pas suffisant; il écrivit, dit-on, à son protecteur qu'il le regardait comme un tyran, et qu'il ne cesserait de travailler à le renverser[3]. » Félix Lepeletier ne parut donc pas à l'Administration centrale, aux séances de laquelle il fut suppléé par Carqueville, qui remplit les fonctions de « suppléant du Commissaire du Directoire exécutif » jusqu'au jour où, dans la séance du 21 frimaire [12 décembre], « Germain déposa sur le bureau l'arrêté du Directoire exécutif du 13 de ce mois [4 décembre 1795] qui le nomme Commissaire près l'Administration du département de Seine-et-Oise en remplacement du citoyen Le Pelletier St-Fargeau, qui a déclaré ne pouvoir accepter[4] ».

L'Administrateur suppléant le Commissaire du Directoire exécutif ayant requis l'enregistrement et le visa de cet arrêté, et demandé que Germain, qui revenait ainsi à l'Administration départementale, fût installé à l'instant, l'Administration fit droit à sa requête, et le Président, Garnier, adressant la parole à Germain, s'exprima en ces termes :

« Citoyen, chaque pas qui se fait vers l'organisation complète des autorités créées par

---

[1] Il en a été fait un tirage à part, paginé 1-76.
[2] Hennin, Carqueville et Garnier n'avaient pas encore appartenu à l'Administration départementale
[3] TAMBOUR, *op. cit.*, 1911, p. 197.
[4] Registre de brumaire an IV.

la Constitution doit être un sujet d'espérance et de satisfaction pour tout citoyen qui s'intéresse au bonheur de sa patrie. Il doit l'être principalement pour des administrateurs qui, en acceptant l'honorable fardeau des fonctions publiques émanées de cette même Constitution, ont pris l'engagement de lui procurer et de maintenir toute son activité.

« Vous venez enfin compléter l'organisation de notre Administration départementale. Vous devez, à ce premier titre, être accueilli dans cette enceinte avec tout l'intérêt que doit nous inspirer un caractère dont nous désirions depuis longtems qu'un citoyen fût revêtu auprès de notre Administration.

« La loi nous autorisait à y commettre provisoirement le citoyen que nous en aurions jugé digne. Mais nous avons lu en même temps dans la loi qu'un de nos collègues pouvait remplir ces fonctions dans les cas prévus. Nous avons pensé que ce choix pouvait suffire à l'activité et à l'expédition de nos travaux, et nous ne nous sommes pas trompés. Le zèle de notre collègue a doublé en même temps que le travail dont il était chargé. L'expédition constante des affaires n'a pas fait apercevoir qu'il nous manquât un coopérateur. En témoignant publiquement à ce respectable collègue la reconnaissance de l'Administration, nous faisons le vœu qu'il ne se sépare plus de nous et que son suffrage puisse toujours être compté dans nos délibérations.

« La Constitution vous appelle ici pour surveiller et assurer l'exécution des lois. Nous ne craignons pas, que dis-je? nous provoquons cette surveillance. Nous savons que le respect de la loi, que son observance rigide sont nos premiers devoirs, que toutes nos pensées, tous nos actes doivent être dirigés vers ce but, qu'ici, en un mot, est le sanctuaire de la loi, que nous en sommes les premiers pontifes, mais nous ne revendiquons pas pour nous le perfide honneur de recommander à nos concitoyens la religieuse observance de ce culte et de nous en dispenser nous-mêmes.

« Admis dans toutes nos délibérations, vous vous convaincrez qu'elles tendent toutes à rappeler et à assurer sur le territoire dont l'administration nous est confiée la paix, la justice et la prospérité, que chaque jour nous exprimons le désir ardent d'y parvenir et le regret de voir le bien venir avec tant de lenteur, tandis que naguère le mal s'avançait de tous côtés sur nous à pas de géant; que, semblables au nautonier qui, couvert encore de la nuit et des ténèbres de la tempête, se rassure en apercevant dans l'horizon le point qui lui promet et lui ramène le calme, nos regards sont fixés sur les deux pouvoirs dont l'un médite, dont l'autre ambitionne d'exécuter les mesures grandes et salutaires qui doivent remplacer les orages de notre révolution par les bienfaits d'une législation et d'une administration humaines, bienfaisantes, amies de l'ordre et de la justice, et rappelant au milieu de nous toutes les vertus que la tyrannie y a persécutées et immolées.

« Chargé de la confiance du Directoire exécutif, nous regrettons que vous n'ayez pu être témoin de l'accueil qu'a reçu dans notre Administration la proclamation par

laquelle il nous a annoncé son installation. Nous y avons reconnu le langage majestueux d'un gouvernement français et républicain; convaincus que les espérances qu'il
nous donne ne seront pas trompées, nous nous sommes félicités de pouvoir concourir et
coopérer à la manœuvre sage et prudente qui doit nous faire parvenir au port.

« Un des premiers vœux du Directoire est que toutes les haines, que toutes les
divisions s'éteignent, que tous les Français ne reconnaissent plus qu'une seule passion,
celle du bien public. Je puis sur ce point vous offrir un premier texte à votre correspondance avec cette autorité supérieure; vous pouvez l'assurer que, nommés à cette
Administration par les suffrages de nos concitoyens, nous y apportons le patriotisme
que nous avons développé et le peu de lumières que nous avons pu acquérir dans
d'autres administrations; que nous commençons notre carrière administrative par le
sacrifice de notre repos, de notre fortune et des plus doux liens qui nous attachaient à
nos familles; que nous sommes disposés à faire de plus grands sacrifices encore pour
nous dévouer au bien public; que, si nous avons échappé aux fureurs de la tyrannie,
nul de nous n'a à se reprocher de l'avoir flattée ni servie; que plusieurs d'entre nous
ont des injustices, des persécutions à oublier et à pardonner, mais que déjà nos cœurs
ont prononcé cet oubli et ce pardon, et que nous sommes trop vivement pénétrés du
besoin et du plaisir de la paix et de la concorde pour suivre d'autres impulsions et
d'autres sentimens.

« Tels sont, Citoyen, les titres que nous avons à votre confiance et à votre estime.
En vous les annonçant avec franchise, nous vous évitons l'étude que vous pourriez faire
de nos sentimens, de notre moralité. Cette connaissance acquise vous permet dès
aujourd'hui de vous livrer tout entier à l'exercice de vos fonctions.

« Parmi les titres que vous avez vous-même à notre confiance, je vois d'abord le
choix du Directoire. Il s'occupe du bonheur des Français, il vous juge capable de le
seconder ici dans cette grande entreprise. Son suffrage doit vous concilier celui de nos
administrés.

« Vos autres titres sont dans les fonctions administratives que vous avez exercées
depuis la Révolution. Nouvellement encore, vos concitoyens vous ont donné des
preuves de votre estime en vous nommant membre de l'administration municipale de
leur canton. Quand au jugement de ses pairs on réunit, comme vous, le suffrage réitéré
de la première autorité exécutive de notre Gouvernement, on doit être véritablement
digne de servir sa patrie et de contribuer à son bonheur.

« Vous ne démentirez pas, Citoyen, ces espérances dans la carrière de la République.

« Sentinelle de la Constitution, vous nous entendrez toujours répondre à votre cri
d'alarme; vous nous verrez toujours prêts à combattre ses ennemis. Mais en leur oppo-
sant les armes de la loi, nous n'oublierons, pas plus que vous n'oublierez vous-même,
que notre premier devoir est de faire aimer cette Constitution; que son Gouvernement

22

doit remplacer ce qu'on appelait un Gouvernement révolutionnaire, et qu'il faut qu'il découle de celui-là autant de bienfaits que le dernier nous a fait parcourir de dangers et de malheurs. »

Pour qui connaît le passé de Germain[1], il ne saurait être douteux que cette allocution, « si courtoise qu'elle fût en la forme », et qui, sous certains rapports, pourrait être rapprochée de maints discours de réception à l'Académie française, n'ait été écoutée par le Commissaire du Directoire exécutif avec impatience et dépit, car « il restait un révolutionnaire impénitent, ne voulant ni d'oubli, ni de pardon, considérant comme un devoir de poursuivre sans merci ses adversaires politiques, afin de les mettre hors d'état de nuire[2] ». Il se borna donc à dire quelques mots, et le procès-verbal constate que « le citoyen Germain répond qu'ami sincère de la République, il tâchera de prouver par son zèle son attachement à l'intérêt général et à l'Administration auprès de laquelle il est appelé ». Après quoi il prit possession « de la place qui lui est assignée[3] ».

L'entente entre l'Administration et le Commissaire du Directoire exécutif ne devait pas être possible : ce fut Germain qui triompha. A la suite de divers incidents que fait connaître M. E. Tambour, le Directoire exécutif prit, à la date du 10 pluviôse an IV [30 janvier 1796], un arrêté[4] qui, après de longs considérants, se termine ainsi :

« Art. 1er. Les Administrateurs du département de Seine-et-Oise sont destitués, et ils cesseront toutes fonctions à la notification du présent arrêté, sauf à statuer ci-après sur leur renvoi devant les tribunaux.

« Art. 2. Le Commissaire du Pouvoir exécutif près l'Administration du département de Seine-et-Oise fera les diligences nécessaires pour que le nommé Labarre, employé dans les bureaux de la même Administration, soit poursuivi, ainsi que de droit, comme prévenu d'avoir touché double traitement et avoir par là encouru les peines portées par la loi du 26 frimaire de l'an deuxième.

« Le Ministre de la police générale de la République est chargé de l'exécution du présent arrêté. »

A la même date était pris par le Directoire exécutif l'arrêté suivant[5] :

« Le Directoire exécutif arrête ce qui suit :

« Les citoyens Morillon, Lépicier, Charpentier, Sauval et Goujon, ex-Administrateurs du Département de Seine-et-Oise, sont nommés Administrateurs de ce Département.

---

[1] Voir ce que nous avons dit de Germain dans notre Introduction à l'Inventaire sommaire de la série L., p. XXXVII, et E. TAMBOUR, 1911, p. 202. Se reporter également plus haut, p. 138.

[2] E. TAMBOUR, p. 203.

[3] Registre de frimaire an IV, séance du 21.

[4] Arch. dép. de Seine-et-Oise, L 1 m 343.

[5] Ibid.

« Ordonne en conséquence à tous ces citoyens de se rendre sur-le-champ à Versailles pour y exercer les fonctions qui leur sont attribuées par la loi. »

Sauvat, Lépicier et Morillon n'ayant pas accepté leur nomination[1], un arrêté du Directoire exécutif en date du 17 pluviôse [6 février] les remplaça par « le citoyen Horeau, ex-administrateur du Département de Seine-et-Oise, ex-président du tribunal criminel du même département, et le citoyen Fauvel, ex-administrateur du district de Versailles[2] ». Lépicier revint sur son refus, et un arrêté du 27 pluviôse [16 février] décida que « le citoyen Lépicier, précédemment nommé à la même Administration et n'ayant pas d'abord accepté pour raison de maladie, remplacera le citoyen Morillon dans les fonctions d'Administrateur du département de Seine-et-Oise[3] ».

Dans l'intervalle, le Commissaire du Directoire exécutif s'était présenté à la séance publique tenue par l'Administration centrale le 18 pluviôse [7 février] et avait requis qu'il fût fait « lecture et transcription au procès-verbal » de l'arrêté pris par le Directoire pour destituer les membres de cette Administration ; après cette lecture, il dit : « Au nom de la République, et en exécution de l'arrêté dont il vient d'être fait lecture, je requiers que l'Administration cesse à l'instant ses fonctions[4]. »

Le Président leva donc la séance « et les membres qui composaient l'Administration départementale se sont retirés ».

Aussitôt, « le Commissaire du Directoire exécutif ayant donné l'ordre à l'huissier du Département d'introduire les membres de la nouvelle Administration qui s'étaient réunis dans une pièce voisine, se sont présentés les citoyens Charpentier, Horeau et Fauvel ». Il fut donné lecture des deux arrêtés des 10 et 17 pluviôse les appelant aux fonctions d'Administrateurs du Département, et ceux-ci, « entrant immédiatement en fonctions, « sous la présidence du citoyen Charpentier, le plus âgé d'entr'eux », firent la déclaration prescrite par l'article 6 de la loi du 3 brumaire. Après quoi, la nouvelle Administration décida que l'arrêté portant destitution des membres de l'ancienne Administration serait imprimé et envoyé aux Administrations municipales, afin que rien ne pût « affaiblir l'activité de la correspondance et des opérations dont dépend l'exécution des lois et le succès des mesures du Gouvernement ». Elle arrêta aussi que Charpentier remplirait les fonctions de Président jusqu'au jour où les cinq membres devant composer l'Administration départementale seraient tous réunis.

Cette réunion ayant eu lieu le 28 pluviôse [17 février], il fut procédé, en la séance publique de ce jour, à la nomination du Président définitif. Ce fut Lépicier qui fut élu, « à la majorité de quatre voix contre une », et qui fut proclamé en cette qualité par le Président

[1] Arch. dép. de Seine-et-Oise, L. 1 m 343.
[2] Ibid.
[3] Ibid.
[4] Registre de pluviôse.

d'âge. L'Administration nomma aussi son Secrétaire en chef : Jean-Michel Peyronet, Secrétaire actuel, obtint l'unanimité des suffrages.

Le lendemain, 29 pluviôse, elle désigna Goujon pour suppléer le Commissaire du Directoire exécutif, et, comme Germain était absent ce jour-là, Goujon prit place au bureau du Commissaire.

La première Administration centrale du département avait duré à peu près trois mois et demi, du 23 octobre 1795 au 7 février 1796 ; celle qui lui succédait ne devait pas durer beaucoup plus longtemps, du moins sans subir des modifications importantes. Dès le 10 germinal [30 mars 1796][1], le Ministre de la Police recevait une note sans signature dans laquelle étaient dénoncés Germain, Fauvel, Horeau, chefs d'un club de jacobins existant à Versailles sous le nom de Société littéraire, composé d'environ cent cinquante membres. Peu après, le Directoire était saisi d'une plainte concernant l'Administration elle-même, « qui était accusée de pactiser avec les ennemis du Gouvernement. Les journaux répandirent la nouvelle que les Administrateurs de Seine-et-Oise allaient être destitués. Ceux-ci prirent les devants[2] » ; à la séance du 20 germinal [9 avril], ils décidèrent d'adresser une lettre au Directoire à ce sujet. Voici ce que relate le procès-verbal de la séance « extraordinaire » tenue ce jour-là[3] :

« Ouverture de la séance à onze heures.

« L'Administration informée que le bruit de la destitution des membres qui la composent s'est répandu dans le département et parait s'être accrédité par l'annonce qui en a été insérée dans plusieurs journaux ; également informée que les ennemis de la chose publique ont profité de cette circonstance pour retarder le paiement de l'emprunt forcé en insinuant aux contribuables que leurs réclamations seraient plus favorablement accueillies par de nouveaux administrateurs ; qu'enfin cette nouvelle, vraie ou fausse, inspire déjà plus d'audace aux contre-révolutionnaires et jette presque le découragement parmi les patriotes ; que plusieurs d'entre ces derniers refusent même d'accepter des places en remplacement de fonctionnaires publics destitués par le Directoire exécutif ; considérant qu'il importe au succès des grandes opérations qui lui sont confiées que cet état d'incertitude ne soit pas plus longtemps prolongé ; ouï le Commissaire du Directoire exécutif ; arrête que la lettre dont la teneur suit sera adressée sur-le-champ au Directoire exécutif ; charge en conséquence son Président de requérir le capitaine de la Gendarmerie de donner des ordres pour que cette lettre parvienne sans délai à sa destination.

« Les Administrateurs du Département de Seine-et-Oise au Directoire exécutif.

« Citoyens Directeurs, Depuis plus de huit jours, le bruit de notre destitution s'est

---

[1] E. Tarnour, 1911, p. 209.
[2] Ibid., p. 210 et 211.
[3] Registre de germinal.

« répandu dans ce Département, il circule dans les journaux, et c'est surtout par cette
« voie qu'il s'est accrédité.

   « Forts d'une conduite irréprochable, cette nouvelle est venue nous surprendre,
« sans ébranler notre courage. Au-dessus de la calomnie et des intrigues, au-dessus
« même de leurs effets, et livrés sans relâche à des travaux devenus dès lors plus pénibles,
« nous avons attendu dans le silence l'issue de cette annonce.

   « Aujourd'hui, si nous dérobons un instant aux soins multipliés qu'exigent nos
« devoirs, c'est qu'il est réclamé par l'intérêt public, le seul qui doive fixer sur nous
« votre attention. A ce titre, qui commande une franchise sans réserve, nous devons
« vous le dire, Citoyens, les patriotes inquiets viennent de toutes parts nous demander si
« nous ne sommes plus leurs Administrateurs et les chouans se réjouissent de ce qu'ils
« appellent ironiquement notre disgrâce. Nous apprenons que ce bruit a fait refuser des
« places en remplacement de fonctionnaires publics destitués par vous, que ce refus
« est un nouveau triomphe pour les ennemis de la République; nous savons que ces
« derniers conseillent aux administrés de ne pas payer l'emprunt forcé sous prétexte que
« de nouveaux administrateurs vont diminuer ou annuler leurs taxes. Nous savons que
« les vendémiairistes les plus déhontés profitent de cette circonstance pour augmenter
« leurs trop nombreux partisans. Nous craignons que, par les mêmes moyens, le départ
« des jeunes gens de la première réquisition, la levée des chevaux et autres mesures
« pressantes de salut public qui marchent rapidement ne soient entravées. Nous crai-
« gnons que le fanatisme contre-révolutionnaire ne fortifie ses funestes ressorts, si diffi-
« ciles à comprimer. Nous craignons enfin que l'esprit de patriotisme, que notre conte-
« nance et notre énergie ont ranimé, ne retombe dans une mortelle apathie par les succès
« des royalistes. Tel est l'effet de l'anxiété dans laquelle se trouve notre département.
« Nous vous invitons donc, Citoyens, au nom du bien public, à vous prononcer au plus
« tôt ostensiblement sur notre compte en infirmant ou confirmant la nouvelle de notre
« destitution. Dans le premier cas, vous avez déjà senti de quelle importance il est que
« vous vous expliquiez promptement. Dans le second, nous saurions maîtriser notre sort
« et montrer que l'homme libre ne peut rien perdre de sa dignité. Nous attendons votre
« réponse avec l'impatience qu'inspirent l'amour de l'ordre et le calme imperturbable qui
« convient à des magistrats du peuple. »

   Le Directoire garda le silence, et quelque temps se passa sans qu'on sût à quoi s'en
tenir sur les intentions du Directoire exécutif. M. E. Tambour[1] montre comment le
Ministre de la Police Cochon affirma n'avoir pas donné le plus léger degré de confiance
aux dénonciations reçues, et comment Germain, qui s'était solidarisé avec l'Administration, qu'il déclarait avoir été, ainsi que lui, victime d'une calomnie, put avoir le
droit de se croire parfaitement à l'abri de tout danger.

   [1] E. TAMBOUR, 1911, p. 211 et 212.

Le Commissaire du Directoire s'abusait : « Un arrêté du Directoire du 3 prairial [22 mai] destitua le Commissaire de Seine-et-Oise, sans invoquer d'ailleurs aucun motif[1] », et Germain assista pour la dernière fois en cette qualité à la séance du 6 prairial. Chandellier, l'un des Administrateurs destitués le 10 pluviôse [30 janvier] précédent, était nommé pour le remplacer. Celui-ci n'accepta pas, et à la date du 16 prairial [4 juin] le Président du Département écrivait au Ministre de l'Intérieur : « Citoyen Ministre, A l'instant même où l'Administration a reçu la nomination du citoyen Chandellier aux fonctions de Commissaire du Directoire exécutif près elle, son premier soin fut de la lui faire notifier, et sa commission reçue le 6 lui a été envoyée le 7 de ce mois. Depuis cette époque, l'Administration n'a reçu aucune nouvelle du C^en Chandellier et les occupations nombreuses dont elle est surchargée en ce moment lui font sentir que l'emploi d'un de ses membres suppléant le Commissaire du Directoire exécutif [peut] ralentir ses travaux au préjudice de la chose publique[2]..... »

Le Gouvernement nomma alors, le 4 thermidor [22 juillet], en remplacement de Chandellier, non acceptant, Brunet, qui avait été Administrateur du district de Gonesse[3]. D'Emile [Montmorency], le nouveau Commissaire du Directoire exécutif écrivit, le 17 thermidor [4 août], à l'Administration centrale la lettre suivante : « Citoyens, J'ai reçu l'envoi que vous m'avez fait de l'arrêté du Directoire exécutif qui me nomme son Commissaire près votre Administration.

« Vous avez à regretter que le C^en Chandellier ait refusé de répondre au meilleur choix que le Directoire avait fait de lui pour la place importante à laquelle je suis appelé. Je sais trop me rendre justice pour prendre à la lettre les témoignages de satisfaction que vous me donnez par votre lettre, mais j'aime à y trouver l'assurance de la fraternelle indulgence de futurs collègues, auxquels j'ai l'avantage de ne pas déplaire. Je me rendrai au commencement de la prochaine décade auprès de vous..... Sans cette circonstance, je me serais rendu à mon poste à l'instant de la réception de votre lettre. Salut et fraternité. BRUNET[4]. »

Ce fut à la « séance extraordinaire » tenue le 25 thermidor [12 août] qu'il fut procédé à l'installation du nouveau Commissaire, et le procès-verbal de la séance constate ce qui suit[5] :

« L'Administration invite le C^en Brunet à prendre place au Bureau. Le Président lui annonce que l'Administration avait appris avec plaisir le choix que le Directoire avait fait de sa personne, qu'elle espérait trouver en lui toutes les qualités propres à exercer les

[1] E. TAMBOUR, 1911, p. 212.
[2] L. I m 343.
[3] E. TAMBOUR, 1911, p. 304.
[4] L. I m 393.
[5] Registre de thermidor.

fonctions importantes que le Directoire lui a confiées et qu'elle se félicitait de l'avoir pour témoin et pour compagnon de ses travaux. Le Ceu Brunet témoigne sa reconnaissance des sentiments que vient d'exprimer le Président et la ferme résolution de concourir par son zèle et son activité au succès des travaux de l'Administration. Puis il renouvelle en tant que besoin la déclaration, par lui précédemment faite à l'Administration auprès de laquelle il était placé, qu'il n'a signé ni provoqué aucun arrêté séditieux et contraire aux lois et qu'il n'est ni parent ni allié d'émigrés. »

Cependant, l'Administration centrale continuait à être vivement attaquée et avait pris, le 22 messidor [10 juillet] précédent, un arrêté dont il n'est pas inutile de donner ici le texte[1] :

« L'Administration informée que le rédacteur d'un journal dit *Le Courrier républicain* avait inséré dans son numéro 969 une lettre *datée de Versailles le 19 messidor et signée N.......*, *veuve de.....*, *l'une des victimes de cette horde scélérate*, par laquelle la prétendue signataire de cette lettre, prenant pour prétexte une adresse faite par l'Administration du Département pour rappeler le respect dû aux autorités constituées, se permet les injures les plus grossières et les calomnies les plus atroces contre les membres qui la composent;

« Considérant que déjà plusieurs diatribes ont été insérées dans ce journal; que la pureté de ses intentions et la probité de ses membres y ont été indignement calomniées sans qu'elle ait pris d'autres mesures pour faire cesser une persécution (qu'elle ne doit qu'à son attachement à ses devoirs) que d'en donner avis au ministre de la Police générale en invoquant sur la conduite publique et privée de chacun des Administrateurs l'examen le plus sévère et la surveillance la plus soutenue; mais que la modération que lui a inspirée le sentiment intime de sa conscience n'a produit d'autre effet que de provoquer de nouvelles calomnies; — considérant que, s'il est permis à un particulier de mépriser la calomnie et de dédaigner l'injure, l'homme public doit aux fonctions dont il est revêtu de poursuivre le calomniateur et d'arrêter un système de diffamation qui tend à faire perdre aux autorités constituées la confiance du peuple, sans laquelle elles ne peuvent assurer l'exécution des lois; — considérant enfin que l'immensité des travaux dont elle est surchargée exige la présence continuelle de tous les membres qui la composent, et que le temps que l'un d'eux emploierait à des démarches qui peuvent exiger quelques jours d'absence serait préjudiciable à la chose publique et aux intérêts de ses administrés;

« Ouï l'Administrateur suppléant le Commissaire du Directoire exécutif;

« Arrête que le citoyen Le Couteulx[2], ex-Administrateur, qu'elle nomme Commis-

---

[1] Registre de thermidor.
[2] Voir plus haut, p. 53, et notre Inventaire sommaire, p. 129.

saire à cet effet, sollicitera auprès du ministre de la Police ou de toute autre autorité compétente l'exhibition de la lettre insérée dans le journal dit *Le Courrier républicain*, N° ..., pour être ensuite pris telles mesures qu'elle croira convenables pour faire connaître la calomnie et provoquer contre le calomniateur les sévérités des lois. »

Cette mission confiée à Le Couteulx eut-elle un plein succès? Non, évidemment, puisque, dans les premiers jours du mois de fructidor, la composition de l'Administration centrale se trouva modifiée, le Directoire ayant pris, le 2 thermidor [20 juillet], l'arrêté dont la teneur suit :

« Le Directoire exécutif, assuré que les citoyens Fauvel et Horeau, nommés Administrateurs du Département de Seine-et-Oise par arrêté du 10 pluviôse, ne sont pas propres aux fonctions auxquelles ils ont été appelés, arrête ce qui suit : les citoyens Fauvel et Horeau sont destitués de leurs fonctions. Les Administrateurs restans se compléteront aux termes de l'article 188 de la Constitution[1]. »

Cet arrêté ne fut transmis que le 4 fructidor [21 août] par le Ministre de l'Intérieur au Commissaire du Directoire, qui le reçut le 6 au soir et en déposa une copie sur le bureau de l'Administration centrale le 7. En conséquence de ses dispositions, Fauvel et Horeau cessèrent alors leurs fonctions, et, le surlendemain 9, l'Administration centrale procéda « par la voix du scrutin individuel à la nomination de deux Administrateurs en remplacement des citoyens Horeau et Fauvel ». Au premier tour de scrutin, — les votants étaient au nombre de trois, — Morillon obtint l'unanimité. Après deux tours de scrutin, il en fut de même pour Le Couteulx[2].

Morillon, n'ayant pas accepté, on nomma, dans la séance du 14 [31 août], Sauval, qui obtint également l'unanimité; mais lui aussi refusa ce poste.

L'Administration se demandant alors si, pour compléter le nombre de ses membres, elle pouvait appeler indistinctement des Administrateurs de District ou de Département, chargea son Président, le 17 fructidor [3 septembre], d'écrire au Direct.ire la lettre suivante : « L'Administration occupée du complément de ses membres, ne sachant si elle peut appeler les citoyens qui ont exercé des fonctions aux ci-devant Districts ou si elle doit restreindre son choix parmi les anciens Administrateurs du département, me charge de vous communiquer ses doutes à cet égard et de vous inviter à les faire cesser en lui transmettant votre décision[3]. » La réponse de l'autorité supérieure fut, évidemment, que le choix ne devait pas être restreint aux anciens Administrateurs du département, et voilà pourquoi, dans la séance du 1er jour complémentaire de l'an IV [17 septembre], l'Administration. procédant à la nomination d'un Administrateur en remplacement de Sauval, non acceptant, nomma « à l'unanimité le Cen Le Laurain, actuellement Commis-

[1] L 1 m 343.
[2] Registre de fructidor.
[3] *Ibid.*

saire du Directoire exécutif près le Tribunal de la police correctionnelle établi à Versailles[1] ». Il prit séance le 4ᵉ jour complémentaire [20 septembre]; Le Couteulx l'avait
fait le 14 fructidor [31 août].

L'Administration était donc ainsi composée à la date du 1ᵉʳ vendémiaire an V
[22 septembre 1796] :

Lépicier, président; Le Couteulx, Goujon, Charpentier, Le Laurain; — Brunet,
Commissaire du Directoire exécutif.

Le Couteulx avait même le titre de Vice-Président, car, dans la séance du 29 fructidor
[15 septembre], l'Administration « procédant à la nomination d'un de ses membres pour
représenter le Président en cas d'absence », ce fut lui que ses collègues désignèrent à
l'unanimité. En cette qualité, il présida, le 1ᵉʳ vendémiaire, la fête de la République et
prononça un discours d'où il nous paraît intéressant de détacher quelques passages
dans lesquels il apprécie la Constitution de l'an III[2] :

« ..... Un génie tutélaire nous protège, et, au milieu de tant de troubles, la Constitution de l'an III est offerte au peuple français.

« Vous ne pouvez ignorer, Citoyens, avec quelle unanimité elle fut acceptée. Cette
unanimité est prouvée même par la diversité d'opinions qui s'établit alors sur les décrets
qui l'accompagnaient. Le vœu de tous fut d'obtenir un Gouvernement, quelles que
fussent les modifications que chacun, dans son sens, eût désiré ajouter au plan qui lui
était présenté. Chacun dut faire et fit à l'opinion générale le sacrifice de ses opinions
particulières.

« Mais, pour tirer avantage de ces mêmes sacrifices, ce que nous promîmes alors, il
faut aujourd'hui l'exécuter avec franchise et de bonne foi. Rallions-nous donc sous les
drapeaux de la Constitution de l'an III; fortifions de notre confiance et de notre obéissance, de notre dévouement, les Représentants que nous avons choisis, le Gouvernement
que nous avons adopté.

« Habitants de Versailles, c'est à vous que j'adresse particulièrement cette invitation; elle vous est peut-être plus applicable qu'à aucuns des citoyens de cet immense
empire.

« La diversité d'opinions parmi vous fut extrême.

« Mais considérez, d'une part, que Versailles fut le séjour des rois; que beaucoup
de nos concitoyens sacrifièrent auprès d'eux leur jeunesse et leurs talents; qu'ils atten-
daient les dédommagements que leurs services leur avaient mérités et qu'ils sont
frustrés de toute espérance. Plaignez-les donc et éclairez-les sur leurs véritables intérêts,
et n'oubliez pas, d'un autre côté, que Versailles fut le berceau du patriotisme; que plus

---

[1] Registre de fructidor.
[2] Registre de vendémiaire.

23

près des abus, les caractères forts durent en être plus profondément indignés, et ne vous étonnez pas qu'ils en aient plus sévèrement exigé la répression.

« Il est temps de verser le baume sur toutes les blessures. Oublions le passé, songeons à l'avenir : il peut se présenter brillant pour nous.

« Commune principale du plus (?) beau département de la France, notre local, notre population présentent au commerce et aux beaux-arts des avantages dont nous devons profiter. Une réunion fraternelle de tous les esprits nous en procurera les moyens, et, si elle est sincère, si elle est véritable, si l'esprit public peut renaître parmi nous, notre nouvelle carrière ne nous laissera rien à désirer. »

La composition de l'Administration ne fut pas modifiée jusqu'au mois de floréal an V [mai 1797]. Le 15 de ce mois [4 mai], à la séance publique, qui « s'ouvre à midi trois quarts par la lecture du procès-verbal de la séance d'hier », assistent Lépicier, président, Goujon, Charpentier, Le Couteulx et Le Laurain, ainsi que le Commissaire du Directoire exécutif Brunet.

Mais dans l'intervalle s'était tenue à Versailles, « au Palais national, dans une des salles du Muséum, destinée à cet effet », l'Assemblée électorale du département, dont les séances avaient commencé le 20 germinal an V [9 avril 1797], en exécution de l'article 36 du titre IV de la Constitution de l'an III [1]. Elle nomma un membre du Conseil des Anciens, deux membres du Conseil des Cinq-Cents, un Haut-Juré, les cinq membres de l'Administration centrale du Département, les Juges au Tribunal civil et leurs suppléants. Le procès-verbal des séances de cette Assemblée constate que « le vingt-huit germinal [17 avril 1797] [2], le nombre des votants étant de trois cent cinquante-six, le C^en Chandellier, ex-Administrateur, a réuni trois cent trois suffrages, le C^en Garnier, ex-Administrateur, deux cent quarante-quatre, le C^en Bessière, de Versailles, deux cent trente-cinq, et le C^en Carqueville, ex-Administrateur, cent quatre-vingt-dix-sept; qu'attendu que le nombre de suffrages réunis en faveur des citoyens susnommés excède la majorité absolue, ils ont été proclamés par le Président de l'Assemblée électorale membres de l'Administration centrale du Département; qu'un second scrutin ayant été ouvert pour la nomination du cinquième membre de l'Administration centrale du Département, le nombre des votants s'est trouvé de trois cent quatorze et le dépouillement des scrutins a donné cent quatre-vingt-treize suffrages au C^en Langoisseur, ex-Administrateur du Département, lequel a été proclamé membre de l'Administration centrale du Département [3] ». Il constate aussi que, le 23 germinal [12 avril], « le

---

[1] L. t m 363.

[2] On remarquera que, sur les cinq nouveaux élus, quatre — Carqueville, Chandellier, Garnier et Langoisseur — avaient appartenu à l'Administration dont les membres avaient été destitués le 10 pluviôse an IV.

[3] « Cette nomination est assez caractéristique du mouvement d'opinion qui entraîna les membres de l'Assemblée électorale. Ayant en même temps à désigner les cinq administrateurs départementaux, elle élut quatre de

C^{en} Brunet, Commissaire du Pouvoir exécutif près le Département de Seine-et-Oise, ayant réuni cent quatre-vingt-treize voix, et personne n'en ayant réuni un aussi grand nombre, le Président l'a proclamé au nom de l'Assemblée le second membre qu'elle avait à nommer au Conseil des Cinq-Cents ».

En conséquence, à la séance tenue le 15 floréal [4 mai], le Commissaire du Directoire exécutif requit, conformément au vœu de la loi, l'installation des membres de la nouvelle Administration. Les membres actuellement en exercice invitèrent donc leurs successeurs à prendre place au Bureau, après quoi ils se retirèrent[1].

Ce même jour, à une heure de l'après-midi[2], les nouveaux Administrateurs se réunirent, prononcèrent individuellement la déclaration exigée par la loi et choisirent pour président Garnier, qui fut « proclamé Président de l'Administration centrale du Département ». Celui-ci prit place au fauteuil et assura les citoyens qui honoraient de leur présence la première séance de l'Administration « qu'elle s'occupera sans relâche des travaux importants qui lui sont confiés, et que toutes ses actions comme tous ses vœux n'auront pour but que la félicité publique et la satisfaction des administrés ». On désigna également Chandellier pour suppléer le Commissaire du Directoire exécutif en cas d'absence ou de maladie. Il accepta cette fonction et dit : « L'exécution de la loi, le bonheur des administrés, la confiance du Gouvernement, voilà l'objet de tous mes vœux, » À l'unanimité, Peyronet fut, de nouveau, nommé Secrétaire en chef.

Deux jours après, Chandellier était nommé par le Gouvernement Commissaire près le Département :

« Du 17 floréal an cinq [6 mai] de la République française une et indivisible.

« Le Directoire exécutif arrête :

« Le C^{en} Chandellier est nommé Commissaire du Pouvoir exécutif près l'Administration centrale du Département de Seine-et-Oise, en remplacement du C^{en} Brunet, appelé à la Législature prochaine; ordonne en conséquence qu'il se rendra sur-le-champ auprès de cette Administration pour y remplir les fonctions qui lui sont confiées par la Loi[3]. »

Et le 26 de ce mois [15 mai], lorsque cet arrêté eut été déposé sur le bureau, le Président adressa cette allocution à Chandellier :

« Citoyen, Il est des circonstances où l'expression seconde difficilement le sentiment qu'on éprouve. Telle est celle où nous nous trouvons aujourd'hui. Nous sommes entrés dans la même carrière que vous; des événements nous y ont été communs. Nous

ceux qui avaient été révoqués le 10 pluviôse an IV et un cinquième qui partageait leurs idées. Ce fut en réalité une protestation contre la mesure prise l'année précédente par le Gouvernement. » E. TAMBOUR, 1911, p. 397.

[1] Registre de floréal.
[2] Ibid.
[3] L t m 343 et registre de floréal.

y sommes rentrés de nouveau, et aujourd'hui la confiance du Directoire vous donne une autre qualité que celle dont nous sommes revêtus depuis quelques jours. Nous n'avons point douté de la justice du Gouvernement : vous prouvez en ce moment que nos espérances étaient bien fondées.

« Nous allons vous reconnaître pour le Commissaire du Directoire exécutif, mais vous n'en resterez pas moins notre Collègue. Vous prouverez que la Constitution, en établissant des fonctions différentes, n'a pas établi des fonctions ennemies; nous n'avons tous qu'un même but, qu'un seul objet, le bonheur des administrés de ce département. Nous serons également les uns et les autres et les magistrats du Peuple et les dépositaires de la confiance du Gouvernement. »

Chandellier, ayant été alors installé et ayant pris la place qu'avait occupée son prédécesseur, s'exprima ainsi :

« Citoyens Administrateurs, En répondant à la confiance dont m'honore le Directoire, je ne dois pas vous dissimuler combien il en coûte à mon cœur d'abdiquer les fonctions importantes que je partageais avec vous. Qu'il est agréable pour des fonctionnaires publics de tendre vers un but commun avec cette unité dans les principes, cette sagesse dans les moyens qui assurent le bonheur des administrés. Que le devoir est doux à remplir lorsqu'on s'y soutient mutuellement par le charme de cette union constante qui est le fruit de l'estime et des égards réciproques, lorsque le désir du bien commande tous les désirs et qu'on marche ensemble d'un pas égal et uniforme vers le maintien de l'ordre par l'exécution de la loi. J'ai goûté deux fois auprès de vous ces précieux avantages, Citoyens Administrateurs, et quoique le plaisir de cette jouissance n'ait pas été de longue durée, il a imprimé dans mon âme des sentiments qui ne s'effaceront jamais. Heureux si j'ai pu contribuer à produire en vous ce que j'ai éprouvé moi-même. Du moins, mon cœur m'est témoin que j'ai tâché de me rendre digne de vous être associé et de concourir de tous mes moyens au maintien de cette consolante harmonie dont je ressentais tout le prix.

« L'isolement de mes devoirs me deviendra sans doute bien pénible, et, en succédant à un homme que l'envie a été forcée d'admirer, que la calomnie n'a pu atteindre, dont les talents et les vertus emportent les regrets universels, je serais accablé sous le poids de mon insuffisance si je ne trouvais mon appui et ma consolation dans les rapports que je conserverai avec vous; heureusement, je n'aurai qu'à imiter votre zèle, et, en partageant vos travaux, tout mon ministère se bornera à lire dans vos cœurs.

« Ne voir dans la loi que ce qu'elle exige; n'employer dans son exécution que ces mesures qui la font aimer et qui adoucissent la sévérité de ses dispositions, sans jamais en altérer l'intégrité; être toujours homme public et me défendre de l'influence des passions qui égarent quelquefois l'homme individuel; tels sont les principes que j'ai puisés auprès de vous et qui seront la règle de ma conduite; puissé-je mériter par là

votre estime et conserver votre amitié! Ce sera ma plus douce récompense, et elle est
l'objet de mes vœux les plus ardents. »

Ce fut seulement le 1er prairial [20 mai] suivant que l'Administration procéda à la
nomination d'un cinquième Administrateur en remplacement de Chandellier, et « le
dépouillement des scrutins donna l'unanimité des suffrages au C^{en} Le Couteulx-la-
Noraye, ancien Administrateur de ce Département », qui fut installé dans ses fonctions
le lendemain[1].

« Après avoir exposé en peu de mots les sentiments dans lesquels le C^{en} Le Couteulx est reçu par les Administrateurs, dont l'unanimité des suffrages s'est réunie sur
lui pour l'associer à leurs travaux, après avoir déclaré que ce choix doit prouver combien les préventions et les souvenirs défavorables sont loin de leur esprit, nous mani-
festons dans cette circonstance, a ajouté le Président, le respect religieux dont nous
sommes pénétrés pour l'opinion publique. La pluralité des suffrages vous fut acquise
dans l'Assemblée électorale; nous obéissons à cette volonté respectable, et c'est encore
le résultat de son scrutin que nous proclamons aujourd'hui.

« Le Président a invité le C^{en} Le Couteulx à occuper sa place d'Administrateur et à
travailler, de concert et dans la plus parfaite union avec ses Collègues, à assurer dans ce
département le règne de la Loi et les véritables avantages de la Liberté.

« Ce dernier remercie l'Administration du témoignage de confiance qu'elle lui a
donné et l'assure qu'il partage les sentiments dont elle est animée. »

L'Administration centrale se trouva donc à partir de ce jour ainsi composée :

Administrateurs : Garnier, président; Bessière, Carqueville, Langoisseur et Le
Couteulx; — Commissaire du Directoire exécutif : Chandellier;

Et il en fut ainsi pendant trois mois et demi, c'est-à-dire jusqu'au 14 fructidor
[31 août], date à laquelle le Directoire exécutif prit un arrêté longuement motivé
dont les cinq articles sont conçus en ces termes[2] :

« Article 1er. Les membres actuels de l'Administration centrale du Département
de Seine-et-Oise sont destitués.

« Art. 2. Les membres actuels de l'Administration municipale du Canton de Versailles sont également destitués, le citoyen Denis excepté.

« Art. 3. Les membres du Département seront remplacés par les citoyens Lépicier,
ex-Administrateur du Département; Venteclef, de Brunoy, aussi ex-Administrateur;
Rivette, de Magny, aussi ex-Administrateur; Pellé, aussi ex-Administrateur et juge,
et Gauthier, actuellement juge de paix de Versailles.

« Art. 4. Il sera pourvu au remplacement des six membres de l'Administration
municipale de Versailles conformément à l'article 188 de l'acte constitutionnel.

[1] Registre de prairial.
[2] L t III 343.

« Art. 5. Le ministre de la Police générale est chargé de l'exécution du présent arrêté, qui sera inséré au Bulletin des lois. »

Le Commissaire du Directoire déposa sur le bureau, le 18 fructidor, l'arrêté qui destituait les membres de l'Administration du Département et, quand il en eut été donné lecture, il invita ceux-ci « à ne point cesser leurs fonctions jusqu'au moment de l'installation de leurs successeurs[1] ». L'Administration entière déclara « que telle était son intention et que, malgré sa destitution prononcée, elle donnerait une nouvelle preuve de son dévouement à la chose publique en n'abandonnant le poste qui lui est confié qu'à l'instant où les membres nommés par l'arrêté du Directoire se présenteraient pour les remplacer ». Ce fut le 20 fructidor [6 septembre] qu'elle tint sa dernière réunion; dans la séance qui eut lieu à onze heures et demie, le Président Garnier déclara que « l'Administration actuelle cessait ses fonctions » et invita les citoyens Pellé, Venteclef et Gauthier à prendre place au Bureau.

Les nouveaux Administrateurs — trois de ceux-ci seulement étaient arrivés à Versailles — se réunirent à midi, sous la présidence de Pellé, le plus âgé d'entre eux, et l'Administration fut installée[2]. Pendant quelque temps, ils durent assurer seuls la marche des services, car, dès le 18 fructidor, Lépicier et Rivette avaient écrit au Commissaire du Directoire qu'ils ne pouvaient accepter la nomination qu'il avait plu au Gouvernement de faire de leurs personnes[3]. Lépicier ne donnait aucune raison de son refus; Rivette, au contraire, qui était président de l'Administration municipale de Magny, s'exprimait ainsi : « ..... Si je ne consultais que mon zèle, je ne balancerais pas un instant et je me rendrais de suite au poste qui m'est indiqué. Mais il ne faut pas que du courage, il faut aussi des talents et des connaissances administratives. Je sais me connaître, et, si jusqu'à présent j'ai pu remplir mes devoirs dans des fonctions subalternes, je craindrais de ne pas remplir le but que le Directoire attend de moi dans celles supérieures et qui sont, je le répète, au-dessus de mes forces. » Par une deuxième lettre datée du 28 fructidor [14 septembre], Rivette confirma sa non-acceptation[4]. Il y eut donc lieu de pourvoir au remplacement de ces deux membres.

Par arrêté du 9 vendémiaire an VI [30 septembre 1797][5], le Directoire exécutif nomma Le Laurain, ex-juge au Tribunal civil du département de Seine-et-Oise, Administrateur de ce même département, et celui-ci fut installé le 15 de ce mois [6 octobre][6].

Quelques jours après, le 22 vendémiaire [13 octobre], un arrêté du Directoire

[1] Registre de fructidor.
[2] Ibid.
[3] L I m 343.
[4] Ibid.
[5] L I m 343.
[6] Registre de vendémiaire.

appelait aux mêmes fonctions Macé-Bagneux ou Baigneux, « ex-Président du ci-devant
district de Versailles », qui lui aussi refusait[1]. « Ce citoyen », écrivait, le 3 brumaire
[24 octobre], au Ministre de l'Intérieur l'Administrateur suppléant le Commissaire du
Directoire exécutif, « s'est présenté, le 1er de ce mois, au Département et a déclaré que
la place qu'il occupe dans l'Administration était incompatible avec les fonctions
d'Administrateur de département et qu'en conséquence il ne pouvait accepter[2]. »

Enfin, par arrêté du 7 brumaire [28 octobre], Lussy fut nommé en remplacement de
Macé-Bagneux, non-acceptant[3]. De Ris, il écrivit au Commissaire du Directoire, le
13 de ce mois, qu'il recevait avec reconnaissance « les marques de confiance » que le
Directoire voulait bien lui donner en l'appelant à la place d'Administrateur du département de Seine-et-Oise. « J'aurais désiré », ajoute-t-il, « me rendre aussitôt à Versailles
pour en prendre possession : mais comme agent municipal de la Commune de Ris, ma
présence est nécessaire ici encore deux ou trois jours pour remettre à mon adjoint les
pièces et papiers relatifs à mes fonctions[4]. » Il fut installé dans ses fonctions à la séance
du 17 [7 novembre].

Mais depuis longtemps déjà Chandellier n'était plus Commissaire du Directoire
exécutif en Seine-et-Oise. Le 15 vendémiaire précédent [6 octobre], le Président de
l'Administration centrale lui avait transmis la pièce suivante :

« Du 8e jour du mois de vendémiaire [29 septembre] de la République française une
et indivisible.

« Le Directoire exécutif arrête que la nomination du Citoyen Chandellier, son commissaire près l'Administration centrale du Département de Seine-et-Oise, est révoquée.

« Le présent arrêté ne sera pas imprimé. Le ministre de l'Intérieur est chargé de son
exécution[5]. »

A la séance du 15 de ce mois, Chandellier, ayant obtenu la parole, s'exprima en ces
termes : « J'ai reçu l'arrêté du Directoire exécutif en date du 8 de ce mois portant
révocation de la commission en vertu de laquelle j'exerçais les fonctions de Commissaire près cette Administration. Soumis aux décisions de l'autorité supérieure dans tous
les temps, je donne, encore une nouvelle preuve de ma déférence en cessant sur-le-
champ l'exercice des fonctions qui m'étaient confiées, et je vous invite, Citoyens Administrateurs, à nommer un des membres de l'Administration pour remplir les fonctions
de suppléant du Commissaire exécutif, afin que vos travaux n'éprouvent aucun retard

[1] L 1 m 343.
[2] Ibid.
[3] Registre de brumaire.
[4] L 1 m 343.
[5] Ibid.

et que je puisse lui donner tous les renseignements qui lui seront nécessaires pour suivre efficacement les opérations dont je suis particulièrement chargé[1]. »

Ce fut Le Laurain qui fut désigné par ses collègues pour remplir cette fonction[2], temporairement d'ailleurs, car le jour même où il révoquait Chandellier, le Directoire exécutif avait pris un arrêté nommant son successeur :

« Du 8 vendémiaire l'an six de la République française une et indivisible.

« Le Directoire exécutif arrête ce qui suit :

« Le citoyen Laporte, de Montmorency, ancien Procureur syndic du district de Gonesse, est nommé Commissaire du Pouvoir exécutif près l'Administration centrale du Département de Seine-et-Oise en remplacement du citoyen Chandellier, révoqué.

« Ordonne, en conséquence, qu'il se rendra sur-le-champ auprès de ladite Administration, pour y remplir les fonctions qui lui sont attribuées par la loi[3]. »

Laporte, à qui le Président de l'Administration centrale avait fait porter, dès le 15 vendémiaire, « par un cavalier d'ordonnance », une ampliation de cet arrêté, dont il avait donné un reçu, n'accepta pas sans doute cette nomination, car il ne parut pas aux séances de l'Administration, où il fut constamment suppléé par Le Laurain, jusqu'à la date du 6 brumaire [27 octobre]. Quoi qu'il en soit, le Directoire exécutif le remplaça dès le 2 [23 octobre] par Challan, l'ancien Procureur général syndic du Département, qui exerçait alors les fonctions de Président du Tribunal criminel de Seine-et-Oise[4]. Celui-ci fut installé le 6, ainsi que le constate le procès-verbal de la séance[5] :

« Le C^n Challan, nommé par le Directoire exécutif, le 2 du présent mois, pour remplir auprès de l'Administration les fonctions de Commissaire du Directoire, se présente à la séance et dépose sa commission sur le bureau.

« Le Président lui exprime la satisfaction que l'Administration éprouve en voyant auprès d'elle un citoyen recommandable par sa probité, ses lumières et son attachement au Gouvernement républicain, et il l'invite à prendre séance.

« En prenant la place qui lui est destinée, le Commissaire du Directoire exécutif assure l'Administration qu'il partage les sentiments dont elle est animée et qu'il s'empressera de concourir avec elle à l'exécution des lois et au maintien de la Constitution. »

Dès lors, et pour assez longtemps, l'Administration du Département est ainsi composée :

[1] Registre de vendémiaire. « Chandellier se montra très digne, se bornant à écrire au ministre de l'Intérieur pour se plaindre d'avoir été révoqué sans être appelé à s'expliquer ; il ajoutait toutefois : « Attaché depuis plus « de six ans aux fonctions administratives, j'ai toujours conservé au milieu des tempêtes révolutionnaires une atti- « tude ferme, et mon opinion, au milieu des opinions contraires, est toujours restée inébranlable, sans emprunter « cette flexibilité caméléone qui sait se prêter aux crises du moment. » E. TAMBOUR, 1911, p. 312.
[2] Ibid.
[3] L. I m 343.
[4] Ibid., et registre de brumaire.
[5] Ibid.

Administrateurs : Pellé, président, Gauthier ; Venteclef, Le Laurain, Lussy.

Commissaire du Directoire exécutif : Challan.

Cet état de choses dura presque jusqu'à la fin du mois de floréal an VI [mai 1798] et ne fut modifié que par suite des élections qui eurent lieu en germinal. L'Assemblée électorale s'était en effet réunie, conformément à la loi, le 20 germinal [9 avril 1798], et avait tenu ses réunions en « la salle dite le Salon d'Hercule, au Palais National, à Versailles ». Mais, le 25, une scission s'était produite dans l'Assemblée, et une partie des membres s'était transportée à la Halle, place de l'Abondance ; de telle sorte qu'il y avait eu deux séries d'élections.

Les électeurs restés au Palais national avaient nommé : au Conseil des Anciens, Garat, Treilhard, Pellé, Palissot ; aux Cinq-Cents, Desclozeaux, Challan, Germain, Chénier ; Haut-Juré, Montardier ; Administrateurs du Département, Lussy, pour cinq ans, Le Laurain, pour quatre ans, Venteclef pour trois ans. « Et attendu que personne autre [n'a eu] la majorité, l'Assemblée s'est divisée en Bureaux pour procéder au second tour de scrutin dans la même forme. Il en résulte que le nombre des votants est de deux cent quatre-vingt-trois et que personne n'a obtenu la majorité absolue. — L'Assemblée s'est divisée en Bureaux pour procéder au troisième tour de scrutin. — Mais attendu que sept heures sont sonnées avant que l'opération soit finie, le Secrétaire a donné lecture du procès-verbal de la présente séance [du 29 germinal, 18 avril] ; la rédaction mise aux voix a été adoptée. Le Président a déclaré l'Assemblée dissoute et elle s'est séparée. »

D'autre part, le groupe d'électeurs qui, ayant fait scission, s'était transporté à la Halle et avait ensuite siégé dans « le local de l'assemblée primaire de la Section des hospices », que lui avait indiqué l'Administration, avait nommé : au Conseil des Anciens, Alquier, Challan, Treilhard et Garat ; aux Cinq-Cents, Talleyrand, Rozier, Dupuis et Boiot ; Haut-Juré, Montardier ; Administrateurs du Département, Le Laurain, Venteclef, Girard, Segretier et Delarue. Montardier n'ayant pas accepté, on élut à sa place H. Richaud.

Ainsi, le Commissaire du Directoire exécutif Challan se trouvait nommé par la première de ces assemblées aux Cinq-Cents et par la seconde aux Anciens ; Pellé l'était par la première aux Anciens.

La loi du 22 floréal an VI [11 mai 1798] relative aux élections de l'an VI décida que « les opérations de l'Assemblée électorale du département de Seine-et-Oise qui [avait] tenu ses audiences dans le local désigné par l'Administration centrale [au Salon d'Hercule] » étaient déclarées valables, « sauf en ce qui concerne le C^en Germain, de

---

[1] I, t III 364 et 364 bis.

Viroflai, dont la nomination au Conseil des Cinq-Cents est nulle et de nul effet », et que celles « de la fraction de la même Assemblée qui a tenu ses séances aux ci-devant Écuries de la ci-devant reine » étaient nulles et de nul effet[1]. Pellé entrait donc au Conseil des Anciens, pour un an, et Challan au Conseil des Cinq-Cents, pour trois ans.

En conséquence, à la séance tenue le 27 floréal [16 mai][2], le Commissaire du Directoire exécutif requit, après avoir donné lecture de la loi du 22 et du procès-verbal de l'assemblée tenue au Salon d'Hercule, que la session de l'Administration centrale actuelle fût déclarée close et que les trois Administrateurs élus entrassent immédiatement en fonctions, ce qui eut lieu. Ce même jour, Lussy, Le Laurain et Venteclef tinrent leur première séance sous la présidence de Le Laurain, le plus âgé d'entre eux, « qui remplira provisoirement les fonctions de Président jusqu'à l'instant où le nombre des Administrateurs se trouvera complété ».

Ce fut le 29 floréal que l'Administration centrale songea à se compléter en s'adjoignant d'abord un quatrième membre, « pour exercer en cette qualité jusqu'aux élections de l'an VII », et l'unanimité des suffrages se porta sur « Hyacinthe Richaud, ex-député à la Convention nationale », qui, ayant accepté sa nomination, fut installé le 2 prairial [21 mai][3]. Les quatre Administrateurs désignèrent alors le membre qui suppléerait le Commissaire du Directoire exécutif jusqu'au jour où Challan serait remplacé : Le Laurain fut appelé à cette fonction par trois suffrages.

Enfin, le 7 prairial [26 mai][4], l'Administration se compléta par l'adjonction d'un cinquième Administrateur, qu'elle choisit en la personne du « C[en] Étienne Venard, ex-député à la Convention nationale », qui, s'étant présenté à la séance du 9 prairial, fut alors installé. Elle pouvait se croire au complet pour quelque temps, mais il n'en fut rien, car, le 21 prairial [9 juin], le Directoire prenait l'arrêté suivant[5] :

« Le citoyen Richaud, ex-député au Corps législatif, est nommé Commissaire du Pouvoir exécutif près l'Administration centrale du Département de Seine-et-Oise. Ordonne, en conséquence, qu'il se rendra sur-le-champ auprès de ladite Administration pour y remplir les fonctions qui lui sont attribuées par la Loi, en remplacement du C[en] Challan, appelé à d'autres fonctions. »

II. Richaud[6] prit possession de son nouveau poste le 28 prairial [16 juin] et l'Admi-

---

[1] *Bulletin des Lois*, 2e semestre de l'an VI, n° 1828. Voir aussi : *Société de l'Histoire de la Révolution française, Les Députés au Corps législatif, Conseil des Cinq-Cents, Conseil des Anciens, de l'an IV à l'an VII*, par Auguste KUSCINSKI, Paris, 1905, p. 255.

[2] Registre de floréal.

[3] L i m 343 et registres de floréal-prairial.

[4] L i m 343 et registre de prairial.

[5] *Ibid.*

[6] G. MOUSSOIR, *Le Conventionnel Hyacinthe Richaud*, p. 382-383.

nistration centrale dut, une fois encore, songer à se compléter. Elle le fit le 7 messidor [25 juin], en appelant à siéger dans son sein « Lépicier, ex-Administrateur du Département », et ce « pour exercer temporairement jusqu'aux élections de l'an VII » ¹. Le nouvel Administrateur fut installé le 21 [9 juillet], et dans cette même séance il fut proclamé Président de l'Administration, qui, à partir de ce jour, fut composée de la manière suivante :

Membres de l'Administration centrale : Lépicier, président; Venteclef, Le Laurain, Lussy, Vénard.

Commissaire du Directoire exécutif : H. Richaud.

Et cet état de choses ne fut pas modifié par les élections qui se firent du 20 au 29 germinal an VII [9 au 18 avril 1799], car l'Assemblée électorale² qui se tint à Versailles, au Palais national, Salon d'Hercule, nomma par 239 et 162 suffrages — le nombre des votants étant de 344 et 318 — Lépicier et Vénard, Administrateurs actuels, membres de l'Administration centrale du Département, le premier pour cinq ans, le second pour deux ans.

Aucun changement dans la composition du personnel administratif ne s'étant produit ni en l'an VII, ni dans les premiers mois de l'an VIII, Vénard, élu Président le 12 prairial an VII [31 mai 1799], pour succéder à Lépicier, « en ayant rempli les fonctions pendant une année et plus³ », Lussy, Lépicier, Le Laurain et Venteclef furent les derniers membres de l'Administration centrale du Département, auprès de laquelle Hyacinthe Richaud fut le dernier Commissaire du Gouvernement. Ils tinrent

¹ Registre de messidor et dossier L : m 313.

² L ı m 365. — Les cantons étaient alors au nombre de 64. En voici la nomenclature d'après l'*Annuaire* de l'an X : « Mantes, Bréval, Dammartin, Garancières, Fontenay-Saint-Père, Houdan, La Roche-Guyon, La Villeneuve-en-Chevrie, Limay, Magny, Septeuil; — Pontoise, Beaumont, Ecouen, Emile [Montmorency]. Gonesse, Grisy, L'Isle-Adam, Livry, Louvres, Luzarches, Marines, Taverny, Vigny; — Versailles, Argenteuil, Chevreuse, Garaucières, Jouy, Les Essarts, Le Pecq, Limours, Marly, Maule, Meulan, Montfort, Neauphle-le-Château, Palaiseau, Poissy, Rambouillet, Saint-Cyr, Saint-Germain-en-Laye, Sartrouville, Sèvres, Triel; — Corbeil, Arpajon, Brunoy, Longjumeau, Mennecy, Montlhéry, Sucy, Villeneuve-Saint-Georges; — Etampes, Ablis, Angerville, Châlo-Saint-Mars, Chamarande, Dourdan, La Ferté-Alais, Maisse, Milly, Rochefort, Saclas. » Le rédacteur de cet « *Annuaire de Seine-et-Oise*, an X de la République, 1801-1802 », s'exprime ainsi : « La division du département, qui primitivement était répartie en neuf administrations de districts, puis en soixante-quatre administrations municipales de cantous.... » [page 299]. On remarquera que le canton de Garancières est à tort compté deux fois dans la nomenclature et qu'il ne figure pas à la page 304 de l'Annuaire, d'où il faudrait conclure ou que le rédacteur a omis un canton, ou que le nombre des cantons était seulement de 63. En réalité, les cantons étaient bien au nombre de 64, comme le prouve l' « Etat général des Electeurs de Seine-et-Oise pour l'an VII rédigé par ordre alphabétique de Cantons et d'après la vérification des pouvoirs qui a été faite par l'Assemblée électorale des 127 assemblées primaires du Département » annexé aux Procès-verbaux de l'Assemblée électorale de germinal an VII [L ı m 365]. Les voici dans l'ordre où ils sont indiqués : Ablis, Angerville, Argenteuil, Arpajon, Beaumont-sur-Oise, Bréval, Brunoy, Cergy, Corbeil, Chamarande, Chevreuse, Dammartin, Dourdan, Ecouen, Emile [Montmorency]. Les Essarts, Etampes-*intra*, Etampes-*extra*, Fontenay-Saint-Père, Garancières, Gonesse, Grisy, Houdan, Jouy, La Ferté-Alais, La Roche-Guyon, Limay, Limours, L'Isle-Adam, Livry, Longjumeau, Louvres, Luzarches, Maisse, Maule, Maguy, Mantes, Marines, Marly, Meulan, Mennecy, Milly, Montfort-*intra*, Montfort-*extra*, Montlhéry, Neauphle, Palaiseau, Poissy, Pontoise, Rambouillet, Rochefort, Saclas, Saint-Germain-*intra*, Saint-Germain-*extra*, Septeuil, Sèvres, Sucy, Taverny, Triel, Versailles-*intra*, Versailles-*extra*, Vigny, La Villeneuve-en-Chevrie, Villeneuve-Saint-Georges.

³ Registre de prairial an VII.

leur dernière séance le 24 ventôse an VIII [15 mars 1800], « le citoyen Préfet ayant commencé ses fonctions le 25 ventôse an VIII[1] ».

L'Administration centrale de département créée par la Constitution de l'an III cessait d'exister[2] : la Constitution de l'an VIII établissait dans des conditions bien différentes l'organisation départementale. Nous allons exposer ces conditions en abordant la deuxième partie de notre étude.

[1] Carton contenant les minutes des procès-verbaux des séances; note manuscrite jointe aux procès-verbaux de ventôse an VIII.

[2] La transcription des procès-verbaux des séances tenues par cette Administration et des arrêtés pris par elle est faite sur 72 gros registres: les minutes de ces procès-verbaux et de ces arrêtés sont renfermées dans 36 cartons ; registres et cartons sont classés dans la série L 1.

DEUXIÈME PARTIE

———

L'ADMINISTRATION DÉPARTEMENTALE

DE 1800 A 1913

———

CHAPITRE PREMIER

L'ADMINISTRATION DÉPARTEMENTALE
DE 1800 A 1833

L'Administration départementale réorganisée par la loi du 28 pluviôse an VIII. — Les cinq arrondissements et les cantons du département de Seine-et-Oise. — Le système électoral : les listes de notabilité. — Germain Garnier premier préfet du département. — Les premiers Conseillers généraux de Seine-et-Oise nommés le 1er prairial an VIII et la première session du Conseil général ouverte le 1er thermidor suivant. — Chandellier élu Président du Conseil général. — Ce que fit le Conseil général dans cette session; remarque au sujet de la répartition de l'impôt. — Rapports avec l'Administration préfectorale. — Modifications apportées par le Sénatus-consulte organique du 16 thermidor an X : les Collèges électoraux. — M. de Montalivet deuxième préfet de Seine-et-Oise. — Réunion du Collège électoral du département et désignation du tiers des membres du Conseil général devant être remplacé en 1805. — Décret impérial du 22 février 1805 nommant les huit nouveaux membres du Conseil général. — La composition du Conseil à la fin de mars 1805. — Désignation en 1809 du deuxième tiers sortant; session du Collège électoral de département; sessions du Conseil général de 1805 à 1809. — Le comte Laumond troisième préfet de Seine-et-Oise. — Décret impérial du 19 juillet 1810 remplaçant les membres du deuxième tiers sortant. — La composition du Conseil à la fin de juillet 1810. — Modifications qui se produisent dans l'Assemblée départementale de 1810 à 1814. — Le comte de Gavre quatrième préfet de Seine-et-Oise. — La dernière session du Conseil général sous l'Empire, mai 1813. — L'année 1814. Le baron Delaître cinquième préfet. La première Restauration. Session du Conseil général au mois d'octobre : la situation du département pendant l'occupation étrangère; la répartition des contributions entre les six arrondissements, le sixième, celui de Rambouillet, ayant été créé en 1811. Éloge du baron Delaître. — L'année 1815. Première session du Conseil général au mois de mars. Le retour de l'île d'Elbe et les Cent-Jours : le comte de Girardin sixième préfet. Nouvelle invasion du département. La deuxième Restauration. Le Sr Michaux nommé à la préfecture de Seine-et-Oise par l'intendant général des armées du roi de Prusse, 6 juillet 1815. Le baron Delaître replacé à la tête de l'Administration du département le 14 juillet. Session extraordinaire du Conseil général tenue à Paris au mois de novembre : position critique du département. — Le Conseil général, de 1815 à 1830; la législation en ce qui concerne les Conseils généraux est-elle modifiée? — La composition du Conseil général de Seine-et-Oise en mai-juin 1816; modifications dans le personnel de l'Assemblée départementale jusqu'en 1830. — Le baron Hersant des Touches septième préfet de Seine-et-Oise. — Le Préfet aux sessions du Conseil général. — Le comte de Tocqueville huitième préfet. — Le baron Capelle neuvième préfet. — Sessions du Conseil et composition du Bureau jusqu'en 1829. — La dernière session tenue sous la Restauration, septembre 1829. — La Révolution de 1830 et la Monarchie de Juillet. M. Auberson dixième préfet de Seine-et-Oise. Comment il comprend son rôle de préfet. — Les sessions du Conseil général de 1831 à 1833; composition de l'Assemblée départementale; modifications dans le personnel. La dernière session, en juillet-août 1833, du Conseil général, dont les membres, au nombre de vingt-quatre, étaient nommés par le chef de l'État conformément à la loi du 28 pluviôse an VIII.

« Lorsque le Consulat fut établi, peu de temps après la Constitution de frimaire an VIII, le Gouvernement nouveau réglementa l'administration départementale et l'autorité municipale d'une manière conforme à l'état de choses qui venait d'être inauguré. A la tête des départements, la loi du 28 pluviôse an VIII plaça des représentants du pouvoir central appelés préfets et leur transféra les attributions qui avaient appartenu aux administrations départementales. Tandis que la Constitution de l'an III n'avait confié aux commissaires du Directoire que des pouvoirs restreints, le préfet, nouvel agent du pouvoir exécutif, est investi des droits les plus absolus en ce qui concerne l'administration du département. Le conseil général n'intervient désormais que pour la répartition entre les arrondissements du contingent des contributions directes. Il est également chargé du vote des impôts départementaux dans les limites fixées par la loi, et du contrôle du compte annuel présenté par le préfet pour l'emploi des crédits du budget. Le rôle nouveau des assemblées départementales est donc complètement effacé; les membres de ces assemblées n'agissent plus comme des mandataires chargés des intérêts du département, ils ne sont plus que des auxiliaires du pouvoir exécutif représenté par le préfet. Ainsi les institutions départementales, comme les institutions politiques, ont été transformées dans un esprit autoritaire. De plus, les membres des conseils de département sont choisis par le premier consul sur les listes de notabilité, ce qui donne au Gouvernement la part prépondérante dans le choix des conseillers. La durée de la session du conseil est fixée à quinze jours par an, et ce laps de temps fort court suffit désormais, étant données les attributions restreintes du conseil général.

« Le district est réorganisé sous le nom d'arrondissement. Il est administré par un conseil d'arrondissement, choisi comme le conseil général par le premier consul, et par un sous-préfet nommé par le Gouvernement.....

« Une transformation analogue est opérée dans la commune. Le système ingénieux établi par la Constitution de fructidor an III est abrogé. Il y a désormais dans chaque commune, quelle que soit son importance, un maire et un conseil municipal..... Les conseillers municipaux sont nommés par le préfet sur les listes de notabilité, et quant aux maires et adjoints, ils sont nommés par le premier consul dans les villes qui ont plus de 5,000 habitants, et par le préfet pour les autres communes.

« C'est cette loi du 28 pluviôse an VIII, avec son caractère fortement centralisateur, qui est justement regardée comme la loi originaire et fondamentale de nos institutions administratives actuelles. Sans doute, de nombreuses lois ont été votées depuis en matière départementale et municipale, mais l'organisation de l'an VIII est restée sensiblement la même pendant le cours du XIXᵉ siècle. Toutefois, les attributions des corps locaux ont pris une plus grande importance, surtout en ce qui concerne les conseils généraux, depuis la loi du 10 août 1871 [1]. »

Nous ne pouvons donc nous dispenser de reproduire ici — seulement en ce qui regarde l'Administration départementale — le texte de cette loi intitulée : *Loi concernant la division du territoire de la République et l'administration.*

[1] Alfred GAUTIER, *Précis de l'histoire du Droit français*, Paris, 1882, p. 417-419.

« Du 28 Pluviôse, an VIII¹ de la République une et indivisible.

« Au nom du Peuple français, Bonaparte, premier Consul, proclame loi de la République le décret suivant, rendu par le Corps législatif le 28 pluviôse an VIII, conformément à la proposition faite par le Gouvernement le 18 du même mois, communiquée au Tribunat.

DÉCRET

Titre premier.

DIVISION DU TERRITOIRE

« Art. 1er. Le territoire européen de la République sera divisé en départemens et en arrondissemens communaux, conformément au tableau annexé à la présente loi.

Titre II.

ADMINISTRATION

§ 1er. — *Administration de département.*

« II. Il y aura, dans chaque département, un préfet, un conseil de préfecture et un conseil général de département, lesquels rempliront les fonctions exercées maintenant par les administrations et commissaires de département.

« Le conseil de préfecture sera composé de cinq membres, et le conseil général le sera de vingt-quatre, dans les départemens ci-après nommés :

« Aisne, ... Seine, Seine-Inférieure, *Seine-et-Oise,* Somme.

« Le conseil de préfecture sera composé de quatre membres, et le conseil général le sera de vingt, dans les départemens ci-après nommés :

« Ain, ... Yonne.

« Le conseil de préfecture sera composé de trois membres, et le conseil général le sera de seize, dans les départemens ci-après nommés :

« Allier, ... Vosges.

« III. Le préfet sera seul chargé de l'administration.

« IV. Le conseil de préfecture prononcera :

« Sur les demandes. . . . .

« Enfin sur le contentieux des domaines nationaux.

« V. Lorsque le préfet assistera au conseil de préfecture, il présidera : en cas de partage, il aura voix prépondérante.

¹ 17 février 1800.

182 L'ADMINISTRATION DÉPARTÉMENTALE

« VI. Le conseil général de département s'assemblera chaque année : l'époque de sa réunion sera déterminée par le Gouvernement; la durée de sa session ne pourra excéder quinze jours.

« Il nommera un de ses membres pour président, un autre pour secrétaire.

« Il fera la répartition des contributions directes entre les arrondissemens communaux du département.

« Il statuera sur les demandes en réduction faites par les conseils d'arrondissement, les villes, bourgs et villages.

« Il déterminera dans les limites fixées par la loi le nombre de centimes additionnels dont l'imposition sera demandée pour les dépenses de département.

« Il entendra le compte annuel que le préfet rendra de l'emploi des centimes additionnels qui auront été destinés à ces dépenses.

« Il exprimera son opinion sur l'état et les besoins du département, et l'adressera au ministre de l'intérieur.

« VII. Un secrétaire général de préfecture aura la garde des papiers et signera les expéditions.

§ II. — Administration communale.

« VIII. Dans chaque arrondissement communal, il y aura un sous-préfet et un conseil d'arrondissement composé de onze membres.

« IX à XI. . . . .

§ III. — Municipalités.

« XII à XVII . . . .

§ IV. — Des nominations.

« XVIII. Le premier Consul nommera les préfets, les conseillers de préfecture, les membres des conseils généraux de département, le secrétaire général de préfecture, les sous-préfets, les membres des conseils d'arrondissement, les maires et adjoints des villes de plus de 5,000 habitans, les commissaires généraux de police et préfet de police dans les villes où il en sera établi.

« XIX. Les membres des conseils généraux de département, et ceux des conseils d'arrondissement communaux, seront nommés pour trois ans; ils pourront être continués.

« XX. . . . .

§ V. — Des traitemens.

« XXI. Dans les villes dont la population n'excède pas 15,000 habitans, le traitement du préfet sera de 8,000 francs ; — dans celles de 15,000 à 30,000 habitans, il sera de 12,000 francs ; — dans celles de 30,000 à 45,000 habitans, il sera de 16,000 francs ; — dans celles de 45,000 habitans à 100,000, il sera de 20,000 francs ; — dans celles de 100,000 habitans et au-dessus, de 24,000 francs ; — à Paris, il sera de 30,000 francs.

« XXII. Le traitement des conseillers de préfecture sera, dans chaque département, le dixième de celui du préfet ; il sera de 1,200 francs dans les départemens où le traitement du préfet ne sera que de 8,000 francs.

« XXIII. Le traitement des sous-préfets, dans les villes dont la population excédera 20,000 habitans, sera de 4,000 francs, et de 3,000 francs dans les autres.

« XXIV. Le Gouvernement fixera, pour chaque département, la somme des frais de bureau qui sera employée pour l'administration.

« Collationné à l'original par nous président et secrétaires du Corps législatif . . . .

« Soit la présente loi revêtue du sceau de l'Etat, insérée au Bulletin des lois, inscrite dans les registres des autorités judiciaires et administratives, et le ministre de la justice chargé d'en surveiller la publication.

« A Paris, le 8 Ventôse, an VIII[1] de la République.

« Signé : BONAPARTE, *premier Consul*. Contre-signé : *le secrétaire d'état*, Hugues-B. MARET. Et scellé du sceau de l'Etat.

« *Vu, le ministre de la justice*, signé : ABRIAL[2]. »

Du *Tableau des départemens et des arrondissemens communaux de la République française* annexé à cette loi nous devons extraire la portion qui suit et qui est relative au département de Seine-et-Oise, lequel porte le numéro 88, le nombre des départemens étant de 98 [AIN, n° 1 — YONNE, n° 98][3] :

---

[1] 27 février 1800.

[2] Cette loi est complétée par deux arrêtés du 17 ventôse an VIII [8 mars 1800], relatifs, l'un à l'établissement des préfectures, l'autre « à l'installation, aux fonctions, au costume des préfets et au traitement des secrétaires de préfecture..... ». On en trouve le texte au *Bulletin des Lois*, n°ˢ 10 et 13 de la 3ᵉ série, an VIII. Voici quelques extraits du dernier : « Les préfets, avant d'entrer en fonctions, prêteront serment entre les mains du premier Consul, ou en celles du commissaire qui sera délégué à cet effet..... Les membres des conseils généraux de département prêteront le leur à l'ouverture de leur première séance et en adresseront le procès-verbal au préfet... Le préfet fera chaque année une tournée dans son département..... Le préfet ne pourra s'absenter de son département sans la permission du premier Consul..... Les préfets seront vêtus comme il suit : habit bleu ; veste, culotte ou pantalon blancs ; collet, poches et paremens de l'habit brodés en argent, suivant les dessins déterminés pour les habits du Gouvernement ; écharpe rouge, franges d'argent ; chapeau français, brodé en argent ; une armé. »

[3] L'arrêté du 17 ventôse [8 mars 1800] relatif à l'installation, aux fonctions, au costume des Préfets..... porte : « Art. 1ᵉʳ. Les préfectures et sous-préfectures seront établies dans les lieux déterminés par le tableau annexé au présent règlement. » De ce tableau il résulte que le chef-lieu de Préfecture est Versailles, et que les chefs-lieux de Sous-Préfecture sont : pour le 1ᵉʳ arrondissement, Mantes ; pour le 2ᵉ, Pontoise ; pour le 3ᵉ, Versailles ; pour le 4ᵉ, Corbeil ; pour le 5ᵉ, Etampes. [*Bulletin des Lois.*]

SEINE-ET-OISE.

« *1er Arrondissement.* — Cantons de : Magny, Fontenay-Saint-Père, Limay, Mantes, Septeuil, Houdan, Dammartin, Breval, Villeneuve-en-Chevrie, La Roche-Guyon.

« *2e Arrondissement.* — Marines, Grisy, Beaumont-sur-Oise, Luzarches, Louvres, Livry, Gonnesse, Emile, Taverny, Pontoise et Cergy, Vigny, L'Isle-Adam, Ecouen.

« *3e Arrondissement.* — Meulan, Triel, Argenteuil, Saint-Germain en-Laye, Marly, Sèvres, Jouy, Palaiseau, Limours, Chevreuse, Les Essarts, Rambouillet, Versailles, Maulle, Poissy, Neauphle-le-Château, Montfort, Garencières.

« *4e Arrondissement.* — Sucy, Brunoy, Corbeil, Menecy, Arpajon, Montlhéry, Lonjumeau, Villeneuve-St-Georges.

« *5e Arrondissement.* — Rochefort, Dourdan, Chamarande, La Ferté-Aleps, Milly, Maisse, Saclas, Angerville, Etampes, Ablis. »

Il importe de faire remarquer ici qu'une partie très originale de la Constitution du 22 frimaire an VIII consistait dans le système électoral qu'elle avait imaginé et qui se trouve exposé dans les articles suivants de la loi :

« Article VII. Les citoyens de chaque arrondissement communal désignent par leurs suffrages ceux d'entre eux qu'ils croient les plus propres à gérer les affaires publiques. Il en résulte une liste de confiance, contenant un nombre de noms égal au dixième du nombre des citoyens ayant droit d'y coopérer. C'est dans cette première liste communale que doivent être pris les fonctionnaires publics de l'arrondissement.

« VIII. Les citoyens compris dans les listes communales d'un département désignent également un dixième d'entre eux. Il en résulte une seconde liste dite départementale, dans laquelle doivent être pris les fonctionnaires publics du département.

« IX. Les citoyens portés dans la liste départementale désignent pareillement un dixième d'entre eux; il en résulte une troisième liste qui comprend les citoyens de ce département éligibles aux fonctions publiques nationales.

« X. Les citoyens ayant droit de coopérer à la formation de l'une des listes mentionnées aux trois articles précédens sont appelés tous les trois ans à pourvoir au remplacement des inscrits décédés, ou absens pour toute autre cause que l'exercice d'une fonction publique.

« XI. Ils peuvent, en même temps, retirer de la liste les inscrits qu'ils ne jugent pas à propos d'y maintenir, et les remplacer par d'autres citoyens dans lesquels ils ont une plus grande confiance.

« XII. Nul n'est retiré d'une liste que par les votes de la majorité absolue des citoyens ayant droit de coopérer à sa formation.

« XIII. On n'est point retiré d'une liste d'éligibles par cela seul qu'on n'est pas maintenu sur une autre liste d'un degré inférieur ou supérieur.

« XIV. L'inscription sur une liste d'éligibles n'est nécessaire qu'à l'égard de celles des fonctions publiques pour lesquelles cette condition est expressément exigée par la Constitution ou par la loi. Les listes d'éligibles seront formées pour la première fois dans le cours de l'an neuf.

« Les citoyens qui seront nommés pour la première formation des autorités constituées feront partie nécessaire des premières listes d'éligibles. »

Et l'article LIX était conçu en ces termes : « Les administrations locales établies soit pour chaque arrondissement communal, soit pour des portions plus étendues du territoire, sont subordonnées aux ministres. Nul ne peut devenir ou rester membre de ces administrations, s'il n'est porté ou maintenu sur l'une des listes mentionnées aux articles 7 et 8. »

Ainsi trois listes de notabilité : *liste de notabilité communale*, dans laquelle devaient être pris les fonctionnaires publics de l'arrondissement communal ; *liste de notabilité départementale*, dans laquelle devaient être pris les fonctionnaires du département ; *liste de notabilité nationale,* dans laquelle devaient être choisis ceux qui étaient appelés aux fonctions publiques nationales, membres siégeant dans les assemblées législatives, conseillers d'État, ministres.

Dans son *Histoire du Consulat et de l'Empire*[1], M. Thiers a formulé son jugement sur cette organisation administrative en des pages qu'il n'est pas inutile de rappeler ici. Après avoir énuméré les grosses difficultés qui existaient alors et avoir dit que le Premier Consul devait être conduit par « son esprit simple, juste, guidé par un caractère actif et résolu », à en découvrir la vraie solution, il s'exprime ainsi : « La Constitution avait placé à la tête de l'État un pouvoir exécutif et un pouvoir législatif : le pouvoir exécutif concentré à peu près dans un chef unique, et le pouvoir législatif divisé en plusieurs assemblées délibérantes. Il était naturel de placer à chaque degré de l'échelle administrative un représentant du pouvoir exécutif, spécialement chargé d'agir ; et à ses côtés, pour le contrôler ou l'éclairer seulement, mais non pour agir à sa place, une petite assemblée délibérante, telle qu'un conseil de département, d'arrondissement ou de commune. On dut à cette idée simple, nette, féconde, la belle administration qui existe aujourd'hui en France. Le Premier Consul voulut dans chaque département un préfet, chargé, non de solliciter auprès d'une administration collective l'expédition des affaires de l'État, mais de les faire lui-même ; chargé en même temps de gérer les affaires départementales, mais celles-ci d'accord avec un conseil de département, et avec les ressources votées par ce conseil. Comme le système des municipalités cantonales

---

[1] Édition de 1845, Paulin, Paris, tome Ier, livre Ier, p. 153 et suivantes.

était universellement condamné, et que M. Sieyès, l'auteur de toutes les circonscriptions de la France, avait, dans la Constitution nouvelle, posé le principe de la circonscription par arrondissement, le Premier Consul voulut l'employer pour se passer des administrations de canton. D'abord, l'administration communale fut replacée où elle doit être, c'est-à-dire dans la commune même, ville ou village; et entre la commune et le département, il fut créé un degré administratif intermédiaire, c'est-à-dire l'arrondissement. Entre le préfet et le maire, il dut y avoir le sous-préfet, chargé, sous la surveillance du préfet, de diriger un certain nombre de communes, soixante, quatre-vingts ou cent, plus ou moins, suivant l'importance du département. Enfin, dans la commune même, il dut y avoir un maire, pouvoir exécutif aussi, ayant à ses côtés son pouvoir délibérant dans le conseil municipal ; un maire, agent direct et dépendant de l'autorité générale pour l'expédition des affaires de l'Etat, agent de la commune quant aux affaires locales, gérant les intérêts de celle-ci d'accord avec elle, sous la surveillance toutefois du préfet et du sous-préfet, par conséquent de l'Etat. Telle est cette admirable hiérarchie, à laquelle la France doit une administration incomparable pour l'énergie, la précision de son action, la pureté des comptes, et qui est si excellente qu'elle suffit en six mois, comme on le verra bientôt, pour remettre l'ordre en France, sous l'impulsion, il est vrai, d'un génie unique, le Premier Consul; et avec une faveur des circonstances unique aussi, car on avait partout horreur du désordre et soif de l'ordre, dégoût du bavardage, goût des résultats prompts et positifs. »

Et quelques pages plus loin, le même historien dit encore : « En vertu de l'esprit et même de la lettre de la Constitution, le Premier Consul dut choisir, dans les listes de la notabilité départementale, les membres des conseils de département; dans les listes de la notabilité d'arrondissement, les membres des conseils d'arrondissement..... Ce pouvoir, excessif en temps ordinaire, était en ce moment nécessaire. L'élection, en effet, était impossible pour la formation des conseils locaux, tout comme pour la formation des grandes assemblées politiques. Elle n'aurait donné que des agitations funestes, de petits triomphes alternatifs à tous les partis extrêmes, au lieu d'une fusion paisible et féconde de tous les partis modérés, fusion qui était indispensable pour fonder la société nouvelle avec les débris réunis de la société ancienne. »

Enfin, pour emprunter à M. Thiers une dernière citation relative aux choix faits, par le Premier Consul, des préfets, sous-préfets et maires, voici comment l'éminent homme d'Etat les apprécie : « Le Premier Consul, ne voulant pas laisser [les lois relatives à l'administration départementale, du 28 pluviôse an VIII, et à l'organisation judiciaire, du 27 ventôse] comme une lettre morte au Bulletin des lois, nomma sur-le-champ les préfets, sous-préfets et maires. Il était exposé à commettre plus d'une méprise, comme il arrive toujours lorsqu'on choisit précipitamment beaucoup de fonctionnaires à la fois. Mais un gouvernement éclairé et vigilant rectifie bientôt l'erreur de ses premiers choix,

Il suffit que l'esprit général de ces choix ait été bon. Or, l'esprit de ces choix était excellent : il était à la fois ferme, impartial et conciliant. Le Premier Consul rechercha dans tous les partis les hommes réputés honnêtes et capables, n'excluant que les hommes violents, adoptant même quelquefois ces derniers, si l'expérience et le temps les avaient ramenés à cette modération qui faisait alors le caractère essentiel de sa politique. Il appela aux préfectures, qui étaient des places importantes et bien rétribuées, car les préfets devaient recevoir 12, 15 et jusqu'à 24 mille francs d'appointements (ce qui valait le double de ce que de tels appointements vaudraient aujourd'hui), il appela des personnages qui avaient figuré honorablement dans les grandes assemblées politiques, et qui faisaient ressortir clairement l'intention de ses choix, car les hommes, s'ils ne sont ni les choses, ni les principes, les représentent du moins aux yeux des peuples. Le Premier Consul nomma à Marseille, par exemple, M. Charles Lacroix, ex-ministre des relations extérieures; à Saintes, M. Français de Nantes; à Lyon, M. Verninac, ancien ambassadeur; à Nantes, M. Letourneur, ancien membre du Directoire; à Bruxelles, M. de Pontécoulant; à Rouen, M. Beugnot; à Amiens, M. Quinette; à Gand, M. Faypoult, ancien ministre des finances. Tous ces hommes, et d'autres, qu'on allait chercher dans la Constituante, la Législative, la Convention, les Cinq-Cents, qui étaient pris parmi les ministres, les directeurs, les ambassadeurs de la République, étaient faits pour relever les nouvelles fonctions administratives et donner au gouvernement des provinces l'importance qu'il mérite d'avoir. La plupart ont occupé leurs places pendant toute la durée du Consulat et de l'Empire. »

Ce fut à la date du 11 ventôse an VIII [2 mars 1800] que fut pris par le Premier Consul le premier arrêté « contenant nomination aux préfectures de trente-un départemens de la République ». En voici le texte :

« Du 11 Ventôse.

« Au nom du Peuple Français, Bonaparte, premier Consul de la République, nomme, pour remplir les places de préfets dans les départemens de la République, les citoyens dont les noms suivent;

« Savoir :
« Aveyron : Rodès. — *Saint-Horent*, ex-législateur.
« Bouches-du-Rhône : Aix. — *Charles Delacroix*, ex-ministre des relations extérieures.
. . . .
« Seine-Inférieure : Rouen. — *Beugnot*, ex-législateur.
« Seine-et-Oise : Versailles. — *Germain Garnier*, ex-administrateur.
. . . .
« Vienne : Poitiers. — *Cochon*, ex-ministre de la police.
« Vienne (Haute-) : Limoges. — *Poujeard du Limbert*, ex-constituant . »

Le premier Préfet du département de Seine-et-Oise fut donc le citoyen Germain Garnier, que les *Annuaires de Seine-et-Oise* de l'an X, de l'an XI et de l'an XII [1801-1804] qualifient de « ex-administrateur du département de la Seine et membre de l'Institut national ». Nous lui consacrerons une courte notice biographique quand nous dresserons la liste des Préfets.

Moins de trois mois après, — le 1ᵉʳ prairial an VIII [21 mai 1800], — le Premier Consul désignait les membres du Conseil général et ceux des Conseils d'arrondissement. L'arrêté pris par lui est conçu en ces termes :

« Liberté. — République française. — Egalité.

« Au nom du Peuple français.

« Du 1ᵉʳ Prairial, l'an 8 de la République une et indivisible.

« Bonaparte, premier Consul de la République, nomme les citoyens dont les noms suivent pour remplir, dans le département de Seine-et-Oise, les fonctions ci-après désignées, savoir :

Conseil général du Département.

« Les Cᵉⁿˢ Pétigny, ex-maire, président du tribunal de commerce,

Vallier, ex-administrateur du département, juge actuel au tribunal de 1ʳᵉ instance du 4ᵉ arrondissement,

Oberkampf père, manufacturier à Jouy,

Usquin, tanneur, près Saint-Germain,

Chanorier, administrateur de la caisse d'amortissement à Croissy,

Farmain, ancien notaire, propriétaire à Palaiseau,

Roger de Cherfosse, propriétaire à Dourdan,

Soret, de Pontoise, ex-législateur,

Chandellier, ex-procureur-syndic et ex-commissaire du Gouvernement, commissaire du Gouvernement près le tribunal de 1ʳᵉ instance du 1ᵉʳ arrondissement,

Janquières [de Junquières], ex-juge de paix, à Auvers,

Caïllault, entrepreneur de carrières à Vaux,

Guichard, ancien administrateur du district de Pontoise,

Pinon, ancien magistrat, à Paris, rue de Provence, n° 48, ou à Frouville, canton de l'Isle-Adam,

Duchesne, ancien magistrat, propriétaire à Gilvoisin près Chamarande,

« Les C^{ns} Gabaille, ancien subdélégué, ex-juge de paix, ex-commissaire national près
le tribunal d'Étampes,

Andrieux, d'Arpajon, de la Société d'agriculture,

Clérisseau, de Corbeil, ex-administrateur de district,

Lépicier, de Méricourt, ex-administrateur du département,

Javon, ex-officier m^{al} à Paris, rue Meslée,

Secretier [Segretier], de Bissy, près Dourdan, ex-législateur,

Johannot, de Vaucresson, ex-législateur,

Venard (E.), ex-administrateur du département,

Bourlier [Lebourlier], d'Athis, de la Société d'agriculture,

Girardin (René), de Vernouillet.

Conseil du 1er Arrondissement.

. . . .

Conseil du 5e Arrondissement.

. . . .

« Ordonne, en conséquence, qu'ils se rendront à leurs postes respectifs lorsqu'ils y
seront convoqués, ou à l'époque fixée par la loi, pour y remplir les fonctions qu'elle leur
attribue.

« En l'absence du premier Consul : le deuxième Consul, signé : CAMBACÉRÈS.

« Par le deuxième Consul : le Secrétaire d'État, signé : Hugues-B. MARET.

« Pour ampliation : le Ministre de l'Intérieur, signé : L. BONAPARTE. »

Quelques jours auparavant — le 19 floréal [9 mai 1800] — avait été pris un arrêté
relatif à la réunion des Conseils d'arrondissement et des Conseils généraux de département.

« Les Consuls de la République, sur le rapport du ministre de l'intérieur, le conseil
d'état entendu, arrêtent :

« Art. 1er. Les conseils d'arrondissement s'assembleront le 15 prairial prochain, pour
exprimer leur opinion sur l'état et les besoins de l'arrondissement, donner leur avis
motivé sur les demandes en décharge qui seront formées par les villes, bourgs et villages, recevoir du sous-préfet et du préfet dans son arrondissement, quand il y aura lieu,
le compte de l'emploi des centimes additionnels destinés aux dépenses de l'arrondissement. Après avoir terminé ce premier travail, ils s'ajourneront à cinq jours après la
session du conseil général du département, pour faire la répartition des contributions
directes entre les villes, bourgs et villages. La durée des deux assemblées ne pourra pas
excéder quinze jours, conformément à la loi : la première ne pourra pas durer plus de
dix jours, et la seconde plus de cinq.

26

« II. Les conseils généraux de département s'assembleront le 1er messidor.

« III. Les actes de ces assemblées ne seront pas imprimés; les préfets en feront passer, sans délai, une copie au ministre de l'intérieur.

« IV. Les sous-préfets procéderont, sans délai, à la nomination des répartiteurs en chaque ville, bourg ou village, au nombre déterminé par les lois; et les répartiteurs termineront leur travail dans les dix jours qui suivront la réception du mandatement.

« V. Les préfets et sous-préfets seront tenus de préparer à l'avance les documens et instructions sur les objets sur lesquels les conseils généraux de département et ceux des arrondissemens doivent délibérer. Ils leur feront la remise de ces pièces le premier jour de leur session.

« VI. Les ministres de l'intérieur et des finances sont chargés de l'exécution du présent arrêté, qui sera imprimé au Bulletin des Lois. »

Mais l'époque fixée pour l'ouverture des Conseils fut prorogée aux termes d'un arrêté pris à la date du 8 prairial [28 mai 1800], ainsi conçu :

« Les Consuls de la République, sur le rapport du ministre de l'intérieur, le conseil d'état entendu ;

« Considérant que des empêchemens multipliés ne permettent pas à tous les conseils d'arrondissemens communaux de s'assembler le 15 prairial, conformément à l'arrêté du 19 floréal, et qu'il convient que cette opération ait lieu uniformément dans tous les arrondissemens,

« Arrêtent ce qui suit :

« Art. Ier. L'époque fixée par ledit arrêté pour l'ouverture des conseils d'arrondissemens communaux est prorogée au 15 messidor prochain.

« II. Les conseils généraux de département s'assembleront le 1er thermidor suivant.

« III. Le ministre de l'intérieur est chargé de l'exécution du présent arrêté, qui sera imprimé au Bulletin des Lois. »

Ce fut donc le 1er thermidor de l'an VIII [20 juillet 1800] que le Conseil général tint sa première session, à Versailles. Du procès-verbal officiel de cette session, qui dura quinze jours, il paraît intéressant d'extraire ce qui suit :

« L'an huit de la République française, le premier thermidor, deux heures de relevée,

« Après l'installation du Conseil général du département de Seine-et-Oise, convoqué en la ville de Versailles et installé par le Préfet du département, en vertu de l'arrêté du Gouvernement du 8 prairial dernier, lors de laquelle installation vingt et un des membres présents ont prêté, entre les mains du Préfet, le serment d'être fidèles à la Constitution,

« Le Conseil général s'est d'abord formé sous la présidence du Cen René Girardin, plus ancien d'âge, le C^{en} Roger de Cherfosse, le plus jeune des membres présents, tenant la plume.

« Le C^{en} Segretier, de Bissy, s'étant alors présenté, a fait ès-mains du Président la promesse de fidélité à la Constitution.

« Le Conseil général a procédé à la nomination de son Président.

« Un premier scrutin, composé de vingt et un votans, dépouillé par le Président d'âge, en présence de l'assemblée, n'ayant produit aucun résultat, il a été de suite passé à un deuxième tour de scrutin, dans lequel le C^{en} Chandellier, de Meulan, commissaire du Gouvernement près le tribunal de première instance établi à Mantes, ayant réuni onze voix sur vingt et un, a été proclamé Président du Conseil général.

« Passant ensuite à la nomination du Secrétaire, au premier tour de scrutin, reçu et dépouillé comme ci-dessus, sur vingt et un suffrages, quatorze se sont portés sur le C^{en} Soret, de Pontoise, lequel a été proclamé en conséquence Secrétaire du Conseil général.

« Les C^{ens} Chandellier et Soret, ayant, chacun à leur égard, accepté leur nomination, ont pris place au bureau, en cette qualité.

« Les Président et Secrétaire d'âge ont signé le présent procès-verbal avec les Président et Secrétaire définitifs.

« René GIRARDIN père, président. — Roger CHERFOSSE.
CHANDELLIER, président. — SORET, secrétaire.

« Le Président a donné lecture au Conseil général des loix des dix sept et vingt cinq ventôse [an] huit et des arrêtés du Gouvernement des vingt six et vingt neuf dudit mois, dix sept, dix neuf et vingt quatre floréal dernier, qui déterminent les fonctions des Conseils généraux de département et fixent leurs attributions.

« En conséquence de l'art. 2 de l'arrêté du 17 ventôse [an] VIII, le Conseil général arrête qu'extrait du procès-verbal en ce qui concerne la prestation de serment de ceux de ses membres qui n'étaient pas présents à l'installation du Conseil sera adressé au Préfet du département.

« Après quoi, sur la motion d'un membre, le Conseil général voulant assurer la marche de ses opérations, nomme une commission de cinq membres composée de son Président et des citoyens Johannot, Guichard, Gabaille et Chanorier, lesquels se réuniront demain, à dix heures du matin, à l'effet de faire le dépouillement sommaire des cartons remis sur le bureau par le Préfet, de recevoir des chefs de bureaux du département les renseignemens nécessaires, et d'aviser au plan qu'ils croiront le plus convenable pour fixer l'ordre du travail que le Conseil devra adopter pour parcourir successivement chacun des objets soumis à sa délibération. La commission fera du tout son rapport au Conseil général dans sa prochaine séance, laquelle est ajournée au trois thermidor, dix heures du matin.

« Séance levée à trois heures.

« CHANDELLIER, président. — SORET, secrétaire. »

Un court résumé permettra de savoir ce qui se fit dans chacune des séances.

Séance du 3 thermidor, ouverte à dix heures du matin. — Les C⁽ⁿˢ⁾ Pinon et Lépicier, absents lors de l'installation du Conseil, prêtent serment entre les mains du Président. — Lecture du rapport de la Commission formée l'avant-veille. Les rapporteurs présentent au Conseil divers objets, notamment « l'historique de la génération des différents procédés successivement employés par les administrations précédentes pour parvenir à la connaissance exacte des revenus des propriétés de tout genre situées dans l'étendue du département ». — Le Conseil décide qu'il se partagera en quatre Bureaux composés chacun de six membres : le premier « s'occupera de la répartition, entre les cinq arrondissemens, des contributions foncières, mobiliaires et personnelles de l'an IX »; le second « sera chargé de l'examen des demandes en dégrèvement sur les contributions des années V, VI, VII et VIII »; le troisième « sera chargé de la fixation des centimes additionnels, de l'examen des dépenses générales et de la formation de la liste des noms des militaires qui, sur la présentation du Préfet, doivent être inscrits sur la colonne départementale »; le quatrième « préparera le travail concernant l'état et les besoins du département ». — Il décide également qu'il se réunira tous les jours, « à dix heures précises du matin, pour ensuite se partager en Bureaux et vaquer aux travaux particulièrement attribués à chaque Commission, et [qu'il] se formera en assemblée générale toutes les fois que la demande en sera faite par l'une des dites Commissions ». — Le procès-verbal de la séance de l'avant-veille est adopté.

Séance du 4. Adoption du procès-verbal. — Réunion en Bureaux. — A deux heures et demie, sur la demande de la deuxième Commission, le Conseil se forme en assemblée générale. — Considérations présentées par le rapporteur de la première Commission. — Arrêtés pris au sujet de la répartition de la contribution foncière de l'an IX.

Séance du 5. Adoption du procès-verbal. — Les Commissions se retirent dans leurs bureaux.

Séance du 6. Procès-verbal. — Transmission par le Préfet de divers mémoires. — Réunion en Commissions.

Séance du 7. Procès-verbal. — Réunion en Commissions.

Séance du 8. Procès-verbal. — « Le Président..... donne lecture de l'état nominatif envoyé au Conseil général par le Préfet, en exécution de l'article 6 de l'arrêté des

Consuls du 29 ventôse dernier, des citoyens militaires dont les noms doivent être inscrits sur la colonne départementale »; renvoyé à la troisième Commission.

Séance du 9. Procès-verbal. — Réunion en Commissions : « Et, attendu que le jour de demain est férié, et que l'observation en est d'obligation pour toutes les autorités constituées suivant l'arrêté du Conseil d'état du 6 de ce mois, qui consacre, à cet égard, les dispositions des lois précédentes concernant les jours décadaires, le Conseil général s'ajourne au 11 thermidor, heure ordinaire. »

Séance du 11. Procès-verbal. — Proposition de la Commission de dégrèvement; examen des demandes en dégrèvement de la contribution foncière des années V, VI, VII et VIII, et en particulier de celles faites par les communes de Versailles et de Saint-Germain-en-Laye. — Fonds commun et fonds de supplément.

Séance du 12. Procès-verbal. — Rapport de la Commission des dépenses. Dépenses à la charge du département pour l'an IX; énumération des articles; total : 528,975 francs. Le rapport a constaté ce qui suit : « Il est deux autres articles de dépenses particulières à cette année dont votre Commission n'a pu se dispenser de reconnaître l'utilité, je veux parler de celui qui a pour but les travaux nécessaires pour disposer convenablement le local dans lequel le Conseil général tiendra ses séances, établir aussi définitivement celui du Conseil de préfecture, édifier des poêles économiques et pourvoir au transport et au placement des archives. Votre Commission a pensé qu'on pouvait allouer pour les dépenses que nécessiteront cette année ces différents objets la somme de 6,000 francs. » Il fournit des renseignements sur divers objets, notamment l'École centrale du département, la colonne départementale : « Depuis longtemps, les amis de la Patrie et des arts désirent voir enfin s'élever des monuments durables qui transmettent à la postérité les noms et les exploits des héros. » Le Préfet a proposé au Conseil général pour être inscrits sur la colonne départementale les noms suivants[1] : « Labarre, né au Canada en 1752, appartenait à une famille établie à Saint-Germain, où il avait lui-même son domicile et où demeure encore sa sœur..... Général de division à la reprise de Toulon..... Enfin, le 19 prairial an II, il succomba sous la supériorité du nombre des ennemis en faisant la reconnaissance de Lobregat entre Souquières [ou Fouquières] et Figuières et mourut percé de coups. Chacun des grades où il parvint fut gagné par des actions d'éclat. Sa mémoire ira à la postérité, et son nom, inscrit sur la colonne départementale, attestera la reconnaissance nationale envers lui. — Lazare Hoche, né à Versailles le 24 juin 1768, parvint par son mérite et sa bravoure au grade de général en chef des armées de Sambre-et-Meuse et du Rhin. Soldat dans les Gardes françaises à l'âge de seize ans, où il fut nommé grenadier bientôt après..... Il fut général en chef à vingt-quatre ans. Il débloqua Landau,

[1] J.-F. THÉNARD, La Colonne départementale de Seine-et-Oise. Un héros oublié. Versailles, Cerf, 1892 [Tirage à part d'un article paru dans l'Annuaire départemental pour 1892, p. 502-523.]

pacifia la Vendée. Il vainquit à Newied et mourut à Wetzlard le 4° jour complémentaire
an V. S'il ne périt pas sur le champ de bataille, il mourut à la tête de son armée des
suites des fatigues et des accidens de la guerre. Dans chacune des affaires où il se
trouva, il se distingua par des actions d'éclat. La reconnaissance nationale lui a dès
longtemps assigné sa place parmi les braves qui ont bien mérité de la Patrie. » — Présentation de son travail par la Commission de l'état et des besoins du département.

    Séance du 13. Procès-verbal. — Arrêté que les noms des citoyens « La Barre et
Lazare Hoche » seront inscrits sur la colonne départementale. Un membre fait observer
« qu'il est fâcheux » que l'arrêté des Consuls « restreigne les effets de la reconnaissance
de la Nation aux seuls citoyens qui l'ont défendue les armes à la main, qu'on peut servir
glorieusement son pays dans l'exercice des fonctions civiles comme dans les armées,
témoin le vertueux Simonneau, maire de la ville d'Etampes, qui périt, le 3 mars 1792,
en faisant exécuter la loi. Le même membre demande que le Conseil général exprime
son vœu pour que le Gouvernement provoque une mesure législative, à cet égard, en
faveur des fonctionnaires publics morts dans l'exercice et à cause de l'exercice de leurs
fonctions. Le Conseil général adopte cette motion. » — Seconde lecture du rapport de
la Commission chargée du travail relatif à l'état et aux besoins du département de
Seine-et-Oise. Divisions du travail : I. Travaux publics. 1° Désignation des objets
demandés qui ne sont pas urgents. 2° Désignation des objets demandés et qu'il est
nécessaire d'accorder attendu l'urgence : Ponts et chaussées; Canaux; Prisons;
Etablissements publics, Versailles : « Versailles, chef-lieu de département, renferme en
son sein, avec une population de 35,000 habitants, une masse de richesses nationales
qui a fait et qui peut faire encore l'admiration de l'Europe..... A qui appartiendra
l'honneur de retirer la ville de Versailles de l'état de ruines et de désolation où les
vandales de la Révolution l'ont mise, si ce n'est à celui qui a placé la République
parmi les puissances au rang où Louis le Grand avait placé la monarchie? A celui
qui semble être né pour effacer la gloire de ce roi, par les prodiges militaires dont nous
sommes témoins, et par les maux qui ont découlé de son règne sur la France depuis cent
ans, par la sagesse de ses plans. Ennemi de tout esprit de système, notre Gouvernement
actuel, qui n'aurait pas sans doute la vanité de créer Versailles, aura le noble orgueil
de le conserver. Il sait qu'un des plus sûrs moyens de faire contribuer l'étranger lui-
même à ses dépenses et à son crédit, c'est de multiplier les sources de ses jouissances
en France, c'est de joindre à la beauté de notre climat et à l'aménité de nos mœurs le
bonheur de vivre sous des lois qui protègent les hommes, et avec des hommes qui
aiment et protègent les beaux-arts. » II. Police de sûreté. 1° Gendarmerie. 2° Police
rurale. 3° Justice de paix. III. Instruction publique. Ecoles primaires : « La Commission
est d'avis de manifester son vœu pour que le Gouvernement s'occupe incessamment d'un
meilleur système d'éducation publique. » Ecole centrale : « L'Ecole centrale ne répon-

dant pas, au moins dans quelques parties, aux dépenses qu'elle occasionne, paraît être
une surcharge pour le département..... » IV. Réclamations : « Versailles a vu disparaître les deux tiers de sa population. Ses rues, ses maisons désertes, tout parle de sa
splendeur passée et de ses besoins présents. Ses propriétaires cherchent en vain des
locataires, — ils n'en trouvent même pas toujours, — à la seule condition de payer les
impositions. Dans le bouleversement, tout le poids des décombres et des mutilations
semble encore porter sur Versailles, lorsque partout ailleurs la confiance et la sécurité
renaissent; en quels lieux la Patrie a-t-elle pourtant obtenu plus de preuves de dévouement et de soumission? Le moment est arrivé d'être juste et bienfaisant envers cette
cité malheureuse. Le Gouvernement lui tendra une main protectrice et éloignera de son
enceinte le spectacle continuel de tous les maux réunis..... » Saint-Germain en-Laye.
Même avis relativement à la Commune de Saint-Germain, « qui, à beaucoup d'égards,
se trouve dans le même cas que la Commune de Versailles ». V. Vues générales sur le
bien public. 1° Mendicité. 2° Hospices et hôpitaux. 3° Convocation des Conseils d'administration. 4° Contributions, mode de perception. 5° Manufactures, commerce. 6° Agriculture. 7° Carrières à plâtre. 8° Établissement d'un caissier particulier des centimes
additionnels.

Séance du 14. Procès-verbal. — Répartement de la contribution foncière de l'an IX
entre les cinq arrondissements.

Totaux : 1er arrondissement . . . .   644.370 fr. 18
     2e   — 1.578.419   10
     3e   — 2.198.104   68
     4e   — 819.222   24
     5e   — 802.183   80

                                          Total général . . .   6.042.000 fr. »

Répartement de la contribution personnelle et mobilière de l'an IX.

Totaux : 1er arrondissement . . . .   78.082 fr. 02
     2e   — 133.486   50
     3e   — 270.051   18
     4e   — 81.131   52
     5e   — 95.904   78

                                          Total général . . .   658.350 fr. »

Séance du 15. — Ce fut ce jour-là que le Conseil général, se conformant aux prescriptions de la loi, tint sa dernière séance. Avant d'en faire connaître le procès-verbal,
il faut observer qu'à cette époque le Préfet n'assistait pas aux séances du Conseil; il n'y
assistera qu'à partir de 1817. Voici en quels termes ce procès-verbal est rédigé :

« Ledit jour, dix heures du matin, lecture faite du procès-verbal de la séance du quatorze, dont la rédaction est approuvée, sur la motion d'un de ses membres, adoptée à l'unanimité, le Conseil général arrête qu'avant de se séparer, il va se retirer auprès du Préfet, pour lui témoigner, par l'organe de son Président, la reconnaissance du Conseil général pour les communications qu'il a reçues, par ses ordres, de toutes les pièces et documents qui lui étaient nécessaires pour la confection de ses travaux.

« Le Président lui déclarera, en outre, au nom du Conseil général, toute la satisfaction qu'il éprouve en laissant l'exécution des mesures votées par le Conseil dans le cours de sa session aux mains d'un magistrat aussi recommandable par ses talents que par son intégrité et l'assurance de la confiance qu'il inspire tant au Conseil général qu'à tous les administrés du département, et dont il recueillera les preuves sur tous les points du territoire qu'il va parcourir.

« Le Conseil général ayant terminé les travaux qui lui avaient été assignés par la loi pendant cette première session, le Président lui a déclaré que l'assemblée est dissoute et il lève la séance. — CHANDELLIER, président. SORET, secrétaire. »

L'analyse qui précède peut, bien que rapide, donner une idée suffisante de ce que fut la première session du Conseil général, cette assemblée délibérante qui était chargée de défendre vis-à-vis du représentant du pouvoir exécutif les intérêts du département, surtout quant à la répartition de l'impôt, se trouvant investie de pouvoirs étendus relativement à cette répartition. « Il ne faut pourtant pas », remarque M. F. de Sèze[1], « exagérer l'importance de la disposition législative qui donnait ce droit [aux assemblées délibérantes]; car, si, sous l'empire de la loi de 1791, le pouvoir législatif se contentait de voter l'impôt et de le répartir entre les départements, il n'en était plus ainsi au moment où la loi de l'an VIII fut mise en vigueur : en effet, une loi du 3 frimaire an VIII avait constitué l'Administration centrale des contributions directes, et c'est par les soins de cette Administration que se faisait tout le travail de la répartition. Les Conseils de département et d'arrondissement étaient bien forcés de s'en référer aux conclusions de l'Administration, et d'adopter la répartition faite par elle, car ils n'avaient pas à leur disposition les éléments nécessaires pour faire eux-mêmes cette répartition; d'autre part, il ne leur était pas possible de contredire les évaluations de l'Administration, car il leur eût fallu, pour vérifier tous ces chiffres, se transporter dans toutes les maisons du département ou de l'arrondissement, en apprécier la valeur locative, en compter les portes et fenêtres; et pour l'impôt foncier, qui est assis sur une base proportionnelle, il leur eût fallu reprendre toutes les cotes individuelles de chaque arrondissement et de chaque commune, pour voir si elles étaient toutes proportionnelles aux bases cadastrales : travail qui eût demandé un temps considérable. Or, les tableaux de l'Adminis-

[1] F. DE SÈZE, De l'organisation administrative départementale en France depuis 1789, Vannes, 1886, p. 84-85.

tration des contributions n'étaient remis aux Conseils que le matin même de leur réunion. Il leur était donc matériellement impossible de rien vérifier, et ils étaient obligés d'accepter tels quels les chiffres fixés par l'Administration. Puis, leurs sessions annuelles étaient trop courtes pour leur permettre de prendre autre chose qu'une connaissance très superficielle des affaires. Et la loi qui leur ordonnait d'entendre le compte annuel du préfet et du sous-préfet sur l'emploi des centimes additionnels les mettait dans l'impossibilité de présenter des observations sur ce compte, car ce compte n'était pas imprimé et distribué aux Conseils : il leur était seulement lu. »

Les mêmes Conseillers généraux se trouvèrent l'année suivante à Versailles[1], où ils tinrent, en germinal an IX, leur deuxième session, « dans le nouveau local préparé pour y recevoir le Conseil général[2] ». La première séance eut lieu le 15 germinal [5 avril 1801]: c'était, en effet, à cette date que l'arrêté des Consuls du 4 ventôse an IX [23 février 1801] avait fixé pour l'avenir l'époque de la réunion des Conseils généraux : « Les Conseils d'arrondissement s'assembleront le 1er germinal de chaque année, et les Conseils généraux de département le 15 du même mois, pour procéder aux opérations ordonnées par l'arrêté du 19 floréal an VIII. » Le Préfet s'étant présenté à la séance, y fit une analyse sommaire des arrêtés et instructions du Ministre de l'Intérieur pour la convocation des Conseils généraux, déposa sur le bureau les papiers qu'il crut nécessaires pour les opérations dont le Conseil était chargé et promit de lui faire remettre tous les documents dont l'assemblée pourrait avoir besoin; après quoi il se retira.

Chandellier et Soret furent réélus, l'un Président, l'autre Secrétaire du Conseil, acceptèrent leur nomination et prirent place au bureau. Et le Conseil, « voulant mettre de l'ordre dans ses travaux et en accélérer la marche », se partagea en trois Bureaux, composés chacun de huit membres, chargés : le premier, des opérations relatives à la répartition, entre les cinq arrondissements, des contributions foncières, mobilières et personnelles de l'an X et de l'examen des demandes de dégrèvement sur les contributions des années précédentes; le deuxième, de l'examen du compte de l'emploi des centimes additionnels affectés aux dépenses des cinq derniers mois de l'an VIII et de la fixation de ceux qui doivent être affectés au paiement des dépenses départementales et communales de l'an X; le troisième, de préparer le travail concernant l'état et les besoins du département. Les trois Commissions se réunissaient tous les jours, à dix heures du matin, dans

[1] A l'exception toutefois de Roger de Cherfosse, qui paraît n'avoir plus appartenu au Conseil général à cette époque, bien que le procès-verbal de la session le range, à tort sans doute, parmi les membres de la deuxième Commission. C'est évidemment Roger de Cherfosse qui avait été remplacé par Anne-Charles Le Brun, — fils aîné du troisième Consul, — lequel avait été nommé membre du Conseil général de Seine-et-Oise par arrêté du 9 pluviôse an IX [29 janvier 1801]. Le Brun n'assista pas d'ailleurs à la session de l'an IX et, l'année suivante, à la date du 25 floréal an X [15 mai 1802], le troisième Consul adressa au Préfet de Seine-et-Oise la démission de son fils, qui fut remplacé par M. de Selve.

[2] Hôtel du Garde-Meuble, rue des Réservoirs. Consulter la troisième partie de ce travail.

27

leurs bureaux et se formeraient en Conseil général toutes les fois que la demande en serait faite par l'un des membres.

En conséquence, les membres du Conseil général se réunirent d'abord en Commissions, ne tenant pas de séances générales les 16, 17, 19 et 21. Le 18, ils avaient reçu du Préfet « le rapport qu'il a adressé au Gouvernement de la tournée par lui faite, au mois de fructidor an VIII », rapport dont les points principaux étaient groupés sous quatorze subdivisions, et le procès-verbal de la séance de ce jour constate que « le Conseil général a suivi avec le plus vif intérêt les différents développements donnés à chacune de ces parties. Partout il a reconnu dans le magistrat dont la plume a su resserrer un aussi vaste tableau dans un cadre assez étroit l'administrateur éclairé, l'homme probe, le bon citoyen; il a surtout remarqué le ton de franchise qui règne dans ce rapport et qui fait également l'éloge du magistrat qui l'emploie et du Gouvernement auquel il s'adresse. Le Conseil général, regrettant que la nature de ses attributions ne lui permette pas de donner à ce travail, par la voie de l'impression, toute la publicité qu'il mérite, a décidé que l'extrait en serait consigné dans son procès-verbal et ordonné le renvoi du rapport à sa troisième Commission. »

Il n'y eut pas de séance le 20, jour de décadi.

Les 22, 23, 24, 25, 26, 27, 28 et 29, le Conseil général se réunit en séances générales, et c'est dans celles-ci qu'il établit la répartition de la contribution foncière pour l'an X. En voici les totaux :

1er arrondissement	580.372 fr.
2e —	1.389.202
3e —	1.735.426
4e —	707.468
5e —	702.532
Au total	5.085.000 fr.

La répartition des contributions personnelle et mobilière était fixée comme il suit :

1er arrondissement	79.612 fr. 73
2e —	123.231	07
3e —	275.198	81
4e —	84.185	07
5e —	93.214	82
Au total	655.462 fr. 50

Dans sa dernière séance, le Conseil général, « arrivé au terme des travaux que la loi lui a prescrits, considérant qu'il ne peut rester spectateur muet de l'effet qu'ont produit sur l'esprit public du département la nouvelle de la paix continentale et l'espérance de la

paix maritime; que le héros dont la valeur a conquis la première doit nécessairement
amener l'autre par la force de son génie et la sagesse de ses négociations; que, si la flat-
terie envers le pouvoir est une lâcheté, la reconnaissance envers les bienfaiteurs de la
nation est un devoir et son expression un besoin pour les cœurs vraiment français; interprète fidèle des sentiments d'un département qui a fourni à la Patrie tant de défenseurs »,
arrêta que « l'expression de ces sentiments de reconnaissance et de son vœu pour la
prospérité du Premier Consul et du Gouvernement [serait] consignée au procès verbal
de ses séances [et] qu'extrait en [serait] remis au Préfet du département avec invitation
à le faire parvenir au Premier Consul par l'intermédiaire du Ministre de l'Intérieur ».

Il prit également la décision suivante : « Ayant remarqué avec une vive satisfaction,
dans les communications directes qu'il a eues avec le Préfet, relativement à ses opérations, pendant le cours de la présente session, et dans celles qu'il a reçues, par ses
ordres, des chefs de ses bureaux, l'esprit d'ordre qui règne dans l'ensemble et qui se fait
apercevoir jusque dans les plus petits détails de la vaste administration confiée à ses
soins par le Gouvernement, le Conseil général déclare que le Préfet a réalisé les espérances que le Conseil avait conçues, l'année dernière, de son zèle et de son activité, lui
vote en conséquence des remerciements tant au nom de ses administrés qu'au nom du
Conseil général et de chacun de ses membres en particulier, [et décide que] le présent
arrêté sera porté au C*n Préfet par le Président réuni aux membres du Conseil général et
[qu']une expédition en sera remise en ses mains comme une marque de son estime et
de sa reconnaissance. »

Quand le Conseil général tint, l'année suivante, sa troisième session, qui s'ouvrit,
conformément à la loi, le 1er prairial an X [21 mai 1802], des modifications étaient
survenues parmi les membres dont il se composait. A la première séance, le Préfet lui
avait « fait part de la mort du C*n Farmain, leur estimable collègue, et de l'état incurable
du C*n Chanorier. Après avoir payé un tribut d'éloges à leurs qualités respectives »,
il avait « donné connaissance d'une lettre du Ministre de l'intérieur et de l'arrêté des
Consuls y annexé, en date du 27 brumaire an X, qui nomme le C*n Prunelay membre
du Conseil général, ainsi qu'un subséquent, du 27 germinal, portant nomination des
C*ns Goulard, directeur général des Domaines, et Granet, propriétaire, en remplacement
des C*ns Sorel, appelé au Corps législatif, et Chanorier, infirme ».

Ces arrêtés de nomination étaient conçus en ces termes :

« Liberté. République française. Egalité.

« Au nom du Peuple français.

« Du 27 brumaire, l'an 10 de la République une et indivisible.

« Bonaparte, premier Consul de la République, sur la présentation du Ministre de
l'Intérieur, arrête :

« Le C⁰ⁿ Prunelé, propriétaire, est nommé membre du Conseil général du département de Seine-et-Oise en remplacement du Cᵉⁿ Farmain, décédé.

« Le Ministre de l'Intérieur est chargé de l'exécution du présent arrêté.

                                                                      « BONAPARTE.

« Par le Premier Consul : le Secrétaire d'État, Hugues-B. MARET.

                        « Pour ampliation : le Ministre de l'Intérieur, CHAPTAL. »

« Du 27 germinal, l'an 10.....

« Les Cᵒⁿˢ Goulard, directeur général des Domaines, et Granet, propriétaire, sont nommés membres du Conseil général de Seine-et-Oise en remplacement des Cᵒⁿˢ Soret, appelé au Corps législatif, et Chanorier, infirme..... »

Ce fut à la séance du 1ᵉʳ prairial que M. Goulard, « seul des nouveaux membres présent », prêta le serment d'usage et prit place au Conseil, qui, ce même jour, arrêta les termes d'une « adresse de félicitations » au Premier Consul, à qui le Préfet fut invité à la faire parvenir. La composition du Bureau ne fut que peu modifiée : Chandellier obtint la majorité absolue des suffrages et fut proclamé Président; Duchesne remplaça Soret comme Secrétaire : il avait rempli déjà les fonctions de Secrétaire provisoire comme étant « le plus jeune des membres présents ».

Les citoyens « Prunelé et Granet » prêtèrent serment dans les séances tenues les 4 et 8 prairial, et le Conseil général traita dans l'ordre suivant les affaires dont il était chargé.

Séance du 2 prairial. Le Conseil se partage en trois Bureaux, conformément aux instructions ministérielles du 16 ventôse an IX. On continuera à se réunir soit en Commissions, soit en assemblée générale, comme on l'a fait précédemment. On s'ajourne au surlendemain.

4, 5, 6, 7 prairial. On tient surtout des séances de Commissions.

8 prairial. En assemblée générale, la seconde Commission, chargée de l'examen du compte de l'emploi des centimes additionnels et de la fixation de ceux qui doivent être affectés au paiement des dépenses départementales et communales de l'an X, fait une analyse sommaire de ses opérations et soumet quelques observations préalables relativement aux travaux dont elle est chargée. — Arrêtés divers.

9 prairial. Le Conseil décide qu'il n'y aura pas de séance générale le 10, « mais que chaque membre pourrait se rassembler dans son bureau particulier pour accélérer la confection du travail ».

11 prairial. Comptes des dépenses pour le service de l'an XI : instruction publique, culte, tribunaux, prisons, enfants trouvés, etc. — Répartement de la contribution fon-

cière; montant en principal de la contribution foncière : 5,085,000 francs, la matière imposable s'élevant à 20,340,000 francs.

12 prairial. Rapports sur les demandes en dégrèvements. — Compte du Préfet : le second Bureau a examiné et débattu le compte que le Préfet a présenté des crédits à lui ouverts pendant l'an IX et de l'emploi qui en a été fait. « Il résulte de ce compte, divisé en quinze chapitres, que le montant des crédits ouverts par le Ministre est de la somme de 360,697f 2e, et que le montant des sommes ordonnancées par le Préfet et mandats par lui délivrés ne montent qu'à 355,474f 41e, d'où il résulte qu'il reste encore à employer sur les crédits ouverts 5,222f 61e. Le second Bureau a ajouté qu'à la dernière session, lors de l'examen du compte que le Préfet a présenté des crédits ouverts et des dépenses faites en l'an VIII, le Conseil a reconnu qu'il restait en caisse sur les mêmes crédits ouverts et non employés une somme de 12,590f 34e. Par un compte supplémentaire que le Préfet vous présente des sommes ordonnancées depuis..., elles se montent à 3,729f 28e, en sorte qu'il reste encore à employer sur ce crédit 9,060f 96e. » Arrêté relatif à ce compte.

13 prairial. Rapport de la première Commission sur le répartement des contributions personnelle, mobilière et somptuaire, « s'élevant ensemble à la somme de 616,500f assignée à ce département pour l'an XI ». — Rapport de la troisième Commission sur l'instruction publique : « Votre troisième Commission reconnaît avec satisfaction que les demandes formées de toutes parts en faveur de l'instruction publique sont enfin remplies par la loi du 10 floréal dernier : nous n'avons plus à désirer que de la voir mettre à exécution et de voir l'instruction en pleine activité... La Commission pense que [le Conseil général doit appuyer une demande] formée par le troisième arrondissement pour l'établissement d'un Lycée à Versailles. Si on considère le nombre d'étudiants que le département fournira, aussitôt que l'instruction publique sera organisée, combien la ville de Versailles, en particulier, mérite d'inspirer d'intérêt par toutes les pertes qu'elle a faites pendant la Révolution, et enfin qu'elle possède tous les bâtimens et tous les avantages nécessaires pour de pareils établissemens, le Conseil général peut espérer d'obtenir un lycée pour le département; il peut même réclamer pour Versailles l'école militaire qui doit être établie d'après la loi du 10 floréal. » — Autres, sur les ponts et chaussées, la navigation, la population, l'administration.

14 prairial. Rapports sur divers objets. — Répartement de la conscription des années IX et X.

15 prairial. Le Conseil entend un rapport général de sa troisième Commission, chargée de présenter l'état et les besoins du département. — Fin de la session : « Le Conseil général, pendant sa session, ayant trouvé auprès du Préfet tous les éclaircissemens relatifs à ses travaux, et ses communications lui ayant souvent fourni l'occasion de

remarquer l'ordre que ce magistrat a su établir dans toutes les parties de son administration et les vues d'utilité publique dont il ne cesse de s'occuper pour la prospérité et l'avantage de ce département, déclare que c'est avec la plus vive satisfaction qu'il renouvelle l'hommage qu'il a rendu l'année passée à la sagesse, au zèle et aux lumières de cet habile administrateur. Le Conseil déclare, en outre, que, chargé d'exprimer le vœu du département, il remplit un devoir en votant au Préfet des remerciemens au nom de ses administrés, et en lui offrant au nom du Conseil l'assurance de la plus parfaite estime et de la reconnaissance la mieux méritée. Le présent arrêté sera porté au Préfet par le Président réuni aux membres du Conseil général, et une expédition en sera remise en ses mains. Il sera également transcrit à la suite de l'opinion émise par le Conseil sur les fonctionnaires publics de ce département et envoyé par le Bureau au Ministre de l'Intérieur. » Cette opinion du Conseil général sur les fonctionnaires avait été formulée en ces termes : « Il ne reste plus à votre Commission, Citoyens, pour terminer les travaux que vous lui avez confiés, que de vous parler des personnes des fonctionnaires publics de ce département, objet d'autant plus agréable à traiter que votre Commission, d'après les renseignemens qu'elle s'est procurés, n'a à vous présenter sur leur compte que des témoignages flatteurs, et d'être l'interprète de la satisfaction de tous les administrés. Dans toutes les parties du service, Citoyens, les fonctionnaires publics sont attachés à leur devoir et remplissent avec autant d'exactitude que d'impartialité les fonctions qui leur sont confiées et justifient le choix qui en a été fait. Le peuple voit dans les magistrats qui le guident et prononcent sur ses plus chers intérêts cette prudence, cette sagesse et cette impartialité qui les lui font respecter et estimer, et qui lui adoucissent les rigueurs de la loi, qu'il exécute sans murmures. Votre Commission vous propose, en conséquence, d'arrêter que le Conseil général, d'après son intime conviction, a la satisfaction de pouvoir assurer au Gouvernement que tous les fonctionnaires du département rivalisent de zèle et d'activité dans l'exercice de leurs fonctions, et méritent l'estime et la confiance des administrés. »

La session de l'an X aurait dû être la dernière de celles qu'avaient à tenir les membres du Conseil général nommés, en l'an VIII, pour trois années, et il semble qu'un renouvellement intégral de l'Assemblée départementale devait avoir lieu en l'an XI. Il ne se produisit pas cependant, et ce fut un des effets du « Sénatus-consulte organique de la Constitution » qui porte la date du 16 thermidor an X [4 août 1802], lequel détermina un nouveau mode de nomination des Conseillers de département, les Listes de notabilité cessant d'exister. Il importe donc que nos lecteurs aient sous les yeux les parties essentielles de ce sénatus-consulte, qui établissait le Consulat à vie.

« Du 16 thermidor, an X de la République une et indivisible.

« Bonaparte, premier Consul, au nom du peuple français, proclame loi de la République le Sénatus-consulte dont la teneur suit :

« Sénatus-consulte. — Extrait des registres du Sénat conservateur, du 16 thermidor
an X de la République.

« Le Sénat conservateur . . . .
. . . . décrète ce qui suit :

Titre premier.

« Art. Ier. Chaque ressort de justice de paix a une assemblée de canton.

« II. Chaque arrondissement communal ou district de sous-préfecture a un collège
électoral d'arrondissement.

« III. Chaque département a un collège électoral de département.

Titre II. — *Des Assemblées de canton.*

« IV. L'assemblée de canton se compose de tous les citoyens domiciliés dans le canton,
et qui y sont inscrits sur la liste communale d'arrondissement. A dater de l'époque où,
aux termes de la Constitution, les listes communales doivent être renouvelées, l'assemblée de canton sera composée de tous les citoyens domiciliés dans le canton et qui y
jouissent des droits de citoyen.

« V. Le premier Consul nomme le président de l'assemblée de canton ; ses fonctions
durent cinq ans : il peut être renommé indéfiniment.

« VI-XIII . . . .

« XIV. L'assemblée de canton nomme au collège électoral d'arrondissement le
nombre de membres qui lui est assigné, en raison du nombre de citoyens dont elle se
compose.

« XV. Elle nomme au collège électoral de département, sur une liste dont il sera
parlé ci-après, le nombre de membres qui lui est attribué.

« XVI. Les membres des collèges électoraux doivent être domiciliés dans les arrondissemens et départemens respectifs.

« XVII. Le Gouvernement convoque les assemblées de canton, fixe le temps de leur
durée et l'objet de leur réunion.

Titre III. — *Des Collèges électoraux.*

« XVIII. Les collèges électoraux d'arrondissement ont un membre pour cinq cents
habitans domiciliés dans l'arrondissement. Le nombre des membres ne peut néanmoins
excéder deux cents ni être au-dessous de cent vingt.

« XIX. Les collèges électoraux de département ont un membre par mille habitans
domiciliés dans le département; et néanmoins ces membres ne peuvent excéder trois
cents ni être au-dessous de deux cents.

« XX. Les membres des collèges électoraux sont à vie.

« XXI. Si un membre d'un collège électoral est dénoncé au Gouvernement, comme s'étant permis quelque acte contraire à l'honneur ou à la patrie, le Gouvernement invite le collège à manifester son vœu : il faut les trois quarts des voix pour faire perdre au membre dénoncé sa place dans le collège.

« XXII. On perd sa place dans les collèges électoraux pour les mêmes causes qui font perdre le droit de citoyen. On la perd également lorsque, sans empêchement légitime, on n'a point assisté à trois réunions successives.

« XXIII. Le premier Consul nomme les présidens des collèges électoraux à chaque session.....

« XXIV . . . .

« XXV. Pour parvenir à la formation des collèges électoraux de département, il sera dressé dans chaque département, sous les ordres du ministre des finances, une liste des six cents citoyens plus imposés aux rôles des contributions foncière, mobiliaire et somptuaire, et au rôle des patentes. On ajoute à la somme de la contribution, dans le domicile du département, celle qu'on peut justifier payer dans les autres parties du territoire de la France et de ses colonies. Cette liste sera imprimée.

« XXVI. L'assemblée de canton prendra sur cette liste les membres qu'elle devra nommer au collège électoral du département.

« XXVII. Le premier Consul peut ajouter aux collèges électoraux d'arrondissement dix membres pris parmi les citoyens appartenant à la légion d'honneur, ou qui ont rendu des services.

« Il peut ajouter à chaque collège de département vingt citoyens, dont dix pris parmi les trente plus imposés du département, et les dix autres, soit parmi les membres de la légion d'honneur, soit parmi les citoyens qui ont rendu des services.

« Il n'est point assujetti, pour ces nominations, à des époques déterminées.

« XXVIII. Les collèges électoraux d'arrondissement présentent au premier Consul deux citoyens domiciliés dans l'arrondissement, pour chaque place vacante dans le conseil d'arrondissement. Un au moins de ces citoyens doit être pris hors du collège électoral qui le désigne. Les conseils d'arrondissement se renouvellent par tiers tous les cinq ans.

« XXIX. Les collèges électoraux d'arrondissement présentent, à chaque réunion, deux citoyens pour faire partie de la liste sur laquelle doivent être choisis les membres du Tribunat. Un au moins de ces citoyens doit être nécessairement pris hors du collège qui le présente. Tous deux peuvent être pris hors du département.

« XXX. Les collèges électoraux de département présentent au premier Consul deux citoyens domiciliés dans le département, pour chaque place vacante dans le conseil général du département. Un de ces citoyens au moins doit être pris nécessairement hors du collège électoral qui le présente. Les conseils généraux de département se renouvellent par tiers tous les cinq ans.

. « XXXI. Les collèges électoraux de département présentent, à chaque réunion, deux citoyens pour former la liste sur laquelle sont nommés les membres du Sénat. Un au moins doit être nécessairement pris hors du collège qui le présente, et tous deux peuvent être pris hors du département. Ils doivent avoir l'âge et les qualités exigés par la Constitution.

« XXXII. Les collèges électoraux de département et d'arrondissement présentent chacun deux citoyens domiciliés dans le département, pour former la liste sur laquelle doivent être nommés les membres de la députation au Corps législatif. Un de ces citoyens doit être pris nécessairement hors du collège qui le présente. Il doit y avoir trois fois autant de candidats différens sur la liste formée par la réunion des présentations des collèges électoraux de département et d'arrondissement qu'il y a de places vacantes.

« XXXIII. On peut être membre d'un conseil de commune et d'un collège électoral d'arrondissement ou de département. On ne peut être à la fois membre d'un collège d'arrondissement et d'un collège de département.

« XXXIV. Les membres du Corps législatif et du Tribunat ne peuvent assister aux séances du collège électoral dont ils feront partie. Tous les autres fonctionnaires publics ont droit d'y assister et d'y voter.

« XXXV. Il n'est procédé par aucune assemblée de canton à la nomination des places qui lui appartiennent dans un collège électoral, que quand ces places sont réduites aux deux tiers.

« XXXVI. Les collèges électoraux ne s'assemblent qu'en vertu d'un acte de convocation émané du Gouvernement, et dans le lieu qui leur est assigné. Ils ne peuvent s'occuper que des opérations pour lesquelles ils sont convoqués, ni continuer leurs séances au delà du terme fixé par l'acte de convocation. S'ils sortent de ces bornes, le Gouvernement a le droit de les dissoudre.

« XXXVII. Les collèges électoraux ne peuvent, ni directement ni indirectement, sous quelque prétexte que ce soit, correspondre entre eux.

« XXXVIII. La dissolution d'un corps électoral opère le renouvellement de tous ses membres.

Titre IV. — Des Consuls.

« XXXIX. Les Consuls sont à vie. Ils sont membres du Sénat, et le président.
« XL-LIII. . . . .

Titre V. — Du Sénat.

« LIV-LXV . . . .

28

Titre VI. — *Des Conseillers d'Etat.*

« LXVI-LXVIII. . . . .

Titre VII. — *Du Corps législatif.*

« LXIX-LXXV . . . .

Titre VIII. — *Du Tribunat.*

« LXXVI-LXXVII. . . . .

Titre IX. — *De la justice et des tribunaux.*

. « LXXVIII-LXXXV . . . .

Titre X. — *Droit de faire grâce.*

« LXXXVI . . . .
[Suivent : un Tableau du nombre des députés à élire, par chaque département, pour la formation du Corps législatif, et un Tableau des départemens de la République divisés en cinq séries, les députés devant être renouvelés dans l'année à laquelle appartiendra la série où sera placé le département auquel ils auront été attachés. Le département de Seine-et-Oise est classé dans la cinquième série.]

« Soit le présent Sénatus-consulte revêtu du sceau de l'Etat, inséré au *Bulletin des Lois.....*

« A Paris, le 17 Thermidor, an X de la République.

« Signé : BONAPARTE, premier Consul. »

Le mois suivant, parut au *Bulletin des Lois* l'arrêté du 19 fructidor an X [6 septembre 1802] « contenant Règlement pour l'exécution du Sénatus-consulte du 16 Thermidor, relativement aux Assemblées de canton, aux Collèges électoraux, etc. ». De ce très long arrêté, qui comprend cinq titres [1], il est suffisant de citer les articles ci-après :

Titre IV. — *Du renouvellement des fonctionnaires publics.*

« Section III. Des Conseils généraux de département.

« LXXXVI. Les conseils généraux des départemens compris en la première série seront renouvelés pour la première fois par tiers en l'an XI,

---

[1] 3ᵉ série, tome VI, *Bulletin* 213, nº 1964.

« En conséquence, il sera procédé au tirage au sort par le préfet [en conseil de préfecture].....

« Dans les départemens où les conseils généraux sont de vingt-quatre, il en sortira huit chaque fois.

« Dans les départemens où les conseils généraux sont de vingt, il en sortira cette année six, et sept ensuite, de cinq ans en cinq ans.

« Enfin, dans les départemens où les conseils généraux sont de seize, il en sortira six cette année, et cinq ensuite, de cinq en cinq ans.

« LXXXVII. Les conseils généraux des départemens des quatre autres séries seront renouvelés lorsque les collèges électoraux de ces départemens s'assembleront à l'effet de nommer des candidats pour le Corps législatif.

« LXXXVIII. Les membres sortans seront rééligibles. »

De ce qui précède et d'autres documents, il résulte que nos Conseillers généraux nommés en l'an VIII et postérieurement étaient maintenus en fonctions, qu'un premier tiers d'entre eux serait désigné par le sort pour être remplacés en 1805, qu'un second tiers le serait pour être remplacés en 1810, le dernier tiers conservant son mandat jusqu'en 1815, attendu que les Conseils généraux se renouvelaient par tiers tous les cinq ans.

La session de l'an XI s'ouvrit le 15 floréal [5 mai 1803]. Le Préfet installa le Conseil et déposa sur le bureau « les divers renseignemens, pièces et mémoires nécessaires et relatifs à la confection des travaux du Conseil : il lui a retracé succinctement le but de sa mission et, après lui avoir témoigné le zèle qu'il apporterait toujours à concourir aux vues sages et utiles qui allaient émaner de ses délibérations et son empressement pour mériter de conserver son estime, il lui a annoncé avec regret la démission du citoyen Oberkampf, dont les vertus modestes ont été si justement appréciées de ses collègues et dont le nom a toujours honoré également les arts et le commerce ».

La composition du Bureau ne fut pas modifiée : Chandellier fut renommé Président, Duchesne, Secrétaire. Et trois Commissions furent instituées, comme précédemment.

Les séances, tantôt par Bureaux, tantôt en Assemblée générale, durèrent jusqu'au 28 floréal [18 mai]. Ce jour-là, « le Conseil général se réunit à onze heures, et, après avoir entendu la lecture du procès-verbal, et fait le résumé de ses opérations, il a déclaré unanimement que, pendant le cours de ses travaux, il a trouvé dans ses rapports avec le Préfet le zèle le plus ardent pour concourir au but d'assurer la prospérité publique; il a reconnu que cet administrateur réunissait aux vues les plus étendues et les plus utiles pour le bien du département les moyens les plus sûrs pour l'opérer. Il déclare, en outre, que ce magistrat acquiert chaque année de nouveaux droits à la reconnaissance de ses administrés, qu'il se félicite d'être leur organe pour lui présenter leurs remerciemens et lui renouveler en leur nom l'assurance de sa plus haute estime pour ses talens distingués et la sagesse de son administration. Le Conseil général arrête que le présent sera porté au Préfet par le Président, réuni aux membres du Conseil général, et qu'une expédition en sera remise en ses mains. »

Ce ne fut pas Germain Garnier qui, l'année suivante, procéda à l'installation du Conseil général, dont la session s'ouvrit le 15 germinal an XII [5 avril 1804]. Nommé membre du Sénat conservateur, il avait été remplacé, le 10 germinal an XII [31 mars 1804], par « le citoyen Montalivet », qui passait de la Manche dans le département de Seine-et-Oise. Comme le nouveau Préfet de Seine-et-Oise n'était pas encore installé lui-même, le Ministre de l'Intérieur avait « nommé le citoyen Richaud [1] », qui était alors conseiller de Préfecture, pour remplir par intérim les fonctions de Préfet, et celui-ci, ayant pris place au bureau, s'exprima en ces termes :

« Citoyens, je suis chargé de procéder à l'installation du Conseil général du département. Si, d'un côté, cette commission est flatteuse et agréable pour moi par le plaisir qu'elle me procure d'être avec vous, d'un autre côté, elle est pénible par le souvenir de ce qui y donne lieu. Vous savez tous, sans doute, que nous avons perdu notre digne et estimable Préfet. Le Gouvernement a approuvé les suffrages que vous lui avez donnés en le présentant comme candidat, et le Sénat s'est empressé de les accueillir en l'admettant dans son sein. Si quelque chose peut nous consoler, c'est qu'il ne sera pas éloigné de nous, et son cœur nous est garant qu'il n'oubliera pas plus ses administrés et ses amis du département de Seine-et-Oise qu'il ne sera oublié d'eux. On assure et j'aime à me persuader que nous serons dédommagés, autant que nous pouvons l'être, par le C[en] Montalivet, préfet de la Manche, qui va succéder au C[en] Garnier. La réputation avantageuse qui le précède est déjà pour nous d'un favorable augure. C'est une obligation de plus que nous aurons au Gouvernement, et je ne doute pas que vous ne vous empressiez de lui en témoigner votre reconnaissance en redoublant, s'il est possible, de zèle et de soins dans les travaux de votre session. »

Il déposa ensuite sur le bureau les mémoires et pièces ordinaires, annonça au Conseil la démission du citoyen Girardin, l'un de ses membres, et se retira.

Après quoi, le Conseil procéda, dans les formes prescrites, à la nomination des membres devant composer le Bureau. Le nombre des votants étant de quinze, « le citoyen Granet, ex-législateur et chef de division à la Marine », obtint la majorité absolue des suffrages et fut proclamé Président. Duchesne fut réélu Secrétaire. Ils acceptèrent l'un et l'autre leur nomination, et « le C[en] Granet, après avoir pris place au bureau, a témoigné à ses collègues combien il était flatté de la marque de confiance qu'ils voulaient bien lui donner, et il a exprimé le zèle et l'empressement qu'il mettrait à justifier le choix de l'assemblée ».

[1] Hyacinthe Richaud, dont nous avons parlé précédemment comme membre du Conseil général et comme Commissaire du Directoire exécutif près l'Administration centrale du département, pages 40 et 174.

Le Conseil vota ensuite une adresse au Premier Consul, pour lui dire « combien le département de Seine-et-Oise s'était félicité de le voir échappé aux trames ourdies contre ses glorieuses destinées », et chargea son Président « d'écrire au Préfet du palais de service, pour savoir de lui le jour et l'heure où il plaira au Premier Consul de recevoir le Conseil général de Seine-et-Oise ».

Puis, l'Assemblée exprima « ses regrets bien vivement sentis sur la perte que faisait le département en la personne de son estimable Préfet, le Cⁿ Garnier. Son vœu a été d'aller lui exprimer sur-le-champ tous ses sentimens. Le Conseil s'y est rendu en corps et lui a témoigné, par l'organe de son Président, combien il était affligé de le perdre, mais qu'il trouvait au moins quelques motifs de consolation en pensant que la reconnaissance nationale lui avait assigné le poste éminent où l'avait déjà appelé le vœu unanime de ses administrés. Le Cit. Garnier a fait au Conseil ses remerciemens et lui a exprimé le souvenir flatteur qu'il conserverait des témoignages d'estime et d'attachement qu'il avait reçus du Conseil et du Département. »

Après quoi, le Conseil se divisa en Bureaux, les membres du premier étant chargés « de la répartition entre les cinq arrondissements des contributions foncière, mobiliaire et personnelle, de l'examen des demandes en dégrèvement sur les contributions, de l'emploi des centimes additionnels et de la fixation de ceux qui doivent être affectés aux dépenses départementales et communales de l'an XII », et ceux du second étant chargés « de préparer le travail concernant l'état et les besoins du département et de présenter les vues du Conseil sur les objets d'utilité publique, d'amélioration et de prospérité générale ». Ces deux Bureaux ou Commissions se réuniraient tous les jours, à neuf heures du matin.

Au cours des séances qui furent tenues par le Conseil, tant en Commissions qu'en Assemblée générale, il fut rendu compte de l'emploi des centimes additionnels : « La Commission que vous avez chargée de l'examen des comptes du Préfet pour les dépenses variables de l'an XI a remarqué avec satisfaction dans la copie d'une lettre du ministre des finances à celui du trésor public que le Gouvernement ne regardait que comme un compte purement moral celui que vous êtes, d'après la loi de votre établissement, obligés d'entendre, et le Préfet tenu de vous rendre, de l'emploi des centimes additionnels destinés à ses dépenses. Ce n'est absolument que sous ce rapport qu'il est possible de vous livrer à l'examen de celui qui vous est présenté. » L'arrêté pris par le Conseil général relativement à ce compte est rédigé en ces termes : « Le Conseil général, après avoir entendu le rapport de ses première et deuxième Commissions réunies sur le compte qu'a présenté le Préfet de l'emploi des sommes mises à sa disposition pour l'acquit des dépenses variables de l'an XI, a reconnu que, sur les 250,866 francs montant des 4 cent. 2/5 prélevés pour l'acquit desdites dépenses, il n'a été ouvert de crédit que pour 245,637 fr. 10 c. et réellement dépensé que 244,281 fr. 91 c., en sorte qu'il reste encore à

la disposition du Préfet 1,355 fr. 19 c. et en crédits à demander 5,228 fr. 80 c.; que conséquemment il reste de non employé en totalité la somme de 6,583 fr. 99 c., dont sera
rendu compte par le Préfet à la suite des dépenses de l'an XIII. »

Le répartement de la contribution foncière fut établi comme il suit pour l'an XIII :

Principal de la contribution foncière.	4.511.000 fr.	
2 centimes par franc pour fonds de non-valeur et dégrèvement.	90.220	5.322.980 fr. »
11 centimes pour l'acquit des dépenses fixes . .	496.210	
5 centimes pour l'acquit des dépenses variables.	225.550	
Somme à réimposer		31.173 56
Total		5.354.153 fr. 56

Ce total de 5,354,153 fr. 56 étant réparti dans la proportion suivante entre les cinq
arrondissements :

1er arrondissement	628.255 fr.	52
2e —	1.383.937	77
3e —	1.822.619	75
4e —	757.248	96
5e —	762.091	56

La contribution personnelle, somptuaire et mobilière montait au chiffre de
616,500 francs, soit par arrondissement :

1er arrondissement	62.519 fr.	50
2e —	115.734	50
3e —	265.219	»
4e —	87.749	»
5e —	85.278	50

On lirait sans doute avec intérêt le texte *in extenso* de l'adresse au Premier Consul qui
avait été arrêté dans la séance du 15 germinal; nous ne pouvons en donner que le début :

« Citoyen Premier Consul, la première pensée, le premier vœu du Conseil général à
l'instant de sa réunion a été de vous porter l'expression des sentiments de tous les
habitants du département de Seine-et-Oise, heureux de votre présence et de vos bienfaits, de vous faire connaître leur profonde indignation de l'horrible attentat qui eût
accablé la France de malheurs et de deuil, leur allégresse unanime de l'impuissance du
crime pour arrêter vos brillantes destinées [1].

---

[1] Complots de 1804. « D'un caractère faible et dominé par sa femme, ... [le général] Moreau devint... le centre
et le but des menées républicaines ou royalistes qui voulaient, les unes sauver la liberté, les autres restaurer la
monarchie des Bourbons. Il se laissa aller à avoir des entrevues avec Pichegru. Arrêté le 14 février 1804, il com-
parut le 28 du même mois, sous l'accusation de haute trahison, devant un tribunal sans jurés... » L. LALANNE,
Dictionnaire historique de la France, 2e édition, *verbo* Moreau.

« Un gouvernement aveugle dans ses fureurs, fatigué de votre gloire et de la grandeur du peuple français, a voulu l'assassiner tout entier en frappant l'auguste chef qu'il a choisi ; mais la Providence, qui veille sur la France, puisqu'elle a conservé vos jours, est aussi le Dieu des armées ; elle vous a réservé de venger la foi publique et le droit des nations violés. »

La session de l'an XII se termina le 29 germinal [19 avril 1804] ; moins d'un mois après, le 18 mai, le Premier Consul était proclamé Empereur. C'était pour un tiers des membres du Conseil général la dernière session à laquelle ils prenaient part, et ce tiers devait être désigné par la voie du tirage au sort[1] en Conseil de Préfecture présidé par le Préfet. D'autre part, le Collège électoral du département avait à présenter « deux citoyens domiciliés dans le département pour chaque place vacante dans le Conseil général. Un, au moins, devait être pris hors du Collège qui le présentait. »

Le Collège électoral de Seine-et-Oise[2], dont le président était Jean-Baptiste-Camille Canclaux, général de division, inspecteur général de cavalerie, domicilié à Ballancourt, avait donc été convoqué et s'était réuni, dans les derniers mois de l'année 1803 [vendémiaire et nivôse an XII], à Versailles, d'abord « au Salon d'Hercule », puis « dans le local destiné à la Société d'agriculture ». Il avait notamment à nommer deux candidats au Corps législatif, deux premiers suppléants et deux seconds suppléants, et ensuite une liste de seize candidats pour le Conseil général du département. Ces derniers furent nommés dans les séances des 7 et 8 nivôse [29 et 30 décembre 1803], et leur liste se trouva formée ainsi qu'il suit :

Intra.	*Extra.*
« Les C^{ens} Joly de Fleury,	« Les C^{ens} Le Pelletier de Rosambeau,
Lamoignon,	Picard-Noir-Epinay,
Lerat-Magnitôt,	Hua, maire de Mantes,
Michaux-Montaran,	Dillon,
Brunet, de Versailles,	Tourteau-Septeuil,
D'Astorg,	Boisneuf,
Machault d'Arnouville,	Roger d'Arquinvillier,
De Maistre.	Cottereau, de Villeneuve-Saint-Georges. »

Les choix à faire ayant été terminés, le Collège électoral acheva sa session « en priant le Président, conjointement avec une députation de douze de ses membres, de présenter au Premier Consul, dans une adresse, l'hommage respectueux de l'assemblée,

[1] J'ai vainement cherché le procès-verbal de ce tirage au sort, qui m'eût donné les noms des huit membres sortants.
[2] L'*Annuaire départemental* pour l'an XII [1803-1804] indique, aux pages 125-133, la composition du Collège électoral du département. Voir aussi les *Annuaires* des années suivantes, et en particulier celui de 1806, pages 181-182.

son admiration pour ses vertus, sa confiance dans ses talents et l'expression de tous ses sentiments ».

Au commencement de l'année 1805, le 22 février, parut le décret impérial nommant les huit nouveaux membres du Conseil général de Seine-et-Oise. En voici le texte :

« Au Palais des Tuileries, le 3 ventôse de l'an XIII.

« Napoléon, Empereur des Français, sur la proposition du Ministre de l'Intérieur, et sur les présentations faites par les Collèges électoraux de département et d'arrondissement conformément aux dispositions des articles 30 et 28 des Constitutions de l'Empire en date du 16 thermidor an X, nomme :

« Le Rat-Magnitôt, J.-Jacques-Maurice, propriétaire,

« Hua, Eustache-Antoine, législateur,

« Picard-Noir-Epinay, juge au tribunal de 1re instance,

« Brunet, Jacques-François, jurisconsulte,

« Joly de Fleury, Armand-Guillaume, propriétaire,

« Cottereau, Jean-Baptiste-Gabriel, propriétaire,

« D'Astorg, Pierre-Hippolyte, membre du Conseil d'arrondissement,

« Roger d'Arquinvillier,

aux fonctions de membre du Conseil général dans le département de Seine-et-Oise en remplacement de l'un des huit membres sortis par la voie du sort.

« Le Ministre de l'Intérieur est chargé de l'exécution du présent décret.

« NAPOLÉON.

« Par l'Empereur : Le Secrétaire d'Etat, Hugues.-B. MARET. »

Ces huit nouveaux Conseillers généraux étaient, on le voit, pris par égale portion sur chacune des deux listes *intra* et *extra*.

A la fin du même mois de ventôse, le 30 [21 mars 1805], un décret impérial nomma « membre du Conseil général de Seine-et-Oise, première nomination, le Sr Lamoignon, Anne-Pierre-Christine, propriétaire et maire ».

Par suite de ces diverses nominations faites de l'an VIII à l'an XIII, le Conseil général se trouvait ainsi composé à la fin de mars 1805 :

Andrieu, membre de la Société d'Agriculture, propriétaire et maire à Cheptainville, et à Paris, rue de la Tixanderie, n° 94,

D'Astorg, ancien officier de marine, propriétaire à Saint-Cyr-la-Rivière, et à Paris, place des Vosges, n° 22,

Brunet, vice-président du Tribunal de première instance, boulevard de l'Impératrice, n° 56, à Versailles,

Caillault, membre de la Société d'Agriculture, propriétaire à Vaux,

Chandellier, procureur impérial près le Tribunal de Mantes et propriétaire à **Meulan**, Clérisseau, cultivateur à Essonnes,

Cottereau, propriétaire à Villeneuve-Saint-Georges,

Gabaille, juge suppléant au Tribunal d'Etampes, et à Paris, rue des Grands-Augustins, n° 13,

Goulard, membre de la Société d'Agriculture et administrateur du domaine impérial, au palais de Versailles,

Granet, propriétaire à Aulnay [-sur-Mauldre], et à Paris, rue du Rocher,

Guichard, maire de Franconville, C°ⁿ de Montmorency,

Hua, ex-législateur, maire de Mantes,

Joly-de-Fleury, propriétaire à Fleury-Mérogis,

De Lamoignon, propriétaire et maire à Méry-sur-Oise, et à Paris, rue Bellechasse,

Lebourlier, membre de la Société d'Agriculture, à Athis,

Lerat-Magniôt, membre de la Société d'Agriculture, propriétaire à Magny [en Vexin],

Pétigny, maire de Versailles,

Picard-Noir-Epinay, juge au Tribunal et président de canton à Etampes,

Pinon, propriétaire et maire à Frouville, et à Paris, rue de Provence, n° 48,

De Prunelé, propriétaire à Presles, C°ⁿ de l'Isle-Adam,

Roger-d'Arquinvilliers, propriétaire à Villers-en-Arties,

Segrettier, membre de la Société d'Agriculture, maire de Bonnelles, et à Paris, rue Saint-Florentin, n° 668,

De Selve, membre de la Société d'Agriculture, propriétaire et maire à Cerny,

Usquin, propriétaire près Saint-Germain-en-Laye, et à Paris, rue Thérèse, n° 11.

Avaient par conséquent cessé de faire partie du Conseil général entre 1800 et 1805, — et ce pour les causes diverses : décès, démissions, incompatibilités [1], sortie par voie de tirage au sort, — MM. Chanorier, Duchesne, Farmain, Girardin, Javon, Johannot, de Junquières, Le Brun fils, Lépicier de Méricourt, Oberkampf, Roger de Cherfosse, Soret, Vallier, Vénard.

De la première série des Conseillers généraux nommés le 21 mai 1800, il restait MM. Andrieu, Caillault, Chandellier, Clérisseau, Gabaille, Guichard, Le Bourlier, Pétigny, Pinon, Segrettier, Usquin.

Avaient été nommés individuellement: MM. de Prunelé, Goulard, Granet, de Selve et de Lamoignon, les 27 brumaire, 27 germinal et 13 prairial an X et le 30 ventôse an XIII.

La composition de l'Assemblée départementale ne subit pas de modifications pendant les années qui suivirent jusqu'au mois de juillet 1810, date à laquelle eut lieu, conformément à la loi, le renouvellement du deuxième tiers de ses membres. On peut s'en

---

[1] Ainsi : « Lorsqu'un membre du Conseil général est nommé au Corps législatif ou au Tribunat, il cesse de faire partie de ce Conseil, à compter du jour de son acceptation de nouvelles fonctions. » *Annuaire*, 1806, p. 193-194.

29

convaincre en consultant les listes des membres du Conseil général qui figurent aux *Annuaires de Seine-et-Oise* de 1806 à 1810. On y constate seulement que le nom de Caillault n'est plus porté aux *Annuaires* de 1809 et de 1810, de même que le nom de Granet à celui de 1810.

Dès le mois de novembre 1809, il fut procédé à la désignation des huit membres sortants :

« L'an 1809, le 18 novembre, heure de midi, en exécution des articles 84 et 86 du Règlement du 19 fructidor an X et de la circulaire de Son Excellence le Ministre de l'Intérieur en date du 14 du présent mois, il a été procédé par le Conseiller d'Etat Préfet du département de Seine-et-Oise, en présence des membres composant le Conseil de préfecture, à la désignation par la voie du sort de huit membres du Conseil général du département et de quatre membres de chacun des arrondissements qui doivent sortir de ces conseils et être remplacés conformément aux dispositions du Sénatus-consulte du 16 thermidor an X et des arrêtés et règlements rendus pour son exécution.

« Conseil général du département. — La liste des membres composant le Conseil ayant été déposée sur le bureau, il a été fait distraction du nom des membres nommés par Sa Majesté l'Empereur, le 3 ventôse an XIII, en remplacement des huit sortis à cette époque par la voie du sort, et il a été constaté que les membres sur lesquels le tirage devait s'opérer étaient ceux dont les noms suivent : MM. Andrieux, Chandellier, Clérisseau, de Prunelé, de Selve, Gabaille, Pinon, Goulard, Granet, Guichard, Le Bourlier, Pétigny, Segrettier, Usquin, de Lamoignon et Caillault. En conséquence, le nom de chacun des seize membres susnommés a été inscrit sur un bulletin et jeté dans un vase. Les huit bulletins qui ont été tirés successivement de ce vase ont été désignés comme membres sortants du Conseil : MM. Guichard, propriétaire et maire à Franconville ; de Prunelé, propriétaire à Presles ; Pinon, propriétaire et maire à Frouville ; Granet, propriétaire à Aulnay ; Andrieux, propriétaire et maire à Cheptainville ; Caillault, propriétaire à Vaux ; Segrettier, propriétaire ; Usquin, propriétaire à Saint-Germain.

« Il a été procédé ensuite et de la même manière à la désignation des membres qui devront sortir des cinq conseils d'arrondissement.

. . . .

« Lecture ayant été faite dudit procès-verbal, il a été clos et signé les jour et an que dessus.

« Pour le Préfet et par autorisation spéciale :

« *Le Secrétaire général de la Préfecture,*

« PEYRONET.

« LUSSY. — GLOT. — LELAURAIN. — SAUVAT. — RICHAUD. »

[*Membres du Conseil de Préfecture.*]

Le mois suivant, le Collège électoral du département [1], dont le Président était le maréchal Oudinot, duc de Reggio, se réunit à Versailles, et voici ce que constate le procèsverbal de la session qui s'ouvrit le 5 décembre 1809 :

Séance du 5 décembre 1809.

« En vertu du décret impérial donné à Fontainebleau le 10e jour du mois de novembre l'an de grâce 1809, qui porte que le Collège électoral de Seine-et-Oise sera convoqué pour le 5e jour du mois de décembre de la même année et que ledit Collège tiendra sa session dans la ville de Versailles et la terminera le quinze dudit mois, et qu'il s'occupera uniquement : 1° de nommer deux candidats pour le Sénat conservateur, 2° de deux candidats et de deux suppléants de candidats pour la formation de la liste de présentation au Corps législatif, 3° de la nomination de seize candidats pour le Conseil général du département ;

« Le Collège électoral de Seine-et-Oise s'étant réuni au jour prescrit par le décret impérial, un grand nombre de membres se trouvant ensemble dans la maison dite l'Ancien Contrôle général, Son Excellence Monsieur le Maréchal duc de Reggio est entré au lever du soleil, conformément à l'article 11 dudit décret, et, trouvant les électeurs en nombre suffisant pour procéder aux opérations préliminaires, il a pris place au bureau, et, d'après le même article onze, il a désigné, pour former le bureau provisoire, MM. Joly de Fleury et Davrange d'Haugeranville pour scrutateurs et M. Duchesne de Gillevoisin pour secrétaire provisoire. Tous trois ayant pris place au bureau, le secrétaire a fait lecture à l'assemblée du décret impérial de convocation ci-dessus précité et de la lettre de Sa Majesté l'Empereur et Roi, de laquelle il appert qu'il a nommé S. E. le duc de Reggio pour présider le Collège électoral du département de Seine-et-Oise, dont la présidence lui sera spécialement affectée conformément aux dispositions de l'article 50 de l'acte des Constitutions de l'Empire en date du 18 mai 1804.

« Lecture faite desdites pièces, M. le Maréchal duc de Reggio, reconnu légalement président de l'assemblée, s'est levé et a dit :

« Messieurs, vous avez à procéder à trois sortes d'élections, l'une pour le Sénat « conservateur, la seconde pour le Corps législatif et la troisième pour le Conseil général « du département.

« Vous sentez, Messieurs, l'importance de celles qui auront lieu pour le premier « corps de l'Etat : ce sont deux candidats que vous avez à désigner à Sa Majesté l'Empe-« reur. Qui de vous ne mettra pas sa gloire à n'en présenter que de dignes de fixer son « choix ? Il est bien moins à craindre de faire une élection qui ne soit pas convenable « qu'il n'est embarrassant de se déterminer parmi un si grand nombre de personnages

[1] *Annuaire* de 1810, Collège électoral du département, p. 138-158.

..« que ce département a produits, recommandables par leurs lumières, leurs talens et les
.« services qu'ils ont rendus à l'Etat.

« Les candidats que vous avez à nommer pour former la liste de présentation au
« Corps législatif doivent trouver dans les suffrages qui les honoreront la récompense de
« leurs vertus, comme les habitans de Seine-et-Oise doivent trouver en eux la garantie
« qu'ils seconderont les vues paternelles du Gouvernement pour la prospérité de l'Em-
« pire.

« La troisième espèce de nomination que vous avez à faire est relative à l'adminis-
« tration particulière du département. La juste répartition des contributions, la connais-
« sance des ressources et des besoins des administrés, ce qui est relatif à toutes les
« branches d'utilité publique, la mesure des dépenses nécessaires pour l'économie et la
« dignité de l'administration devront faire le sujet des sollicitudes et des méditations des
« hommes à qui vous accorderez votre confiance pour remplir ces fonctions aussi hono-
« rables qu'importantes.

« Le Magistrat qui préside avec tant de distinction à l'administration de ce départe-
« ment ¹ rendra sans doute plus faciles et moins nécessaires l'étude et l'application du
« Conseil général sur tous les objets qui sont soumis à ses délibérations. Sa Majesté, en
« l'appelant à son Conseil d'Etat et en lui conférant cette importante préfecture, lui a
« reconnu l'esprit d'ensemble et de détail qui le caractérise. Mais M. le Préfet trouvera
« dans les hommes en état d'apprécier ses travaux et de le seconder dans ses sages vues
« d'administration la plus douce récompense de l'homme de bien.

« Destiné, Messieurs, à remplir périodiquement les mêmes fonctions que je com-
« mence aujourd'hui parmi vous, les intérêts de ce département seront toujours chers à
« mon cœur, et j'éprouverai un délicieux contentement en voyant qu'animés comme
« vous l'êtes de l'amour du bien public, le résultat de vos opérations aura puissamment
« contribué à la prospérité du département de Seine-et-Oise et qu'il aura répondu à
« l'attente de Sa Majesté l'Empereur et Roi. »

« Ce discours ayant obtenu l'assentiment général de l'assemblée et un des membres
en ayant demandé l'insertion au procès-verbal, elle a été votée à l'unanimité. »

Dans les séances que tint le Collège électoral jusqu'au vendredi 15 décembre, l'Assemblée ne réussit, en ce qui concerne la désignation des membres à présenter pour le
Conseil général, qu'à faire choix de neuf personnes : « Le résultat a été la nomination
de neuf membres qui ont obtenu une majorité absolue :

« Membres internes : MM. Romanet; de Prunelé; Segrettier; Andrieu; de Bonnaire;
Guichard; de Bizemont.

« Membres externes : MM. Boric, de Courcelles; Dufresne-Saint-Léon. »

¹ M. le comte Laumond.

Et le procès-verbal de la séance du 15 décembre se termine ainsi : « Le scrutin pour les sept membres restant à présenter pour le Conseil général ne se montant encore à trois heures, pour le second tour, qu'à 88 électeurs, après avoir attendu jusqu'à cinq heures, et personne ne se présentant plus pour voter, MM. Joly de Fleury et Davrange-d'Haugeranville, tenant le bureau en l'absence momentanée de M. le Président, ont annoncé que le Collège électoral avait rempli autant que possible le but de sa convocation et que la session demeurait close et dissoute. »

Avant d'indiquer par qui les huit membres sortants furent remplacés, il nous faut revenir sur nos pas et dire quelques mots des sessions que le Conseil général tint de 1805 à 1809.

Celle de « l'an XIII de la République, le premier du règne de Napoléon », s'ouvrit le 2 floréal [22 avril 1805], à midi. Après les formalités d'usage, le Conseil reçut le serment des nouveaux membres nommés par le décret du 3 ventôse précédent et procéda à la nomination du Bureau. MM. Granet et Brunet furent élus Président et Secrétaire.

Trois Commissions furent nommées, celle des contributions, celle des dépenses, celle des vœux et besoins, composées, la première de dix membres, les deux autres de sept membres chacune.

Dans la séance du 5 floréal, le Président proposa, et sa proposition fut accueillie par acclamation, de « voter une adresse de félicitation à Sa Majesté Impériale sur son avènement au trône de l'Italie », et le soin de rédiger cette adresse fut confié au Président, à M. Goulard et au Secrétaire.

A celle du 11 floréal, le Préfet vint inviter le Conseil à assister le lendemain « à la réception de l'Aigle impérial et du drapeau du département, et à la bénédiction dans l'église cathédrale », et le procès-verbal de la séance du 12 relate ce qui se fit à l'occasion de cette cérémonie. Au retour de la cathédrale, le drapeau fut reporté à la Préfecture et remis en dépôt à M. le Préfet, « qui a renouvelé les assurances qu'il serait religieusement conservé ».

A celle du 15, fut arrêté le texte de l'adresse à l'Empereur; on arrêta également le texte d'une lettre « votée à S. A. I. Madame mère de Sa Majesté », dont le passage suivant est à citer : « Vous avez choisi le titre respectable de protectrice des établissements de charité dans toute l'étendue de l'Empire. Ceux de notre département sont placés d'une manière encore plus spéciale sous l'égide de votre bienfaisance. Votre résidence dans une maison que nos anciens monarques avaient élevée pour le faste et pour le plaisir est voisine de celle [1] qu'habita longtemps une femme célèbre [2], qui dut son élévation à ses vertus et qui n'employa son crédit qu'à servir l'humanité. Votre auguste fils

[1] La Maison de Saint-Cyr.
[2] Mme de Maintenon.

a fait sortir Saint-Cyr de ses ruines, comme il a relevé les débris de la monarchie pour
en construire un empire plus puissant et plus étendu que celui que fondèrent nos
ancêtres. Il vous confie le ministère angélique de la bienfaisance; vous serez à côté du
trône l'interprète de l'indigence : dès que ses besoins vous seront connus, ils seront sou-
lagés. Daignez jeter les yeux sur le projet d'une association de prévoyance qu'un de nos
membres a présenté à notre Conseil et dont l'exécution, encouragée par Votre Altesse
Impériale, préviendrait les ravages de la misère, suite inévitable d'une révolution que le
grand Napoléon a terminée. Dès que notre département a le bonheur de vous posséder,
il n'a d'autres vœux à former que de vous voir exercer encore longtemps la grande et
noble fonction de mère des pauvres. »

Enfin, à cette même date, le Conseil entendit la lecture du discours que son Président
devait adresser au Préfet en lui annonçant la clôture de la session, et il en adopta le texte
à l'unanimité :

          « Monsieur le Conseiller Préfet du département,

     « Le Conseil général, en terminant sa session et en vous remettant les tableaux de
répartition des contributions pour l'an XIV, me charge de vous exprimer, en sa présence
et en son nom, la satisfaction qu'il ressent des relations que ses fonctions établissent
entre vous et lui. Il s'est convaincu que votre administration réunit un esprit d'ordre et
d'activité à un caractère de fermeté et d'impartialité. La lecture que vous lui avez présentée à l'ouverture de sa session est un compte, moral et précieux, qui, se réunissant
chaque année, présenterait des vues utiles qu'il serait dans le cas d'apprécier et souvent
de seconder ; les Commissions l'ont constamment consulté, et vous verrez, Monsieur,
par leurs travaux, que notre premier vœu sera toujours de concourir avec vous à la prospérité du département. Nous nous sommes convaincus que vous ne faites servir la confiance personnelle et méritée dont vous honore notre auguste Souverain qu'à faire tout
le bien qui vous est possible. Pour nous, réunis un instant, pour être séparés par un
long intervalle, nous répartirons [reporterons (?)] dans nos arrondissements respectifs
le témoignage de vos intentions comme nous vous présentons aujourd'hui l'expression
de leur reconnaissance. »

     Le 1er juin fut l'époque fixée par décret impérial pour l'ouverture de la session des
Conseils généraux en l'an 1806, « le troisième du règne de Napoléon-le-Grand », mais ce
jour « se trouvant le dimanche, l'ouverture du Conseil général du département de Seine-
et-Oise n'a eu lieu que le lundi 2 ». Ce ne fut pas M. de Montalivet qui fit cette ouverture; il n'était plus Préfet de Seine-et-Oise et venait d'être appelé à d'autres fonctions,
plus importantes, à la Direction générale des Ponts et Chaussées. Le rapport qu'il avait
préparé pour être adressé au Conseil commençait ainsi : « A l'époque de votre dernière

réunion, je me flattais de travailler longtemps avec vous à améliorer les différentes parties de l'administration d'une des provinces les plus intéressantes de l'Empire. J'avais cherché à me pénétrer de vos vues. Je croyais avoir fait quelques pas vers le bien, l'avoir préparé au moins, lorsque je n'avais pu l'obtenir encore. Sa Majesté, par une marque de la plus honorable confiance, me commande d'autres soins. Je ne puis me résoudre à m'y livrer entièrement sans m'entretenir encore une fois avec vous d'un pays dont le souvenir est pour toujours dans mon cœur et dans ma pensée. » Et voici comment il se terminait : « Vous n'avez point été réunis depuis cette immortelle campagne qui a changé les destinées de l'Europe. Si le besoin de témoigner au plus grand des héros votre amour et votre admiration vous fait désirer d'être admis au pied du trône, S. E. le Ministre de l'Intérieur vous fait connaître, dans une lettre qui sera mise sous vos yeux, qu'il instruira Sa Majesté de votre vœu et sollicitera votre admission. Je serai flatté, si vous briguez cet honneur, de me réunir à vous, Messieurs, dont l'estime est un bien si précieux pour moi. Mon premier désir est que vous veuilliez me regarder toujours comme un concitoyen, m'associer à tous vos intérêts. J'allais pouvoir vous montrer combien ils me sont chers. L'exécution de plusieurs travaux utiles est préparée ; les projets sont arrêtés ; les fonds viennent d'être faits. Je n'envie point mon successeur, mais je le félicite de pouvoir, dès son arrivée, vous montrer par des effets que, digne de sa haute réputation, il trouvera son bonheur à contribuer à celui de ses administrés. J'ai ambitionné votre bienveillance ; si je puis penser que vous me l'avez accordée, j'emporte la plus douce récompense de mes travaux. »

Le Conseiller de Préfecture Richaud fit, cette fois encore, l'ouverture de la session, et il fut procédé, après son départ, à la nomination du Bureau. MM. Brunet et Goulard furent élus Président et Secrétaire.

Après avoir décidé qu'une adresse à l'Empereur serait à l'instant rédigée et que le Président écrirait au Ministre de l'Intérieur pour « obtenir de Sa Majesté qu'elle veuille bien permettre que le Conseil soit admis au pied du trône pour présenter cette adresse et l'expression de ses sentiments », le Conseil arrêta « qu'il serait fait mention au procès-verbal du regret que le département de Seine-et-Oise éprouve de la perte du Conseiller d'État M. de Montalivet,...... de consigner aussi au procès-verbal que le Conseil général, pendant sa dernière session, ayant été dans le cas, par ses communications fréquentes avec ce magistrat, d'apprécier la sagesse de ses vues et de son administration, l'étendue de ses talents et de ses connaissances, son zèle infatigable pour l'intérêt de ses administrés, il remplit un devoir, comme organe des administrés du département de Seine-et-Oise, en assurant M. de Montalivet de leur reconnaissance, et qu'ils conserveront toujours le souvenir du bien et des améliorations utiles dont il n'a cessé de s'occuper pendant son administration ».

Entre temps, un membre avait annoncé au Conseil que des affaires particulières empêcheraient cette année M. Granet de se rendre à l'assemblée et de participer à ses travaux.

Les séances durèrent jusqu'au 14 juin, veille du jour où le Conseil général fut admis à l'honneur d'être présenté à l'Empereur. Il avait été donné lecture à l'assemblée d'un discours que le Président devait « prononcer à Sa Majesté l'Impératrice » et dont voici le début et la fin : « Le Conseil général d'un département plus favorisé que les autres par l'avantage d'admirer de plus près vos vertus met le plus grand prix à la faveur que votre bonté daigne lui accorder de présenter à Votre Majesté l'hommage de son profond respect . . . .

. . . . . Il n'est, Madame, aucune partie de l'Empire où votre nom soit plus chéri et plus respecté que dans le département de Seine-et-Oise. Votre Majesté nous a permis de lui en offrir les assurances respectueuses. C'est un bienfait dont nous ne perdrons jamais ni le souvenir, ni la reconnaissance. »

M. le Conseiller d'État Laumond, successeur de M. de Montalivet à la Préfecture de Seine-et-Oise, présenta son premier rapport au Conseil général à la date du 15 octobre 1807. « Messieurs », disait-il en commençant, « lorsque Sa Majesté a daigné me confier l'administration d'un des plus vastes et des plus beaux départements de l'Empire, qu'elle honore souvent de sa présence et où des sujets fidèles lui témoignent tant d'amour et de dévouement, j'ai reçu cette faveur avec une vive reconnaissance et comme une récompense bien supérieure à mes faibles services. J'appréciais surtout l'avantage des communications que j'allais avoir avec des hommes choisis parmi ceux que les vertus, les talents et l'amour du bien public rendent chers et recommandables à leurs concitoyens, et je sentais combien un pareil rapprochement devait me procurer de facilités pour remplir dignement les fonctions de ma nouvelle charge.

« Des circonstances indépendantes de ma bonne volonté m'ont privé, Messieurs, l'année dernière, de ces rapports auxquels j'attache tant de prix. Mon prédécesseur, appelé à la Direction générale des Ponts et Chaussées, a néanmoins recueilli encore une fois avant son départ ces fruits de la sagesse et de l'expérience qui paraissaient m'être réservés, et ce respectable magistrat, témoin de vos regrets lors de votre dernière session, m'a laissé, outre de grands et utiles exemples à suivre, la douce certitude que vous accordez les sentiments de l'amitié aux administrateurs qui se sont rendus dignes de votre estime.

« Si une année entière, Messieurs, employée à étudier les véritables intérêts des habitants de ce département, à seconder de tout mon pouvoir les intentions de Sa Majesté pour leur bonheur et à me pénétrer des vôtres, si la volonté constante d'être juste et le désir d'éviter le mal en attendant que je puisse opérer le bien sont un commencement de titres pour aspirer à une semblable récompense, j'ose me flatter que je serai un jour aussi heureux que mon prédécesseur. »

La session fut ouverte le 15 octobre, en présence du Préfet, et les suffrages des membres du Conseil appelèrent de nouveau M. Brunet et M. Goulard aux fonctions de Président et de Secrétaire. Elle dura jusqu'au 29, date à laquelle le Conseil, ayant terminé ses opérations, décida à l'unanimité « de se transporter chez M. le Conseiller d'État Préfet, pour lui faire ses remerciements et lui témoigner sa reconnaissance de l'empressement avec lequel ce magistrat a bien voulu fournir au Conseil toutes les lumières qui pouvaient éclairer ses délibérations, pour l'assurer que les rapports que le Conseil avait eus avec lui l'avaient convaincu que c'est un nouveau bienfait de Sa Majesté l'Empereur pour le département de Seine-et-Oise de lui avoir donné un administrateur qui, à l'affabilité la plus aimable, réunit les vues les plus sages et les plus utiles au département; que le Conseil se félicite d'être l'organe de tous les administrés pour lui porter l'assurance de leur entière confiance et de leur respectueux dévouement ».

Le Conseil général ne se réunit pas en 1808, ainsi qu'en témoigne la série des registres des délibérations manuscrites de cette assemblée conservés aux Archives départementales. Cela résulte, du reste, des termes de la circulaire envoyée aux Préfets, à la date du 22 décembre 1808, par le Ministre de l'Intérieur :

« Je reçois à l'instant, Monsieur, et je m'empresse de vous adresser un décret daté de Madrid, le 10 décembre présent mois, par lequel S. M. ordonne que les Conseils d'arrondissement s'assemblent, pour la première partie de leur session, le 25 du courant, que les Conseils généraux se réunissent le 10 janvier, et les Conseils d'arrondissement, pour la deuxième partie de leur session, du 30 janvier au 5 février. Si, à raison soit de la rigueur de la saison, soit de l'époque à laquelle ce décret vous parviendra, il ne vous était pas possible d'en faire exécuter la première disposition, vous voudrez bien du moins ne rien négliger pour que les deux autres soient ponctuellement exécutées. »

Ce fut donc seulement au mois de janvier 1809 que l'Assemblée départementale tint sa neuvième session, et malheureusement le procès-verbal de cette session, c'est-à-dire le cahier manuscrit des délibérations prises, n'existe pas aux Archives départementales[1]; d'autre part, une lettre adressée par M. le Ministre de l'Intérieur à M. le Préfet de Seine-et-Oise, le 5 juillet 1843, fait connaître que « le procès-verbal n'existe pas aux Archives dans son entier ». Nous pouvons dire, cependant, grâce aux signatures apposées sur les rapports des Commissions, que le Bureau fut composé de MM. Brunet, Président, et Goulard, Secrétaire. Du rapport de la troisième Commission « sur les vœux et besoins du département », présenté dans la séance du 21 janvier 1809, il ne paraît pas inutile de citer le paragraphe suivant : « Instruction publique. Chaque arrondissement se félicite de voir l'instruction publique confiée à un corps enseignant et soumis nécessairement à des principes uniformes. Persuadée, Messieurs, que tous les membres du

[1] On l'y a vainement recherché en 1843.

30

Conseil général partagent un sentiment dicté par le zèle pour le progrès des bonnes études, votre Commission croit devoir vous proposer pour la présente session de ne consacrer ce chapitre qu'à l'expression de la reconnaissance la plus vivement sentie et au juste désir que la ville chef-lieu du département continue de posséder un ou plusieurs établissements publics auxquels son heureuse position lui donne d'incontestables droits. »

Il y eut en 1810 deux sessions du Conseil général. La première fut fixée, par décret du 12 janvier, au 15 février suivant; la seconde le fut, par celui du 4 mai, au 1er juillet.

La première dura jusqu'au 28 février. MM. Brunet et Goulard avaient été réélus Président et Secrétaire. Cette fois encore, le Conseil adopta, à l'unanimité, le texte d'une adresse à l'Empereur, et les rapports entre le Préfet et l'Assemblée départementale continuèrent à être excellents. Dans sa dernière séance, le Conseil arrêta « de se transporter chez M. le comte Laumond, Conseiller d'État, Préfet du département, pour lui renouveler ses remerciements des rapports agréables et des communications faciles que ce magistrat a bien voulu établir avec chaque membre du Conseil pendant la session, et qui ont donné au Conseil toutes les lumières propres à éclairer ses délibérations ; que le Conseil remplit un devoir, et que c'est pour lui la plus douce satisfaction d'avoir à répéter à M. le Préfet que tous les administrés du département, qui apprécient tous les jours davantage son zèle éclairé et ses vues bienfaisantes, ne cessent de se féliciter d'avoir un administrateur qui, à la bienveillance qui le fait partout chérir, réunit les talens, les lumières, pour le succès de tout ce qui peut être utile au département; qu'enfin, c'est avec l'empressement le plus vrai que le Conseil vient réitérer, en terminant ses travaux, à M. le Préfet l'assurance des sentimens de la plus haute estime, de confiance et de respectueux dévouement dont sont pénétrés pour lui tous les administrés du département ».

L'ouverture de la deuxième session avait été fixée au 1er juillet 1810, et le Préfet se rendit ce jour-là au lieu ordinaire des séances, « pour faire l'ouverture de la session; mais, ayant reconnu que le jour de dimanche avait empêché plusieurs membres de se rendre au Conseil et qu'ils n'étaient pas en nombre suffisant pour délibérer, il a ajourné l'installation du Conseil au lendemain 2 juillet ».

MM. Brunet et Goulard furent renommés Président et Secrétaire, et la session prit fin le 14 juillet. Une adresse « à Sa Majesté l'Empereur et Roi » avait été votée; elle commençait ainsi : « Sire, Le bonheur d'être admis auprès de votre Auguste Personne et de porter aux pieds de votre trône l'hommage de notre profond respect, de notre fidélité et de notre amour, est toujours la première pensée comme le premier vœu de tous les membres composant le Conseil général du département de Seine-et-Oise. » Et, une fois de plus, le Conseil arrêta, le jour où la session se termina, qu'il « se transporterait en corps chez M. le comte Laumond, pour lui exprimer les sentimens qui animent tous les membres du Conseil pour un magistrat qui réunit à l'affabilité la plus aimable les vues les plus sages et les plus utiles au département ».

Quelques jours après la clôture de cette deuxième session, fut rendu le décret impérial du 19 juillet 1810, qui remplaça ainsi qu'il suit les membres du tiers sortant de l'Assemblée départementale. Etaient nommés membres du Conseil général :

MM. Guichard, Jean-Baptiste, membre du Collège électoral, maire et propriétaire à Franconville, C⁰ⁿ de Montmorency;

De Bonnaire, Marie-Charles-Louis, membre du Collège électoral, président du canton de Palaiseau, maire et propriétaire à Gif;

De Borie, Jean-François, maire et propriétaire à Courcelle-sur-Viosne, C⁰ⁿ de Marines;

De Prunelé, Augustin-Marie-Etienne, membre du Collège électoral, propriétaire à Presles;

De Bizemont, Louis-Gabriel, membre du Collège électoral, président du canton de Milly, maire et propriétaire à Gironville;

Fontaine de Cramayel, Jean-François, maître des cérémonies de S. M. I. et R., introducteur des ambassadeurs, président du Collège électoral de Corbeil;

Legendre de Luçay, Jean-Baptiste-Charles, premier préfet du Palais, maire et propriétaire à Saint-Gratien;

De Morant, Thomas-Marie-Louis-Geneviève, propriétaire à Jouy-en-Josas.

MM. Andrieu, Caillault, Granet, Pinon, Segrettier, Usquin cessaient d'appartenir à l'Assemblée départementale;

MM. Guichard et de Prunelé y rentraient;

MM. de Bizemont, de Borie, Debonnaire, Fontaine de Cramayel, Legendre de Luçay, de Morant étaient appelés à y siéger.

Le Conseil général se trouva donc composé, à la fin de juillet 1810, de :

MM. D'Astorg,
De Bizemont,
De Borie,
Brunet,
Chandellier,
Clérisseau,
Cottereau,
Debonnaire,
Fontaine de Cramayel,
Gabaille,
Goulard,
Guichard,

MM. Hua,
Joly-de-Fleury,
De Lamoignon,
Lebourlier,
Legendre de Luçay,
Lerat-Magnitôt,
De Morant,
Pétigny,
Picard-Noir-Epinay,
De Prunelé,
Roger d'Arquinvilliers,
De Selve.

Mais au cours des années suivantes, jusqu'à l'époque de la première Restauration en 1814, les modifications suivantes se produisirent dans la composition du Conseil.

Par décret impérial du 11 juillet 1811, furent nommés membres du Conseil général :

MM. Andrieu, Augustin-Marie, maire et propriétaire à Cheptainville,

De Lignerac de Caylus, Louis-Robert, propriétaire à Saint-Clair-sur-Epte,

Pinon, Anne-Louis, maire et propriétaire à Frouville,

en remplacement de MM. Goulard, le baron d'Astorg et de Prunelé, « appelés à faire partie du Corps législatif ».

Par un autre décret, en date du 23 avril 1812,

MM. Johannot, Jean, père, ex-législateur, membre de la Société d'Agriculture, propriétaire à Vaucresson,

Farmain de Sainte-Reine, Antoine, membre de la même Société, maire de Villebon,

De Sancé, Jean-Baptiste, président du canton et maire de Montfort-l'Amaury, étaient appelés au Conseil général en remplacement de MM. Fontaine de Cramayel, Lerat-Magnitot et de Lamoignon, nommés : le premier, membre du Conseil général de Seine-et-Marne ; le second, sous-préfet de Porentruy ; le troisième, membre du Conseil général de la Seine.

Un nouveau Préfet, M. le comte de Gavre, chambellan de S. M. l'Empereur, ouvrit la session de 1811, qui avait été fixée par décret du 3 juillet au 15 août ; mais « la solennité de la fête destinée à célébrer l'anniversaire de la naissance du plus grand comme du plus chéri des monarques ayant empêché plusieurs membres de se rendre à l'Assemblée, l'installation du Conseil a été remise au lendemain 16 août ».

Le Bureau fut composé de MM. Brunet, Président, et Chandellier, Secrétaire.

La session se termina le 30 août, et, ce jour-là, le Conseil général se rendit en corps chez le Préfet, « pour lui exprimer les sentiments dont sont animés les membres du Conseil ». Voici le texte du discours que le Président de l'Assemblée prononça en cette circonstance :

« Monsieur le Préfet, C'est pour nous une satisfaction bien douce de pouvoir, en terminant notre session, vous faire agréer nos remerciements et vous témoigner les sentimens de notre reconnaissance.

« Les rapports que le Conseil vient d'avoir avec vous, Monsieur le Préfet, les communications faciles qu'il en a obtenues ont achevé de le convaincre que Sa Majesté l'Empereur et Roi avait donné une nouvelle preuve de sa bienveillance pour le département de Seine-et-Oise en confiant les rênes de son administration à un magistrat qui réunit les connaissances et les vues les plus utiles au bien de ses administrés.

MM. Andrieu, Pinon, Johannot rentraient ainsi au Conseil général, d'où ils étaient sortis précédemment.

« Qu'il soit permis au Conseil de se glorifier de vous voir, Monsieur le Préfet, investi d'autres fonctions [1], qui vous approchent de plus près de l'auguste personne de Sa Majesté. Plein de confiance dans le véritable intérêt que vous portez à ce département, il ose espérer que vous ferez entendre ses justes réclamations sur la surcharge qu'il éprouve dans la répartition de l'impôt. Il est consolant pour nous de penser que la diminution qu'il réclame depuis longtemps sera le résultat de vos pressantes sollicitations. Comme il nous sera doux de reporter à vos administrés l'assurance que travailler à leur bonheur est votre première pensée.

« Qu'il soit aussi permis au Conseil de se féliciter d'être dans ce moment leur organe et de vous porter en leur nom l'expression de leurs hommages et de leur respectueux dévouement. »

Deux sessions furent tenues en 1812 par le Conseil général. La circulaire du Ministre de l'Intérieur en date du 4 avril en fait connaître l'objet :

« Le Conseil général de votre département, Monsieur le Préfet, s'assemblera le 20 de ce mois, pour délibérer sur les moyens de fournir les sommes nécessaires pour compléter les ressources affectées au secours public extraordinaire accordé par le décret du 24 mars. Immédiatement après cette session, il devra en tenir une autre, dans laquelle le Conseil aura à s'occuper, en ce qui le concerne, de l'exécution du décret du 16 décembre 1811 contenant le règlement sur la construction, la réparation et l'entretien des routes..... La session des Conseils généraux relative aux routes devra être terminée, au plus tard, le 10 du mois de mai. »

La première de ces deux sessions, qualifiée dans le procès-verbal de « session extraordinaire », fut ouverte, le 20 avril 1812, par « M. Peyronet, secrétaire général de la Préfecture, délégué par M. le Préfet, absent », qui, après avoir fait l'exposé des différents objets dont le Conseil aurait à s'occuper, déposa sur le bureau, entre autres pièces, le décret impérial du 24 mars 1812 concernant les secours à distribuer dans les départements de l'Empire.

MM. Brunet et de Borie furent élus Président et Secrétaire, et une Commission spéciale fut nommée à l'effet de présenter dans un rapport « les moyens d'exécution des mesures prescrites dans le décret impérial ». Celle-ci fit son rapport le 22 avril. Elle exposa « que, d'après la répartition faite des deux millions de soupes à la Rumfort qui ont été ou doivent être distribuées tous les jours dans l'Empire, depuis le 1er avril jusqu'au 1er septembre, en exécution du décret cité, il doit en être distribué dans le département de Seine-et-Oise trente mille quatre cents; que ces soupes, à raison d'un sol six deniers chacune, coûteront 2,280 francs par jour, et pour cinq mois 342,000 francs ; que, pour former ces 342,000 francs assignés au département de Seine-et-Oise, il

[1] Celles de chambellan de l'Empereur.

n'existe de fonds disponibles, d'après le vœu de l'article 8 du titre XI du décret, que la somme de 239,450 francs. Le besoin étant de 342,000 francs, il y a un déficit de 102,550 francs. » Le Conseil, adoptant le travail de sa Commission, « vote l'imposition du quatrième centime facultatif non imposé en 1812, plus l'imposition d'un nouveau centime formant un fonds de 102,550 francs, somme demandée pour réaliser les vues bienfaisantes de Sa Majesté. Le Conseil, plein de confiance dans l'effet que doit produire et qu'a déjà produit la bienveillante sollicitude de Sa Majesté, se livre à l'espoir que les nouvelles charges imposées au département seront beaucoup au-dessus des besoins, et que bientôt des circonstances plus heureuses lui permettront de donner une nouvelle destination à des fonds devenus inutiles ».

La seconde de ces sessions, qualifiée également, dans le procès-verbal, de « session extraordinaire », dura du 28 avril au 9 mai, et fut uniquement consacrée par le Conseil « à l'exécution, en ce qui le concerne, du décret du 16 décembre 1811 contenant le règlement sur la construction, la réparation et l'entretien des routes ».

Avec la session dont l'ouverture eut lieu le 10 mai 1813 et qui se termina le 24, nous assistons à la dernière des sessions que tint sous l'Empire le Conseil général, qui continua d'être présidé par M. Brunet, assisté de M. de Borie comme Secrétaire. Appelé à délibérer sur la question de savoir s'il y avait nécessité d'imposer deux nouveaux centimes, le Conseil prit l'arrêté suivant, le 22 mai :

« Considérant, d'une part, l'énorme surcharge qui pèse sur le département par trois causes de force majeure bien connues du Gouvernement : la première, la dépense qu'il doit supporter pour la restauration des routes sans nombre qui coupent dans une infinité de rayons le territoire du département ; la deuxième, l'établissement des tribunaux et des prisons, pour lequel des demandes de premiers fonds sont déjà faites, lequel établissement présente un aperçu de dépense approximativement évalué par des devis à 1,100,000 francs ; la troisième, la surtaxe qu'il éprouve depuis [un] grand nombre d'années et qui s'accroît tous les ans par les distractions de matière imposable, lesquelles montent actuellement à 2,590,186 fr. 24 c., et nonobstant lesquelles l'impôt foncier est resté constamment dans la proportion dans laquelle il était avant ces distractions ; que dans de pareilles circonstances le Conseil général ne peut ni ne doit émettre son avis sur une surcharge de contribution s'il n'y a nécessité évidente de l'établir ;

« Considérant, d'autre part, qu'il y a suffisance de fonds dans les cinq centimes applicables aux dépenses variables ordinaires et dans ses centimes facultatifs pour subvenir à toutes ses dépenses ;

« Le Conseil général arrête qu'il n'y a lieu à proposer l'imposition de deux nouveaux centimes. »

Deux jours après, l'Assemblée départementale revint sur cette question de la « perte de matière imposable ». Le Conseil général, « ..... considérant qu'il est contraire à toute justice que le département de Seine-et-Oise reste grevé de charges attachées à la matière imposable qu'il a perdue par les distractions faites pour domaines affectés à la dotation de la Couronne ou destinées à des établissements publics ; que ces charges ne peuvent être considérées que comme charges communes de l'Empire et supportées par tous les départements proportionnellement à leur contingent dans la contribution foncière ; considérant qu'il est également contraire à la justice que le département reste grevé des charges attachées à la matière imposable qu'il a perdue par l'effet de distractions faites en faveur des départements environnants, arrête :

« Article 1er. L'état général des distractions faites dans le département de Seine-et-Oise depuis l'an X jusqu'en 1813 sera envoyé à S. E. le Ministre de l'Intérieur.

« Art. 2. Son Excellence sera suppliée de prendre en considération les surcharges éprouvées par le département de Seine-et-Oise et de lui faire obtenir un dégrèvement de la portion de la contribution foncière afférente à la matière imposable qu'il a perdue. »

Et avant de se séparer, le Conseil arrêta qu'il se rendrait en corps chez M. le Préfet, « pour lui exprimer les sentiments dont sont animés pour lui les membres du Conseil, lui payer, au nom du département, le tribut de reconnaissance qui lui est dû et le prier de continuer auprès de Leurs Excellences les Ministres de l'intérieur et des finances ses pressantes sollicitations afin d'obtenir au département de Seine-et-Oise le dégrèvement auquel la perte de sa matière imposable lui donne de si justes droits ».

1814. — C'est l'année où la France connaît de nouveau les horreurs de l'invasion. Paris a ouvert ses portes aux alliés le 31 mars, et le département de Seine-et-Oise a été occupé en grande partie par les troupes étrangères. Le 6 avril, le Sénat a proclamé roi le comte de Provence, frère de Louis XVI, sous le nom de Louis XVIII. Napoléon déchu, acceptant la souveraineté de l'île d'Elbe, a fait, le 20 avril, des adieux touchants à sa Vieille Garde et, le 3 mai, Louis XVIII s'est installé à Paris, aux Tuileries.

Un autre Préfet a succédé à M. le comte de Gavre : M. le baron Delaitre, préfet du département d'Eure-et-Loir, a été appelé à la Préfecture de Seine-et-Oise par décret impérial du 13 janvier 1814. Le 2 février, il a pris possession de son poste, qu'il n'a pas quitté jusqu'au jour où se réunit, après ces graves et douloureux événements, le Conseil général de Seine-et-Oise, « l'an mil huit cent quatorze, le vingtième du règne de Sa Majesté Louis XVIII, surnommé par la voix de son peuple Louis le Désiré, le 15 octobre, jour fixé par l'ordonnance du Roi du 24 septembre 1814 pour l'ouverture de la session des Conseils généraux des départements ».

Les membres de l'Assemblée départementale, réunis à l'hôtel de la Préfecture, se constituèrent en Conseil sous la présidence de M. Brunet, doyen d'âge, M. Farmain de Sainte-Reine remplissant, comme le plus jeune, les fonctions de Secrétaire. M. le Président présenta au Conseil la formule du serment que chacun de ses membres était appelé à prêter et qui était ainsi conçue : « Je jure et promets à Dieu de garder obéissance et fidélité au Roi, de n'avoir aucune intelligence, de n'assister à aucun Conseil, de n'entretenir aucune ligue qui serait contraire à son autorité, et si, dans le ressort de mes fonctions ou ailleurs, j'apprends qu'il se trame quelque chose à son préjudice, je le ferai connaître au Roi. » Ce serment fut prononcé individuellement par les Conseillers généraux, qui en signèrent la formule, MM. Brunet, Farmain de Sainte-Reine, le duc de Caylus, le vicomte de Bizemont, le marquis de Morant, le comte de Luçay, le chevalier Pétigny de Maurepas, Andrieu, de Borie, Roger d'Arquinvilliers, Picard de Noir-Epinay, Clérisseau, Lebourlier, Chandellier et Cottereau, dans la séance du 15 octobre, MM. Pinon, Guichard, Hua, le comte de Selve, le vicomte de Vérac, qui avait succédé à M. Du Tertre de Sancé, décédé au mois de mars 1813, dans les séances subséquentes. MM. Gabaille et Debonnaire, « retenus par leurs fonctions, l'un comme juge d'instruction près le Tribunal d'Etampes, l'autre comme Conseiller en la Cour d'appel », avaient témoigné au Conseil leurs regrets de ne pouvoir venir prendre part à ses travaux. M. le comte Joly de Fleury, « retenu chez lui par le dérangement de sa santé », avait témoigné les mêmes regrets. M. Johannot[1] ne figurait pas au nombre des membres, sans que le procès-verbal indiquât pour quelle raison.

Le Bureau fut alors constitué définitivement : MM. Brunet et de Borie furent élus Président et Secrétaire.

Et les membres, « réunis pour la première fois en session ordinaire depuis les événements à jamais mémorables qui, en rendant aux Français leur Roi légitime, leur assurent leurs anciens jours de félicité et de véritable gloire », arrêtèrent qu'il serait fait « une adresse au Roi pour renouveler à Sa Majesté les expressions d'amour et de fidélité dont tous les cœurs sont pleins ». Les démarches nécessaires seraient faites, par les soins du Président, pour « obtenir la faveur que cette adresse [fût] portée aux pieds du trône par une députation du Conseil ». Elle fut rédigée en ces termes :

« Sire,

« Le Conseil général du département de Seine-et-Oise, réuni pour la première fois en session ordinaire depuis que la Providence vous a rendu à vos peuples, heureux de tout le bien dont il jouit déjà, heureux de tout celui qu'il doit attendre des intentions bienfaisantes de Votre Majesté, a senti le besoin de venir vous exprimer de nouveau et sa confiance et son amour.

« Il est donc vrai, Sire, que désormais nos voix seront entendues; ce ne sera plus en vain que, fidèles aux devoirs qui nous sont imposés, nous réclamerons pour le département dont nous sommes les organes contre des injustices trop longtemps éprouvées.

---

[1] Johannot, élu le 5 septembre 1792, par le département du Haut-Rhin, membre de la Convention, avait voté, dans le procès du Roi, « la mort avec la restriction de Mailhe, c'est-à-dire le sursis ». En 1816, il fut forcé de s'expatrier comme ancien régicide, se retira en Suisse (il était né à Genève le 30 juin 1748) et y mourut à Echichens, le 15 janvier 1829. Dictionnaire historique et biographique de la Révolution et de l'Empire.

M. de MONTALIVET
Préfet
1804-1806.

M. le baron DELAITRE
Préfet
1814, 1815 et 1816.

M. le baron des TOUCHES
Préfet
1816-1826.

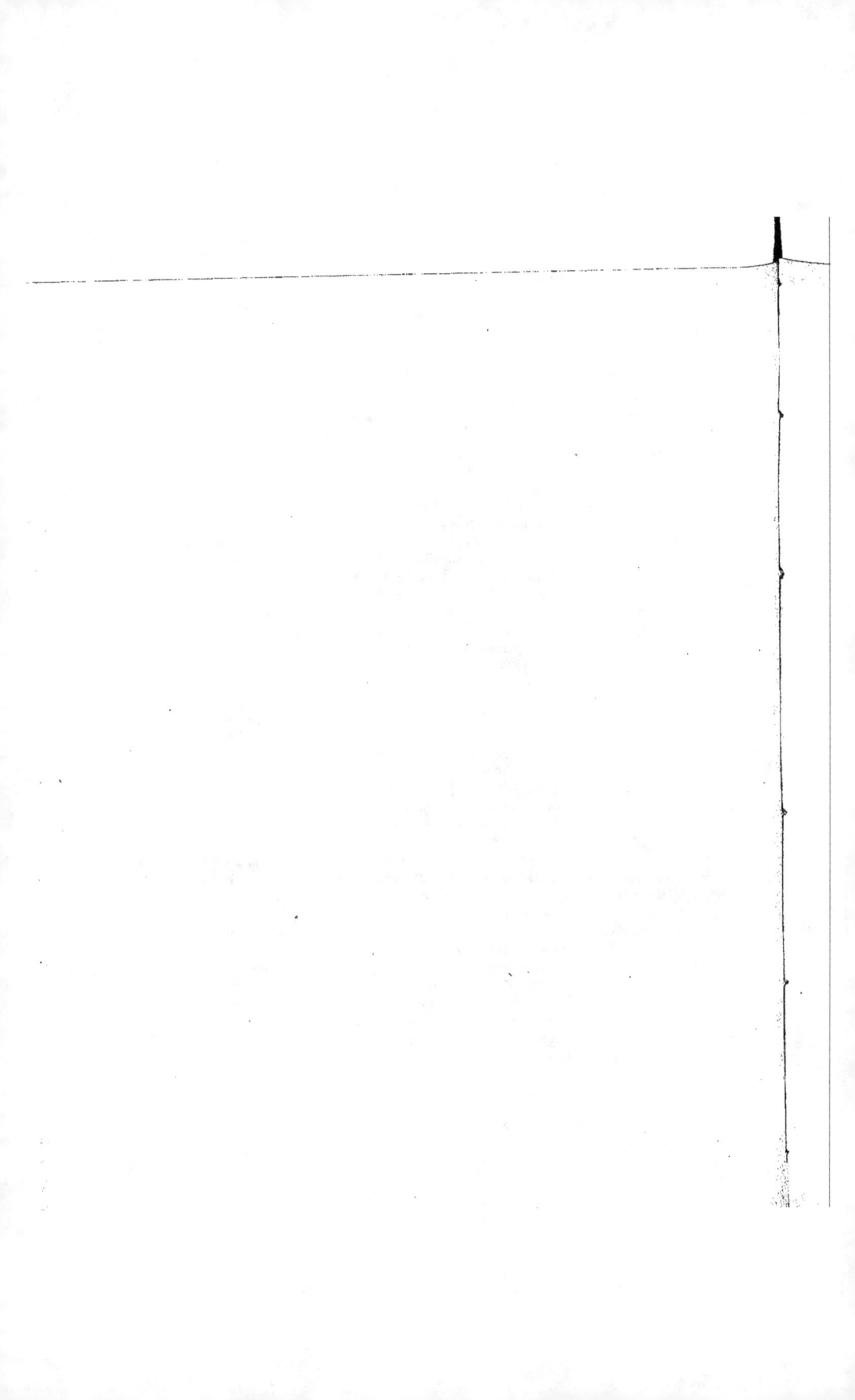

« Avec quelle confiance et quel empressement, Sire, nous nous livrerons à l'avenir à nos travaux! Puissions-nous vous prouver par notre zèle et notre dévouement que nous sentons tout le prix, que nous cherchons à nous rendre dignes de cette bonté, de cette bienveillance paternelle dont tous les jours nous ressentons les heureux effets! »

M. le baron Delaître s'était rendu au sein du Conseil. Il avait fait déposer sur le bureau les pièces et documents relatifs aux travaux qui devaient occuper l'Assemblée, et, « après avoir exprimé avec l'accent d'un cœur vraiment français tous les avantages que leur assurent les heureux auspices sous lesquels ils sont entrepris, il en [avait] fait l'analyse et [avait] terminé en donnant les plus obligeantes assurances de l'empressement qu'il mettra à aider le Conseil de tous les renseignements dont il pourra avoir besoin ». Il s'était alors retiré, « laissant l'assemblée pleine de l'espoir de voir établir entre elle et lui les communications les plus loyales et les plus franches ».

Au nombre des pièces et documents déposés sur le bureau par le Préfet se trouvait un rapport, des plus intéressants, « dans lequel il [exposait] l'affligeante situation où se trouvait le département à l'époque où il est venu en prendre les rênes : il y [joignait] tous les maux qui ont pesé sur lui jusqu'au moment où les Français ont été rendus à l'espérance et au bonheur, et [entrait] dans le détail des mesures extraordinaires prises par lui, rendues nécessaires par les circonstances ». Voici le début de ce rapport :

« Messieurs, Le département de Seine-et-Oise, occupé en grande partie par des troupes étrangères, a éprouvé de grandes pertes et fait des sacrifices de toute nature pour éviter de plus grands malheurs; mais il avait déjà supporté pendant longtemps des charges extrêmement considérables, dont vous avez pu présumer l'étendue par celles qui ont pesé sur les cantons que vous habitez. Je vais aujourd'hui esquisser rapidement le tableau de la position critique du département à l'époque où l'administration m'en a été confiée et vous faire l'exposé des mesures que j'ai dû prendre dans des circonstances aussi difficiles..... »

Et plus loin, arrivant à l'époque de l'occupation étrangère, le Préfet s'exprimait ainsi : « Les rapports que je recevais journellement me faisaient connaître que le bon esprit des habitants du département leur faisait supporter avec résignation ces différentes charges, mais cet état de choses me donnait les plus vives inquiétudes pour l'avenir et il ne m'était pas difficile de prévoir que tous ces sacrifices devaient avoir un terme très prochain. L'attaque de Paris par les troupes alliées et la retraite de l'armée française qui le couvrait en partie furent le signal du départ de toutes les troupes stationnées à Versailles. Je fus informé par le général Préval qu'il avait reçu l'ordre de faire évacuer les troupes de cavalerie sur les départements de l'Ouest, et le général commandant la subdivision me prévint, dans la soirée du .. mars, qu'il devait faire sortir dans la nuit toute l'infanterie, pour prendre position sur les hauteurs, et se diriger ensuite avec toutes les troupes sous ses ordres sur la route de Rambouillet.

« Dans cette position critique, et pour obéir aux ordres du Gouvernement, qui me prescrivaient impérativement de sortir [du lieu] de ma résidence lorsqu'il serait menacé d'une invasion subite, je me rendis à Montfort et de là à Houdan, où je séjournai quelques jours, pendant lesquels je pris les mesures qui me parurent nécessaires pour maintenir l'ordre et la tranquillité dans les deux arrondissements avec lesquels j'étais en communication.

« Je me transportai ensuite à Mantes, où j'arrivai assez tôt pour dissuader le général qui commandait de défendre les villes de Meulan et de Mantes, qui paraissaient menacées par des forces contre lesquelles il ne pouvait espérer de se maintenir.

« A mon retour à Houdan, je reçus du Gouvernement provisoire l'ordre de rentrer au chef-lieu de la Préfecture, et je m'y rendis sur-le-champ.

« La ville de Versailles était alors occupée par les troupes alliées ; de nombreux camps étaient établis dans les arrondissements de Versailles, Corbeil, Etampes et Pontoise. Les ressources locales étaient entièrement épuisées ; des détachements parcouraient une plus grande étendue de territoire pour subvenir aux besoins journaliers de ces camps et paralysaient par cette manœuvre le peu de ressources que l'Administration aurait encore pu trouver en frappant elle-même des réquisitions.

« Je m'empressai de mettre cet état de choses sous les yeux du Gouvernement et de solliciter l'éloignement d'une partie de ces troupes. Le mouvement commença à s'opérer le 10 avril, mais le département n'en éprouva qu'un faible soulagement parce que le nombre des troupes qui s'y trouvaient encore était trop considérable pour que les habitants pussent fournir à ses besoins, parce qu'il était impossible d'obtenir la communication de l'effectif des corps et de leur placement, et qu'enfin les camps de Grenelle, de Saint-Denis, de l'Ecole militaire se répandaient dans toutes les communes environnantes et même à des distances assez éloignées pour y enlever les vivres et fourrages qui pouvaient y exister..... »

Et le rapport du Préfet se terminait ainsi : « Vous connaissez probablement, Messieurs, les mesures que j'ai prises pour opérer la liquidation des réquisitions régulières et faire constater les pertes, enlèvements et dégâts ; je m'empresserai de faire mettre sous vos yeux les arrêtés et instructions qui ont été adressés à MM. les Maires pour régulariser leur travail. J'aurais désiré pouvoir vous donner une évaluation approximative des charges qui ont pesé sur le département; mais je n'ai pu recueillir encore que des notions très imparfaites. J'ai demandé de nouveaux renseignements ; je m'empresserai de mettre sous vos yeux pendant le cours de votre session les résultats que j'en pourrai obtenir. »

Le Conseil vit dans cet exposé « la confirmation de ce qu'il savait déjà : zèle, courage, lumières, prévoyance, sollicitude, tels sont les caractères de la conduite tenue par M. le Préfet dans les circonstances difficiles des temps fâcheux qui viennent de s'écouler » ; il se plut à rendre ce témoignage, et « verrait avec plaisir qu'il pût devenir un des dédommagements auxquels a tant de droits l'administrateur paternel qui en est l'objet ». Aussi, d'après les motifs développés dans ce rapport, « convaincu de nouveau que la perception du cinquième sur les contributions directes établi par l'arrêté de M. le Préfet du 5 mai était impérieusement commandée par les circonstances, qu'elle était une conséquence nécessaire des ordres du Ministre, des vœux émis par les assemblées cantonales ; que cette mesure, la seule qui pût être prise, a préservé le département des plus grands malheurs ; que, si cette charge est rigoureusement juste, elle doit être supportée par tous ; qu'il est d'ailleurs nécessaire que cette imposition soit perçue en totalité, pour que le mode de remboursement annoncé par le Gouvernement puisse être établi d'une manière uniforme ; qu'il serait souverainement injuste que, la plus grande partie des administrés ayant acquitté cette dette, une petite portion pût s'y soustraire par une résistance qu'aucun motif raisonnable ne justifie », le Conseil général renvoya-t-il le rapport de M. le Préfet à sa Commission des contributions, pour qu'elle lui présentât « les moyens qu'elle croira les plus propres à accélérer la rentrée des trois huitièmes restant dus sur la contribution extraordinaire du cinquième ».

Dans la séance du 24, la première Commission fit un rapport, où elle présenta le contingent à payer par le département de Seine-et-Oise, pour l'année 1815, dans les contributions foncière, personnelle et mobilière. Il y a des chiffres instructifs qu'il est bon de relever :

« Le contingent de la contribution foncière est fixé à la somme de. 4.511.000 fr.
« Cinq centimes pour fonds de non-valeurs. 225.550
« Quarante-cinq centimes pour subvenir aux dépenses administratives, fixes et variables, et à toutes autres dépenses par des centimes
communaux 2.029.950
                                    « Total. . . . . . 6.766.500 fr.

« Le contingent de la contribution personnelle et mobilière est fixé à.   616.500 fr.
« Cinq centimes pour fonds de non-valeurs 30.825
« Quarante-cinq centimes pour subvenir aux dépenses administratives, fixes et variables, et à toutes autres dépenses précédemment acquittées par des centimes communaux. 277.425
                                    « Total. . . . . .   924.750 fr.

« Il sera imposé en sus des contributions foncière, personnelle et mobilière :
« 1° Cinq centimes pour dépenses communales,
« 2° Les remises des percepteurs ;
« Plus 43,618 fr. pour appointements fixes, taxations et remises des Receveurs généraux et Receveurs particuliers. »

Ces contributions furent réparties entre les arrondissements de Seine-et-Oise; mais ce n'était plus entre cinq arrondissements, c'était entre six, car un arrondissement nouveau existait depuis quelques années, celui de Rambouillet, qui était le sixième arrondissement du département. Napoléon Ier aimait Rambouillet et y venait souvent. L'année 1811 avait été marquée par deux voyages de l'Empereur en cette ville : il y était venu du 15 au 20 mai et, une seconde fois, du 6 au 12 août. C'est dans le premier de ces voyages que fut décidée la formation d'un sixième arrondissement dans le département de Seine-et-Oise, arrondissement qui aurait pour chef-lieu la ville de Rambouillet. La loi qui l'ordonna porte la date du 19 juillet 1811.

« Du 19 juillet 1811.

« Napoléon, par la grâce de Dieu et les constitutions empereur des Français,..... salut.

« Le Corps législatif a rendu, le 19 juillet 1811, le décret suivant, conformément à la proposition faite au nom de l'Empereur et Roi, et après avoir entendu les orateurs du Conseil d'état et le président de la commission de l'intérieur :

DÉCRET.

« Art. 1er. Le département de Seine-et-Oise, actuellement composé de cinq arrondissemens de sous-préfecture, sera désormais divisé en six arrondissemens.

« 2. La ville de Rambouillet sera le chef-lieu du sixième arrondissement, qui comprendra les cantons de Rambouillet, de Chevreuse, de Limours, de Montfort-l'Amaury, distraits de l'arrondissement de Versailles, et les deux cantons de Dourdan, distraits de l'arrondissement d'Etampes.

« 3. Il y aura à Rambouillet un tribunal composé de trois juges, y compris le président, un procureur impérial et son substitut, et un greffier.

« Collationné à l'original.....

« Mandons et ordonnons.....

« Donné à Saint-Cloud, le 29 juillet 1811.

« NAPOLÉON. »

Entre ces six arrondissements, le répartement des contributions pour l'année 1815 avait lieu de la manière suivante :

Contribution foncière.

Arrondissement de Mantes	798.898 fr.	50
— Pontoise	1.763.830	50
— Versailles	1.559.307	»
— Corbeil	951.741	»
— Etampes	575.338	50
— Rambouillet	1.117.384	50
Total	6.766.500 fr.	»

Celui des *Contributions personnelle et mobilière* était ainsi fixé :

Arrondissement de Mantes. . . . . 93.594 fr. »
     —   Pontoise 170.926 50
     —   Versailles. 336.271 50
     —   Corbeil . . . . 130.056 »
     —   Étampes 83.857 50
     —   Rambouillet. . . . . : . . . 110.044 50

                         Total. . . . . 924.750 fr. »

Les crédits alloués au budget de 1815 atteignaient le chiffre de 612,296 francs et se trouvaient répartis en onze chapitres :

Chapitre 1er. Préfecture. 67.800 fr.
   —   2. Sous-préfectures 35.800
   —   3. Enfants trouvés 9.000
   —   4. Prisons et dépôts de mendicité. 153.215
   —   5. Casernement de la gendarmerie. 20.000
   —   6. Ordre judiciaire 2.050
   —   7. Supplément au culte diocésain 50.000
   —   8. Constructions et réparations à faire. 63.800
   —   9. Frais de premier établissement du dépôt de mendicité. . 178.831
   —   10. Dépenses diverses 1.800
   —   11. Fonds réservés pour dépenses imprévues. 30.000

Au nombre des vœux et avis qui furent émis par l'Assemblée départementale, il en est un qui mérite d'être signalé et qui est relatif à une demande de délimitation nouvelle du territoire.

Le Conseil général, vu les demandes faites par diverses communes de l'arrondissement de Rambouillet tendant à ce qu'elles fussent distraites de cet arrondissement et réunies à ceux de Versailles et d'Étampes, dont elles avaient fait partie ; « considérant que, si le dernier Gouvernement a cru devoir former un sixième arrondissement dans le département de Seine-et-Oise et l'établir à Rambouillet, l'expérience prouve que la division territoriale de ce nouvel arrondissement n'a pas été faite avec les soins qu'exigeait l'intérêt des administrés, des justiciables et même du trésor public ; qu'on n'a pas fait assez d'attention à la difficulté des communications ; que les cantons les plus voisins de Rambouillet ont bien été pris, à la vérité, pour former cet arrondissement, mais qu'un grand nombre de communes, placées à l'extrémité de ces cantons du côté opposé à Rambouillet, se trouvent beaucoup trop éloignées de ce chef-lieu ; qu'un grand nombre de ces communes n'ont pas de routes pour y arriver ; que leurs habitans sont obligés de traverser des bois peu praticables, et, lors de la mauvaise saison, de faire le double de chemin pour recourir soit à l'administration, soit au tribunal ; qu'ils sont obligés de séjourner, quoiqu'appelés par des affaires de peu d'importance, ce qui occasionne beaucoup de perte de temps et des dépenses ; ..... considérant que le sixième arrondissement a été établi en vertu d'une loi 'et] que le Conseil général ne peut qu'émettre son opinion » ; était d'avis que, « si le sixième arrondissement est conservé, il soit fait une division nouvelle de son territoire et qu'il en soit distrait les communes qui, par leur situation locale, par la difficulté des communications, ne peuvent sans inconvénient en faire partie, au rang desquelles doit être placée la commune de Chevreuse, et que ces communes soient réunies à des cantons plus à la portée d'un autre chef-lieu d'arrondissement ».

Avant de se séparer, le Conseil général voulut « payer à M. le baron Delaître, préfet, le tribut d'estime, d'attachement et de reconnaissance qu'il doit aux qualités qui le distinguent, au zèle éclairé et courageux qu'il a développé dans les temps difficiles de son administration ». Il se rendit donc en corps chez le Préfet, à qui le Président adressa en ces termes l'expression des sentiments de l'Assemblée :

« Monsieur le Préfet, vous avez été enlevé au département d'Eure-et-Loir dans des moments désastreux et lorsqu'il était bien précieux pour lui de vous conserver ; les habitants de Seine-et-Oise, et plus particulièrement les membres du Conseil général, peuvent apprécier la perte et les regrets de vos anciens administrés.

« Arrivé dans ce département comme dans une terre étrangère, à l'instant où le plus terrible orage s'apprêtait, vous l'avez vu éclater avec le courage du magistrat qui se sacrifie pour ne s'occuper que du salut de ses administrés.

« Nous avons vu avec quelle retenue vous nous avez parlé des peines que vous avez éprouvées, des obstacles que vous avez eu à surmonter pour nous préserver des désastres qui nous menaçaient, pour prévenir tous les besoins ; mais ce que votre modestie vous a fait taire, vos administrés le savent, et le tribut de reconnaissance qu'ils vous doivent vous est assuré.

« Quant à nous, Monsieur le Préfet, qui connaissons la sagesse et l'activité de votre administration dans les circonstances les plus difficiles, c'est à nous à reporter dans nos cantons l'assurance de la sollicitude avec laquelle vous vous occupez sans relâche de tout ce qui intéresse le département.

« Ne doutez pas, nous vous en prions, Monsieur le Préfet, des sentiments qui nous attachent à vous ; c'est un tribut qui pouvait n'être que volontaire, mais qui déjà est devenu une dette sacrée pour nous. »

On a vu qu'une adresse avait été présentée au Roi ; le Conseil général avait tenu à exprimer en cette circonstance à Madame la duchesse d'Angoulême ses respectueux hommages, et il l'avait fait dans ces termes :

« A Son Altesse Royale Madame la Duchesse d'Angoulême.

« Madame,

« Le Conseil général du département de Seine-et-Oise vient de porter son respectueux hommage aux pieds du trône, souffrez qu'il le dépose encore aux pieds de la vertu.

« Puisse le zèle ardent dont nous nous empresserons toujours de seconder la touchante bienfaisance de Sa Majesté contribuer, Madame, à l'accomplissement des vœux de Votre Altesse Royale pour le bonheur de la France, comme votre retour tant désiré a comblé tous les nôtres.

« Nous sommes avec un très profond respect, Madame, de Votre Altesse Royale les très humbles, très obéissants et fidèles serviteurs.

« Brunet, président. Bonne, secrétaire. Chandellier. Andrieu. Hra. Le Mis de Morant. Pérignу. Clérisseau. Farmain de Sainte-Reine. Cottreau. Picart de Noirepinay. Pinon. »

1815. — Après la bataille de Waterloo (18 juin), la France est envahie de nouveau par les alliés. Rétabli au mois de mars, l'Empire s'est écroulé pour la seconde fois, au milieu de l'invasion étrangère : c'est la période des Cent-Jours qui finit (20 mars-22 juin 1815). Louis XVIII, qui avait été forcé de se réfugier à Gand, est rentré en France ; la seconde Restauration des Bourbons a lieu. « Le règne des épées est fini, le règne des idées commence », a dit un contemporain.

En cette année, tragique et douloureuse, le Conseil général tint deux sessions, qui se placèrent, l'une avant, l'autre après les Cent-Jours, l'une à la fin de la première Restauration, l'autre quelques mois après le commencement de la seconde.

La première session était une session extraordinaire, rendue nécessaire par les circonstances : quittant secrètement l'île d'Elbe et dépistant les navires anglais qui le surveillaient, Napoléon avait débarqué inopinément au golfe Jouan, près de Cannes, le 1er mars, et marchait rapidement vers Paris ; il voulait, avait-il soin de répéter, refaire l'Empire par la République et accorder à la Nation les libertés qu'elle réclamait. Par ordonnance du 11 mars[1], le Roi convoqua les Conseils généraux des départements :

« Les dangers de l'État s'accroissent : il n'en est pas que ne surmontent le courage

[1] « Nous avons à signaler à cette époque un effort que la Royauté tenta au moment des Cent-Jours, pour résister à Napoléon. Le 11 mars 1815, une ordonnance royale convoquait extraordinairement les Conseils généraux ; ils devaient rester en séance permanente et prendre toutes les mesures de salut public que les circonstances ou les localités pourraient leur suggérer. Mais l'influence de ces Conseils, qui n'étaient point électifs, n'était pas telle alors qu'elle est devenue depuis ; d'ailleurs, prise à la dernière heure, la mesure était difficilement applicable : elle resta donc inefficace, et, quatre jours plus tard, le 15 mars, Napoléon signait à son tour un décret qui déclarait close cette session extraordinaire des Conseils généraux. » [Rapport de M. Fournier sur la loi du 15 février 1872. Cité par M. F. de Skée, De l'organisation administrative départementale en France depuis 1789, p. 103-104.]

des Français, leur amour pour la Patrie et la fidélité à notre Personne; mais il est nécessaire de fournir à ceux qui sont appelés à la défense des intérêts publics les moyens les
plus prompts et les plus efficaces d'agir dans le cercle de leurs attributions. Il n'est rien
qu'on ne puisse attendre de leur patriotisme, lorsqu'il s'agit de défendre la liberté contre
la tyrannie, la propriété contre le brigandage, et la charte constitutionnelle contre un
monstrueux despotisme. A ces causes, et sur le rapport de notre Ministre Secrétaire
d'état au département de l'intérieur, nous avons ordonné et ordonnons ce qui suit :

« Article premier. Les Conseils généraux des départements seront convoqués
extraordinairement par les Préfets à l'instant même de la réception de la présente ordonnance.

« Art. 2. Ils resteront en séance permanente pour l'exécution des mesures de salut
public prescrites par nos ordonnances de ce jour, tant pour l'organisation des gardes
nationales que pour la formation de corps de volontaires.

« Art. 3. Ils sont autorisés à prendre toutes autres mesures de salut public que les
circonstances ou les localités pourront leur suggérer, à la charge de communiquer leurs
délibérations aux Préfets des départements, qui en rendront compte à notre Ministre de
l'intérieur.

« Art. 4. Nous recommandons aux corps administratifs réunis et en permanence
d'agir avec l'activité, le patriotisme et la bonne intelligence qui peuvent assurer le
succès de leurs efforts. »

La session extraordinaire du Conseil général de Seine-et-Oise s'ouvrit le surlendemain, 13 mars, les Conseillers se réunissant « sous la présidence de M. Brunet, prési-
dant lors de la dernière session, M. de Borie, secrétaire dans cette dernière session,
[reprenant] les mêmes fonctions ». Ce jour même, l'Assemblée arrêta les termes d'une
adresse au Roi pour lui exprimer « l'entier dévouement dont [elle] est animée pour sa
personne ». En voici les termes :

« Sire, le Conseil général du département de Seine-et-Oise est à son poste : il se
montrera digne des honorables fonctions dont vous l'avez investi.

« Fidèle à ses serments, à l'impulsion de sa conscience et au sentiment de l'honneur, c'est encore par les plus sincères affections du cœur qu'il s'attache à votre personne sacrée.

« Vous ne vivez que pour nous, Sire, nous vous consacrons notre existence.

« Défendons notre Roi, la charte qu'il nous a donnée, et que la plus sainte des
causes triomphe!

« Vive le Roi! »

Une députation composée de MM. Brunet, président, de Selve, de Vérac, Hua, de
Caylus et de Borie, secrétaire, fut chargée de présenter cette adresse au Roi, qui, le

15 mars, daigna « l'accueillir avec sa bonté accoutumée et lui exprimer avec sensibilité la confiance entière qu'il a dans son département de Seine-et-Oise ».

Dès le 13, le baron Delaitre, préfet, avait fait déposer sur le bureau les ordonnances du Roi ainsi que « les lettres, arrêtés et proclamations faites par lui pour l'exécution de ces ordonnances ». Toutes ces pièces attestaient « le zèle et l'activité développés dans cette circonstance par M. le Préfet pour le soutien de la plus sainte des causes »; aussi le Conseil « applaudissait-il de nouveau aux sentiments si bien connus de M. le Préfet et dignes d'un cœur français ». Assuré que toutes les mesures nécessitées par les circonstances avaient été prises, il se bornait à en recommander la stricte exécution et votait au baron Delaitre « les remerciements que son administration active et dévouée lui mérite ».

Le 14 mars, le Conseil, après avoir décidé qu'il serait fait « une adresse en son nom aux habitants du département », informé que quelques maires n'étaient point à leur poste lorsque les circonstances auraient dû les y rappeler, invita le Préfet à prendre les mesures les plus promptes et les plus efficaces « pour que, sans délai, les Maires absents [fussent] tenus de se rendre dans leurs communes pour accélérer l'exécution des ordonnances du Roi et des arrêtés de M. le Préfet ».

Le 15, dans le but « d'accélérer les mesures déjà prises relatives à l'habillement et à l'équipement », le Préfet exposa au Conseil « qu'il croyait utile de nommer deux Commissions, l'une chargée d'aviser aux moyens de fournir les fonds nécessaires, l'autre de pourvoir à l'acquisition de tous les objets d'habillement et d'équipement. Il [demandait] que dans chacune de ces Commissions il y [eût] deux membres du Conseil. » L'Assemblée s'occupa aussi « de la question de savoir si des Commissaires [seraient] envoyés dans le département pour activer les mesures prescrites dans ces circonstances ».

Le 16 mars, le Conseil procéda « à la nomination des deux membres du Conseil qui devront faire partie du Conseil des finances prescrit par l'article IX de l'instruction du Ministre des finances du 12 mars », lequel était ainsi conçu : « Pour mettre et maintenir l'ordre et la célérité,..... les Préfets formeront auprès d'eux un Conseil de finances, composé de deux membres du Conseil général du département, du Receveur général et du Payeur; ils pourront y appeler, lorsqu'ils le jugeront convenable, les Directeurs des Contributions directes et indirectes, de l'Enregistrement et des Douanes. » Il adopta aussi la rédaction de l'adresse aux habitants du département, adresse dont nous ne pouvons donner ici que le commencement et la fin :

« Habitants du département de Seine-et-Oise,

« Vous avez connu le gouvernement de Bonaparte. La guerre partout, deux conscriptions par an, des réquisitions tous les jours, voilà ce qu'il fallait à cet homme dur,

32

qui ne se trouvait bien que sur les champs de bataille, qui voyait couler avec une égale indifférence le sang des braves et les pleurs du peuple. Quel est celui d'entre vous qui n'ait souffert? Encore si tant de sacrifices eussent été pour la patrie! Mais non : c'était pour lui, pour ce qu'il appelait sa gloire; c'était pour illustrer ce nom de Bonaparte, devenu la terreur et l'horreur du monde, que les Français devaient naître, servir, souffrir et mourir.....

« Quel est donc l'insensé qui veuille abandonner son Roi pour s'attacher à un Corse banni et rebelle? Il faudrait n'avoir ni raison, ni honneur, ni patrie, ni famille, ni souvenir des maux passés, ni prévoyance de maux plus affreux; car, s'il était possible qu'il remontât un instant sur le trône, les nations se coaliseraient encore pour l'en arracher, et la France démembrée, partagée par ses voisins, perdrait jusqu'à son nom, après avoir perdu son honneur.

« Loin de nous ces présages sinistres, mais il faut pourtant les faire cesser. L'ennemi est audacieux, mais il est faible ; il est avec une poignée de bandits, sa première escorte, à laquelle se sont joints quelques hommes égarés, mais non encore perdus pour nous ; il est au milieu d'une nation de vingt-cinq millions d'hommes qui ont horreur du joug; on s'arme, on est en marche, on va l'atteindre. Habitants de Seine-et-Oise, qui entourez de si près le séjour du Roi, ralliez-vous. Que les pères de famille se serrent autour du trône, et que la jeunesse, formée en bataillons mobiles, s'élance au devant de l'ennemi.

« Les membres du Conseil général du département sont en permanence à Versailles, pour concerter avec M. le Préfet toutes les mesures de salut public que les circonstances pourraient exiger. Soyons unis, et la plus juste, la plus sainte des causes triomphera.

« Vive le Roi! »

Cette adresse devait être imprimée, lue, publiée et affichée dans toutes les communes du département. Le fut-elle? La chose est au moins douteuse : Napoléon avançait à pas de géant.

Le 17, le Conseil s'occupa d'assurer la centralisation des « dons volontaires qui seront offerts par les personnes qui, ne pouvant servir, désirent cependant concourir par les moyens qui sont en leur pouvoir à la défense de la Patrie ». Il fut aussi constaté que les dépenses présumées nécessaires jusqu'à la fin du mois s'élevant à 92,500 francs et les ressources actuellement disponibles à 32,000 francs, le déficit était de 60,500 francs, et que des moyens de pourvoir à ce déficit seraient proposés ce jour même, à la séance du Conseil des finances.

Le 18, le Conseil prit un arrêté concernant « la rentrée de ce qui reste à recouvrer sur le cinquième ». Dans le plus court délai possible, des avertissements seront donnés par les percepteurs aux contribuables, « pour qu'ils aient à solder le cinquième.....,

A défaut de le solder dans les trois jours de la délivrance, ils y seront contraints par les voies ordinaires comme pour les contributions. »

Le 19, aucune délibération.

Le 20, arrêté que les dépenses relatives aux frais d'estafettes, courriers et impressions nécessités en la circonstance pour l'exécution des ordonnances du Roi, montant à la somme de 2,639 fr. 45, seraient acquittées sur les fonds existant dans la caisse du cinquième. Ce même jour, à neuf heures du soir, Napoléon rentrait aux Tuileries, que Louis XVIII avait quittées la veille, se retirant à Gand.

Le 21, le Conseil général, « considérant que les circonstances pour lesquelles il [avait] été convoqué n'exist[aient] plus », déclarait sa session close.

La deuxième session du Conseil, session extraordinaire, eut lieu au mois de novembre. Elle avait été demandée par le Préfet de Seine-et-Oise, le baron Delaitre, qui avait sollicité « l'autorisation de convoquer le Conseil général du département, pour aviser aux moyens d'assurer la subsistance journalière des troupes alliées, à laquelle il [lui] est devenu impossible de pourvoir par l'insuffisance des moyens mis à [sa] disposition ». Le baron Delaitre avait été, en effet, replacé à la tête de l'Administration du département en exécution des ordres donnés par le Roi à la date du 14 juillet 1815. Dans l'intervalle, c'est-à-dire pendant les Cent-Jours, il avait cessé d'exercer ses fonctions. Un décret impérial du 17 mai avait nommé Préfet du département de Seine-et-Oise M. le comte de Girardin, préfet de la Seine-Inférieure, qui avait été installé le 1er juin. Dès le 23 mai, le baron Delaitre avait pris un arrêté portant que « M. Lussy, l'un des Conseillers de préfecture, [était] délégué pour remplir les fonctions de Préfet de Seine-et-Oise jusqu'à l'installation de M. le comte Girardin ». Puis, après les Cent-Jours, M. de Girardin avait été remplacé à son tour par un « Sr Michaud », nommé provisoirement Préfet de Seine-et-Oise par l'autorité prussienne. L'arrêté qui l'appelait à ce poste est du 6 juillet; il est ainsi libellé :

« Quartier général de St-Cloud, le 6 juillet 1815.

« Nous, Conseiller d'Etat, Intendant général des armées de Sa Majesté Prussienne,

« Considérant qu'il est urgent de pourvoir à la nomination d'un fonctionnaire chargé de l'administration du département de Seine-et-Oise pour remplacer le Préfet qui a pris la fuite à l'approche des armées alliées,

« Considérant que le sieur Michaud, ancien ordonnateur en chef, a, par les bons principes qu'il professe, mérité toute notre confiance,

« Considérant, de plus, que ledit Sr Michaud a fait preuve de ces principes en n'acceptant aucune fonction publique sous le régime de Bonaparte et qu'en outre, par la connaissance personnelle de ce fonctionnaire, nous nous sommes convaincu de ses opinions et de son dévouement à la bonne cause,

« Arrêtons :

« Art. 1er. Le Sr Michaud, ancien ordonnateur en chef, est nommé provisoirement Préfet du département de Seine-et-Oise.

« Art. 2. Il se rendra de suite à Versailles, chef-lieu du département, pour être installé dans l'exercice de ses fonctions.

« Art. 3. Ampliation du présent arrêté lui sera adressée pour lui servir de commission.

« Art. 4. Il sera également donné connaissance de cette nomination au Gouvernement provisoire.

« Fait à St-Cloud, les jour, mois et an que dessus.

« L. S. Signé : RIBBENTROP. »

Le 8, « l'Intendant de Sa Majesté le Roi de Prusse dans le département de Seine-et-Oise » informait de cette nomination M. Peyronet, secrétaire général de la Préfecture, et l'invitait à prendre les dispositions nécessaires pour la réception de M. Michaud « dans les nouvelles fonctions qu'il doit remplir sur-le-champ. En conséquence, prévenez MM. les administrateurs et divers fonctionnaires de ce département. » Ce préfet provisoire, illégalement nommé, fut sans doute installé quelques jours après, car, le 9 juillet, il envoyait au Ministre de l'Intérieur, qu'il avisait de sa nomination, une « copie du procès-verbal de [son] installation dans ces fonctions »; mais une pièce officielle du 2 juin 1830 constate qu'à cette date, malgré toutes les recherches faites « tant aux Archives qu'au Secrétariat », le procès-verbal de cette installation n'a point été retrouvé.

Replacé à la tête de l'Administration du département de Seine-et-Oise le 14 juillet 1815, le baron Delaître avait obtenu du Ministre de l'Intérieur, le 20 novembre suivant, l'autorisation de convoquer le Conseil général. Celui-ci « s'occupera de prendre connaissance des dettes qui ont été contractées pour la subsistance et l'entretien des troupes alliées, des besoins journaliers pour le même service, et des moyens de le soutenir concurremment avec les ressources que M. le Ministre des Finances a pu mettre à votre disposition. Je compte, Monsieur le Baron, sur tout votre zèle et sur le dévouement des membres du Conseil général dans cette occurrence. »

En un mémoire très intéressant, le Préfet avait fait l'exposé de « la situation du département de Seine-et-Oise depuis les derniers jours du mois de juin 1815 jusqu'au 22 novembre de la même année ». « J'ai sollicité, disait-il, de S. E. le Ministre de l'Intérieur l'autorisation de vous convoquer, pour mettre sous vos yeux le tableau affligeant de la situation de notre département et vous prier d'exprimer votre opinion sur les mesures que vous jugerez nécessaires de prendre pour parvenir à continuer un service immense que j'ai soutenu jusqu'à ce jour. Vous sentez déjà, Messieurs, qu'il est question de l'approvisionnement en vivres et fourrages des troupes étrangères et de l'entretien des hôpitaux qui ont été formés sur plusieurs points. » Et l'exposé se termine ainsi : « Je vous demande, Messieurs, de vouloir bien, en jugeant les mesures que j'ai prises, ne pas vous isoler des circonstances impérieuses dans lesquelles je me suis trouvé placé; vous devez concevoir combien ont été grandes les difficultés et les obstacles que j'ai eu à vaincre pour pourvoir à d'énormes besoins, dont jamais je n'ai pu calculer ni la durée, ni l'étendue. Je m'estimerai heureux si j'obtiens votre approbation et si vous me rendez cette justice que j'ai fait tout ce qu'il m'était humainement possible de faire dans une position aussi critique et aussi dangereuse. »

Le 26, le Préfet prévint MM. les Conseillers généraux que leur réunion aurait lieu le lendemain lundi à Paris, rue de Choiseul, n° 7, chez M. le comte de Selve.

Le procès-verbal de cette session est extrêmement court; il n'y a donc pas d'inconvénient à ce que nous le reproduisions ici *in extenso* :

« 27 novembre 1815.

« Le Conseil général du département de Seine-et-Oise, convoqué pour prendre connaissance de la position critique du département et aviser aux moyens de pourvoir à la subsistance des troupes alliées cantonnées sur son territoire, a cru devoir, dans une circonstance aussi grave, appeler auprès de lui MM. les députés du département et les principaux propriétaires résidant à Paris.

« L'assemblée ainsi composée, après avoir pris connaissance de l'exposé fait par M. le Préfet à l'ouverture de la session, de la lettre de M. le Préfet en date d'hier et de celle écrite par l'Intendant général de l'armée royale des Pays-Bas, desquelles il résulte : ! « 1° Que le département, envahi dans les premiers jours de juillet, a éprouvé des pertes immenses par l'enlèvement du produit des récoltes, des bestiaux et la fourniture de réquisitions régulières de toute nature, a payé une contribution énorme de 60° pour franc pour subvenir à la subsistance journalière des troupes; — 2° que le moyen employé pour parvenir à la distribution de rations régulières n'a point empêché les troupes d'exiger dans leur logement un supplément de nourriture d'une valeur plus considérable que le prix même de la ration; qu'il résulte de la déclaration des membres de l'assemblée que beaucoup d'habitants, réduits à la dernière misère, abandonnent leurs maisons à l'approche des troupes, et que cette émigration, s'accroissant chaque jour, rend encore pour les autres la charge plus difficile à supporter; — 3° que ces sacrifices ont achevé d'épuiser toutes les ressources d'un département qui avait déjà éprouvé des réquisitions ruineuses pendant le cours de l'année dernière; — 4° qu'il résulte de toutes ces circonstances réunies que l'établissement de nouveaux centimes serait une ressource illusoire par l'impossibilité absolue que l'on trouverait à en opérer le recouvrement; . . . .

« Considérant que les entrepreneurs déclarent qu'ils cesseront sous trois jours le service s'il n'est point pris des mesures pour assurer leur paiement;

« Le Conseil juge indispensable de représenter au Gouvernement que la subsistance des troupes alliées cantonnées dans le département de Seine-et-Oise ne peut être assurée, et ce département préservé d'une ruine entière, que si le trésor royal pourvoit sans délai au paiement des entrepreneurs. Il croit encore devoir observer que la charge résultante de l'occupation par une armée de 75,000 hommes, postérieure même à la signature de la paix, ne saurait être considérée comme locale, et que, tout en faisant pourvoir par le trésor au service des entrepreneurs, il n'en restera pas moins à la charge du département toutes les pertes incalculables qui sont la suite inévitable du seul fait de l'occupation;

« Arrête, en conséquence, que MM. les députés du département sont invités à se réunir à MM. le duc de Caylus et le comte de Selve, membres du Conseil, pour porter la présente délibération à LL. EE. MM. les Ministres de l'Intérieur et des Finances. »

MM. les membres du Conseil général délégués à cet effet et MM. les députés demandèrent à M. le Ministre de l'Intérieur « un moment d'audience » pour ce même jour, « ayant à entretenir S. E. d'une affaire qui ne peut souffrir aucune espèce de délai, attendu son extrême urgence ».

Après quoi, la séance — la seule qui ait été tenue — fut levée, « le Conseil et les habitants du département qu'il s'est adjoints [profitant] de leur réunion pour exprimer les sentiments d'estime et de reconnaissance dont ils sont pénétrés pour le dévouement éclairé avec lequel M. le Préfet n'a cessé de travailler à alléger le poids des maux qui ont pesé depuis dix-huit mois sur le département. La sagesse et les loyaux sentiments que cet administrateur a toujours montrés dans des circonstances difficiles [leur] font un devoir de faire connaître au Gouvernement la peine et l'inquiétude avec lesquelles ils verraient M. Delaistre quitter ses fonctions et le désir extrême qu'ils ont de le voir les conserver. »

La législation en ce qui touche les Conseils généraux fut-elle modifiée pendant la Restauration, de 1815 à 1830? Pour répondre à cette question, nous ne saurions mieux faire que de citer ici quelques passages du livre de M. F. de Sèze, intitulé : *De l'organisation administrative départementale en France depuis 1789*, auquel nous avons déjà fait de larges emprunts.

« La charte de 1814 », écrit M. de Sèze, « était muette sur le sort des Administrations de département : il y avait donc lieu de penser que le système de la loi de pluviôse continuerait à fonctionner ; effectivement, les Conseillers de département furent à cette époque nommés par le Roi, comme ils l'avaient jadis été par l'Empereur, par la force des choses et en vertu de l'usage établi . . . .

. . . .

« Au retour de son second exil, Louis XVIII continua à être investi du droit de nommer les administrateurs de département. Mais le Gouvernement se préoccupa de la question, et celle-ci fut mise à l'étude. Déjà, dès 1815, M. de Villèle avait soutenu à diverses reprises la nécessité qu'il y avait de diminuer un peu la centralisation absolue que l'Empire avait établie. Le Gouvernement répondit à ces ouvertures par la voix du ministre de l'Intérieur, M. Lainé, qui, le 28 novembre 1816, lors de la discussion sur la loi électorale, promit une autre loi pour régler l'élection des Conseils d'arrondissement et de département. En effet, le ministre chargea en 1819 une Commission extra-parlementaire de rédiger un projet de loi sur la réforme de l'Administration départementale. Royer-Collard et de Serres, qui en faisaient partie, y réclamèrent l'élection des Assemblées locales par les citoyens. Ce projet fut vivement attaqué par M. de Villèle, comme laissant envahir par la démocratie l'Administration du Royaume que la Charte confiait au Roi. C'est à ce moment que le duc de Berry fut assassiné, et les conséquences de cet événement furent fâcheuses en ce qui concernait le projet. La mort de l'héritier de Charles X provoqua dans la Chambre une réaction violente qui emporta la proposition dont elle était saisie.

« M. de Villèle, parvenu au ministère, prépara, lui aussi, un projet de loi qui fut déposé le 22 février 1821. Ce projet modifiait le mode de nomination des membres des Assemblées locales : les Conseillers de département auraient désormais été nommés par le Roi, sur une liste double de candidats élus par l'Assemblée d'arrondissement et par l'Assemblée de département en exercice, auxquelles on adjoignait un certain nombre de notables. Un rapport fut présenté sur ce projet par M. Pardessus, le 12 avril 1821 ; mais ce rapport ne put rallier les suffrages de la Chambre, et le projet fut repoussé, et par la droite qui trouvait qu'il y était trop question d'élections, et par la gauche qui trouvait ces sortes d'élections illusoires[1].

« Pendant tout ce temps, l'on restait sous l'empire du système inauguré par Napoléon ; mais, à vrai dire, la masse de la nation ne s'apercevait guère qu'elle était à peu près exclue de la gestion des intérêts locaux, parce qu'il y avait alors en France un très petit nombre d'électeurs : tout au plus 80 ou 100.000. Cependant, cette exclusion n'avait pas échappé aux hommes politiques, et ceux qui formaient le parti libéral d'alors souhaitaient

[1] « Il importe de faire remarquer... que, bien que la constitution de l'an 8 eût prescrit de choisir les membres des conseils de département et d'arrondissement dans les listes de confiance départementales et communales, cette disposition ne fut exécutée qu'une seule fois par le premier consul. D'après les articles 28 et 30 du sénatus-consulte du 16 thermidor an 10, les collèges électoraux de département et d'arrondissement durent présenter au premier consul deux citoyens pour chaque place vacante, soit au conseil général, soit au conseil d'arrondissement. Mais les candidatures gênaient la liberté d'action du gouvernement. Devenu consul à vie et bientôt empereur, Napoléon trouva plus commode de s'attribuer exclusivement le choix des conseillers de département et d'arrondissement, sans aucune participation du corps électoral. La restauration n'avait point intérêt à rétablir l'élection comme base de la représentation départementale et d'arrondissement. Aussi, en succédant à l'empire, elle maintint l'état de choses établi par la volonté de l'empereur, et consacré par un usage de quinze années. » J. DUMESNIL, De l'organisation et des attributions des Conseils généraux de département, Paris, 1837, p. 42.

la réforme des institutions locales. Ces désirs et ces tendances crurent enfin toucher à leur réalisation en 1829.

« En 1829, dans son discours d'ouverture aux Chambres, le Roi disait : « Un projet « grave et important appellera surtout votre sollicitude. Depuis longtemps, on s'accorde à « reconnaître la nécessité d'une organisation municipale et départementale dont l'ensem- « ble se trouve en harmonie avec nos institutions..... Cette organisation doit assurer aux « communes et aux départements une juste part dans la gestion de leurs intérêts, mais elle « doit conserver aussi au pouvoir protecteur et modérateur qui appartient à la Couronne « la plénitude de l'action et de la force dont l'ordre public a besoin. » Ces paroles furent accueillies par les applaudissements de la gauche et par le silence de la droite. Quelques jours après, M. de Martignac, ministre de l'Intérieur, déposait deux projets de loi, l'un sur l'organisation des communes, l'autre sur l'organisation des Conseils de département et d'arrondissement.

« Ce projet proposait de faire nommer les Conseillers généraux par les Conseils d'ar- rondissement. La mission du Conseil général eût été de délibérer sur les affaires locales.

« La discussion commença le 30 mars 1829 : la droite lui fit une opposition très vive ; la gauche s'y montra plus favorable ; cependant, elle proposa quelques amendements réclamant la suppression du Conseil d'arrondissement, et étendant la base électorale en confiant la nomination des Conseillers généraux aux électeurs du canton. Ainsi remanié, le projet de loi fut combattu par le ministre même qui l'avait présenté ; et la Chambre, ayant voté la suppression du Conseil d'arrondissement malgré les efforts du Gouver- nement, le ministère comprit qu'il était battu, et il retira, le 8 avril 1829, le projet qu'il avait présenté.

« Ce fut le signal de la chute de M. de Martignac, qui tomba, suivant l'expression de M. Batbie, après avoir donné le rare exemple d'un ministre demandant à limiter sa propre puissance.

« Le prince de Polignac remplaça M. de Martignac au ministère, et tout projet de réforme fut momentanément abandonné. Mais les événements de 1830 étaient déjà proches, et ces réformes qu'on croyait alors impossibles étaient au contraire à la veille d'être accomplies[1]. »

Ainsi les membres du Conseil général furent nommés par le Roi comme ils l'avaient été par l'Empereur, et nous avons maintenant à faire connaître, dans l'ordre où elles se produisirent[2], les modifications qui furent apportées, de 1816 à 1830, à la composition

---

[1] F. DE SÈZE, p. 103-106.

[2] Voir à ce sujet les circulaires suivantes adressées aux Préfets : Ministère de l'Intérieur, Secrétariat général, 5e Division, 6 avril 1816 ; — 2e Division, 18 février 1819 ; — 3e Division, 12 mai 1819 ; — 2e Division, 10 mai 1824. — « Je vous invite à m'envoyer sans délai une liste de trois candidats pour chaque place vacante actuellement dans les Conseils administratifs de votre département. Vous devez aussi demander la démission de tous les membres de ces Conseils qui ne vous paraissent pas devoir être conservés dans leurs fonctions. En cas de refus, vous me

de l'Assemblée départementale, qui, lorsque s'ouvrit la session de 1816 [30 mai-12 juin], était ainsi constituée :

MM. Andrieu,	MM. de Lignerac de Caylus (le duc),
de Bizemont (le marquis),	de Machault d'Arnouville (le comte),
de Boric,	de Monthiers de Nucourt (le comte),
Brunet,	de Morant (le marquis),
Chandellier,	Oberkampf, Emile,
Clórisseau,	Pétigny (le chevalier),
Debonnaire,	Picard de Noir-Epinay,
Farmain de Sainte-Reine,	Pinon (le vicomte),
Gabaille,	Roger d'Arquinvilliers,
Haudry de Soucy, André, propriétaire,	Saint-Georges de Vérac (le vicomte),
Hua,	de Selve (le comte).
Le Peletier d'Aunay (le baron),	

MM. « de Monthiers, Jacques, maire de Nucourt », et « Le Pelletier d'Aunay, Louis-Honoré - Félix, propriétaire à Mareil », avaient été nommés par ordonnance royale du 30 avril 1816, en remplacement de MM. de Luçay et Johannot.

MM. « de Machault d'Arnouville, Charles-Henry-Louis, propriétaire et pair de France », et « Oberkampf, Emile, manufacturier », l'avaient été par ordonnance royale du 20 mai 1816, en remplacement de MM. Guichard et Joly de Fleury, démissionnaires.

M. « Haudry de Soucy, André, propriétaire », l'avait été par ordonnance du 29 mai 1816, en remplacement de M. Cottreau, qui, le 22 mai, avait envoyé sa démission pour raison de santé.

Il restait à pourvoir au remplacement de M. Lebourlier, qui, également pour raison de santé, avait fait parvenir sa démission le 27 mai.

1817. — Pas de modification dans la composition du Conseil général.

1818. — Par ordonnance royale du 11 février 1818, MM. « le baron Delaitre, membre de la Chambre des députés », ancien Préfet de Seine-et-Oise, et « le comte Duval-Dumanoir, Michel-Archange, maire de Saint-Vrain », furent nommés Conseillers généraux en remplacement de MM. Gabaille et Lebourlier, démissionnaires. M. Gabaille avait envoyé sa démission le 30 janvier, en faisant valoir son âge et sa mauvaise santé.

proposeriez de les faire révoquer, et vous présenteriez aussi des candidats pour les remplacer... » [6 avril 1816.] — « Je vous invite à me faire connaître si [les Conseils] de votre département sont tous au complet; et, dans le cas contraire, à m'envoyer promptement, *dans la forme ordinaire*, une liste de trois candidats pour chaque place vacante. Je n'ai pas besoin de vous recommander de les choisir parmi les propriétaires les plus recommandables par leurs lumières, leur probité, leur attachement au Roi et à la Charte... » [12 mai 1819.] — « Je vous invite à m'envoyer le plus tôt possible, dans la forme ordinaire, une liste de trois candidats pour chaque place vacante. Cette liste devra contenir, sur chacune des personnes présentées, tous les renseignements propres à déterminer le choix de Sa Majesté. » [10 mai 1824.]

33

1819. Par ordonnance royale du 21 juillet 1819, MM. « Petineau, Jacques-François, maire », et « Rousseau de Saint-Aignan, Nicolas-Auguste-Marie, propriétaire », furent nommés en remplacement de MM. Debonnaire et Hua, démissionnaires.

Par ordonnance royale du 4 août suivant, M. le « marquis de Rosambo [Lepeletier de Rosambo, Louis], pair de France, [maire de Fontenay-Saint-Père] », fut nommé en remplacement de M. Rousseau de Saint-Aignan.

En conséquence, la composition du Conseil général, dont les membres étaient répartis par tiers, était alors la suivante :

1er Tiers.

MM. Andrieu, Chandellier, Clérisseau, Delaître, Duval-Dumanoir, Pétigny, Saint-Georges de Vérac, de Selve.

2e Tiers.

MM. Brunet, Farmain de Sainte-Reine, Haudry de Soucy, de Lignerac de Caylus, Oberkampf, Picard de Noir-Epinay, Roger d'Arquinvilliers, de Rosambo.

3e Tiers.

MM. de Bizemont, de Borie, Le Peletier d'Aunay, Machault d'Arnouville, de Monthiers de Nucourt, de Morant, Petineau, Pinon.

1820. — Pas de modifications.

1821. — Par ordonnance royale du 28 février, M. « Molé, pair de France », est nommé membre du Conseil général en remplacement de M. Pétigny, décédé.

1822. — Pas de modifications.

1823. — Par ordonnance royale du 28 mai 1823, M. « Bertin de Vaux, Louis-François », est nommé membre du Conseil général en remplacement de M. Oberkampf, démissionnaire.

1824. — Par ordonnance royale du 23 juin, MM. « de Séran, Jean-Baptiste », et « de Lalonde, Louis-Paul », sont nommés membres du Conseil général en remplacement de MM. de Lignerac de Caylus et Picard de Noir-Epinay, décédés.

Par deux ordonnances royales du 20 août 1824, MM. « Féray, Louis », et « le duc de Maillé, pair de France », sont nommés membres du Conseil général en remplacement de MM. Duval-Dumanoir, changé de domicile, et Andrieu, démissionnaire.

1825. — Par ordonnance royale du 15 juin, « M. Dupleix de Mézy, Charles-Joseph-René », est nommé membre du Conseil général en remplacement de M. Chandellier, décédé.

1826. — Pas de modifications.

1827. — Par ordonnance royale du 4 juillet, M. « de Fraguier, Antoine-Geneviève-

Amédée », est nommé membre du Conseil général en remplacement de M. Clérisseau, décédé.

1828. — Pas de modifications.

1829. — Par ordonnance royale du 11 juillet, MM. « le comte Mollien, pair de France, de Jouvencel, Blaise-François-Aldegonde, et Bourgeois, Charles-Germain », sont nommés membres du Conseil général en remplacement de MM. Delaître, de Morant, Haudry de Soucy, démissionnaires.

1830. — La composition du Conseil général est donc la suivante au commencement de l'année 1830 :

MM. Bertin de Veaux, de Bizemont, de Borie, Bourgeois, Brunet, Dupleix de Mézy, Farmain de Sainte-Reine, Féray, de Fraguier, de Jouvencel, Lecordier de Bigars marquis de la Londe, Le Peletier d'Aunay, Le Peletier de Rosambo, Machault d'Arnouville, de Maillé, Molé, Mollien, de Monthiers de Nucourt, Petineau, Pinon, Roger d'Arquinvilliers, Saint-Georges de Vérac, de Selve, de Séran.

Le 23 mai de cette année, une ordonnance royale appela au Conseil général M. « de Bertier, Ferdinand », en remplacement du comte de Machault, décédé. Ce fut la dernière nomination faite en Seine-et-Oise par le gouvernement de la Restauration.

S'il y avait eu, de 1816 à 1830, des modifications dans le personnel des Conseillers généraux, il s'en était aussi produit dans le personnel des Préfets, et nous avons à faire connaître celles-ci avant de parler des sessions du Conseil général.

M. le baron Delaître avait cessé d'être Préfet de Seine-et-Oise au commencement de l'année 1816. Par ordonnance royale du 15 février 1816, le baron Des Touches, préfet d'Indre-et-Loire, avait été appelé à le remplacer, et il était procédé à son installation le 5 mars. Un « état » fait connaître que M. le baron Delaître était démissionnaire. Quelques mois après, celui-ci était élu, en même temps que MM. Usquin, le marquis de Bizemont et le baron de Jumilhac, membre de la Chambre des députés par le Collège électoral du département, dont la session commença le 4 octobre 1816. Deux ans après, il était appelé, par ordonnance royale du 11 février 1818, à faire partie du Conseil général, et il continua à y siéger jusqu'en 1827. A la première séance de la session de 1827, le Préfet fit « instruire le Conseil que M. le baron Delaître avait donné sa démission. Le Conseil général, considérant les éminents services que M. Delaître a rendus au pays, principalement pendant son administration comme Préfet dans les circonstances les plus difficiles, arrête que son procès-verbal contiendra l'expression de ses regrets en apprenant la démission de M. Delaître. » M. le baron Delaître ne fut remplacé comme Conseiller général qu'en juillet 1829, ce qui explique, dans une certaine mesure, que son nom figure aux *Annuaires* du département de 1828 et de 1829, où se lit cette mention : « Le baron Delaître, commandant de la Légion-d'Honneur, ancien préfet du département, membre de la Société centrale d'agriculture, propriétaire et manufacturier à l'Epine, commune d'Itteville, canton de la Ferté-Aleps; à Paris, rue Castiglione, n° 4. »

M. le baron Hersant Des Touches, après avoir exercé les fonctions de Sous-Préfet à La Rochelle et successivement celles de Préfet dans les départements du Jura, de la Haute-Garonne et d'Indre-et-Loire, devait être Préfet de Seine-et-Oise pendant plus de dix ans. Il exerçait encore ses fonctions lorsqu'il mourut au mois de juin 1826. Le numéro 16 du *Recueil des actes administratifs de la Préfecture* de cette année annonce son décès dans les termes suivants : « Le département de Seine-et-Oise vient de faire, dans la personne de son Préfet, une perte qui sera vivement sentie par tous ceux qui ont pu apprécier la justice et la sagesse de son administration, la modération de son caractère, la vivacité de sa conception, la facilité de son travail, l'affection qu'il portait à ses administrés, enfin les vertus publiques et privées qui le distinguaient si éminemment. M. le baron Alexandre-Etienne-Guillaume Des Touches, commandeur de l'ordre royal de la Légion-d'Honneur, gentilhomme honoraire de la chambre du Roi, maître des requêtes au Conseil d'Etat, est décédé dans son château de Bretels, département de la Sarthe[1], le jeudi 8 juin, dans la cinquante-troisième année de son âge..... Sujet dévoué, administrateur sage et intègre, citoyen religieux et vertueux, bon père, constant ami, bon maître, il emporte les regrets de tous. Puisse-t-il trouver dans un meilleur monde la récompense de tout le bien qu'il fit dans celui-ci. »

Le successeur de M. le baron Des Touches fut M. le comte de Tocqueville, préfet de la Somme, nommé à la Préfecture de Seine-et-Oise par ordonnance royale du 14 juin 1826 et installé le 28 de ce mois. Dix-huit mois après, il était appelé à la pairie.

Par ordonnance royale du 20 janvier 1828, M. le baron Capelle, Conseiller d'Etat, succédait à M. le comte de Tocqueville ; le procès-verbal de son installation porte la date du 31 du même mois. Il conserva ses fonctions presque jusqu'à la fin de la Restauration — 19 mai 1830 — et fut remplacé, le 1er août 1830, par M. Aubernon, de qui nous parlerons plus loin.

De 1816 à 1829, le Conseil général tint régulièrement sa session annuelle. Voici quelles furent les dates extrèmes de ces sessions et la composition du Bureau :

1816. — 30 mai-12 juin. Président : M. de Bizemont ; Secrétaire : M. Brunet.

1817. — 22 avril-6 mai. Président : M. St Georges de Vérac ; Secrétaire : M. de Boric.

1818. — 13 juin 26 juin. Même composition qu'en 1817.

1819. — 5 août-13 août. Même composition.

1820. — 31 juillet-11 août. Président : M. St-Georges de Vérac ; Secrétaire : M. Petineau.

---

[1] Commune de Rouessé-Fontaine, canton de Saint-Paterne, arrondissement de Mamers. — M. Des Touches mourut frappé d'un coup de sang lorsqu'il se promenait dans son jardin.

1821. — 13 août-23 août. Même composition qu'en 1820.

1822. — 29 août-11 septembre. Président : M. de Bizemont ; Secrétaire : M. de Boric.

1823. — 5 juin-17 juin. Président : M. de Bizemont ; Secrétaire : « M. Bertin de Veaux ».

1824. — 20 août-31 août. Président : M. St-Georges de Vérac ; Secrétaire : M. Petineau.

1825. — 15 juillet-25 juillet. Même composition qu'en 1824.

1826. — 17 août-28 août. Président : M. de Bizemont ; Secrétaire : M. Petineau.

1827. — 16 août-25 août. Président : M. St-Georges de Vérac ; Secrétaire : M. Petineau.

1828. — 8 septembre-18 septembre. Président : M. de Bizemont ; Secrétaire : M. Petineau.

1829. — 27 août-5 septembre. Président : M. St-Georges de Vérac ; Secrétaire : M. Petineau. M. de Vérac, ayant été obligé de partir pour la Belgique le 3 septembre, fut remplacé par M. de Bizemont, élu Président.

En 1816, M. le baron Des Touches présentant au Conseil général son premier rapport administratif, exposait au début de celui-ci les considérations suivantes : « . ... Avant de vous livrer à son examen, permettez que je me félicite de me trouver au milieu de vous et de pouvoir puiser dans vos conseils et votre expérience les lumières dont j'ai besoin.

« Parmi les institutions dont l'utilité publique réclame et dont la haute sagesse du Roi vous assure la conservation, il n'en est peut-être pas qui obtienne plus universellement les suffrages que celle des Conseils généraux.

« Réunis de tous les points du département, connaissant ses besoins aussi bien que ses ressources, choisis parmi les citoyens les plus distingués par leur naissance, leur fortune, leurs lumières et leurs services, les membres des Conseils généraux offrent une double garantie du zèle avec lequel ils concourront au rétablissement de l'autorité royale et du soin qu'ils apporteront à la conservation des personnes et des propriétés. A eux seuls appartient l'honorable privilège de pouvoir prendre l'initiative sur tout ce qui doit accroître la prospérité de leur pays et en améliorer l'administration. Rétablis sur leurs bases primitives, ils peuvent espérer que désormais leurs vœux ne seront point stériles et que leurs demandes seront accueillies par des ministres justes non moins qu'éclairés.

« Appelé par la confiance du Roi à l'honneur d'administrer ce beau département, il me tardait de voir réunis ceux qui sont spécialement chargés de défendre ses intérêts les plus chers ; il me tardait de pouvoir recueillir leurs vœux et leurs conseils, afin de seconder les uns et afin de profiter des autres.

« Ma tâche est bien douce à remplir, Messieurs, puisque l'Administration, dispensatrice des bienfaits du meilleur des Rois, n'est plus appelée qu'à cicatriser toutes les plaies, à réparer tous les maux et à faire disparaître les traces des temps désastreux dont nous ressentons encore les funestes effets. Heureux si, par un zèle constant et par un travail assidu, je puis contribuer au succès de vos vues, hâter le rétablissement de la prospérité du département et obtenir votre suffrage, auquel j'attache le plus grand prix. »

Le nouveau Préfet de Seine-et-Oise obtint ce qu'il souhaitait. Les membres du Conseil général qui, dans la séance du 30 mai, avaient voté une adresse au Roi, « pour exprimer à Sa Majesté les sentiments de respect, d'amour et de fidélité dont ils sont animés pour un Souverain auquel tous les Français sont heureux de pouvoir se rallier », ne voulurent pas se séparer à la fin de leur session, le 12 juin, « sans exprimer à M. le baron Destouches, préfet, les sentiments d'estime, d'attachement et de gratitude qu'il leur a inspirés », et, « en regrettant que l'heureuse circonstance qui a donné lieu à ce magistrat de s'absenter au moment de la clôture de la présente session les prive de les lui présenter verbalement », le Conseil arrêta que son Président en transmettrait l'expression à M. le Préfet dans les termes suivants :

« Monsieur le Préfet, Le compte que vous avez rendu au Conseil général à l'ouverture de sa session a été entendu avec un vif intérêt. Il est convaincu que, si les besoins sont grands et dépassent de beaucoup les ressources, il avait tout à espérer du zèle, des lumières et du dévouement d'un administrateur qui a fait ses preuves en ce genre, et qui, soit dans le Jura, soit à Toulouse, soit à Tours, a su, dans des circonstances graves, tenir d'une main forte les rênes de l'administration, maintenir le respect dû à l'autorité, assurer la tranquillité de tous et concilier ainsi ce qu'il devait au souverain dont il est le mandataire et au peuple confié à ses soins.

« En terminant ses séances, c'est un besoin pour le Conseil général, c'en est un pour moi en particulier, de payer un juste tribut de reconnaissance à M. Delaître, votre prédécesseur ; nous l'avons vu, dans les temps les plus difficiles, opposer à l'orage toute la fermeté, tout le courage, mais en même temps toute la prudence et toute la modération qu'exigeaient les circonstances : les maux qu'il n'a pu éviter, il a su les adoucir ; l'examen le plus sévère, la justice la plus exacte ont toujours présidé à toutes ses décisions.

« Heureux le département de Seine-et-Oise. Au milieu de ses calamités, il retrouve en vous, Monsieur le Préfet, un administrateur ni moins juste, ni moins ferme, ni moins éclairé ; si les derniers événements ont encore pesé d'une manière particulière sur vos administrés, vous emploierez tous les moyens possibles pour alléger leurs pertes. Si leurs plaies sont profondes, tous vos efforts tendront à les cicatriser.

« Quant à nous, nous emportons l'espoir d'un meilleur avenir ; nous aurons la satisfaction d'annoncer dans nos communes respectives que le premier magistrat du département ne s'occupera que de leur bonheur. »

Jusqu'à cette époque, le Préfet n'avait pas assisté aux délibérations de l'Assemblée départementale. A la première séance du Conseil, il était introduit, tantôt seul, tantôt accompagné du Secrétaire général de la Préfecture, dans la salle où siégeait l'Assemblée, donnait lecture de son rapport administratif, déposait sur le bureau les pièces et dossiers qu'il y avait lieu de communiquer, notamment le budget, déclarait qu'il serait toujours très empressé à donner au Conseil « tous les renseignements et les communications » dont celui-ci pourrait avoir besoin au cours de la session, puis il se retirait.

Il n'en fut plus de même à partir de la session tenue en 1817, et ce en vertu de l'ordonnance royale du 26 mars de cette année, qui est ainsi conçue :

« Louis, par la grâce de Dieu roi de France et de Navarre, à tous ceux qui ces présentes verront, salut.

« La présence de nos préfets aux séances des conseils généraux est utile à notre service ; il nous a été en outre représenté que plusieurs conseils généraux ont appelé nos préfets dans leur sein avec voix consultative, parce qu'il résultait de la présence de ces fonctionnaires un concours de lumières, fruit de leur expérience, qui accélérait la marche des délibérations des conseils généraux de département.

« Voulant, tant pour le bien de l'administration publique que pour faciliter les opérations des conseils généraux et des conseils d'arrondissement, étendre cet usage à tous les départements ;

« Sur le rapport de notre ministre secrétaire d'état de l'intérieur ;

« Notre Conseil d'état entendu,

« Nous avons ordonné et ordonnons ce qui suit :

« Art. 1ᵉʳ. — Nos préfets assisteront aux séances des conseils généraux de département ;

« Les sous-préfets assisteront aux séances des conseils d'arrondissement.

« Ils y auront voix consultative.

« 2. — Nos préfets et sous-préfets ne pourront assister aux délibérations qui auront pour objet d'entendre et d'examiner les comptes des dépenses qu'ils sont tenus de rendre, aux termes des lois.

« 3. — Notre ministre.....

« Louis. »

Le Conseil général paraît avoir entretenu les meilleurs rapports avec le baron Des Touches. Chaque année, à la fin de la session, il lui faisait en corps une visite, dans laquelle il lui témoignait les sentiments que l'Assemblée départementale éprouvait pour lui, et formulait quelques vœux.

« Vous avez assisté à nos séances », dit au Préfet le Président du Conseil général, lors de la visite faite le 25 juillet 1825, « et si, dans le cours de nos délibérations, nous avons été frappés de votre active surveillance qui embrasse tous les intérêts généraux du département et s'étend jusqu'aux intérêts de localités, de votre côté vous avez dû reconnaître combien s'augmentent et se fortifient les liens d'estime et d'attachement qui nous unissent à notre premier magistrat.

« Le département ne s'est jamais refusé à aucuns sacrifices pour hâter le développement de la prospérité publique et pour arriver promptement à cet accroissement de
civilisation désiré si vivement, pour ses sujets, par le cœur du meilleur des Rois. Aussi
les opérations du cadastre sont-elles plus avancées dans Seine-et-Oise que dans aucun
autre département, et l'exécution d'un système complet de circulation intérieure va
bientôt y ouvrir les plus belles routes au commerce et à l'agriculture.

« Un département qui multiplie ainsi ses efforts et même les plus pénibles sacrifices
doit espérer qu'il verra accueillir ses justes réclamations. Il vous remet donc, Monsieur
le Préfet, avec toute confiance le cahier qui les contient et vous prie de fixer particulièrement l'attention du ministre sur le besoin qu'il a de voir augmenter le nombre de ses
ingénieurs au moment où de nouvelles routes vont s'ouvrir.

« La diminution toujours croissante de l'allocation des fonds affectés aux routes
royales et de la part allouée à ce département dans le fonds commun est pour nous un
juste motif d'étonnement et même d'affliction. Nous vous prions d'être à cet égard l'interprète de nos regrets et de nos vœux. »

Cette bonne entente du Conseil général avec le Préfet se maintint sous l'administration de M. le comte de Tocqueville, successeur de M. le baron Des Touches, lequel
présenta son premier rapport pour la session qui s'ouvrit le 17 août 1826.

« Ce n'est pas sans une sorte de crainte », peut-on lire au commencement de ce
rapport, « que je viens pour la première fois prendre part aux délibérations d'un Conseil
général aussi éclairé que celui du département dont le Roi a daigné récemment me
confier l'administration. Arrivé depuis peu de jours, et ne connaissant qu'imparfaitement
les divers intérêts qui se rattachent à la prospérité du pays, je ne puis me flatter de
remplacer près de vous l'habile administrateur que la mort vous a enlevé. Toutefois, je
mets une entière confiance dans la bienveillance que j'ose vous demander, et, aidé par
vos discussions, je tâcherai de remplir une partie du vide que mon prédécesseur a laissé.
Je me suis empressé de prendre connaissance des votes émis dans vos sessions précédentes, et ma satisfaction a été grande en voyant combien de sources d'amélioration ont
été ouvertes et en acquérant la conviction que le Conseil général, considérant les affaires
d'un point élevé, ne redoute pas les sacrifices lorsqu'un bien réel doit en être la conséquence. Mon prédécesseur vous secondait avec zèle. Si je n'obtiens pas tous les succès
qui ont signalé dans ce département son honorable carrière, vous pouvez du moins,
Messieurs, compter sur le vif désir que j'éprouve d'employer mes veilles à augmenter,
de concert avec vous, la prospérité de ce beau département. »

Et voici les dernières lignes de ce rapport : « Mon prédécesseur avait coutume,
Messieurs, de terminer son rapport par des considérations générales sur la situation
du département. Le temps ne m'a pas permis d'acquérir encore les connaissances nécessaires pour vous donner les mêmes renseignemens. Réunis ici de toutes les parties du

département, vous connaissez les moyens d'accroître sa prospérité et vous appréciez tout le bien qui résulte, pour l'agriculture et l'industrie, de la tranquillité publique et de la sécurité que nous devons à un gouvernement réparateur. Je ne doute pas que ces bienfaits ne soient profondément sentis dans le département que je suis appelé à l'honneur d'administrer, et j'ose me flatter que mon administration sera secondée par toutes les personnes auxquelles le bien du pays est cher et qui sentent le prix de ce qu'a fait le Conseil général pour l'augmenter. »

De ces excellentes dispositions, l'Assemblée départementale donna un témoignage lorsqu'elle se rendit en corps, le 28 août, auprès de M. de Tocqueville. « C'est pour moi », lui dit le Président, « une mission bien agréable à remplir que d'avoir à vous exprimer les sentimens de haute considération et de confiance que votre loyauté et votre franchise dans les discussions au sein du Conseil général ont inspirés à chacun des membres qui le composent . . . .

. . . .

« Nous nous félicitons de pouvoir, en rentrant dans nos foyers, annoncer à nos concitoyens que, s'ils ont perdu dans M. le baron Des Touches un administrateur éclairé et habile, la sagesse du Roi lui a donné un successeur qui doit modérer leurs regrets.

« En prenant communication des procès-verbaux de nos délibérations, vous avez pu apprécier l'immensité des sacrifices auxquels se sont résignés les habitants de Seine-et-Oise et vous convaincre ainsi du bon esprit qui les anime.

« En retour de tant d'abandon, ces sujets dévoués et fidèles ne manifestent qu'un seul et unique désir, celui de n'être jamais soumis qu'aux dispositions des lois. Ce désir, Monsieur le Préfet, sera entendu et compris de vous, nous en emportons la certitude d'après les principes que vous avez manifestés dans le cours de cette session.

« Veuillez, Monsieur le Préfet, être persuadé de notre empressement à vous seconder et à nous réunir à vous pour continuer et accroître, s'il est possible, toutes les améliorations entreprises et suivies jusqu'à ce jour avec tant de persévérance. »

Mêmes sentiments exprimés, à la fin de la session tenue au mois d'août 1827, par le Président de l'Assemblée départementale : « En terminant sa session », dit-il au Préfet, « le Conseil général m'a chargé de vous exprimer les sentiments d'attachement et de reconnaissance que vous avez déjà su lui inspirer. Témoin de la sagesse, du zèle éclairé et de la bienveillance de votre administration, il considère votre nomination comme un nouveau bienfait du Monarque envers le département. Le Conseil général met toute sa confiance dans vos efforts pour faire accueillir les réclamations et les vœux consignés dans le procès-verbal de ses séances. »

M. le baron Capelle, qui remplaça M. le comte de Tocqueville, ne semble pas avoir aussi bien réussi que ses prédécesseurs auprès du Conseil général, à qui il présenta son premier rapport administratif à l'occasion de la session qui s'ouvrit le 8 septembre 1828.

34

Les membres de l'Assemblée lui firent cependant visite le 18 de ce mois, et le Président lui adressa cette allocution, qui a quelque chose de plus officiel et de plus froid que celles auxquelles on avait été accoutumé jusqu'alors : « Monsieur le Préfet, Le Conseil général se félicite des relations qui viennent de s'établir entre vous et lui : les travaux que nous avons faits, la part que vous avez prise à nos discussions nous ont prouvé que les intérêts de notre département trouveraient en vous un zélé défenseur. Notre population, soumise aux lois, respecte ses organes ; elle aime à les entourer de sa considération et de son affection. Nous lui dirons que, fidèle interprète de la pensée royale, vous voulez que la loi soit toujours exécutée dans la protection qu'elle accorde comme dans la soumission qu'elle exige ; vos actes achèveront notre ouvrage. Elle bénit l'auguste Prince qui nous gouverne ; elle exprimera sa reconnaissance pour ses magistrats et nous n'aurons plus d'autres vœux à former que celui de la durée de temps aussi prospères. »

Ce fut en 1829 qu'eut lieu la dernière session tenue sous la Restauration par le Conseil général ; elle se termina le 5 septembre et, pour la première fois, l'Assemblée départementale ne se rendit pas en corps, ce jour-là, chez le Préfet. Le procès-verbal de la séance du 5 dit seulement *in fine* : « Le cinq septembre, les opérations dont le Conseil a dû s'occuper étant terminées, Monsieur le Président a déclaré que la session était finie et a levé la séance. »

Il est donc probable que le baron Capelle quitta sans regrets la Préfecture de Seine-et-Oise quand il fut nommé, l'année suivante, par ordonnance du 19 mai 1830, « Ministre secrétaire d'état au département des Travaux publics ». Il était le premier titulaire de ce département, une ordonnance en date de ce même jour ayant porté « création d'un Ministère des Travaux publics », mais il ne le fut pas longtemps. A la suite des journées des 27, 28 et 29 juillet 1830 — les trois glorieuses — le roi Charles X, après avoir abdiqué et fait abdiquer son fils en faveur du duc de Bordeaux, dut quitter la France et se réfugier en Angleterre. C'était la fin de la Restauration ; c'était aussi l'avènement d'un nouveau régime avec la monarchie de Juillet : le 7 août, « Louis-Philippe d'Orléans, duc d'Orléans, lieutenant général du Royaume », ayant déclaré accepter la charte de 1830, fut proclamé Roi des Français.

Les Conseils généraux ne furent pas réunis cette année, mais, par contre, ils tinrent deux sessions en 1831.

La première eut lieu au mois de mai ; l'ordonnance du 26 avril portait que « les Conseils généraux se réuniront le 10 mai prochain, pour s'occuper des objets qui sont de nature à être traités dans leur session annuelle. Cette session sera close le 24 mai. » Le nouveau Préfet de Seine-et-Oise, M. Aubernon, nommé le 1er août 1830, par ordonnance du lieutenant général du Royaume, allait se trouver pour la première fois en présence de l'Assemblée départementale, et voici comment il se présentait devant elle :

« Messieurs, deux années se sont presque écoulées depuis votre dernière réunion, et les événements politiques les plus mémorables sont venus suspendre le cours ordinaire de l'administration et reculer jusqu'à ce jour votre session de 1830.

« En peu de jours, et comme sous l'inspiration de cette puissance divine qui protège toujours les droits sacrés des peuples, une grande révolution s'est trouvée soudain accomplie sans autre violence que celle de la résistance à l'attaque, sans autres passions que celles de la modération, de la générosité et de la justice. Princes et ministres, tous ceux qui ont tenté de renverser la constitution de l'État se sont vus subitement entraînés dans l'exil et dans les prisons par leur propre trahison et par leur unique parjure, et la monarchie constitutionnelle, sauvée par le courage et la sagesse d'un peuple qui a su se modérer les armes à la main, est restée debout sous l'égide des lois et d'une dynastie nouvelle.

« Cet événement sera longtemps présent à la mémoire des hommes pour l'instruction des gens de bien que la réflexion peut éclairer. Je n'en développerai pas ici les conséquences ; je n'en rappellerai qu'une bien secondaire, mais qui se rattache à l'objet même qui nous réunit ici. L'administrateur qui portait, il y a deux ans, la parole devant vous[1] expie maintenant sur la terre étrangère l'entraînement d'une ambition de pouvoir qui lui a fait dédaigner la position où vous avez pu apprécier son talent ; et un homme qui ne songeait depuis quinze ans qu'aux douceurs de la vie privée, qu'aucune vue d'ambition personnelle ne peut émouvoir, s'est vu tout à coup imposer le grave devoir de venir diriger l'administration de ce département dans des circonstances bien difficiles, et de se trouver aujourd'hui appelé devant vous à l'honneur de vous entretenir de vos propres affaires et de conférer sur les intérêts qui font l'objet de votre active (?) sollicitude.

« Les rênes de l'administration m'ont été confiées le 1er août, au milieu de l'agitation des esprits la plus vive. J'ai eu dans ce premier moment moins à m'occuper d'administration que de haute politique. Il fallait donner une direction utile et ferme aux hommes et aux choses, et douer mon autorité, alors abandonnée pour ainsi dire à elle-même, de la confiance et de la force publique.

« Mes principes à cet égard étaient arrêtés. La monarchie constitutionnelle avait toujours été considérée par moi comme la meilleure et même l'unique base de l'ordre public en France, et la monarchie constitutionnelle avec la dynastie d'Orléans me parut le seul moyen d'éviter la guerre civile, le seul centre de ralliement de tous les intérêts, de toutes les opinions et de toutes les passions politiques . . . .

_____

[1] Le baron Capelle était entré le 19 mai 1830, comme ministre des Travaux publics, dans le cabinet reconstitué par le prince de Polignac, et avec ses collègues il signa les ordonnances du 25 juillet 1830 ; trois jours après, il prit la fuite. Mis en accusation devant la Cour des pairs, il fut condamné par contumace à la prison perpétuelle, à la confiscation de ses biens et à la perte de tous ses titres. Quelques années après, il fut autorisé à rentrer en France, où il mourut, oublié, dans la retraite. [ROBERT, BOURLOTON et COUGNY, *Dictionnaire des parlementaires français.*]

« J'éprouvais le besoin, Messieurs, de vous faire cet exposé de ma conduite politique avant d'aborder les travaux administratifs qui devraient seuls nous occuper. Les circonstances mêmes me le commandaient, aussi bien que le désir d'obtenir votre approbation et votre appui.

« Les éléments du Conseil général ont peu changé : vous vous êtes en tous les temps signalés par votre haute expérience des affaires, votre dévouement aux intérêts du département, votre indépendance politique, votre résistance aux prétentions injustes des partis ; plusieurs d'entre vous (?) ont dirigé pendant longtemps avec leur haute réputation les affaires de l'Etat ; six de vos membres seulement[1], que la mort a enlevés ou qui ont jugé convenable de donner leur démission, ont été remplacés par mes soins, en attendant que les citoyens soient appelés à vous élire. J'ai fixé le choix du gouvernement sur des hommes honorés de la confiance publique et capables par leurs lumières de siéger parmi vous[2]. Il en est quelques-uns qui ont occupé sous le régime déchu les rangs les plus élevés et peuvent éprouver sur le passé quelques douloureux regrets ; mais pour des hommes de bien, toutes les considérations personnelles disparaissent devant la chose publique, toutes dissidences d'opinions politiques cessent devant l'intérêt et le devoir commun. Votre imposante assemblée offrira l'image et l'exemple de cette fusion des partis que j'espère voir s'opérer sous l'égide de la monarchie constitutionnelle ; elle montrera cette bonne entente et cette union qui s'établissent toujours entre les hommes en apparence les plus opposés toutes les fois que les affaires publiques les rapprochent et qu'ils peuvent juger de près leurs intentions et leurs vertus (?).

« J'ose attendre enfin, Messieurs, de votre estime et de votre confiance une des plus douces récompenses de mes efforts et une puissance plus étendue d'être utile au Roi et à la Nation. . . . .

. . . . »

Le Conseil général était alors composé de :

MM. Berlin de Veaux,	MM. Duvivier,	MM. Molé,
De Bizemont,	Farmain de St-Reine,	Mollien,
Bouchard,	Féray,	Pelineau,
Bourgeois,	De Jouvencel,	Pinon,
Brunet,	De Lameth,	Roger d'Arquinvillers,
Clausse,	Le Peletier d'Aunay,	De Selve,
Croix,	L'Hoste,	De Sérant,
Dupleix de Mézy,	De Maillé,	De Vérac.

[1] MM. de Bertier, de Borie, de Fragnier, de La Londe, Le Peletier de Rosambo, de Monthiers. Voir ci-après, page 257.

[2] Par MM. Bouchard, Clausse, Croix, Duvivier, de Lameth, L'Hoste, nommés par ordonnance du 6 février 1831. Voir ibidem.

De ces vingt-quatre membres six étaient nouveaux, un avait été nommé de nouveau, ainsi qu'il résulte de l'ordonnance royale du 6 février 1831, dont les articles 1 et 2 sont ainsi conçus :

« Art. 1er. Sont nommés membres du Conseil général du département de Seine-et-Oise :

MM. Croix, maire de Mantes,	en remplacement de	MM. Le Mis de Rosambo, démission-
Bouchard, maire de Vémars,		naire,
De Lameth (Charles), député,		De Borie, pour refus de serment,
Duvivier, maire de Gorges,		De Monthiers, id.
Clausse, maire de Versailles,		De Bertier, id.
L'Hoste, négociant, commandant		De La Londe, décédé,
la Garde nationale de Corbeil,		De Fraguier, démissionnaire.

« Art. 2. M. le comte Mollien, pair de France, est nommé de nouveau aux fonctions de membre du Conseil général de Seine-et-Oise, que sa démission, en date du 16 septembre dernier, avait laissées vacantes. »

Dans la première séance, qui eut lieu le 10 mai, cinq des nouveaux membres prêtèrent le serment constitutionnel, dont la formule était celle-ci : « Je jure fidélité au Roi des Français, obéissance à la charte constitutionnelle et aux lois du Royaume. » Après quoi, il fut procédé à la composition du Bureau définitif. Furent élus : Président, M. le comte Molé ; Secrétaire, M. Petineau. Cette session fut close le 21 du même mois.

La seconde session — session extraordinaire — s'ouvrit au mois de novembre 1831. Aux termes de l'ordonnance royale du 29 octobre, les Conseils généraux étaient convoqués « à l'effet de délibérer sur des projets de travaux d'utilité publique et sur tous autres objets qui n'auraient pu être traités dans la dernière session. — Cette session extraordinaire ne pourra durer plus de cinq jours. »

Entre la clôture de l'une et l'ouverture de l'autre, l'ordonnance du 6 novembre avait pourvu à deux vacances qui s'étaient produites au sein de l'Assemblée :

MM. Haussmann, maire de Versailles, et Usquin fils, capitaine de la Garde nationale de cette ville, étaient nommés membres du Conseil général en remplacement de MM. Clausse et Roger d'Arquinvilliers, décédés.

Mais, par lettre adressée à M. le Préfet, le 10 de ce mois, M. Usquin avait déclaré ne pouvoir accepter ces fonctions.

Les membres du Conseil se réunirent le 12 novembre et élurent leur Bureau. MM. le marquis de Vérac et Croix furent choisis, l'un comme Président, l'autre comme Secrétaire. Il n'est pas inutile de constater ici qu'au cours de cette session, le Préfet proposa « de voter une somme de 300 francs pour aider à la publication d'un Annuaire du département », et que le Conseil, reconnaissant l'utilité de cette publication, autorisa le

Préfet à prélever cette somme sur les fonds des dépenses diverses. Le 13, « les opérations dont le Conseil a dû s'occuper étant terminées, M. le Président a déclaré que la session était close et a levé la séance ».

La session de 1832 s'ouvrit le 1er juin. Un nouveau membre y prenait part, M. Bouju, maire de Franconville, nommé membre du Conseil général par ordonnance du 11 mai précédent, « en remplacement de M. Usquin, démissionnaire ». Le Bureau fut ainsi constitué : Président, M. Le Peletier d'Aunay ; Secrétaire, M. Petineau. Ayant été prévenu par le Préfet que le Roi était disposé à le recevoir, le Conseil général décida qu'il se rendrait auprès du souverain, et voici le texte du discours que le Président prononça en cette circonstance, le 12 juin :

« Sire,

« Le Conseil général vient offrir au Roi l'hommage de son respect. Pénétré de ses devoirs, il prépare l'exécution des lois, rendue facile dans cette contrée par l'esprit vraiment constitutionnel qui anime ses habitants. Nos populations, soumises aux lois dans toutes les obligations qu'elles leur imposent, demandent à l'autorité publique la protection qu'elles sont en droit d'en attendre et qu'il est dans le cœur de Votre Majesté de leur faire obtenir ; elles n'entendent pas autrement la liberté. Aussi, lorsque l'hydre révolutionnaire est apparue de nouveau, ces populations se sont levées pour courir à la défense des lois et de la monarchie, pour préserver ce rempart, sans lequel la plus épouvantable anarchie viendrait encore une fois décimer nos familles, dévorer nos propriétés, détruire l'industrie, répandre le deuil et la misère dans notre belle patrie.

« Tous nos vœux, tous nos efforts sont pour le maintien de la paix intérieure. Nous nous confions dans la sagesse du Roi pour nous conserver ce premier de tous les biens. »

Le Roi répondit :

« C'est aussi le but de tous mes efforts. Assurer à la France la paix intérieure est le meilleur moyen de développer sa prospérité. J'ai la confiance que, soutenu comme je le suis, par l'appui de tous les bons citoyens, je remplirai ma tâche. C'est celle d'assurer la liberté par la conservation de l'ordre public, c'est celle de veiller au maintien de nos institutions et de leur donner la vigueur nécessaire pour comprimer les factions ; c'est, comme vous le dites, d'étouffer l'hydre révolutionnaire sous quelque forme qu'elle se présente, soit sous le drapeau blanc, soit sous les emblèmes de la terreur. C'est là l'objet de tous mes efforts. J'ai entendu avec beaucoup de satisfaction l'expression des sentiments du Conseil général, et je vous en remercie. »

Ce même jour se termina la session du Conseil.

Deux sessions eurent lieu en 1833. La première dura du 25 janvier au 3 février. L'Assemblée départementale comptait alors dans son sein deux nouveaux membres, les derniers qui furent nommés par le Chef de l'Etat. Par ordonnance des 12 et 23 janvier, MM. « de Gouy d'Arcy, Marie-Yves-Athanase-François », et « de Rohan-Chabot, maréchal de camp », avaient remplacé MM. Charles de Lameth, décédé, et Pinon, le Préfet ayant fait connaître au Ministre de l'Intérieur, « il y a plusieurs mois, que M. le V¹ᵉ Pinon, membre du Conseil général de [ce] département, n'y avait point assisté depuis trois sessions consécutives et qu'il [lui] paraissait convenable de le remplacer ».

MM. Le Peletier d'Aunay et Petineau furent réélus Président et Secrétaire.

Quand la session fut sur le point de prendre fin, le Conseil se rendit auprès du Préfet, à qui son Président adressa l'allocution suivante :

« Monsieur le Préfet, le Conseil général, avant de se séparer, vient vous exprimer sa reconnaissance du soin que vous avez mis à préparer ses travaux. Vous les rendez plus faciles par une administration éclairée, protectrice de tous les intérêts, bienveillante pour les populations malheureuses, dont le sort s'améliore par une instruction salutaire et par l'impulsion que vous donnez à l'établissement de bonnes communications vicinales. Nous serons heureux de pouvoir dire à nos concitoyens que l'administrateur du département cherche sa récompense dans l'estime qu'obtient toujours le magistrat impartial. »

La seconde session commença le 31 juillet. Les mêmes membres y prirent part et la composition du Bureau ne fut pas modifiée.

« Cette session sera pour vous d'un intérêt tout particulier », disait aux membres du Conseil le Préfet, dans le discours qu'il leur adressait après avoir déposé sur le bureau les rapports et documents devant servir aux délibérations à prendre sur la répartition des impôts directs et le cadastre, sur les comptes de 1832 et le budget de 1834, sur les travaux des routes et chemins et sur divers objets d'utilité départementale. « Elle est la dernière que vous ferez sous le régime de l'organisation qui vous a si longtemps réunis. Le principe de l'élection, consacré par la loi nouvelle, vous ramènera sans doute dans cette enceinte à un nouveau titre, mais ce ne sera que pour continuer à faire au pays le même bien. Vous avez depuis longtemps réalisé tous les heureux résultats que le législateur attend de la nouvelle loi. » Le Préfet indiquait alors toutes les améliorations qui avaient été réalisées, et, après avoir fait un tableau de la prospérité qui régnait dans le pays, — et dans le département de Seine-et-Oise en particulier, — il terminait ainsi son discours : « Telle est, Messieurs, la situation du département au moment où vous allez vous séparer. Tels sont les bienfaits que la monarchie constitutionnelle de 1830 et la paix assurent à la France, et dont ce beau département goûte les douceurs plus que tout autre, parce que les lois y sont constamment respectées et que chaque citoyen voit sous leur égide ses droits garantis. Puisse le désir de conserver tant de biens précieux unir les hommes de toutes les opinions pour la prospérité de la patrie commune.

« Excusez-moi, Messieurs, de terminer un tableau si satisfaisant par un sentiment de regret. Il m'est inspiré par la bienveillance dont vous m'avez honoré, et, au moment de m'en voir privé par votre séparation, je dois vous exprimer de nouveau le haut prix que j'y attache. Je vous prie de me la conserver; c'est le plus vif encouragement que puissent recevoir mes soins et mon dévouement à la chose publique. »

Le samedi 7 août, à cinq heures du soir, les opérations dont le Conseil général avait à s'occuper étant terminées, le Président leva la séance et déclara que la session était close. Après quoi, les membres de l'Assemblée se rendirent en corps auprès de M. le Préfet. « Les membres du Conseil général », dit à celui-ci le Président, « réunis pour la dernière fois, viennent, avant de se séparer, vous témoigner la satisfaction des services que plus d'une fois, par votre caractère conciliant, votre zèle, votre instance auprès du Gouvernement, vous avez rendus au département que vous administrez. Nous venons vous exprimer combien il nous est agréable de pouvoir dire à nos concitoyens que vous aussi vous veillez à la défense de leurs intérêts. Nous venons vous remercier des relations franches et cordiales que vous eûtes toujours avec nous. Puissent nos successeurs reconnaître dès le premier moment ce que nous a appris une longue expérience, que l'esprit de famille est nécessaire dans un Conseil général; qu'il atténue ce qu'il y a de trop exclusif dans l'amour de sa localité; que la discussion des affaires, pour être fructueuse, demande à être isolée des questions politiques qui divisent les esprits; qu'appelés à éclairer l'Administration sur tous les faits, sur les innovations utiles à introduire, les abus à détruire, la puissance de faire le bien, ne lui manque jamais lorsque, mû, comme nous croyons l'avoir toujours été, par l'amour du bien public et le respect des lois, le Conseil persiste dans ses demandes.

« A ce vœu, Monsieur le Préfet, nous joignons celui de vous avoir pour interprète auprès de nos successeurs. »

Ici prend fin la première période de la vie du Conseil général tel qu'il fut établi par la loi du 28 pluviôse an VIII, c'est-à-dire la période pendant laquelle les membres de ce Conseil — au nombre de 24 dans le département de Seine-et-Oise — ont été nommés par le Chef de l'Etat, d'abord d'office ou sur les listes de notabilité, puis sur présentation du Collège électoral du département, enfin sans autre présentation que celle, tout officieuse, des Préfets[1].

Avec la loi du 22 juin 1833 commence une deuxième période, que nous allons maintenant étudier.

---

[1] Les Rapports du Préfet et Délibérations du Conseil général pour la période de 1800 à 1829 inclus forment 19 registres, manuscrits, numérotés de 1 à 19, classés dans la série N.

CHAPITRE II

L'ADMINISTRATION DÉPARTEMENTALE
DE 1833 A 1848

La loi du 22 juin 1833 : le département de Seine-et-Oise aura trente Conseillers généraux, élus pour neuf ans, renouvelables par tiers tous les trois ans. Les circonscriptions électorales. — La loi du 10 mai 1838 sur les attributions des Conseils généraux. — Les élections de novembre 1833. — La session de 1834. Division des circonscriptions électorales en trois séries pour le renouvellement par tiers. — Tirage au sort des séries renouvelables. — Dates des élections départementales pour le renouvellement triennal de 1836 à 1845. — Les membres du Conseil général de 1833 à 1848. — Sessions annuelles tenues de 1834 à 1847; composition du Bureau. — L'impression des délibérations du Conseil général. — La dernière session tenue sous la monarchie de Juillet en août-septembre 1847. — Rapports entre le Préfet, M. Aubernon, et l'Assemblée départementale.

« En 1830, lorsque le trône fut offert au duc d'Orléans, on mit au nombre des réformes à lui imposer celle de l'organisation des Assemblées locales en ce qui concernait leur mode de recrutement. A cet égard, l'article 69 de la Charte des 14-24 août 1830 s'exprimait ainsi : « Il sera pourvu par des lois séparées, et dans le plus court délai « possible, à des institutions départementales et municipales fondées sur un système « électif. »

« C'est en vertu de cet article de la Charte que le Gouvernement présenta à la nouvelle Chambre, dès le 15 septembre 1831, un projet de loi réglant l'organisation des Conseils généraux et deux projets de loi réglementant leurs attributions. Quant au premier projet, après un rapport fait par M. Gillon au nom de la Commission nommée par la Chambre pour l'examiner, et qui montrait les nombreuses dissidences qui existaient entre le Gouvernement et la Chambre, il fut repoussé sans même avoir les honneurs de la discussion.

« Le Gouvernement ne se rebuta pas, et, dès le 8 décembre 1832, M. d'Argout, ministre de l'intérieur, présenta un nouveau projet modifié en partie suivant les vues de la Commission de la Chambre. Cette fois-ci encore, le rapport fut présenté par M. Gillon, à la séance du 7 janvier 1833 : le projet fut alors l'objet d'une discussion très sérieuse, et il fut même voté par la Chambre des députés; mais la clôture de la session de 1832 ayant été prononcée avant que le projet n'eût été voté par la Chambre des pairs, cette clôture détruisait le vote de la Chambre des députés, et tout était à recommencer.

35

« Cependant, le pays attendait avec impatience la loi qu'on lui avait promise, et il s'étonnait de tous ces retards : aussi, M. d'Argout présenta à la Chambre des pairs son projet primitif, en mettant en regard de chaque article les amendements votés par la Chambre des députés pendant la session précédente ; mais ces amendements n'avaient plus aucun caractère officiel, puisque, constitutionnellement, le vote qui avait eu lieu à leur égard n'existait plus : ils n'étaient donc reproduits qu'à titre de documents consultatifs. Le projet fut ainsi voté par la Chambre des pairs et présenté ensuite à la Chambre des députés, devant laquelle cette présentation ne fut qu'une simple formalité, et le projet, quoique différant assez sensiblement de celui que la Chambre des députés avait voté quelques mois auparavant, fut voté par elle après une discussion qui dura à peine deux heures.

« Le projet ainsi adopté est devenu la loi du 22 juin 1833, qui a apporté des améliorations partielles à notre organisation départementale[1]. »

Nous devons nous borner à reproduire ici les articles essentiels de cette loi :

Titre premier. — *Formation des Conseils généraux.*

« Article premier. Il y a dans chaque département un conseil général.

« Art. 2. Le conseil général est composé d'autant de membres qu'il y a de cantons dans le département, sans pouvoir toutefois excéder le nombre de trente.

« Art. 3. Un membre du conseil général est élu, dans chaque canton, par une assemblée électorale composée des électeurs et des citoyens portés sur la liste du jury ; si leur nombre est au-dessous de cinquante, le complément sera formé par l'appel des citoyens les plus imposés.

« Dans les départements qui ont plus de trente cantons, des réunions de cantons seront opérées conformément au tableau ci-annexé, de telle sorte que le département soit divisé en trente circonscriptions électorales.

« Les électeurs, les citoyens inscrits sur la liste du jury et les plus imposés portés sur la liste complémentaire dans chacun des cantons réunis formeront une seule assemblée électorale.

« Art. 4. Nul ne sera éligible au conseil général du département, s'il ne jouit des droits civils et politiques ; si, au jour de son élection, il n'est âgé de vingt-cinq ans, et s'il ne paye, depuis un an au moins, deux cents francs de contributions directes dans le département.

« Toutefois, si, dans un arrondissement de sous-préfecture, le nombre des éligibles n'est pas sextuple du nombre des conseillers de département qui doivent être élus par

_____
[1] F. DE SÈZE, *op. cit.*, p. 106-107.

les cantons ou circonscriptions électorales de cet arrondissement, le complément sera
formé par les plus imposés.

« Art. 5. Ne pourront être nommés membres des conseils généraux : 1° les préfets,
sous-préfets, secrétaires généraux et conseillers de préfecture; 2°.....

« Art. 6. Nul ne peut être membre de plusieurs conseils généraux.

« Art. 7. Lorsqu'un membre du conseil général aura manqué à deux sessions consécutives sans excuses légitimes ou empêchement admis par le conseil, il sera considéré
comme démissionnaire; il sera procédé à une nouvelle élection, conformément à
l'article 11.

« Art. 8. Les membres du conseil général sont nommés pour *neuf* ans; ils sont
renouvelés par *tiers* tous les *trois* ans, et sont indéfiniment rééligibles. A la session qui
suivra la première élection des conseils généraux, le conseil général divisera les cantons
en circonscriptions électorales de département en trois séries, en répartissant, autant
qu'il sera possible, dans une proportion égale, les cantons ou circonscriptions électorales de chaque arrondissement dans chacune des séries. Il sera procédé à un tirage au
sort pour régler l'ordre de renouvellement entre les séries. Ce tirage au sort se fera par
le préfet en conseil de préfecture et en séance publique.

« Art. 9. La dissolution d'un conseil général peut être prononcée par le Roi; en ce
cas, il est procédé à une nouvelle élection avant la session annuelle, et au plus tard dans
le délai de trois mois à dater de la dissolution.

« Art. 10 et 11. . . . .

Titre II. — *Règles de la Session des Conseils généraux.*

« Art. 12. Un conseil général ne peut se réunir s'il n'a été convoqué par le préfet en
vertu d'une ordonnance du Roi, qui détermine l'époque et la durée de la session.

« Au jour indiqué pour la réunion du conseil général, le préfet donnera lecture de
l'ordonnance de convocation, recevra le serment des conseillers nouvellement élus, et
déclarera au nom du Roi que la session est ouverte.

« Les membres nouvellement élus, qui n'ont pas assisté à l'ouverture de la session,
ne prennent séance qu'après avoir prêté serment entre les mains du président du conseil
général.

« Le conseil, formé sous la présidence du doyen d'âge, le plus jeune faisant les fonctions de secrétaire, nommera au scrutin et à la majorité absolue des voix son président
et son secrétaire.

« Le préfet a entrée au conseil général; il est entendu quand il le demande, et assiste
aux délibérations, excepté lorsqu'il s'agit de l'apurement de ses comptes.

« Art. 13. Les séances du conseil général ne sont pas publiques[1]; il ne peut délibérer que si la moitié plus un des conseillers sont présents; les votes sont recueillis au scrutin secret toutes les fois que *quatre* des conseillers présents le réclament.

« Art. 14 à 19. . . . .

Titre III. — *Des Conseils d'arrondissement.*

« Art. 20 à 26. . . . .

Titre IV. — *Règles pour la Session des Conseils d'arrondissement.*

« Art. 27 et 28. . . . .

Titre V. — *Des listes d'Electeurs.*

« Art. 29 à 33. . . . .

Titre VI. — *De la Tenue des Assemblées électorales.*

« Art. 34. Les assemblées électorales sont convoquées par le préfet au chef-lieu de canton, et, lorsque l'assemblée comprend plus d'un canton, au chef-lieu d'un des cantons réunis. Toutefois, le préfet pourra désigner, pour la tenue de l'assemblée, le chef-lieu d'une commune plus centrale ou de communications plus faciles.

« Art. 35. Il n'y aura qu'une seule assemblée lorsque le nombre des citoyens appelés à voter ne sera pas supérieur à trois cents. Au delà de ce nombre, le préfet prendra un arrêté pour diviser l'assemblée en sections; aucune section ne pourra comprendre moins de cent ni plus de trois cents.

« Art. 36 à 54. . . . .

Titre VII. — *Dispositions transitoires.*

« Art. 55. L'élection des conseils généraux et des conseils d'arrondissement sera faite dans le délai de six mois, à dater de la promulgation de la présente loi.

« Art. 56. . . . .

« Art. 57. La présente loi n'est pas applicable au département de la Seine : il sera statué à son égard par une loi spéciale. »

---

[1] « Depuis l'établissement des conseils de département, les séances de ces assemblées n'ont jamais été publiques ; l'expérience a démontré les graves inconvéniens que fait naître la publicité des séances des assemblées administratives. C'est donc avec raison que la loi a défendu cette publicité. Toutefois, nous ne pouvons nous empêcher de faire remarquer que si la publicité des séances est dangereuse, la publicité des actes, des délibérations des conseils serait généralement fort utile. » J. DUMESNIL, *op. cit.*, p. 80-81.

Tableau des Circonscriptions des Assemblées électorales

chargées d'élire les Membres des Conseils généraux dans les départements qui renferment plus de trente cantons.

Arrondissements de sous-préfecture.	Nombre de cantons.	Nombre de circonscriptions électorales.	NOMS DES CANTONS composant chaque circonscription électorale	Arrondissements de sous-préfecture.	Nombre de cantons.	Nombre de circonscriptions électorales.	NOMS DES CANTONS composant chaque circonscription électorale.
CORBEIL.	4	4	Arpajon. Boissy-Saint-Léger. Corbeil. Longjumeau.	RAMBOUILLET.	6	5	Chevreuse. Limours. Dourdan (nord). Dourdan (sud). Montfort-l'Amaury. Rambouillet.
ÉTAMPES.	4	3	Étampes. La Ferté-Aleps. Milly. Méréville.				Argenteuil. Marly-le-Roi. Meulan.
MANTES.	5	4	Bonnières. Houdan. Limay. Magny. Mantes.	VERSAILLES.	10	8	Palaiseau. Sèvres. Poissy. St-Germain-en-Laye. Versailles (nord).
PONTOISE.	7	6	Écouen. Montmorency. Gonesse. L'Ile-Adam. Luzarches. Marines. Pontoise.		36	30	Versailles (sud). Versailles (ouest).

Ainsi, la loi du 22 juin 1833 étend aux Conseils généraux le régime électoral censitaire; il y a un Conseiller général par canton, avec maximum de 30 par département[1] —

---

[1] La Chambre des députés avait décidé qu'il y aurait un membre du Conseil général par chaque canton. « On peut regretter que [cette] première décision de la Chambre des députés, qui attribuait un membre par canton, n'ait pas été maintenue. En effet, chaque canton comprend à lui seul une circonscription administrative : la justice de paix, l'enregistrement, la garde nationale sont organisés par canton. Souvent deux centres voisins ont des intérêts différens et même opposés. Il semblerait donc plus rationnel d'avoir accordé à chaque canton un mandataire au conseil général. » J. DUMESNIL, op. cit., p. 47-48. — On avait craint de créer des assemblées administratives trop nombreuses; de là, ce maximum de trente conseillers par département.

c'est le cas pour le département de Seine-et-Oise; — l'éligibilité est subordonnée à l'acquittement d'une certaine cote de contributions[1].

Elle a été complétée par celle du 10 mai 1838 *sur les attributions des Conseils généraux et des Conseils d'arrondissement.* Celle-ci comprend 47 articles, rangés sous deux titres : Titre premier, Des attributions des Conseils généraux ; Titre second, Des attributions des Conseils d'arrondissement. Elle a, dit M. de Luçay, « nettement défini et déterminé les attributions du Conseil général, suivant qu'il agit comme délégué du pouvoir législatif (répartition des impôts), comme représentant légal du département (gestion du patrimoine commun, vote des travaux d'utilité départementale, vote des centimes facultatifs et extraordinaires), ou comme conseiller du gouvernement. Le droit de posséder, d'échanger, d'acquérir et d'aliéner, et par suite celui d'intenter une action en justice et d'y défendre, a été en même temps reconnu au département, dont l'existence civile s'est trouvée ainsi consacrée. Cependant, si les pouvoirs des Conseils généraux ont été définis et classés en 1838, ils ne se sont pas trouvés très sensiblement étendus. Le droit de statuer définitivement ne leur a été reconnu que dans un certain nombre de cas relativement restreints : répartition des impôts, imposition des centimes additionnels autorisés par la loi, soit pour les dépenses facultatives, soit pour certains services spéciaux, classement des chemins vicinaux. Pour toutes les autres questions engageant le département, leurs délibérations continuèrent à être soumises à l'approbation préalable du législateur ou de l'autorité centrale. Le budget départemental, fractionné en cinq sections totalement ou à peu près indépendantes les unes des autres, fut établi sur le principe d'une spécialité rigoureuse des recettes et des dépenses. L'exercice de la tutelle gouvernementale pouvait donc..... continuer à être considéré comme embrassant encore en réalité presque tous les actes de l'administration locale[2]. »

La loi de 1833 et celle de 1838, dit également M. F. de Sèze[3], n'ont pas été aussi libérales qu'on aurait pu l'attendre de ceux qui les avaient promises, après avoir fait la Révolution de 1830 : néanmoins, elles ont constitué un progrès marqué sur la législation antérieure, malgré toutes les attaques dont elles ont été l'objet dès l'époque de leur application. En somme, « la loi de 1833, en rendant les Conseils généraux électifs, et celle de 1838, en réglant leurs attributions, réalisèrent toutes les améliorations que comportaient alors la situation du pays, le besoin des temps et les enseignements d'une longue expérience[4] ».

Les premières élections se firent au mois de novembre 1833. « Les renseignements que j'ai recueillis sur l'époque la plus convenable pour la réunion des assemblées élec-

---

[1] Comte DE LUÇAY, *La Décentralisation, op. cit.*, p. 75.
[2] *Ibid.*, p. 75 et 76.
[3] F. DE SÈZE, *op. cit.*, p. 110.
[4] *Exposé des motifs de la loi des 18-24 juillet 1866.* Cité par DE SÈZE, p. 110.

torales chargées d'élire les membres des conseils généraux et des conseils d'arrondissement — disait le Ministre de l'Intérieur dans sa circulaire du 11 octobre 1833 — m'ont fait connaître que le mois de novembre offre les conditions les plus favorables pour la facilité des opérations et la présence du plus grand nombre d'électeurs. Pour concilier les avis de MM. les préfets qui indiquent, les uns la première, les autres la seconde moitié du mois, j'ai décidé que ces assemblées seront convoquées dans l'intervalle du 10 au 25 novembre. » En conséquence, le Préfet de Seine-et-Oise arrêta, le 17 octobre, que les assemblées électorales seraient convoquées pour le dimanche 10 novembre, à huit heures du matin, dans les communes et locaux indiqués pour chaque assemblée.

Voici quels furent, en ce qui concerne le Conseil général, les résultats de ces élections. Furent élus :

ARRONDISSEMENT DE VERSAILLES.

Versailles-Nord. — M. Deschiens, François-Joseph, avocat, membre du Conseil municipal de Versailles.

Versailles-Sud et Ouest. — M. Haussmann, Louis, maire de Versailles.

Argenteuil. — M. Récappé, Jacques-Honoré-Isidore, notaire et maire d'Argenteuil.

Marly-le-Roi. — M. Bertin de Veaux, Louis-François, pair de France, à Villepreux.

Meulan. — M. Dupleix de Mézy, Charles-Joseph-René, pair de France, à Mézy.

Palaiseau-Sèvres. — M. Collas, Denis-Jacques, ancien maire de Sèvres.

Poissy. — M. Coffinières, Siméon-Antoine-Gabriel, avocat, maire d'Achères.

Saint-Germain-en-Laye. — Denis, Alexandre, notaire à Saint-Germain.

ARRONDISSEMENT DE CORBEIL.

Corbeil. — M. le comte de Fitte de Soucy, Louis-Xavier, maire d'Auvernaux.

Arpajon. — M. Carré, Guillaume-Marie, maire de Bruyères-le-Châtel.

Boissy-Saint-Léger. — M. Brocard, André-Pierre-Noël, maire de Valenton.

Longjumeau. — M. Bérard, Auguste-Simon-Louis, député.

ARRONDISSEMENT D'ÉTAMPES.

Étampes. — M. le comte Mollien, Nicolas-François, pair de France, à Vayres.

La Ferté-Alais-Milly. — M. le marquis de Bizemont, Louis-Gabriel, pair de France, à Gironville.

Méréville. — M. Foye, Louis-Isidore, ancien sous-préfet d'Étampes, à Saclas.

ARRONDISSEMENT DE MANTES.

Mantes. — M. Brochant de Villiers, André-Jean-Marie, membre de l'Institut, inspecteur général des mines.

Bonnières. — M. Denis, Louis-François-Charles, propriétaire à Bréval.

Houdan. — M. Barre, Jean-Méry, ancien maire à Gambais.

Limay-Magny. — M. Feuilloley, Jean-Germain, commandant de la garde nationale, à Magny.

ARRONDISSEMENT DE PONTOISE.

Pontoise. — M. Delacour, Jean-Louis, ancien notaire, à Pontoise.

Ecouen-Montmorency. — M. le comte Molé, Mathieu, pair de France, à Epinay-Champlâtreux.

Gonesse. — M. Duvivier, Pierre-Noël, maire de Garges.

L'Isle-Adam. — M. Dambry, Pierre-Charles-André, notaire à l'Isle-Adam.

Luzarches. — M. Bouchard, Auguste, député, à Vémars.

Marines. — M. le comte de Gouy-d'Arsy, Marie-Yves-Athanase-François, maire de Marines.

ARRONDISSEMENT DE RAMBOUILLET.

Rambouillet. — M. Bourgeois, Charles-Germain, maire de Rambouillet.

Chevreuse-Limours. — M. le duc de Luynes, à Dampierre.

Dourdan-Nord. — M. Demetz, vice-président du Tribunal civil de la Seine.

Dourdan-Sud. — M. Boivin, Emile, notaire à Dourdan.

Montfort-l'Amaury. — M. le baron Le Peletier d'Aunay, Louis-Honoré-Félix, député, à Mareil-le-Guyon.

Ces élections furent toutes validées, à l'exception de celles de M. Bérard (circonscription de Longjumeau) et du duc de Luynes (circonscription de Chevreuse-Limours), qui furent annulées, pour défaut de paiement du cens voulu par la loi du 22 juin. De nouvelles élections eurent lieu les 8 décembre 1833 et 26 janvier 1834; elles envoyèrent au Conseil général M. Louis Hutin, maire de Villeneuve-le-Roi, pour Longjumeau, et M. Jean-Charles Prud'homme, maire de Jouars-Pontchartrain, pour Chevreuse-Limours.

Les membres du nouveau Conseil général prêtèrent par écrit le serment suivant : « Je jure fidélité au Roi des Français, obéissance à la charte constitutionnelle et aux lois du Royaume. »

Ce fut le 12 juillet que s'ouvrit la session de 1834, les membres de l'Assemblée départementale ayant été convoqués par le Préfet, conformément à l'article 12 de la loi du 22 juin 1833. Le rapport qui leur était présenté par le chef de l'Administration départementale se terminait par ces lignes : « Tels sont, Messieurs, les principaux traits de la situation générale du département. Cette situation vous paraîtra sans doute heureuse et prospère. Elle est due aux bons sentiments des citoyens, à la haute sagesse du Roi, qui sait maintenir avec honneur la paix et faire fléchir les factions devant le sceptre des lois;

enfin, au zèle éclairé du Conseil général auquel vous succédez et à l'honorable confiance
dont ce Conseil a toujours soutenu mes efforts. Choisis par le Gouvernement, ces Conseillers départementaux ont toujours agi comme s'ils avaient été les élus des citoyens. Élus
aujourd'hui par les citoyens, vous n'hésiterez pas à accorder à l'Administration la même
confiance, à lui faire connaître les besoins du pays et les moyens de les satisfaire ; vous
connaissez ses intentions et son dévouement par ses actes mêmes, et vous ne pourrez
douter de son désir de s'unir aux organes du pays pour en assurer la prospérité et le
bien-être. »

Le Bureau fut ainsi constitué : Président, M. le baron Le Peletier d'Aunay ; Secrétaire, M. Duvivier.

Après quoi, les membres de l'Assemblée furent répartis en cinq Commissions : la première « dite des contributions » ; la deuxième « dite de la comptabilité » ; la troisième
« dite des budgets et instruction primaire » ; la quatrième « dite des routes » ; la cinquième « dite des vœux et besoins et agriculture ».

Dans la séance du 16, le Conseil général arrêta que les cantons ou circonscriptions
électorales seraient « divisés en trois séries, d'après le tableau suivant, pour le renouvellement par tiers qui doit être fait tous les trois ans des membres [dudit] Conseil » :

SÉRIE A.	SÉRIE B.	SÉRIE C.
Versailles (Nord).	Versailles (Sud et Ouest).	Argenteuil.
Marly-le-Roi.	Meulan.	Palaiseau-Sèvres.
Poissy.	St-Germain-en-Laye.	Arpajon.
Boissy-St-Léger.	Corbeil.	Longjumeau.
Étampes.	La Ferté-Milly.	Méréville.
Bonnières.	Houdan.	Limay-Magny.
Mantes.	Dourdan (Nord).	Dourdan (Sud).
Chevreuse-Limours.	Montfort.	Rambouillet.
Écouen-Montmorency.	Gonesse.	L'Ile-Adam.
Luzarches.	Marines.	Pontoise.

La session prit fin le 25 juillet ; avant qu'elle fût close, les membres du Conseil général
se transportèrent chez M. le Préfet, et le Président, portant la parole au nom de tout le
Conseil, s'exprima ainsi :

« Monsieur le Préfet, Les membres du Conseil général, avant de se retirer, viennent
vous remercier des travaux que vous avez préparés pour faciliter leurs discussions, les
rendre plus promptes et plus fructueuses. Nous y avons trouvé fréquemment la preuve

36

que votre dévouement à la Monarchie constitutionnelle se manifeste par l'appui que rencontrent près de vous tous les intérêts légitimes, par un vif désir de contribuer à améliorer le sort de nos populations et par une modération dans l'exercice du pouvoir qui commande la confiance et produit la force. Les preuves de votre attachement à notre département ne sont pas moins nombreuses; ses intérêts trouvent en vous un zélé défenseur. Vos efforts et les nôtres se proposent le même but, la prospérité générale pour le bien-être de chacun; notre accord est une des voies les plus certaines pour y parvenir. Nous sommes heureux, Monsieur le Préfet, de pouvoir dire à nos concitoyens que cet accord existe. »

Le 9 septembre suivant, il fut procédé par le Préfet, en Conseil de Préfecture et en séance publique, au tirage au sort des séries arrêtées par le Conseil général, pour régler l'ordre du renouvellement par tiers. Sur des bulletins furent inscrites les séries A, B, C, et le tirage au sort désigna l'ordre suivant pour ces trois séries : Série A, n° 1; série B, n° 2; série C, n° 3. De ce tirage il résulta que les renouvellements à opérer par série auraient lieu suivant l'ordre qui venait d'être constaté.

Les élections départementales pour le renouvellement triennal auront lieu en décembre 1836, novembre 1839, décembre 1842, novembre 1845.

Par suite des élections de 1833, de 1836-1845, et d'élections partielles, la liste des membres du Conseil général peut être établie comme il suit pour la période de 1833-1848 :

ARRONDISSEMENT DE VERSAILLES.

Circonscription de Versailles-Nord : M. Deschiens, élu en 1833, réélu en 1836 [1833-1842, décédé]; — M. Frémy, élu le 11 juillet 1843, réélu en 1845 [1843-1848].

Circonscription de Versailles-Sud et Ouest : M. Haussmann, élu en 1833 [1833-1838, décédé]; — M. Demay, élu le 2 février 1838, réélu en 1839 [1838-1848].

Circonscription d'Argenteuil : M. Récappé, élu en 1833, réélu en 1842 [1833-1848].

Circonscription de Marly-le-Roi : M. Bertin de Veaux, élu en 1833 [1833-1836]; — M. Bertin de Veaux fils, élu en 1836, réélu en 1845 [1836-1848].

Circonscription de Meulan : M. Dupleix de Mézy, élu en 1833 [1833-1835, décédé]; — M. de Chantelou, élu le 1er mars 1835, réélu en 1839 [1835-1848].

Circonscription de Palaiseau-Sèvres : M. Collas, élu en 1833 [1833-1838, décédé]; — M. Banès, élu le 24 juin 1838 [1838-1842]; — M. Pigeon, élu en 1842 [1842-1848].

Circonscription de Poissy : M. Coffinières, élu en 1833 [1833-1836]; — M. Gautier, élu en 1836 [1836-1845]; — M. Basset, élu en 1845 [1845-1848].

Circonscription de Saint-Germain-en-Laye : M. Denis, élu en 1833, réélu en 1839 [1833-1848].

ARRONDISSEMENT DE CORBEIL.

Circonscription de Corbeil : M. le comte de Fitte de Soucy, élu en 1833, réélu en 1839 [1833-1840, décédé]; — M. Féray, élu le 22 novembre 1840 [1840-1848].

Circonscription d'Arpajon : M. Carré, élu en 1833, démissionnaire en 1840 [1833-1840]; — M. Camet de La Bonnardière, élu le 20 décembre 1840 [1840-1842]; — M. le vicomte de Mortemart, élu en 1842 [1842-1848].

Circonscription de Boissy-Saint-Léger : M. Brocard, élu en 1833, réélu en 1836, démissionnaire en 1838 [1833-1838]; — M. Adeline, élu le 21 octobre 1838, démissionnaire en 1841 [1838-1841]; — M. Brocard fils, élu le 9 mai 1841, réélu en 1845 [1841-1848].

Circonscription de Longjumeau : M. Bérard, élu en 1833; élection annulée le 16 décembre; — M. Hutin, élu le 26 janvier 1834 [1834-1838, décédé]; — M. Chollet, élu le 13 mai 1838 [1838-1842]; — M. Dabrin, élu en 1842 [1842-1848].

ARRONDISSEMENT D'ÉTAMPES.

Circonscription d'Étampes : M. le comte Mollien, élu en 1833 [1833-1836]; — M. Gabaille, élu en 1836 [1836-1838, décédé]; — M. Mainfroy, élu le 13 mai 1838, démissionnaire en 1842 [1838-1842]; — M. Pommeret des Varennes, élu le 10 avril 1842, réélu en 1845 [1842-1848].

Circonscription de La Ferté-Alais-Milly : M. le marquis de Bizemont, élu en 1833, démissionnaire en 1837 [1833-1837]; — M. Bourgeois, élu le 4 juin 1837 [1837-1839]; — M. de Bizemont [Eugène], élu le 24 novembre 1839 [1839-1848].

Circonscription de Méréville : M. Foye, élu en 1833 [1833-1842]; — M. le comte de Laborde, élu en 1842 [1842-1848].

ARRONDISSEMENT DE MANTES.

Circonscription de Mantes : M. Brochant de Villiers, élu en 1833, réélu en 1836 [1833-1840, décédé]; — M. de Vergès, élu le 5 juillet 1840 [1840-1845]; — M. L'Evesque, élu en 1845 [1845-1848].

Circonscription de Bonnières : M. Denis, élu en 1833 [1833-1836]; — M. Martin, élu en 1836 [1836-1845]; — M. Robert, élu en 1845 [1845-1848].

Circonscription de Houdan : M. Barre, élu en 1833, réélu en 1839 [1833-1848].

Circonscription de Limay-Magny : M. Feuilloley, élu en 1833 [1833-1842]; — M. Feuilloley fils, élu en 1842 [1842-1848].

ARRONDISSEMENT DE PONTOISE.

Circonscription de Pontoise : M. Delacour, élu en 1833 [1833-1837, nommé Sous-Préfet]; — M. Touchard, élu le 20 août 1837 [1837-1842]; — M. le baron Rendu, élu le 4 décembre 1842 [1842-1848].

Circonscription d'Ecouen-Montmorency : M. le comte Molé, élu en 1833, réélu en 1836 [1833-1845]; — M. Davillier, élu en 1845 [1845-1848].

Circonscription de Gonesse : M. Duvivier, élu en 1833, réélu en 1839 [1833-1845, décédé]; — M. Poiret, élu en 1845 [1845-1848].

Circonscription de l'Isle-Adam : M. Dambry, élu en 1833, réélu en 1842 [1833-1848].

Circonscription de Luzarches : M. Bouchard, élu en 1833, réélu en 1836 [1833-1845]; — M. Leflamand, élu en 1845 [1845-1848].

Circonscription de Marines : M. le comte de Gouy d'Arsy, élu en 1833, réélu en 1839 [8133-1848].

ARRONDISSEMENT DE RAMBOUILLET.

Circonscription de Rambouillet : M. Bourgeois, élu en 1833, réélu en 1842 [1833-1848].

Circonscription de Chevreuse-Limours : M. le duc de Luynes, élu en 1833; élection annulée le 19 novembre; — M. Prud'homme, élu le 8 décembre 1833 [1833-1836]; — M. le duc de Luynes, élu en 1836, réélu en 1845 [1836-1848].

Circonscription de Dourdan-Nord : M. Demetz, élu en 1833, réélu en 1839 [1833-1848].

Circonscription de Dourdan-Sud : M. Boivin, élu en 1833, réélu en 1842 [1833-1848].

Circonscription de Montfort-l'Amaury : M. le baron Le Peletier d'Aunay, élu en 1833, réélu en 1839 [1833-1848].

De 1834 à 1847 inclusivement, le Conseil général tint chaque année régulièrement une session, qui fut fixée soit au mois d'août, soit au mois de septembre; voici les dates extrêmes de chacune de ces sessions :

1835. 18 septembre-2 octobre.	1842. 8-20 septembre.
1836. 22 août-4 septembre.	1843. 21 août-2 septembre.
1837. 24 août-6 septembre.	1844. 26 août-7 septembre.
1838. 20 août-1er septembre.	1845. 23 août-5 septembre.
1839. 26 août-7 septembre.	1846. 14-25 septembre.
1840. 24 août-5 septembre.	1847. 30 août-9 septembre.
1841. 23 août-4 septembre.	

Les membres de l'Assemblée départementale constituèrent ainsi leur Bureau :

Président : M. le baron Le Peletier d'Aunay, réélu chaque année, de 1834 à 1847;

Secrétaire : M. Duvivier, également réélu jusqu'en 1842; puis M. Dambry, réélu de 1843 à 1847.

Ce fut au cours de la session tenue en 1838 que le Conseil général décida que ses délibérations seraient désormais imprimées. On lira sans doute avec intérêt la délibération qui fut prise à ce sujet :

« Le Conseil général du département de Seine-et-Oise,

« Vu le § 1er de l'article 26 de la loi du 10 mai 1838 ainsi conçu : *Le Conseil général peut ordonner la publication de tout ou partie de ses délibérations ou procès-verbaux*;

« Voulant statuer sur l'application qu'il convient de faire de cette disposition aux travaux de sa session de 1838;

« Arrête :

« 1° La partie du procès-verbal qui peut utilement être livrée à l'impression est celle qui contient les délibérations rédigées ainsi qu'elles l'ont été jusqu'ici, avec les considérans qui contiennent tous les motifs de la résolution prise;

« 2° Toutes les délibérations contenues au procès-verbal seront livrées à l'impression, sauf le cas où, dans le cours de ses travaux, le Conseil général aurait déclaré qu'une délibération prise demeurera manuscrite;

« 3° Un exemplaire du cahier contenant toutes les délibérations livrées à l'impression sera adressé :

« Aux Membres du Conseil général,

« Aux Membres des Conseils d'arrondissement.

« Un exemplaire sera déposé :

« Aux Mairies des chefs-lieux de canton; aux Archives des Sous-Préfectures; aux Archives de la Préfecture[1]. »

La session de 1847 fut la dernière que tint, sous le régime de la Monarchie de Juillet, l'Assemblée départementale; l'année suivante, un décret du 3 juillet 1848 prescrivit le renouvellement intégral des Conseils généraux. Cette Assemblée se trouvait alors composée de :

MM. Frémy [Versailles-Nord], Demay [Versailles-Sud-Ouest], Récappé [Argenteuil], Bertin de Veaux [Marly-le-Roi], de Chantelou [Meulan], Pigeon [Palaiseau-Sèvres], Basset [Poissy], Denis [Saint-Germain-en-Laye];

Féray [Corbeil], de Mortemart [Arpajon], Brocard [Boissy-St-Léger], Dabrin [Longjumeau];

Pommeret des Varennes [Étampes], de Bizemont [La Ferté-Alais-Milly], de Laborde [Méréville];

L'Evesque [Mantes], Robert [Bonnières], Barre [Houdan], Feuilloley [Limay-Magny];

[1] Les Délibérations prises par le Conseil général dans sa session de 1838 sont donc les premières qui aient été imprimées; elles forment un volume de 112 pages; on remarquera que les délibérations seules — *et non les procès-verbaux des séances* — y figurent. [Les procès-verbaux des séances et des délibérations du Conseil général pour la deuxième session ordinaire de 1912 [septembre-octobre] forment un volume de 662 pages.] Il importe de constater ici que le Rapport du Préfet au Conseil général, lithographié en 1837, est imprimé depuis 1838; celui de 1837 a 43 pages, celui de 1838 en a 45. [Le Rapport présenté par le Préfet pour la deuxième session ordinaire de 1912 ornue un volume de 649 pages, soit 1.304 pages avec les rapports des Chefs de service et renseignements divers.]

MM. Rendu [Pontoise], Davillier [Ecouen-Montmorency], Poiret [Gonesse], Dambry [L'Isle-Adam], Leflamand [Luzarches], de Gouy d'Arsy [Marines]; Bourgeois [Rambouillet], de Luynes [Chevreuse-Limours], Demetz [Dourdan-Nord], Boivin [Dourdan-Sud], Le Peletier d'Aunay [Montfort-l'Amaury].

M. Aubernon était toujours, depuis 1830, Préfet de Seine-et-Oise, et il devait l'être jusqu'à la Révolution de 1848. Le rapport qu'il adressait, le 30 août 1847, au Conseil général en vue de la session annuelle commençait ainsi : « Messieurs, à mesure que les années s'écoulent, il me devient plus doux de m'acquitter du devoir de vous exposer les affaires d'un Département auquel je suis attaché par un si long dévouement, et de faciliter vos nombreux et rapides travaux autant qu'il peut dépendre de moi ; je suis rassuré dans cette tâche par les sentiments réciproques que vous me témoignez, et la confiance et l'appui que vous ne cessez de m'accorder. » Et en voici la fin : « Il est bien consolant de voir, Messieurs, notre temps et notre pays s'honorer par l'amour de l'humanité, par le respect des lois et de l'ordre, et recueillir ainsi les fruits de sa sagesse et de son union. Le département de Seine-et-Oise continue à donner l'exemple de ces grands sentiments et de ces utiles maximes ; tout le monde y aime la modération, la paix, le travail et la justice, et, s'il m'est donné encore pendant quelques années de seconder ce beau Département dans la voie qu'il s'est tracée, c'est votre confiance et votre appui qui peuvent seuls me faire espérer de remplir convenablement ce devoir et de satisfaire à la haute mission que le Gouvernement m'a imposée. »

M. Aubernon, Préfet de Seine-et-Oise, était en même temps pair de France et conseiller d'État ; il continuait à jouir de toute la confiance de l'Assemblée départementale. Aussi, quand la session de 1847 fut sur le point de prendre fin, le 9 septembre, le Président, M. le baron Le Peletier d'Aunay, demanda au Conseil général s'il lui convenait de se rendre auprès de M. le Préfet, comme il était d'usage de le faire, avant de se séparer. Cette proposition ayant été unanimement accueillie, tous les membres se rendirent dans le cabinet de M. Aubernon, à qui le Président adressa l'allocution suivante :

« Monsieur le Préfet, Nous venons de terminer une session dans laquelle, animés des sentiments que vous nous connaissez, nous nous sommes étudiés à rendre la marche de votre administration facile, soit par une application constante de nos principes d'ordre et de sage économie, soit par l'exemple que nous croyons bon et salutaire à donner d'une complète soumission à la loi, convaincus que nous sommes que c'est seulement par un utile emploi de l'impôt qu'on en fait supporter le poids et que la fidèle exécution de la loi fait naître dans l'esprit du plus grand nombre la bonne pensée de demander à la légalité ce que la violence ne peut jamais donner. Nos vœux émis se proposent d'éclairer le gouvernement sur les besoins de nos localités ; nous les croyons aussi fondés en justice que fructueux en résultats. Si cette conviction n'était pas aussi promptement partagée que nous le désirons, nous nous en affligerions, et, nous rappelant le langage qu'un philosophe fait tenir à la Vérité : *Je suis fille du Temps, et à la longue j'obtiens tout de mon père*, nous renouvellerions nos instances. Nous espérons que nos travaux seront favorablement appréciés par vous et que nos vœux trouveront votre appui ; nous venons vous le demander et vous exprimer notre vif regret qu'une indisposition, heureusement arrivée à son terme, nous ait privés de votre utile concours. »

M. Aubernon et les membres du Conseil général ne devaient plus se trouver réunis dans l'hôtel de la Préfecture, où ils avaient entretenu, pendant toute la durée du règne de Louis-Philippe [1830-1848], les meilleurs rapports[1].

[1] Les Rapports du Préfet et les Délibérations du Conseil général correspondant à la période de 1831 à 1847 forment 28 registres, manuscrits, numérotés 20 à 47.

Pl. iv

M. Aubernon
Préfet
1830-1848.

M. le baron Le Peletier d'Aunay
Président du Conseil général
1832-1851.

M. Hip. Durand
Commissaire du Gouvernement
1848-1849.

M. Arrighi de Padoue
Préfet
1849-1852.

CHAPITRE III

L'ADMINISTRATION DÉPARTEMENTALE
DE 1848 A 1851

La seconde République; périodes de son histoire, de 1848 à 1852. — La dernière circulaire de M. Aubernon. — Celui-ci est remplacé par le Commissaire du Gouvernement Hip. Durand, le 28 février 1848. — Première session du Conseil général, en mars-avril 1848. — Décret du 3 juillet relatif au renouvellement des Conseils municipaux et des Conseils d'arrondissement et de département; autant de Conseillers généraux que de cantons, soit trente-six dans le département de Seine-et-Oise; suffrage universel; publicité des séances du Conseil général. — Élections générales en août 1848. — Deuxième session du Conseil général tenue en 1848, au mois d'octobre. — La Constitution de la République française votée le 4 novembre 1848; articles de cette Constitution concernant l'Administration départementale. — Troisième session tenue en la même année, au mois de novembre. — Démission du Commissaire du Gouvernement Hip. Durand en janvier 1849. — Le nouveau Préfet de Seine-et-Oise, M. Arrighi de Padoue. — Session ordinaire du Conseil général en août-septembre 1849; allocution adressée par le Président du Conseil au Préfet à la fin de la session. — Session ordinaire tenue en août-septembre 1850. — Renseignements fournis, par l'*Annuaire départemental* et par le rapport du Préfet en 1851, sur l'Assemblée départementale et sa composition. — Loi provisoire du 14 juin 1851 prolongeant les pouvoirs des Conseils généraux. — Session ordinaire tenue en août-septembre 1851; discours prononcé par le Président avant sa clôture.

Nous n'avons pas à montrer ici ce que furent les journées des 22, 23 et 24 février 1848, qui amenèrent la chute de la Royauté, ni comment un gouvernement provisoire fut alors formé avec des hommes populaires, qui se rendirent à l'Hôtel de Ville et se joignirent au peuple pour proclamer la République le 24 février.

La durée de cette seconde République devait être de près de cinq années. « Son histoire comprend trois périodes : dans la première (1848-1849), le gouvernement provisoire, établi par la révolution, exerce l'autorité pendant deux mois, et la souveraineté appartient ensuite à une Assemblée constituante; pendant la seconde (1849-1851), une Assemblée législative et un président se partagent le pouvoir ; la troisième (décembre 1851-décembre 1852) est celle de la dictature de Louis-Napoléon et prépare le rétablissement de l'Empire[1]. »

En faisant connaître aux administrés les actes par lesquels « le Gouvernement actuel est déclaré Gouvernement Républicain, [est formée] la composition du Gouvernement provisoire, [est prononcée] la dissolution de la Chambre des Députés et l'interdiction à la Chambre des Pairs de se réunir, est [décidée] l'adoption des trois couleurs », ainsi

[1] DEFAYARD, GUILLOT et SCÉRUS, *Histoire moderne et contemporaine*, p. 623.

37

qu'une circulaire du Ministre de l'Intérieur Ledru-Rollin portant la date du 24 février, M. Aubernon, Préfet de Seine-et-Oise, adressait aux Sous-Préfets et aux Maires du département les instructions suivantes :

« Messieurs, Vous venez de voir dans ces divers actes quels sont les devoirs que les circonstances nous imposent. Le maintien de l'ordre et de la paix publique, le respect de la propriété et des droits légitimes de tous les citoyens sont le premier besoin et le premier désir du Gouvernement provisoire de la République Française.

« Nous lui devons, tous les bons citoyens lui doivent le concours le plus empressé : car l'ordre et la paix publique sont les premières sources du travail de chacun, de la richesse nationale et de toutes les libertés. Magistrats et citoyens, nous ne ferons en cela que continuer de pratiquer ce que nous avons déjà observé depuis longtemps.

« Veuillez donc, Messieurs, proclamer, faire publier et afficher les actes qui précèdent.

« Toutes les opinions politiques, tous les sentiments généreux ont le même besoin de se confondre et de s'unir dans leur dévouement à la grandeur et à l'indépendance de la patrie.

« Qu'aucun citoyen n'ait à se plaindre d'actes arbitraires. La justice poursuit son cours, les tribunaux ont seuls la mission de la rendre. Ne souffrez pas que personne s'arroge le droit de se la faire soi-même.

« Faites respecter les monuments nationaux, ainsi que les propriétés particulières.

« Vous trouverez, j'en suis sûr, dans les gardes nationales et leurs chefs, dans les ministres de la religion et dans les fonctionnaires publics, l'appui et le zèle habituel qui vous sont nécessaires.

« Plus qu'en aucune autre circonstance le pouvoir a besoin de la légalité et de l'ordre, de l'union du Peuple et de ses magistrats.

« Comptez, Messieurs, sur mon dévouement, comme je compte sur le vôtre. »

Cette circulaire porte la date du 26 février. Deux jours après, M. Aubernon n'était plus préfet de Seine-et-Oise. Voici le texte de l'acte qui prononçait sa révocation :

« Paris, le 28 février 1848.

« République française.

« Au nom du Peuple,

« Le Gouvernement provisoire révoque le Préfet actuel du département de Seine-et-Oise et nomme le citoyen Durand (Hippolyte) commissaire du Gouvernement dans ce département, l'investissant du pouvoir de Préfet et l'autorisant à prendre toutes les mesures d'ordre et de salut public qu'il jugera nécessaires.

« Toutes les autorités civiles et militaires sont placées sous ses ordres.

« Le Membre du Gouvernement provisoire Ministre de l'Intérieur,

« LEDRU-ROLLIN. »

Etaient attachés au commissariat du Gouvernement dans Seine-et-Oise les citoyens Place, capitaine de la garde nationale de Paris, 2ᵉ légion, et Tricotel, lieutenant de cette même garde nationale, même légion.

Dès le lendemain, 29 février, le Commissaire Hip. Durand adressait aux « Citoyens de Seine-et-Oise » la proclamation dont voici le texte :

« Votre empressement à proclamer la République est une preuve de votre désir sincère de la voir se consolider. Vous avez compris que hors du nouveau Gouvernement fondé par le Peuple héroïque de Paris il n'y a point de salut pour la Patrie.

« Au règne de l'égoïsme et de la corruption vont succéder la Justice et la Fraternité. N'oubliez pas que la République a pour principe la vertu, et que le premier devoir d'un Républicain est l'obéissance aux lois et la soumission aux magistrats.

« Respect à la famille et à la propriété, ces deux colonnes de l'édifice social.

« Confiez-vous aux Chefs de notre jeune République ; entourez-les de votre amour ; leurs antécédens et leurs actes vous garantissent qu'il n'y a pas parmi eux ni un *Cromwell* ni un *César* et que vous y trouverez un *Washington*.

« Vive la République ! »

Le Conseil général du département, dont la composition n'avait pas encore été modifiée, ne devait pas tarder à être réuni en session extraordinaire. « Citoyen Commissaire », écrivait le Ministre de l'Intérieur aux Commissaires du Gouvernement, à la date du 15 mars, « il est urgent de subvenir promptement et partout à la subsistance des classes ouvrières dont les travaux habituels sont en ce moment suspendus. J'ai donc pensé qu'il serait utile d'établir, sur les routes départementales, sur les chemins vicinaux de grande communication, et même sur les simples chemins vicinaux, des ateliers où seront occupés tous les citoyens qui demanderont de l'ouvrage. Je vous invite, en conséquence, à convoquer, dans le plus bref délai possible, le conseil général de votre département, et à ordonner aux maires d'assembler leurs conseils municipaux, afin d'aviser aux travaux à exécuter et aux moyens d'y faire face, à l'aide des centimes additionnels dont on pourra disposer..... »

Le Commissaire du Gouvernement fixa au lundi 27 mars la réunion du Conseil général de Seine-et-Oise. En informant de sa décision les membres de l'Assemblée départementale, il leur disait : « Dans les circonstances graves où le pays se trouve placé, le concours de tous les citoyens est un devoir, et en faisant cet appel à votre patriotisme, j'ose espérer qu'il sera entendu. Veuillez, Monsieur, me faire connaître par *le retour du courrier* si vos intentions sont de conserver vos fonctions de membre du Conseil général et d'assister à cette réunion. »

La session s'ouvrit le lundi 27 mars, en l'hôtel de la Préfecture. Etaient présents : MM. Frémy (Versailles-Nord), Demay (Versailles-Sud et Ouest), Récappé (Argenteuil),

Bertin de Veaux [Marly-le-Roi], de Chantelou [Meulan], Pigeon [Palaiseau-Sèvres],
Basset [Poissy], Féray [Corbeil], de Mortemart [Arpajon], Brocard [Boissy-St-Léger],
Dabrin [Longjumeau], Pommeret des Varennes [Etampes], de Laborde [Méréville],
L'Evesque [Mantes], Robert [Bonnières], Barre [Houdan], Feuilloley [Limay-Magny],
Rendu [Pontoise], Davillier [Ecouen-Montmorency], Dambry [L'Isle-Adam], Leflamand
[Luzarches], Bourgeois [Rambouillet], Demetz [Dourdan-Nord], Le Peletier d'Aunay
[Montfort-l'Amaury], soit 24 membres; furent introduits ensuite MM. Poiret [Gonesse]
et Boivin [Dourdan-Sud]. Le procès-verbal constate que MM. de Bizemont [La Ferté-
Alais-Milly], de Gouy d'Arsy [Marines] et de Luynes [Chevreuse-Limours] étaient
absents du département, et que M. Denis [Saint-Germain-en-Laye] était démissionnaire.

MM. le baron Le Peletier d'Aunay et Dambry furent réélus Président et Secrétaire.

Quand le Bureau provisoire eut cédé la place au Bureau définitif ainsi constitué, le
Commissaire du Gouvernement prononça un discours et donna lecture d'un rapport dans
lequel il exposait la nécessité de créer dans le département des ateliers de travail pour
occuper les ouvriers dont les travaux habituels étaient suspendus. Nous ne pouvons citer
ici que quelques parties de ce discours : « Citoyens, les événements accomplis depuis un
mois confondent l'imagination. Une Monarchie, appuyée d'une force matérielle immense,
après une faible résistance, s'est évanouie en quelques heures. La République, que ses
adversaires déclaraient impossible, s'est établie sans obstacle et a été universellement
acceptée. Ce Gouvernement, condamné par ses adversaires à ne pouvoir être fondé qu'au
milieu de l'anarchie et avec la terreur, a rétabli l'ordre comme par enchantement. Un
de ses premiers actes a été de proscrire la peine de mort en matière politique.....

« Libres de toutes préoccupations du dehors, il nous est donc permis d'asseoir et de
consolider chez nous la véritable démocratie. Jamais les circonstances ne furent plus
favorables; la Nation, que la royauté avait tenté de corrompre pour l'asservir, fait éclater
partout ses instincts généreux; nos mœurs publiques, dont un pouvoir insensé voulait
arrêter le développement et qu'il prétendait façonner à la monarchie despotique, se trans-
forment avec une rapidité merveilleuse.....

« Constatons un autre bonheur pour notre jeune République. Une des causes qui
doit diminuer les difficultés inhérentes à tout nouveau Gouvernement, c'est que la Révolution qui vient de prendre un si brillant essor dépasse tellement toutes les prévisions
humaines qu'elle tient du prodige. En présence d'événements aussi merveilleux, il est
permis aux anciens, partisans de la monarchie de renoncer sans apostasie à leurs
croyances; ils peuvent sans trahison passer dans nos rangs et nous devons les accueillir
sans suspecter leur sincérité. Républicains de la veille ou du lendemain, il nous faut tous,
sans distinction, rivaliser de zèle pour la République et d'amour pour la Patrie. Votre
empressement à répondre à l'appel que le Ministre de l'Intérieur m'a chargé de vous
faire est la meilleure garantie du concours franc et loyal que vous êtes disposés à donner

au Gouvernement. Il vous convie à venir en aide aux classes laborieuses en leur procurant du travail; c'est vous fournir l'occasion de leur témoigner toute votre sympathie. »

Ouverte le 27 mars, la session se termina le 1er avril. Les délibérations qui y furent prises concernèrent : l'impression des délibérations; les travaux à exécuter dans les bâtiments départementaux situés à Versailles, préfecture[1], gendarmerie, maison d'arrêt, 149.339 fr. 90; les travaux à exécuter aux maisons d'arrêt de Corbeil, 24.239 fr. 34, et d'Étampes, 28.485 fr. 10; les travaux à exécuter sur diverses routes départementales, 213.328 fr. 26; les travaux à exécuter sur les chemins vicinaux, 24.000 francs; le vote d'un impôt de 8 centimes 5 dixièmes additionnels au principal des quatre contributions directes pour travaux extraordinaires créés pour occuper les ouvriers sans ouvrage; des modifications aux crédits de deux sous-chapitres du budget en cours; une allocation de 7.000 francs pour réparations et constructions de maisons d'écoles.

Deux autres sessions devaient avoir lieu en 1848; avant d'en parler, nous avons à faire connaître les modifications qui furent apportées à la législation régissant les Conseils généraux et les élections qui en furent la conséquence.

Le décret relatif au « Renouvellement des Conseils municipaux et des Conseils d'arrondissement et de département » porte la date du 3 juillet 1848. En voici les articles essentiels :

« L'Assemblée Nationale a adopté le décret dont la teneur suit :

« Art. 1er. Il sera procédé au renouvellement intégral des conseils municipaux de toutes les communes de la République et des conseils d'arrondissement et de département.

« Les élections municipales auront lieu avant le 1er août prochain. Les élections des conseils d'arrondissement et de département auront lieu avant le 1er septembre suivant, et, dans tous les cas, avant la session ordinaire de ces conseils.

« Il sera élu un membre dans chaque canton.....

« 2. Jusqu'à ce que la constitution de la République ou des lois organiques aient réglé la composition et les formes d'élection des administrations municipales et départementales, les lois des 21 mars 1831 et 22 juin 1833 sont maintenues, sauf les modifications suivantes :

« 3. . . . .

« 4. Sont abrogés les paragraphes 1 et 3 de l'article 3, et les articles 4, 22, 23, 29 à 33, 36, 39 à 42, 45, 46, paragraphe 1er, 47 et 49 de la loi du 22 juin 1833.

« 5. Les élections des conseillers municipaux seront faites par les citoyens ayant leur domicile réel, depuis six mois, dans la commune et appelés à nommer les représentants

Voir ce qui sera dit plus loin, à la troisième partie, Préfecture, rue des Réservoirs.

du peuple, selon le décret du 5 mars dernier, et l'acte du Gouvernement du 8 de ce mois.

« 6 à 11. . . . .

« 12. Les élections des conseillers généraux et des conseillers d'arrondissement seront faites par les citoyens du canton ou de la circonscription appelés à nommer les conseils municipaux, conformément à ce qui a été dit en l'article 5 ci-dessus; ils seront réunis en une seule assemblée ou en plusieurs sections. Les sections pourront être convoquées dans des communes différentes.

« 13. . . . .

« 14. . . . .

« Sont éligibles aux conseils généraux les électeurs, âgés de vingt-cinq ans au moins, domiciliés dans le département, et les citoyens, ayant atteint le même âge, qui, sans y être domiciliés, y payent une contribution directe. Néanmoins, le nombre de ces derniers ne pourra dépasser le quart desdits conseils.

« 15. . . . .

« 16. Il suffira, pour être élu membre d'un conseil d'arrondissement, ou d'un conseil de département, d'avoir obtenu la majorité relative. Néanmoins, nul ne peut être élu membre desdits conseils, s'il n'a obtenu le cinquième des suffrages exprimés. En cas d'égalité du nombre des suffrages, l'élection est acquise au plus âgé.

« 17. S'il n'y a pas d'élection lors d'une première convocation, il sera procédé à de nouvelles élections huit jours après, et dans les formes indiquées ci-dessus.

« 18. Les séances des conseils de département seront publiques, à moins que la majorité des membres du Conseil ne demande le comité secret.

« Délibéré en séance publique, à Paris, le 3 juillet 1848. »

Ainsi, chaque canton a le droit d'élire un Conseiller général; — le suffrage universel est établi pour les élections au Conseil général de département et les conditions d'éligibilité à ce conseil sont modifiées; — enfin, la publicité des séances du Conseil général est proclamée.

En conséquence, les élections pour le renouvellement intégral du Conseil général furent fixées par arrêté du Commissaire du Gouvernement à la date du dimanche 20 août 1848; s'il n'y avait pas d'élection lors d'une première convocation, il serait procédé à de nouvelles élections dans un délai de huit jours. Voici quels résultats elles produisirent :

Arrondissement de Versailles.

Canton de Versailles (Nord), M. Frémy (ancien). — Canton de Versailles (Sud), M. Demay (ancien). — Canton de Versailles (Ouest), M. Carnel de Saint-Martin (nouveau). — Canton d'Argenteuil, M. Récappé (ancien). — Canton de Marly-le-Roi, M. Bertin de

Veaux (ancien). — Canton de Meulan, M. de Chantelou (ancien). — Canton de Palaiseau, M. Bourlon de Sarty (nouveau). — Canton de Poissy, M. Bezançon (nouveau). — Canton de Saint-Germain-en-Laye, M. de Breuvery (nouveau). — Canton de Sèvres, M. Berthon (nouveau).

Arrondissement de Corbeil.

Canton de Corbeil, M. Féray (ancien). — Canton d'Arpajon, M. Hébert (nouveau). — Canton de Boissy-Saint-Léger, M. Brocard (ancien). — Canton de Longjumeau, M. Godefroy (nouveau).

Arrondissement d'Etampes.

Canton d'Etampes, M. Charpentier (nouveau). — Canton de la Ferté-Alais, M. de Seive (nouveau). — Canton de Méréville, M. Tréfouel (nouveau). — Canton de Milly, M. Trousseau (nouveau).

Arrondissement de Mantes.

Canton de Mantes, M. L'Evesque (ancien). — Canton de Bonnières, M. Robert (ancien). — Canton de Houdan, M. Colbert (nouveau). — Canton de Limay, M. Baroche (nouveau). — Canton de Magny, M. Feuilloley (ancien).

Arrondissement de Pontoise.

Canton de Pontoise, M. Rendu (ancien). — Canton d'Ecouen, M. Bouchon (nouveau). — Canton de Gonesse, M. Poiret (ancien). — Canton de l'Isle-Adam, M. Dambry (ancien). — Canton de Luzarches, M. Boucher Gilbert (nouveau). — Canton de Marines, M. de Gouy d'Arsy (ancien). — Canton de Montmorency, M. Davillier (ancien).

Arrondissement de Rambouillet.

Canton de Rambouillet, M. Guespereau (nouveau). — Canton de Chevreuse, M. Albert de Luynes (ancien). — Canton de Dourdan-Nord, M. Demetz (ancien). — Canton de Dourdan-Sud, M. Boivin (ancien). — Canton de Limours, M. Legendre (nouveau). — Canton de Montfort-l'Amaury, M. Le Peletier d'Aunay (ancien).

Soit trente-six Conseillers généraux correspondant aux trente-six cantons.

Aux termes de l'arrêté du 14 septembre, les Conseils généraux furent convoqués pour le 5 octobre suivant, « à l'effet de répartir les contributions directes de 1849 et de délibérer sur les matières qui se rattachent à cette opération : cette session ne pourra durer plus de cinq jours ».

Par suite des importants travaux qui s'exécutaient à l'hôtel de la Préfecture, la session se tint, à la date indiquée, dans l'une des salles du Palais de Versailles. Vingt-neuf membres de l'Assemblée départementale étaient présents quand elle s'ouvrit le 5, et les élections pour le Bureau définitif donnèrent le résultat suivant : M. le baron Le Peletier d'Aunay et M. Dambry furent élus Président et Secrétaire par 27 et 25 voix. Aussitôt après, le Représentant du Peuple, Commissaire du Gouvernement, Hip. Durand s'exprima en ces termes :

« Messieurs, dans l'enceinte de ce palais où s'ouvre votre session et où se trouve reproduite, sur le marbre et sur la toile, la plus grande partie de nos gloires, la première impression qui saisit l'âme, c'est un sentiment d'admiration pour les grandes et immortelles choses faites par nos pères ; la première pensée qui s'empare de nous, c'est le désir de prouver au monde que nous ne sommes pas une race dégénérée.

« La monarchie, après avoir brillé chez nous d'un vif éclat et porté la France au comble de la puissance, a subi le sort de toutes les institutions humaines, elle a fait son temps et a disparu. Trois dynasties successivement élevées sur le trône et précipitées dans toutes les misères de l'exil en moins d'un demi-siècle ne semblent nous être apparues que pour venir nous apprendre que ce n'est pas sous le gouvernement d'un chef héréditaire et irresponsable, eût-il pour lui le prestige du génie et de la victoire, le souvenir des traditions historiques ou la réputation d'une habileté consommée, que peuvent désormais se développer paisiblement les destinées de notre patrie.

« Mais sommes-nous arrivés à un degré de maturité suffisante pour être en état de nous diriger et de faire nos affaires nous-mêmes ? Telle est, réduite à son expression la plus simple, la formule sous laquelle peut se poser la question de savoir si la République est une conception gouvernementale trop haute pour que nous puissions y atteindre.

« Il y a quelques mois, le doute était encore permis ; mais depuis que le cours rapide et impétueux des événements nous a emportés irrésistiblement loin de la royauté, il faut résolument prendre notre parti et ne pas reculer devant la grandeur de la tâche que nous avons à remplir. Nous ne sommes plus au temps où l'on se reposait sur un homme du salut commun, nous ne pouvons désormais compter que sur nous-mêmes. Puisque la République nous a remis en possession de notre libre arbitre, ceux qui naguères la regardaient comme impossible doivent maintenant la considérer comme le seul refuge, l'unique abri contre la tempête, comme une nécessité.

« Rappelez-vous toutes les commotions sociales qui ont agité notre pays depuis quarante ans, toutes les transformations politiques qui l'ont bouleversé pendant cette période, et dites si elles n'ont pas eu pour principales causes les obstacles opposés par un seul à la marche de l'esprit national, les résistances apportées par une volonté personnelle à l'opinion publique, et l'impossibilité de faire triompher pacifiquement le vœu du plus grand nombre.

« D'où vient donc chez certaines gens leurs regrets pour la monarchie et l'effroi que leur inspire la République? Des souvenirs de notre première révolution. Mais c'est étrangement se méprendre sur les époques; c'est ne pas tenir compte de la différence des temps. L'expérience des soixante dernières années nous a profité. Il n'y a pas plus de ressemblance entre la Convention et la Constituante de 1848 qu'entre cette année et 93.

« Aujourd'hui, les Représentans du Peuple savent mieux faire respecter la liberté de leurs délibérations que leurs devanciers, et ne tomberont pas dans les fautes de l'Assemblée qui la première a proclamé la République en France.

« En 93, les difficultés inhérentes à tout Gouvernement nouveau se compliquaient de la guerre avec l'Europe et de la famine; aujourd'hui, nous sommes en paix avec tous les peuples, et l'abondance des deux dernières récoltes a fait baisser le prix des subsistances à un taux auquel il n'était pas descendu depuis longtemps.

« En 93, les partis, tour-à-tour vainqueurs et vaincus, se décimaient tour-à-tour sur l'échafaud; aujourd'hui, la peine de mort est abolie en matière politique.

« Que faut-il donc pour que la France reprenne le cours de ses prospérités? Que les amis de l'ordre, qui lui ont trop souvent, sous le dernier règne, sacrifié la liberté, et nous ont ainsi conduits involontairement au bord de l'abîme et de l'anarchie, donnent à la République des gages aussi sincères que les Républicains sages et modérés en donnent à l'ordre. Nulle part, le besoin de faire loyalement cet échange de gages réciproques d'alliance n'a été mieux compris que dans notre beau Département, et c'est à cet heureux accord, c'est à l'exemple que l'ancien Conseil général a offert à tous les corps électifs de Seine-et-Oise de prêter son concours empressé au Gouvernement et de venir en aide aux classes laborieuses, qu'il faut attribuer le calme dont nous avons joui au milieu de ces temps de révolution et si près du foyer d'agitation de la capitale.

« De nouvelles élections ont renouvelé le mandat de la plupart d'entre vous et appelé pour la première fois les autres au sein de cette Assemblée. La sollicitude dont vous êtes animés pour la tranquillité publique et le bien-être du Peuple est un nouvel argument en faveur du suffrage universel. »

Cette session, dont l'objet spécial était « de répartir les contributions directes de 1849 », ne dura, en Seine-et-Oise, que trois jours. Le samedi 7, le Président la déclarait close, après que des remerciements eurent été adressés à la Garde nationale de Versailles, qui avait bien voulu offrir et fournir au Conseil général un poste d'honneur.

Une troisième session eut lieu au mois de novembre de cette même année 1848. La circulaire ministérielle du 8 de ce mois y relative commence ainsi : « Monsieur le Préfet, Je vous transmets expédition d'un arrêté du Président du conseil des Ministres, chargé du pouvoir exécutif, en date du 5 de ce mois, qui convoque au 21 novembre les conseils généraux de département pour leur session ordinaire de 1848, et en limite la durée au 5 décembre. Déjà, dans la session de cinq jours qui s'est ouverte le 5 octobre, les conseils

38

généraux ont procédé au répartement des contributions directes de 1849 et traité les affaires qui s'y rattachent. Ainsi se trouve accomplie une partie des travaux auxquels sont appelés annuellement les conseils généraux et qui fait l'objet principal de leur session ordinaire. Ils auront à s'occuper, dans celle de novembre, de la discussion et du vote du budget départemental de 1849, ainsi que des autres affaires comprises dans leurs attributions, parmi lesquelles figure, cette année, la formation des sections électorales pour l'élection du Président de la République..... »

Elle se tint, comme la précédente, au Palais de Versailles. Trente-deux membres du Conseil général se trouvaient présents à l'ouverture de la session, le mardi 21 novembre. Sur trente-deux suffrages exprimés, trente furent attribués à M. le baron Le Peletier d'Aunay, qui fut proclamé Président, vingt-neuf à M. Dambry, qui fut proclamé Secrétaire. Après quoi, les dossiers des affaires furent répartis entre cinq Commissions, la 1re s'occupant spécialement des « affaires concernant les contributions »; la 2e, des « comptes et budgets »; la 3e, des « routes nationales et départementales et de toutes les questions qui s'y rattachent »; la 4e, des « questions d'agriculture et vœux divers »; la 5e, des « chemins vicinaux et prisons ».

Elle prit fin le 30 novembre; le procès-verbal constate que « la mission du Conseil général étant ainsi terminée, — toutes les Commissions ayant épuisé les travaux à elles confiés, — M. le Président prononça la clôture de la session de 1848. Des remercîments furent adressés à la Garde nationale de Versailles, qui avait encore fourni au Conseil général, pendant toute la session, un poste d'honneur. Des remercîments furent également adressés par le Conseil général au Président et au Secrétaire.

Entre les deux dernières sessions du Conseil avait été promulguée la Constitution de la République française votée définitivement par l'Assemblée nationale le 4 novembre 1848. Nous ne pouvons nous dispenser de reproduire les articles de la Constitution qui concernent spécialement l'Administration départementale. En voici le texte :

CHAPITRE VIII. — De l'administration intérieure.

« Art. 76. La division du territoire en départements, arrondissements, cantons et communes est maintenue. Les circonscriptions actuelles ne pourront être modifiées que par la loi.

« Art. 77. Il y a : 1° dans chaque département, une administration composée d'un préfet, d'un conseil général, d'un conseil de préfecture; 2° dans chaque arrondissement, un sous-préfet; 3° dans chaque canton, un conseil cantonal; néanmoins, un seul conseil cantonal sera établi dans les villes divisées en plusieurs cantons; 4° dans chaque commune, une administration composée d'un maire, d'adjoints et d'un conseil municipal.

« Art. 78. Une loi déterminera la composition et les attributions des conseils généraux, des conseils cantonaux, des conseils municipaux, et le mode de nomination des maires et des adjoints.

« Art. 79. Les conseils généraux et les conseils municipaux sont élus par le suffrage direct de tous les citoyens domiciliés dans le département ou dans la commune. Chaque canton élit un membre du conseil général. — Une loi spéciale réglera le mode d'élection dans le département de la Seine, dans la ville de Paris et dans les villes de plus de vingt mille âmes.

« Art. 80. Les conseils généraux, les conseils cantonaux et les conseils municipaux peuvent être dissous par le Président de la République, de l'avis du Conseil d'état. La loi fixera le délai dans lequel il sera procédé à la réélection. »

On voit que le Conseil cantonal était substitué au Conseil d'arrondissement. Cette substitution avait été vivement soutenue par M. Odilon Barrot : « Les conseils d'arrondissement », avait-il dit, « sont jugés dans l'opinion universelle des hommes qui se sont occupés de ces questions. Ils sont trop loin et trop près. Ils sont trop loin s'ils représentent une agrégation d'intérêts municipaux; ils sont trop près s'ils représentent une circonscription administrative[1]. »

Le Conseil général tint normalement sa session annuelle en 1849, 1850 et 1851.

Celle de 1849 eut lieu du 27 août au 7 septembre, à la Préfecture, dans la salle ordinaire des séances[2]. Ce ne fut pas M. Hip. Durand qui en fit l'ouverture; car, dès le mois de janvier, il avait envoyé sa démission de Commissaire du Gouvernement et il avait informé de sa détermination les Sous-Préfets et Maires du département, auxquels il avait adressé, le 19 janvier 1849, la circulaire suivante :

« Messieurs et chers Concitoyens,

« Le cours des événements, qui se précipitent avec tant de rapidité dans ces malheureux temps de révolution, m'amène à réitérer ma démission de Commissaire du Gouvernement. Il y a longtemps que j'aurais déposé cet onéreux et gratuit fardeau, si je n'avais pensé qu'à mes intérêts. Mais, outre que j'ai été retenu par des considérations supérieures, il m'était plus honorable de céder aux flatteuses instances qui, de tous les points du département, me pressaient de continuer une administration où on ne peut me reprocher aucun retard dans l'expédition des affaires et où j'ai la conscience de ne m'être jamais écarté des règles de la justice, malgré les difficultés des temps que nous avons eu à traverser.

« Au moment de me séparer de vous, j'éprouve le besoin de vous témoigner toute ma reconnaissance du concours loyal et empressé que vous n'avez cessé de me prêter.

---

[1] Cité par le comte DE LUÇAY, op. cit., p. 78.
[2] La nouvelle salle du Conseil général. Voir la troisième partie de cette étude.

C'est à votre zèle que je dois d'avoir pu maintenir la tranquillité dans notre beau département. Secondez avec le même dévouement le successeur que le Gouvernement va me donner, et vous pourrez ainsi aider vos administrés à subir facilement les épreuves que Dieu réserve à notre pays.

« Agréez, Messieurs et chers Concitoyens, avec mes remerciements les plus sincères, l'assurance de ma haute considération.

« Le Représentant du Peuple,
« Commissaire du Gouvernement dans le département,
« Hip. Durand. »

Cette démission avait été acceptée, et, par arrêté du 24 janvier 1849, le Président de la République L.-N. Bonaparte avait nommé Préfet de Seine-et-Oise M. Ernest Arrighi de Padoue, dont l'installation avait lieu le 29 de ce mois et qui adressait, le même jour, « Aux habitants de Seine-et-Oise » une proclamation dans laquelle il faisait connaître quelles étaient ses intentions et ses vues en prenant l'administration de ce département. « J'espère », disait-il en terminant, « que tous les bons citoyens, tous les hommes honorables, qui exercent dans ce département une juste influence acquise par d'anciens services, par leur mérite éprouvé et la loyauté de leur caractère, rendront ma tâche facile en me prêtant leur concours actif et bienveillant. » Et il disait aux Sous-Préfets et aux Maires du département, auxquels il demandait leur collaboration et leur confiance : « Je ferai tous mes efforts pour répondre dignement à la confiance que je vous demande, et je m'estimerai heureux toutes les fois que je pourrai vous voir et étudier avec vous les besoins de vos localités et tout ce qui touche aux intérêts de la République. »

Le nouveau Préfet de Seine-et-Oise avait donc présenté son premier rapport au Conseil général à la date du 27 août, et ce document se terminait par un exposé de la situation morale du département : « Les profondes secousses politiques qui ont si violemment agité les esprits ont laissé encore, dans bien des localités, des traces que le temps et l'attitude du Gouvernement pourront effacer. La crise commerciale qui pèse, depuis dix-huit mois, sur toutes les industries et les impôts extraordinaires qui ont grevé le Département ont causé une gêne presque générale, et l'inoccupation des ouvriers fournit malheureusement, aux agents de désordre, des moyens de propager leurs mauvaises doctrines.

« Les causes de malaise ont encore été aggravées par les ravages de l'épidémie cholérique qui a frappé 169 communes et a fait dans la plupart de nombreuses victimes. .

. . . .

« La situation de la récolte, avant le commencement de la moisson, avait pu faire craindre pour nos approvisionnemens et, par conséquent, pour le prix du pain; mais les renseignemens qui me parviennent paraissent plus rassurans.

« Grâce à la fermeté et à l'esprit de conciliation que le Président de la République a déployés dans des momens critiques, la confiance tend à renaître, et les partis, oubliant leurs anciennes divisions, se sont ralliés pour la défense de la société audacieusement menacée. Dans ces jours de dangers que nous avons traversés, et qui peuvent encore surgir, j'ai sollicité l'honneur d'être aussi sur la brèche, et j'ai accepté, avec empressement, le poste important qui m'était confié. Peut-être ai-je trop présumé de mes forces et de mes lumières; mais, du moins, ma conscience me dit que je n'ai jamais transigé avec mes devoirs et que mon dévouement au pays n'a jamais failli. »

L'élection du Bureau définitif se fit, comme à l'ordinaire, le jour de l'ouverture de la session : MM. le baron Le Peletier d'Aunay et Dambry furent réélus Président et Secrétaire de l'Assemblée départementale.

Le jour où les travaux du Conseil général prirent fin, le Président adressa au Préfet l'allocution suivante :

« Monsieur le Préfet, nous sommes arrivés au terme de nos travaux; ils ont été préparés, facilités par une première instruction due à vos soins. Nos délibérations, prises après un mûr et consciencieux examen, vont vous être remises pour recevoir leur exécution. Nous nous confions pleinement dans votre zèle pour les intérêts de ce département, dans votre amour du bien public. Nous nous retirons avec le juste espoir que, grâce à l'heureux concours de l'action et de la délibération, nous ferons des pas salutaires vers le rétablissement de la prospérité nécessaire, si désirée par nos populations, que nous marcherons vers un sage progrès, en évitant les gouffres de misères qui sont dans l'esprit humain, et qui engloutissent les imprudents qui demeurent sans défiance contre eux.

« Soyez assuré, Monsieur le Préfet, que l'aide du Conseil général et de chacun de ses membres en particulier ne manquera pas à vos bonnes intentions. Les amis de l'ordre et d'une sage liberté, les défenseurs de la famille et de la propriété sont de beaucoup les plus nombreux. Maintenir l'union entre eux est l'œuvre d'un patriotisme éclairé. Nous ne doutons pas que cela ne soit constamment l'objet de votre sollicitude.

« Nous espérons, à notre première réunion, vous retrouver à votre poste et continuer avec vous des relations que vous avez su rendre agréables pour nous et utiles pour les affaires du département. »

La session de 1850 s'ouvrit le 26 août. Ce fut le même Préfet qui en fit l'ouverture, et la formation du Bureau fut identique, MM. le baron Le Peletier d'Aunay et Dambry ayant été réélus l'un et l'autre. Un nouveau membre du Conseil siégeait au sein de l'Assemblée départementale : M. Banès, Conseiller général du canton de Sèvres, propriétaire à Meudon, élu le 11 août en remplacement de M. Berthon, démissionnaire. Ce n'était pas, d'ailleurs, un nouveau venu dans l'Assemblée, où il avait déjà représenté la circonscription de Palaiseau-Sèvres. Le jeudi 5 septembre, le Conseil terminait ses travaux, et le Président déclarait la session close, après avoir adressé une allocution à M. le Préfet, qui, dans sa réponse, se félicita du bon accord existant entre lui et le Conseil général.

L'*Annuaire départemental* de 1851 [1] fournit, en ce qui concerne le Conseil général, les renseignements suivants, qu'il y a lieu de reproduire ici : « Le Conseil-Général du département est composé de 36 membres, qui ont été élus provisoirement en 1848. — NOTA. Le Conseil-Général est divisé en trois séries : la première série sortira en 1851, si les pouvoirs des Conseils-Généraux ne sont pas prorogés, ou si ces conseils ne sont pas intégralement renouvelés. Le chiffre qui précède le nom de chaque canton indique la série à laquelle il appartient. » Et, deux pages plus loin : « Le Conseil-Général se réunit sur la convocation du Préfet, en vertu d'un décret du Président de la République qui détermine l'époque et la durée de la session. — Il nomme un de ses membres pour président et un autre pour secrétaire. »

Ces renseignements sont complétés par le début du rapport que présenta M. le Préfet au Conseil général le 25 août 1851 :

« Messieurs, Lors de votre dernière session, je vous ai rappelé, sur l'invitation de M. le Ministre de l'Intérieur, les prescriptions de l'article 8 de la loi du 28 juin 1833, portant que les Conseils généraux sont nommés pour neuf ans, et qu'ils sont renouvelés par tiers tous les trois ans.

« Cet article de la loi de 1833 a été maintenu par le décret du 11 juillet 1848.

« Vous avez, en conséquence, dressé le tableau de répartition des cantons du Département en trois séries ; mais, en même temps, vous avez émis le vœu que, dans le cas où la loi organique sur l'organisation municipale, cantonale et départementale ne pourrait pas être promulguée avant la session des Conseils généraux en 1851, il fût présenté une loi transitoire qui maintînt ces Conseils dans leur composition actuelle.

« Le tirage au sort pour régler l'ordre de renouvellement entre les séries a été fait par moi, en Conseil de Préfecture et en séance publique, et a attribué à chaque série le rang que vous-même lui aviez assigné.

« Mais, en présence des discussions longues et approfondies auxquelles a donné lieu, au sein du Conseil d'Etat et de la Commission de l'Assemblée législative, le projet de loi sur l'organisation municipale, cantonale et départementale, le Gouvernement a dû présenter une loi transitoire qui a été votée le 14 juin dernier, et qui a prolongé jusqu'au 1er décembre prochain les pouvoirs des Conseils électifs actuels. »

Voici le texte de cette loi :

« Du 14 juin 1851.

« L'Assemblée nationale a adopté d'urgence la loi dont la teneur suit :

« Article unique. Les élections pour le renouvellement partiel des conseils généraux,

---

[1] Page 51.

des conseils d'arrondissement et des conseils municipaux sont ajournées jusqu'après la promulgation des lois organiques qui les concernent.

« Néanmoins, cet ajournement ne pourra dépasser le 1ᵉʳ décembre 1851.

« Les membres de ces Conseils soumis à réélection conserveront provisoirement leurs pouvoirs. »

Ce fut le 25 août que s'ouvrit la session ordinaire de 1851. La composition de l'Assemblée départementale ne différait pas de ce qu'elle était l'année précédente; un seul membre nouveau siégeait parmi les membres du Conseil général, M. Berthier de Wagram, élu dans le canton de Boissy-Saint-Léger, le 27 avril précédent, en remplacement de M. Brocard-Doumerc, qui, frappé d'une manière douloureuse dans ses affections de famille, avait donné sa démission. MM. le baron Le Peletier d'Aunay et Dambry prirent place au Bureau comme Président et comme Secrétaire. Comme à l'ordinaire, le travail fut partagé entre cinq Commissions : contributions, comptes et budgets, routes, objets divers, chemins et prisons, qui firent leurs rapports au Conseil, et, le 4 septembre, « chacune des cinq Commissions du Conseil ayant épuisé les travaux qui lui avaient été dévolus », l'Assemblée arriva au terme de sa session. Avant de prononcer la clôture, le Président tint le discours suivant :

« Monsieur le Préfet, En ouvrant la session, vous nous avez initiés à nos affaires administratives et vous avez appelé notre attention sur les affaires du pays.

« L'Administration, vous le savez, est instituée pour être la sauvegarde de l'ordre, pour garantir la sécurité des personnes, protéger tous les intérêts légitimes et conduire avec autant de prudence que de résolution dans les voies ouvertes par la Loi pour réaliser les améliorations recherchées. Le Conseil général intervient pour éclairer la marche de l'Administration, la seconder dans ses efforts ou l'avertir. A ne considérer que les temps ordinaires, nos populations pourraient se reposer sur le zèle et les lumières de leurs administrateurs, de leurs élus; mais aujourd'hui les esprits sont dans l'inquiétude de l'avenir. La durée de la paix intérieure est mise en doute, une perturbation est redoutée, le bien-être de chacun est compromis; il en résulte un malaise, que grandissent encore quelques appréhensions dues à de tristes souvenirs. Toutes nos relations commerciales et agricoles en souffrent; aussi y a-t-il urgence à rassurer les esprits, à donner une solution pacifique aux difficultés de la situation politique.

« C'est cette solution pacifique que tous nos Conseils d'arrondissement ont réclamée, que nous avons nous-mêmes demandée, que nous attendons de l'exercice d'un droit que la Constitution donne à l'Assemblée nationale et qui est appelée par bien des vœux; on ne saurait y voir un danger. L'éducation politique de nos diverses populations est plus avancée que ne le supposent les fauteurs de désordre. Ces populations sauront résister aux entraînements que chercheraient à faire naître de coupables spéculations sur les faiblesses humaines; éclairées par l'expérience, elles ne veulent plus être des instruments aveugles de basses et sordides ambitions. Chaque jour, leur sagesse, devenue plus évidente, ranime les espérances des amis de l'ordre, étonne les agitateurs, les porte à un langage tenu pour inspirer la terreur, et qui aura pour effet de ramener à un centre commun tous les hommes de bien, dont la puissance est grande lorsqu'ils veulent s'entendre, qu'il se forme entr'eux une conformité de sentiments établie sur la pratique de la conciliation, de la modération, fondée sur un amour sincère du bien public, et qu'ils savent se mettre en harmonie avec la volonté la plus générale.

« La confiance dans nos populations, dans leur intelligence du bien et du mal, est justifiée par le souvenir du passé. Si le Français a dans son caractère des imperfections, il a aussi des qualités qu'on ne peut méconnaître; son esprit, son courage le dirigent merveilleusement après ces temps de crise, qu'il ne sait pas toujours prévenir, mais dont il évite le retour dès qu'il en comprend les dangers; et, pour n'en donner qu'un exemple, mais auquel les populations actuelles de Seine-et-Oise ont pris une grande part, il suffit de rappeler les événemens du mois de juin 1848, la spontanéité, l'ensemble avec lesquels elles se sont armées et sont accourues à Paris, au péril de leur vie, y sauver l'ordre social menacé par des attaques barbares, la longanimité et le désintéressement dont elles ont fait preuve après la victoire. Chez notre nation, toutes les fois qu'un sentiment bien vif, bien sympathique, est devenu général, il fait irruption dès que l'issue se présente. En ce moment, un sentiment vif, sympathique et général se présente pour le maintien de la paix intérieure. Nos populations ne prêteront leur force, leur concours qu'aux actes qui se proposeront d'atteindre ce but. Leur concours se manifestera par la présence aux élections de tous les appelés. L'obligation d'y venir est tellement impérieuse que l'opinion publique fera bonne justice en appliquant à chacun ce jugement que portait Cicéron : *On est honnête homme suivant l'observation de ses devoirs ou la négligence qu'on y apporte.* »

À l'unanimité, le Conseil général décida que ce discours serait imprimé à la suite du cahier de ses délibérations.

La session de 1851 fut la dernière que tinrent les Conseillers généraux nommés en 1848, aux élections générales, et depuis, en 1850 et en 1851, à des élections partielles[1]. De nouvelles élections générales allaient avoir lieu en 1852, ainsi qu'on le verra au chapitre suivant.

[1] Les Rapports du Préfet et les Délibérations du Conseil général correspondant à la période de 1848 à 1851 forment 10 registres, manuscrits, numérotés 48 à 57.

CHAPITRE IV

L'ADMINISTRATION DÉPARTEMENTALE
DE 1852 A 1870

Un projet d'organisation départementale et communale. — Le coup d'Etat du 2 décembre 1851. — La décentralisation. — La loi du 7 juillet 1852 sur le renouvellement des Conseils généraux. Elections générales en juillet-août 1852. — Le rétablissement de l'Empire, 2 décembre 1852. — La législation relative aux Conseils généraux jusqu'en 1870 : lois du 18 juillet 1866 et du 23 juillet 1870; pourquoi cette dernière ne fut pas appliquée. — Répartition des membres du Conseil général en trois séries renouvelables, tous les trois ans, de 1855 à 1870. — La formule du serment. — La composition du Conseil général jusqu'en 1870 : élections faites aux époques fixées pour le renouvellement triennal; élections partielles. — Sessions tenues par le Conseil général jusqu'en 1869; sessions ordinaires, sessions extraordinaires: pourquoi il n'y eut pas de session en 1870. — Le Bureau. — Les Préfets jusqu'en 1870 : M. de Saint-Marsault nommé sénateur, décembre 1865; M. Borelli, décembre 1865-janvier 1866 ; M. Cornuau, dernier préfet de l'Empire. — La Préfecture de Seine-et-Oise élevée à la première classe, 22 avril 1853. — Un costume officiel pour les Conseillers généraux, 4 janvier 1854.

L'Assemblée législative de 1851 avait nommé une Commission de trente membres, chargée de préparer un projet d'organisation départementale et communale. « Après une étude très approfondie des questions de la décentralisation, cette Commission déposa quatre rapports : l'un sur les Communes; l'autre sur les Conseils cantonaux, de M. Odilon Barrot; le troisième sur les Conseils généraux, de M. Laboulie, et enfin le quatrième sur les Conseils de préfecture. La Commission proposait d'augmenter les attributions du Conseil général, en lui accordant le droit de statuer définitivement sur un certain nombre de points : elle lui reconnaissait le droit de nommer son bureau et portait la durée de sa session de quinze jours à un mois. Mais ce rapport, comme ceux qui furent présentés en même temps que lui, ne fut même pas discuté, et le coup d'Etat du 2 décembre [1851], qui survint alors, vint mettre obstacle à toute réforme[1]. »

Un des premiers actes du nouveau régime fut relatif à la décentralisation. « Les considérants du décret-loi du 25 mars 1852 s'appuyaient sur ce principe que, si l'on peut gouverner de loin, on n'administre bien que de près, et qu'en conséquence autant il importait de centraliser l'action gouvernementale et politique de l'Etat, autant il était nécessaire de décentraliser l'action administrative. Mais ce décret, ainsi que celui du 13 avril 1861, qui vint le compléter, avait pour but principal, comme l'a reconnu le rapport adressé à l'Empereur le 10 juin 1854 par M. de Persigny, alors ministre de l'Intérieur, d'investir le plus possible les préfets de l'administration des localités, pour rendre

[1] F. DE SÈZE, op. cit., p. 112.

39

plus rapide l'action du pouvoir de tutelle sur la gestion des affaires départementales et communales. C'était une œuvre de délégation, de *déconcentration*, suivant l'expression d'un des maîtres de la science, qui pouvait avoir son utilité, mais allait en même temps à l'encontre de la théorie de Napoléon en 1807; elle rendait les préfets de véritables petits ministres[1]. »

Quatre mois après, était promulguée, à la date du 7 juillet 1852, la loi « sur le renouvellement des Conseils généraux, des Conseils d'arrondissement et des Conseils municipaux, et sur la nomination des Maires et Adjoints ». Voici ceux de ses articles qui concernent notre sujet :

« Le Corps législatif a adopté le projet de loi dont la teneur suit :

« Art. 1er. Dans les quatre mois qui suivront la promulgation de la présente loi, il sera procédé au renouvellement intégral des conseils généraux, des conseils d'arrondissement et des conseils municipaux, ainsi qu'à la nomination des maires et adjoints.

« 2. Jusqu'à la loi définitive qui doit régler l'organisation départementale et municipale, les élections auront lieu conformément aux lois existantes, sauf les modifications portées en la présente loi.

« 3. L'élection des membres des conseils généraux, des conseils d'arrondissement et des conseils municipaux aura lieu par communes, sur les listes dressées pour l'élection des députés au Corps législatif, conformément aux dispositions des décrets du 2 février 1852.... Dans les communes qui comptent deux mille cinq cents âmes et plus, le scrutin durera deux jours ; il sera ouvert le samedi et clos le dimanche. Dans les communes d'une population moindre, le scrutin ne durera qu'un jour ; il sera ouvert et clos le dimanche. Le recensement des votes pour l'élection des membres des conseils généraux et des conseils d'arrondissement sera fait au chef-lieu de canton.

« 4. Nul n'est élu membre desdits conseils au premier tour de scrutin, s'il n'a réuni : 1° la majorité absolue des suffrages exprimés; 2° un nombre de suffrages égal au quart de celui des électeurs inscrits. Au second tour de scrutin, l'élection a lieu à la majorité relative, quel que soit le nombre des votants. Si plusieurs candidats obtiennent le même nombre de suffrages, l'élection est acquise au plus âgé.

« 5. Les président, vice-président et secrétaires sont nommés pour chaque session, et choisis parmi les membres du conseil par le Président de la République pour les conseils généraux[2], et par le préfet pour les conseils d'arrondissement.

« Les séances des conseils généraux ne sont pas publiques[3].

« 6. La dissolution des conseils généraux et des conseils d'arrondissement peut être

[1] De Luçay, *op. cit.*, p. 79 80.

[2] Jusqu'à la loi du 7 juillet 1852, le Conseil général avait toujours nommé son Bureau — Président et Secrétaire — au scrutin et à la majorité absolue.

[3] Dans son *Traité général de droit administratif appliqué*, M. Gabriel Dufour (Paris, 1854, 2e édition) s'exprime

prononcée par le Président de la République. En ce cas, il est procédé à une nouvelle élection avant la session annuelle, et, au plus tard, dans le délai de trois mois à dater du jour de la dissolution.

« 7 à 10 . . . .

« 11. Les membres des conseils généraux, des conseils d'arrondissement et des conseils municipaux, ainsi que les maires et les adjoints actuellement en exercice, conserveront leurs fonctions jusqu'à l'installation de leurs successeurs élus ou nommés en exécution de la présente loi.

« 12 . . . .

« Délibéré en séance publique, à Paris, le 26 juin 1852.

« Le Président, [Signé :] BILLAULT.
« Les Secrétaires, ...

« Le Sénat ne s'oppose pas à la promulgation de la loi relative à l'élection des membres des conseils généraux, des conseils d'arrondissement et des conseils municipaux, ainsi qu'à la nomination des maires et adjoints.

« Délibéré en séance, au palais du Sénat, le 3 juillet 1852.

« Le Président et les Secrétaires, ...

« La présente loi, revêtue du sceau de l'État, sera promulguée et insérée au *Bulletin des lois.*

« Fait au palais de Saint-Cloud, le 7 juillet 1852.

« Le Président de la République,
« Signé : LOUIS-NAPOLÉON. »

Un décret rendu à la même date fixait aux 31 juillet et 1er août les élections pour le renouvellement des Conseils généraux et des Conseils d'arrondissement.

Le Préfet de Seine-et-Oise adressa donc, quelques jours après, aux maires du département les instructions nécessaires en vue des élections qui allaient avoir lieu. Ce Préfet n'était plus M. Arrighi de Padoue. Un décret du 1er février 1852 l'avait nommé maître des requêtes de 1re classe au Conseil d'État et lui avait donné pour successeur M. de Saint-Marsault, préfet de la Moselle. Celui-ci avait été installé dans ses fonctions de

---

ainsi au sujet de la non-publicité des séances : « La réunion des mandataires du département ne doit avoir pour objet que l'expédition des affaires, et l'on a craint d'y laisser pénétrer, en admettant la publicité, l'ostentation oratoire et ces discussions passionnées faites pour retentir au dehors, et où l'avantage reste plus souvent à l'habileté de la parole qu'à l'expérience et aux connaissances pratiques. C'est dans le même esprit que la loi du 10 mai 1838, en donnant aux conseils généraux la faculté d'autoriser la publication de tout ou partie de leurs délibérations ou procès-verbaux, a écarté tout ce qui ne serait porté à la connaissance du public que pour satisfaire l'amour-propre ou l'esprit de parti. *Les procès-verbaux rédigés par le secrétaire et arrêtés au commencement de chaque séance contiendront l'analyse de la discussion ; les noms des membres qui ont pris part à cette discussion n'y seront pas insérés.* » [Page 587.]

Préfet de Seine-et-Oise, après avoir prêté le serment : « Je jure obéissance à la Constitution et fidélité au Président », le 11 février.

De la circulaire adressée, le 15 juillet, par M. de Saint-Marsault, il n'est utile de reproduire ici que le passage suivant : « Le scrutin restera ouvert le samedi 31 juillet, de huit heures du matin à six heures du soir, et le dimanche 1er août, de huit heures du matin à quatre heures du soir, dans les communes ci-après : *Corbeil, Essonnes, Etampes, Mantes, Pontoise, Rambouillet, Argenteuil, Meudon, Poissy, Rueil, Saint-Cloud, Saint-Germain, Sèvres et Versailles* ; dans toutes les autres communes, le scrutin ne sera ouvert que le dimanche 1er août, de huit heures du matin à quatre heures du soir. »

Voici quels furent les résultats de ces élections :

Arrondissement de Versailles.

Cantons de Versailles-Nord, M. Frémy ; — de Versailles-Sud, M. Vauchelle ; — de Versailles-Ouest, M. Caruel de Saint-Martin ; — d'Argenteuil, M. Récappé ; — de Marly-le-Roi, M. Bertin de Veaux ; — de Meulan, M. de Chantelou ; — de Palaiseau, M. Bourlon de Sarty ; — de Poissy, M. Lepic ; — de Saint-Germain-en-Laye, M. de Breuvery ; — de Sèvres, M. Bernard (de Rennes).

Arrondissement de Corbeil.

Cantons de Corbeil, M. Féray ; — d'Arpajon, M. Marquis ; — de Boissy-Saint-Léger, M. le prince Berthier de Wagram ; — de Longjumeau, M. Dubourg.

Arrondissement d'Etampes.

Cantons d'Etampes, M. Charpentier ; — de La Ferté-Alais, M. de Selve ; — de Méréville, M. Lecomte ; — de Milly, M. Bos.

Arrondissement de Mantes.

Cantons de Mantes, M. L'Evesque ; — de Bonnières, M. Robert ; — de Houdan, M. de Colbert ; — de Limay, M. Baroche ; -- de Magny, M. Feuilloley.

Arrondissement de Pontoise.

Cantons de Pontoise, M. Sorel de Boisbrunet ; — d'Ecouen, M. Lechat ; — de Gonesse, M. de Laugier-Villars ; — de L'Isle-Adam, M. Dambry ; — de Luzarches, M. Gilbert-Boucher ; — de Marines, M. de Gouy ; — de Montmorency, M. Davillier.

Arrondissement de Rambouillet.

Cantons de Rambouillet, M. Guespereau ; — de Chevreuse, M. Le Tonnelier de Breteuil ; — de Dourdan-Nord, M. Demetz ; — de Dourdan-Sud, M. Boivin ; — de Limours, M. Arrighi de Padoue ; — de Montfort-l'Amaury, M. Le Pelelier d'Aunay.

Les nouveaux membres qui entraient au Conseil général étaient : MM. Vauchelle (André-Jean), maire de Versailles; — Lepic (Napoléon), chef d'escadron d'état-major, officier d'ordonnance du Président; — Bernard [de Rennes] (Louis-Désiré), conseiller à la Cour de Cassation; — Marquis (Pierre-Jules), propriétaire, maire de Brétigny; — Dubourg (Ernest), cultivateur, maire de Longjumeau; — Lecomte (Alexandre-Augustin-Justin), cultivateur, maire de Guillerval; — Bos (Jean-Emile), avocat au Conseil et à la Cour de Cassation; — Sorel de Boisbrunet (Armand), président du Tribunal de Pontoise; — Lechat (Edme), notaire à Villiers-le-Bel; — le comte de Laugier-Villars (Alfred-Charles-Etienne), maire de Gagny; — le comte de Breteuil (Alexandre-Charles-Joseph), maire de Choisel; — le marquis de Padoue (Ernest-Louis-Henri-Hyacinthe), conseiller d'Etat, ancien préfet du département; — appelés à succéder à MM. Demay, Bezanson, Banès, Hébert, Godefroy, Tréfouel, le Dr Trousseau, Rendu, Bouchon, Poiret, le duc de Luynes et Legendre.

Dans la première session qui suivit ces élections, le Conseil général, « vu l'article 8 de la loi du 22 juin 1833 portant que les Conseils généraux sont nommés pour neuf ans, qu'ils sont renouvelés par tiers tous les trois ans, que le Conseil général divisera les cantons en trois séries, en répartissant autant qu'il sera possible dans une proportion égale les cantons de chaque arrondissement dans chacune des séries », arrêta de la manière suivante le tableau des trois séries :

Série A.	Série B.	Série C.
Arpajon.	Boissy-St-Léger.	Corbeil.
Longjumeau.	Etampes.	Méréville.
La Ferté-Alais.	Milly.	Bonnières.
Houdan.	Limay.	Magny.
Mantes.	Ecouen.	Gonesse.
L'Isle-Adam.	Luzarches.	Marines.
Montmorency.	Pontoise.	Chevreuse.
Dourdan (Nord).	Dourdan (Sud).	Limours.
Montfort-l'Amaury.	Rambouillet.	Argenteuil.
Marly-le-Roi.	Meulan.	Palaiseau.
Poissy.	St-Germain-en-Laye.	Sèvres.
Versailles (Nord).	Versailles (Sud).	Versailles (Ouest).

De son côté, le Préfet procéda, le 26 octobre, en Conseil de Préfecture et en séance publique, au tirage au sort des séries arrêtées par le Conseil général, et ce tirage désigna l'ordre suivant pour chaque série : nᵒ 1, série C; nᵒ 2, série A; nᵒ 3, série B.

L'*Annuaire départemental* de 1853 porte donc la mention qui suit : « Le Conseil général du département est composé de 36 membres, qui ont été élus en 1852. — NOTA. Le Conseil général est divisé en trois séries : la première série doit sortir en 1855, la seconde en 1858 et la troisième en 1861. Le chiffre qui précède le nom de chaque canton indique la série à laquelle il appartient. »

La session de 1852 s'ouvrit le lundi 23 août. Du rapport présenté par le Préfet à l'Assemblée départementale, il nous suffira de citer ici les lignes qui suivent : « Votre session s'ouvre..., Messieurs, dans les conditions les plus heureuses; vous pouvez, en toute liberté d'esprit, consacrer vos lumières et la connaissance que vous avez des besoins du Département au développement et à l'affermissement de ses intérêts. Conseillers généraux nouvellement élus par vos concitoyens, vous apportez tous ici le sentiment de vos devoirs envers le pays; vous saurez justifier leur confiance par votre zèle et par vos efforts à assurer sur tous les points de Seine-et-Oise les éléments de prospérité qu'ils réclament encore et qu'ils attendent de votre dévouement.

« Peu de temps me sépare de l'époque où la haute bienveillance du Prince-Président m'a appelé à administrer votre beau Département; je hâtais de tous mes vœux, Messieurs, le moment de votre réunion, parce que je savais que c'était dans les discussions éclairées auxquelles vous allez vous livrer que je devais puiser les inspirations, les enseignements les plus utiles aux différents services départementaux dont j'ai la surveillance et la direction.

« A mon arrivée dans le Département, j'ai trouvé beaucoup d'améliorations obtenues, beaucoup de préparées; la sollicitude active et éclairée de mes prédécesseurs, l'intelligent dévouement de celui auquel je succède, et que je suis heureux de retrouver au nombre de vos collègues[1], m'ont laissé une tâche plus facile à remplir, mais pour laquelle j'ai besoin toutefois de votre appui.

« Je m'efforcerai d'obtenir votre concours, Messieurs; je tâcherai de le mériter par les loyales intentions que j'apporte au milieu de vous; par ma volonté ferme et persévérante de rechercher avec vous le bien, de vous suivre dans la voie de dévouement aux intérêts du Département que vous m'avez tracée, et de leur consacrer tout ce qu'il peut m'avoir été donné d'acquérir d'expérience dans une carrière administrative déjà longue.

« Dans l'exposé de la situation des divers services du Département, que je vais avoir l'honneur de vous soumettre, j'ai suivi, à peu près, l'ordre et la division des Rapports de mes prédécesseurs; il m'a semblé que vous pourriez ainsi mieux apprécier les améliorations qu'ils ont pu recevoir dans le cours de l'année précédente et celles que chacun d'eux attend encore de votre active sollicitude. »

---

[1] M. Arrighi de Padoue, élu Conseiller général dans le canton de Limours.

Et voici celles par lesquelles il se terminait : « ..... Sur plusieurs autres parties du service départemental, dont je ne vous ai pas entretenus, des rapports spéciaux et détaillés vous seront soumis. Le peu de temps que j'avais pour préparer l'exposé que je viens de vous faire, et dont les imperfections trahiront la rédaction un peu précipitée, ne me permettait pas de vous présenter un travail aussi complet que je l'aurais voulu.

« Par vos discussions indépendantes et éclairées, vous suppléerez facilement à l'insuffisance de la tâche que je viens de remplir. Vous reprendrez une à une, pour les étudier et les discuter, les différentes affaires que je soumets à votre examen et à votre décision ; vous me trouverez toujours au milieu de vous, disposé à vous donner les explications qu'elles vous paraîtront nécessiter ; je serai constamment prêt à prendre en grande considération les observations et les conseils que vous voudrez bien m'adresser, parce que je sais qu'ils ne seront inspirés que par une appréciation éclairée des besoins du département.

« Si j'ai le désir, Messieurs, de vous exposer complètement les affaires que vous avez à traiter dans cette session, et ceux de mes actes administratifs que vous devez connaître, j'ai aussi vivement à cœur d'obtenir votre bienveillante confiance par une administration loyale et activement dévouée aux intérêts de votre beau département ; elle ajoutera à l'autorité dont je suis revêtu une nouvelle force ; elle sera pour moi le plus précieux, le plus honorable de tous les encouragements. »

Après avoir fait l'ouverture de la session, le Préfet reçut de chacun des membres présents le serment prescrit par la Constitution, lequel fut prêté en ces termes : « Je jure obéissance à la Constitution et fidélité au Président de la République. » Après quoi, il donna lecture du décret du 7 août qui nommait, pour la session, M. Baroche président, M. de Padoue vice-président, M. Dambry secrétaire du Conseil général.

Le 26 août, le Conseil général prenait une délibération dans laquelle il témoignait sa reconnaissance envers le Président Louis-Napoléon, et, le mardi 31, les rapports à faire par chacune des cinq Commissions étant épuisés, le Président prononçait la clôture de la session de 1852.

Quelques mois après, l'Empire était rétabli [2 décembre 1852] ; le règne de Napoléon III devait durer jusqu'au 4 septembre 1870.

Au cours de ces dix-huit années, nous avons à signaler deux lois relatives aux Conseils généraux, celles de 1866 et de 1870.

La loi du 18 juillet 1866, « Loi sur les Conseils généraux », a « très sensiblement élargi le cercle des pouvoirs des Conseils généraux, tout en conservant les trois grandes divisions consacrées par le législateur de 1838 : décision, délibération, avis. Seulement, la première a reçu de notables accroissements. Le droit de statuer définitivement a été reconnu au Conseil général dans la majeure partie des affaires sur lesquelles il n'était antérieurement appelé qu'à délibérer, et le Gouvernement n'a retenu que le droit

d'annulation pour excès de pouvoirs, violation d'une disposition de la loi ou d'un règlement d'administration publique. En même temps, le budget départemental, reconstitué
sur le modèle plus simple de celui de l'État et des communes, ne comprenait plus que
deux divisions : service ordinaire, service extraordinaire, — et le droit d'inscription et
d'augmentation d'office des crédits que possédait l'Administration supérieure se trouvait restreint aux seules dépenses touchant plus directement à l'intérêt général. Enfin,
la loi de 1866, déléguant aux Conseils généraux une partie de la tutelle communale,
leur attribuait l'importante mission de déterminer annuellement le maximum des centimes à voter par les Conseils municipaux pour les dépenses extraordinaires d'utilité
communale[1]. »

Cette loi, née du besoin de réagir contre une centralisation excessive, comprend
quinze articles, dont nous ne reproduirons pas ici le texte, qui figure au *Bulletin des
Lois*[2].

La seconde de ces lois, celle du 23 juillet 1870, est intitulée : « Loi portant modification de diverses dispositions relatives aux Conseils généraux et aux Conseils d'arrondissement ». En voici le texte :

« Art. 1er. A l'ouverture de chaque session, le plus âgé des membres présents du
Conseil général remplit les fonctions de président ; le plus jeune remplit les fonctions de
secrétaire. — Il est procédé immédiatement à l'élection du président, des vice-présidents et des secrétaires. — L'élection a lieu à la majorité absolue des suffrages. — Si
les deux premiers tours de scrutin n'ont pas donné de résultat, il est procédé à un scrutin de ballottage entre les deux candidats qui ont obtenu le plus de voix. — En cas
d'égalité de suffrages, le plus âgé est nommé.

« 2. Le Conseil général règle l'ordre de ses délibérations. — Il peut, s'il le juge convenable, adopter un règlement intérieur. — Il décide tout ce qui concerne la rédaction
et le mode de publication de ses procès-verbaux. — Un compte rendu quotidien des
séances est rédigé sous la surveillance du président. — Ce compte rendu sommaire est
le seul qui puisse être publié par la presse. Toute contravention à cette disposition sera
punie par une amende de cinq cents à mille francs. — Les procès-verbaux et les comptes
rendus mentionnent les noms des membres qui ont pris part aux discussions. — Le
Conseil général peut se former en comité secret. Dans ce cas, ses délibérations ne sont
pas publiées.

« 3. Tout habitant ou contribuable du département a le droit de demander communication sans déplacement et de prendre copie des délibérations.

« 4. Ne peuvent être nommés membres des Conseils généraux : les juges de paix
dans les cantons où ils exercent leurs fonctions.

[1] DE LUÇAY, *op. cit.*, p. 81-82.
[2] 1866, 2e semestre, p. 109-113.

« 5. Il sera statué par une loi spéciale relativement au Conseil général du département de la Seine.

« 6. Les dispositions de l'article 1er, celles des paragraphes 1er et 2 de l'article 2, et celles de l'article 3, sont applicables aux Conseils d'arrondissement.

« 7. Les dispositions des lois antérieures sont abrogées en ce qu'elles ont de contraire à la présente loi. »

Ainsi, la nouvelle loi rendait au Conseil général le droit de nommer son Bureau, droit que lui avait enlevé la loi de 1852; elle lui permettait de faire son règlement intérieur et de décider tout ce qui concernait la rédaction et le mode de publication de ses procès-verbaux et de ses comptes rendus, lesquels mentionneraient les noms des membres qui prendraient part aux discussions; enfin, les habitants ou contribuables du département avaient le droit de prendre copie des délibérations.

Mais cette loi, votée au milieu de circonstances douloureuses, ne fut pas mise en vigueur. Le décret du 22 juillet portait que « la session des Conseils généraux s'ouvrira le 22 août prochain et sera close le 5 septembre au plus tard, dans tous les départements de l'Empire, à l'exception du département de la Seine ». Un autre décret, pris à la date du 12 août, décida que cette session était ajournée. L'Empire tomba et la République fut proclamée, le 4 septembre 1870, sans que la session eût lieu.

On a vu plus haut que les élections s'étaient faites au mois d'août 1852; que les membres du Conseil général étaient renouvelables par tiers tous les trois ans; qu'ils avaient été répartis en trois séries sortant en 1855, 1858 et 1861; que, par suite, les dates des élections générales devaient être celles de 1855, 1858, 1861, 1864, 1867 et 1870. Nous avons donc maintenant à faire connaître, dans l'ordre chronologique, quelle fut, sous le second Empire, la composition de l'Assemblée départementale, dont les membres prêtaient le serment prescrit par la Constitution du 14 janvier, modifié par l'article 16 du sénatus-consulte du 25 décembre suivant. Voici la formule de ce serment : « Je jure obéissance à la Constitution et fidélité à l'Empereur. » Elle était lue par le Préfet ou par le Président, et le membre du Conseil général nouvellement élu disait : Je le jure.

1853. — M. Poiret remplace comme Conseiller général du canton de Gonesse M. le comte de Laugier-Villars, démissionnaire; il est élu le 10 avril 1853.

1854. — Pas de modifications.

1855. — Premier renouvellement triennal. Les membres sortant du Conseil sont ceux de la première série, la série C; ils sont tous réélus aux élections qui ont lieu au mois de juin 1855.

Deux mois auparavant, M. Gervais avait été élu Conseiller général du canton de Montfort-l'Amaury, en remplacement de M. le baron Le Peletier d'Aunay, décédé [deuxième série, série A]. Cette élection particulière avait eu lieu le 15 avril 1855.

1856 et 1857. — Pas de modifications.

40

1858. — Deuxième renouvellement triennal. Les membres sortant du Conseil sont ceux de la deuxième série, la série A; ils sont tous réélus aux élections qui ont lieu au mois de juin 1858.

A la même époque, le 13 juin, M. Dailly est élu Conseiller général du canton de Sèvres, en remplacement de M. Bernard, de Rennes, décédé, et M. Dabrin remplace M. Dubourg comme Conseiller général du canton de Longjumeau.

1859. — M. le vicomte de Kersaint remplace comme Conseiller général du canton de Marines M. le comte de Gouy d'Arsy, décédé; il est élu le 21 août 1859.

1860. — M. Rémilly succède, pour le canton de Versailles-Sud, à M. Vauchelle, décédé; son élection a lieu le 29 avril 1860.

1861. — Troisième renouvellement triennal. Les membres sortant du Conseil sont ceux de la troisième série, la série B; ils sont tous réélus aux élections qui ont lieu au mois de juin 1861.

1862. — Pas de modifications.

1863. — M. Rendu [Ambroise] remplace comme Conseiller général du canton de Pontoise M. Soret de Boisbrunet, décédé; il est élu le 19 juillet 1863.

1864. — Quatrième renouvellement triennal. Les membres sortant du Conseil sont ceux de la première série, la série C. Deux d'entre eux ne sont pas réélus : M. Bourlon de Sarty, conseiller général du canton de Palaiseau, est remplacé par M. le Dr Morère; M. le vicomte de Kersaint, conseiller général du canton de Marines, est remplacé par M. le baron de Boury. Ces élections ont lieu au mois de juin 1864.

A la même date, M. Paul Riant est élu Conseiller général dans le canton de Longjumeau, en remplacement de M. Dabrin, démissionnaire.

Le mois suivant, M. Rendu [Eugène], élu le 17 juillet 1864, remplace comme Conseiller général du canton de Pontoise son frère, M. Rendu [Ambroise], décédé.

1865. — M. Barré est élu, au mois d'avril, Conseiller général du canton d'Argenteuil, en remplacement de M. Récappé, démissionnaire.

1866. — M. Ploix succède, pour le canton de Versailles-Nord, à M. Frémy, décédé; son élection a lieu le 23 décembre 1866.

1867. — Cinquième renouvellement triennal. Les membres sortant du Conseil sont ceux de la deuxième série, la série A; ils sont pour la plupart réélus; mais M. le baron Hély d'Oissel remplace, dans le canton de Poissy, le comte Napoléon Lepic, et M. Maurice Richard remplace, dans celui de Houdan, M. le comte Napoléon de Colbert, marquis de Chabannais. Ces élections ont lieu au mois d'août 1867.

D'autre part, M. Lecomte a remplacé la même année, au mois de mars, dans le canton de Meulan, M. de Chantelou, décédé.

1868. — M. Grégory Ganesco est élu, le 20 décembre 1868, dans le canton de Montmorency, pour succéder à M. Davillier, décédé; mais cette élection est annulée par un décret impérial en date du 27 avril 1870.

1869. — M. Léon Say remplace dans le canton de L'Isle-Adam M. Dambry, décédé; son élection a lieu à la date du 21 novembre 1869.

1870. — Sixième renouvellement triennal, s'appliquant aux membres de la troisième série, la série B. Il amène quelques modifications dans la composition de l'Assemblée départementale.

Dans le canton de Versailles-Sud, M. Tricot-Grosjean remplace M. Rémilly, qui s'est retiré des affaires publiques. — Dans celui de Boissy-Saint-Léger, M. Berthier de Wagram fils succède à son père. — Dans celui d'Ecouen, M. Vallée succède à M. Lechat, non réélu. — Dans celui de Rambouillet, M. Carrey remplace M. Guespereau, non réélu. — Dans celui de Dourdan-Sud, M. Debains remplace M. Boivin, non réélu.

Ces élections ont lieu au mois de juin 1870. Il est procédé en même temps à deux élections particulières dans les cantons de Longjumeau, en remplacement de M. Riant, démissionnaire, et de Montmorency, l'élection de M. Ganesco ayant été annulée; voici le résultat de ces deux élections hors série : M. Gallien est nommé en remplacement de M. Riant; M. Grégory Ganesco est réélu. L'Assemblée départementale se trouve ainsi comprendre sept membres nouveaux.

Ainsi, de 1852 à 1870 inclusivement, les trente-six cantons du département de Seine-et-Oise ont été représentés par les Conseillers généraux dont les noms suivent :

Arrondissement de Versailles.

Canton de Versailles-Nord. — M. Frémy, de 1852 à 1866. — M. Ploix, de 1866 à 1870.

Canton de Versailles-Sud. — M. Vauchelle, de 1852 à 1860. — M. Rémilly, de 1860 à 1870. — M. Tricot-Grosjean, en 1870.

Canton de Versailles-Ouest. — M. le baron Caruel de Saint-Martin, de 1852 à 1870.

Canton d'Argenteuil. — M. Récappé, de 1852 à 1865. — M. Barré, de 1865 à 1870.

Canton de Marly-le-Roi. — M. Bertin de Veaux, de 1852 à 1870.

Canton de Meulan. — M. de Chantelou, de 1852 à 1867. — M. Lecomte, de 1867 à 1870.

Canton de Palaiseau. — M. Bourlon de Sarty, de 1852 à 1864. — M. le Dr Morère, de 1864 à 1870.

Canton de Poissy. — M. Lepic, de 1852 à 1867. — M. Hély d'Oissel, de 1867 à 1870.

Canton de Saint-Germain-en-Laye. — M. de Breuvery, de 1852 à 1870.

Canton de Sèvres. — M. Bernard [de Rennes], de 1852 à 1858. — M. Dailly, de 1858 à 1870.

Arrondissement de Corbeil.

Canton de Corbeil. — M. Féray, de 1852 à 1870.

Canton d'Arpajon. — M. Marquis, de 1852 à 1870.

Canton de Boissy-Saint-Léger. — M. le prince Berthier de Wagram, de 1852 à 1870.
— M. Berthier de Wagram fils, 1870.

Canton de Longjumeau. — M. Dubourg, de 1852 à 1858. — M. Dabrin, de 1858 à 1864.
— M. Riant, de 1864 à 1870. — M. Gallien, en 1870.

Arrondissement d'Etampes.

Canton d'Etampes. — M. Charpentier, de 1852 à 1870.

Canton de La Ferté-Alais. — M. le marquis de Selve, de 1852 à 1870.

Canton de Méréville. — M. Lecomte, de 1852 à 1870.

Canton de Milly. — M. Bos, de 1852 à 1870.

Arrondissement de Mantes.

Canton de Mantes. — M. L'Evesque, de 1852 à 1870.

Canton de Bonnières. — M. Robert, de 1852 à 1870.

Canton de Houdan. — M. le comte de Colbert, marquis de Chabannais, de 1852
à 1867. — M. Maurice Richard, de 1867 à 1870.

Canton de Limay. — M. Baroche, de 1852 à 1870.

Canton de Magny. — M. Feuilloley, de 1852 à 1870.

Arrondissement de Pontoise.

Canton de Pontoise. — M. Soret de Boisbrunet, de 1852 à 1863. — M. Rendu [Ambroise], de 1863 à 1864. — M. Rendu [Eugène], de 1864 à 1870.

Canton d'Ecouen. — M. Lechat, de 1852 à 1870. — M. Vallée, en 1870.

Canton de Gonesse. — M. le comte de Laugier-Villars, de 1852 à 1853. — M. Poiret,
de 1853 à 1870.

Canton de L'Isle-Adam. — M. Dambry, de 1852 à 1869. — M. Léon Say, de 1869
à 1870.

Canton de Luzarches. — M. Gilbert-Boucher, de 1852 à 1870.

Canton de Marines. — M. le comte de Gouy d'Arsy, de 1852 à 1859. — M. le vicomte
de Kersaint, de 1859 à 1864. — M. le baron de Boury, de 1864 à 1870.

Canton de Montmorency. — M. Davillier, de 1852 à 1868. — M. Grégory Ganesco,
de 1868 à 1870. [Election annulée.] — Le même, en 1870.

Arrondissement de Rambouillet.

Canton de Rambouillet. — M. Guespereau, de 1852 à 1870. — M. Carrey, en 1870.

Canton de Chevreuse. — M. le comte de Breteuil, de 1852 à 1870.

Canton de Dourdan-Nord. — M. Demetz, de 1852 à 1870.

Canton de Dourdan-Sud. — M. Boivin, de 1852 à 1870. — M. Debains, en 1870.

Canton de Limours. — M. le duc de Padoue, de 1852 à 1870.

Canton de Montfort l'Amaury. — M. le baron Le Peletier d'Aunay, de 1852 à 1855.
— M. Gervais, de 1855 à 1870.

Le Conseil général de Seine-et-Oise tint régulièrement chaque année sa session ordinaire, aux dates fixées par le décret impérial qui le convoquait. Le tableau qui suit renseignera nos lecteurs sur l'époque et la durée de chacune des sessions :

1852. 23 août au 31.	1861. 26 août au 3 septembre.
1853. 23 août au 1er septembre.	1862. 25 août au 30.
1854. 21 août au 31.	1863. 24 août au 29.
1855. 30 août au 7 septembre.	1864. 22 août au 27.
1856. 25 août au 2 septembre.	1865. 21 août au 26.
1857. 24 août au 2 septembre.	1866. 27 août au 1er septembre.
1858. 23 août au 31.	1867. 26 août au 5 septembre.
1859. 22 août au 30.	1868. 24 août au 3 septembre.
1860. 27 août au 4 septembre.	1869. 23 août au 4 septembre.

Il y eut, de plus, deux sessions extraordinaires, l'une en 1861, l'autre en 1869.

La première s'ouvrit au mois de février 1861 et ne dura que deux jours, les 25 et 26 : le Conseil général était convoqué extraordinairement à l'effet de statuer sur un projet de nouvelle préfecture.

La seconde avait pour objet l'application de la loi du 11 juillet 1868 relative à l'achèvement des chemins vicinaux et à la création d'une caisse spéciale pour leur exécution. Ouverte le 11 janvier 1869, elle fut close le 14.

Nous avons dit que les membres du Bureau étaient nommés par décret et que c'était là une innovation qui avait été introduite par la loi du 7 juillet 1852, le choix du chef de l'État ne pouvant, du reste, pas sortir du Conseil général et devant porter sur des personnes qui en fussent membres[1]. Par décrets rendus chaque année, furent nommés :

Président du Conseil général : M. Baroche, de 1852 à 1870.

Vice-Présidents : M. de Padoue, en 1852 ; — M. le prince de Wagram, en 1853 ; puis, cette même année, M. le duc de Padoue, en remplacement de M. le prince de Wagram, non acceptant ; — M. le duc de Padoue, de 1854 à 1858 ; — M. le baron Caruel de Saint-Martin, en 1859 ; — M. le duc de Padoue, en 1860 et en 1861 ; — MM. le duc de Padoue et le baron Caruel de Saint-Martin, de 1862 à 1869.

[1] A. BATBIE, Traité théorique et pratique de droit public et administratif, 1863, t. IV, p. 198.

Secrétaires : M. Dambry, de 1852 à 1854 ; — MM. Dambry et le comte de Gouy, de 1855 à 1858 ; — M. Dambry, en 1859 ; — MM. Dambry et Lechat, de 1860 à 1869.

A cette date de 1869, M. le comte de Saint-Marsault n'était plus, depuis quelques années, préfet de Seine-et-Oise. Elevé à la dignité de sénateur au mois de décembre 1865, il avait été remplacé par M. Boselli, préfet de la Haute-Garonne, qu'un décret du 27 décembre de cette même année avait appelé à la Préfecture de Seine-et-Oise, où il fut installé le 9 janvier 1866. Mais M. de Saint-Marsault ne devait pas jouir longtemps de cette nouvelle dignité : le 19 avril suivant, il mourait à Paris, où ses obsèques étaient célébrées en l'église Saint-Philippe du Roule. A l'occasion de ce décès, le Président du Conseil général prononça, lorsque s'ouvrit la session de 1866, les paroles suivantes :

« Messieurs et chers Collègues, Avant que M. le Préfet prenne la parole pour la lecture de son rapport, laissez-moi ouvrir, pour ainsi dire, cette session en prononçant un nom cher et vénéré pour nous tous, celui de notre ancien Préfet, de notre regrettable ami, M. le comte de Saint-Marsault.

« A peine notre dernière réunion [la session de 1865] venait-elle de se clore, à peine avions-nous adressé à notre excellent Préfet nos félicitations annuelles et un adieu qui devait être le dernier, que S. M. l'Empereur voulut bien élever M. de Saint-Marsault à la dignité de Sénateur.

« Une séparation entre lui et nous devenait inévitable ; mais, si douloureuse qu'elle fût pour nous, nos regrets étaient adoucis, d'abord par la nomination de l'administrateur distingué auquel était confiée la direction de ce département et qui arrivait au milieu de nous précédé d'une réputation justement acquise dans des postes considérables. Et d'ailleurs, Messieurs, nous ne pouvions que nous féliciter de voir notre ancien Préfet appelé à une si haute dignité, noble couronnement de sa longue et laborieuse carrière, et qui, en conservant pour le service de l'Empereur et du pays sa grande expérience, devait lui assurer un repos qu'il avait si bien mérité : *otium cum dignitate.*

« Mais, hélas! cet honneur et ce repos, M. le comte de Saint-Marsault ne devait pas en jouir, et à peine le Sénat l'avait-il accueilli avec tant d'empressement et de cordialité qu'une maladie, aussi rapide que cruelle, l'enlevait à ses nouveaux collègues, à sa famille désolée, aux nombreux amis qu'il avait laissés dans ce département, et parmi lesquels nous étions tous fiers de nous compter.

« Je n'ai pas besoin de vous rappeler, mes chers Collègues, la douleur générale que fit éclater cette mort, douleur à laquelle prit part le Chef de l'Etat lui-même, et avec lui l'élite de la Nation.

« Je n'ai pas besoin de rappeler non plus dans cette enceinte, où nous croyons le voir encore, à vous ses collaborateurs pendant tant d'années, la hauteur de son intelligence, la loyauté, la sûreté de ses relations, qui faisaient de lui tout à la fois un administrateur éminent, un homme digne de l'estime et de l'affection de tous.

« Vos cœurs, comme le mien, sont remplis de ces souvenirs.

« Mais j'ai pensé, et j'ose espérer que vous pensez comme moi, qu'à l'ouverture de
cette première session, il fallait qu'une voix amie, écho de toutes les vôtres, évoquât cette
chère mémoire et lui offrît, en votre nom et au nom de tout le département, l'hommage
d'une profonde gratitude et l'assurance d'un long et sympathique souvenir[1]. »

Successeur de M. le comte de Saint-Marsault, M. Boselli ne fut préfet de Seine-et-Oise
que pendant trois ans; un décret du 30 janvier 1869 l'admit à faire valoir ses droits à la
retraite et le nomma préfet honoraire. Par un décret en date du même jour, M. Cornuau,
préfet de la Somme, était appelé à le remplacer, et, le 15 février 1869, il était procédé à
l'installation en la Préfecture de Seine-et-Oise de « M. J. Cornuau, Conseiller d'état,
grand-officier de l'Ordre impérial de la Légion d'honneur ».

Ce fut donc M. Cornuau qui ouvrit la session ordinaire de 1869, et, à cette occasion,
il prononça l'allocution suivante :

« Messieurs, Appelé depuis quelques mois seulement à la direction des affaires de ce
département, je ne puis avoir la prétention de vous offrir, dès aujourd'hui, un tableau
complet de ses intérêts et de ses besoins. La connaissance d'une contrée aussi vaste,
aussi riche, à laquelle la proximité de Paris donne une importance exceptionnelle, ne
peut être que l'œuvre du temps, et quel que soit le dévouement de l'administrateur,
quelque sollicitude qu'il apporte dans l'accomplissement de ses devoirs, vous n'attendez
pas de lui qu'au début de sa mission il ait déjà saisi dans son ensemble et approfondi
dans ses détails une situation dont les éléments sont très nombreux et très divers.

---

[1] Le Conseil général avait tenu à donner, dans une douloureuse circonstance, un témoignage de sa sympathie
à M. le comte de Saint-Marsault. Ce fut au début de la session qui s'ouvrit le 27 août 1860, trois jours après la célébration des obsèques de Mme la comtesse de Saint-Marsault, en l'église Notre-Dame de Versailles. On sait que
la femme du Préfet de Seine-et-Oise, très grièvement atteinte par les flammes le samedi 4 février précédent,
jour où l'élite de la société versaillaise s'était donné rendez-vous dans les salons de la Préfecture, — « ce n'était
pas une femme qui marchait, c'était une colonne de feu », peut-on lire dans *la Concorde de Seine-et-Oise* du 9 février, —
lutta sept mois contre la mort, que le mal fut plus fort qu'elle et la vainquit. Voici les paroles que le Président
du Conseil général prononça aussitôt après que la séance fut ouverte : « Messieurs et chers Collègues, Avant de donner
la parole au fonctionnaire [M. Duvergier, secrétaire général de la Préfecture] qui va représenter au milieu de nous
notre excellent Préfet, si déplorablement empêché, je crois répondre à la pensée de chacun de vous en exprimant
au nom du Conseil général la profonde douleur dont nous a pénétrés la mort de Mme la comtesse de Saint-
Marsault. Nous connaissions tous trop bien les qualités de cette noble dame, nous avions trop bien apprécié la
distinction de son esprit, son cœur si dévoué et si charitable pour toutes les misères, le courage qu'elle a déployé
soit au moment de la catastrophe dont elle a fini par être la victime, soit pendant ses longues souffrances, si
héroïquement, si saintement supportées, pour ne pas mêler nos regrets et nos larmes à la douleur de toute une
famille, à celle d'un de nos bons collègues [M. le baron Caruel de Saint-Martin, gendre de M. de Saint-Marsault],
au désespoir de l'homme éminent pour lequel nous avons tous autant d'affection que d'estime. Vous voudrez sans
doute, Messieurs, que M. le comte de Saint-Marsault reçoive un témoignage de notre douloureuse sympathie,
et que la trace en demeure consignée dans les procès-verbaux du Conseil général. J'ai l'honneur de proposer au
Conseil de décider que son Président est chargé d'exprimer à Monsieur le Préfet toute la part que les membres
du Conseil ont prise à la douleur qui vient de le frapper, en ajoutant que cette grande infortune ne pourrait que
resserrer, s'il était possible, les liens d'affection qui sont formés dès longtemps entre lui et les membres du Conseil.
Je demande, en outre, que la délibération du Conseil général soit insérée dans le procès-verbal de la première
séance. » — « La proposition de M. le Président est adoptée à l'unanimité. » [Voir *La Concorde de Seine-et-Oise*, 1860
nos 12, 68, 69 et 71.]

« Tous mes efforts n'en ont pas moins tendu, Messieurs, à m'initier aux vues du pays, à m'identifier avec ses besoins, à réaliser ou du moins à préparer auprès du Gouvernement les légitimes satisfactions qu'il était en droit d'attendre. Les antécédents de cette assemblée ont passé sous mes yeux ; j'ai trouvé dans vos délibérations un sujet de méditation et d'étude, et, autant qu'il a été en moi, j'ai cherché, par la lecture attentive des procès-verbaux de vos séances, à me pénétrer de votre esprit, à m'inspirer de vos intentions, à profiter de votre expérience et de vos lumières.

« Mais ces investigations, si consciencieuses qu'elles puissent être, ne suffisent pas, je le sens, pour que mes paroles aient acquis auprès de vous l'autorité que donnent la connaissance approfondie des choses et des services éprouvés. Tant que je n'aurai pas été éclairé par vos discussions sur les intérêts dont vous êtes les organes, tant qu'il ne se sera pas établi entre nous un échange de vues et d'idées pratiques, une grande réserve m'est imposée. Je tâcherai de vous rendre compte, aussi fidèlement que possible, de l'état du département, des faits administratifs principaux qui s'y rattachent, de la suite donnée à vos demandes, des résultats obtenus depuis votre dernière session ; et si l'indication de quelques améliorations nouvelles prend place dans cet exposé, croyez que mon but est surtout de provoquer votre examen et vos conseils et d'apprendre de vous à remplir avec plus de fruit la tâche qui m'est dévolue. Je serais très heureux, Messieurs, que vous puissiez trouver dans ces premières communications quelques traces de mon désir de concourir avec vous au bien du pays et qu'elles puissent me concilier à la fois votre estime et vos sympathies.

« Dès mon arrivée dans ce département, j'ai pu appeler sur l'un d'entre vous, dont le concours assidu et la haute intelligence sont vraiment appréciés par le Conseil général, l'attention particulière du gouvernement de l'Empereur. M. Marquis a été nommé chevalier de la Légion d'honneur[1]. Vous avez tous éprouvé une joie sincère et profonde de cette distinction accordée à des services si utiles et si méritants, et vos cordiales félicitations ont pleinement ratifié la faveur dont votre honorable collègue a été l'objet ; mais personne plus que moi n'a été heureux de cet acte de justice envers M. Marquis et de déférence envers cette Assemblée. »

Accueillie par le Conseil avec une vive sympathie, cette allocution fut insérée au procès-verbal de la séance. M. Cornuau ne devait pas en prononcer d'autres devant l'Assemblée départementale, dont la session ordinaire de 1869 se trouva être, par suite des circonstances, la dernière qui fut tenue sous le second Empire[2].

Avant de terminer ce chapitre, nous devons faire ici deux constatations.

[1] Conseiller général du canton d'Arpajon.
[2] Les Rapports du Préfet et les Délibérations du Conseil général correspondant à la période de 1852 à 1868 forment 32 registres, manuscrits, numérotés de 58 à 89 ; 3 registres seront constitués par ces mêmes documents, manuscrits, pour les années 1869-1870. Il n'existe pas de registres pour la période de 1871 à 1913 : ils feraient double emploi avec les volumes qui sont imprimés après chaque session.

Ce fut en 1853 que la Préfecture de Seine-et-Oise fut élevée à la première classe. Voici le texte du décret relatif à cette promotion :

« Napoléon, par la grâce de Dieu et la volonté nationale Empereur des Français, à tous présents et à venir, salut.

« Sur le rapport de notre Ministre Secrétaire d'État au département de l'Intérieur;

« Vu le décret du 27 mars 1852 sur les traitements des fonctionnaires administratifs et les tableaux y annexés,

« Avons décrété et décrétons ce qui suit :

« Article 1er. La Préfecture du département de Seine-et-Oise est élevée à la première classe à partir du premier mai.

« Article 2. Notre Ministre Secrétaire d'État au département de l'Intérieur est chargé de l'exécution du présent décret.

« Fait au Palais des Tuileries, le 22 Avril mil huit cent cinquante-trois.

« NAPOLÉON.

« Par l'Empereur :

« *Le Ministre Secrétaire d'État*
au département de l'Intérieur,

« F. DE PERSIGNY. »

L'année suivante, un décret du 4 janvier donna aux Conseillers généraux un costume officiel[1]. On lira peut-être avec intérêt le texte de ce décret.

« Napoléon, etc. . . . .

« Sur le rapport de notre Ministre Secrétaire d'État au département de l'Intérieur,

« Avons décrété et décrétons ce qui suit :

« Article 1er. Les membres des Conseils généraux de département sont autorisés à porter un costume officiel qui est déterminé ainsi qu'il suit :

« Habit bleu foncé, coupé droit sur le devant et garni de neuf boutons; broderie composée de feuilles de chêne et d'olivier et d'épis de blé, en soie bleue claire nuancée et en argent, au collet, aux paremens et à la taille; baguette autour de l'habit (conformément au modèle annexé);

« Gilet blanc; Pantalon bleu à bandes de soie et argent; Boutons argentés à l'aigle; Épée à poignée de nacre, garde argentée; Chapeau français, ganse en velours noir brodée en soie bleue et argent.

---

[1] Série M. Conseil général, Instructions Le dossier contient un « modèle annexé au décret en date du 4 janvier 1854 ».

41

« Article 2. Notre Ministre Secrétaire d'Etat au département de l'Intérieur est chargé de l'exécution du présent décret.

« Fait au Palais des Tuileries, le 4 janvier 1854.

« NAPOLÉON.

« Par l'Empereur :

« *Le Ministre Secrétaire d'Etat*
  au département de l'Intérieur,

« F. DE PERSIGNY. »

La circulaire adressée aux Préfets par le Ministre de l'Intérieur, le 15 janvier 1854, fournissait à ce sujet les indications suivantes : « Le *Moniteur* du 5 de ce mois contient un décret impérial en date du 4 janvier qui attribue un costume officiel aux Membres des Conseils généraux. En leur accordant cette prérogative, S. M. a voulu répondre au désir exprimé par un grand nombre d'entr'eux et leur donner ainsi une nouvelle preuve des sentiments qui l'animent à leur égard. Vous remarquerez, Monsieur le Préfet, que le costume est entièrement facultatif. Il serait toutefois à désirer que les membres des Conseils généraux en fussent revêtus dans les cérémonies publiques et lorsqu'ils exerceraient par délégation des fonctions administratives. J'ai l'honneur de vous transmettre ci-joint 2 exemplaires du modèle en couleur préparé conformément aux dispositions du décret. »

Tous les Conseillers généraux du département de Seine-et-Oise s'empressèrent-ils de commander un costume officiel? Nous ne saurions donner à cette question une réponse précise. Peut-être ceux d'entre eux dont le mandat était renouvelable en 1855 — le premier tiers sortant — crurent-ils prudent et sage d'attendre le résultat des élections prochaines. C'est du moins ce que fit l'un de ceux-ci, qui répondit en ces termes, le 19 mars 1854, à une lettre du Préfet :

« Monsieur le Préfet, Par la lettre que vous m'avez fait l'honneur de m'écrire le 5 février dernier, vous me rappelez le décret impérial du 5 janvier précédent, qui attribue un costume officiel aux membres des Conseils généraux. Mon intention est de suivre l'exemple de mes honorables collègues; mais le sort m'a désigné pour sortir cette année. Si je suis réélu, je ferai faire un costume : dans le cas contraire, vous comprendrez que je dois m'affranchir d'une dépense qui serait en pure perte[1]. »

---

[1] Lettre de M. Récappé, conseiller général du canton d'Argenteuil, faisant partie du dossier précédent.

M. Baroche
Président du Conseil général
1852-1870.

M. Edouard Charton
Préfet
1870-1871.

M. L'Evesque
Président du Conseil général
1871-1874.

M. A. Cochin
Préfet
1871-1872.

CHAPITRE V

L'ADMINISTRATION DÉPARTEMENTALE
DE 1870 A 1913

Le Gouvernement de la Défense nationale. — M. Edouard Charton préfet de Seine et Oise. — Les troupes allemandes à Versailles; prise de possession de la Préfecture. — M. de Brauchitsch nommé par le roi de Prusse
préfet de Seine-et-Oise. — Il convoque au mois de février 1871 le Conseil général du département. — Les derniers régiments de l'armée allemande quittent Versailles le 12 mars 1871. — M. Loriot de Rouvray, vice-président du Conseil de Préfecture, remplit par intérim les fonctions de préfet, mars-juin 1871. — L'Assemblée
nationale à Versailles. — M. A. Cochin nommé préfet le 14 juin 1871. — Le décret du 23 décembre 1870 et la
loi du 29 mars 1871 concernant les Conseils généraux. — La loi du 10 août 1871 sur les Conseils généraux. —
Les élections générales des 8-15 octobre 1871. — La session d'octobre-novembre 1871; pourquoi elle se tint au
palais de Versailles. — M. L'Evesque élu président du Conseil général. — Répartition des cantons en deux
séries en vue du renouvellement triennal par moitié. — Les premiers membres de la Commission départementale. — Impression des procès-verbaux des séances du Conseil général. — Mort de M. A. Cochin au mois de
mars 1872; M. Paul Diard, secrétaire général, chargé par intérim de la Préfecture. — Session d'avril 1872. —
M. le marquis de Chambon préfet de Seine-et-Oise, mai 1872. — Sessions de 1872 à 1874. — M. Limbourg
nommé préfet au mois de décembre 1873. — Premier renouvellement triennal par moitié en 1874. — Modifications apportées dans la composition de l'Assemblée départementale par suite des renouvellements triennaux
et des élections partielles de 1874 au 10 août 1913. — Composition du Bureau de 1874 à cette même date
Présidents : MM. L'Evesque jusqu'en 1871; Gilbert-Boucher, 1874-1883; Léon Say, 1883-1886; Marei, 1886-1904;
Amodru, 1904-1908; Berteaux, 1908-1911; Aimoud, élu le 2 octobre 1911. — Les Préfets de Seine-et-Oise à partir
de 1873 : MM. Limbourg, 21 décembre 1873-21 mars 1876; de Crisenoy, 21 mars 1876-19 mai 1877; Mahou,
19 mai 1877, non installé; Delpon de Vissec, 21 mai-18 décembre 1877; le marquis de Barthélemy, 18 décembre 1877-3 mai 1879; le baron Calte, 3 mai 1879-14 octobre 1884; Laurens, 14 octobre 1884-16 novembre 1885;
de Girardin, 16 novembre 1885-24 mai 1889; Bargeton, 24 mai 1889-26 juin 1893; Lépine, 26 juin-14 juillet 1893;
Gentil, 14 juillet 1893-18 octobre 1898; Poirson, 18 octobre 1898-29 juin 1906; Autrand, 3 juillet 1906.

Le 5 septembre 1870, un décret du Gouvernement de la Défense nationale nommait
Préfet de Seine-et-Oise M. Edouard Charton, ancien conseiller d'Etat, secrétaire général
du Ministère de l'Instruction publique en 1848 et membre du Conseil municipal de
Versailles. « Il n'avait pas souhaité cette nomination et même, pour éviter au département la secousse d'un changement dans la direction, il aurait désiré déterminer l'ancien
préfet, dont tout le monde appréciait les hautes qualités, à demeurer en fonctions et le
nouveau pouvoir à l'y maintenir. Il fit dans ce but, auprès de M. Cornuau, une démarche
qui honore ces deux hommes respectables. Mais M. Cornuau, qui avait déjà reçu des
autorités parisiennes l'ordre de faire arrêter le préfet de police, ne pouvait paraître se
prêter à une réaction contre le gouvernement qu'il avait loyalement servi, et il répondit
qu'il était absolument résolu à ne pas demeurer un instant de plus dans une aussi fausse

situation. M. Charton hésitait encore, et il ne se résigna à accepter sa succession qu'en voyant surgir des candidatures dangereuses pour le département et compromettantes pour la cause dont il désirait le triomphe. En entrant à la préfecture, il déclara qu'il ne profiterait pas de son traitement. Après avoir passé toute sa vie à répandre le goût des sciences et des arts de la paix, il était singulièrement amer à un républicain de se consacrer tout entier au soutien d'une guerre entreprise follement par l'empire, dont il avait toujours été l'adversaire[1]. »

M. Edouard Charton prit donc la direction des affaires du département et annonça son acceptation par la proclamation suivante[2] :

« Le Préfet de Seine-et-Oise à ses Concitoyens.

« Le Gouvernement me confie l'administration du département de Seine-et-Oise. Il fait appel à mon dévouement : ma conscience m'ordonne d'y répondre.

« Aidez-moi, mes concitoyens! laissons de côté tout sujet de discorde. N'ayons tous qu'un seul sentiment, qu'un seul cri : Sauvons la France !

« C'est de l'ensemble des bonnes volontés individuelles que se forme la puissance de l'esprit public. La liberté se relève : que devant elle, autour d'elle, partout, elle ne voie que des âmes enflammées des sentiments généreux qu'elle seule est capable d'inspirer.

« Pas de découragement! pas de défaillance!

« Il n'est point d'épreuves que nous ne puissions surmonter avec l'union et avec un ferme courage. L'ennemi ne doit trouver en face de lui que des citoyens graves, fiers, résolus, dont aucun revers n'a abattu ni le patriotisme, ni l'espérance.

« Le Préfet,

« Edouard CHARTON. »

Le 19 de ce mois, les troupes allemandes entraient dans Versailles, et, dès le lendemain, un aide de camp du Prince royal, qui lui servait de fourrier, et un capitaine de gendarmerie avaient pris possession militairement de la Préfecture. Ce même jour, M. Edouard Charton « resta dans son cabinet jusqu'à ce qu'il eût achevé l'expédition des affaires qu'il avait commencées; puis, à midi, il sortit comme d'habitude pour aller déjeuner chez lui, mais avec l'intention de ne plus passer le seuil de l'Hôtel gardé désormais par un soldat prussien[3] ». Retiré chez lui, il envoya au Ministre de l'Intérieur la lettre suivante, qu'il avait écrite à la Préfecture, dans la matinée :

[1] Gustave DESJARDINS, *Tableau de la Guerre des Allemands dans le département de Seine-et-Oise*, 1870-1871, p. 4 et 5.
[2] E. DELEROT, *Versailles pendant l'occupation*, p. 8.
[3] *Ibid.*, p. 24.

« Monsieur le Ministre,

« Le Prince royal de Prusse prend possession de l'hôtel de la Préfecture avec son état-major. Des ingénieurs allemands rétablissent le télégraphe à leur usage. La poste ne fonctionne plus qu'avec peine et par les plus longs détours.

« Je suis réduit à l'impossibilité d'agir.

« Mon dernier acte public est un appel imprimé à tous les électeurs du département pour les inviter à voter les 25 septembre et 2 octobre.

« Je vous envoie ma démission à la date fixée par la loi[1], afin que, si j'étais élu, il ne s'élevât pas de contestation sur la validité de mon mandat.

« Je vais continuer néanmoins officieusement, sinon officiellement, à exercer toute l'influence dont je pourrai user pour raffermir les esprits et les presser de ne pas s'abstenir au vote[2]..... »

Peu de temps après, M. Edouard Charton quitta Versailles pour se rendre à Tours, afin de se mettre à la disposition du Gouvernement. Il suivit la délégation à Bordeaux, et rendit les plus précieux services à Versailles en se faisant, auprès du Gouvernement, le représentant autorisé des intérêts de la ville et l'interprète des pensées du Conseil municipal[3].

Le 1er octobre, M. de Brauchitsch, gendre du Ministre de la Guerre, M. de Roon, *landrath* et conseiller au *Reichstag*, lançait une proclamation, dans laquelle il informait les populations que le roi de Prusse avait daigné lui conférer l'administration du département de Seine-et-Oise et qu'il venait d'entrer dans ses fonctions; il prenait le titre de Préfet de Seine-et-Oise. Comment il se conduisit vis-à-vis du personnel de la Préfecture, des autorités administratives, de la population, nous n'avons pas à le dire ici, et il nous suffit de renvoyer nos lecteurs aux excellents livres de M. G. Desjardins[4] et de M. E. Delerot[5], auxquels nous avons, dans les pages précédentes, fait de larges emprunts. Nous n'aurions même pas prononcé son nom si, dans une circonstance particulière, le Préfet prussien de Seine-et-Oise n'avait eu l'idée, au moins singulière, de faire appel au Conseil général, dont les membres n'avaient pu être réunis pour la session

[1] Dix jours avant le 2 octobre. Cette démission parvint entre les mains du Ministre, qui la refusa et fit savoir son refus à M. Charton. Elle n'avait plus, d'ailleurs, de raison d'être, les élections à la Constituante ayant été renvoyées à une époque indéterminée. Elle ne fut acceptée définitivement que le 18 février 1871 [E. DELEROT, *op. cit.*, p. 25].

[2] *Ibid.*, p. 25.

[3] *Ibid.*

[4] M. Gustave Desjardins, archiviste du département de Seine-et-Oise de 1860 à 1874, mon arrière-prédécesseur, qui voulut bien m'honorer de son amitié; il mourut à Bourron (Seine-et-Marne), au mois de septembre 1902, chef honoraire du bureau des Archives au Ministère de l'Instruction publique.

[5] M. Emile Delerot, décédé à Versailles, le 20 août 1912, bibliothécaire honoraire de la Ville [*Almanach de Versailles*, 1913, p. 117-121].

ordinaire de 1870. Le 14 février 1871, — c'est-à-dire postérieurement à la date de la conclusion de l'armistice et pendant cet armistice, — « M. de Brauchitsch convoqua le Conseil général du département, dont neuf membres seulement se rendirent à son appel. Il leur annonça qu'*une contribution de guerre* de dix millions était imposée aux habitants de Seine-et-Oise, et, *comme il pensait que la perception rencontrerait de grandes difficultés, à raison des souffrances endurées par le département,* il les invita, pour réaliser la somme, à contracter un emprunt. Les conseillers lui répondirent qu'ils ne se reconnaissaient pas le droit d'engager le département dans une dépense de cette nature, et, *faisant appel à ses sentiments d'équité,* insistèrent pour qu'un sursis fût accordé jusqu'à la fin de la discussion par l'Assemblée nationale de Bordeaux des préliminaires de paix. Voyant que sa feinte douceur n'avait pas de succès, le préfet jeta le masque et eut recours à la violence. Le 18 février au soir, des officiers se présentèrent devant les maires des chefs-lieux de canton, pour leur notifier la somme imposée à toute la circonscription. On leur donnait jusqu'au lendemain à midi pour payer[1]..... »

Ce fut seulement le 12 mars que les derniers régiments de l'armée allemande quittèrent Versailles, qu'ils avaient occupée pendant près de six mois, et qu'eut lieu l'entrée des troupes françaises. Six jours auparavant, un arrêté du Président du Conseil, Chef du Pouvoir exécutif de la République française, en date du 6 mars 1871, avait chargé M. Loriot de Rouvray, vice-président du Conseil de Préfecture, de remplir par intérim les fonctions de Préfet du département de Seine-et-Oise, et celui-ci avait informé sans retard les Sous-Préfets et les Maires que, « par suite de la reprise du service des bureaux de la Préfecture, la transmission de la correspondance et l'expédition des affaires devraient s'effectuer comme par le passé[2] ».

M. Loriot de Rouvray remplit par intérim les fonctions de Préfet pendant plus de quatre mois, car M. Augustin Cochin, membre de l'Institut, ne fut nommé Préfet de Seine-et-Oise que par arrêté du 14 juin 1871 rendu par le Président du Conseil des ministres, Chef du Pouvoir exécutif, sur la proposition du Ministre de l'Intérieur. Un arrêté du 19 du même mois nommait Secrétaire général de la Préfecture M. Paul Diard, avocat au Conseil d'Etat et à la Cour de Cassation[3].

M. Augustin Cochin adressait aussitôt aux habitants de Seine-et-Oise la proclamation suivante :

« Habitants de Seine-et-Oise,

« Votre beau département, dont la bienveillante amitié de l'illustre Chef du Pouvoir

[1] G. DESJARDINS, *op. cit.,* p. 99-100.
[2] *Recueil des Actes administratifs,* 1871, p. 1-2.
[3] *Recueil...,* p. 105.

exécutif de la République vient de me confier la direction, a longuement et cruellement souffert des malheurs de la patrie.

« L'Administration, dans ces circonstances, n'a pas seulement la mission politique d'assurer énergiquement l'ordre et la liberté.

« Grande œuvre de bien public, elle doit ranimer le travail, le commerce, l'agriculture, soulager l'infortune, rappeler partout au devoir et à la concorde, aider enfin à effacer promptement les traces de l'occupation étrangère et à préserver la nation de deux fléaux, le désordre et le découragement.

« L'Assemblée nationale, le Chef du Pouvoir exécutif, les Membres du Gouvernement, qui résident parmi nous, se dévouent à une grande pensée patriotique.

« La République, loyalement acceptée, est pour eux et doit être pour tous les Français l'alliance de tous les partis réconciliés et travaillant en commun à sauver le pays.

« Déjà la guerre étrangère est terminée, l'ordre intérieur rétabli, l'armée reformée, le crédit relevé, et, après de libres élections municipales, la représentation nationale va être complétée en pleine paix, en pleine liberté.

« Encore un peu de temps, et la France saura montrer par quel effort un grand peuple accablé se relève avec l'aide de Dieu, et se sauve lui-même sans sacrifier aucun de ses droits.

« J'ose compter, pour seconder le Gouvernement et l'Assemblée nationale, sur le concours de tous les habitants du département, sans distinction d'opinions. Car je connais la conduite de Versailles et de toutes les communes pendant la guerre, et je suis sûr de trouver partout des hommes de cœur, qui détestent le désordre et aiment la patrie.

« Versailles, le 19 juin 1871.

« Le Membre de l'Institut, Préfet de Seine-et-Oise,

« Augustin Cochin. »

C'était l'époque où l'Assemblée nationale, qui siégeait à Versailles depuis le 20 mars précédent[1], préparait une nouvelle loi relativement aux Conseils généraux. Avant de faire connaître cette loi, qui est celle du 10 août 1871, il importe de parler des mesures qui avaient été prises par le Gouvernement, au sujet de ces Conseils, depuis le 4 septembre 1870.

Un décret du 25 décembre 1870, promulgué le 26, avait prononcé la dissolution des Conseils généraux et d'arrondissement et institué des Commissions départementales :

« Art. 1er. Les conseils généraux et les conseils d'arrondissement sont dissous.

[1] Bulletin des Lois, 1871, 49, n° 342.

Sont également dissoutes les commissions départementales dans les départements où il en a été institué.

« Art. 2. Les conseils généraux seront remplacés par des commissions départementales composées d'autant de membres qu'il y a de cantons dans le département. Elles seront instituées par le Gouvernement sur la proposition d'urgence des préfets.

« Art. 3-4 . . . .

« Fait à Bordeaux, le 25 décembre 1870. »

Mais ce décret avait été abrogé, en partie, par la loi du 29 mars 1871, ainsi conçue :

« L'Assemblée nationale a adopté, le Président du Conseil, Chef du Pouvoir exécutif de la République française, promulgue la loi dont la teneur suit :

« Art. 1er. L'article 2 du décret de la délégation de Bordeaux du 25 décembre 1870 est abrogé. Toutes les Commissions départementales sont supprimées.

« 2. Il sera procédé à la réélection des Conseils généraux dans le mois qui suivra la réélection des Conseils municipaux.

« 3. Ne pourront être élus membres des Conseils généraux : 1° les juges de paix dans les cantons où ils exercent leurs fonctions; 2° les membres amovibles et inamovibles des tribunaux civils de première instance dans l'arrondissement de ces tribunaux.

« Délibéré en séance publique, à Versailles, le 29 mars 1871 [1]. »

Mais, dès cette époque, un projet de loi était déjà déposé, tendant à la réorganisation de ces Conseils. « Nous savons que la Commission nommée par la Chambre se trouvait en présence de trois projets, dont deux, celui de M. Raudot et celui de MM. Bethmont et Magnin, avaient été repoussés comme modifiant trop profondément et sans nécessité le système de la loi de l'an VIII. Le troisième projet, dû à M. Savary, déposé le 27 avril, reproduisait un projet élaboré par une Commission extra-parlementaire, réunie au commencement de 1870 sous la présidence de M. Odilon Barrot. Ce projet ne modifiait pas la composition du Conseil général, malgré un amendement de M. Palotte, qui avait proposé d'admettre dans le Conseil tous les députés élus dans le département et un conseiller général par canton. Mais il étendait ses attributions d'une façon très notable. De plus, il ôtait au Chef de l'État le droit de dissoudre les Conseils généraux : à l'avenir, la dissolution ne devait plus être prononcée que par une loi. Il autorisait les Conseils à émettre des vœux politiques, et il leur permettait de se concerter ensemble et de débattre dans des conférences les intérêts qui leur étaient communs. La discussion s'ouvrit le 27 juin et dura jusqu'au 9 août, soit plus de six semaines. Elle fut très ardente et donna lieu à de véritables joutes oratoires. On peut dire que jamais les diverses questions qui touchent à cette organisation ne furent traitées avec plus de talent. Elle aboutit enfin à la loi du 10 août 1871 [2]. »

[1] *Bulletin des Lois*, 1871, 49, n° 350.
[2] F. DE SÈZE, *op. cit.*, p. 117.

Avec cette loi du 10 août 1871, nous touchons à la législation actuelle, puisque c'est elle qui, complétée ou modifiée par quelques autres, est encore en vigueur. Nous n'en dirons que quelques mots, ce qui est indispensable pour que tous nos lecteurs puissent nous suivre dans le développement de ce chapitre[1].

La loi, qui comprend 94 articles, est divisée en titres, au nombre de 7.

Le titre premier, intitulé *Dispositions générales*, est composé de 3 articles. — Il y a dans chaque département un Conseil général. — Le Conseil général élit dans son sein une Commission départementale. — Le Préfet est le représentant du Pouvoir exécutif dans le département.

Le titre 2, intitulé *De la formation des Conseils généraux*, est composé des articles 4 à 22. — Chaque canton du département élit un membre du Conseil général. — L'élection se fait au suffrage universel, dans chaque commune, sur les listes dressées pour les élections municipales. — Conditions d'éligibilité. — Incompatibilités. — Formes et règles de l'élection. — Durée du mandat : les Conseillers généraux sont nommés pour six ans; ils sont renouvelés par moitié tous les trois ans, et indéfiniment rééligibles. En cas de renouvellement intégral, à la session qui suit ce renouvellement, le Conseil général divise les cantons du département en deux séries, en répartissant, autant que possible dans une proportion égale, les cantons de chaque arrondissement dans chacune des séries, et il procède ensuite à un tirage au sort pour régler l'ordre de renouvellement des séries. — Réunion des électeurs en cas de vacance.

Le titre 3, intitulé *Des sessions des Conseils généraux*, est composé des articles 23 à 36. — Les Conseils généraux ont chaque année deux sessions ordinaires. — Ils peuvent être réunis extraordinairement. — A l'ouverture de la session d'août, le Conseil général nomme son Bureau, dont les fonctions durent jusqu'à la session d'août de l'année suivante. — Il fait un règlement intérieur. — Le Préfet a entrée au Conseil général; il est entendu quand il le demande, et assiste aux délibérations, excepté lorsqu'il s'agit de l'apurement de ses comptes. — Les séances des Conseils généraux sont publiques, sauf le cas où le Conseil décide de se former en comité secret. — Police de l'Assemblée. — Scrutins. — Compte rendu et procès-verbaux des séances. — Dissolution.

Le titre 4, intitulé *Des attributions des Conseils généraux*, est composé des articles 37 à 56.

Le titre 5, intitulé *Du budget et des comptes du département*, est composé des articles 57 à 68.

[1] Voir à ce sujet : *Les Conseils généraux*. Interprétation de la loi organique du 10 août 1871. Recueil des lois, décrets, arrêts ou avis du Conseil d'Etat, arrêts de la Cour de Cassation, instructions et décisions ministérielles, classés par ordre chronologique. Tomes Ier à IV. Décisions rendues de 1871 à 1909, avec, au tome IV, une *Table des matières générale*. [Librairie administrative Berger Levrault, 1911, 8e édition, mise au courant de la législation et de la jurisprudence jusqu'au 30 juin 1911.]

42

Le titre 6, intitulé *De la Commission départementale*, est composé des articles 69 à 88. — Élue chaque année, à la fin de la session d'août, elle se compose de quatre membres au moins et de sept au plus, et elle comprend un membre choisi, autant que possible, parmi les conseillers élus ou domiciliés dans chaque arrondissement. Elle se réunit au moins une fois par mois. Le Préfet ou son représentant assistent aux séances de la Commission.

Le titre 7, intitulé *Des intérêts communs à plusieurs départements*, est composé des articles 89 à 91.

Enfin, des *Dispositions spéciales ou transitoires* sont énoncées sous les articles 92-94.

La loi du 10 août 1871, dit M. H. Berthélemy[1], « accentue beaucoup plus fortement la décentralisation par trois ordres de dispositions : 1° Elle augmente considérablement le nombre des matières sur lesquelles sont admises les décisions définitives; 2° Les décisions sur d'autres objets restant bien, en principe, soumises à l'agrément de l'autorité supérieure, une division continue à être faite entre elles : pour les unes, l'agrément doit résulter d'une approbation formelle; pour les autres, une approbation tacite résulte suffisamment du silence de l'autorité pendant le délai de trois mois à partir de la clôture de la session. Mais alors que la nécessité d'autorisation était le droit commun avant 1871, c'est, depuis lors, la possibilité d'assentiment tacite qui l'est devenue. Le refus d'approuver devrait être affirmé dans un décret motivé suspendant l'exécution; 3° Un rouage nouveau est créé : c'est la *Commission départementale*[2]. Cette Commission a pour objet d'établir sur l'administration du Préfet un contrôle permanent des élus du département. Elle a été imaginée comme transaction entre les partisans du *statu quo* et ceux qui demandaient des mesures de décentralisation plus énergiques..... On s'est arrêté à la constitution de la Commission départementale, chargée principalement de contrôler l'action du Préfet dans la gestion des intérêts du département, pourvue en outre d'un certain nombre d'attributions qui antérieurement étaient exercées par le Préfet comme agent du Gouvernement. »

De cette loi si importante, on devra, relativement à son application au département de Seine-et-Oise, retenir ce qui suit :

---

[1] H. Berthélemy, *Traité élémentaire de droit administratif*, 2e édition, p. 130.

[2] Le rapport qui précède la loi organique départementale dit ceci : « Votre commission... s'est ralliée à la presque unanimité à l'autre système, proposé par la commission de 1870, c'est-à-dire à la création d'une commission départementale, chargée, comme délégation du conseil général, de contrôler et de guider le préfet dans les intervalles des sessions, et investie en outre, directement par la loi, d'un certain nombre d'attributions importantes, précédemment confiées au préfet ou au conseil de préfecture. L'idée de la commission départementale... est empruntée à la législation belge. En Belgique, la députation permanente du conseil provincial prend part à l'administration directe, en ce sens qu'elle publie des ordonnances et des règlements de sa propre autorité, et mandate elle-même les dépenses provinciales; le gouverneur de la province fait partie de la députation, y a voix délibérative, y intervient comme représentant de l'État, mais il n'est pas toujours seul chargé de l'exécution. » L'innovation la plus considérable de cette loi a été la création de la Commission départementale, rouage nouveau, dont M. Batbie n'a pas hésité à dire ; « C'est toute la loi ». DE LUÇAY, *op. cit.*, p. 85.

Le Conseil général de Seine-et-Oise continue à être composé de trente-six membres[1], un pour chaque canton. Les membres sont élus pour six ans, mais le Conseil étant renouvelable par moitié, un tirage au sort le divisera en deux séries, dont la première sera renouvelée trois ans après les élections générales. Le Conseil tient par an deux sessions ordinaires; les séances sont publiques.

Ce fut par le décret du 16 septembre 1871 que les électeurs furent convoqués en vue du renouvellement intégral des Conseils généraux et des Conseils d'arrondissement.

« Le Président de la République française,

« Sur le rapport du Ministre de l'Intérieur;

« Vu le titre III de la loi du 22 juin 1833, les articles 14 et 17 du décret du 3 juillet 1848, l'article 4 de la loi du 7 juillet 1852 et la loi du 10 août 1871;

« Vu le décret de la délégation de Bordeaux, en date du 25 décembre 1870, portant dissolution des Conseils généraux et des Conseils d'arrondissement;

« Décrète :

« Art. 1er. — Les élections pour le renouvellement intégral des Conseils généraux et des Conseils d'arrondissement auront lieu, dans les départements autres que ceux de l'Algérie, le dimanche 8 octobre.....

« Art. 2 et 3 . . . .

« Art. 4. — Conformément à l'article 12 de la loi du 10 août 1871, le scrutin ne durera qu'un seul jour, quelle que soit la population de la commune. Il sera ouvert à sept heures du matin et clos à six heures du soir. Le dépouillement suivra immédiatement la clôture du scrutin.

« Art. 5 . . . .

« Art. 6. — Le second tour de scrutin, dans les communes où il devra y être procédé, aura lieu le dimanche 15 octobre.

« Art. 7 . . . .

« Fait à Versailles, le 16 septembre 1871.

« A. THIERS. »

Un autre décret, rendu à la même date, portait que la session des Conseils généraux s'ouvrirait le lundi 23 octobre suivant et serait close au plus tard le 22 novembre.

Voici quels furent les résultats des élections qui eurent lieu les dimanches 8 et 15 octobre 1871. Furent élus :

Arrondissement de Versailles.

Canton de Versailles-Nord. — M. de Magny, adjoint au maire de Versailles.

[1] Le nombre des Conseillers généraux sera de trente-sept le jour où Le Raincy sera érigé en chef-lieu de canton. Voir ce qui sera dit plus loin, au renouvellement de 1882.

320

Canton de Versailles-Ouest. — M. de Montfleury, membre du Conseil municipal de Versailles.

Canton de Versailles-Sud. — M. Barbu, avoué, membre du Conseil municipal de Versailles.

Canton d'Argenteuil. — M. Aubry-Vitet, propriétaire à Argenteuil.

Canton de Marly-le Roi. — M. Cramail, ancien maire de Rueil.

Canton de Meulan. — M. Lecomte, ancien notaire, maire de Meulan.

Canton de Palaiseau. — M. le docteur Morère, maire de Palaiseau.

Canton de Poissy. — M. Hély d'Oissel, maire de Poissy.

Canton de Saint-Germain-en-Laye. — M. de Breuvery, ancien maire de Saint-Germain-en-Laye.

Canton de Sèvres. — M. Fréville, ancien président de la Chambre des agréés au Tribunal de commerce de la Seine, à Ville-d'Avray.

Arrondissement de Corbeil.

Canton de Corbeil. — M. Farjasse, avocat, à Chennevières-sur-Marne.

Canton d'Arpajon. — M. J. Marquis, maire de Brétigny.

Canton de Boissy-Saint-Léger. — M. le prince de Wagram, propriétaire à Boissy-Saint-Léger.

Canton de Longjumeau. — M. Cocheris, maire de Sainte-Geneviève-des-Bois.

Arrondissement d'Etampes.

Canton d'Etampes. — M. Charpentier, ancien maire d'Etampes.

Canton de La Ferté-Alais. — M. le marquis de Selve, maire de Cerny.

Canton de Méréville. — M. Menault, publiciste à Angerville.

Canton de Milly. — M. Bos, ancien avocat au Conseil d'Etat et à la Cour de Cassation.

Arrondissement de Mantes.

Canton de Mantes. — M. L'Evesque, ancien notaire, ancien maire à Mantes.

Canton de Bonnières. — M. Robert, juge au Tribunal de la Seine.

Canton de Houdan. — M. Delafosse, maire de Houdan.

Canton de Limay. — M. Maret, maire de Brueil.

Canton de Magny. — M. Bachelier, maire de Banthelu.

Arrondissement de Pontoise.

Canton de Pontoise. — M. Rendu, inspecteur général de l'Instruction publique, à Labbeville.

Canton d'Ecouen. — M. Vallée, maire de Bouffémont.

Canton de Gonesse. — M. Desnos, maire de Montfermeil.

Canton de L'Isle-Adam. — M. Bélier, maire de Méry-sur-Oise.

Canton de Luzarches. — M. Gilbert-Boucher, conseiller à la Cour d'appel de Paris, propriétaire à Luzarches.

Canton de Marines. — M. le comte de Gouy, maire de Marines.

Canton de Montmorency. — M. Armand Hayem [1].

Arrondissement de Rambouillet.

Canton de Rambouillet. — M. Currey, maire de Vieille-Eglise.

Canton de Chevreuse. — M. le comte de Breteuil, ancien maire de Choisel.

Canton de Dourdan-Nord. — M. Lavallée, maire de Saint-Sulpice-de-Favières.

Canton de Dourdan-Sud. — M. Dujoncquoy, manufacturier, maire de Sainte-Mesme.

Canton de Limours. — M. le duc de Padoue, ancien ministre, maire de Courson-Aunay.

Canton de Montfort-l'Amaury. — M. Brame, ingénieur des Ponts et Chaussées, à Neauphle-le-Vieux.

Les membres du nouveau Conseil général se réunirent le 23 octobre, non pas à la Préfecture, qui était devenue l'hôtel de la Présidence de la République, mais « dans le local qui lui [avait] été assigné dans l'aile sud du château de Versailles ». Après avoir donné lecture du décret du 16 septembre 1871, qui convoquait le Conseil, le Préfet déclara la session ouverte, et le Conseil se constitua immédiatement sous la présidence d'âge de M. Farjasse ; M. Aubry-Vitet, le plus jeune des membres présents, fut appelé aux fonctions de Secrétaire provisoire.

Le Préfet, M. A. Cochin, adressa alors au Conseil général l'allocution suivante, qui fut accueillie par de nombreuses marques d'assentiment et de sympathie [2] :

« Messieurs, avant le commencement de vos importants travaux, vous me permettrez de me féliciter hautement des relations qui vont s'établir entre nous et de les caractériser par quelques paroles.

[1] L'élection de M. Armand Hayem fut invalidée par le Conseil général à raison de l'inéligibilité de celui-ci [séance du 28 octobre 1871]. Les opérations qui eurent lieu le 19 novembre suivant pour l'élection d'un membre du Conseil général, canton de Montmorency, eurent pour résultat la réélection de M. Hayem. Cette deuxième élection ayant été invalidée de nouveau par le Conseil général [séance du 22 février 1872], il fut procédé à de nouvelles opérations électorales le 7 avril suivant; M. Hayem fut réélu, et son élection fut validée le 12 de ce mois.

[2] Le rapport qui était présenté, à cette même date, par le Préfet au Conseil général commençait ainsi : « Messieurs, Le Conseil général va reprendre ses travaux dans des circonstances bien différentes de celles qui les ont vu interrompre, il y a pris de deux ans: et, pour mesurer cette différence, vous n'aurez, Messieurs, qu'à jeter les yeux autour de vous. Vous vous réunirez, en effet, dans une des salles du palais historique de Louis XIV; ce palais sert de lieu de délibération à l'Assemblée des représentants du pays; le siège habituel de vos délibérations est la résidence du Président de la République, et Versailles est devenu la capitale politique de la France. Enfin, vous venez de recevoir des électeurs un mandat nouveau, et vous allez l'exercer avec des attributions tout à fait nouvelles en face d'une nouvelle administration. »

« Il n'a pas dépendu de moi de vous réunir dans le lieu habituel de vos séances, ni de vous faire distribuer, à l'époque accoutumée, le rapport qui sert d'exposé aux affaires soumises à vos délibérations. M. le Président de la République est, en ce moment, votre hôte à la Préfecture, et il m'a chargé très expressément de vous remercier d'une hospitalité que le département est assurément fier de lui offrir. *(Très bien ! Marques générales d'assentiment.)*

« Vous-mêmes, Messieurs, vous êtes les hôtes de l'Assemblée nationale, et je me suis fait déjà auprès de M. le Président Grévy l'organe de remerciements que vous aimerez, j'en suis sûr, à renouveler. *(Adhésion.)*

« Quant aux documents que j'avais à vous soumettre, je vous ai fait distribuer le rapport de mon honorable prédécesseur, M. Cornuau, qui est le commencement et comme le point de départ de l'exposé que vous attendez. Mon rapport, qui le continue et le complète, vous sera distribué dans le cours de la séance, l'impression n'en ayant pu être terminée que ce matin.

« J'avais à vous rendre compte de deux années, et quelles années ! pendant lesquelles le Conseil général de Seine-et-Oise n'a pas pu être réuni.

« La ville de Versailles était à peine depuis quelques mois affranchie de l'occupation étrangère, les services administratifs venaient à peine de reprendre leur marche régulière, lorsque l'indulgente amitié du Chef de l'État m'a appelé à l'honneur de les diriger.

« Toutes les pièces, tous les comptes et rapports que le Préfet doit réunir pour les sessions du Conseil général, je n'ai pu les concentrer entre mes mains que depuis quelques jours seulement. Vous excuserez ces retards, ces embarras, qui sont la suite des épreuves supportées par le département de Seine-et-Oise durant ces deux douloureuses années.

« Vous le savez, Messieurs, toujours exposé à subir le contre-coup des destinées de son puissant voisin, ayant à porter, mais aussi à payer l'honneur de la proximité de Paris, le département de Seine-et-Oise a été écrasé deux fois : une première fois, pendant l'héroïque résistance de Paris, une seconde fois, pendant sa coupable révolte. Vous rappeler ces épreuves, c'est vous annoncer à l'avance quels travaux vous aurez à accomplir, quels lourds sacrifices vous aurez à mesurer; c'est vous annoncer à l'avance quels efforts seront demandés à votre patriotisme durant une session qui prend ainsi un caractère particulièrement sérieux et, j'ose le dire, presque solennel.

« Vous venez, Messieurs, de recevoir des électeurs un mandat que la situation du département rend extrêmement difficile et compliqué, et dont l'accomplissement exige de votre part d'énergiques efforts.

« Mais il est deux circonstances qui ajoutent encore à l'extrême importance de ce mandat.

« Nous allons inaugurer ensemble l'application de la loi de décentralisation du 10 août 1871. L'Assemblée nationale, en votant cette loi, a montré qu'elle avait confiance dans le Pays; au milieu de ses désastres, elle n'a pas hésité à accroître ses libertés, et, par une véritable révolution dans les anciens errements, le législateur a eu la loyauté, la hardiesse, d'ordonner à la fois que l'Administration n'exercerait plus aucun pouvoir sur les élections, et que les élus exerceraient un grand pouvoir sur elle..

« Gardez-vous de croire, Messieurs, que, pour ma part, je regarde les fonctions préfectorales comme amoindries par cette législation nouvelle, dont l'expérience corrigera les imperfections. A mes yeux, le Préfet conserve la plénitude des attributions qu'il tenait de la délégation du pouvoir central, et, en partageant désormais l'administration du pays avec les élus du pays, il reçoit à son tour une partie de l'ascendant qu'ils doivent aux suffrages de leurs concitoyens. (*Vives marques d'approbation.*) Ayant désormais une double origine, ses actes auront une double autorité. (*Bravos.*) J'appartenais à l'opinion libérale avant d'entrer dans l'administration, et je n'aurai jamais connu et appliqué une autre législation départementale. Vous ne serez donc pas surpris, Messieurs, de la confiance et, vous n'en douterez pas, de la bonne foi que j'apporte dans cette grande expérience. En collaboration permanente avec vous ou vos délégués, loin de voir dans ce contrôle une entrave ou un amoindrissement, si je me sens un peu moins fonctionnaire, je me sentirai beaucoup plus citoyen (*Bravos et applaudissements*), et je ne doute pas que chaque jour je n'aie à constater que tout ce qui me rapproche de vous m'élève et me fortifie. (*Assentiment.*)

« La gravité des maux du département et l'importance de la législation nouvelle ne sont pas les seuls motifs de la confiance que j'exprime et que votre accueil si bienveillant vient d'encourager d'une manière très flatteuse pour moi. J'ai l'honneur de représenter ici un Gouvernement que l'histoire jugera diversement sans doute, mais auquel la postérité ne pourra pas ne pas reconnaître un titre exceptionnel. Né des nécessités publiques, il a pour unique mission de faire face à ces nécessités, et il s'efforce de sauver le pays, sans sacrifier dans le présent aucune de ses libertés et sans enchaîner dans l'avenir aucune de ses volontés. C'est là, on ne peut le nier, une tentative honorable et même glorieuse. Si l'Assemblée nationale et le Président de la République de 1871 parviennent, et j'en ai la ferme espérance, à rétablir et à rasseoir fortement l'ordre public sur le sol ébranlé qui nous porte, la France aura le droit d'être fière devant l'histoire de n'avoir, dans un moment aussi critique, cherché son salut que dans ce que l'on peut appeler l'association mutuelle des efforts de tous les bons citoyens. (*Applaudissements.*)

« Délégué d'un tel Gouvernement, je n'ai pas à me demander s'il compte parmi vous des partisans ou des adversaires. Ce Gouvernement, j'aime à le redire, n'est que le

324 L'ADMINISTRATION DÉPARTEMENTALE

chargé d'affaires, la représentation momentanée, l'image vivante de la France ensanglantée faisant appel, pour réparer ses maux, au bon vouloir de tous ses enfants, sans distinction d'origine ou de parti. Il a ainsi le droit d'espérer, de réclamer, d'obtenir le concours de tout ce qui porte le nom de Français.

« Messieurs, le malheur de la patrie efface toutes les dissidences, l'amour de la patrie domine tous les sentiments dans les âmes généreuses. En invoquant ce nom sacré, je suis certain d'avance de l'union et de l'ardeur avec lesquelles vous allez accomplir des travaux auxquels je suis très fier de me trouver associé. (*Bravos et applaudissements prolongés.*) »

M. Farjasse, président, répondit à cette allocution en ces termes :

« Messieurs du Conseil général, appelé par le triste privilège de l'âge à l'honneur de vous présider, je n'en abuserai pas pour vous faire un long discours; permettez seulement à ma vieille expérience de rappeler à votre attention qui nous sommes et ce qui nous est imposé par le mandat de nos électeurs.

« Nous sommes gens d'affaires; nous venons soigner ici les intérêts de notre département, cicatriser les plaies qu'une guerre à jamais déplorable nous a faites. Donc, point de politique, ou, tout au plus, le moins possible; que cette idée pacifique, Messieurs, soit l'inspiration que vous allez suivre dans le choix de votre Bureau définitif et dans vos travaux. Ne pensons qu'au bonheur de la France, à la prospérité de notre département, et nous aurons bien mérité de la Patrie. (*Très bien! Très bien!*) »

Après quoi, le Conseil général procéda à la vérification des pouvoirs de ses membres. Trente-cinq élections furent successivement validées; une seule, celle de M. Armand Hayem, dans le canton de Montmorency, fut invalidée[1] dans la séance du 28 octobre.

Dans celle du 24 octobre, il avait nommé son Bureau définitif, qui fut ainsi composé :

Président, M. L'Evesque ;
Vice-Président, M. Gilbert-Boucher ;
Secrétaires, MM. Aubry-Vitet, Bos et Menault.

M. L'Evesque, ayant pris place au fauteuil, adressa au Conseil les paroles suivantes :

« Messieurs, je vous suis profondément reconnaissant de l'honneur que vous avez bien voulu me faire en m'appelant à présider vos séances.

« Si je ne consultais que ma personne et mon amour-propre, je vous prierais de me permettre de ne pas accepter une pareille tâche, tant je suis convaincu qu'elle est au-dessus de mes forces.

[1] Voir la note 1 de la page 321.

« Mais j'ai pensé qu'en me conformant à votre décision, en occupant temporairement cette place, je vous laisserais à tous le temps de vous connaître, de vous apprécier
et de décider ultérieurement par qui vous voudrez définitivement être présidés. Permettez-moi d'espérer que ce sentiment, le seul qui me guide, sera pris par vous en considération et que, dès lors, je puis compter sur votre bienveillant appui et surtout sur
votre extrême indulgence. (*Marques générales d'approbation.*)

« Je vous propose, Messieurs, de voter des remercîments à MM. les membres du
Bureau provisoire. (*Oui! Oui! Très bien!*) »

Ce fut dans la séance du 26 octobre que se fit la répartition du Conseil en deux
séries, en vue du renouvellement triennal par moitié. On adopta les deux séries constituées, en 1852, pour les Conseils d'arrondissement et comprenant :

ARRONDISSEMENTS.	SÉRIE A.	SÉRIE B.
Corbeil.	Corbeil. Boissy-Saint-Léger.	Arpajon. Longjumeau.
Etampes	Etampes. Milly.	La Ferté-Alais. Méréville.
Mantes.	Mantes. Magny.	Bonnières. Houdan. Limay.
Pontoise.	Pontoise. Ecouen. Luzarches. Montmorency.	Gonesse. L'Isle Adam. Marines.
Rambouillet	Rambouillet. Dourdan (Nord). Montfort-l'Amaury.	Chevreuse. Dourdan (Sud). Limours.
Versailles.	Argenteuil. Marly-le-Roi. Meulan. Palaiseau. Versailles (Nord).	Poissy. Saint-Germain en-Laye. Sèvres. Versailles (Sud). Versailles (Ouest)

Par la voie du tirage au sort, la série B fut désignée pour sortir la première, c'est-
à-dire trois ans après.

43

Le lendemain, 27 octobre, le Conseil général se rendit chez M. le Président de la République, pour lui faire visite.

Le 16 novembre, il fut procédé à l'élection de la Commission départementale, dont furent nommés membres MM. Marquis, pour l'arrondissement de Corbeil, Charpentier, pour celui d'Étampes, L'Evesque, pour celui de Mantes, Gilbert-Boucher, pour celui de Pontoise, Brame, pour celui de Rambouillet, Barbu et Hély d'Oissel, pour celui de Versailles.

Après quoi, le Conseil fixa au lundi 8 avril 1872 sa prochaine session ordinaire, et ce même jour, 16 novembre, le Président déclara close la session ordinaire de 1871 ; elle avait duré vingt-cinq jours. Dans l'une de ses séances, celle du 27 octobre, l'Assemblée départementale avait pris, relativement à l'impression des procès-verbaux des séances, un arrêté dont il convient de reproduire ici les parties essentielles :

« Art. 1er. — Tous les procès-verbaux des séances du Conseil général seront livrés à l'impression, sauf le cas où le Conseil général aura décidé que tout ou partie d'un procès-verbal devra demeurer manuscrit.

« Art. 2. — La même publicité sera donnée au rapport de M. le Préfet, ainsi qu'à l'analyse des vœux du Conseil général.

« Art. 3. — L'imprimeur adoptera le format in-octavo, dans les dimensions de celui employé jusqu'à présent pour cet objet. »

C'est donc depuis 1871 que les volumes dits des Délibérations du Conseil général contiennent *in extenso* les Rapports du Préfet et de la Commission départementale, — et bientôt après ceux des Chefs de services, — et les Procès-verbaux des séances tenues par le Conseil.

En 1872, le Conseil général tint, au mois de février, une session extraordinaire, qui s'ouvrit le 19 et se termina le 23.

La première session ordinaire eut lieu au mois d'avril, et ce fut M. Paul Diard, secrétaire général, chargé par intérim de la Préfecture, qui présenta au Conseil général le rapport d'usage. Celui-ci commençait par un hommage rendu à la mémoire de M. Cochin, mort à Versailles, le 15 mars précédent :

« Messieurs, Lorsqu'en inaugurant votre session extraordinaire du mois de février dernier, M. le Président du Conseil général vous donnait lecture de la lettre que vous adressait M. le Préfet de Seine-et-Oise, pour s'excuser de ne pouvoir assister à vos séances, nul d'entre nous ne pressentait la douloureuse portée de ses adieux suprêmes. Vos laborieux travaux s'accomplirent sans entraves, sinon sans regrets, et, en vous séparant, vous aviez gardé l'espérance, ainsi que M. Cochin vous l'assurait lui-même, que son état de maladie réclamait seulement quelques jours de soins sérieux et assidus, et qu'au mois d'avril vous vous retrouveriez réunis pour reprendre ensemble le lourd

fardeau de la discussion des affaires publiques. Mais les desseins impénétrables de la
Providence réservaient à la famille de M. le Préfet, à ses amis, à son pays, de plus
cruelles épreuves : les jours de M. Cochin étaient comptés, et après trois semaines
d'angoisses poignantes et d'espérances déçues, à l'heure même où l'on croyait entrevoir
la guérison comme prochaine, la mort est venue briser le cours d'une si belle vie et
ravir au département un magistrat éminent, et au pays une intelligence d'élite, un
homme de bien et, je puis le dire, une illustration nationale.

« Vous avez déjà rendu à cette chère mémoire un solennel et unanime hommage,
et votre Conseil général gardera longtemps le souvenir de l'administrateur merveilleusement doué, de l'orateur entraînant qui tenait cette assemblée en si haute estime, et
dont le passage aux affaires départementales laisse une trace qui ne s'effacera pas.

« Aux premières atteintes de cette fatale maladie, M. le Ministre de l'Intérieur
m'avait désigné pour remplacer M. Cochin au milieu de vous; ce douloureux *intérim* se
continue encore. J'ai donc pour le moment la triste mission et le périlleux honneur de
poursuivre avec vous l'œuvre que M. le Préfet laisse inachevée. Pour continuer, même
de l'autre côté de la tombe, cette collaboration que son amitié m'avait confiée, et dont
je ne pourrais redire le charme sans en affaiblir l'expression, j'ai besoin, plus que
jamais, de compter sur votre bienveillant et indulgent concours. »

Le Président du Conseil général exprima, au début de la séance d'ouverture, le
8 avril, les mêmes regrets :

« Messieurs », dit-il, « J'ai la conviction que je serai en complète harmonie avec les
sentiments qui vous animent si je ne laisse pas cette session s'ouvrir sans exprimer la
douleur profonde que nous avons tous éprouvée de la perte de M. Cochin, notre regrettable et regretté Préfet.

« Nous conserverons toujours le souvenir des excellentes qualités qui ornaient son
esprit et son cœur.

« Nous nous rappellerons constamment sa parole sympathique, l'aménité et la douceur de ses relations, son amour du bien, la conscience éclairée qui le dirigeait, et sa
ferme volonté de donner, en les étudiant et les approfondissant dans tous leurs détails,
ce qu'il croyait être la meilleure solution, dans l'intérêt de tous, des affaires confiées à
son administration.

« La perte que le département a faite dans la personne de M. Cochin vous laissera
toujours de longs et cruels regrets.

« Quelque courte qu'ait été sa présence au milieu de nous, elle a certainement créé
de sérieuses obligations pour celui qui sera appelé à lui succéder, et je n'hésite pas à
dire qu'il ne le fera pas oublier. »

Ce fut au cours de cette session, dans la séance du 12 avril, que le Conseil général fit

son Règlement[1], composé de 23 articles, répartis en 5 chapitres intitulés : Chapitre I.
Vérification des pouvoirs. Composition et élection du Bureau. Chapitre II. *Des Commis-sions.* Chapitre III. *Des Séances.* Chapitre IV. *Des fonctions des Membres du Bureau.*
Chapitre V. *De la Commission départementale.*

La session se termina le 22 avril.

Lorsque la deuxième session ordinaire s'ouvrit, — *la session d'août* commençant de
plein droit le premier lundi qui suit le 15 août et ne pouvant être retardée que par une
loi[2], — un nouveau Préfet, M. le marquis de Chambon, avait succédé à M. Augustin
Cochin ; il avait été appelé à ce poste par un décret du 9 mai 1872. Dans la première
séance, qui se tint le 19 août, le Président l'assura que tous les membres du Conseil
seraient « animés d'une même pensée, celle de prêter un loyal concours à l'Administration dans tout ce qui doit donner une légitime satisfaction aux intérêts moraux et
matériels qui [leur] sont confiés ». M. de Chambon remercia le Président du concours
promis : « En échange de ce concours, vous pouvez être certains, Messieurs, que j'emploierai tous les moyens en mon pouvoir pour rendre nos relations aussi étroites, aussi
cordiales et aussi efficaces que possible. Cette entente est plus nécessaire que jamais,
alors que nous avons à nous relever de nos ruines et à mettre en pratique un régime
tout nouveau pour les Conseils généraux. Vous pouvez compter sur moi, Messieurs, de
la manière la plus absolue. » Cette session prit fin le 7 septembre.

En 1873, le Conseil général tint ses deux sessions ordinaires. M. L'Évesque, qui avait
été réélu Président le 19 août 1872, le fut encore le 18 août de cette année. Aux termes
de son Règlement, le Conseil nommait un Président, deux Vice-Présidents, au scrutin de
liste, et trois Secrétaires, également au scrutin de liste. MM. Gilbert-Boucher et le
comte de Breteuil étaient, l'un premier Vice-Président, l'autre deuxième Vice-Président ;
MM. Cocheris, Aubry-Vitet et Menault étaient premier, deuxième et troisième Secrétaires.

C'est en 1874 que devait être opéré le premier renouvellement triennal, par moitié,
du Conseil général. Avant qu'il y fût procédé, le Conseil tint, cette année-là, trois sessions :

1° Une session extraordinaire, du 26 février au 4 mars, ayant pour objet les indemnités de guerre ;

2° La session ordinaire, du 13 au 18 avril ;

3° Une session extraordinaire, du 18 au 23 mai, « à l'effet de délibérer sur une de-

---

[1] « Le Conseil général fait son règlement intérieur. » Art. 26 de la loi de 1871.

[2] Article 23 de la même loi, modifié depuis par la loi du 9 juillet 1907, dont l'article 1er est ainsi conçu : « Dans
leur première session annuelle, les Conseils généraux pourront fixer l'ouverture de la deuxième session à une
date postérieure à celle prévue par l'article 23 de la loi du 10 août 1871, sans dépasser cependant le 1er octobre.
La session ajournée pourra avoir la durée fixée par la loi du 10 août 1871 pour la session d'août. Elle devra
toutefois être terminée le 8 octobre au plus tard. »

mande formée par les Compagnies concessionnaires du chemin de fer dit de grande cir-
convallation, et tendant à la restitution de leur cautionnement ».

Le Préfet de Seine et-Oise était alors M. H. Limbourg. qui avait été appelé, le 21 décembre 1873, à remplacer M. de Chambon.

Lorsque la session de mai s'ouvrit, M. Gilbert-Boucher, premier vice-président, com-
muniqua une lettre par laquelle M. L'Evesque s'excusait de ne pouvoir présider le Conseil
pendant cette session, étant retenu au lit par une maladie grave. Six jours après, le
23 mai, il prononçait, au début de la séance, les paroles suivantes :

« Messieurs, Je croirais manquer à mon devoir et méconnaître vos sentiments si,
avant d'inviter M. le Secrétaire à lire le procès-verbal de votre dernière séance, je ne
vous exprimais, comme je l'ai fait avant-hier à Mantes, le profond regret que nous
éprouvons tous de la mort de notre honoré Président, M. L'Evesque. Si quelquefois plusieurs d'entre nous ont différé d'opinion avec lui, il n'y a personne, au sein du Conseil
général, qui n'ait rendu justice à ses mérites réels comme à son impartialité. Son souvenir restera toujours gravé au fond de nos cœurs. Comment pourrions-nous oublier,
Messieurs, cet esprit fin et pénétrant, cette intelligence des affaires qu'il apportait dans
nos discussions? Comment surtout pourrions-nous oublier ce dévouement, cette affection qu'il nous montrait à tous et dont il nous a si souvent donné des preuves?

« Le privilège des hommes de bien et des esprits d'élite est d'inspirer le respect et
la considération. M. L'Evesque a mérité l'un et l'autre. Hélas ! nous ne le reverrons plus
parmi nous, et il nous est interdit désormais de lui exprimer la déférence que nous
avions pour son caractère et pour les qualités remarquables qui le distinguaient; mais
nous garderons pieusement le culte de sa mémoire et nous nous efforcerons, j'en suis
convaincu, d'imiter les nobles exemples qu'il nous a donnés. (Très bien!) »

Il ne saurait entrer dans nos intentions de parler ici des sessions, tant ordinaires
qu'extraordinaires, qui furent tenues depuis par l'Assemblée départementale. Ceux de
nos lecteurs qui seraient désireux de connaître ce qui se fit dans chacune d'elles pourraient
aisément se renseigner, puisque les Rapports du Préfet, ceux de la Commission départementale et les Procès-verbaux des séances du Conseil général sont imprimés, et qu'on
en trouve la collection complète aux Archives départementales, dans un certain nombre
de mairies du département, et à Paris, aussi bien aux Archives nationales qu'à la Bibliothèque nationale. Nous nous bornerons à indiquer, pour la période de 1874 à 1913, en ce
qui concerne le Conseil général :

1° Les modifications qui furent apportées dans la composition de cette Assemblée
par les renouvellements triennaux et par les élections partielles;

2° La composition du Bureau nommé chaque année par le Conseil, à la session d'août.

On a vu plus haut que les cantons avaient été répartis en deux séries et que la série B avait été désignée pour sortir la première en 1874. D'où il suit que les renouvellements triennaux s'accomplirent aux dates ci-après :

1re série, série B : 1874, 1880, 1886, 1892, 1898, 1904, 1910 ;

2e série, série A : 1877, 1883, 1889, 1895, 1901, 1907, 1913[1].

Renouvellement triennal de 1874.

Les élections furent fixées, par le décret du 11 septembre, au dimanche 4 octobre, et au dimanche 11, pour le second tour de scrutin. Indépendamment des 18 Conseillers généraux à réélire pour les 18 cantons appartenant à la série B, il y avait à nommer un Conseiller général pour le canton de Mantes, en remplacement de M. L'Evesque, décédé. Voici quels furent les résultats des votes :

Furent réélus : MM. Barbu (Versailles-Sud), Hély d'Oissel (Poissy), Fréville (Sèvres), Marquis (Arpajon), Cocheris (Longjumeau), Delafosse (Houdan), Maret (Limay), Bélier (L'Isle-Adam), le duc de Padoue (Limours).

Furent élus : MM. Pasquier (Versailles-Ouest), Frédéric Passy (Saint-Germain-en-Laye), Goupy (La Ferté-Alais), Delerue (Méréville), Michaux (Bonnières), Maréchal (Gonesse), Delacour (Marines), Munster (Chevreuse), Poupinel (Dourdan-Sud).

Fut élu à Mantes : M. Hèvre.

Le Conseil général valida toutes ces élections, dans sa séance du 19 octobre.

1876. Élection partielle.

M. Cramail, membre du Conseil général pour le canton de Marly-le-Roi, étant décédé[2], les électeurs de ce canton furent convoqués pour le dimanche 6 août. Ils nommèrent, pour le remplacer, M. Herbette [Pierre-Emile], notaire et conseiller municipal.

Renouvellement triennal de 1877.

Le décret du 12 octobre 1877 fixa au 4 novembre suivant le renouvellement de la deuxième série sortante des Conseillers généraux, le deuxième tour de scrutin devant avoir lieu le 11.

Furent réélus : MM. de Magny (Versailles-Nord), Herbette (Marly-le-Roi), le docteur Morère (Palaiseau), Charpentier (Etampes), Vallée (Ecouen), Gilbert-Boucher (Luzarches), Hayem (Montmorency), Lavallée (Dourdan-Nord).

Furent élus : MM. Fautier (Argenteuil), Jozon (Meulan), Léon Féray (Corbeil), Lebon (Boissy-Saint-Léger), Guibert (Milly), Lebaudy (Mantes), Champy (Magny), Vasserot (Pontoise), Ferdinand-Dreyfus (Rambouillet), Maurice Richard (Montfort-l'Amaury).

---

[1] « La deuxième série a été renouvelée en 1907 et la première en 1910. La deuxième série sera soumise au renouvellement en 1913. » Annuaire du département pour 1912, p. 23.

[2] M. Adrien Cramail, décédé le 2 juillet 1876.

1878. *Élection partielle.*

M. de Magny, membre du Conseil général pour le canton de Versailles-Nord, étant décédé[1], les électeurs de ce canton furent convoqués pour le 16 juin. Ils nommèrent, pour le remplacer, M. A. Mainguet, adjoint au maire de Versailles.

Renouvellement triennal de 1880.

Les élections pour le renouvellement de la série sortante en 1880 eurent lieu les 1er et 8 août.

Furent réélus : MM. Pasquier (Versailles-Ouest), Hély d'Oissel (Poissy), Frédéric Passy (Saint-Germain-en-Laye), Fréville (Sèvres), Cocheris (Longjumeau), Goupy (La Ferté-Alais), Delafosse (Houdan), Maret (Limay), Delacour (Marines), Poupinel (Dourdan-Sud).

Furent élus : MM. Deroisin (Versailles-Sud), Guérin (Arpajon), Menault (Méréville), Hèvre (Bonnières), Vermeil (Gonesse), Léon Say (L'Isle-Adam), Janin (Chevreuse), le comte de Caraman (Limours).

1881. *Élections partielles.*

Deux élections partielles se firent en 1881. M. Hèvre, conseiller général du canton de Bonnières, démissionnaire, fut remplacé par M. Jules Michaux, maire de Bonnières, élu le 25 septembre. M. Ferdinand-Dreyfus, conseiller général du canton de Rambouillet, également démissionnaire, eut pour successeur M. Eugène Hache, avocat à la Cour d'appel de Paris, élu le 30 octobre.

1882. *Élections partielles.*

Six élections partielles eurent lieu cette année, avant la session du Conseil général; elles se firent les 21-28 mai et les 11-18 juin.

M. Cocheris (Longjumeau) étant décédé fut remplacé par M. Roux, maire de cette ville, le 21 mai.

M. Guibert (Milly), démissionnaire, le fut par M. Poirrier, maire de cette ville, à la même date.

M. Fontaine, maire d'Arnouville-lès-Gonesse, fut élu, le 28 mai, Conseiller général du canton de Gonesse.

M. le docteur Vermeil, précédemment conseiller général du canton de Gonesse, fut élu, le 21 mai, Conseiller général du canton du Raincy, créé le mois précédent.

---

[1] Le 31 mars 1878.

M. Georges Vian, conseiller municipal à Saint-Chéron, fut élu, le 28 mai, Conseiller général du canton de Dourdan-Nord, en remplacement de M. Lavallée, démissionnaire.

Le mois suivant, M. Ottenheim, conseiller municipal à Versailles et président du Tribunal de commerce, fut élu — le 18 juin — Conseiller général du canton de Versailles-Nord, en remplacement de M. Mainguet, décédé [1].

À partir de cette année, le Conseil général comptait un membre de plus soit trente-sept, la loi du 7 avril 1882 ayant distrait du canton de Gonesse dix des communes dont il était composé pour en former un nouveau canton, dont le chef-lieu était fixé au Raincy. Ce canton fut rangé dans la première série.

Renouvellement triennal de 1883 et élections partielles.

Les élections pour le renouvellement de la série sortante en 1883 eurent lieu les 12 et 19 août.

Furent réélus : MM. Ottenheim (Versailles-Nord), Fautier (Argenteuil), Herbette (Marly-le-Roi), Jozon (Meulan), le docteur Morère (Palaiseau), Féray (Corbeil), Lebon (Boissy-Saint-Léger), Lebaudy (Mantes), Vasserot (Pontoise), Hayem (Montmorency), Hache (Rambouillet), Vian (Dourdan-Nord), Maurice Richard (Montfort-l'Amaury).

Furent élus : MM. Duclos (Étampes), Legendre (Milly), Bachelier (Magny-en-Vexin), Brincard (Ecouen), Sainte-Beuve (Luzarches).

À cette même date, le 12 août, M. Bonnefille fut élu Conseiller général du canton de Longjumeau, en remplacement de M. Roux, décédé.

Enfin, une autre élection partielle eut lieu le 16 décembre, pour le remplacement de M. Delacour, membre du Conseil général pour le canton de Marines, démissionnaire ; il eut pour successeur M. le docteur Peyron, directeur de l'Institution nationale des sourds-muets.

1884. Élections partielles.

Trois élections partielles eurent lieu avant la session d'avril, aux dates suivantes :

Le 17 février, M. Paul Lebaudy fut nommé dans le canton de Bonnières, en remplacement de M. Michaux, démissionnaire.

À la même date, M. Bachelier, élu en 1883 dans le canton de Magny, et dont l'élection avait été annulée par arrêt du Conseil d'État du 25 décembre 1883, fut réélu dans le même canton.

Enfin, le 25 mai, M. le comte Treilhard fut nommé dans le canton d'Arpajon, en remplacement de M. Guérin, démissionnaire.

---

[1] Le 6 mai 1882.

1886. *Élection partielle et renouvellement triennal.*

Le 10 janvier, M. Lalande, notaire, fut élu membre du Conseil général pour le canton de Magny, en remplacement de M. Bachelier, décédé [1].

Les élections pour le renouvellement de la série sortante en 1886 eurent lieu les 1er et 8 août.

Furent réélus : MM. Deroisin (Versailles-Sud), Hély d'Oissel (Poissy), Frédéric Passy (Saint-Germain-en-Laye), le comte Treilhard (Arpajon), Bonnefille (Longjumeau), Menault (Méréville), Paul Lebaudy (Bonnières), Delafosse (Houdan), Maret (Limay), Fontaine (Gonesse), le docteur Peyron (Marines), Janin (Chevreuse), le comte de Caraman (Limours).

Furent élus : MM. Haussmann (Versailles-Ouest), Albert Gauthier (Sèvres), Kanappe (La Ferté-Alais), Bélier (L'Isle-Adam), Roger-Ballu (Le Raincy), Thuret (Dourdan-Sud).

A cette même date, le 1er août, M. Lefebvre fut élu Conseiller général pour le canton d'Etampes, en remplacement de M. Duclos, démissionnaire.

1888. *Élections partielles.*

Trois élections partielles eurent lieu aux dates suivantes, dont une après la session d'août :

Le 12 février, M. Ambroise Rendu fut nommé dans le canton de Pontoise, en remplacement de M. Vasserot, décédé.

Le 19 août, M. le marquis de Lubriffe le fut dans le canton de Houdan, en remplacement de M. Delafosse, décédé.

Le 9 décembre, M. Marcel Habert le fut dans le canton de Montfort-l'Amaury, en remplacement de M. Maurice Richard, décédé.

1889. *Renouvellement triennal et élections partielles.*

Les élections pour le renouvellement de la série sortante eurent lieu les 28 juillet et 4 août.

Furent réélus : MM. Fautier (Argenteuil), Jozon (Meulan), le docteur Morère (Palaiseau), Lefebvre (Etampes), Legendre (Milly), Lebaudy (Mantes), Lalande (Magny), Brincard (Ecouen), Hayem (Montmorency), Hache (Rambouillet), Vian (Dourdan-Nord), Marcel Habert (Montfort-l'Amaury).

Furent élus : MM. Blondel (Versailles-Nord), Guillaume Beer (Marly-le-Roi), le général Boulanger (Corbeil), Savary (Boissy-Saint-Léger), Billoin (Pontoise), Maurice Gilbert-Boucher (Luzarches).

[1] Au mois d'octobre 1885.

44

Deux élections partielles se firent cette même année.

M. Armand Hayem, étant décédé le 1er août, eut pour successeur M. Maurice Muret, qui fut élu, le 1er septembre, membre du Conseil général pour le canton de Montmorency.

L'annulation de l'élection de M. le général Boulanger comme membre du Conseil général pour le canton de Corbeil ayant été prononcée par arrêt du Conseil d'Etat en date du 9 août, M. Bernier fut élu, pour le remplacer, à la date du 3 novembre.

1890. *Elections partielles.*

Trois élections partielles eurent lieu aux dates suivantes, dont l'une après la session d'août :

Le 19 janvier, M. A. Collet fut nommé dans le canton de Mantes, en remplacement de M. Gustave Lebaudy, décédé en 1889.

Ce même jour, M. le vicomte Cornudet fut nommé dans le canton de Pontoise, en remplacement de M. Billoin, également décédé.

Le 26 octobre, M. le docteur Amodru fut nommé dans le canton de La Ferté-Alais, en remplacement de M. Kanappe, démissionnaire.

1892. *Renouvellement triennal.*

Les élections pour le renouvellement de la série sortante eurent lieu le 31 juillet et le 7 août.

Furent réélus : MM. Haussmann (Versailles-Ouest), Hély d'Oissel (Poissy), Frédéric Passy (Saint-Germain-en-Laye), Albert Gauthier (Sèvres), le comte Treilhard (Arpajon), Bonnefille (Longjumeau), le docteur Amodru (La Ferté-Alais), Paul Lebaudy (Bonnières), le marquis de Labriffe (Houdan), Maret (Limay), Fontaine (Gonesse), le docteur Peyron (Marines), Roger-Ballu (Le Raincy), Janin (Chevreuse), Thuret (Dourdan-Sud), le comte de Caraman (Limours).

Furent élus : MM. Rudelle (Versailles-Sud), Dufour (Méréville), Girolle (L'Isle-Adam).

1893. *Election partielle.*

Un arrêt du Conseil d'Etat en date du 28 avril 1893 ayant prononcé l'annulation de l'élection de M. Girolle comme membre du Conseil général pour le canton de L'Isle-Adam, il fut procédé à une nouvelle élection le 25 juin suivant. M. Girolle fut réélu.

1894. *Elections partielles.*

Deux élections partielles eurent lieu aux dates suivantes, dont une après la session d'août ;

M. Marcel Habert ayant donné, au mois de novembre 1893, sa démission de membre du Conseil général pour le canton de Montfort-l'Amaury, une élection eut lieu le 25 février, à l'effet de pourvoir à son remplacement. M. Adolphe Flamand fut élu.

Le 11 novembre de cette année, M. Louis Cros fut nommé dans le canton de Corbeil, en remplacement de M. Bernier, décédé.

1895. Renouvellement triennal.

Les élections pour le renouvellement de la série sortante eurent lieu le 28 juillet et le 4 août.

Furent réélus : MM. Guillaume Beer (Marly-le-Roi), Jozon (Meulan), le docteur Morère (Palaiseau), Cros (Corbeil), Savary (Boissy-Saint-Léger), Lefebvre (Etampes), Legendre (Milly), Collet (Mantes), Lalande (Magny), le vicomte Cornudet (Pontoise), Brincard (Ecouen), Gilbert-Boucher (Luzarches), Muret (Montmorency), Hache (Rambouillet), Flamand (Montfort-l'Amaury).

Furent élus : MM. Legrand (Versailles-Nord), Gally (Argenteuil), Gautreau (Dourdan-Nord).

1898. Renouvellement triennal.

Les élections pour le renouvellement de la série sortante eurent lieu le 31 juillet et le 7 août.

Furent réélus : MM. Rudelle (Versailles-Sud), Albert Gauthier (Sèvres), le comte Treilhard (Arpajon), Bonnefille (Longjumeau), le docteur Amodru (La Ferté-Alais), Dufour (Méréville), Paul Lebaudy (Bonnières), le marquis de Labriffe (Houdan), Maret (Limay), Girolle (L'Isle-Adam), Peyron (Marines), Janin (Chevreuse), le comte de Caraman (Limours).

Furent élus : MM. le docteur de Fourmestraux (Versailles-Ouest), Maréchal (Poissy), Desoyer (Saint-Germain-en-Laye), Colin (Gonesse), Gautherin (Rambouillet), Trouvé (Dourdan-Sud).

1901. Renouvellement triennal.

Les élections pour le renouvellement de la série sortante eurent lieu les 21 et 28 juillet.

Furent réélus : MM. Legrand (Versailles-Nord), Gally (Argenteuil), Jozon (Meulan), le docteur Morère (Palaiseau), Cros (Corbeil), Legendre (Milly), Collet (Mantes), Lalande (Magny), le vicomte Cornudet (Pontoise), Brincard (Ecouen), Gilbert-Boucher (Luzarches), Gautherin (Rambouillet), Flamand (Montfort-l'Amaury).

Furent élus : MM. Roger-Jourdain (Marly), Argeliès (Boissy-Saint-Léger), Pasturaud (Etampes), Guérin-Bridault (Montmorency), Vian (Dourdan-Nord).

1902. *Élections partielles.*

M. de Fourmestraux, membre du Conseil général pour le canton de Versailles-Ouest, étant décédé[1], il fut procédé à son remplacement le 22 juin 1902. M. Folain, adjoint au maire de Guyancourt, juge au Tribunal de commerce de Versailles, fut élu.

A la fin de cette même année, M. le docteur Morère, membre du Conseil général pour le canton de Palaiseau, étant aussi décédé[2], il fut procédé à son remplacement. M. Muret, architecte à Paris, fut élu le 24 décembre.

1903. *Élection partielle.*

Après le décès de M. Flamand[3], membre du Conseil général pour le canton de Montfort-l'Amaury, une élection eut lieu à l'effet de pourvoir à son remplacement. M. le docteur Bertrand, maire de Neauphle-le-Château, fut élu le 4 janvier 1903.

1904. *Renouvellement triennal.*

Les élections pour le renouvellement de la série sortante eurent lieu les 31 juillet et 7 août.

Furent réélus : MM. Rudelle (Versailles-Sud), Folain (Versailles-Ouest), Desoyer (Saint-Germain-en-Laye), Albert Gauthier (Sèvres), le comte Treilhard (Arpajon), Bonnefille (Longjumeau), le docteur Amodru (La Ferté-Alais), Dufour (Méréville), Paul Lebaudy (Bonnières), le marquis de Labriffe (Houdan), Maret (Limay), Colin (Gonesse), Girolle (L'Isle-Adam), Janin (Chevreuse), Trouvé (Dourdan-Sud), le comte de Caraman (Limours).

Furent élus : MM. Berteaux (Poissy), Delacour (Marines) et le docteur Herpin (Le Raincy).

1905. *Élections partielles.*

Deux élections partielles eurent lieu aux dates suivantes :

M. le docteur Herpin, membre du Conseil général pour le canton du Raincy, étant décédé au mois de janvier, il fut procédé à une élection le 12 février. M. Amiard, maire de Neuilly-sur-Marne, fut élu.

M. Georges Vian, membre du Conseil général pour le canton de Dourdan-Nord, étant aussi décédé, le 19 janvier, il fut procédé à une élection le 19 mars. M. Degas, agriculteur à Sermaise, fut élu.

---

[1] 18 mai 1902.

[2] 31 octobre 1902.

[3] 26 novembre 1902.

1907. Élections partielles et renouvellement triennal.

M. Maret, membre du Conseil général pour le canton de Limay et président honoraire du Conseil, étant décédé le 2 décembre 1906, il fut pourvu à son remplacement le
20 janvier 1907. M. le docteur Vinaver fut élu.

A cette même date du 20 janvier 1907, M. le docteur Vian fut élu membre du Conseil
général pour le canton de Dourdan-Nord, en remplacement de M. Degas, décédé au mois
de décembre 1906.

Les élections pour le renouvellement de la série sortante eurent lieu le 28 juillet et
le 4 août.

Furent réélus : MM. Legrand (Versailles-Nord), Gally (Argenteuil), Jozon (Meulan),
Muret (Palaiseau), Argeliès (Boissy-Saint-Léger), Legendre (Milly), Collet (Mantes), le
vicomte Cornudet (Pontoise), Brincard (Écouen), Gilbert-Boucher (Luzarches), le
docteur Vian (Dourdan-Nord), Bertrand (Montfort-l'Amaury).

Furent élus : MM. Millet (Marly-le-Roi), Dalimier (Corbeil), Louis (Étampes),
Guesnier (Magny), Aimond (Montmorency), Godin (Rambouillet).

M. Collet, membre du Conseil général pour le canton de Mantes, étant décédé le
1er octobre 1907, une élection eut lieu les 24 novembre et 1er décembre, à l'effet de
pourvoir à son remplacement. M. Adolphe Benoist, maire de Soindres, fut élu.

1909. Élection partielle.

M. le docteur Bertrand, membre du Conseil général pour le canton de Montfort-
l'Amaury, étant décédé, il fut procédé, le 4 juillet, à l'élection de son successeur.
M. Marcel Habert fut élu.

1910. Renouvellement triennal.

Les élections pour le renouvellement de la série sortante eurent lieu les 24 et
31 juillet.

Furent réélus : MM. Folain (Versailles-Ouest), Berteaux (Poissy), Desoyer (Saint-
Germain-en-Laye), le docteur Amodru (La Ferté-Alais), Dufour (Méréville), Paul
Lebaudy (Bonnières), le marquis de Labriffe (Houdan), le docteur Vinaver (Limay),
Colin (Gonesse), Girolle (L'Isle-Adam), Amiard (Le Raincy), Janin (Chevreuse), Trouvé
(Dourdan-Sud), de Caraman (Limours).

Furent élus : MM. Chrétien (Versailles-Sud), Ganet (Sèvres), Simon (Arpajon),
Chaillou (Longjumeau), le docteur Meynard (Marines).

1911. Élections partielles.

M. Marcel Habert ayant été élu Conseiller municipal de Paris et ayant donné, au mois
de février 1911, sa démission de membre du Conseil général de Seine-et-Oise pour le can-

ton de Montfort-l'Amaury, il fut procédé, les 2 et 9 avril, à une élection à l'effet de pourvoir à son remplacement. M. Horace Benoist, de Villiers-le-Mahieu, fut élu.

MM. Maurice Berteaux, président du Conseil général et Ministre de la Guerre, et Jozon, vice-président du Conseil général, étant décédés, il fut procédé, les 30 juillet et 6 août, à des élections dans les cantons de Poissy et de Meulan. Elles donnèrent les résultats suivants :

Fut élu, le 30 juillet, comme successeur de M. Jozon dans le canton de Meulan, M. Larnaude, maire d'Aulnay-sur-Mauldre.

Fut élu, le 6 août, comme successeur de M. Maurice Berteaux dans le canton de Poissy, M. Hugues Le Roux, publiciste, à Saint-Germain-en-Laye.

1912.

Il n'y eut pas d'élections partielles en cette année.

1913.

Une élection partielle eut lieu le 9 mars dans le canton d'Argenteuil, M. Gally, conseiller général, étant décédé le 1er janvier. M. Labrierre, président de la Chambre de commerce de Versailles, fut élu.

A la fin du mois de juin, le 27, mourut M. Colin, conseiller général du canton de Gonesse; il ne fut pourvu à son remplacement qu'à l'époque des élections pour le renouvellement de la série sortante.

Celles-ci eurent lieu les 3 et 10 août; en voici les résultats :

Furent réélus : MM. Legrand (Versailles-Nord), Labrierre (Argenteuil), Millet (Marly-le-Roi), Larnaude (Meulan), Muret (Palaiseau), Dalimier (Corbeil), Legendre (Milly), Benoist (Adolphe) (Mantes), Guesnier (Magny-en-Vexin), Cornudet (Pontoise), Brincard (Ecouen), Gilbert-Boucher (Luzarches), Aimond (Montmorency), Godin (Rambouillet), Vian (Dourdan-Nord), Benoist (Horace) (Montfort-l'Amaury).

Furent élus : MM. Franklin-Bouillon (Boissy-Saint-Léger), Bouilloux-Lafont (Etampes).

M. Moreau, maire de Sevran, fut élu, le 10 août, en remplacement de M. Colin.

La composition de l'Assemblée départementale de Seine-et-Oise est donc la suivante à la date du premier lundi venant après le 15 août, c'est-à-dire le 18 août 1913[1] :

Arrondissement de Versailles.

2°. Canton de Versailles-Nord. — M. Legrand, ancien sénateur, avocat, avoué honoraire. (3 août 1913.)

---

[1] Dans la liste que je donne, le chiffre qui précède le nom de chaque canton indique la série à laquelle appartient le Conseiller de ce canton. Je l'emprunte, en la complétant, à l'*Annuaire du département* pour 1913, p. 23. La date de l'élection ou de la réélection de chacun de MM. les Conseillers est inscrite à la suite de la mention qui le concerne.

1re. Canton de Versailles-Ouest. — M. Folain, maire de Guyancourt. (24 juillet 1910.)

1re. Canton de Versailles-Sud. — M. Chrétien, président honoraire à la Cour d'appel de Paris. (24 juillet 1910.)

2e. Canton d'Argenteuil. — M. Labrierre, président de la Chambre de commerce de Versailles. (3 août 1913.)

2e. Canton de Marly-le-Roi. — M. René Millet, ancien résident général en Tunisie. (3 août 1913.)

2e. Canton de Meulan. — M. Larnaude, maire d'Aulnay-sur-Mauldre. (3 août 1913.)

2e. Canton de Palaiseau. — M. Muret, architecte, conseiller municipal de Palaiseau. (3 août 1913.)

1re. Canton de Poissy. — M. Hugues Le Roux, publiciste, à Saint-Germain-en-Laye. (6 août 1911.)

1re. Canton de Saint-Germain-en-Laye. — M. Desoyer, ancien maire de Saint-Germain-en-Laye. (24 juillet 1910.)

1re. Canton de Sèvres. — M. Ganet, maire de Sèvres. (24 juillet 1910.)

Arrondissement de Corbeil.

2e. Canton de Corbeil. — M. Dalimier, député. (3 août 1913.)

1re. Canton d'Arpajon. — M. Simon, maire de Bruyères-le-Châtel. (24 juillet 1910.)

2e. Canton de Boissy-Saint-Léger. — M. Franklin-Bouillon, député, à Villiers-sur-Marne. (3 août 1913.)

1re. Canton de Longjumeau. — M. Chaillou, maire de Champlan. (31 juillet 1910.)

Arrondissement d'Etampes.

2e. Canton d'Etampes. — M. Bouilloux-Lafont [Marcel], maire d'Etampes. (10 août 1913.)

1re. Canton de La Ferté-Alais. — M. le docteur Amodru, ancien député, maire de Chamarande. (24 juillet 1910.)

1re. Canton de Méréville. — M. Dufour, avocat à la Cour d'appel de Paris, à Méréville. (24 juillet 1910.)

2e. Canton de Milly. — M. Legendre, maire de Soisy-sur-Ecole. (3 août 1913.)

Arrondissement de Mantes.

2e. Canton de Mantes. — M. Adolphe Benoist, maire de Soindres. (3 août 1913.)

1re. Canton de Bonnières. — M. Paul Lebaudy, ancien député, à Rosny-sur-Seine. (24 juillet 1910.)

1re. Canton de Houdan. — M. le marquis de Labriffe, conseiller municipal à Gambais. (24 juillet 1910.)

1ᵣₑ. Canton de Limay. — M. le docteur Vinaver, à Limay. (24 juillet 1910.)

2ᵉ. Canton de Magny. — M. Guesnier, député, maire de Blamécourt. (3 août 1913.)

Arrondissement de Pontoise.

2ᵉ. Canton de Pontoise. — M. le vicomte Cornudet, député, maire de Neuville. (3 août 1913.)

2ᵉ. Canton d'Écouen. — M. Brincard, ancien député, ancien maire de Domont. (3 août 1913.)

1ᵣₑ. Canton de Gonesse. — M. Moreau, maire de Sevran. (10 août 1913.)

1ᵣₑ. Canton de L'Isle-Adam. — M. Girolle, maire de L'Isle-Adam. (24 juillet 1910.)

2ᵉ. Canton de Luzarches. — M. Maurice Gilbert-Boucher, ancien maire de Luzarches. (10 août 1913.)

1ᵣₑ. Canton de Marines. — M. le docteur Meynard, maire de Marines. (31 juillet 1910.)

2ᵉ. Canton de Montmorency. — M. Aimond, sénateur, maire de Saint-Leu-Taverny. (3 août 1913.)

1ᵣₑ. Canton du Raincy. — M. Amiard, député, maire de Neuilly-sur-Marne. (24 juillet 1910.)

Arrondissement de Rambouillet.

2ᵉ. Canton de Rambouillet. — M. Godin, ancien ministre des Travaux publics, ancien sénateur, conseiller municipal du Perray. (3 août 1913.)

1ᵣₑ. Canton de Chevreuse. — M. Janin, maire de Saint-Rémy-lez-Chevreuse. (24 juillet 1910.)

2ᵉ. Canton de Dourdan-Nord. — M. Vian, député, maire de Saint-Chéron. (3 août 1913.)

1ᵣₑ. Canton de Dourdan Sud. — M. Trouvé, maire d'Ablis. (24 juillet 1910.)

1ᵣₑ. Canton de Limours. — M. le comte de Caraman, ancien député, maire de Saint-Jean-de-Beauregard. (24 juillet 1910.)

2ᵉ. Canton de Montfort-l'Amaury. — M. Horace Benoist, à Villiers-le-Mahieu. (3 août 1913.)

Nous avons maintenant à donner la composition du Bureau de l'Assemblée départementale à partir de 1874, c'est-à-dire à dresser la liste des Présidents, Vice-Présidents et Secrétaires jusqu'en 1913.

On a vu, page 329, que M. L'Evesque, président du Conseil général, était décédé au mois de mai 1874. Il fut remplacé dans cette fonction par M. Gustave Gilbert-Boucher, conseiller général du canton de Luzarches, qui faisait partie de l'Assemblée départementale depuis 1848. Le nouveau Président fut élu dans la séance du 19 octobre 1874; après avoir occupé le fauteuil de la présidence, il prononça l'allocution suivante :

Pl. VI

M. GILBERT-BOUCHER
Président du Conseil général
1874-1883.

M. LÉON SAY
Président du Conseil général
1883-1886.

M. MARET
Président du Conseil général
1886-1904.

M. AMODRU
Président du Conseil général
1904-1908.

« Messieurs, Je vous remercie de l'honneur que vous venez de me faire en m'appelant à diriger vos débats.

« Dans l'embarras où vous étiez de choisir un président parmi tant d'hommes distingués que renferme le Conseil général, vous avez recherché plutôt l'ancienneté des services et l'expérience d'un vieux Conseiller général que l'éclat du talent, et vous m'avez élu. Je vous en suis très reconnaissant. La mission que vous m'avez confiée est délicate et difficile : je compte, pour la remplir à votre satisfaction, sur votre concours le plus bienveillant ; de mon côté, soyez-en sûrs, je vous consacrerai tout ce que je puis avoir de cœur, de dévouement et d'intelligence. (*Très bien!*)

« Depuis sa dernière session, le Conseil général a été renouvelé par moitié ; plusieurs de nos anciens Collègues qui avaient su conquérir, à des titres divers, notre estime et notre affection, n'ont pas été réélus, soit qu'ils ne se soient pas présentés de nouveau aux suffrages de leurs concitoyens, soit qu'ils aient échoué dans la lutte qu'ils ont eu à soutenir contre leurs concurrents ; qu'ils reçoivent ici, Messieurs, l'expression des regrets que nous cause cette séparation ; ces regrets, qui ne peuvent rien avoir de blessant pour leurs successeurs, sont une preuve, du moins j'espère que c'est ainsi que le comprendront nos nouveaux Collègues, des bonnes relations qui ont toujours existé entre les membres du Conseil général, et que nous serons heureux d'entretenir avec eux. Qu'ils me permettent donc de leur souhaiter la bienvenue parmi nous et de leur dire que nous nous félicitons de pouvoir unir nos efforts aux leurs pour examiner et traiter les affaires qui intéressent l'avenir et la prospérité de notre beau et cher département. (*Applaudissements.*) »

M. Gilbert-Boucher fut réélu Président du Conseil général jusqu'en 1882-1883.

« Réélu sénateur le 8 janvier 1882, pour se conformer à la nouvelle doctrine démocratique qui demande que le plus grand nombre de citoyens soit appelé aux fonctions électives, il s'engagea à se retirer du Conseil général lors du prochain renouvellement, ce qu'il fit loyalement en 1883, ne regrettant que de ne plus pouvoir rendre aussi efficacement des services au département de Seine-et-Oise. A cette occasion, les membres du Conseil général lui offrirent une médaille d'or, comme témoignage de leur estime toute particulière[1]. »

Pendant cette même période, c'est-à-dire de 1874 à 1883, les Vice-Présidents du Conseil général furent MM. Hély d'Oissel et Charpentier [1874-1877], Charpentier et Hély d'Oissel [1877-1881], Fréville et Lebon [1881-1883].

Les Secrétaires étaient :

1874-1876. MM. Bos, Lecomte et Poupinel.

[1] *M. Gilbert-Boucher, sénateur, ancien président du Conseil général de Seine-et-Oise.* Notice nécrologique, par M. A. Hahn, publiée dans l'*Annuaire du département*, année 1886, p. 525-530.

1876-1877. MM. Lecomte, Poupinel et Lavallée.

1877-1881. MM. Ferdinand-Dreyfus, Poupinel et Féray.

1881-1883. MM. Janin, Féray et Poupinel.

Dans la séance du 20 août 1883, M. Léon Say, qui représentait au Conseil général le canton de L'Isle-Adam, fut élu Président et remplaça M. Gilbert-Boucher. « Messieurs », dit-il, en prenant possession du fauteuil présidentiel, « Je suis profondément touché de la confiance que le Conseil général a bien voulu mettre en moi et de l'honneur qu'il me fait en m'appelant à m'asseoir sur ce fauteuil. Je trouve à cette place des traditions qui me sont chères, les traditions de mon ami Gilbert-Boucher; son dévouement à la République et aux intérêts du département l'a fait chérir de nous tous. J'aurai le même dévouement que lui, je tâcherai de l'imiter dans l'exercice des fonctions que vous me confiez. Je vous promets de mettre à ma présidence toute l'impartialité nécessaire. »

M. Léon Say, qui présida pour la dernière fois le Conseil général à la session de mai 1886, ne se représenta pas aux élections qui eurent lieu au mois d'août.

Les Vice-Présidents avaient été : MM. Maret et Lebou (1883-1885), Morère et Gustave Lebaudy (1885-1886).

Les Secrétaires avaient été :

1883-1885. MM. Janin, Vermeil et Féray.

1885-1886. MM. Bonnefille, de Caraman et Treilhard.

M. Léon Say fut remplacé au fauteuil présidentiel par M. Maret, conseiller général pour le canton de Limay depuis 1871, qui fut élu dans la séance du 16 août 1886. « C'est avec une vive émotion », dit le nouveau Président du Conseil général, « que je prends possession de ce fauteuil où la confiance de la majorité du Conseil général vient de m'appeler, et j'hésite presque à la remercier du grand honneur qu'elle me fait, non par indifférence ou par ingratitude, mais parce que je ne puis oublier quels hommes considérables étaient mes prédécesseurs. (Très bien!) Je ne veux rappeler à votre souvenir que les deux derniers, qui ont été personnellement connus de la plupart d'entre vous. Le premier en date, dont la mémoire m'est bien chère, le regretté Gilbert-Boucher, l'initiateur bienveillant de tant de Conseillers généraux, le mien en particulier, celui dont la prudente bonhomie avait su si bien grouper les diverses nuances de l'opinion républicaine dans le Conseil général que la division lui était inconnue. (Très bien! Très bien!) Le second, M. Léon Say, le financier, l'économiste éminent, l'orateur si naturel et si clair, le président si fin et si pénétrant dont l'autorité et la supériorité incontestées vont rendre ma tâche bien difficile.

« Ne suis-je pas téméraire de consentir à succéder à de tels hommes ?

« Une réflexion cependant me rassure un peu. Je pense que, si la majorité du Conseil général a choisi l'un des moins brillants de ses membres pour présider vos débats, c'est qu'elle a voulu affirmer son intention d'en écarter toutes les questions irritantes, toutes les discussions stériles, c'est qu'elle ne veut s'émouvoir, se passionner que pour les intérêts matériels et moraux du département; en un mot, qu'elle est résolue à remplir tous ses devoirs sans en négliger un seul, à exercer tous ses droits sans les outrepasser.

« Oui, Messieurs, oui, Monsieur le Préfet, le Conseil général est jaloux de ses droits, mais il est peut-être plus soucieux encore de ses devoirs. Il en est un, le plus étroit, le plus austère, qui impose à tous les Conseils généraux de France l'obligation de sauvegarder le Gouvernement de la République s'il était menacé. A Dieu ne plaise que cette éventualité se réalise, car il faudrait pour cela que les fautes et surtout les divisions des Républicains vinssent redonner aux partis monarchiques des espérances qui se sont fait jour le 4 octobre, mais que les résultats des dernières élections ont dû faire évanouir ou tout au moins ajourner indéfiniment. Si cependant elle venait à se produire, j'ose affirmer que le Conseil général ne faillirait pas à son devoir et que son patriotisme serait à la hauteur d'une telle mission.

« Il me reste, Messieurs, à exprimer nos regrets de ne pas revoir sur leurs sièges un certain nombre de nos Collègues des années dernières. L'expression de ces regrets ne doit aucunement porter ombrage à leurs successeurs, auxquels je souhaite ici une cordiale bienvenue : elle est seulement la preuve de la courtoisie affectueuse qui a toujours régné entre les membres de cette assemblée. Bien que renouvelé en partie, le Conseil général tiendra certainement à conserver une aussi heureuse tradition. (*Très bien! Très bien! et vifs applaudissements.*) »

Pendant dix-huit années, — du 16 août 1886 au mois d'août 1904, — M. Maret a rempli les fonctions de Président du Conseil général.

Les Vice-Présidents étaient MM. Lebon et Deroisin [1886-1888], Deroisin et Sainte-Beuve [1888-1889], Deroisin et Morère [1889-1890], Morère et Brincard [1891-1900], Amodru et Brincard [1900-1904].

Les Secrétaires étaient :

1886-1887. MM. Delafosse, Roger-Ballu et Hache.
1887-1888. MM. Delafosse, Hache et Jozon.
1888-1889. MM. Hache, Ottenheim et de Caraman.
1889-1890. MM. Paul Lebaudy, Bonnefille et Hache.
1890-1895. MM. Hache, Cornudet et Muret.
1895-1898. MM. Cornudet, Muret et Cros.
1898-1901. MM. Cros, Dufour et Muret.
1901-1904. MM. Dufour, Cros et Collet.

Lorsque, dans la séance du 22 août 1904, il fut procédé à l'élection du Bureau, M. Maret fut appelé par 19 suffrages à la présidence et proclamé élu. Il prit alors la parole et s'exprima ainsi ; « Messieurs, Parmi un certain nombre de collègues, avec lesquels je me suis trouvé tout à l'heure, j'ai déclaré que je n'étais pas candidat à la présidence du Conseil général. Il y a déjà deux ans, j'ai écrit à mes collègues que j'étais malade et que je ne pouvais plus occuper mes fonctions, qu'ils voulaient bien me renouveler. Aujourd'hui, la situation est la même pour moi et je vous déclare que je n'accepte pas la présidence. Je remercie infiniment les collègues qui ont bien voulu voter pour moi et je les prie de vouloir bien reporter leurs voix sur mon excellent ami, M. Amodru. »

On procéda donc à un nouveau scrutin, et M. le docteur Amodru, membre du Conseil général pour le canton de La Ferté-Alais, fut élu et proclamé Président. MM. Janin et Brincard furent ensuite nommés Vice-Présidents, mais M. Brincard déclara ne pas accepter les fonctions de Vice-Président, voulant suivre son « vieil ami et président », M. Maret, dans sa retraite; il fut remplacé par M. le marquis de Labriffe. MM. Collet, Dufour et Cros étaient élus Secrétaires.

Le nouveau Président, ayant pris place au fauteuil, s'exprima en ces termes :

« Mes chers Collègues, Le haut témoignage que je reçois de vous me trouble très profondément, et j'ai à cœur de vous l'exprimer d'une manière moins irréfléchie. Je vous prie donc de vouloir bien m'autoriser à remettre à la prochaine séance l'allocution que, président nouvellement élu, j'ai le devoir de vous adresser..... Messieurs, le respect dont M. Maret a été entouré parmi nous, ses longs et dévoués services, la belle unité de sa vie lui ont acquis et lui conserveront tous les droits à notre reconnaissance. Je vous propose, Messieurs, de lui en donner un premier témoignage en le proclamant président honoraire du Conseil général. (Applaudissements unanimes.) Je pense, Messieurs, que cette proposition n'a pas besoin d'être mise aux voix et que les applaudissements par lesquels vous l'avez accueillie font connaître suffisamment votre décision. (Nouveaux applaudissements.) J'ai donc l'honneur, mon cher Président, — car nous continuerons à vous donner ce titre, — de vous proclamer président honoraire du Conseil général. (Nouveaux applaudissements.) »

Le surlendemain, 24 août, M. Amodru, président, prononçait, au début de la séance, l'allocution suivante :

« Messieurs, En m'appelant à la présidence du Conseil général, vous m'avez fait un très grand honneur. J'en suis profondément touché, mais, si je ne comptais sur la bienveillance dont vous m'avez déjà donné tant de preuves, je serais effrayé de la tâche qui m'incombe, cette tâche dont s'est acquitté si utilement, si dignement, notre honorable collègue, M. le sénateur Maret.

« Et puisque je viens de prononcer ce nom, si respecté de tous, qu'il me soit permis d'exprimer le regret que nous éprouvons, que je ressens pour ma part très vivement, de ne pas voir à cette place l'homme de bien auquel vous avez conféré pendant dix-huit ans consécutifs l'honneur mérité de la Présidence et qui, pour des raisons de santé, n'a pas cru devoir conserver le poste de confiance auquel nous aurions désiré le maintenir.

« Avec quelle compétence, avec quelle autorité, M. Maret a toujours dirigé vos débats, je n'ai pas à vous le rappeler. Vous savez tous que sa haute raison éclairait nos délibérations et y apportait le tribut d'un jugement droit, d'une longue et sage expérience.

« Je ne me fais pas illusion, Messieurs. On peut succéder à un tel homme; on ne le remplace pas.

« L'émotion que j'éprouve a une autre cause. Cette assemblée renferme tant de talents et de compétences qu'il me semble que l'honneur de vous présider aurait dû revenir à d'autres parmi vous qui le méritaient par leurs éminentes qualités. par l'importance et l'éclat des services rendus.

« Quant à moi, Messieurs, je n'avais d'autres titres à votre attention que l'intérêt que j'ai toujours porté à l'organisation de l'assistance et de la bienfaisance publiques dans le département. Et je me figure (si je me trompe, vous m'excuserez) que c'est un peu la cause des petits et des humbles que vous avez honorée en mettant à votre tête l'un de ceux qui vous ont aidés à les secourir. (*Très bien! Très bien!*) Cette pensée, si elle est juste, me réjouis, car j'y trouve l'occasion de proclamer qu'en mettant en œuvre la solidarité sociale, sous toutes les formes qui vous ont paru réalisables et pratiques, vous vous êtes montrés de vrais démocrates, plus que des démocrates en paroles, des démocrates en action.

« Vous persévérerez, j'en suis sûr, dans cette voie; vous êtes à même de la parcourir avec profit et avec honneur.

« Mais je borne là ces considérations. J'ai hâte de vous donner l'assurance que, dans toutes les circonstances qui se présenteront, vous trouverez en moi un homme de bonne volonté, de dévouement et de pacification.

« Étranger à tout esprit de parti, je me ferai un devoir d'observer l'impartialité la plus scrupuleuse, et je m'emploierai à rendre aussi profitable que possible la discussion des intérêts que la loi a placés sous notre sauvegarde et sous notre direction.

« Vous joindrez, je n'en doute pas, et je vous le demande à tous, vos efforts aux miens pour mener à bien l'œuvre qui nous est commune et de laquelle dépend la prospérité de notre grand et beau département.

« Inspirons-nous aussi, Messieurs, d'un désir sincère de conciliation. Écartons de nos débats tout ce qui pourrait empêcher le bon accord qui doit exister parmi nous.

« Les traditions de haute courtoisie et de cordiale entente constituent un patrimoine d'honneur : nous aurons à cœur de le conserver.

« Soyons unis, mes chers Collègues, unis par la communauté de notre dévouement aux intérêts du Département, par notre attachement inébranlable à la République, par notre ardent amour pour la France, pour la Patrie. (*Vifs applaudissements.*) »

M. le docteur Amodru resta Président du Conseil général jusqu'à l'époque où se tint la deuxième session ordinaire de l'année 1908, c'est-à-dire pendant quatre ans.

Durant cette période, les Vice-Présidents furent MM. Janin et le marquis de Labriffe [1904-1908], et les Secrétaires furent :

1904-1907. MM. Dufour, Cros et Collet.

1907-1908. MM. Dufour, Vian et Amiard.

Lorsque s'ouvrit, le 28 septembre, la deuxième session ordinaire de 1908, trente-six votants prirent part au scrutin qui eut lieu pour la nomination du Président de l'Assemblée départementale. Aucun des candidats n'ayant obtenu la majorité absolue des suffrages exprimés, il fut procédé à un deuxième tour de scrutin. M. Maurice Berteaux, membre du Conseil général pour le canton de Poissy, fut élu. L'état de sa santé l'empêchant d'assister à la présente session, il adressa le télégramme suivant à M. Jozon, l'un des Vice-Présidents :

« Malheureusement dans l'obligation absolue de rester alité, je ne veux pas tarder davantage à adresser à nos collègues du Conseil général mes remerciements très chaleureux pour l'honneur qu'ils m'ont fait en me nommant leur Président. Je sais qu'ils ont voulu marquer ainsi, en dehors de toute question de personne, le progrès des idées républicaines et de solidarité démocratique et sociale réalisé ces derniers temps dans notre département, grâce à l'entente de tous les républicains. Je leur suis reconnaissant aussi de l'amitié qu'ils m'ont témoignée en me choisissant, quoique absent, pour cette démonstration. Je puis assurer tous nos collègues de mon ardent désir d'être promptement en état de me trouver au milieu d'eux pour travailler en commun à la prospérité de notre cher Département. Vive Seine-et-Oise ! Vive la République ! »

Au début de la première session ordinaire de 1909, qui s'ouvrit le 19 avril, M. Maurice Berteaux, occupant pour la première fois le fauteuil présidentiel, s'exprima en ces termes :

« Messieurs et chers Collègues, Retenu par la maladie lors de notre dernière session, à l'heure même où vous me faisiez le plus grand honneur qui puisse être accordé à un citoyen dans ce département, je n'ai pu vous exprimer de vive voix toute ma reconnaissance ; je le fais aujourd'hui de tout mon cœur. Je sais que je dois attribuer votre choix moins à la sympathie et à l'amitié que vous m'avez toujours témoignées qu'à votre volonté de marquer les sentiments qui inspirent le Conseil général et qui animent, de plus en plus, le suffrage universel et le suffrage restreint de Seine-et-Oise.

« Républicain ardent, tout dévoué à la cause des travailleurs, des souffrants et des déshérités de la vie, partisan convaincu du progrès de la justice sociale par la loi et par la paix entre les citoyens, je ne pourrai oublier ces sentiments dans la direction de vos travaux, mais je n'aurai garde de méconnaître les devoirs d'impartialité que me dicte la charge que vous m'avez confiée : je n'aurai pour le faire qu'à m'inspirer de l'exemple de mon distingué et aimable prédécesseur.

« D'ailleurs, je sais que vous me faciliterez ma tâche. Le Conseil général compte des représentants des différents partis, mais ceux-ci ont d'autres tribunes que celle de l'Assemblée départementale pour les discussions politiques.

« Le Conseil général a une tâche que la loi définit et qui est assez belle et assez haute pour suffire aux plus exigeants.

« Gérer les finances de Seine-et-Oise, leur donner l'emploi le plus utile au plus grand nombre, développer la prospérité de notre beau département, soulager, assister la souffrance humaine, telle est et telle doit être la préoccupation constante des membres de notre Conseil général. (Très bien! Très bien!)

« C'est dans cette voie où vous êtes entrés qu'il convient d'accentuer notre marche ; un coup d'œil sur le dernier exercice clos indique combien elle est féconde. Nos services de solidarité humaine, qui comprennent aujourd'hui l'assistance aux vieillards, les enfants assistés, les aliénés, les secours aux familles nombreuses, l'entretien d'orphelins ou de semi-orphelins à l'Asile de l'enfance, l'assistance médicale gratuite, le traitement des tuberculeux à Bligny, les primes et les encouragements aux sociétés de secours mutuels du département, les secours de maternité, ont nécessité une dépense de 2,823,551 francs, alors que, pour ceux qui existaient déjà en 1898, les crédits employés n'ont été que de 1,087,854 francs.

« En dix ans, ces services ont presque triplé. Ils représentent, par rapport à l'ensemble de nos dépenses ordinaires, — 7,580,000 francs, — plus du tiers des recettes ordinaires du département.

« Si certains de ces services, comme l'assistance obligatoire aux vieillards, pour ne citer que le plus important : 955,000 francs au lieu de 15,800 francs en 1898, sont dus aux lois de la République et ont un caractère obligatoire, il en est d'autres, comme l'entretien des enfants à l'Asile de Saint-Cyr et les secours de mutualité, de maternité et de familles nombreuses, qui ont un caractère purement facultatif et sont de fondation toute récente. Si ces œuvres, si utiles et si bienfaisantes, ont été possibles dans le passé, elles ne peuvent se développer et porter tous leurs fruits, dans l'avenir, qu'avec la collaboration et l'activité vigilante de M. le Préfet et de ses collaborateurs à tous les degrés. Cette intelligente et dévouée collaboration, qui n'a jamais fait défaut, nous savons que nous pouvons compter sur elle. (Très bien!)

« Mais il y faut aussi un accroissement continu de la prospérité de notre budget départemental.

« Pour que le département de Seine-et-Oise puisse, sans parler de ses autres services, supporter une charge aussi considérable, tout en maintenant le nombre de ses centimes au-dessous de celui que la loi autorise : 53 centimes 22 au lieu de 67, il faut que la valeur de ce centime soit considérable et progresse d'année en année.

« C'est heureusement le cas, grâce surtout au développement de la propriété bâtie, car la valeur du centime, qui est de 112,225 francs, augmente d'une façon constante d'environ 3,000 francs par an.

« Le développement de notre vicinalité et nos moyens de transport sont les plus puissants facteurs de cette prospérité.

« Dans cette session même et dans cet ordre d'idées, grâce aux études poursuivies avec tant de compétence et de savoir par M. l'Ingénieur en chef et par MM. les Ingénieurs ordinaires des Ponts et Chaussées et leurs collaborateurs de tout ordre, vous allez être appelés, Messieurs et chers Collègues, à approuver la mise à exécution du tiers déjà voté des travaux du réseau départemental de chemins de fer d'intérêt local et des tramways, qui s'élève à la somme de 3,500,000 francs.

« Nous pouvons concevoir la légitime espérance que ces nouveaux moyens de transport contribueront à développer le nombre de nos habitants et la prospérité commerciale, industrielle et financière de nos communes et du département.

« Mes chers Collègues, les matériaux sont à pied d'œuvre, travaillons! (Vifs applaudissements.) »

L'événement tragique qui, le dimanche 21 mai 1911, causa la mort de M. Maurice Berteaux, ministre de la Guerre, député de Seine-et-Oise, président du Conseil général, est trop présent à la mémoire de tous pour que nous ayons à en faire le récit. Qu'il nous suffise de rappeler ici que la loi du 23 mai porta ouverture d'un crédit pour la « célébration aux frais de l'Etat des funérailles de M. Maurice Berteaux, Ministre de la Guerre », lesquelles eurent lieu le vendredi 26.

Du mois de septembre 1908 à 1911, les Vice-Présidents du Conseil général avaient été MM. Jozon et Jénin; les Secrétaires, MM. Amiard, Dufour et Vian.

La deuxième session ordinaire de l'année 1911 s'ouvrit le lundi 2 octobre, sous la présidence de M. Chrétien, doyen d'âge, qui, au début de la séance, prononça un éloquent discours, dans lequel il évoqua « la mémoire d'un Président qui nous fut cher et qui nous a été soudainement enlevé par une mort sanglante et aveugle ». Après quoi, il fut procédé à l'élection du Bureau définitif. M. Aimond, sénateur, membre du Conseil général pour le canton de Montmorency, fut élu et, quand il eut pris place au bureau, prononça le discours suivant :

« Mes chers Collègues, Si je ne vous exprime pas tout d'abord, comme le voudrait l'usage, ma profonde gratitude pour l'insigne honneur que je dois à vos suffrages, c'est que ma première pensée, vous le comprenez tous, en prenant possession de ce fauteuil,

M. BERTEAUX
Président du Conseil général
1908-1911.

M. AIMOND
Président du Conseil général
1911-1913.

M. AUTRAND
Préfet
1906-1913.

M. JOUHANNAUD
Secrétaire général
1911-1913

va vers ceux qui l'ont occupé avant moi, et qui, dans ces derniers mois, ont été enlevés, par la mort, à notre commune affection.

« Qui pourrait oublier, en effet, le sympathique conseiller général du canton de Meulan, Albert Jozon[1], que vous appeliez, chaque année, à la Vice-Présidence de cette Assemblée dont il était un des vétérans? Il avait conquis votre sympathie par la droiture de son caractère et la rectitude de son jugement; il succomba à la maladie qui le minait depuis longtemps et il donna l'exemple d'une rare énergie en remplissant, jusqu'au bout, toutes les obligations de son mandat.

« La République a perdu, en lui, un de ses meilleurs serviteurs, et le Département un représentant actif et dévoué à ses intérêts.

« Quelques semaines plus tard, c'était notre Président qui le suivait dans la tombe.

« Alors que par deux fois sa robuste constitution avait triomphé des atteintes morbides qui l'avaient immobilisé pendant de longs mois, alors que, plein d'ardeur, de confiance et de vie, il remplissait, à la satisfaction de tous, dans l'œuvre de la Défense nationale la tâche écrasante que la majorité républicaine lui avait confiée, Maurice Berteaux était subitement emporté dans une minute tragique que nul Français ne pourra jamais oublier.

« Des voix, plus autorisées que la mienne, ont dit alors, et notre Doyen le rappelait tout à l'heure, la perte immense, irréparable, que le Pays avait faite; mais plus que les discours, le deuil de tout un peuple, la douleur de nos concitoyens accourus de tous les points du Département, pour lui rendre un dernier hommage, ont attesté, d'une façon éclatante, que, si Maurice Berteaux eut des adversaires politiques, il n'avait suscité, autour de lui, que des amitiés ardentes et sincères qui ne s'étaient même pas arrêtées aux frontières de la politique.

« Ces amitiés, il les devait aux qualités exquises de son cœur, à son inaltérable affabilité et à la cordialité qu'il mettait dans tous ses rapports avec les Membres des Assemblées dont il faisait partie.

« Ces qualités, mes chers Collègues, vous avez pu les apprécier d'une façon plus particulière dans cette Assemblée, durant les trop courtes années qu'il est resté soit à son banc de Conseiller général du canton de Poissy, soit au fauteuil de la Présidence; aussi, plus que tout autre, je puis mesurer les difficultés de la tâche qui m'incombe pour essayer de suivre, du moins loin possible, les traces de mon prédécesseur et pour continuer ses traditions.

« Pour y arriver, permettez-moi de compter surtout sur votre extrême bienveillance, dont vous venez déjà de me donner, aujourd'hui, une preuve dont je sens tout le prix.

[1] Décédé le 10 mai 1911.

46

« Qui donc voudrait délibérément ignorer que votre vote, se dégageant des questions de personne, a été surtout inspiré par des considérations politiques?

« Qui donc, aussi, songerait à s'en étonner, alors que c'est la tradition courante, et que notre Département, à toutes les époques, n'a jamais fait exception à cette règle?

« Vous vous êtes souvenus, et je vous en remercie du fond du cœur, des vingt-cinq années de ma vie consacrées au service de la République, avec une constance et une fidélité — j'ai le droit de le dire — qui ont résisté à toutes les épreuves; vous n'avez point oublié ma collaboration active à toutes les lois politiques, économiques et sociales, qui constituent le patrimoine intangible du parti républicain, et, en faisant entrer en même temps que moi dans votre Bureau un autre parlementaire, choisi, par vous, parmi les élus du suffrage universel, vous avez tenu à rendre manifeste l'esprit de concorde et de parfaite union de vos élus dans le Parlement, pour continuer méthodiquement, avec le concours du Gouvernement et avec le souci de ménager les intérêts vitaux de ce pays, la politique des réalisations qui est la nôtre.

« Mais je n'oublie pas, mes chers Collègues, que, dans cette enceinte, notre rôle est beaucoup plus modeste; qu'il me soit donc permis d'en remplir d'abord la partie la plus agréable, en félicitant le premier magistrat du Département, M. Autrand, du rétablissement de sa santé un instant compromise par un grave accident.

« Il connaît, depuis longtemps, nos sentiments à son égard et nous avons eu maintes fois l'occasion de lui manifester notre confiance; je n'ai donc point besoin d'ajouter que notre seul désir est de collaborer amicalement avec lui pour le plus grand bien des intérêts dont nous avons la charge.

« Je m'en voudrais de ne pas adresser à son collaborateur d'hier, atteint par la limite d'âge, M. Frize, dont tous ici nous avons pu apprécier les précieuses qualités, l'expression de notre gratitude pour les services qu'il a rendus au Département : heureusement, M. Frize nous reste à la tête du service si important des retraites ouvrières et paysannes, où il pourra encore acquérir de nouveaux titres à notre reconnaissance.

« Son successeur au Secrétariat général, M. Jouhannaud, n'est pas un inconnu pour nous : son administration dans l'arrondissement d'Étampes nous est un sûr garant de sa compétence et de son activité, et je suis particulièrement heureux de lui souhaiter la bienvenue parmi nous.

« Je n'ai pas besoin de dire aux éminents chefs de service de l'Administration départementale, dont nous avons été à même d'apprécier le dévouement, combien leur collaboration nous est précieuse et qu'elle se continuera en s'inspirant des sentiments de mutuelle confiance qui nous animent.

« Et maintenant, me tournant vers mes Collègues, me sera-t-il permis de dire que nous sommes heureux d'apprendre que notre honorable collègue M. Legrand est en bonne voie de guérison et qu'il sortira indemne d'un grave accident, et de dire aussi à mon vieil ami Colin combien nous avons été heureux de la distinction si méritée dont il a été l'objet : il a permis, ainsi, de renouer une excellente tradition qui était tombée trop longtemps en désuétude en ce qui concerne le Conseil général de notre Département, qui compte cependant, parmi ses Membres, tant d'hommes que leurs services et leur mérite signalent tout particulièrement à l'attention de nos gouvernants.

« Je n'aurai garde d'oublier les deux nouveaux élus qui viennent de prendre place parmi nous : c'est une courtoise tradition qui permet au Président de leur adresser, au nom de l'Assemblée, des paroles de bienvenue ; je m'en réjouis.

« M. Larnaude était déjà presque de la maison : Conseiller municipal, Maire, Conseiller d'arrondissement, il était tout désigné pour succéder sans contestation à M. Jozon ; je n'ai pas besoin de lui dire notre joie de le voir parmi nous pour continuer l'œuvre de son prédécesseur et ami. (*Applaudissements.*)

« Notre nouveau collègue, M. Hugues Le Roux, n'a pas besoin qu'on le présente : homme de lettres, journaliste, conférencier et voyageur, la renommée l'a fait connaître à tous ; la collaboration qu'il apporte aux œuvres plus modestes du Conseil général nous sera donc particulièrement précieuse (*Applaudissements*) ; nos nouveaux Collègues trouveront, du reste, de quoi occuper leur activité.

« Il ne faut pas oublier, en effet, que notre Département — l'annuité successorale est là pour nous l'apprendre — est le troisième, par son importance, sur la carte économique de la France. C'est dire avec quel soin nous devons veiller à la gestion des intérêts qui nous sont confiés.

« Nous pouvons d'ailleurs regarder, avec quelque fierté, l'œuvre accomplie par cette Assemblée qui, souvent, a devancé le législateur dans la voie du progrès. En ce qui concerne surtout les œuvres sociales, il n'est point de chapitre, au budget, qui n'en apporte la preuve ; en ce moment encore, nous sommes engagés dans l'établissement d'un vaste réseau de voies ferrées, où nous nous efforçons, avec un égal souci, de donner satisfaction à des besoins légitimes sans charger, d'un poids trop lourd, les épaules des contribuables.

« C'est ce que rappelait, en termes éloquents, Maurice Berteaux, à cette même place, l'année dernière ; ce sont les mêmes idées qu'évoque devant nous, chaque année, notre vénéré doyen d'âge, M. Chrétien. Ses conseils sont d'autant plus précieux à suivre qu'ils sont le fruit d'une longue expérience ; qu'il me soit permis de le saluer ici respectueusement et, avec lui, les Benjamins de cette Assemblée qui ont l'heureux privilège de lui faire cortège.

« Et maintenant, mes chers Collègues, les circonstances actuelles ne nous invitent-elles pas à porter nos regards en dehors de cette enceinte ? Demain sera un jour de deuil national, le Pays fera aux victimes de la catastrophe de la « Liberté » des funérailles nationales. Je suis sûr d'être votre interprète à tous en associant le Conseil général au deuil de la Marine française et en envoyant, en son nom, aux familles des victimes si cruellement et injustement éprouvées, l'assurance de nos sympathies attristées. (*Applaudissements unanimes.*)

« Mais, en même temps que nous rendons cet hommage à ceux qui sont morts pour la Patrie, nous nous retrouvons, j'en suis certain, avec la même unanimité, pour nous grouper, avec tous les Français, autour du Gouvernement qui défend, sans jactance comme sans faiblesse, au cours de négociations particulièrement laborieuses et délicates, les droits imprescriptibles de notre Pays.

« Sans doute, les bienfaits de la paix sont, pour nous, d'un prix inestimable, et nous pouvons en donner la preuve incontestable par les quarante années de paix que la France doit à la République ; mais il y a quelque chose qu'aucun de nous ne sacrifiera à la paix : c'est l'honneur, c'est la dignité de la grande Nation à laquelle nous avons l'honneur d'appartenir. (*Applaudissements.*)

« Le pays tout entier est sûr de son droit, il a aussi le sentiment de sa force ; les théories néfastes de quelques rhéteurs n'ont entamé ni son âme, ni sa foi : aussi pouvons-nous faire confiance à ceux qui, en ce moment, ont les lourdes responsabilités du Pouvoir, à leur expérience et à leur patriotisme pour assurer avec la paix du monde, par un accord clair et loyal, qui ne laisse aucune place à l'équivoque, notre entière liberté au Maroc, qui permettra à la France d'asseoir, sur des bases solides, son empire africain, cette seconde France sur l'autre rive de la Méditerranée. (*Applaudissements.*)

« Et maintenant, mes chers Collègues, abordons notre ordre du jour, mettons-nous au travail ; c'est le fond qui manque le moins. (*Vifs applaudissements.*) »

Réélu Président de l'Assemblée départementale le 30 septembre 1912, M. Aimond a vu et voit siéger au bureau comme Vice-Présidents MM. Dalimier et Janin [1911-1912], Dalimier, Janin et Gally [1912], Dalimier, Janin et Desoyer [1913], et comme Secrétaires MM. Amiard, Dufour et Vian [1911-1912], Dufour, Vian, Horace Benoist et Simon [1912-1913].

Il nous faut maintenant revenir une dernière fois sur nos pas, afin de terminer ce chapitre en faisant connaître les Préfets qui se sont succédé depuis 1874 dans le département.

Nous avons dit, page 329, que M. Limbourg venait d'être nommé Préfet de Seine-et-Oise en décembre 1873 ; il le fut jusqu'au jour où le décret du 21 mars 1876 l'appela à la Préfecture de la Seine-Inférieure. Par le même décret, M. J. de Crisenoy, préfet de l'Aisne, était appelé à la Préfecture de Seine-et-Oise.

M. le baron Jules de Crisenoy resta Préfet de notre département pendant quatorze mois seulement. Mis en disponibilité, il fut remplacé, le 19 mai 1877, par M. Mahou, préfet de Seine-et-Marne, qui fut maintenu, sur sa demande, comme préfet de ce département. M. de Crisenoy devait être nommé plus tard, le 18 décembre de cette année, Directeur de l'Administration départementale et communale au Ministère de l'Intérieur.

Le décret du 21 mai 1877 appela à la Préfecture de Seine-et-Oise M. Delpon de Vissec, préfet de Seine-et-Marne, non installé, en remplacement de M. Mahou.

Lorsque s'ouvrit la session ordinaire d'août 1877, le Président du Conseil général, M. Gilbert-Boucher, rappela en ces termes ce qu'avait été l'administration de M. de Crisenoy, prédécesseur de M. Delpon de Vissec : « Je ne répondrais certainement pas à votre attente si, en ouvrant cette session, je n'exprimais pas les sentiments de regrets que nous a causés le départ inopiné de M. de Crisenoy, notre ancien Préfet. (*Vive approbation.*) Vous l'avez vu à l'œuvre, et vous savez avec quel soin et quelle intelligence il étudiait les affaires qu'il avait à nous soumettre et combien nous avons eu à nous applaudir de nos rapports avec lui. (*Nouvelle approbation.*) Rallié à nos institutions nouvelles, par raison et par patriotisme, il pensait, comme nous et avec nous, qu'une République sage, conciliante, respectueuse des droits de tous et de chacun, peut seule, désormais, assurer à la France le double bienfait de l'ordre et de la sécurité à l'intérieur et de la paix à l'extérieur (*Très bien! et applaudissements*), et il conformait scrupuleusement sa conduite d'administrateur à cette manière de voir. La mesure qui l'a frappé et qui en a frappé tant d'autres devait nous émouvoir et nous a tous émus jusqu'au fond du cœur; mais ce ne sera là, comme on l'a dit, qu'une crise passagère, et il n'y a pas lieu de douter que, bientôt, notre cher pays, si douloureusement éprouvé dans ces dernières années, ne sache reconnaître les siens et ne revienne à ceux de ses fonctionnaires qui ont le mieux mérité de lui. (*Très bien! Très bien!*) »

Le nouveau Préfet, M. Delpon de Vissec, n'occupa son poste que pendant sept mois; le décret du 18 décembre 1877 lui donna pour successeur M. de Barthélemy, « ancien préfet ». Celui-ci prononça l'allocution suivante dans la séance du 21 de ce même mois, le Conseil général ayant alors une session qui dura du 21 au 28 décembre :

« Messieurs, Lorsque, le 26 mars 1871, sur la proposition de mon regretté et vieil ami Ernest Picard, le Chef du Pouvoir exécutif de la République française voulut bien me confier la mission d'aller le représenter dans le département d'Ille-et-Vilaine, et d'y faire aimer ces institutions qui reposent essentiellement sur les principes d'ordre et de liberté, je fus profondément ému.

« J'allais dans un pays que je n'avais jamais visité, où personne ne me connaissait, et c'était pour la première fois que je devais remplir les lourdes et délicates fonctions de Préfet.

« En venant ici, Messieurs, après une interruption de quatre années, reprendre les

mêmes fonctions dans ce département que je connais et où j'ai de si anciens, si bons et
si véritables amis, je suis au moins aussi ému que je l'étais alors.

« Ne tromperai-je pas les espérances de ceux qui voulurent bien, il y a deux ans
déjà, demander au Gouvernement de me confier l'administration du département ?

« Eh bien, Messieurs, après quelques instants de réflexion, j'ai pensé que, soutenu
par votre amitié et par votre confiance, je pourrais faire quelque bien dans ce pays.
(*Très bien !*)

« Comme le disait tout à l'heure M. le Président, les dernières élections ont affirmé
le dévouement de la grande majorité du pays à la République. Le département de Seine-
et-Oise a envoyé au Sénat et à la Chambre des représentants unanimement dévoués à
ces institutions.

« C'est à eux, c'est à vous, Messieurs, qui, dans ce Conseil, disposez d'une majorité
si considérable, qu'il appartient de la faire accepter par tous. Vis-à-vis de la minorité,
vous serez, j'en suis convaincu, toujours justes et bienveillants (*Assentiment*), et vous
pouvez être convaincus que l'Administration vous secondera toujours dans l'accomplissement du mandat qui vous a été donné par vos électeurs. (*Très bien ! Très bien !*)

« Nous avons le désir, Messieurs, de continuer ici l'administration d'un Préfet qui
vous était cher, mon ancien Collègue, M. de Crisenoy. Nous sommes de la même école,
nous avons été élevés ensemble dans les mêmes doctrines et les mêmes principes, et,
après avoir, pendant de longues années, sous l'Empire, soutenu les théories de décentralisation et de liberté, nous avons été heureux l'un et l'autre de venir, comme représentants du Gouvernement, appliquer et faire appliquer, avec l'appui du Conseil général, ce que nous avons toujours désiré et voulu.

« Pendant deux années, j'ai eu le plaisir et le bonheur de voir donner les résultats
les meilleurs à cette loi que nous avions provoquée. Lorsque, il y a quelques jours,
nous avons été reçus par M. le Ministre de l'Intérieur, il nous disait qu'il avait mis
M. de Crisenoy à la tête de l'administration départementale pour qu'il nous secondât
tous dans l'application de cette loi. (*Vive approbation.*)

« Ces principes de juste liberté et d'ordre parfait qui doivent résulter de l'accord et
de la confiance mutuels, voilà, Messieurs, ce qui guidera mon administration. (*Très
bien ! Très bien !*)

« Maintenant, permettez-moi de vous dire que je compte sur votre bienveillance à
tous pour me faire un peu crédit. Il y a bien des affaires qui sont en suspens, bien des
réclamations qui vous accablent, et que vous me transmettrez.

« Permettez-moi de prendre le temps de les examiner, de les étudier mûrement avec
vous, et vous pouvez être convaincus que le temps que vous m'accorderez ne sera jamais
perdu. (*Marques d'approbation.*)

« Quand je suis arrivé dans le département d'Ille-et-Vilaine, nul ne me connaissait, et ceux d'entre vous qui appartenaient à la Chambre des Députés savent combien j'avais fini par être lié avec les représentants du département à l'Assemblée nationale.

« Un de mes plus grands bonheurs a été de recevoir, le jour même où le *Journal officiel* a annoncé ma nomination, la carte des membres du Bureau du Conseil général de mon ancien département. (*Très bien!*)

« Messieurs, j'espère que l'amitié qui m'unissait aux anciens Conseillers continuera toujours, et que je deviendrai, au bout de quelque temps, l'ami de vous tous. (*Assentiment général.*) »

M. le marquis de Barthélemy fut Préfet de Seine-et-Oise pendant près de dix-huit mois. Quand la session d'avril-mai 1879 se termina, — le 2 mai, — il prit la parole et s'exprima ainsi qu'il suit :

« J'ai, Messieurs, un dernier devoir à remplir.

« Le jour où la session commençait, j'ai reçu de M. le Ministre de l'Intérieur la lettre suivante : « Monsieur le Préfet, j'ai l'honneur de vous informer que votre démission des « fonctions de Préfet de Seine-et-Oise a été acceptée par M. le Président de la Répu- « blique. Le Gouvernement ne se prive pas sans regret de votre concours, et au moment « où vous quittez l'administration il est heureux de reconnaître vos services et votre « dévouement aux intérêts publics. J'espère que vous voudrez conserver l'administra- « tion du département de Seine-et-Oise jusqu'à la plus prochaine session du Conseil « général. »

« Cette lettre, Messieurs, porte la date du 16 avril. Depuis cette époque, je siège au milieu de vous et je ne veux pas terminer la session avec laquelle mes pouvoirs sont finis sans vous remercier de la bienveillance constante que vous avez eue pour le fonctionnaire et en même temps du zèle et de l'activité avec lesquels vous avez secondé sans cesse l'administration préfectorale. Permettez-moi de vous demander cette bienveillance et ce concours pour celui de mes amis qui, je pense, sera nommé demain pour me remplacer, car le Ministre avait eu l'obligeance de retarder la nomination de mon successeur jusqu'à l'heure où vos travaux auraient été terminés. Permettez-moi, je le répète, de vous demander votre concours pour lui, car il aura à continuer et à achever, je l'espère, les œuvres que nous avons commencées. Si je m'éloigne de l'administration du département, je resterai toujours de souvenir et de cœur avec vous, et je serai, dans toutes les circonstances, à la disposition du département et de vous tous, Messieurs, pour les affaires dont j'ai été dans le cas de m'occuper. (*Très bien! et applaudissements.*) »

A cette dernière allocution de M. le marquis de Barthélemy, le Président du Conseil général répondit en ces termes :

« Messieurs, je suis convaincu d'être votre interprète en disant à M. le Préfet que le

Conseil général partage les regrets qu'a éprouvés le Ministre de l'Intérieur du départ de l'administrateur qui était à la tête du département de Seine-et-Oise, et que nous serons toujours avec lui de souvenir et de cœur, comme il vient de l'exprimer. (*Approbation.*) »

Par décret du 3 mai 1879, M. le baron Cottu, préfet du Cher, fut nommé Préfet de Seine-et-Oise en remplacement de M. le marquis de Barthélemy, démissionnaire, et ce fut à la session ordinaire d'août qu'il présenta son premier rapport au Conseil général. Quand il assista, le 18 août, à la séance d'ouverture, le Président de l'Assemblée départementale lui adressa ces paroles de bienvenue : « La lecture des volumes contenant [les délibérations du Conseil général] a dû convaincre M. le Préfet, nouveau venu parmi vous, de l'exactitude de mes appréciations; il a pu également constater que vous avez toujours prêté à ses prédécesseurs républicains un concours précieux et sur lequel, lui aussi, il peut entièrement compter. (*Assentiment.*) Sa réputation de bon administrateur l'avait devancé ici, et j'ai vu, avec plaisir, dans le rapport qui vous a été récemment distribué, que la Commission départementale avait accordé un juste hommage à son mérite et aux services qu'il a déjà rendus au Département. (*Très bien!*) »

Voici quelle fut la réponse de M. le baron Cottu :

« Messieurs, En se séparant de vous, au terme de votre dernière session, l'administrateur distingué qui devait laisser dans cette assemblée et au dehors d'unanimes regrets vous demandait, pour son successeur, dès lors désigné, le bienveillant concours que vous lui aviez accordé à lui-même.

« Grâce à cette recommandation, dictée par une ancienne et précieuse amitié, et que vous avez paru accueillir favorablement, vos souvenirs, au lieu de me troubler, me rassurent, et les sympathies que mon prédécesseur avait su vous inspirer deviennent mon premier titre à votre confiance.

« Je m'efforcerai de la justifier en poursuivant laborieusement avec vous, dans cette parfaite unité de vues dont je trouve ici l'heureuse tradition, les grandes œuvres qui intéressent le progrès moral et matériel de ce magnifique département.

« Vous trouverez en moi un collaborateur toujours prêt à recourir à vos lumières et à s'éclairer de vos conseils, plein de respect pour les prérogatives qu'une loi libérale et féconde vous a conférées, et qu'une administration républicaine se montre disposée à interpréter dans leur sens le plus étendu afin d'associer de plus en plus à l'action nécessaire du pouvoir central la légitime autorité des élus du pays. (*Très bien!*)

« Nous avons, d'ailleurs, Messieurs, du bon accord qui doit s'établir et subsister entre nous, une suprême garantie : notre dévouement commun au Gouvernement de la République, notre commune et ferme volonté de faire prévaloir, dans le domaine qui nous appartient, les principes de liberté, d'ordre, de justice dont il est la complète et souveraine expression. (*Applaudissements.*) »

M. le baron Cottu fut Préfet de Seine-et-Oise pendant près de six années, car ce ne fut que dans le dernier trimestre de l'année 1884 qu'il eut un successeur en la personne de M. Laurens, ancien préfet, directeur des forêts au Ministère de l'Agriculture, nommé, par décret du 14 octobre 1884, Préfet du département de Seine-et-Oise, en remplacement de M. le baron Cottu, « appelé à d'autres fonctions ».

Au début de la session ordinaire d'avril 1885, M. le Président du Conseil général souhaita en ces termes la bienvenue à M. Laurens :

« Monsieur le Préfet, Je vous souhaite la bienvenue parmi nous. Vous succédez à un Préfet dont je puis dire qu'il était notre ami personnel, et qui a laissé ici des souvenirs très vivaces. Nous savons que vous êtes, comme il l'était lui-même, dévoué au Gouvernement de la République; nous savons aussi que, dans d'autres départements, vous avez fait preuve d'une connaissance approfondie des matières administratives. Vous pouvez être assuré que le Conseil général vous accueillera comme vous le méritez, car il sait qu'il trouvera en vous un collaborateur dévoué à notre département. (*Très bien! Très bien! et applaudissements.*) »

M. le Préfet répondit à cette allocution de la manière suivante :

« Je vous remercie, Monsieur le Président, des paroles si bienveillantes que vous me faites l'honneur de m'adresser. Elles me sont particulièrement précieuses, et comme satisfaction personnelle, et comme encouragement dans l'accomplissement de mes devoirs.

« Croyez que j'en élève le prix à la hauteur de la grande autorité qui s'attache à votre personne.

« Messieurs, c'est la première fois, depuis mon arrivée dans le département, qu'il m'est donné d'assister à vos réunions; je tiens à vous dire que je suis honoré d'être associé aux travaux d'une assemblée que placent si haut la valeur de ses membres et l'importance des affaires qui y sont traitées, et je serais vraiment effrayé des difficultés de ma tâche si je ne connaissais la bienveillance courtoise et affable qui est de tradition ici, et dont j'ai déjà reçu des témoignages dans mes rapports administratifs avec la plupart d'entre vous. (*Très bien!*)

« Il m'a suffi, Messieurs, de l'examen des travaux de vos précédentes sessions et des quelques mois de mon administration pour reconnaître tout ce que vous montrez de sollicitude pour les intérêts divers de votre grand et beau département; j'ai été frappé des sacrifices que vous vous imposez pour accroître le bien-être matériel et moral des populations, pour multiplier et pour soutenir les œuvres de bienfaisance et de philanthropie, pour répandre partout, et dans une très large mesure, les grands bienfaits de l'instruction, et pour doter enfin toutes les parties de votre département de ces nombreuses voies de communication qui sont un des éléments principaux de sa prospérité. (*Approbation.*)

47

« Cette sollicitude, Messieurs, sera la mienne ; je m'en inspirerai pour travailler près de vous et avec vous à la réalisation complète de tous ces progrès en y consacrant tout ce qu'il peut y avoir en moi d'amour du bien et de force de volonté. (*Très bien! et applaudissements.*)

« Je le ferai, Messieurs, en toute circonstance, sans arrière-pensée, avec une indépendance entière, en dehors de toute préoccupation étrangère, cherchant à me conformer aux traditions et au tempérament de ce département, n'aimant et ne voulant que de la droiture dans les intentions, de la justice et de l'impartialité dans les faits, estimant, avec vous, qu'au-dessus des divergences politiques, doivent planer deux choses : le bien à faire, l'estime à acquérir. (*Approbation.*)

« Comme représentant du pouvoir central, je serai ici, Messieurs, ce que j'ai été dans les divers départements qu'il m'a été donné d'administrer. Préfet de la République, Préfet républicain, je resterai le mandataire vigilant et fidèle de ce Gouvernement auquel m'attachent les convictions de toute ma vie; je m'appliquerai à le faire aimer et à le faire respecter des populations, à fortifier encore les sympathies qu'il a déjà dans ce département, et, pour cela, à faire régner la confiance dans les cœurs et l'union dans les actes. (*Très bien!*)

« Si j'en excepte une question dont vous avez ajourné la solution, les affaires que vous aurez à traiter dans cette session ne sont ni bien nombreuses, ni très importantes; j'ai cherché à les résumer de la manière la plus complète possible dans le rapport que j'ai eu l'honneur de vous adresser; mais quelques-unes ont été introduites sous l'administration de mon honorable prédécesseur et je n'ai pu en suivre toutes les phases; en outre, je ne suis pas encore fait à votre manière et à l'administration un peu spéciale de votre département. Je me vois donc forcé de vous demander crédit, car je ne sais si mon concours sera dès aujourd'hui ce qu'il devrait être, ce que je voudrais qu'il fût; mais ce que je sais très bien, c'est que vous trouverez toujours en moi la volonté de bien faire, de me vouer tout entier aux intérêts du département, de servir fidèlement la République, d'administrer avec sagesse, avec fermeté, avec honnêteté. Pour marcher dans cette voie, Messieurs, je viens réclamer votre appui et vous demander ce concours bienveillant que vous donniez à mon honorable prédécesseur, à l'administration duquel, m'associant entièrement au sentiment que vient d'exprimer M. le Président, je me fais un devoir de rendre un juste hommage. (*Très bien! Très bien!*)

« Dans le département que j'administrais avant de venir dans cette région, département vaste lui aussi, d'une direction délicate au milieu de circonstances souvent difficiles, les membres de l'Assemblée départementale, sans distinction de partis, m'honoraient de leur confiance; je ne songe jamais sans émotion aux marques d'affectueuse sympathie qu'ils m'ont données à mon départ; elles compteront parmi les souvenirs les plus doux de ma carrière.

« Obtenir la vôtre, Messieurs, telle est aujourd'hui mon ambition. Si j'y parviens, je croirai avoir bien compris l'esprit de ma mission et avoir répondu aux intentions de mon Gouvernement ; j'ajoute que ce sera là pour moi la plus précieuse récompense de mes travaux. (*Très bien! Très bien! et applaudissements.*) »

M. Laurens devait rester peu de temps dans le département. Par décret du 16 novembre 1885, il fut appelé à la Préfecture de la Haute-Garonne ; le même décret nommait Préfet de Seine-et-Oise M. de Girardin, directeur du cabinet et du personnel au Ministère de l'Intérieur.

M. de Girardin s'exprima en ces termes au début de la session de mai 1886 :

« Messieurs, Le Gouvernement de la République, en m'appelant à la Préfecture de Seine-et-Oise, m'a fait à la fois un très grand honneur et m'a imposé une très lourde tâche ; je ferai tous mes efforts, Messieurs, soyez-en convaincus, pour accomplir la mission dont je suis chargé au mieux des intérêts du département ; vous me trouverez toujours disposé à seconder les vues du Conseil général. J'aurai beaucoup à faire, je le sens, car j'ai à remplacer ici, à ce poste, des fonctionnaires distingués dont vous avez gardé le souvenir, et qui ont su, à la fois, conquérir votre estime et votre confiance. Permettez-moi d'espérer que vous voudrez bien, lorsque vous me connaîtrez davantage, me continuer le même bienveillant concours.

« Pendant les quelques mois que j'ai déjà passés dans ce département, je me suis efforcé de me pénétrer de vos vues, tant par la lecture attentive des procès-verbaux de vos délibérations qu'en prenant part aux travaux de vos honorables Collègues de la Commission départementale, et j'ai pu me convaincre que le Conseil général de Seine-et-Oise avait réalisé des progrès considérables dans toutes les branches de l'administration soumises à son contrôle ; tous les services ont été l'objet de votre constante sollicitude. Il est une question surtout qui paraît avoir appelé vos méditations et avoir été le sujet de vos constantes préoccupations ; c'est la question si intéressante, si grave, de l'assistance publique sous toutes ses formes. Il devait sans doute en être ainsi, Messieurs, étant donnée la situation topographique toute particulière, toute spéciale de Seine-et-Oise ; mais je ne crois pas qu'il existe un département où ces problèmes si graves, si sérieux, ait été étudiés avec plus de zèle, avec plus de générosité dans les moyens, avec plus d'amour du bien, permettez-moi de le dire, que l'a fait le Conseil général de Seine-et-Oise.

« J'affirme également qu'il n'y a pas de Conseil général qui se soit associé avec plus de zèle, avec plus de dévouement, avec plus de largesse, à l'œuvre régénératrice de l'enseignement ; et tout Préfet, tout administrateur nouveau de Seine-et-Oise, qui peut faire des comparaisons, doit être très frappé de cette initiative généreuse, de tous ces efforts constants qui honorent à la fois et le département et ses dignes et dévoués représentants.

« Je serai très heureux et très fier, Messieurs, de m'associer très étroitement à vous dans l'accomplissement de la mission féconde que vous poursuivez; soyez persuadés que dans toutes ces questions si multiples, si complexes, si intéressantes de l'administration départementale, vous aurez toujours mon concours le plus entier et le plus actif. J'ajouterai que vous me trouverez toujours respectueux des droits et des prérogatives du Conseil général, des attributions qui lui sont données par la loi; de mon côté, dans le rôle que le législateur assigne au Préfet dans la préparation et l'instruction des affaires comme dans leur exécution, je chercherai toujours loyalement, franchement, à entrer dans vos vues et à m'inspirer de vos intentions.

« Comme représentant du pouvoir central, Messieurs, je suivrai ici la ligne de conduite dont je ne me suis jamais départi dans les départements que j'ai déjà eu l'honneur d'administrer jusqu'à présent ; justice et impartialité pour tous, fermeté inébranlable dans cette partie de ma mission pour laquelle je ne relève que du Gouvernement de la République. Je maintiendrai très énergiquement la discipline dans la hiérarchie administrative, et j'exigerai de tous les fonctionnaires un concours absolu et sans réticence à la République, dont je suis le passionné serviteur. (Applaudissements.)

« Le Gouvernement a le droit, en effet, Messieurs, d'exiger de tous ceux qu'il investit de fonctions publiques, quelles qu'elles soient, de les remplir avec zèle, avec loyauté, sans arrière-pensée, d'apporter en même temps dans l'accomplissement de leur mission un esprit de mesure et d'équité, et d'arriver ainsi à faire respecter, à faire aimer les institutions républicaines et démocratiques. La nation, qui les a si souvent et si énergiquement affirmées, ne veut plus enfin que des serviteurs fidèles. Préfet de la République, j'ai le devoir de veiller à la stricte et scrupuleuse exécution de cette volonté dans le département de Seine-et-Oise; soyez certains que je n'y faillirai pas.

« En terminant, Messieurs, permettez-moi de vous redire que mon administration sera constamment l'auxiliaire vigilante et attentive du Conseil général dans la gestion des importants intérêts matériels et moraux dont vous avez tous la garde. Il y a là, Messieurs, un terrain commun où toutes les bonnes volontés peuvent se réunir, et s'il existe entre nous des divergences d'opinions, nous avons tous, du moins ici, le même but : arriver à faire progresser le département, à assurer la prospérité de Seine-et-Oise, et contribuer ainsi, dans la mesure de nos forces, les uns et les autres, à la grandeur de la chère patrie française. (Applaudissements.) »

Le Président du Conseil général répondit en adressant à M. de Girardin l'allocution suivante :

« Nous avons été heureux, Monsieur le Préfet, de vous entendre et nous vous souhaitons la bienvenue. Vous avez eu raison de dire que le Conseil général avait eu les meilleures relations avec votre prédécesseur, et, dans les nouvelles fonctions qu'il a été appelé à remplir, il a été suivi de nos vœux.

« Le Conseil général de Seine-et-Oise est, comme vous, respectueux de la loi, c'est-à-dire qu'il entend aller jusqu'au bout de ses attributions, mais qu'il n'en sortira pas, comme il n'en est jamais sorti.

« Sa majorité est profondément dévouée aux institutions républicaines, et, s'il y a entre nous des divergences d'appréciations dans les questions politiques, il y a un point sur lequel nous sommes d'accord, c'est le respect de la légalité et un amour profond des intérêts du département.

« Nous vous remercions, Monsieur le Préfet, des déclarations que vous avez faites, et nous comptons sur votre concours comme vous pouvez compter sur le nôtre. (*Applaudissements.*) »

Appelé, sur sa demande, à d'autres fonctions, M. de Girardin eut pour successeur M. Bargeton, préfet de la Loire, qui fut nommé Préfet de Seine-et-Oise par décret du 24 mai 1889. Quelques jours après, le décret du 28 mai nommait M. de Girardin Conseiller-Maître à la Cour des Comptes.

Lorsque s'ouvrit la session d'août 1889, le Président du Conseil général ne manqua pas de souhaiter la bienvenue au nouveau Préfet :

« Je souhaiterai en toute sincérité et en toute liberté la bienvenue à nos nouveaux Collègues, espérant qu'ils voudront bien s'inspirer des traditions de leurs devanciers et leur promettant de la part de leurs anciens un accueil courtois et cordial. (*Applaudissements.*)

« C'est dans ces mêmes dispositions de bon accueil que je m'adresse à vous, Monsieur le Préfet. On nous dit que vous êtes un Préfet administrateur; c'est là la qualité que prise le plus le Conseil général, car elle en comporte nécessairement beaucoup d'autres, et d'ailleurs elle cadre parfaitement avec l'esprit qui nous anime. Je puis, en effet, vous confirmer probablement, car vous le savez déjà sans doute, que, si nous sommes soucieux de nos droits, nous sommes rigoureusement respectueux de ceux du pouvoir et que nous ne pratiquons ici d'autre politique que celle des intérêts de nos commettants. (*Très bien! Très bien!*)

« Dans ces conditions, j'exprime avec confiance l'espoir de voir l'accord entre le Conseil général et vous s'établir d'abord, se maintenir ensuite, pour le plus grand bien du Département. (*Nouvelle approbation.*) »

M. Bargeton répondit en ces termes :

« Monsieur le Président, Messieurs, Je vous remercie bien sincèrement des souhaits de bienvenue qu'en votre nom, Monsieur le Président, et au nom de tous les membres du Conseil général sans exception, je veux le croire, vous avez bien voulu m'adresser en termes si flatteurs et si honorables pour moi. En m'appelant à administrer le département de Seine-et-Oise, le Gouvernement a voulu sans doute récompenser une carrière administrative déjà longue, consacrée entièrement à la défense des intérêts de la République. Je justifierai cette confiance, Messieurs, en m'efforçant de mériter la vôtre, et, si nos communs efforts peuvent faire faire quelques pas en avant à ce beau Département dans la voie du progrès où vous l'avez si largement engagé, ma bonne volonté ne vous fera jamais défaut. Les élus du Département, à quelque degré qu'ils appartiennent, peuvent compter sur mes efforts, sur mon désir de m'associer à leur œuvre afin d'assurer la prospérité du Département. Vous me trouverez toujours prêt à faire respecter les lois, l'ordre et l'autorité, et, dans les décisions que j'aurai à prendre comme représentant du pouvoir central, je ne chercherai jamais qu'à prendre des mesures justes basées sur l'équité.

« Comme représentant des intérêts du Département, je m'inspirerai aussi de vos décisions, et je les appliquerai toujours dans le sens le plus large et le plus libéral, et si, Messieurs, lorsque vous m'aurez vu à l'œuvre, j'ai justifié, j'ai mérité la réputation d'administrateur impartial, ne se préoccupant que des intérêts qui lui sont confiés, laissant de côté toute espèce de parti pris, si j'ai mérité cette bonne réputation qui m'a précédé ici, j'en serais très heureux et c'est à ce but que tendront tous mes efforts. (Applaudissements.) »

M. Bargeton fut Préfet de Seine-et-Oise pendant un peu plus de quatre années. Le décret du 26 juin 1893 lui donna pour successeur M. Lépine, qui venait lui aussi de la Loire. L'année suivante, par décret du 11 mars, M. Bargeton fut nommé Trésorier-Payeur général du département de l'Orne.

Au début de la session extraordinaire que tint le Conseil général en juillet 1893, le Président du Conseil général se fit un devoir de rappeler le souvenir de M. Bargeton :

« Au moment où le Conseil général se réunit pour la première fois après le départ de M. Bargeton, je crois être son fidèle interprète en exprimant ici les sentiments de sympathie et de reconnaissance qui l'animent envers ce fonctionnaire à raison des services rendus par lui au Département au cours de ses fonctions. (Vifs applaudissements.) »

M. Lépine eut à peine le temps de s'installer à Versailles : le jour même où il devait recevoir à la Préfecture les autorités et les administrations, le décret du 11 juillet 1893 le nommait Préfet de police et appelait pour le remplacer à Versailles M. Gentil, directeur de l'Administration départementale et communale au Ministère de l'Intérieur.

Préfet de Seine-et-Oise pendant plus de cinq années, M. Gentil quitta Versailles pour la Préfecture des Alpes-Maritimes; il eut pour successeur M. Poirson, préfet de la Manche, nommé par décret du 18 octobre 1898.

Celui-ci entretint, durant près de huit ans, les rapports les plus cordiaux avec l'Assemblée départementale. Appelé, sur sa demande, à d'autres fonctions, — celles de Conseiller-Maître à la Cour des Comptes, par décret du 29 juin 1906[1], — il eut pour succes-

---

[1] M. Poirson a été élu depuis, en 1907 et en 1909, et est actuellement sénateur du département,

seur M. Autrand, secrétaire général de la Préfecture de la Seine, nommé Préfet de
Seine-et-Oise par décret du 3 juillet 1906.

Saluant le nouveau Préfet, au début de la session d'août 1906, le Président du Conseil général tenait à rappeler la manière dont M. Poirson avait rempli sa mission dans
le département : « ..... Je ne saurais », dit-il, « terminer cet exposé..... sans rappeler la
part que l'honorable M. Poirson a prise à nos travaux pendant les huit années qu'il a
passées à la préfecture de Seine-et-Oise. Animé du même esprit démocratique et du
même désir de progrès que les membres de l'Assemblée départementale, il nous a
apporté sans réserve, en toute circonstance, le concours le plus actif et le plus absolu.
Le Conseil général ne pouvait laisser partir ce bon républicain, cet homme loyal et
affable, si dévoué à sa fonction, sans lui adresser, avec l'expression de ses regrets, le
témoignage de son estime et de sa sympathie reconnaissante. M. Poirson a bien mérité
du département de Seine-et-Oise. (*Applaudissements.*)

« Son successeur, que je suis heureux de saluer aujourd'hui, ne saurait prendre
ombrage des sentiments que je viens d'exprimer, car ils sont la preuve qu'en Seine-et-
Oise la population et le Conseil général savent se souvenir des services rendus. A son
tour, il apprendra que nous ne sommes pas des ingrats. M. Autrand vient ici, Messieurs,
précédé de la réputation d'un administrateur éclairé, actif, vigilant, ayant déjà parcouru
une belle et laborieuse carrière; de plus, il a été longtemps notre voisin et connaît par
conséquent beaucoup de nos affaires : entre notre département et celui de la Seine, il y
a tant de points de contact, tant de questions d'un intérêt commun!

« En votre nom à tous, mes chers Collègues, je souhaite la bienvenue à M. le Préfet, en exprimant le vœu qu'une mutuelle confiance, qu'une cordiale entente subsistent
entre l'Administration préfectorale et le Conseil général, pour le plus grand bien du
Département et de la République. (*Très bien! Très bien! et vifs applaudissements.*) »

M. Autrand fit la réponse suivante :

« Messieurs, je remercie bien sincèrement M. le Président du Conseil général des
compliments très aimables et très obligeants que, dans son discours, il a bien voulu me
réserver; j'en suis d'autant plus charmé que, par une marque gracieuse de courtoisie,
dont je sens toute la bienveillance, il a associé, dans ses paroles, le préfet qui arrive et
qui a à gagner vos sympathies, et le préfet auquel je succède et qui, depuis longtemps,
les avait méritées toutes.

« J'ai pu juger aujourd'hui, comme depuis mon arrivée, de quelle estime mon prédécesseur et ami était entouré et combien de regrets il laisse parmi vous. Son dévouement éprouvé aux affaires du département, le souci qu'il avait, avec l'entrain qui le
caractérise, de prendre contact avec les populations, son attitude résolue dans certaine
circonstance difficile, avaient distingué son administration. En outre, il avait une supé-

riorité incontestée : il avait eu la bonne fortune de vous faire connaître et apprécier les avantages et les bienfaits de la stabilité administrative.

« Je vois bien que je le remplacerai difficilement et je dois accueillir ma mission avec modestie. Je me permettrai, surtout, d'invoquer, comme titre à votre confiance et à celle du département, ma carrière administrative déjà longue, si je remonte à son point de départ, le temps que j'ai passé à l'Hôtel de Ville de Paris, comme collaborateur immédiat d'un préfet qui est l'honneur de l'Administration ; le temps que j'ai passé aussi dans plusieurs départements que j'ai servis avec toutes les forces de mon dévouement et toute l'ardeur de ma foi républicaine. (Applaudissements.)

« Mais si c'est avec quelque appréhension que je viens au milieu de vous, c'est surtout avec un sentiment de très légitime fierté. Je me trouve extrêmement honoré d'être appelé à représenter le gouvernement de la République dans ce département, qui est réputé non seulement par la grandeur des faits historiques dont il a été le témoin et qu'il rappelle, non seulement par son importance, sa richesse et sa beauté, mais aussi par l'œuvre considérable et très remarquable qui s'y accomplit, depuis quelques années, dans l'ordre de la philanthropie, de l'assistance et de la solidarité. (Applaudissements.)

« Vous avez, en effet, devançant la loi et comme on le rappelait tout à l'heure, organisé l'assistance aux vieillards ; vous avez établi le service de maternité, vous avez secouru les enfants des familles nombreuses, vous subventionnez, à leur création, les sociétés de secours mutuels. Vous êtes ainsi de véritables précurseurs pour les questions qui intéressent les améliorations démocratiques et sociales.

« C'est à cette œuvre, à sa consolidation, à son développement, que je veux donner tous mes soins ; c'est au maintien de votre bonne situation financière, c'est aussi à l'établissement définitif de ce réseau de voies de communication, devenu depuis longtemps nécessaire, que je veux collaborer avec vous, et je serais pleinement heureux s'il m'était permis de contribuer à l'affermissement et au progrès des idées républicaines en Seine-et-Oise, par l'union des républicains. (Vifs applaudissements.) »

M. Autrand est depuis juillet 1906, c'est-à-dire depuis plus de sept ans, Préfet du département de Seine-et-Oise, qui souhaite et espère le conserver longtemps encore.

TROISIÈME PARTIE

LES LOCAUX

DE 1790 A 1913

CHAPITRE UNIQUE

ÉDIFICES OÙ A SIÉGÉ DEPUIS 1790 ET OÙ SIÈGE L'ADMINISTRATION DÉPARTEMENTALE

L'hôtel des Menus Plaisirs, juin 1790. — La maison Oberkampf, juin 1790-1792. — Le pavillon du Grand-Veneur, 1792-1800. — L'hôtel du Garde-Meuble, 1800-1866. — La Préfecture actuelle, 1866-1913. — Le Château de Versailles et l'Hôtel de Ville; la Présidence; les hôtels de la rue Saint-Louis et du boulevard de la Reine, 1848, 1871 1879.

Dans cette troisième et dernière partie de notre ouvrage, qui sera de beaucoup la plus courte, nous avons à faire connaître les différents édifices où a siégé successivement depuis 1790 et où siège l'Administration départementale de Seine-et-Oise.

Ces édifices sont au nombre de cinq :

1° L'hôtel des Menus-Plaisirs, avenue de Paris et rue des Chantiers ;

2° La maison Oberkampf, située avenue de Saint-Cloud et appartenant au célèbre manufacturier ;

3° Le pavillon ou hôtel du Grand-Veneur, qui a été remplacé par le Tribunal de Versailles ;

4° L'hôtel du Garde-Meuble, rue des Réservoirs ;

5° La Préfecture actuelle ;

liste à laquelle il convient d'ajouter le Palais de Versailles et l'Hôtel de Ville, où, par suite de circonstances particulières, l'Assemblée départementale tint ses séances d'abord en 1848, puis de 1871 à 1879 inclusivement.

Nous parlerons sommairement de chacun de ces locaux, puis de deux hôtels qui furent habités par les Préfets.

HOTEL DES MENUS-PLAISIRS

L'*Histoire de Versailles, de ses rues, places et avenues*, de M. J.-A. Le Roi, indique au numéro 14 de l'avenue de Paris la « Caserne des Menus-Plaisirs[1] » et fournit au sujet

---

[1] Tome Ier, p. 415. — Cet immeuble portait en l'an VIII le numéro 65 de l'avenue de Paris. (Inventaire fait le 14 floréal an VIII (4 mai 1800) aux Menus-Plaisirs, série Q, Liste civile, Vente du mobilier.)

de cet immeuble des renseignements[1] que nous pouvons nous borner à résumer dans les lignes suivantes.

En 1750, le roi Louis XV fit élever ce bâtiment pour y placer les divers ateliers et les magasins des Menus-Plaisirs. Autrefois, les plaisirs du roi étaient composés des *grands plaisirs*, comprenant les diverses chasses, et des *menus plaisirs*, dans lesquels se trouvaient les différents jeux et exercices du corps : paumes, raquettes, etc., les concerts de la chambre et les spectacles. C'était donc pour y loger tout ce qui avait rapport à cette partie des plaisirs du roi que l'on avait construit le bâtiment de ce nom.

En 1759, le savant abbé Nollet, ayant été nommé maître de physique et d'histoire naturelle des Enfants de France, fit établir dans les salles de l'hôtel des Menus-Plaisirs un très beau cabinet de physique pour leur instruction.

Lorsque le Roi convoqua à Versailles, pour le 29 janvier 1787, l'*Assemblée des Notables*, ce fut l'hôtel des Menus-Plaisirs qui fut désigné pour être le local où elle se tiendrait. La salle des séances était placée entre le bâtiment des Menus-Plaisirs et la rue des Chantiers ; l'entrée des notables était sur la rue. La première assemblée fut close par le Roi en personne, le 25 mai 1787. L'année suivante, une nouvelle Assemblée des Notables s'ouvrit dans cette même salle, le 6 novembre 1788, et dura jusqu'au 12 décembre.

Mais la plus importante des Assemblées qui se tinrent dans la salle des Menus-Plaisirs, celle qui fera passer son nom à la postérité, est l'*Assemblée des Etats généraux* ou l'*Assemblée nationale constituante*. On sait que l'ouverture des Etats généraux eut lieu le 5 mai 1789.

M. Armand Brette, qui a écrit l'*Histoire des édifices où ont siégé les Assemblées parlementaires de la Révolution française et de la première République*[2], a donc eu à s'occuper, dans son bel ouvrage, de l'hôtel des Menus-Plaisirs du roi à Versailles, et il a consacré le premier chapitre du tome Ier de sa publication aux Etats généraux et à l'Assemblée constituante à Versailles[3]. Nous ne pouvons que renvoyer nos lecteurs à la savante étude de M. Brette ; outre un texte rédigé, à la suite de minutieuses recherches, avec une compétence toute spéciale, ils y trouveront un certain nombre de plans et vues fort curieux, notamment ceux-ci : Ancien hôtel des Menus-Plaisirs (tiré de l'*Atlas matrice des domaines de la Couronne*, 1823), page 13 ; cour de l'hôtel des Menus-Plaisirs, vues prises de l'avenue de Paris, pages 14 et 15 ; escalier conduisant au local occupé en 1789 par la Chambre du Clergé, page 16 ; plans de l'hôtel des Menus-Plaisirs dressés par l'architecte Paris, pages 16-17.

« L'hôtel des Menus », écrit M. Brette, « dont quelques parties demeurent encore et

---

[1] Pages 415-418.

[2] *Ville de Paris. Publications relatives à la Révolution française*, tome Ier, Paris, Imprimerie nationale, MDCCCCII.

[3] Pages 1-88.

qui s'étend à Versailles entre l'avenue de Paris, la rue de l'Assemblée-Nationale (autrefois rue Saint-Martin) et la rue des Chantiers, apparaissait, en 1789, comme formé de deux parties absolument distinctes : l'une composée de constructions solides et durables, entourant une vaste cour donnant sur l'avenue de Paris, l'autre ne comprenant qu'un hangar transformé en salle close, construite en matériaux légers, et couvrant la plus grande partie du jardin qui fait actuellement l'angle des rues de l'Assemblée-Nationale et des Chantiers.....

« La partie droite de la cour actuelle de la caserne était, en 1789, couverte de bâtiments qui ont été détruits à une date que nous ne pouvons fixer, mais qui est certainement postérieure à 1825 ; on les voit encore sur un plan des Domaines de la Couronne que nous reproduisons. Il n'y a plus aujourd'hui, sur cette partie, qu'une construction neuve, sans élévation, destinée au service de la caserne. Au moment où les États généraux étaient réunis, ces bâtiments de l'aile droite étaient consacrés aux salles à manger du traiteur et au service du secrétariat. A l'extrémité se trouvaient un grand vestibule et un escalier communiquant avec les pièces du premier étage, et permettant en particulier à la noblesse de se rendre dans la salle qui lui était réservée.

« Les bâtiments de l'aile gauche sont demeurés très sensiblement, dans l'ensemble, ce qu'ils étaient alors..... Au rez-de-chaussée se trouvaient le logement du concierge, cinq pièces servant de bureaux à l'Assemblée nationale, un grand vestibule et l'escalier qui conduisait au premier étage. Cet escalier ne semble avoir subi aucune modification..... L'aile gauche des bâtiments de la cour était destinée au clergé, comme l'aile droite à la noblesse. La salle d'assemblée du premier ordre occupait, au premier étage, la partie comprise entre l'escalier et les bâtiments du fond de la cour. C'est aujourd'hui une chambrée. On y voyait, en outre, l'antichambre du clergé et deux pièces servant de bureaux.....

« Les bâtiments du fond de la cour ont peu changé depuis cent ans. L'escalier central décrit au plan de Paris existe encore aujourd'hui. De chaque côté de cet escalier se trouvaient, au rez-de-chaussée, deux bureaux de l'Assemblée, le dortoir des gardes françaises, le corps de garde de la Prévôté de l'hôtel, le magasin de la lustrerie des Menus-Plaisirs, etc.

« Au premier étage, on remarquait, à droite de l'escalier, la salle de la noblesse ; à gauche, deux bureaux et dépendances, enfin la salle où l'on célébrait la messe avant la réunion des ordres et qui servait aussi de bureau à l'Assemblée. Toutes ces pièces réunies à la salle du clergé et à ces dépendances composaient, lorsqu'il devait y avoir séance royale, l'appartement de Sa Majesté.

« La différence de niveau existant entre l'avenue de Paris et la rue des Chantiers mettait le premier étage de ces bâtiments au niveau du sol dans la partie voisine de la rue des Chantiers.....

« La salle des Etats proprement dite, qui s'élevait dans le jardin actuel entre le fossé [qui existe encore aujourd'hui] et la rue des Chantiers, était, par son origine même, destinée à une existence éphémère; les restes incertains qui demeurent ne nous peuvent donner aucun éclaircissement, aussi devons-nous recourir, pour son histoire, aux seuls documents d'autrefois. Sa destination première ne semblait point appeler cette salle à l'emploi célèbre qu'elle a rempli. On raconte communément qu'elle fut construite pour la première assemblée de notables. Ce n'est point exact. Elle fut seulement appropriée dans cette vue au commencement de 1787[1]. »

Lorsque le Roi eut décidé, après les journées des 5 et 6 octobre 1789, de se transporter et de fixer sa résidence à Paris, l'Assemblée nationale ne tarda pas à le suivre en cette même ville. Le procès-verbal enregistre, à la date du 13 octobre, cette décision : *M. le Président a levé la séance, en l'indiquant à lundi prochain 19, à 10 heures précises du matin, dans une salle de l'Archevêché de Paris préparée à cet effet*[2].

« Les députés ne quittèrent pas sans un vif regret, pour la plupart, la ville de Versailles..... Ce n'est pas sans émotion que l'on voit maintenant livré à la dévastation des hommes et du temps ce qui demeure des bâtiments témoins du plus noble effort de l'homme vers la liberté. Il ne reste rien de la grande salle des Etats et de ses dépendances dans la partie comprise entre le fossé dont nous avons déjà parlé et la rue des Chantiers. Après avoir été utilisée à diverses reprises pour des assemblées électorales, la grande salle avec ses dépendances fut vendue comme propriété nationale et démolie en 1800[3]; mais sur deux côtés, au moins, de l'ancien hôtel des Menus, des corps de bâtiments demeurés entiers permettraient une restitution des divers locaux occupés, dans

[1] A. BAETTE, p. 12-19.

[2] *Ibid.*, p. 84. — « Un bâtiment d'une grandeur immense, qui avait été primitivement construit pour renfermer des décorations d'Opéra, transformé en une Salle superbe et richement décorée, est devenu le Temple auguste où les Représentans de la Nation ont commencé à jetter les fondemens de la nouvelle Constitution sur laquelle la France entière fonde son bonheur présent et avenir. Cette Salle est aujourd'hui le lieu où se tiennent les assemblées Electorales. » [*Almanach de Versailles et du département de Seine-et-Oise*, MDCCXCI, p. 63.]

[3] M. Le Roi s'exprime ainsi [p. 426] : « Le 16 mai 1793, elle [la salle de l'Assemblée nationale] fut vendue, comme propriété nationale, à un sieur Dubusc. Pour l'utiliser, il proposa à la municipalité d'en faire une halle aux grains. Cette proposition n'ayant point été agréée, le propriétaire la fit abattre, l'année suivante. » Une petite rectification doit être faite. La salle de l'Assemblée nationale fut bien vendue à Jean-Baptiste Dubusc, demeurant à Paris, rue de Vendôme, 26, au prix de 865.000 francs, mais ce fut le 27 floréal an VIII, c'est-à-dire le 17 mai 1800. Le dossier conservé aux Archives départementales de Seine-et-Oise [Biens de l'Etat, Adjudications, dossier 872] indique que cette vente fut annulée par décisions préfectorales de l'an XI à l'an XIII, qui furent confirmées par le Ministre des Finances. Une lettre de l'Intendant général de la Maison de l'Empereur au Préfet de Seine-et-Oise, datée du 24 nivôse an XIII [14 janvier 1805], contient ce passage intéressant : « Voilà donc cette vente annulée et le bâtiment des Menus-Plaisirs rappelé à sa liste civile, son ancienne destination. Mais les informations que j'ai prises me font connaître que M. Dubusc a démoli la grande salle où se sont tenus les Etats généraux, que les matériaux ont été enlevés et vendus. » — Dans ce même dossier figurent deux plans intéressants, tous deux de l'an VIII, germinal et floréal, antérieurs à l'adjudication faite au profit de Dubusc. Les locaux situés du côté de l'avenue de Paris sont alors affectés à la « Boulangerie militaire » ou à la « Manutention des vivres. — Pain »,. Voir le plan ci-contre. *Le Cicerone de Versailles* [1805] dit à la page 139 : « Cette salle [Salle des Etats généraux] fut abattue en l'an 10 : le reste des bâtimens conserve le nom de *grands Menus-plaisirs*. Ils servent à la manutention des vivres-pain pour les Troupes. »

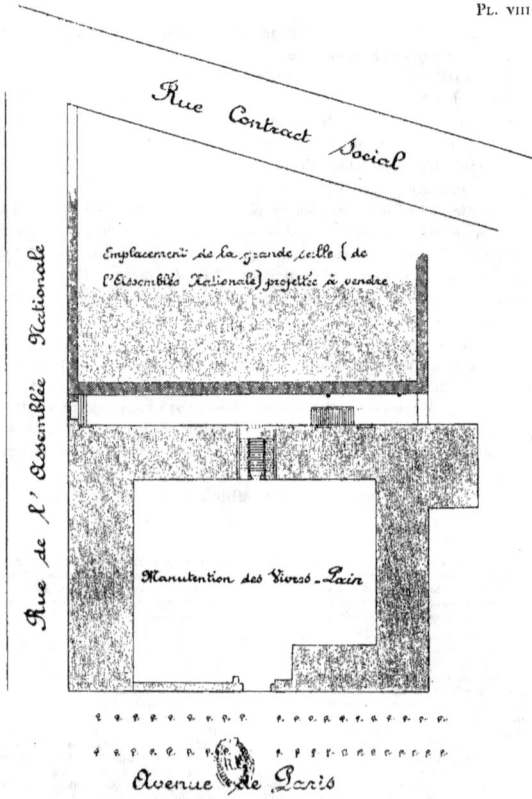

Rue Contract Social

Rue de l'Assemblée Nationale

Emplacement de la grande salle (de l'Assemblée Nationale) projetée à vendre

Manutention des Vivres-Pain

Avenue de Paris

Hôtel des Menus-Plaisirs

PLAN visuel de partie de la Propriété Nationale dite *Menus-Plaisirs*, pour être annexé aux conditions du projet de vente de la grande salle (8 avril 1800).

cette partie, par l'Assemblée constituante. Notre génération devrait bien à ce coin de terre cet hommage du souvenir. La loi du 17 avril 1879, qui a décidé qu'un monument commémoratif serait élevé sur le lieu même de l'assemblée des États généraux, n'a pas été exécutée..... Les modestes bâtiments de l'hôtel des Menus ne présentent aucun caractère leur donnant droit au classement parmi les monuments historiques ; il serait à souhaiter cependant que l'on prît à leur égard des mesures de protection et de défense[1]. »

Deux plaques commémoratives ont été apposées, l'une sur le mur de la rue des Chantiers, au numéro 19, l'autre sur le bâtiment qui est à l'angle de l'avenue de Paris [n° 22 actuel] et de la rue de l'Assemblée-Nationale.

Voici l'inscription qui figure sur la première :

ICI EN 1789,

L'ASSEMBLÉE NATIONALE CONSTITUANTE

A TENU SES SÉANCES,

DEPUIS LE 5 MAI JUSQU'AU 15 OCTOBRE.

LOI DU 17 AVRIL 1879.

UN MONUMENT COMMÉMORATIF SERA ÉLEVÉ

SUR L'EMPLACEMENT DE LA SALLE OU L'ASSEMBLÉE

NATIONALE CONSTITUANTE A TENU SES SÉANCES,

A VERSAILLES, DEPUIS LE 5 MAI

JUSQU'AU 15 OCTOBRE 1789.

Voici ce que mentionne la seconde plaque :

ANCIEN HOTEL DES MENUS PLAISIRS

ICI

L'ASSEMBLÉE NATIONALE CONSTITUANTE

A TENU SES SÉANCES

DEPUIS LE 5 MAI JUSQU'AU 15 OCTOBRE 1789.

Ce fut à l'hôtel des Menus-Plaisirs, « dans la salle où l'Assemblée nationale tenoit ses séances pendant son séjour en la ville de Versailles », que l'Assemblée électorale du département tint ses séances du 17 au 31 mai 1790, à l'effet d'y nommer les membres de l'Administration départementale[2].

Ce fut également en cet hôtel que siégea pour la première fois « l'Assemblée administrative du département de la Seine et de l'Oise », c'est-à-dire le Conseil général du

[1] A. BRETTE, p. 85.
[2] Voir ci-dessus, p. 16 à 20.

49

département, dont la session préliminaire a pour dates extrêmes celles des 14 juin-8 juillet 1790[1]. Mais elle n'y tint ses séances que provisoirement, on pourrait dire par tolérance, car cet immeuble appartenait à la Couronne[2]. Aussi se préoccupa-t-elle sans tarder de trouver à Versailles un édifice où elle pût s'installer d'une façon régulière. Le procès-verbal de la première séance (14 juin) constate que M. Félix Nogaret, introduit au sein de l'assemblée, a présenté « un plan ou projet d'un édifice public proposé par les S⁸ Vauchel et Fouacier », et que le Président lui a répondu qu'on « s'en occuperoit[3] ». Et, ce même jour, il fut question de savoir si l'on pourrait s'établir à l'hôtel du Grand-Veneur ou si un immeuble appartenant à M. Oberkampf offrirait « un local convenable aux séances et aux travaux de l'assemblée[4] ». Nous parlerons plus loin des démarches qui furent faites dans ce sens, mais ce que nous avions à relater ici, c'est : 1° que le Conseil général de Seine-et-Oise siégea aux Menus-Plaisirs, non pas dans la grande salle de l'Assemblée nationale, beaucoup trop vaste, mais dans d'autres locaux que nous ne saurions déterminer d'une manière précise; 2° que, dès le 15 juin, on décida de « quitter le plutôt possible l'hôtel des Menus » et que l'on choisit « pour local provisoire la maison de M. Oberkamp, que ce citoyen lui a offert généreusement sans aucune rétribution[5] »; 3° que le procès-verbal de la séance tenue le 22 juin au matin se termine ainsi : « Après quoi, étant deux heures sonnées, la séance a été par M. le Président levée et indiquée à ce soir, dans le nouveau local qu'elle avait précédemment arrêté[6] », c'est-à-dire dans la maison Oberkampf.

L'Assemblée administrative du département de Seine-et-Oise siégea donc aux Menus-Plaisirs, du 14 au 22 juin 1790. Si jamais une plaque commémorative devait rappeler ce fait, on pourrait en rédiger l'inscription en ces termes:

EN L'HÔTEL DES MENUS PLAISIRS

L'ASSEMBLÉE ADMINISTRATIVE DU DÉPARTEMENT

DE SEINE ET OISE

SIÉGEA POUR LA PREMIÈRE FOIS

AU MOIS DE JUIN 1790.

[1] Voir ci-dessus, p. 20 et 22.

[2] « Ce n'est que dans la vue d'éviter tout retard aux travaux du département que (Sa Majesté) a permis que provisoirement il tienne ses séances dans les salles de l'hôtel des Menus qui avaient été préparées pour les Comités de l'Assemblée Nationale. » [Lettre écrite par M. de Saint-Priest, le 3 juin 1790, et que nous citons plus loin, à propos du pavillon du Grand-Veneur.]

[3] Arch. dép. de Seine-et-Oise, L 21.

[4] Ibid.

[5] Ibid.

[6] Ibid.

MAISON OBERKAMPF

Le vaste et bel immeuble que l'on voit au numéro 77 de l'avenue de Saint-Cloud et qui n'est séparé que par une maison du Lycée Hoche, numéro 73, appartenait en 1790 à Christophe-Philippe Oberkampf, le célèbre manufacturier de Jouy-en-Josas[1], qui en était propriétaire depuis un peu moins de trois ans. Il avait été construit récemment, et il est aisé d'en écrire l'histoire[2].

Par brevet en date du 11 décembre 1770, le roi Louis XV, « voulant donner au sieur Depommery une marque particulière de la satisfaction que Sa Majesté ressent de ses services », lui fit « don d'un terrain scis à Clagny et faisant partie du parc dudit lieu, contenant en superficie soixante trois perches, borné d'un côté par la cour d'entrée du couvent de la Congrégation[3], de l'autre par la basse-cour dudit couvent, d'autre côté par le terrain du feu sieur Pluyet[4], et en face par l'avenue de Saint-Cloud, le tout conformément au plan déposé au bureau général du Domaine de Sa Majesté, pour par ledit sieur Depommery faire, jouir et disposer comme bon lui semblera et comme chose à lui appartenante, lui étant donnée et à ses hoirs et ayant cause en toute propriété, à condition toutefois de payer au Domaine de Sa Majesté le droit de cens à raison de dix livres par arpens et de ne bâtir sur ledit terrain que suivant les alignements, simétries et décorations qui lui seront prescrits par les officiers des bâtimens de Sa Majesté[5] ».

Le 21 janvier 1771, « Pierre Randon de Pommery, écuyer, garde général des meubles de la Couronne, trésorier de Madame la Dauphine, demeurant ordinairement à Paris, à l'hôtel des Ambassadeurs, rue et faubourg Saint-Honoré, paroisse de la Madelaine de la Ville l'Evêque, étant en ce jour à Versailles, logé en son appartement en l'hôtel d'Orléans, rue de la Surintendance[6], paroisse St Louis », vendit à « Mre Richard Micque[7], chevalier de l'ordre du Roy, intendant et contrôleur général des bâtimens et jardins de Madame la Dauphine, demeurant à Versailles, au Grand Commun de Sa Majesté, paroisse

---

[1] M. Alfred Labouchère n'indique pas qu'Oberkampf ait été propriétaire de cet immeuble. (Oberkampf, 1738-1815, 3e édition, Paris, 1878.)

[2] Surtout à l'aide des titres de propriété qui m'ont été fort aimablement communiqués par M. Emile Renaud, propriétaire actuel.

[3] Le Lycée.

[4] « 14 mai 1767. Don en faveur du Sr Pluyette, l'un des membres de l'Académie d'architecture, d'un terrain à Versailles, avenue de St-Cloud, formant le trapèze, contenant 640 toises superficielles ou environ, tenant d'un côté à l'emplacement du Couvent des Ursulines. » Brevets de 1767.

[5] Papiers Emile Renaud.

[6] Rue Gambetta.

[7] Richard Mique. « Au mois de septembre (1774), Gabriel avait demandé sa mise à la retraite, et l'on avait donné la direction des travaux à un autre architecte, Richard Mique. C'était un Lorrain, et l'on sait que Marie-Thérèse avait recommandé d'une manière spéciale tous les Lorrains à sa fille. » Gustave DESJARDINS, Le Petit Trianon, p. 68,

Notre-Dame (*sic*) », un terrain sis à Clagny, contenant 31 perches et demie, faisant moitié du terrain à lui donné par le Roi le mois précédent, la présente vente étant faite au prix de 300 livres payées par l'acquéreur[1].

Deux ans plus tard, Pierre Randon de Pommery et Richard Mique vendirent l'ensemble du terrain, c'est-à-dire les 63 perches, à la réserve d'une portion de 10 pieds, au sieur Jacques Rebin, négociant à Versailles, rue des Deux-Portes, paroisse Notre-Dame, la présente vente étant faite moyennant le paiement d'une somme de 20.000 livres. Le contrat porte la date du 17 juillet 1775[2].

Ce fut Jacques Rebin qui fit construire l'immeuble existant aujourd'hui. Il est dit dans un acte de règlement de succession en date du 28 septembre 1777[3] que « Jacques Rebin [est] décédé le 9 mars de l'année dernière », sans laisser d'enfants nés de son mariage avec « Marie-Julie Boyelleau », et que, pour dresser le tableau de l'actif et du passif, « les parties observent que ledit feu sieur Rebin avait acquis dans l'avenue de Saint-Cloud, à Versailles, un grand terrain sur lequel il avait fait commencer la construction d'une maison considérable et qu'il avait pris avec les ouvriers, pour le parachèvement des travaux, des engagements dont il était impossible d'éluder l'exécution sans s'exposer à une multitude de procès. Cette maison est actuellement entièrement construite, mais il reste à y faire beaucoup de choses relatives aux commodités, aux ornements et aux agréments dont elle est susceptible et sans lesquels il serait impossible d'en tirer un revenu qui approchât de celui que l'on doit espérer. Les mémoires de ce qui est fait ne sont pas encore dressés, et il serait impossible d'apprécier au juste combien aura coûté l'établissement de cette maison quand elle se trouvera entièrement faite. Le prix de l'acquisition du terrain et les frais qu'elle a occasionnés surpassent vingt mille livres, l'architecte qui a conduit les travaux estime qu'ils pourront coûter environ cent trente mille livres, mais on sait par une expérience journalière que le prix des travaux est toujours supérieur aux estimations. Cependant, comme il faut partir d'un point fixe, on suppose pour ce moment que le prix réel n'excédera pas l'estimation. Cela posé, quand la maison aura sa perfection, elle aura coûté, avec le terrain, cent cinquante mille livres. »

En 1778, le 3 juin, Marie-Julie Boyelleau, veuve du sieur Jacques Rebin, demeurant à Versailles, « en sa maison avenue de St-Cloud, paroisse Notre-Dame », fit bail, pour 3, 6 ou 9 années, à Pierre-Michel Hennin, « résident pour le Roy près la République de Genève, et actuellement premier commis aux Affaires étrangères, demeurant à Versailles, rue de Marly, paroisse Notre-Dame », d'une portion importante de l'immeuble dont il s'agit : « Au rez de chaussée, à gauche en entrant, huit pièces de différentes grandeurs, dont cinq à cheminées; du côté opposé, une cuisine, un office et un garde-

1.2.3 Papiers Emile Renaud,

Pl. IX

La Maison Oberkampf

manger. Au premier étage, neuf pièces de différentes grandeurs, dont cinq à cheminées et deux garnies de parquets de menuiserie, trois petites pièces en entresoles pratiquées dans le même étage, dont une à cheminée. Au troisième étage, trois chambres de domestiques, dont une à cheminée. Les deux plus grandes caves de la maison qui sont numérotées l'une ....., l'autre ....., les écuries et remises qui sont pratiquées dans la cour en entrant du côté du Couvent, communauté de ladite cour, du puits et de deux cabinets d'aisance, dont ladite dame Robin a donné des clefs, avec le jardin qui dépend de ladite maison. » Le prix fixé pour le loyer était de 2.300 livres, et, de plus, le locataire devait « contribuer de cinquante livres par année dans le payement des gages de la portière[1] ».

Cette même année, le 10 septembre, la veuve Robin louait pour 3, 6 ou 9 ans, à François-Jean Gréban, conseiller du Roi, lieutenant général de la Prévôté de l'Hôtel, « un appartement au second étage dépendant d'une maison sise en cette ville de Versailles, avenue de St Cloud, ainsi qu'il se poursuit et comporte ensemble une cuisine au troisième étage, quatre chambres dans le comble pour les domestiques, dont deux ayant vue sur l'avenue de St Cloud..... ». Le prix fixé pour le loyer était de 1.250 livres, « outre et indépendamment de 25 l. pour le portier[2] ».

Un autre bail était passé, le 1er juillet 1784, au profit d'un sieur Antoine Gabard, mais il était résilié l'année suivante[3].

Deux ans après, l'immeuble changea de propriétaire. Par acte passé devant notaires[4], le 13 septembre 1787, M.-J. Boyelleau, veuve J. Robin[5], demeurant avenue de Saint-Cloud, vendit à « M. Christophe-Philippe Oberkampf, propriétaire et entrepreneur de la Manufacture royale de toiles peintes établie à Jouy près Versailles », acquéreur pour lui, ses hoirs et ayant cause, « une grande maison, à porte cochère, située dans l'avenue de St-Cloud à Versailles, consistant en un principal corps de bâtiment sur ladite avenue et plusieurs autres, cour, circonstances et dépendances, ... de plus ample désignation de laquelle mondit sieur acquéreur a dit n'être besoin, le connaissant parfaitement et en étant content ». La vente était faite au prix de 100.000 livres; l'acquéreur était tenu, de plus, de payer le cens, ainsi que les droits de lods et ventes et de centième denier et d'exécuter les baux en cours des différents locataires[6].

[1-3] Papiers Émile Renaud.

[3] Papiers Émile Renaud. Il s'agissait d'un appartement au premier étage, composé de six pièces, de deux chambres au troisième et de deux caves; le loyer était de 600 livres et 18 livres pour la portière.

[4] Alcaume et son confrère, notaires au Châtelet de Paris.

[5] Il est dit dans l'acte : « Cette maison appartient à la veuve Robin tant en son nom à cause de la communauté de biens qui a été entre elle et ledit feu sieur son mari, lors du décès duquel la bâtisse n'en était que commencée, et a été achevée par elle depuis. »

[6] Le nom de Robin s'est transformé plus tard en Rubin. Un acte de 1798 parle de Françoise « Rubin ditte Robin »; de Marie-Julie Boyelleau, veuve de « Jacques Rubin dit Robin, demeurante à Versailles, avenue de l'Orient [avenue de Saint-Cloud] ». Il en est de même dans un acte du 21 juillet 1821, qui est une quittance par les héritiers Rubin aux héritiers Oberkampf. [Papiers Émile Renaud.]

Tel était l'immeuble que possédait sur l'avenue de Saint-Cloud, en 1790, Ch.-Ph. Oberkampf. Témoin de l'embarras dans lequel se trouvait l'Assemblée administrative du département, qui ne savait où elle pourrait s'installer, il lui offrit « jusqu'au premier octobre, sans aucune rétribution, plusieurs appartemens d'une maison à lui appartenante à Versailles », et il fut décidé dans la séance tenue par le Conseil général, le 14 juin, que quatre Commissaires, MM. Haussmann, Caillot, Pierron et Feugères, iraient voir « si ces appartemens ou autres dans la ville offraient un local convenable aux séances et aux travaux de l'Assemblée ». Ces quatre membres firent leur visite et leur rapport ce même jour : de toutes les maisons qui leur ont été indiquées, dit M. Pierron, la plus convenable leur a paru celle de M. Oberkampf. Aussi fut-il décidé, dès le lendemain, — après de longues discussions et un appel nominal, — que l'on quitterait le plus tôt possible l'hôtel des Menus-Plaisirs et que l'on choisissait pour local provisoire la maison Oberkampf. On arrêtait aussi que le Président « offrirait à celui-ci les remerciemens de l'Assemblée, et que MM. les commissaires ci-devant nommés veilleront conjointement avec M. le Procureur général syndic à disposer les lieux le plus promptement et le plus économiquement possible ».

Voici le texte de la lettre que le Président écrivit, le 15 juin, à M. Oberkampf :

« Monsieur, l'Assemblée administrative du département de la Seine et de l'Oise me charge de vous remercier de l'offre que vous voulez bien lui faire de la jouissance de votre maison jusqu'au premier octobre prochain, époque où elle aura déterminé un local convenable à ses travaux. Elle l'accepte et vous prie de vouloir bien en agréer sa reconnaissance et se félicite d'avoir dans l'étendue de son territoire un citoyen aussi recommandable par l'utilité de ses travaux que par son patriotisme.

« Je suis, etc. »

On a vu précédemment[1] que ce fut le 22 juin que le Conseil du département tint sa première séance dans la maison Oberkampf, où siégea désormais l'Administration départementale.

Le procès-verbal de la séance du 6 juillet relate que « la question de savoir si l'Assemblée continueroit de tenir ses séances dans la maison appartenant à M. Auberkam, qu'elle occupe, ou si elle choisiroit un autre logement, a été agitée. L'Assemblée a arrêté qu'elle continueroit de rester dans ladite maison. La question de savoir si l'Assemblée loueroit tout [ou] partie de la maison a été agitée, et il a été arrêté que l'on loueroit la totalité de ladite maison avec ses dépendances, et M. le Procureur général syndic a été autorisé à se retirer par devers M. Auberkampf, lui faire part de l'arrêté de l'Assemblée et savoir de lui les conditions de la location. »

_____
[1] Page 374.

Celui de la séance du même jour, au soir, mentionne que le Procureur général syndic rend compte de sa mission auprès de M. Oberkampf; celui-ci « ne veut louer que la partie de la maison qu'occupait ci-devant M. Hennin qu'autant qu'il seroit passé un bail de 3, 6 ou 9 années, et moyennant 2.400 livres ». L'Assemblée donna donc à son Président et à M. Laisné, l'un de ses membres, l'autorisation de traiter avec M. Oberkampf.

Enfin, celui de la séance du lendemain 7 constate trois choses : 1° que le Président a rendu compte de la mission dont il avait été chargé conjointement avec M. Laisné, et que « l'Assemblée a témoigné sa satisfaction à MM. les Commissaires » ; 2° que M. Oberkampf s'est alors présenté, accompagné de M. le curé de Jouy : « M. le Président, après lui avoir annoncé que l'Assemblée étoit satisfaite des procédés et du désintéressement qu'il avoit mis dans le prix de la location de sa maison, a remis à la fin de la séance pour la lecture du projet de bail à faire pour ladite location » ; 3° que la séance « a été terminée par la lecture du projet de bail à faire sous seings privés de la partie de la maison qu'occupe actuellement et qu'occupera pendant deux ans l'Assemblée du département avec les augmentations des lieux énoncés audit bail, qui a été approuvé par l'Assemblée ; et les Commissaires ont été autorisés à le signer ». Ce même jour, à la séance du soir, il fut délivré à M. Oberkampf expédition du bail « pour la partie de la maison que l'Assemblée occupe et celle dont elle va entrer en jouissance ». Voici les conditions de ce bail :

« Entre Messieurs les Administrateurs du département de la Seine et de l'Oise séant à Versailles, d'une part, et M. Christophe-Philippe Oberkampf, propriétaire de la manufacture de toiles peintes établie à Jouy-en-Josas, d'autre part, est convenu et arrêté ce qui suit :

« M. Oberkampf fait bail et donne à loyer pour deux années entières et consécutives, qui ont commencé à courir du premier du présent mois et promet faire jouir pendant ce tems auxdits administrateurs pour les bureaux du département et autres usages analogues, ce accepté par MM. Le Cointre et Laisné, président, et deux desdits sieurs Administrateurs comme autorisés à cet effet par l'Assemblée générale du jour d'hier, les appartemens et lieux ci-devant occupés par M. Hennin et dont la désignation suit :

« Deux cuisines communicant de l'une à l'autre à droite de la grande allée, office en aile de la cour, ouvrant en celle du fond, six pièces au second étage au-dessus desdites cuisines, dont quatre à feu, deux sur le devant et deux sur la cour ;

« le rez-de-chaussée à gauche de ladite allée, élevé de trois degrés, composé d'une antichambre sur le derrière, deux pièces à feu ensuite, trois autres pièces à feu sur le devant, escalier de dégagement, corridor tournant et deux pièces sombres, l'une ayant issue sur ledit escalier ;

« le grand et principal escalier commun ;

« et au premier étage, une antichambre, trois chambres à feu sur le devant et deux autres sur la cour, corridor et escalier de dégagement, deux pièces sombres, l'une ayant jour sur ce dernier escalier et l'autre sur une petite cour, entresol au-dessus du même escalier de trois pièces, dont une sombre, lieux d'aisance auxquels conduit une autre pièce sombre éclairée par une cour;

« cinq petites pièces en mansarde sous le comble dont deux donnant l'une dans l'autre, numérotées 2, 3, 5, 7, latrines communes auprès;

« trois berceaux de cave, dont une au fond du corridor, ayant soupirail sur la rue et les deux autres avec soupiraux sur la grande cour;

« communauté de ladite grande cour et du puits, le corps de remises à gauche en ladite cour, écuries, grenier au-dessus, auquel conduit un autre escalier, deux autres cabinets d'aisance attenant et la totalité du jardin séparé de la cour par un mur d'appuy et grille en fer;

« le tout dépendant et faisant partie d'une grande maison située à Versailles, avenue de Saint-Cloud, tels que les objets ci-dessus désignés se poursuivent et comportent sans en rien retenir ni réserver;

« pour en jouir par lesdits sieurs Administrateurs audit titre pendant lesdites deux années; ce bail fait moyennant la somme de deux mille livres de loyer pour et par chacune desdites deux années que mesdits Srs Le Cointre et Laisné promettent, pour et au nom dudit département, payer audit Sr propriétaire en deux termes égaux de six en six mois, dont les six premiers échoiront et lui seront payés au Bureau et par le trésorier dudit Département, sur ordonnance de MM. les Administrateurs de son Directoire, le premier janvier prochain, les seconds le premier juillet suivant, et ainsi continué jusqu'en fin du présent bail, fait en outre aux charges, clauses et conditions ci-après, qui sont de ne pouvoir par lesdits sieurs Administrateurs faire aucune démolition de gros murs ni percement sans le consentement par écrit du propriétaire, entretenir lesdits appartemens et lieux de réparation locative, souffrir y faire les grosses, s'il en survient à faire, et les rendre en bon état et conformes à celui qui en sera dans trois jours fait double entre les parties.

« Le logement et les gages du portier continueront d'être en totalité à la charge dudit Sr Oberkampf.

« Fait double au Bureau de ladite Assemblée du département, le sept juillet mil sept cent quatre vingt dix.

    « OBERKAMPF. — L. LE COINTRE, président. — LAISNÉ. »

La maison Oberkampf, ou, pour parler plus exactement, une partie de cette maison, fut donc temporairement, du mois de juin 1790 à la fin du mois de juin 1792, l'hôtel du

Département[1]. Un rapport en date du 12 juillet 1792 est conçu en ces termes : « Le Directoire a occupé pendant deux années, qui ont commencé au 1ᵉʳ juillet 1790, une maison appartenant à M. Oberkampf, moyennant 2,000 l. de loyer par chaque année. Ces deux années sont expirées dès le premier du mois courant. M. Oberkampf n'a reçu que 1,000 l. pour le loyer des six derniers mois 1790. Il luy est dû l'année entière 1791 et les six premiers mois 1792. On propose à MM. du Directoire d'autoriser l'expédition de deux mandats au profit de ce propriétaire, l'un de 2,000 l. pour l'année et sur les sols additionnels de 1791 et l'autre de 1,000 l. pour les six mois de 1792, et tous deux sur M. Mesnard, receveur du district de Versailles. Au moyen de ce paiement, l'Administration du Département aura soldé la totalité de ses loyers depuis son établissement jusqu'à ce jour. -- Approuvé, le 17 jᵗᵉᵗ 1792. — Expédié le 24 juillet 1792. »

L'immeuble dont il s'agit portait alors les numéros 9 et 10[2]; ce n'est que depuis 1815 environ que le chiffre 77 a remplacé ces anciens numéros. Le numérotage du xviiiᵉ siècle, qui était continu, commençait au rond-point de l'avenue de Picardie. Trois maisons plus loin, au 13, se trouvait le couvent de la Congrégation de Notre-Dame, qui est devenu le Lycée, numéro 73[3].

Dès le 20 juillet, on y déposa la bannière donnée au Département, le 14, par la Ville de Paris, et dont la description nous a été conservée : « La forme de cette bannière est carrée; elle porte d'un côté ce mot, écrit en caractères d'or, *Constitution*, lequel est entouré de deux branches de chêne peintes en vert et liées par le bas d'un nœud de rubans, aussi peints aux trois couleurs de la Nation. Au-dessous est écrit, en lettres d'or, *Département de la Seine et de l'Oise*. De l'autre côté est aussi écrit, en lettres d'or, *Confédération nationale à Paris le 14 juillet* 1790. Ces mots sont également entourés de deux branches de chêne liées comme de l'autre côté; au-dessous sont encore ces mots, écrits en lettres d'or, *Département de la Seine et de l'Oise*. Aux quatre coins et des deux côtés de ladite bannière sont quatre fleurs de lis de couleur d'or qui se joignent par des

---

[1] « ADMINISTRATION DU DÉPARTEMENT DE SEINE-ET-OISE... Messieurs les Administrateurs tiennent leurs séances et ont leurs Bureaux *avenue de Saint-Cloud, près le Couvent.* »[*Almanach de Versailles et du Département de Seine-et-d'Oise, MDCCXCI*, p. 72-73.]

[2] Le recensement de la population de Versailles en 1790 fournit les renseignements qui suivent : Avenue de Saint-Cloud, 9 et 10. Veuve Robin, la tante, bourgeoise. Hénin et son épouse avec précepteur, premier commis aux Affaires étrangères. De Reims, premier secrétaire de M. de La Luzerne. Veuve Robin, la nièce, et son frère. Peigné et son épouse, négociant. Breval et son épouse. Au total 37 personnes. — 11 et 12. 28 personnes. — 13. Le Couvent, 91 personnes. Le recensement de janvier 1792 permet aussi de faire d'intéressantes constatations : Au nᵒ 10, habitent la veuve Robin née « Boileau » [Boyeleau], bourgeoise, âgée de 42 ans, et son frère Louis « Boileau ». — Au nᵒ 9, habitent la veuve Robin, Marie, âgée de 65 ans, bourgeoise, à Versailles depuis 40 ans; Breval, Philippe, jardinier, avec sa femme et sa fille; deux des garçons de bureaux, Ourceau et Naveau, et quelques autres personnes. — Au nᵒ 8, habite Boquet, François-Nicolas, âgé de 45 ans, né à Annecy, précédemment domicilié à Paris, et depuis 9 mois à Versailles, secrétaire général du Département.

[3] « Nᵒ 13. *Lycée*. Cette superbe Maison, après avoir été occupée, depuis 1790, tant par une Infirmerie militaire que comme Succursale d'Invalides, vient d'être disposée l'été dernier pour le Lycée qui vient d'y être établi. Les Bâtimens furent construits de 1766 à 1772..., ; le tout sur les dessins de M. *Mique.* »[*Le Cicerone de Versailles*, 1805, p. 430.]

branches d'olivier peintes en vert, entrelacées et régnant au pourtour de la bannière, laquelle est de taffetas blanc, bordée de franges d'or, portée sur un bâton doré surmonté d'une pique aussi dorée, au milieu de laquelle est une fleur de lys percée à jour, et au-dessous est attachée une cocarde de rubans aux couleurs de la Nation, d'où dépend une cravatte de taffetas des trois couleurs, bordée d'une frange d'or, ainsi que deux glands pareils à la frange soutenus par un double cordon de fil d'or noué par le milieu. La branche transversale est terminée par une lance dorée, ladite branche soutenant la bannière. »

Cette bannière ne devait pas sortir de l'hôtel sans l'ordre de MM. du Département. Voici, en effet, ce que portait la consigne donnée à la sentinelle :

« 1° La sentinelle [garde nationale] ne permettra pas la sortie de la bannière sans avoir reçu l'avis et l'ordre de MM. du Département ou du Directoire et la voir accompagnée d'un détachement.

« 2° La sentinelle aura soin d'empêcher les enfants et joueurs de s'attrouper, jouer ou faire du bruit sous les croisées de l'hôtel.

« 3° La sentinelle ne sera tenue de porter les armes à qui que ce soit; seulement, si l'Administration sortait en corps pour cérémonie, alors l'officier aurait soin de faire mettre la garde sous les armes. Il en sera de même lorsque le Bon-Dieu passera ou un détachement de toutes troupes en corps. »

Indépendamment du Conseil général, — l'Assemblée administrative du département, — du Directoire du département et du Procureur général syndic, il y avait à installer dans la maison Oberkampf les bureaux de l'Administration. Peut-être nos lecteurs auront-ils plaisir à savoir quelle était à la date du 28 juillet la composition du personnel de ces bureaux, les nominations ayant été faites « après les informations de vie et de mœurs et l'exposition des talents nécessaires pour remplir les places auxquelles les sujets ont été nommés », et le Directoire ayant « donné la préférence à ceux qui, à égalité de bonnes mœurs et de talents, avaient essuyé des malheurs et avaient le plus grand nombre d'enfants ».

Le bureau de la Police générale avait pour chef M. Durvy; MM. Herliez, Rotrou, Huvé, Lemaitre remplissaient les emplois de commis; M. Brichard fils était surnuméraire.

Le bureau des Impositions avait pour chef M. Castellan; les commis étaient MM. Troussu, Lion, Bourdel, Delcambre; M. Leflamand surnuméraire.

Le bureau d'Agriculture et Commerce avait pour chef M. Cadioux; les commis étaient MM. Busquin, Morin, Cardonne, Saunier; M. Bonnet fils surnuméraire.

Le bureau des Biens nationaux avait pour chef M. Durup; les commis étaient

MM. Rouveau neveu, Cornillet, d'Etelon, de Balcine le jeune; M. Le Cointre fils surnuméraire.

Le Secrétariat général était ainsi composé : Secrétaire général, M. Bocquet. Chef, M. Chovot. Commis, MM. Rassé, Bersé, Camus. Surnuméraires, MM. Delaunay et Quevanne.

Le bureau du Procureur général syndic comptait deux commis, MM. Beaugrand et La Truffe fils; M. Augné surnuméraire.

Enfin, M. Jean-Louis Morin était chargé de l'enregistrement des décrets de l'Assemblée nationale, et M. Charlemagne Augustin était nommé pour « faire des tableaux d'écriture et autre travail extraordinaire ».

Ajoutons à ce personnel trois garçons de bureau, « les sieurs Ourceau, Jacques Naveau et Breval ». Et n'omettons pas de dire que l'Assemblée administrative du département, et par suite le Directoire, avaient déjà leur huissier. Dès le 25 juin, « il a été fait la présentation du Sᵣ Haussard pour remplir les fonctions d'huissier de l'Assemblée; et, sur les bonnes qualités que M. le Président lui connoit, il a été agréé de l'Assemblée pour être en outre chargé de menus détails relatifs à cette place ». Plus tard, le 14 janvier 1792, le Vice-Président du Directoire remettra au Sᵣ Haussard, huissier du Département, « comme marque distinctive de sa place lors des audiences ou des cérémonies publiques auxquelles assiste l'Administration, une médaille dorée suspendue à une chaîne dorée et une canne d'ébène dont la pomme et le bout sont d'ivoire; ladite médaille porte, d'un côté, pour inscription : *la Nation, la Loi et le Roi*, et, de l'autre : *Département de Seine-et-Oise* ».

Évidemment, l'Administration départementale devait se trouver à l'étroit dans la portion de la maison Oberkampf qui avait été louée, et où l'on s'était installé un peu précipitamment, sans que le précédent locataire eût eu le temps d'enlever un certain nombre d'objets mobiliers lui appartenant. Le procès-verbal de la séance tenue par le Directoire le 24 septembre 1790 relate, en effet, que M. Hennin avait demandé par lettre si l'Administration entendait conserver « les glaces, poëles et armoires existant dans les pièces où se tiennent les séances et à lui appartenant »; on lui fit savoir que « le Directoire ne pourrait statuer sur sa demande qu'à la prochaine session du Conseil général de l'Administration ». Mais on patientait, car cette installation n'était que provisoire, et nous montrerons bientôt que le Département commençait en 1790, et poursuivait en 1791, des démarches, qui devaient aboutir, pour qu'un autre immeuble — le pavillon ou hôtel du Grand-Veneur — lui fût concédé par la Couronne afin de pouvoir s'y loger définitivement. Et pour que le service n'eût pas à en souffrir, le Directoire adoptait, le 29 décembre 1790, un règlement en neuf articles pour la police intérieure des bureaux, arrêtant qu'il serait « placé dans tous les bureaux, afin qu'aucun employé n'en prétendît faute de connaissance et que chacun eût à s'y conformer ». S'y conforma-t-on

bien scrupuleusement? Nous voudrions le croire, mais le procès-verbal de la séance du
17 mars 1791 laisse au moins planer un doute, car nous y lisons, qu'ayant été observé
« que les employés des bureaux s'absentaient fréquemment et que la surveillance qui
était attribuée à M. le Procureur général était éludée par différents moyens qui la rendent
illusoire », il fut arrêté « qu'aucun des employés de l'Administration ne pourrait s'absenter, sous quelque prétexte que ce fût, sans avoir le consentement de l'un de MM. les
Administrateurs de son bureau, dont il sera tenu de faire part à M. le Procureur général syndic ». La discipline se relâcha sans doute peu à peu, car, à la date du 6 octobre 1791, le Procureur général syndic portait plainte contre le chef et les employés de
l'un des bureaux, qui s'étaient tous absentés la veille, pour « faire une partie de plaisir », sans « en avoir prévenu l'Administrateur de leur bureau et sans le consentement
de M. le Procureur général syndic, qui leur avait dit qu'il ne pouvait prendre sur lui
d'autoriser une telle absence ». Et le Directoire décidait que ce chef et ces employés ne
subiraient pas, pour cette fois, « la destitution qu'ils ont encourue », mais qu'il leur
était enjoint d'être plus exacts à l'avenir et « de se renfermer dans les principes de
subordination et de devoir prescrits par les arrêtés du Directoire, à peine de destitution
de leurs places ».

 Le Directoire, qui exigeait ainsi du personnel administratif l'exactitude et l'assiduité,
s'acquittait lui-même avec un grand zèle des fonctions qui lui étaient confiées par la loi.
Il cherchait aussi, et c'est lui-même qui le déclare dans un arrêté pris à la date du 8 février 1792, à « apporter la plus stricte économie dans toutes les parties de son administration ». Aussi, considérant « que la hausse survenue dans les prix des différentes
matières de la consommation journalière des bureaux, et notamment de celle de la
bougie, exige de nouvelles mesures pour l'éclairage du Directoire », décidait-il « qu'il
sera éclairé par une lampe à la Quinquet et qu'il ne sera employé de bougies que la
moindre quantité possible, qui seront consumées dans leur totalité ».

 Nous en avons dit assez de la maison Oberkampf[1], où le Conseil général tint une
partie de sa session préliminaire et sa session ordinaire de 1790, sa session extraordinaire et sa session ordinaire de 1791, et où le Directoire du département siégea de
juin 1790 à juin 1792. Il nous est agréable de constater ici que le propriétaire de l'immeuble, M. Emile Renaud[2], a bien voulu, sur notre demande, et nous l'en remercions,

---

[1] Oberkampf mourut à Jouy-en-Josas, le 4 octobre 1815. Ses héritiers, « M. le baron Emile Oberkampf, propriétaire, domicilié en son château de Guiscard (Oise); Mme Laure Oberkampf, épouse de M. Jacques-Adolphe Mallet,
banquier, à Paris; Mme Emilie Oberkampf, épouse de M. Louis-Jules Mallet, banquier, à Paris; Mme Marie-Julie
Oberkampf, épouse de M. Louis Féray, propriétaire et manufacturier à Chantemerle, cne d'Essonnes », vendirent
l'immeuble de l'avenue de Saint-Cloud à M. Jean-Baptiste Léonard, propriétaire, et à Mme Marie Madeleine-Louise-
Françoise Rouxel, son épouse, le 24 mai 1821. Le contrat est passé devant Rodolphe Soissons et son collègue,
notaires à Versailles. [Papiers Emile Renaud.]

[2] Voir l'Echo de Versailles, n° 51, du 23 décembre 1910.

faire poser sur cette maison, qui offre un intérêt historique, une tablette de marbre portant l'inscription suivante :

CONSTRUITE EN 1776

CETTE MAISON APPARTINT A CH.-PH. OBERKAMPF.

LE CONSEIL GÉNÉRAL ET LE DIRECTOIRE

DE SEINE-ET-OISE

Y SIÉGÈRENT DE 1790 A 1792.

LE GRAND-VENEUR

Avant de parler de l'installation de l'Administration départementale dans le pavillon ou hôtel du Grand-Veneur[1], il est nécessaire que nous donnions à nos lecteurs une idée exacte de la physionomie qu'avait en 1790 la partie du territoire de la ville qui est comprise entre la place d'Armes, à l'ouest, l'avenue de Paris, au midi, la rue Montbauron, à l'est, et l'avenue de Saint-Cloud, au nord. Les deux plans que nous mettons plus loin sous leurs yeux faciliteront grandement nos explications.

Toute personne ayant aujourd'hui à se rendre de l'avenue de Saint-Cloud à l'Hôtel de Ville[2], situé avenue de Paris, n'a qu'à suivre la rue Saint-Pierre et la place des Tribunaux, qui en est la continuation. Ceux de nos ancêtres qui auraient voulu accomplir le même parcours à la fin de l'ancien régime n'auraient pu le faire, car, lorsqu'ils seraient arrivés à la rue dénommée actuellement de Jouvencel, et alors du Chenil, ils se seraient trouvés devant une grande propriété, dont l'entrée était gardée par un portier. Ne pouvant la traverser, ils auraient dû monter la rue du Chenil jusqu'à la rue appelée aujourd'hui Jean-Houdon, et alors de l'Aventure, par laquelle ils seraient arrivés à l'avenue de Paris. L'ensemble de la propriété, comprenant des bâtiments et des cours, laissée par eux à leur droite et sur l'emplacement de laquelle s'élève la Préfecture, portait le nom de Chenil ; elle faisait partie de la Vénerie, et sur l'emplacement du Tribunal s'élevait le Pavillon ou Hôtel du Grand-Veneur. La porte de la Vénerie donnant sur l'avenue de Paris correspondait à celle qui s'ouvrait sur l'extrémité de la rue Saint-Pierre ; elle était gardée par un Suisse. Il n'y avait donc pas, à l'époque de la Révolution,

[1] On lit dans l'Almanach du département de Seine-et-Oise, année 1792 [Versailles, Le Bas, imprimeur-libraire] : « Administration du Département de Seine-et-Oise. Cette Administration tient ses séances et ses bureaux à Versailles, Avenue de Saint-Cloud, près le Couvent. On lui prépare un beau local, Avenue de Paris, dans le lieu appelé le Chenil » (p. 23). De ce très précieux Almanach je ne connais qu'un exemplaire, qui fait partie de la collection Henri Grosseuvre.

[2] Anciennement l'hôtel du Grand-Maître, où la Municipalité de Versailles s'installa le 29 janvier 1790. [LE ROI, t. Ier, p. 398.]

de communication publique directe entre la rue Saint-Pierre et l'Hôtel de Ville, et il en fut ainsi pendant assez longtemps encore.

M. Le Roi fournit des renseignements très précieux relativement à ce Chenil, à cette Vénerie, à ce Pavillon, dont les dispositions étaient fort originales. Nous ne faisons que les résumer ici, renvoyant à la savante *Histoire de Versailles, de ses rues, places et avenues*[1] ceux de nos lecteurs qui seraient désireux d'en mieux connaître l'histoire.

Le bâtiment dans lequel logeait le Grand-Veneur fut construit en 1670, pour le duc de Chaulnes, auquel Louis XIV l'acheta en 1682, ainsi que les dépendances, dans lesquelles il plaça sa Vénerie. Cette *Vénerie*, comportant un *Chenil*, était alors un très grand établissement : M. Le Roi reproduit la description qu'en fit le *Mercure galant* en 1686, à l'occasion de la visite des ambassadeurs de Siam. Cette description est fort curieuse, et c'est à regret que nous ne la donnons pas nous-même ici. Elle débute par ces phrases : « On les mena au *Chenil*, qui sert de logement au grand-veneur. Ce bâtiment est difficile à décrire, parce que tout y est extraordinaire, et qu'au lieu d'avoir sa principale porte en face du bâtiment, on y entre par les côtés. Il est situé devant le manège, derrière la grande écurie. »

La Vénerie de Louis XIV était fort considérable ; Louis XV en fit, cependant, augmenter encore les bâtiments, lorsqu'il voulut avoir une seconde meute du cerf. Louis XVI, comme ses prédécesseurs, aimait beaucoup la chasse ; la Vénerie n'eut donc pas sous lui une moindre importance.

Quand le Roi quitta Versailles, au mois d'octobre 1789, tous les grands dignitaires de sa Maison le suivirent à Paris et le pavillon du Grand-Veneur resta vide. Le Procureur général syndic Challan demanda donc, dès le mois de mai 1790, c'est-à-dire aussitôt après sa nomination, que ce local, abandonné par le Grand-Veneur, qui était alors le duc de Penthièvre, fût mis à la disposition du Département pour s'y loger[2]. Sa démarche ne fut pas couronnée de succès, car il reçut au commencement de juin la lettre suivante :

« A Paris, le 3 juin 1790.

« J'ai mis sous les yeux du Roi, Monsieur, la lettre que vous m'avez adressée tendante à obtenir pour la tenue des assemblées du département de Versailles la jouissance de l'hôtel du Grand-Veneur. Sa Majesté s'y est absolument refusée. Elle a vu de l'incon-

---

[1] Tome Ier, p. 166-169.

[2] Il s'était en même temps adressé au duc de Penthièvre, le 31 mai. De la correspondance conservée aux Archives départementales il résulte que celui-ci accueillit favorablement la demande (lettre du 7 juin), mais que le Département ne put, à cause de la décision du Roi, profiter de son agrément et jouir « d'un local qui réunit tous les avantages par sa position et son étendue » (lettre du 16 juin). D'ailleurs, une lettre du duc de Penthièvre en date du 24 juin est conçue en ces termes : « ... Je n'avois pas observé que l'agrément du Roi devoit précéder tout arrangement sur ce qui regardoit le Pavillon du Grand Veneur à Versailles..... J'aurois été charmé que les circonstances m'eussent permis de concourir à ce que MM. du Département de la Seine et de l'Oise paroissent souhaiter.... L. J. M. DE BOURBON. »

Pl. x

LE CHENIL ET LA VÉNERIE A LA FIN DE L'ANCIEN RÉGIME

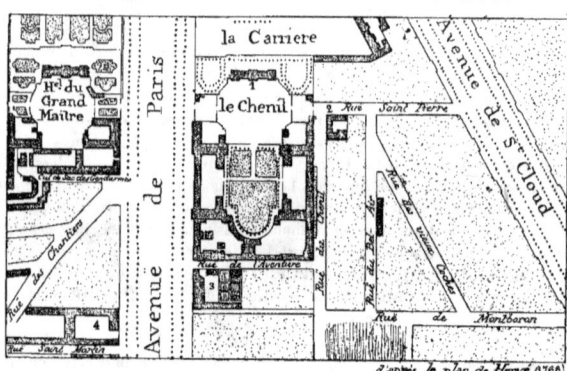

d'après le plan de Hervé. (1768)

1. Pavillon du Grand-Veneur. — 2. Bureau général des Aydes. — 3. La Poste aux chevaux.
4. Hôtel des Menus Plaisirs.

MÊME EMPLACEMENT A LA FIN DU XIXᵉ SIÈCLE.

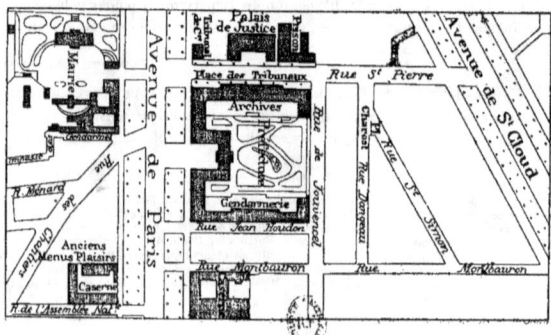

vénient à changer ou confondre avec d'autres objets la destination des établissements
faits pour le service de sa Maison. Ce n'est que dans la vue d'éviter tout retard aux travaux du département qu'Elle a permis que provisoirement il tienne ses séances dans les
salles de l'hôtel des Menus, qui avaient été préparées pour les Comités de l'Assemblée
Nationale ; mais il sera indispensable que le département s'occupe de se procurer pour
l'avenir un local qui lui soit approprié, et non dépendant de bâtiments qui sont dans le
cas d'un moment à l'autre d'être nécessaires au service du Roi.

« J'ai l'honneur d'être bien véritablement, Monsieur, votre très humble et très
obéissant serviteur.

« DE St-PRIEST[1]. »

Le Procureur général syndic y fit réponse en ces termes, le 16 juin :

« Monsieur le Comte,

« J'ai mis sous les yeux de l'Administration la lettre que vous m'avez fait l'honneur
de m'écrire le 3 de ce mois. Quoiqu'elle voye avec douleur la décision du Roi sur la
demande du Grand Veneur, elle est loin de vouloir rien faire qui puisse contrarier ses
intentions. Elle vient dans ce moment de se placer provisoirement, en attendant qu'il
soit possible d'obtenir de Sa Majesté et de concerter avec vous un local qui puisse convenir à ses vues et aux besoins de l'Administration. J'ose, en mon particulier, Monsieur
le Comte, compter sur vos bons offices pour seconder autant qu'il sera en votre pouvoir
les intentions bienfaisantes du Roi.

« J'ai l'honneur d'être, Monsieur le Comte, votre très humble et très obéissant
serviteur. »

Une nouvelle tentative faite pour obtenir la jouissance du même bâtiment réussit
mieux l'année suivante. Le 1er février 1791, l'Administration départementale écrivait à
M. de La Porte, intendant de la Liste civile, la lettre dont voici le texte :

« L'Assemblée générale du département de Seine et d'Oise réunie, désirant, Monsieur,
jouir du bienfait du décret du 16 octobre dernier, qui accorde aux Départemens la faculté
de s'établir dans les Hôtels-de-Ville ou autres édifices et bâtimens quelconques cy-devant
ecclésiastiques ou domaniaux, a fait examiner tous ceux qui pourraient lui convenir pour
le lieu de ses séances annuelles et des séances journalières de son Directoire. Après
avoir parcouru ceux qui sont dans le chef-lieu qu'il habite, où il n'existe aucun édifice
public, il a senti qu'il ne pouvait fixer son choix sur aucuns autres parce que Sa
Majesté semblait vouloir se réserver tous ceux qui dépendent du domaine de Versailles.
Cependant le Directoire du Département, considérant que la Municipalité de Versailles

---

[1] Guignard de Saint-Priest, secrétaire de la Maison du Roi, ministre de l'Intérieur jusqu'en décembre 1790.

doit aux bontés du Roi l'hôtel du Grand-Maître¹, dans lequel elle a établi le lieu de ses séances, et présumant que Sa Majesté, ayant fait une diminution considérable dans sa Maison, regardera peut-être comme inutile à son usage plusieurs bâtimens, dont l'un appelé l'Hôtel du Grand-Veneur, séparé du Chenil, n'a de tout tems été occupé que par M. de Penthièvre ou par quelqu'un de ses gens, vous prie, Monsieur, de demander l'agrément de Sa Majesté pour que le Département, auquel M. de Penthièvre consentit d'abandonner la jouissance de l'Hôtel, à cette condition expresse, puisse établir le lieu de ses séances audit Hôtel du Grand-Veneur. Cet hôtel, abandonné depuis longtems, se détériore chaque jour et aurait besoin de réparations urgentes, que l'Administration du Département s'empresserait de faire faire sur-le-champ. Vous daignerez, Monsieur, mettre toutes ces considérations sous les yeux de Sa Majesté et de plus puissantes encore, telles que le rapprochement des corps administratifs et municipaux plus près les uns des autres et au centre de la Ville, ce qui produira nécessairement plus de célérité dans l'exécution des affaires, moins de fatigues pour les habitans des campagnes, une économie pour l'administration et conséquemment pour les administrés, et surtout pour cette classe précieuse et indigente dont les intérêts et le bonheur du peuple touchent si sensiblement le cœur paternel du Roi. Le Directoire du Département se flatte, Monsieur, qu'en mettant sa demande sous les yeux de Sa Majesté, vous voudrez bien l'appuyer de tout votre pouvoir. »

Le Directoire, portant cette lettre à la connaissance de « M. de Lessart, ministre des Finances² », le priait de se joindre à M. de La Porte pour appuyer la demande auprès du Roi, et il faisait une semblable démarche auprès de « M. d'Angivilliers, directeur des bâtimens du Roi », lui représentant que le Pavillon du Grand-Veneur « a de tout tems été inutile au service de la Maison du Roi, étant tout à fait séparé du Chenil ». Les réponses ne tardèrent pas à parvenir. Celle de M. de La Porte est datée du 8 février :

« J'ai mis sous les yeux du Roi, Messieurs, la lettre que vous m'avez fait l'honneur de m'écrire tendante à obtenir de Sa Majesté l'agrément d'établir le local de vos séances dans l'hôtel du Grand-Veneur. Sa Majesté, en vous l'accordant, s'est portée bien volontiers à favoriser les vues qui vous animent pour le soulagement des habitans du Département, ainsi que pour la facilité et la célérité de l'expédition des affaires qui vous sont confiées..... « LAPORTE. »

Très heureux de cette solution, le Directoire tint à en remercier le Roi sans plus tarder, et il écrivit en ces termes à M. de Lessart, le 11 février :

« Le Directoire du Département, Monsieur, infiniment sensible au don que le Roi

¹ Voir ci-dessus, p. 385.
² Antoine de Valdec de Lessart avait obtenu le poste de Contrôleur général des finances au mois de décembre 1790; il périt à Versailles, le 9 septembre 1792, lors du massacre des prisonniers de la Haute-Cour.

vient de lui faire du Pavillon du Grand-Veneur pour y tenir le lieu de ses séances, a arrêté d'envoyer à Sa Majesté une députation pour le remercier au nom des administrés du département. Veuillez bien, Monsieur, en agréant nos remerciemens de l'appui que vous avez donné à notre demande, prendre les ordres du Roi et nous indiquer le jour et l'heure où Sa Majesté daignera recevoir la députation du Département. »

Le jour même, le Ministre répondait que « Sa Majesté recevrait la députation du Département dimanche, à l'heure de son lever. Vous voudrez bien, en conséquence, avertir la députation de se trouver au château dimanche, à onze heures. »

Par lettre du 16 février, M. de La Porte informait le Procureur général syndic que « M. Périer » se rendrait, le vendredi 18, à Versailles, à l'effet d'y concerter avec MM. les administrateurs du Département la remise entre leurs mains du Pavillon du Grand-Veneur : « Il serait très agréable à M. le Grand-Veneur que M. Dyauville[1] pût conserver dans ce pavillon la jouissance du logement qu'il y occupe. »

Enfin, trois mois plus tard, le 16 mai, était rendu le décret suivant :

« L'Assemblée Nationale, ouï le décret de son Comité d'emplacement,..... autorise le Directoire du département de Seine-et-Oise à se placer à l'hôtel du Grand-Veneur sis à Versailles, dont la jouissance lui a été accordée par le Roi pour y tenir les séances du Conseil général et du Directoire et y établir ses bureaux ; l'autorise pareillement à faire faire les réparations intérieures nécessaires audit hôtel du Grand-Veneur et à faire procéder à l'adjudication au rabais desdits ouvrages sur le devis estimatif qui en sera préalablement dressé et dont le montant sera supporté par les administrés. » Les lettres patentes y relatives portent la date du 20 mai 1791.

Peu de temps après, le Roi voulut bien donner au Département un autre témoignage de l'intérêt qu'il portait à l'Administration de Seine-et-Oise. Nous en avons la preuve dans une lettre qui fut adressée, le 4 juin, au Procureur général syndic par l'Intendant de la Liste civile, M. de La Porte :

« J'ai mis sous les yeux du Roi, Monsieur, la lettre que vous m'avez adressée le 30 du mois dernier, au sujet des objets mobiliers qui se trouvent dans l'emplacement du Grand-Veneur ; Sa Majesté m'a déclaré que son intention était de laisser au Département la jouissance de tous ceux qui lui appartiennent. Je viens, en conséquence, de charger M. Heurtier[2] d'aller les reconnaître et de les désigner, de manière qu'il ne puisse y avoir d'erreur ni de difficultés dans l'enlèvement que les gens d'affaires de M. le Grand-Veneur ou les personnes à qui il avait cédé des logements feront des effets à eux appartenant. »

[1] « Vénerie du roi. Commandant de la meute du chevreuil : M D'Yauville. [Almanach de Versailles, 1789, p. 117.]
[2] Jean-François Heurtier, architecte, mort en 1823. Il a construit le Théâtre Favart (Opéra-Comique) et le Théâtre de Versailles. [Dictionnaire historique de la France, de Ludovic LALANNE, 2e édition.]

On se mit donc, dès le mois de juin, à entreprendre les travaux qu'il y avait à exécuter pour transformer en hôtel du Département le Pavillon du Grand-Veneur, c'est-à-dire à « faire toutes les réparations et arrangemens nécessaires pour [que l'Administration départementale pût] y établir ses séances et ses bureaux ». Ces travaux furent longs et coûteux ; commencés en 1791, ils ne furent achevés qu'en 1792. Les comptes rendus au Conseil général par le Procureur général syndic Challan, parlant au nom du Directoire du département, contiennent à ce sujet d'utiles indications.

Celui qui est rendu le 16 novembre 1791 renferme ce passage : « [Le Directoire] s'était flatté que [les dépenses nécessaires] seraient moindres ; mais des parties qui menaçaient ruine ont forcé à une dépense imprévue ; cependant, [il] se flatte que l'Administration ne sera pas logée plus chèrement qu'elle ne l'est dans le local actuel, devenu trop petit à cause de l'immensité des papiers et des dépôts qui s'accroissent tous les jours. »

Celui qui porte sur la gestion du Directoire du mois de novembre 1791 au 20 août 1792 est, à cet égard, fort instructif : « Comme il s'agissait de réparer un vieil édifice, qu'il était difficile de connaître les réparations autrement qu'à mesure qu'il y serait travaillé, le Directoire fit faire, le 25 juin 1791, l'adjudication au rabais du prix de chaque nature d'ouvrage ; le pavé seul fut oublié ; mais, vu le peu qu'il y en avait, il a été fait au même prix que les routes qui sont une véritable adjudication. L'expérience a justifié cette précaution, car, dans le cours du travail, il s'est découvert des vices de construction, très dangereux, des planchers menaçant des murs en porte à faux, et des cheminées défectueuses, dont on n'avait pas pu s'apercevoir, parce qu'elles étaient placées dans l'intérieur des murs. Le Directoire a informé le Conseil, lors de la dernière session, de cette augmentation, qui n'avait pu être prévue.

« Les conditions de l'adjudication portent que les ouvrages seront terminés au 1er septembre 1791, et que les entrepreneurs seront payés, savoir, d'un quart audit jour, du second quart au mois de mars 1792, et du surplus en 1793. L'augmentation inattendue des travaux n'a pas permis aux entrepreneurs de se conformer aux époques fixées ; l'époque des payemens a donc dû être reculée, et le Directoire n'a fait acquitter qu'une somme de trente-sept mille six cents livres. Le Directoire n'avait pas cru devoir porter plus haut les à-comptes, parce qu'au mois d'août, les ouvrages n'étant point terminés, aucun toisé ni aucune visite n'avaient déterminé la quotité ni la validité des travaux.

« Pour l'acquit de ces dépenses, il avait été fait en 1791 un fonds de 12,000 livres. Le Conseil général avait aussi arrêté qu'en 1792 il serait imposé un fonds provisoire de quarante-huit mille livres, mais il ne fit point la répartition définitive, parce que..... le Conseil général espérait obtenir la permission de se rassembler. Le Directoire, considérant l'augmentation de dépense dont il n'avait pu que lui donner un aperçu, fut contraint de faire seul le travail qui porta les fonds de cette dépense à soixante-dix-huit mille livres, sur laquelle il reste à disposer cinquante-deux mille livres. »

Notre intention n'est pas, on le conçoit, d'entrer ici dans le détail de ces travaux d'installation. Si quelques-uns de nos lecteurs étaient désireux de le connaître et de savoir comment ces aménagements furent appréciés et jugés par le Conseil général, nous les engagerions à étudier les dossiers de la série Lₐ, le registre coté L 22, ainsi que notre Inventaire sommaire (pages 125-140), qui sont de nature à satisfaire leur curiosité. Qu'il nous suffise de dire que les travaux furent exécutés sous la direction de l'Ingénieur en chef Le Masson et qu'ils furent achevés au cours du premier semestre de l'année 1792. Une nouvelle lettre de l'Intendant de la Liste civile répond alors à une demande que les Administrateurs du département avaient faite au Roi. Elle est datée du 25 mars 1792 et conçue en ces termes :

« J'ai l'honneur, Messieurs, de vous informer que, sur la demande que vous en avez faite au Roi, Sa Majesté a bien voulu vous accorder des tapisseries et des glaces pour meubler les salles d'assemblée du Directoire du département établies dans l'hôtel du Grand-Veneur. Le Roi a pensé que les tapisseries les plus convenables étaient celles qui présentent l'écusson des armes de France sur un fond fleurdelisé, et elles seront délivrées par le Garde-meuble. Quant aux glaces, j'écris à M. Heurtier d'en faire prendre les mesures et elles seront délivrées des magasins des bâtimens du Roi. »

L'Administration départementale ne tarda pas à s'installer dans son nouvel hôtel. Ce fut le 23 juin 1792 que le Directoire y siégea pour la première fois, ce que fait connaître le procès-verbal de la séance du 22, qui se termine ainsi : « Et la présente séance a été levée par M. le Vice-Président à deux heures trois quarts et ajournée à demain, neuf heures du matin, à la salle du Conseil de l'Administration dans le nouveau local du Département, pour le concours qui aura lieu pour la nomination des institutrices des écoles gratuites de la ville de Versailles. » Ce concours, à dix heures du matin, « dans la salle du Conseil général du département », où se trouvaient réunis MM. Le Brun, vice-président du Directoire, Huet, Le Flamand, Hénin, Vaillant, Rouveau, Belin de Ballu, administrateurs, M. le Procureur général syndic, une députation de MM. du Directoire du district de Versailles, M. le Maire et plusieurs membres de la Municipalité et du Conseil général de la ville, l'Aumônerie, les instituteurs du Collège, « ainsi qu'un grand nombre de Dames, qui avaient été invitées d'assister au concours ».

Le Conseil général y tint sa première séance le mardi 24 juillet 1792, lorsque s'ouvrit sa session extraordinaire et permanente : « L'an 1792 et le 4ᵉ de la Liberté, le mardi 24 juillet, à une heure après midi, le Conseil général du département s'est assemblé dans la nouvelle salle de ses séances », relate le procès-verbal.

Nous n'avons pas à rappeler ici les modifications qui furent apportées au mois d'août 1792 dans la composition du Directoire du département et, ultérieurement, dans celle du Conseil général ; et l'on sait, d'autre part, que, le 21 septembre suivant, la Convention avait succédé à la Législative : la Royauté avait été abolie et la République proclamée.

Aussi ne s'étonnera-t-on pas en lisant ce qui suit dans le procès-verbal de la séance tenue le 17 octobre par le Conseil général : « Un membre a observé que les décorations de la salle du Conseil général ne sont point les attributs de la République en ce qu'elles rappellent les marques et les événemens qui tiennent à la royauté. Il a proposé de supprimer les tapisseries et de décorer la salle en simples pierres, avec une statue de Brutus, au-dessus de laquelle seroit gravé le serment qu'il prêta dans le Sénat en ces termes : *Je vous prends à témoins, Dieux tout puissans, que j'exposerai ma vie et que je répandrai jusqu'à la dernière goutte de mon sang pour empêcher qu'aucun de cette maison, ni même qui que ce soit, règne dans Rome*. Cette proposition a été adoptée ; il a été arrêté, de plus, que deux faisceaux d'armes seroient placés aux deux côtés de la statue et que des tables plaquées sur les murs présenteroient les droits de l'homme et [les] événemens les plus marquans dans la révolution française, et particulièrement l'abolition de la royauté. » Au cours de la séance du 19, le Procureur général syndic Goujon, rappelant la décision qui avait été prise l'avant-veille, fit observer « que la traduction qui a d'abord été adoptée ne rend pas parfaitement le texte de Tite-Live. Il a proposé, et l'assemblée a arrêté, que ce serment sera inscrit en ces termes : *Oui, j'en jure et je vous prends à témoin, Dieux tout puissans, du serment que je fais. A compter de cet instant, je poursuivrai par le fer, par le feu, par tous les moyens qui seront en ma puissance, ce tyran orgueilleux, sa scélérate épouse et toute la race de ses enfans ; et je ne souffrirai pas que ni eux ni quelqu'autre que ce soit règne jamais dans Rome*[1]. » C'est de cette transformation, « que les circonstances et nos principes ont rendue nécessaire », que parle Goujon, dans son compte rendu au nom du Directoire provisoire, lorsqu'il s'exprime ainsi : « C'est dans cette vue que le Conseil général..... a cru devoir faire placer dans ce lieu cette image du fondateur de la liberté romaine. Voilà les pensées, les souvenirs qui réjouissent le cœur de l'homme libre, les seuls qui désormais soient dignes de nous occuper. O Brutus, Caton, Rousseau, quels êtres dégénérés pourroient ne pas sentir, à votre aspect, se ranimer en lui les vertus civiques qui ont dirigé vos actions! Dans quelle âme avilie votre regard ne porteroit-il pas quelque étincelle de ce feu céleste, de ce mâle et indomptable courage avec lequel vous avez soutenu la justice et la vérité! Oui, votre présence fait de ce lieu un temple consacré à la patrie, à la liberté, à l'humanité bienfaisante. Celui qui auroit pu concevoir quelque pensée contraire au bonheur des hommes, à la liberté de ses semblables, demeurera confondu

---

[1] Voici le texte de Tite-Live : « *Per hunc, inquit, castissimum ante regiam injuriam sanguinem juro, vosque, dii, testes facio, me L. Tarquinium Superbum, cum scelerata conjuge et omni liberorum stirpe, ferro, igni, quacumque dehinc vi possim, exsecuturum ; nec illos, nec alium quemquam regnare Romæ passurum.* » [*Histoire Romaine*, I, 59.]

sans oser la prononcer devant vous. Vous serez ici l'espérance du citoyen, les guides et les modèles des magistrats du peuple; tous pratiqueront vos vertus, pour se rendre dignes de siéger avec vous. »

Et, en effet, indépendamment de la statue de Brutus, plusieurs bustes décoraient la salle du Conseil général. Le sculpteur-statuaire Le Masson, membre de la Commission des Arts de Paris et frère de l'Ingénieur en chef de Seine-et-Oise, en était l'auteur. Dans un mémoire adressé postérieurement aux Administrateurs du département, il rappelle qu'il a exécuté en 1792 « les bustes de Socrate, Caton d'Utique, Mably et Rousseau, ainsi que des lances avec bonnets de la liberté et deux faisceaux de licteurs; ces objets ont été placés dans la salle des séances du département ».

Notons encore qu'en 1792 une pique et un bonnet de la liberté ont été placés sur la maison du Département. Comme, en 1793, ces deux objets auront « beaucoup souffert de l'intempérie de l'air et qu'ils menacent d'une chute prochaine », le Directoire arrêtera, le 4 août 1793, « qu'il sera fait une pique en fer supportée par un faisceau, qu'elle sera ornée d'une flamme tricolore et que le tout sera posé le dix de ce mois au plus tard ».

Enfin, le 3 octobre 1793, on plaça dans la salle des séances de l'Administration départementale une pierre de la Bastille, sur laquelle était gravée la déclaration des droits de l'homme et du citoyen[1]. On trouvera dans l'*Histoire de Versailles* de M. Le Roi les détails de cette solennité républicaine : « Le cortège arrivé au Département, la pierre fut déposée sur un tapis tricolore, en face du président. Puis il y eut des discours patriotiques, prononcés par Palloy, Germain, président ; Des Closeaux, commissaire national; Charbonnier, président de la Société des Amis de la Liberté et de l'Egalité, et par Gravois, maire de Versailles. L'assemblée ayant ensuite décidé à l'unanimité que la pierre serait posée dans la salle des séances, le représentant du peuple Charles Lacroix [Delacroix] s'écria, enthousiasmé : « Je demande, par amendement, que la déclaration des « droits de l'homme soit placée en face de la statue de Brutus ; car si elle venait à se « perdre, c'est avec le poignard de Brutus qu'il faudrait la recouvrer. » Puis, enfin, un citoyen et une citoyenne chantèrent des couplets, et la cérémonie se termina par une accolade universelle[2]. »

L'Administration du département de Seine-et-Oise siégea dans cet édifice jusqu'en 1800 [an VIII], époque à laquelle l'Administration préfectorale, succédant à l'Administration centrale, fut installée rue des Réservoirs, dans l'ancien hôtel du Garde-Meuble. Il s'en fallut de peu, cependant, qu'au mois d'avril 1795, elle ne fût changée de local,

---

[1] Le Roi, t. Ier, p. 169.
[2] *Ibid.*, p. 169-170.

comme on le verra en lisant l'arrêté qui suit, pris, à la date du 19 germinal an III [8 avril 1795], par le Représentant du peuple en mission Charles Delacroix [1] :

« Vu l'arrêté du Conseil général de la Commune de Versailles en date du 7 présent mois, concernant les moyens de placer convenablement cette autorité constituée sans compromettre les intérêts pécuniaires de la République;

« vu pareillement l'arrêté de l'administration du District étant en suite;

« après avoir examiné par moi-même quelle est la disposition la plus avantageuse pour les intérêts pécuniaires de la République qu'il est possible de faire de nombreux édifices nationaux qui lui appartiennent dans cette commune;

« considérant que le local [2] actuellement occupé par l'administration du Département et par la Municipalité se trouve placé entre les deux grands quartiers dont est composée la Commune de Versailles ; que ce même local, n'étant percé par aucune rue et ne donnant qu'un simple passage aux gens de pied, sépare totalement lesdites deux parties et les rend en quelque sorte étrangères l'une à l'autre ; que ces emplacemens sont très précieux et pourraient être vendus par portion au taux le plus avantageux; que, s'il est nécessaire que la Municipalité soit placée au centre de la Commune, il est de l'intérêt des administrés que le Département et le District, qui ont ensemble des rapports continuels, soyent aussi rapprochés qu'il est possible; que les bâtimens connus sous le nom d'hôtels de la Guerre et de la Marine [3], étant placés dans un local où il n'existe aucun commerce, ils ne peuvent être utiles qu'en les employant au logement des autorités constituées; que de ces autorités la Municipalité est la seule qui par ses rapports continuels avec les citoyens exige d'être placée au centre de la Commune;

« j'arrête ce qui suit :

« Article 1er. — Les bureaux et salles d'assemblée de l'administration du Département seront dans le plus bref délai transportés dans le ci-devant hôtel de la Guerre [4].

« Art. 2. — La Municipalité de Versailles ainsi que ses bureaux seront également dans le plus bref délai transportés dans le local maintenant occupé par le Département.

« Art. 3. — La rue dite maintenant *de la fontaine* [5] et ci-devant *St-Pierre* sera prolongée dans la même direction et largeur à travers le local occupé par le Département, l'avenue de Paris, le local maintenant occupé par la Municipalité et le jardin en dépendant jusqu'à l'avenue de Sceaux.

« Art. 4. — Il sera ouvert une autre rue parallèle à la précédente depuis ladite

[1] Voir, section V, les Représentants du peuple en mission dans le département de Seine-et-Oise.
[2] Le mot *local* a ici et plus loin la signification d'*emplacement*, de *terrain*.
[3] Anciennement rue de la Surintendance, aujourd'hui rue Gambetta : no 3, École militaire du Génie; no 5, Bibliothèque de la Ville. Voir LE ROI, *op. cit.*, t. II, p. 165-175.
[4] Rue Gambetta, no 3.
[5] Ainsi dénommée, en 1793, à cause de la fontaine du coin de la rue du Chenil.

avenue de Sceaux à travers la partie du jardin dépendant du local occupé par la Municipalité qui est au couchant du bâtiment, jusqu'à l'avenue de Paris.

« Art. 5. — Les artistes chargés des opérations résultantes du présent arrêté dirigeront la rue précédente de manière qu'elle puisse être prolongée sans beaucoup de dépenses et dans la même direction depuis l'avenue de Paris jusqu'à celle de S'-Cloud.

« Art. 6. — Indépendamment du corps de logis actuellement occupé par le Département, la Municipalité occupera, tant au midi qu'au nord desdits bâtimens, et entre les deux rues mentionnées ès articles 3 et 4, le local suffisant pour placer l'artillerie de la Commune, les corps de garde, pompes, etc.

« Art. 7. — Le surplus des terrains et bâtimens nationaux existant dans les environs du local maintenant occupé par le Département et des deux côtés des rues ci-dessus désignées, ainsi que la totalité des terrains existant entre l'avenue de Paris et l'avenue de Sceaux maintenant occupés par la Municipalité, seront divisés en lots, pour être vendus conformément à la loi, ainsi que les autres terrains nationaux limitrophes de ceux ci-dessus désignés.

« Art. 8. — Sont néanmoins réservés provisoirement les bâtimens occupés par la clouterie et une petite partie de jardin dépendant du bâtiment occupé par la Municipalité suffisante pour former un passage depuis l'avenue de Sceaux jusqu'au grand jardin potager destiné pour l'École vétérinaire, dans le cas où elle sera transférée dans la maison des ci-devant Gardes du corps.

« Art. 9. — Les dispositions intérieures qui pourraient être à faire dans le local de l'hôtel dit de la Guerre pour y placer le Département seront à la charge de la Commune de Versailles, à laquelle réciproquement seront laissées toutes les dispositions intérieures qui ont été précédemment faites par le Département pour se loger dans le local qu'il occupe.

« Art. 10. — Lesdites dispositions seront réglées à l'amiable et avec toute l'économie possible par des commissaires nommés à cet effet par l'administration du Département et la Municipalité, et par les citoyens Le Roi et Loiseleur, inspecteurs des bâtimens nationaux, que je commets à cet effet.

« Art. 11. — Lesdits citoyens Le Roi et Loiseleur sont chargés de tracer les rues ci-dessus désignées et de faire les divisions des terrains et bâtimens qu'ils jugeront les plus avantageuses à la vente ; ils sont également commis à l'effet de procéder à l'estimation de chaque lot.

« Art. 12. — La Commission temporaire des arts fera retirer des bâtimens maintenant occupés par la Municipalité les tableaux et autres objets d'art qui lui paraîtront mériter d'être conservés.

« Art. 13. — Les loyers à payer tant par l'administration du Département que par la

52

Municipalité pour les bâtimens et emplacemens qu'elles occuperont seront réglés par la Commission des revenus nationaux.

« Art. 14. — Je charge l'Agent national du District de surveiller l'exécution du présent arrêté, d'en faire passer des expéditions, de lui certifiées, à l'administration du Département, à la Municipalité, au Comité des finances, section des domaines, et à la Commission des revenus publics.

« Versailles, le 19 germinal an III.   « Ch. DELACROIX [1]. »

Il y avait là une grosse opération de voirie, qui ne s'exécuta pas, car la mission de Delacroix touchait à sa fin, et, le mois suivant, André Dumont, envoyé dans le département de Seine-et-Oise, rapporta l'arrêté dont nous venons de reproduire le texte.

L'arrêté d'André Dumont est conçu en ces termes :

« Liberté.   Egalité.

« A Versailles, le 3 floréal de l'an III [22 avril 1795] de la République française une et indivisible.

« André Dumont, Représentant du Peuple dans les départements de Seine-et-Oise et Paris *extra muros*, considérant que l'arrêté pris par le Représentant du Peuple Charles Lacroix le 19 germinal occasionnerait des frais considérables de déplacement par son exécution ; considérant d'ailleurs que ces changemens de locaux pour les administrations, et notamment celle du Département, entraveraient la marche des affaires, arrête ce qui suit :

« Le local actuellement occupé par l'administration du Département de Seine-et-Oise restera dans l'état où il est, sauf les légers changemens que les Administrateurs croiraient devoir y faire pour la position et l'emplacement de leurs bureaux ; ce local restera destiné à l'Administration du Département, toutes dispositions contraires étant annulées.

« Le Conseil général de la Commune de Versailles continuera jusqu'à nouvel ordre à tenir ses séances et conservera le placement de ses bureaux dans le local qu'il occupe.

« A. DUMONT [2]. »

Le Tribunal civil et correctionnel remplaça, en 1800, dans le Pavillon du Grand-Veneur[3], l'Administration du département, qui, sous le nom de Préfecture, fut transférée dans l'hôtel du Garde-Meuble, rue des Réservoirs.

---

[1] Arch. dép. de Seine-et-Oise, L1, mission de Delacroix en 1795.

[2] *Ibid.*, mission d'André Dumont en 1795.

[3] « En l'an 8, des changemens furent faits dans l'intérieur, pour y établir le Tribunal civil et correctionnel de l'arrondissement de Versailles; celui de commerce doit y être placé, ainsi que la maison d'arrêt. La chambre des notaires vient d'y être établie. » [*Cicerone de Versailles*, 1805, p. 136.]

LE GARDE-MEUBLE — LA PREMIÈRE PRÉFECTURE

« L'*Hôtel des Réservoirs* actuel [1], qui est compris entre la rue des Réservoirs à l'est, le Parc et le bâtiment des Roulettes à l'ouest, les Réservoirs au sud et le Théâtre [2] au nord, se compose de deux bâtiments distincts, l'hôtel de Madame de Pompadour et le Garde-Meuble. Voici, en résumé, ce que l'on peut lire sur chacun d'eux dans l'ouvrage de M. Le Roi, auquel nos lecteurs voudront bien se reporter [3] :

« *Hôtel de Madame de Pompadour* [4]. — Sur l'emplacement où se trouvait au XVIIe siècle un instrument hydraulique portant le nom de *la Pompe* ou *Tour d'eau*, Louis XV fit construire, en 1752, un hôtel destiné à Madame de Pompadour. Un corridor élevé contre le mur du réservoir, du côté du parc, permettait d'aller, à couvert, du château dans l'hôtel. En 1763, cet hôtel devint celui du gouverneur de Versailles, et porta dès lors le nom de *nouvel hôtel du Gouvernement*, ou simplement celui de *nouveau Gouvernement*. Compris dans la liste des Biens nationaux, il fut adjugé, le 29 germinal an II [18 avril 1794], aux sieurs Benoit Buisson et Barthélemy Hedde pour le prix de 72,000 l. C'est à ce bâtiment seul que s'appliqua jusqu'en 1867 le nom d'hôtel des Réservoirs ; de grands personnages l'habitèrent, parmi lesquels on peut citer, en 1814, les empereurs de Russie et d'Autriche et le roi de Prusse ; en 1815, le duc de Wellington et le prince Blücher. »

« *Garde-meuble* [5]. — Sur ce terrain se trouvaient, sous Louis XIV, les quatre pompes fournissant l'eau aux réservoirs du parc. En 1774, le terrain appartenait à Monsieur, frère de Louis XVI, lequel en fit don à M. Thierry de Ville-d'Avray, alors commissaire général de la Maison du roi au département des Meubles de la Couronne. Le Garde-meuble qui était, au XVIIIe siècle, à l'hôtel de Conty, rue des Hôtels [6], ayant été jugé trop petit pour les besoins du service et d'ailleurs trop éloigné du château, on chercha un autre emplacement. Thierry offrit le terrain que lui avait donné Monsieur, et qui avait l'avantage de communiquer avec les intérieurs du palais par le couloir établi dans le temps pour venir à l'hôtel de Madame de Pompadour, situé à côté. On accepta cette offre. En 1780, on commença les travaux, et, en 1783, on put y installer le Garde-meuble

---

[1] Rue des Réservoirs, nos 9, 11 et 11 *bis*.

[2] *Ibi l.*, no 13.

[3] Tome 1er, p. 16-21.

[4] Cet hôtel portait autrefois — c'est-à-dire avant le numérotage actuel — le numéro 12. [*Le Cicerone de Versailles* de 1805, p. 122.]

[5] Cet hôtel portait à la même époque les numéros 13 et 14 [*Ibid.*]. Le *Cicerone* constate ce qui suit : « On remarque dans les Appartemens des parquets en bois de couleur, la plupart venant des Indes, et distribués en marqueterie avec goût et beaucoup de variété. »

[6] Actuellement rue Colbert, no 17.

de la Couronne. Ce bâtiment était élevé sur les dessins de l'architecte d'Arnaudin. »
D'après le rapport fait au Roi en 1790 par Thierry, la somme à laquelle montèrent
l'achat du terrain et la construction de l'hôtel du Garde-Meuble est celle de
559.920 l. 12 s. 9 d. C'est dans cet hôtel que se tinrent, en 1788-1789, les séances de
la première municipalité de Versailles. Plus tard, le Tribunal civil et la Recette générale
du département y furent placés, en 1793.

La Préfecture devait y être installée en 1800 [1].

Le 25 ventôse an VIII [16 mars 1800] en effet, le Préfet adressa au Ministre de
l'Intérieur un rapport dans lequel il faisait ressortir les avantages que présenterait le
Garde-Meuble pour y placer l'Administration du département : « La partie de cette
maison qui est encore disponible offre la facilité de placer convenablement le Préfet,
le Conseil de Préfecture, le Conseil général du département, les bureaux, et d'y établir
même les Archives [2]. Si vous pensez comme moi, citoyen ministre, que ce projet serait
avantageux à la chose publique et aux intérêts des administrés, veuillez bien faire
mettre ce dernier bâtiment à ma disposition dans le plus court délai possible. » Tel
fut le sentiment du Ministre, qui répondit en ces termes au Préfet, le 22 germinal
[12 avril] :

« J'ai examiné, Citoyen, la demande que vous m'avez adressée, le 25 ventôse dernier,
d'une partie des bâtimens du garde-meuble, pour y établir vos bureaux et votre
demeure, et j'ai reconnu, comme vous, que ce local, maintenant disponible, était plus
convenable à votre administration et à votre représentation que celui où siégeait la
ci-devant administration centrale [3].

« En conséquence, je vous autorise à vous y installer. Vous voudrez bien commettre
une personne pour dresser un état des lieux, conjointement avec le C. Leroi, architecte-
inspecteur des bâtimens de Versailles qui dépendent directement de mon ministère.

---

[1] Les bureaux de la Préfecture durent être maintenus pendant quelques mois encore dans le pavillon du Grand-
Veneur. « Le siège de la Préfecture est maintenant dans le local de l'ancienne Administration centrale, situé à
côté de l'Avenue de Paris, en arrivant à Versailles. Il va être transféré incessamment rue des Réservoirs, au
ci-devant Garde-Meuble. Le Préfet y fait sa demeure. Tous les bureaux seront bientôt dans le même lieu
[*Almanach de Versailles ou le Guide des Étrangers* ; Versailles, Blaizot, et Paris, Moutardier ; sans date, mais
certainement de l'an IX, 1800-1801 ; p. 51]. Cet Almanach, extrêmement rare, m'a été très aimablement communiqué, ainsi que celui de l'an X, 1801-1802, par M. H. Janin, vice-président du Conseil général, à qui j'exprime
tous mes remerciements. Le Conseil général siégea pour la première fois dans cet hôtel en l'an IX.

[2] L'*Almanach de Versailles* de 1800-1801 dont il vient d'être parlé à la note précédente indique — et cette
mention est à relever — que le dépôt des Archives du département se trouvait alors au Palais national. Voici ce
qu'il en dit, à la page 6 : « L'entrée dans l'intérieur [du Palais national] par l'escalier de marbre est donc fermée
[à cause de l'installation des militaires invalides] ; et pour le voir, il faut se reporter à l'arcade de la Chapelle, et
suivre la galerie qui va à son vestibule, en passant par devant le dépôt des archives du département. Ce *Vestibule*
est décoré de seize colonnes cannelées, d'ordre corinthien, et de divers ornemens en stuc supérieurement travaillés. Dans deux niches sont deux statues de marbre : l'une est la Magnanimité, par Houffeau, et l'autre la Gloire,
par Vassé. Ce Salon vient d'être remis à neuf en même temps que la Chapelle, à laquelle il forme une entrée
magnifique. »

[3] Le pavillon du Grand Veneur.

« Je vous autorise aussi à faire payer sur les centimes additionnels du département les dépenses de menues réparations que votre établissement nécessitera, comme celles de la translation des papiers, registres, archives, etc.

« Je vous salue.   « Lucien BONAPARTE. »

L'Administration préfectorale prit sans retard possession du Garde-Meuble[1] ; elle devait y conserver son siège jusqu'en 1866. Un poste militaire ne tarda pas à y être établi. Voici quelle était, à la date du 20 brumaire an XI [11 novembre 1802], la « consigne pour la garde du poste de l'Hôtel de la Préfecture » ; la minute porte la signature du Préfet :

« Art. 1er. — La Garde veillera à la sûreté et à la tranquillité extérieures et intérieures de l'hôtel.

« Art. 2. — Elle ne souffrira aucun rassemblement dans les cours et devant les portes de l'hôtel.

« Art. 3. — Elle ne laissera entrer dans l'hôtel ni s'arrêter devant la porte aucun mendiant.

« Art. 4. — Elle ne souffrira aucune rixe ni dispute tant aux environs de l'hôtel que dans les cours.

« Art. 5. — Elle arrêtera tout conducteur de chevaux qui les feroit galopper soit en allant à l'abreuvoir, soit en revenant, et les contraindra d'aller au pas.

« Art. 6. — Toute personne qui refuseroit d'obéir aux injonctions dérivant des articles ci-dessus, ou qui feroit résistance, sera provisoirement déposée au corps de garde. Si c'est un bourgeois, il en sera référé sur-le-champ au Préfet, qui statuera ce qu'il appartiendra. Si c'est un militaire, il sera immédiatement conduit devant le commandant d'armes de la Place.

« Art. 7. — Le commandant du poste veillera au maintien de la propreté du corps de garde et des environs du poste ainsi que des lieux d'aisance destinés aux hommes de garde.

« Art. 8. — Il est défendu tant aux hommes de garde qu'à toutes autres personnes de lâcher de l'eau et de faire aucune sorte d'ordure dans les cours de l'hôtel.

---

[1] « PRÉFECTURE. Le local de la Préfecture du département de Seine-et-Oise est situé rue des Réservoirs, hôtel du ci-devant Garde-meuble. Le Préfet y fait sa demeure et y tient ses bureaux..... Bureaux de la Préfecture. Secrétariat général. L.-C. Purché, chef. Archives, Deschamps, sous-chef. Comptabilité. Chevreuil, sous-chef. Première division. Police. Gazard, chef; Lefèvre, sous-chef. Travaux publics. Longue-Épée, chef. Deuxième division. Contributions. Castellan, chef; Pournier, sous-chef. Domaines nationaux. Renault, chef. — Le C. Pierres, Imprimeur de la Préfecture, rue de la Paix. — Le Préfet donne ses audiences tous les jours, depuis midi jusqu'à une heure. Le Conseil de Préfecture tient ses séances les 1er, 4 et 7 de chaque décade. Les bureaux de la Préfecture sont ouverts au public tous les jours, depuis midi jusqu'à quatre heures. » [Almanach de Versailles..... 1801-1802, p. 60-62.] — « Maison dite le Garde-meuble, rue des Réservoirs. Valeur locative : 2,000 l. Siège de la Préfecture. Cette maison est propre à sa destination. » État des immeubles occupés par un service public certifié par le Préfet le 14 prairial an IX [3 juin 1801].

« Art. 9. — Le commandant du poste est et demeure responsable des meubles et effets du corps de garde et des différents ustensiles qui le garnissent, ainsi que de leur dégradation ou détérioration.

« Art. 10. — Les susdits meubles, effets et ustensiles seront reconnus par ledit commandant du poste, tous les jours à la garde montante, l'état en sera constaté, et si quelques-uns manquent, sont détériorés ou cassés, ledit commandant du poste en dressera son rapport, qui sera remis au Secrétaire général de la Préfecture.

« Art. 11. — Les hommes de garde seront à la disposition du Préfet comme ordonnances et seront tenus de porter les lettres et les paquets qui leur seront remis par son ordre, et d'en rapporter un reçu.

« Art. 12. — Les clefs de la porte principale d'entrée de l'hôtel seront remises par le portier, quand il se retirera, pendant la nuit seulement, au commandant du poste, pour relever les sentinelles et faire sortir et rentrer les patrouilles ; il lui est expressément défendu de confier ladite clef à aucun homme de la garde, il est tenu d'ouvrir et fermer lui-même la porte quand le besoin du service l'exige. — G. GARNIER [1]. »

Il semble que le décret du 9 avril 1811 « portant concession gratuite aux départemens, arrondissemens et communes, de la pleine propriété des Edifices et Bâtimens nationaux actuellement occupés pour le service de l'administration, des cours et tribunaux, et de l'instruction publique », aurait dû avoir pour conséquence l'attribution au Département de la propriété du Garde-Meuble, où le Ministre de l'Intérieur l'avait autorisé à se placer. On se tromperait en le croyant, car les hôtels du Grand-Veneur et du Garde-Meuble étaient compris dans l'état des biens formant la dotation de la Liste civile impériale, en exécution du sénatus-consulte du 30 janvier 1810, et les articles 10 et 11 de ce même sénatus-consulte mettaient obstacle à ce qu'ils pussent être aliénés : ils ne faisaient plus partie des domaines nationaux. Il arriva même, peu de temps après, que l'Administration départementale fut sur le point d'être obligée de se chercher un nouveau local, ainsi qu'il résulte de la correspondance échangée en 1814-1815 entre le Préfet et différentes autorités.

Le 15 octobre 1814, le Préfet de Seine-et-Oise est informé que « le Ministre de la Maison du Roi représente la nécessité d'établir à la proximité du Palais à Versailles un local propre à servir de Garde-meuble et qu'il demande que l'on rende à cette destination l'hôtel de la Préfecture. Il annonce que ce bâtiment a toujours appartenu à la Couronne et que si, jusqu'à ce moment, il n'a pas été réclamé pour ce service, c'est qu'il n'y avait pas d'inconvénient à le laisser à la disposition du Ministre de l'Intérieur. » On

---

[1] Il est intéressant de noter ici ce qu'était la ville de Versailles en 1800-1801. Voici ce qu'en dit l'*Almanach de Versailles* de cette année : Cette ville, « qui doit tout son lustre à la magnificence de Louis XIV, peut être rangée dans la classe des Villes de second ordre..... Sa population ancienne était de 80,500 âmes ; les malheurs inséparables d'une grande révolution l'ont réduite à 30,000, ce qui rend son habitation peu dispendieuse. » [Pages 1 et 2.]

lui demande de faire des propositions « sur les mesures à prendre pour établir la Préfecture dans un autre local ». Quelques mois après, l'Intendant des bâtiments de la Couronne, le baron Mounier, adresse au chef de l'Administration départementale la lettre suivante, datée du 17 février 1815 :

« Monsieur le Baron,

« Le Ministre de la Maison du Roi m'a fait connaître que les bâtimens occupés aujourd'hui à Versailles par les bureaux de la Préfecture du département de Seine-et-Oise doivent être remis à l'administration du Garde-meuble, à laquelle ils étaient affectés avant la révolution. Comme les dispositions qu'il est nécessaire de faire pour l'ameublement du château de Versailles exigeraient que ces bâtimens fussent très prochainement rendus à leur première destination, je vous prie, Monsieur le baron, de vouloir bien m'indiquer à quelle époque vous comptez pouvoir en faire remise à la Couronne..... »

Le Préfet répondit à l'Intendant, le 20 février, qu'il attendait la décision du Ministre de l'Intérieur, afin de « savoir définitivement à quoi s'en tenir ». Sa lettre se terminait ainsi : « Quelle que soit cette décision, je m'y soumettrai sans observation. Cependant, Monsieur le Baron, je ne dois point vous dissimuler qu'il est de toute impossibilité que [la] translation [dans un autre local] s'effectue aussi promptement que vous paraissez le désirer. Il sera extrêmement difficile de trouver à Versailles un local propre à la Préfecture, et on n'y parviendra qu'en faisant des changemens considérables à ce local, peut-être même des constructions nouvelles, notamment pour placer les archives, qui occupent à elles seules plus de 700 mètres superficiels. D'un autre côté, le déménagement de ces archives exigera beaucoup de temps et de soins. D'après cet exposé, vous sentirez, Monsieur l'Intendant, que je ne puis, en ce moment, vous indiquer l'époque précise où l'hôtel du Garde-meuble pourra être mis à votre disposition. »

Il rappelait en même temps au Ministre de l'Intérieur les inconvénients que présenterait le transfert demandé et lui déclarait que, malgré toutes les recherches qui avaient été faites, on n'avait « pu trouver un local plus propre à l'établissement de la Préfecture que l'hôtel Gabriel, ci-devant occupé par le premier architecte du Roy, appartenant maintenant à un particulier[1] ».

Les événements qui suivirent — départ du Roi, Cent-Jours, seconde invasion — empêchèrent l'Administration de la Couronne de donner suite à son projet. La Préfecture demeura donc rue des Réservoirs et, afin de régulariser la situation en remplaçant par un contrat en bonne et due forme l'autorisation qui avait été donnée par le Ministre en

[1] Rue des Hôtels [rue Colbert], n° 9. LE ROI, op. cit., t. Ier, p. 333.

l'an VIII, « un bail emphythéotique fut passé par le Département avec la Liste civile, le 12 janvier 1823, moyennant un loyer de 400 fr. par an ».

Au cours de sa deuxième session de l'année 1831, le Conseil général fut amené à s'occuper de la question du bâtiment de la Préfecture; voici, en effet, ce que lui représentait le Préfet :

« Les bâtimens et toutes les dépendances du domaine de la Couronne sont dans ce moment entre les mains de l'Etat, et, d'après le projet de loi présenté aux Chambres pour fixer la Liste civile, un grand nombre de bâtimens dépendant du Domaine de Versailles vont en être séparés. Vous jugerez, Messieurs, s'il est convenable et opportun de demander au Gouvernement la cession gratuite au Département et à la ville de Versailles de quelques-uns de ces édifices qui leur sont très utiles.

« La Préfecture a été louée de la Liste civile le 23 juin 1823[1] pour 99 ans, moyennant 400 francs de redevance annuelle et en prenant à votre charge les frais de grosses réparations qui s'élèvent de 7 à 8 mille francs par an, et les frais d'entretien qui sont de 4 à 5 mille francs. Les bâtimens sont de si mauvaise construction qu'il peut survenir des dégradations capitales. Ces bâtimens doivent être détachés de la Liste civile. Il me semble que l'Etat, en raison de l'exiguïté de la redevance, de l'impossibilité de tirer parti du capital de longtems, des charges qui sont imposées au Département, ... il me semble, dis-je, que le Gouvernement pourrait abandonner cet édifice en toute propriété au Département.

« Il y aurait aussi à joindre à la Préfecture le bâtiment dit *des Roulettes*[2] adossé aux archives et qui est habité par trois ou quatre gardiens avec leur ménage, de sorte que les archives et papiers de la Préfecture se trouvent placés d'un côté auprès du Théâtre et de l'autre auprès d'un bâtiment habité, et sont ainsi exposés aux accidents les plus fâcheux. Il faudrait au moins faire disparaître l'un de ces inconvéniens en demandant que *les Roulettes* fussent annexées, soit au bail de 1823 sans augmentation de redevance, soit à la cession définitive. »

Le Conseil général prit une délibération dans ce sens, dans sa séance du 13 novembre 1831, approuvant « les démarches faites par M. le Préfet et la ville de Versailles, les appuyant de tout son crédit, et en sollicitant avec instance le succès auprès du Gouvernement ».

Reprises en 1832, les démarches faites pour obtenir la concession gratuite de quatre

---

[1] Puis le 12 janvier 1825. « Est et demeure..... confirmé le bail emphytéotique de l'ancien garde-meuble de la couronne à Versailles, consenti par acte authentique du 12 janvier 1825, au profit du département de Seine-et-Oise. » [Loi du 28 juin 1829.] La date de 1823 est celle de la décision du Roi — 12 juin — ayant autorisé la concession emphytéotique de l'immeuble. Le bail, signé des parties, a été reçu par M. Péan de Saint-Gilles, notaire à Paris.

[2] Le bâtiment *des Roulettes*, adossé à l'hôtel du Garde-Meuble, donne sur le Parc, bassin de Neptune; d'un côté, le Théâtre ; de l'autre, *les Roulettes*. Ce dernier bâtiment a continué de faire partie des Domaines, n'ayant point été aliéné.

bâtiments distraits de l'ancienne dotation de la Couronne[1], à savoir : l'hôtel du Garde-Meuble [Préfecture], l'hôtel du Grand-Veneur [Tribunal], la maison Ripaille [Prison, avenue de Paris], les bâtiments de la Geôle et de la cour de l'Etape, n'obtinrent pas le résultat qu'on pouvait en espérer. Par décision du 28 mars 1833, le Ministre des Finances déclara que cette demande n'était pas susceptible d'être accueillie; il reconnut, toutefois, « que le Département pourrait être admis à obtenir une concession sur estimation rigoureuse et contradictoire, pour cause d'utilité publique ». Le Département déféra cette décision au Conseil d'Etat, qui ne lui donna pas gain de cause en ce qui concerne le Garde-Meuble et le Grand-Veneur, l'article IV de l'ordonnance royale du 19 août 1835 étant conçu en ces termes : « La requête du Préfet de Seine-et-Oise, ès-noms qu'il agit, est rejetée sur les chefs de réclamations relatifs aux hôtels du Grand-Veneur et du Garde-meuble. » Les considérants sur lesquels était basé l'arrêt du Conseil d'Etat [8 août 1835] dans sa partie relative aux deux hôtels étaient ainsi formulés : « Considérant que ces deux édifices étaient compris sous les nᵒˢ 2 et 113 dans l'état des biens formant la dotation de la Liste civile impériale, en exécution du sénatus-consulte du 30 janvier 1810; que les articles 10 et 11 du même sénatus-consulte mettaient obstacle à ce que ces édifices pussent être aliénés; que dès lors, à l'époque du décret du 9 avril 1811, ils ne faisaient plus partie des domaines nationaux qui ont été l'objet des concessions portées par ledit décret; qu'en effet, le Département de Seine-et-Oise a passé avec l'intendance de la Liste civile pour ces deux édifices les baux emphytéotiques qui ont été confirmés par les lois des 31 mars 1823 et 28 juin 1829 et a régulièrement acquitté depuis cette époque le prix de loyer stipulé; que le Département, dans sa délibération de 1832, reconnaît qu'il occupait ces bâtiments à titre de locataire et par baux; que la loi du 2 mars 1832, en faisant rentrer ces édifices entre les mains de l'Etat, n'a pu avoir pour effet de leur étendre l'application du décret du 9 avril 1811. »

Le Département restait donc locataire de l'Etat, mais cette situation ne devait pas se prolonger bien longtemps. Elle cessa le jour où fut rendue l'ordonnance royale « autorisant la cession au département de Seine-et-Oise de l'ancien Hôtel du Garde-meuble, sis à Versailles, et appartenant à l'Etat ». On sera sans doute curieux de lire le texte de cette ordonnance; le voici :

« Au palais des Tuileries, le 15 décembre 1837.

« Louis-Philippe, Roi des Français;

« Vu la demande formée par le conseil général du département de Seine-et-Oise dans sa séance du 5 septembre 1837, à l'effet d'obtenir la concession de l'ancien hôtel du

[1] La loi du 2 mars 1832 [*Bulletin des Lois*, 1ʳᵉ partie, Lois, nᵒ 146, Loi sur la Liste civile] avait distrait des biens composant la dotation de la Couronne l'hôtel du Grand-Veneur (Tribunal), estimé 95.000 francs; l'hôtel du Grand-Maître (Mairie), estimé 240.000 francs; l'hôtel du Garde-Meuble (Préfecture), estimé 160.000 francs; la Vénerie (Ecole normale et primaire) [*Préfecture actuelle*], estimée 400.000 francs, et divers autres bâtiments, dont on trouve la nomenclature au *Bulletin des Lois*.

53

Garde-Meuble, sis à Versailles, rue des Réservoirs, et appartenant à l'Etat, ledit hôtel actuellement occupé par la préfecture, moyennant une redevance annuelle de quatre cents francs, suivant bail emphytéotique, pour quatre-vingt-dix-neuf ans, en date du 12 janvier 1825, approuvé par une loi du 28 juin 1829;

« Vu le procès-verbal d'estimation dudit hôtel et de ses dépendances, dressé contradictoirement le 28 avril 1837 et clos le 24 août suivant, qui en fixe la valeur, d'après les tables de proportion annexées à la loi du 27 avril 1791, relative aux biens occupés par baux emphytéotiques, à la somme de vingt-sept mille six cent quinze francs trente centimes, estimation à laquelle le conseil général du département a déclaré adhérer;

« Vu . . . .

« Considérant que la demande formée par le département de Seine-et-Oise, et qui a pour objet d'obtenir un établissement permanent pour la préfecture, est fondée sur un véritable motif d'utilité publique départementale;

« Sur le rapport de notre ministre secrétaire d'état au département des finances;

« Nous avons ordonné et ordonnons ce qui suit :

« Art. 1er. Notre ministre des finances est autorisé à concéder au préfet de Seine-et-Oise, agissant au nom du département, moyennant la somme de vingt-sept mille six cent quinze francs trente centimes, prix réglé par le procès-verbal d'estimation des experts, l'ancien hôtel du Garde-Meuble, ... d'une contenance totale, y compris les cours, de vingt-trois ares vingt-cinq centiares.....

« 2. . . . .

« 3. Tous les frais auxquels cette cession aura donné ou pourra donner lieu, et notamment ceux de l'expertise, seront à la charge du département.

« 4. Nos ministres secrétaires d'état des finances et de l'intérieur sont chargés de l'exécution de la présente ordonnance.

« LOUIS-PHILIPPE.

« Par le Roi : le Ministre Secrétaire d'Etat des finances,

« LAPLAGNE. »

Le contrat de vente porte la date du 1er avril. « La minute de ce contrat devra rester en dépôt aux archives de la Préfecture, avec les pièces à l'appui, notamment le procès-verbal d'estimation, le plan de l'hôtel et l'ordonnance du 13 décembre dernier. »

Le prix principal de 27.615 fr. 30 fut payé en cinq années, et les intérêts pendant cette période s'élevèrent à 2.417 francs, de sorte que la dépense totale de l'acquisition fut de 30.032 fr. 30, imputée sur les centimes facultatifs des années 1838-1842.

En 1844, M. Aubernon portait sur cet immeuble l'appréciation qui suit : « Cet hôtel n'est pas très convenable à sa destination. Les appartements sont petits, assez mal distribués, écrasés par le bâtiment des archives. Les bureaux sont mal disposés et peu commodes pour le public; il a, en outre, l'inconvénient d'être contigu au Théâtre et à un hôtel garni, et exposé ainsi aux chances d'incendie dont ces sortes d'établissements sont menacés. Cependant, tel qu'il est, cet hôtel suffit à sa destination, et il pourrait être sensiblement amélioré si le Conseil général était disposé à adopter un projet qui, en supprimant un bâtiment dont la solidité est plus que douteuse, permettrait d'établir les bureaux d'une manière beaucoup plus convenable et les rendrait surtout plus commodes. L'exécution de ce projet pourrait entraîner une dépense de 30 à 40,000 fr., mais, je le regrette, le Conseil général serait mal disposé pour ce changement, maintenant surtout qu'une dépense de 10,000 fr. vient d'être faite pour améliorer l'état des bureaux en partie. »

Dix ans plus tôt, — le 2 novembre 1834, — le même Préfet avait donné de la Préfecture une description qui mérite d'être reproduite ici :

« Hôtel du Garde-meuble de la Couronne.

« Grand hôtel composé de : 1° un corps de bâtiment principal; 2° une cour principale; 3° à droite et au fond, deux corps de bâtiments simples de profondeur; à gauche, un vaste corps de bâtiment se prolongeant dans la longueur du petit hôtel ci-après désigné :

« Petit hôtel; bâtiment principal sur la rue des Réservoirs; une partie est simple en profondeur, et le surplus du côté du grand hôtel est double.

« Le tout contenant une superficie de. . . . . 1.721 m. 83
« Deux cours de service. 576 19

« Superficie totale. . . . . 2.298 m. 02

« Valeur approximative en capital : 100,000 fr.

« Dans l'estimation de 100,000 fr., les bâtiments sont évalués à 95,000 fr., les cours à 5,000 fr.

« Le grand hôtel est consacré au service administratif; il comprend le Cabinet du Préfet, le Conseil de préfecture, les Bureaux, la salle du Conseil général, et une partie de l'appartement d'honneur. Le petit hôtel contient les salons de réception, les appartements d'habitation, les cuisines.

« Les bâtiments latéraux renferment les écuries, remises et bûchers. »

C'est en 1848 que furent exécutés à l'hôtel de la Préfecture les plus gros travaux de restauration et que, notamment, fut refaite la salle du Conseil général, située au premier étage du bâtiment [grand hôtel, au fond] qui donne sur la cour principale et sur le bassin de Neptune. Nos lecteurs voudront bien se reporter à ce que nous avons dit aux pages 279-286 de la présente monographie; aux renseignements précédemment donnés nous ajouterons ceux-ci :

Conformément aux propositions faites par le Commissaire du Gouvernement, le Conseil général décida, dans sa séance du 1er avril 1848, qu'il serait inscrit au budget une somme de 149.339 fr. 90 pour travaux à exécuter à ceux des bâtiments départementaux situés à Versailles, soit à la Préfecture, à la Gendarmerie et à la Maison d'arrêt. Voici le détail de ces travaux en ce qui concerne la Préfecture :

Réparation des têtes de cheminées. . . . .   1.650 fr. »
Réparation à un pan de bois au petit hôtel, montant. 1.662   90
Ravalement de la façade sur la rue du grand et du petit hôtel, établissement de trottoirs 12.245   74
Reconstruction du bâtiment au fond de la cour du grand hôtel d'après les projets et devis modifiés et signés le 29 mars dernier par l'Architecte du département 58.801   40

Ces travaux, très utiles, pour ne pas dire indispensables, devaient avoir notamment l'avantage de consolider le bâtiment dans lequel le Conseil général tenait ses séances, bâtiment sur la solidité duquel des doutes s'étaient élevés ; ils avaient aussi celui d'occuper « bon nombre de bras ». Leur adjudication eut lieu le 13 juin 1848.

Nous noterons seulement ici, relativement au bâtiment situé entre la cour principale et le bassin de Neptune, lequel ne comprenait — comme il ne comprend toujours — qu'un rez-de-chaussée et un premier étage : 1° qu'à cet étage se trouvaient la salle du Conseil général, précédée d'une antichambre, et cinq salles de commissions ; 2° qu'au rez-de-chaussée était placée, sous la salle du Conseil général, la salle destinée aux examens de l'instruction primaire, précédée d'un vestibule et accompagnée d'une salle de commissions.

Ainsi s'explique le fait que le Conseil général ne tint pas à la Préfecture les sessions qui s'ouvrirent le 5 octobre et le 21 novembre 1848.

Malgré ces travaux[1], l'Administration départementale était à l'étroit et mal à l'aise dans les bâtiments du Garde-Meuble. Le Préfet le constatait dans son rapport du 27 août 1860 au Conseil général : « Messieurs », écrivait-il, « Vous avez reconnu, depuis longtemps déjà, la mauvaise disposition de l'hôtel de la Préfecture, au point de vue de la distribution des services comme au point de vue de l'habitation particulière du Préfet et des appartements de réception. Un projet d'agrandissement et d'appropriation vous a été présenté dans la session de 1859 ; mais, comme l'exécution de ce projet, tout en faisant disparaître une grande partie des imperfections signalées, ne remédiait pas à tous les inconvénients, vous avez décidé (délibération du 29 août) qu'il n'y serait pas donné suite. Par la même délibération, adoptant, en principe, le projet de construire un nouvel hôtel de Préfecture, vous m'avez invité à faire les démarches nécessaires à l'acquisition du terrain de l'ancienne Vénerie ou d'un autre, si ce dernier ne pouvait pas

---

[1] Quelques travaux furent encore exécutés postérieurement. C'est ainsi que, le 22 avril 1856, il fut procédé à l'adjudication de travaux : « 1° pour la restauration de l'escalier du Grand-Hôtel et le passage de porte-cochère ; 2° pour le changement de la salle du Conseil de Préfecture » ; ils étaient évalués par devis à 4.999 fr. 16 c.

Pl. xi

L'ancienne Préfecture en 1867

être acheté, et à présenter, à la session de 1860, les voies et moyens pour la construction de ce monument. »

Les démarches entreprises pour faire aboutir la décision prise par le Conseil général furent promptement couronnées de succès, et il fut arrêté par l'Assemblée départementale, dans sa session extraordinaire de février 1861, qu'une nouvelle Préfecture serait construite sur un autre emplacement. Nous parlerons plus loin de cet édifice, qui est la Préfecture actuelle; on s'y installa à la fin de l'année 1866.

Dans le dernier trimestre de cette même année, il fut procédé, le mardi 9 octobre 1866, à la vente par adjudication « des bâtiments et dépendances affectés à l'Hôtel et aux Bureaux de la Préfecture, rue des Réservoirs, n° 11 », propriété « se composant d'un terrain d'une étendue de 2,309 mètres, sur lequel sont des bâtiments et deux cours[1] ». L'adjudication s'en faisait en deux lots, qui pouvaient être réunis, les enchères devant être ouvertes sur la mise à prix, pour le premier lot, de 79.710 francs et, pour le deuxième, de 134.440 francs. M. Louis-Henri-Eugène Grosseuvre, propriétaire de l'Hôtel des Réservoirs, fut déclaré adjudicataire du tout moyennant la somme de 214.350 francs, et, le 2 janvier 1867, le Préfet prit un arrêté dont voici le dispositif : « Arrêtons : M. Grosseuvre est mis en possession de l'ancien hôtel de Préfecture désigné ci-dessus, et dont la propriété est irrévocablement fixée sur sa tête à dater de ce jour. »

Avant de clore ce paragraphe consacré à l'hôtel du Garde-Meuble, il peut y avoir profit à faire connaître très sommairement la distribution des locaux de l'édifice qui fut le siège de la première Préfecture de Seine-et-Oise[2] :

Rez-de-chaussée. — On trouvait : 1° à droite de l'entrée de la cour principale ou grande cour, la salle du Conseil de Préfecture, adossée au Théâtre ; — 2° à gauche de cette même entrée, le logement du concierge, l'office, la cuisine, le lavoir, l'entrée du petit hôtel donnant dans une deuxième cour, moins grande, un autre logement de concierge ; — 3° à droite de la cour principale, les écuries et remises, adossées au Théâtre ; — 4° la salle d'examens pour l'enseignement primaire, placée sous celle du Conseil général, entre la grande cour et le bassin de Neptune ; — 5° la salle du Conseil de revision, à gauche de cette même cour et à droite du passage donnant accès à la deuxième cour, celle du petit hôtel.

Premier étage. — On trouvait : 1° en façade sur la rue des Réservoirs, les appartements du Préfet, chambres à coucher, salons, salle à manger, salle de billard, bibliothèque, salle de bains, etc. Le cabinet du Préfet était placé au-dessus de la salle du Conseil de Préfecture; — 2° les bureaux, adossés au Théâtre et prenant jour sur la grande cour; — 3° la salle du Conseil général et les salles de commissions, entre la grande cour

---

[1] Nous rappelons que le bâtiment *des Roulettes*, appartenant à l'État, ne fait pas partie de l'immeuble vendu.
[2] Voir la planche donnant la vue de l'ancienne Préfecture.

et le bassin de Neptune ; — 4° à gauche de cette cour et prenant jour sur la seconde cour et sur une troisième, très petite, le bâtiment des Archives.

Deuxième étage. — On trouvait : 1° en façade, une série de chambres et le cabinet du Secrétaire général ; — 2° les bureaux, adossés au Théâtre ; — 3° un grenier, très bas, au-dessus de la salle du Conseil général ; — 4° le premier étage des Archives.

Troisième étage. — On trouvait : 1° en façade [le grand hôtel avait seul cet étage, qui faisait suite à la toiture du petit], différentes salles et bureaux ; — 2° des bureaux adossés au Théâtre ; — 3° le deuxième étage des Archives.

C'est ce qui résulte de l'examen des plans contenus dans l'Atlas des plans des bâtiments départementaux, arrondissement de Versailles, dressés par M. Blondel, architecte du département, en mai 1847, plans complétés par des « rabattements » postérieurs à 1848.

LA VÉNERIE — LA NOUVELLE PRÉFECTURE

L'emplacement choisi pour y construire la nouvelle Préfecture était celui qui portait le nom de *Vénerie* ou *Chenil*, situé vis-à-vis du pavillon du Grand-Veneur[1] [Tribunal]. Il était limité par la place des Tribunaux — prolongement de la rue Saint-Pierre, — l'avenue de Paris, la rue de l'Aventure [rue Jean-Houdon] et la rue du Chenil [rue de Jouvencel].

Supprimée à l'époque de la Révolution, rétablie sous l'Empire, augmentée sous la Restauration, la Vénerie devait être distraite, après la Révolution de Juillet, des biens composant la dotation de la Couronne. L'ordonnance royale concernant l'établissement de l'École normale primaire de l'Académie de Paris, en date du 7 septembre 1831, y avait placé cette école : « Article 1er. — Le local situé à Versailles, entre l'avenue de Saint-Cloud et celle de Paris, et formant l'encoignure des rues dites de Saint-Pierre et du Chenil, est mis à la disposition de notre Ministre de l'Instruction publique et des Cultes, pour y placer l'École normale primaire de l'Académie de Paris. La partie de ce local actuellement occupée pour le service du département de la Guerre sera rendue libre le plus promptement possible. » Dans deux numéros du *Bulletin de l'Instruction primaire du département de Seine-et-Oise* parus en 1879 et 1880[2], M. Mariotti, alors directeur de cet établissement, a publié une *Notice historique sur l'École normale primaire de Versailles*, fort instructive, et qu'on lit avec plaisir et profit. Il y donne, page 217, un plan

---

[1] Voir les plans donnés page 387.
[2] N° 11, de décembre 1879, et n° 6, de juin 1880,

Pl. xii

La nouvelle Préfecture — Vue d'ensemble

très détaillé et fort curieux des bâtiments, cours, jardins servant à l'Ecole normale, à l'Ecole simultanée, à l'Ecole mutuelle, à la Salle d'asile, de l'examen duquel il résulte que tout l'emplacement de l'ancienne Vénerie était bien occupé par des services de l'Instruction publique, et surtout par l'Ecole normale primaire, à laquelle il avait été affecté par ordonnance du 19 avril 1834, ordonnance dont l'article 2 est ainsi conçu : « Les bâtiments de la Vénerie, situés rue Saint-Pierre à Versailles, qui ont été mis par notre ordonnance du 7 septembre 1831, comme dépendant de la dotation de la Couronne, à la disposition du département de l'Instruction publique, pour servir d'emplacement à l'Ecole normale primaire de l'Académie de Paris, et que la loi du 2 mars 1832 a dis- traits de cette dotation pour les faire passer dans le domaine de l'Etat, sont définitive- ment affectés tels qu'ils se comportent à la même destination. »

Cette destination devait être changée vingt ans plus tard. « Le 10 mai 1854, à deux heures et demie, la Commission de surveillance, qui venait de quitter les salles de l'école, se trouva dans la grande cour en présence de Sa Majesté l'Empereur, qui, accom- pagné de plusieurs personnes, venait visiter les bâtiments et tout le local de l'Ecole nor- male. Sa Majesté fit connaître à M. le Directeur que son intention était de changer immédiatement la destination de ce local, en y établissant un quartier de cavalerie[1]. » Bientôt paraissait le décret du 31 mai 1854 affectant au service du département de la Guerre les bâtiments de la Vénerie, situés rue Saint-Pierre, motivé par ce fait « que ces bâtiments peuvent recevoir avec avantage une autre destination, et que, pour orga- niser le casernement d'une partie de la garde impériale, il convient de les affecter au service du département de la guerre ».

Transformés en casernes, ces bâtiments servaient au logement du Génie de la Garde impériale lorsque le Conseil général prit, à la date du 26 février 1861, une délibération « relative à la construction d'un hôtel de Préfecture et d'une caserne de gendarmerie à Versailles ».

Vu les quatre rapports présentés, dans cette session extraordinaire, par le Préfet :

« le premier ayant pour objet l'acquisition du terrain et des bâtiments dits de la Vénerie,..... et la construction sur ces terrains d'un hôtel de Préfecture et d'un caser- nement complet de la gendarmerie, lesquelles acquisition et construction doivent don- ner lieu, déduction faite du prix des bâtiments à aliéner, à une dépense totale de 1,800,000 francs, en faisant une large place aux dépenses imprévues;

« le deuxième proposant l'acquisition d'un immeuble au quartier de Montreuil, à Ver- sailles, pour y établir l'Ecole normale du Département, lesquelles acquisition et appro- priation donneront lieu, toutes subventions déduites, à une dépense de 120,000 francs;

« le troisième, proposant le vote d'une somme de 300,000 francs, nécessaire pour

MARIOTTI, op. cit., 1879, p. 222.

achever prochainement la construction des chemins vicinaux de grande communication du Département ;

« le quatrième, enfin, indiquant les voies et moyens qui lui paraissent les plus propres à pourvoir à ces dépenses de 2,220,000 francs ensemble » ;

Le Conseil général arrêtait : « Art. 1er. M. le Préfet est autorisé à acquérir de l'État, au profit du département de Seine-et-Oise, et au prix de 900,000 francs, les bâtiments et terrains formant autrefois l'hôtel de la Vénerie, à Versailles, et à faire les diligences nécessaires pour y établir un nouvel hôtel de Préfecture, avec toutes ses dépendances, et un casernement complet de la gendarmerie de Versailles, d'après les plans par lui soumis au Conseil général et susvisés, sauf les modifications que pourra leur faire subir l'examen et le contrôle de la Commission des bâtiments civils. — Art. 2. M. le Préfet est autorisé à acquérir également, au profit du Département, la maison de M. Barthe et ses dépendances, sises à Montreuil, et à y faire établir l'École normale primaire du département..... — Art. 3 et 4. Dépenses à faire pour l'achèvement successif de tous les chemins vicinaux d'intérêt commun du département. — Art. 5. Pour pourvoir à tous ces besoins, dont la dépense est évaluée à 3,420,000 francs, M. le Préfet est autorisé à contracter, au nom du Département, soit auprès de la Société du Crédit foncier de France, soit auprès de la Caisse des Dépôts et Consignations, aux conditions les plus avantageuses et selon le mode indiqué par M. le Préfet, dans un rapport ci-dessus visé, un emprunt de 2,320,000 francs, fractionné en plusieurs parties..... — Ladite somme sera remboursée en dix années, mais à partir de 1864 seulement. »

La loi du 3 juillet 1861 autorisa le Département à emprunter : 1° une somme de 1.920.000 francs, qui serait affectée aux dépenses d'acquisition, de construction et d'appropriation à faire pour la translation de l'hôtel de la Préfecture, d'une caserne de gendarmerie et de l'École normale primaire ; 2° une somme de 400.000 francs pour les travaux d'achèvement et d'amélioration des chemins de grande communication.

Dans sa séance du 2 septembre suivant, le Conseil général invita le Préfet à réclamer, par la voie d'un concours, « de nouveaux projets et devis, se renfermant strictement, absolument, dans un chiffre maximum de 1.400 000 francs pour la construction des hôtels de la Préfecture et de la Gendarmerie, et pour les dépenses s'y rattachant ou déjà faites ». Le programme du concours serait dressé par l'Administration, et le choix du projet définitif était confié au Préfet.

Ce programme fut établi l'année suivante ; il porte la date du 30 janvier 1862. La durée du concours était fixée à trois mois à partir du 25 février, les projets devant être déposés à la Préfecture, au plus tard, le 25 mai. Trente-neuf concurrents déposèrent des projets, qui furent l'objet d'une exposition publique et qu'examina une Commission spéciale, laquelle réserva onze de ces projets pour un examen sérieux. Cinq de ceux-ci furent classés en première ligne, et un nouveau concours fut ouvert entre les cinq concurrents. Deux seulement y prirent part, et ce fut le projet d'un architecte de la ville de Versailles, M. Amédée Manuel, qui fixa définitivement le choix du Préfet. Ce projet, peut-on lire dans le Rapport au Conseil général du 24 août 1863, « me paraît devoir satisfaire à votre désir de posséder un hôtel de préfecture qui, sans avoir les proportions et l'aspect d'un monument, réponde à sa destination et aux constructions que renferme la ville de Versailles ». L'auteur du projet choisi fut chargé de la direction des travaux.

Dans l'intervalle, le Département avait réalisé l'acquisition de l'immeuble de la Vénerie, au prix de 900.000 francs ; l'acte avait été signé le 28 août 1862 et le paiement régulièrement effectué en trois termes égaux de 300.000 francs chacun.

L'adjudication des travaux eut lieu le 11 août 1863, et ceux-ci commencèrent, le 1er septembre, par la Gendarmerie, qui fut occupée en janvier 1865. Ceux de l'hôtel furent commencés en juillet 1864. Les bureaux, les Archives départementales[1] et même l'habitation particulière du Préfet purent être occupés à la fin de l'année 1866. Et ce fut le 19 juin 1867 que se fit l'inauguration officielle de la nouvelle Préfecture[2] : « Mercredi dernier, tout était prêt pour inaugurer dignement ce nouvel hôtel aux salons spacieux qui étaient resplendissants de lumières. Un grand bal était annoncé pour consacrer, de la manière la plus gracieuse, cette brillante inauguration. Dès neuf heures, M. le Préfet de Seine-et-Oise et Mme Boselli, avec la courtoisie qui leur est particulière, recevaient leurs nombreux invités, parmi lesquels on remarquait S. Exc. M. le Ministre de la Justice, des membres du Conseil d'État, ainsi que du Conseil général, des députés, plusieurs généraux, les maires de diverses communes, un personnage étranger, le prince Galitzin,..... et aussi M. Amédée Manuel, l'habile architecte dont on approuvait l'œuvre, et qui recevait de la sorte la plus douce récompense de son grand travail..... Le bal, qui réunissait plusieurs centaines de dames, admirablement parées, ne s'est terminé que vers cinq heures du matin ; il ne pourra être oublié de tous ceux qui ont eu le bonheur d'y assister, car, hormis l'affabilité bien connue des Maîtres, tout était nouveau, en sorte que tout était à voir et à admirer..... En résumé, cette inauguration, avec cet ensemble gran-

[1] « ARCHIVES. L'année a été laborieuse pour les préposés à ce service. Au mois de novembre dernier (1866), le déménagement a commencé et a duré jusqu'au 6 décembre. Il a fallu cent trente voitures pour enlever toutes les collections, livres, registres, cartons, liasses, plans, etc. Pendant tout ce temps, les employés étaient à leur poste depuis sept heures du matin jusqu'à cinq heures du soir. Sauf quelques cartons, rien n'a été détérioré ni perdu pendant ce long et fatigant transport. Les travaux de menuiserie et de peinture n'étaient pas terminés, et le rangement des archives a dû être commencé au milieu des ouvriers, qui sont restés dans les bâtiments jusqu'au mois de mai dernier. » [Rapport du Préfet au Conseil général, session de 1867.]

[2] J'ai sous les yeux un album intitulé : NOUVELLE PRÉFECTURE DE SEINE-ET-OISE A VERSAILLES, COMMENCÉE LE 1er SEPTEMBRE 1863, INAUGURÉE LE 19 JUIN 1867. A. MANUEL, ARCHIT. C'est un recueil de neuf très belles photographies : « 1° Façade principale, avenue de Paris ; 2° Façade sur le jardin ; 3° Façade des Archives, place des Tribunaux ; 4° Détail du pavillon central ; 5° Pavillon central, vue de côté ; 6° Grand escalier ; 7° Grand salon du premier étage ; 8° Grand salon et salle du Conseil général ; 9° Plan général. » Cet exemplaire porte la mention suivante, manuscrite : A Monsieur Denuelle, souvenir de nos bonnes relations. A. Manuel. Il appartient actuellement à M. J. Mayor, directeur artistique de la Maison Bourdier. M. Denuelle, architecte-peintre, attaché à la Commission des Monuments historiques, exécuta avec talent les peintures décoratives de l'intérieur de l'hôtel. [LE ROI, t. Ier, p. 175.]

54

diose et cette réunion harmonieuse de lumières, de musique, de femmes et de fleurs, était sans précédents dans notre belle ville de Versailles, qui en conservera longtemps l'agréable souvenir[1]. »

Une description très précise et très détaillée de la Préfecture, telle qu'elle était distribuée en 1867, a été donnée par M. Le Roi[2]; on en trouve une autre, plus sommaire, dans le livre de M. Auguste Jehan intitulé : *La Ville de Versailles, son histoire, ses monuments, ses rues*[3]. Au premier de ces auteurs j'emprunte les renseignements qu'on va lire et que je reproduis, en partie, presque textuellement, la description donnée par lui étant encore exacte dans l'ensemble.

Ce monument, totalement isolé par trois rues et une avenue, a sa façade principale sur l'avenue de Paris.

Son plan, complètement régulier, présente trois grandes divisions : au centre, l'hôtel servant à l'habitation du Préfet et aux réceptions officielles; à l'ouest, les bureaux, archives et services divers de la Préfecture, et à l'est, le casernement de la gendarmerie.

L'entrée principale de l'hôtel est sur l'avenue de Paris, celle des bureaux et des archives est sur la place des Tribunaux, et celle de la gendarmerie est sur la rue Jean-Houdon.

Hôtel. — Le rez-de-chaussée, au fond de la cour, comprend : un grand vestibule donnant accès à un salon d'attente et à deux galeries aboutissant, l'une au grand escalier d'honneur, l'autre à l'escalier du Préfet; sur ces galeries ouvrent, d'un côté, le cabinet du Préfet et la salle d'attente du public, près duquel se trouve le secrétariat; de l'autre, l'appartement du Préfet.

Dans les ailes en retour, se trouvent, d'un côté, un vestibule donnant accès au grand escalier, les dépendances nécessaires aux réceptions et le cabinet du Secrétaire général, précédé d'une antichambre. Dans l'autre, les diverses pièces dépendantes du service particulier du Préfet. En retour, sur une cour de dégagement, sont les écuries et leurs dépendances.

Le grand appartement de réception est situé au premier étage; il contient, dans le pavillon central, le grand salon des réceptions officielles, auquel on arrive par deux galeries symétriques, aboutissant aux deux escaliers.

De chaque côté du grand salon, sont placés, d'un côté, la salle du Conseil général, avec antichambre spéciale et salon de conférences, et de l'autre, le salon du Préfet, la grande salle à manger et l'office.

[1] Victor BART, *Inauguration de la nouvelle Préfecture de Seine-et-Oise*. Voir *La Concorde*, numéros des 16 et 25 juin 1867.

[2] LE ROI, *op. cit.*, t. Ier, p. 172-178.

[3] Versailles, librairie Bernard, 1900, p. 94-97.

La Préfecture, pavillon central (détail), 1867.

L'aile gauche renferme les salles de Commissions du Conseil général, communiquant par une galerie avec les bureaux, et l'aile de droite l'appartement particulier du Préfet, faisant retour sur l'avenue de Paris.

Bureaux et services divers. — Les bureaux et les différentes pièces attribuées au Conseil de Préfecture et à l'Inspecteur d'Académie [1] sont placés au rez-de-chaussée et au premier étage sur l'avenue de Paris, dans le bâtiment qui s'étend de la cour d'honneur à la place des Tribunaux.

Le grand bâtiment en façade sur la place des Tribunaux contient les archives. Tous les planchers de ce bâtiment sont en fer et en briques et sont supportés par des colonnes en fonte montant de fond en comble. Il contient environ 8.000 mètres de tablettes. Dans la grande pièce du milieu, au premier étage, se trouve la bibliothèque.

Le bâtiment en retour sur la rue de Jouvencel contient la salle du Conseil de revision [2] et ses dépendances, le logement du Secrétaire particulier [3] et l'appartement du Secrétaire général.

Caserne de gendarmerie. — La gendarmerie occupe toute la longueur de la rue Jean-Houdon. Le pavillon en retour sur l'avenue de Paris sert d'habitation aux officiers; il a une entrée spéciale par l'avenue.

M. Le Roi montre comment l'architecte s'est inspiré, pour la décoration extérieure et intérieure, des magnifiques modèles d'architecture des siècles de Louis XIV et de Louis XV, que l'on rencontre à chaque pas à Versailles. Nous renvoyons nos lecteurs aux excellentes descriptions qu'il donne, tant de l'extérieur que de l'intérieur de l'édifice, dont « l'ensemble est simple et majestueux tout à la fois par son grand développement ». Mais nous ne pouvons nous dispenser de citer encore ce que dit le savant auteur de l'*Histoire de Versailles* du grand escalier d'honneur et des quatre plus belles pièces du premier étage de l'hôtel, à savoir la salle du Conseil général, le grand salon de réception officielle, le salon attenant et la grande salle à manger.

Le grand escalier d'honneur, dont les murs sont recouverts de stucs imitant la pierre et différentes natures de marbre, est décoré de pilastres ioniques surmontés d'une corniche et d'une voussure ornée de peintures et de sculptures. La lumière arrive abondamment dans cet escalier par le centre de la voûte. Une rampe double en fer et fonte, d'un riche travail, avec écusson représentant le chiffre enlacé du département, orne l'escalier dans toute sa hauteur. Deux beaux tableaux, dus aux pinceaux de deux enfants

[1] L'Inspection d'Académie a été déplacée depuis, en 1883. Voir à ce sujet : Deuxième session ordinaire du Conseil général de 1909, rapport de l'Archiviste du département, *Local*.

[2] Cette salle est occupée actuellement par le service des Retraites ouvrières et paysannes.

[3] Depuis très longtemps, le Chef du cabinet du Préfet — successeur du Secrétaire particulier — n'habite plus ce logement.

de Versailles : l'un, représentant l'*Ile de Capri*, est de Lanoue, et l'autre, montrant une *Vue de la Seine, prise à Rueil*, est d'Emile Lambinet[1].

Au premier étage, dans la salle du Conseil général, une cheminée monumentale, partie en marbre, partie en stuc, est décorée de bronzes dorés. Dans la niche au-dessus du manteau de la cheminée et de la pendule est un buste en marbre blanc de l'empereur Napoléon Iᵉʳ par Chaudet[2]. En face de la cheminée, on voit le portrait en pied de l'empereur Napoléon III, d'après Winterhalter[3]. Les fleurs et les feuillages qui décorent le plafond sont de Petit.

Le grand salon de réception officielle, qui tient tout le pavillon central, est éclairé par six fenêtres[4]. On y arrive par six portes. La décoration principale se compose de colonnes et de pilastres cannelés en stuc blanc, avec chapiteaux corinthiens dorés en partie ainsi que la corniche. La voussure est décorée de peintures et de sculptures. Les quatre panneaux principaux, personnifiant *les quatre Saisons*, ont été peints par Jobbé-Duval. Le grand plafond ovale, représentant *les quatre Heures du jour*, est de Geudron, et les peintures des panneaux décoratifs sont de Guifard.

Dans le salon attenant, appelé salon de l'Impératrice, se trouve un portrait en pied de l'impératrice Eugénie, d'après Winterhalter[5]. Deux dessus de portes, *la Poésie* et *la Musique*, sont de Barrias ; le plafond est de Guifard, et les fleurs sont de Petit.

Dans la grande salle à manger, les murs sont recouverts de stuc imitant des marbres de diverses couleurs ; la voussure est ornée d'une frise représentant des épisodes de chasse. Le plafond et les groupes en grisaille sont de Guifard, et les fleurs de Petit.

Notons encore trois choses. Le fronton de la cour d'honneur[6] représente *la Seine et l'Oise réunissant leurs eaux* ; le fronton opposé, côté du jardin, le *Triomphe de Flore*, composé d'un groupe de sept enfants occupant et traînant un char avec des guirlandes de fleurs. Derrière l'hôtel se trouve un jardin, dessiné à l'anglaise, correspondant en partie à l'ancien jardin de l'Ecole normale primaire. On y voit rocher, cascade, réservoir et serre, large promenoir ombragé de tilleuls et, parmi d'autres arbres, un

---

[1] M. L. CLÉMENT DE RIS dit au contraire : « *La Seine à Suresnes*. Signé : *Emile Lambinet*. 1867. Au centre, la Seine. A droite, un bouquet d'arbres. A l'horizon, le Mont-Valérien et la silhouette du fort. » (Hôtel de la Préfecture de Versailles (Seine-et-Oise). 5 janvier 1882. *Inventaire des richesses d'art de la France, Monuments civils, Province.* Tome II, p. 199-203.]

[2] Ce buste ne s'y trouve plus ; il est remplacé par un buste de la République.

[3] Ce portrait a été enlevé ; il est remplacé depuis 1895 par une composition allégorique symbolisant le département de Seine-et-Oise, qui est l'œuvre du peintre Guillaume Dubufe. *Délibérations du Conseil général*, séance du 30 avril 1897.

[4] L'une des trois fenêtres qui donnent sur le jardin est dissimulée à l'intérieur par une grande glace.

[5] Ce portrait ne se trouve plus dans le salon dont il s'agit, qui est maintenant dénommé le Petit Salon.

[6] La cour d'honneur est fermée par une belle grille en fer et en fonte, dont le couronnement est composé de rinceaux enveloppant un écusson sur lequel sont reproduites les initiales enroulées du département.

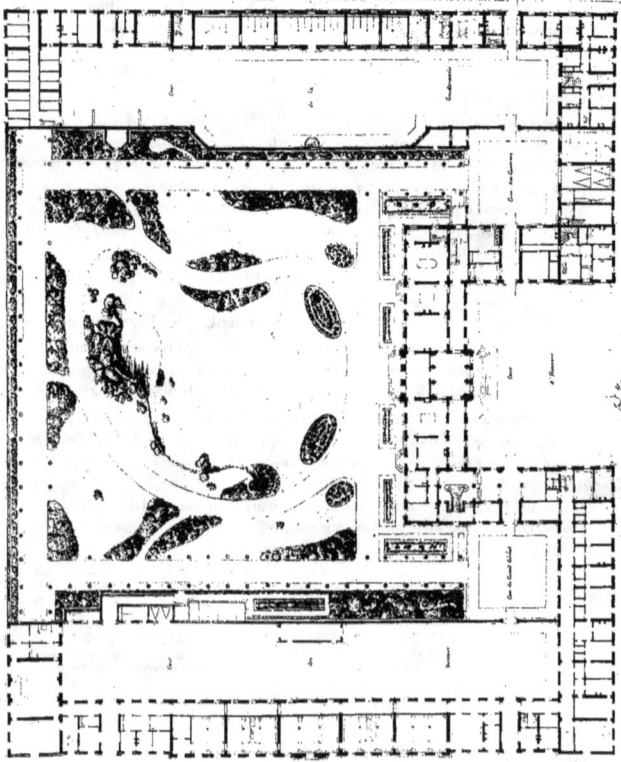

Pl. XIV

La Préfecture, plan général, 1867.

très beau saule, bouture de celui qui ombrageait le tombeau de Napoléon à Sainte-Hélène[1].

C'est dans la salle du Conseil général qui vient d'être décrite que l'Assemblée départementale siégea pour la première fois lorsque s'ouvrit, le 26 août, la session ordinaire de 1867. Les circonstances firent qu'elle ne put y tenir ses séances ni en 1870, ni de 1871 à 1879 inclusivement. Il nous reste donc à faire connaître dans quels locaux se réunit le Conseil général pendant cette période de neuf années, et quels hôtels habita le Préfet de Seine-et-Oise durant ce même laps de temps. Ainsi se terminera notre étude sur « les locaux ».

LE CHATEAU DE VERSAILLES
ET L'HOTEL DE VILLE — LA PRÉSIDENCE
LES HOTELS DE LA RUE SAINT-LOUIS
ET DU BOULEVARD DE LA REINE
1848, 1871-1880

On sait pourquoi, en 1848, l'Assemblée départementale ne tint pas ses sessions d'octobre et de novembre dans la salle de l'ancien hôtel de la Préfecture affectée à ses délibérations, salle qu'on refaisait alors en l'agrandissant : elle se réunit, nous l'avons dit, au Château[2].

Ce fut pour une tout autre raison qu'au début de la troisième République elle ne siégea pas à la nouvelle Préfecture, qui, pendant l'occupation allemande, avait servi de quartier général et de palais au roi de Prusse, « douloureux souvenir et triste honneur pour ce monument tout neuf que l'Empire, à grands frais[3], avait fait beau comme un palais[4] ».

Le 18 mars 1871, — nous n'avons pas à rappeler ici dans quelles circonstances, — le Chef du Pouvoir exécutif, devenant l'hôte du département de Seine-et-Oise, occupait

---

[1] Albert TERRADE, *Le Saule pleureur de la Préfecture*, article paru dans le *Versailles illustré*, 1898, n° 33.

[2] Voir pages 279-286.

[3] On n'ignore pas — et qui en sera surpris en visitant la Préfecture? — que les dépenses faites pour l'exécution des plans dépassèrent considérablement les chiffres qui avaient été fixés d'après le devis. Il n'entre pas dans nos vues d'exposer ici les difficultés auxquelles donna lieu leur règlement; nous nous contenterons de reproduire la note qui suit, écrite le 27 mai 1873 par M. Robin, alors chef de la première Division, et destinée à M. le Préfet : « Le travail que j'ai remis à M. le Préfet, et qui évaluait approximativement à 3.000.000 de francs le chiffre de la dépense qu'avait pu coûter l'installation de la nouvelle Préfecture, n'était pas tout à fait complet en ce sens qu'il ne comprenait pas les sommes qu'il a fallu ou qu'il faudra débourser au département pour l'amortissement des emprunts consacrés à l'opération. »

Auguste JEHAN, *op. cit.*, p. 97.

une partie de la Préfecture — l'hôtel proprement dit, — qui, dès lors et pendant le séjour du Gouvernement à Versailles, c'est-à-dire jusqu'à la fin de l'année 1879, fut la résidence des Présidents de la République, MM. Thiers, le maréchal de Mac-Mahon et Grévy. Versailles continuait à être « une ville historique ».

Le Conseil général dut par conséquent siéger ailleurs, et ce fut encore au Château, où le Gouvernement mit à sa disposition, de 1871 à 1879 inclusivement, les locaux nécessaires. Il s'y réunit dans l'aile du Midi, dans la *salle des Maréchaux* et dans celle *des Connétables*[1]. Il lui arriva même de tenir deux très courtes sessions — toutes deux extraordinaires — à l'Hôtel de Ville de Versailles, l'une au mois de février 1877, — elle dura du 26 février au 2 mars, — l'autre au mois de juillet 1878, session plus courte encore, qui ne dura que quelques heures, le 17 de ce mois.

Quelle fut pendant ces neuf années la situation du Département, propriétaire de l'immeuble de la Préfecture, vis-à-vis de l'État, qui s'était trouvé dans la nécessité d'y loger le Chef du Pouvoir exécutif? C'est ce que nous avons à faire connaître maintenant[2].

Rappelons tout d'abord que la Présidence[3] n'occupait pas toute la Préfecture, mais seulement l'hôtel proprement dit et le pavillon du Secrétaire général. Ainsi les bureaux de la Préfecture, situés entre la place des Tribunaux et cet hôtel, le bâtiment des Archives départementales, la Gendarmerie avaient conservé leur affectation. Pour le public versaillais, c'était toujours la Préfecture, moins le Préfet[4] et le Conseil général, et avec, en plus, le Chef de l'État.

A l'époque de sa session d'octobre 1871, M. Cochin, alors préfet de Seine-et-Oise, tint à déclarer au Conseil général qu'il n'avait pas manqué de faire valoir auprès du Président de la République et auprès du Ministre de l'Intérieur les droits du Département à une indemnité par suite de cette occupation temporaire d'une partie de la Préfecture.

[1] « Le Conseil s'est réuni dans le local qui lui a été assigné dans l'aile sud du château de Versailles », 23 octobre 1871; « salle des Maréchaux », 1872, 1873, 1874, 1875, 1876, 1877, 1878, 1879; « salle des Connétables », 19 avril 1874, 18 mai 1874, octobre 1874, 31 mars 1875, 18 août 1879. La salle des Maréchaux et celle des Connétables se trouvaient au rez-de-chaussée du corps central du Château, côté du midi [aujourd'hui *Nouvelles salles du XVIIIᵉ siècle*]. Elles portent les numéros suivants : 41, 42, 43 et 44. L'entrée avait lieu par la salle 44; la buvette était installée dans la salle 42, dite des Amiraux; le Conseil siégeait dans la salle 43, dite des Connétables; les Commissions se tenaient dans la salle 44, première salle des Maréchaux, qui était subdivisée en bureaux. Je dois ces renseignements à mon excellent ami M. Dutilleux, chef de division honoraire à la Préfecture, et à M. Pératé, conservateur adjoint du Musée: je les prie l'un et l'autre d'agréer mes remerciements. Voir : *Une journée à Versailles*, L. Bernard, éditeur, 1903, p. 24 et 25. Plan du rez-de-chaussée du Château, salles 41-44.

[2] Nous avons utilisé particulièrement, à cette fin, les dossiers de la série N et les Délibérations du Conseil général, y compris les Rapports des Préfets.

[3] M. G. Hanotaux dit qu'on appelait alors l'hôtel de la Préfecture, où M. Thiers demeurait, « le Palais de la Pénitence ». [*Histoire de la France contemporaine*, t. 1ᵉʳ, p. 361.]

[4] Encore faut-il observer que le Préfet avait son cabinet à la Préfecture. Il recevait dans la pièce qui est occupée actuellement par M. le Secrétaire général, à l'angle de l'avenue de Paris et de la cour d'honneur [local numéroté 11]. Le Secrétaire général occupait, tout à côté, la pièce numérotée 9, qui, de 1880 à 1912, fut affectée au chef de la deuxième Division.

Par une lettre en date du 7 octobre, le Ministre reconnaissait en principe la dette de l'Etat, mais il en ajournait le règlement au moment où cesserait le séjour du Président de la République, ou lorsqu'une résolution définitive serait prise en ce qui concernait le siège du Gouvernement. Approuvant la « juste réclamation faite par M. le Préfet », le Conseil général arrêta, dans sa séance du 26 de ce mois, qu'il consentait à différer le règlement de l'indemnité jusqu'à l'époque indiquée. En 1872, au cours de la session d'avril, il fut question « de prendre les mesures nécessaires » pour que le Département rentrât « en possession et jouissance complète de son hôtel de Préfecture »; mais il ne fut pas donné suite à ce projet et M. le marquis de Chambon, successeur de M. Cochin, entama de nouvelles négociations avec le Gouvernement pour régulariser l'occupation provisoire de l'hôtel. Ces négociations aboutirent, et, le 29 août 1873, le Conseil général décida ce qui suit :

« M. le Préfet est autorisé à traiter avec qui de droit de la question relative à l'occupation de l'hôtel de la Préfecture par M. le Président de la République.

« Le traité à intervenir aura lieu sur les bases et sous les conditions ci-après :

« L'indemnité revenant au Département sera fixée à trente mille francs annuellement, et commencera à courir du jour où la prise de possession a eu lieu.

« Indépendamment de cette indemnité, l'Etat prendra à sa charge le paiement du loyer de l'hôtel qui a été, est et sera habité par M. le Préfet, pendant tout le temps de l'occupation de la Préfecture, et indemnisera M. le Secrétaire général de la privation de jouissance du bâtiment qui se trouvait destiné à son habitation, ainsi que cela a eu lieu jusqu'à ce jour.

« L'Etat pourvoira, à ses frais, à l'installation du Conseil général pendant toute la durée de ses sessions, pendant le temps de l'occupation de l'hôtel de la Préfecture par M. le Président de la République.

« La caserne de gendarmerie, les archives et les bureaux de la Préfecture, dans leur état actuel, restent affectés à leur destination.

« L'Etat prendra à sa charge les frais de réparation, l'entretien des bâtiments occupés et du mobilier départemental qui s'y trouve placé, et ce, pendant tout le temps de l'occupation.

« La durée de la convention à intervenir ne pouvant être en ce moment fixée, et devant prendre fin à partir de l'époque où M. le Président de la République cessera d'occuper l'hôtel de la Préfecture, il sera inséré, dans cette convention, toutes conditions propres à lui donner un caractère temporaire.

« Les frais seront à la charge de l'Etat.

« Le Conseil général donne à la Commission départementale les pouvoirs nécessaires pour ratifier le traité entre l'Etat et M. le Préfet. »

En conséquence, le 31 octobre suivant, il fut conclu entre le Ministre des Travaux publics, représentant l'État, et le marquis de Chambon, agissant pour le Département, un traité comprenant onze articles, dont voici le texte :

« Art. 1er. — L'État aura la faculté d'occuper l'Hôtel de la Préfecture de Seine-et-Oise tant que le siège du Gouvernement restera établi à Versailles dans des conditions provisoires, suivant les clauses ci-après stipulées.

« Art. 2. — La partie de l'hôtel occupée par l'État comprend : 1° tous les locaux antérieurement affectés au logement du Préfet et, en outre, deux pièces au premier étage du pavillon situé à gauche en entrant par la grille de la Cour d'honneur; 2° le pavillon dit du Secrétaire général, y compris l'appartement du Chef du cabinet du Préfet, la salle de l'Académie, la salle des adjudications; 3° le jardin; 4° les écuries et remises. — Le Département se réserve l'usage de la cour des Archives, des urinoirs qui s'y trouvent et des caves existant sous l'aile des bureaux à raison des calorifères qui y sont établis. — La salle des adjudications, actuellement affectée à l'usage de corps de garde, sera évacuée et livrée à l'administration départementale toutes les fois que les besoins du service l'exigeront, notamment pour les séances du Conseil de revision, les examens et les adjudications.

« Art. 3. — La partie de l'hôtel de la Préfecture dont la jouissance est cédée à l'État sera affectée exclusivement au logement du Chef du Gouvernement, de sa famille et de sa maison.

« Art. 4. — Pendant la durée de sa jouissance, l'État fera exécuter dans les lieux occupés par lui toutes les réparations et tous les travaux d'entretien qui deviendront nécessaires, et il devra les rendre, à l'expiration de la jouissance, en bon état de réparation et d'entretien.

« Art. 5. — L'État prendra en charge le mobilier garnissant l'hôtel de la Préfecture, à l'exception de celui qui est affecté au service des bureaux, et il le restituera au Département dans l'état de conservation et d'entretien où il était au moment de son entrée en jouissance, le 18 mars 1871 . . . .

. . . .

« Art. 6. . . . .

« Art. 7. — Pendant la durée de sa jouissance, l'État est substitué au Département pour l'acquittement de toutes les charges pouvant grever les lieux occupés par lui, telles que les contributions de toute nature, les salaires des deux concierges, les prix des concessions d'eau et du gaz, et vidanges, etc.

« Art. 8. — L'État paiera au Département une indemnité annuelle de trente mille francs, qui sera versée en deux termes à la fin de chaque semestre écoulé : le premier juillet et le premier janvier. L'indemnité ci-dessus courra à dater du 18 mars 1871, et les sommes dues à partir de cette époque au Département jusqu'au 31 décembre de l'année courante seront acquittées en un seul paiement, le plus promptement possible après le 1er janvier 1874.

« Art. 9. — Indépendamment de la somme mise à sa charge par l'article précédent, l'État continuera de pourvoir au logement du Préfet du département conformément aux conditions du bail passé entre ce magistrat et M. Léon Grosjean pour la location d'un hôtel, sis à Versailles, rue Saint-Louis, n° 18. — L'État maintiendra en outre au Secrétaire général de la Préfecture l'indemnité annuelle de trois mille six cents francs pour la privation de son logement, et il paiera pour la même cause au Chef du cabinet du Préfet une indemnité de mille francs.

« Art. 10. — L'État s'engage en outre à fournir dans les dépendances du château de Versailles les locaux nécessaires à la tenue des sessions du Conseil général.

« Art. 11. — Il est entendu entre les parties que l'exécution des engagements financiers contractés par l'État en vertu des présentes est subordonnée au vote des crédits qui seront demandés à l'Assemblée nationale dès l'ouverture de sa prochaine session. »

Le 10 novembre, la Commission départementale approuva le texte de ce contrat, qui portait les signatures du Ministre des Travaux publics et du Préfet.

Cette convention entre l'État et le Département fut régulièrement exécutée de part et d'autre, et cette exécution ne présenta aucune difficulté. Mais au cours de l'année suivante, le 30 juin 1874, le Ministre des Travaux publics, M. Caillaux, représenta au Préfet que « l'expérience de l'année qui vient de s'écouler a démontré que les locaux affectés au service de la Présidence étaient insuffisants et que, pour y pourvoir d'une manière convenable, il serait nécessaire d'ajouter aux deux parties de l'hôtel déjà mises à la disposition de l'État : 1° tout le premier étage du pavillon situé à gauche, en entrant par la cour d'honneur; 2° quatre pièces au rez-de-chaussée du même pavillon qui sont les plus rapprochées de ladite cour ». Il invitait donc le chef de l'Administration départementale à saisir de la question le Conseil général : l'État transporterait et installerait à ses frais dans telle autre partie de l'hôtel que le Conseil désignerait les bureaux actuellement établis dans les locaux dont la cession serait consentie, et, d'autre part, une indemnité supplémentaire s'ajouterait à celle de 30.000 francs stipulée à l'article 8 de la convention du 31 octobre 1873. On ne donna pas suite immédiatement à cette demande; mais, dès le mois de mai 1875, le Préfet exposa au Ministre des Travaux publics que les lois constitutionnelles ayant fixé à Versailles le siège définitif du Gouvernement[1], les deux parties contractantes avaient cessé dès lors de se trouver dans les conditions prévues à l'article 1er du contrat. La situation actuelle était fort incommode pour l'Administration départementale : « Le Conseil général siège au Château, loin des bureaux et privé de tous les documents propres à éclairer ses délibérations, ou obligé, pour se les procurer, de recourir à des moyens de communication pénibles, insuffisants et dangereux pour la conservation des dossiers transportés. La Commission départementale ne

---

[1] Loi relative à l'organisation des Pouvoirs publics, 25 février 1875, Article 9 : « Le siège du Pouvoir exécutif et des deux Chambres est à Versailles. »

peut disposer d'aucun local qui lui soit particulier. L'Administration départementale n'a de salle ni pour les adjudications, ni pour le Conseil de revision, ni pour les Commissions. » Et il terminait ainsi sa lettre : « Dès le mois de mai 1873, en exposant à votre administration les inconvénients que je viens de résumer, mon prédécesseur émettait l'avis qu'aux difficultés résultant de cette situation il n'y avait qu'une solution, l'acquisition par l'État de l'hôtel de la Préfecture. L'incertitude où l'on était alors sur la durée du séjour du Gouvernement à Versailles fit ajourner l'examen de cette solution ; aujourd'hui que cette incertitude n'existe plus, j'ai l'honneur de reprendre auprès de vous, Monsieur le Ministre, les propositions de mon prédécesseur : je vous serai reconnaissant de vouloir bien me faire connaître la suite qu'elles vous paraîtront comporter. »

Cette situation était rappelée par le Préfet à M. le Ministre des Travaux publics dans une lettre du 15 avril 1876. « Deux solutions », écrivait-il, « se présentent pour arriver à une organisation définitive. La première consiste dans l'établissement de la Présidence dans un hôtel construit à cet effet, auquel cas l'hôtel de la Préfecture serait rendu à sa destination primitive. La seconde consiste dans l'acquisition par l'État dudit hôtel pour y établir définitivement la Présidence, le Département construisant une nouvelle Préfecture avec le prix qu'il retirerait de son immeuble. »

Et, dans la session du mois d'avril 1876, plusieurs membres du Conseil général demandaient la nomination d'une Commission qui aurait mission de s'entendre avec le Ministre des Travaux publics « pour obtenir soit l'acquisition par l'État de la Préfecture, soit un loyer en rapport avec la valeur de l'immeuble ».

De nouvelles négociations furent donc engagées. Si la location de la Préfecture devait être continuée, le Département estimait que le prix de cette location serait équitablement arbitré à 130.000 francs, que l'on réduisit à 100.000. Nous ne voulons pas entrer dans le détail de ces négociations, qui aboutirent à la conclusion d'une seconde convention, laquelle porte la date du 18 décembre 1876[1].

« Entre M. Albert Christophle, ministre des Travaux publics, représentant l'État, d'une part ; M. de Crisenoy, préfet de Seine-et-Oise, agissant au nom de ce département, et M. Gilbert-Boucher, sénateur, président du Conseil général, intervenant au présent acte en exécution du délibération du Conseil général en date du 21 août de cette même année, d'autre part ; il fut convenu ce qui suit :

« Art. 1er. — Le Département de Seine-et-Oise donne bail à l'État, pour servir à l'habitation de M. le Président de la République, les dépendances ci-après désignées de l'hôtel de la Préfecture de Seine-et-Oise, savoir : 1° tous les locaux antérieurement

[1] Par décision du 27 septembre 1876, le Ministre des Travaux publics prorogea jusqu'au 1er janvier 1877 les effets de la convention provisoire du 31 octobre 1873 relative à l'occupation de la Préfecture et reconnut que le Trésor public aurait à payer une somme supplémentaire de 250 francs pour le loyer de l'hôtel de la rue Saint-Louis [dont nous parlerons plus loin] pendant le second semestre de 1876.

affectés au logement du Préfet, et, en outre, deux pièces au premier étage du pavillon situé à gauche en entrant par la grille de la cour d'honneur[1] et le vestibule existant en face de l'escalier d'honneur, lequel a été converti en oratoire particulier[2]; 2° le pavillon dit du Secrétaire général[3], y compris l'appartement du Chef du cabinet du Préfet, la salle de l'Académie, la salle des adjudications; 3° le jardin; 4° les écuries et remises.

« Art. 2. — Le Département se réserve l'usage de la cour des Archives, des urinoirs qui s'y trouvent et des caves existant sous l'aile des bureaux à raison des calorifères qui y sont établis. — La salle des adjudications..... [comme à la convention de 1873].

« Art. 3, 4, 5, 6, 7. — [Idem.]

« Art. 8. — Le présent bail est fait par le Département à l'Etat pour une durée de trois, six ou neuf années à partir du 1er janvier 1877, avec faculté de résilier à chaque période en prévenant un an d'avance. Ledit bail est en outre consenti moyennant un loyer annuel de cent mille francs, payable en quatre termes trimestriels. — Au moyen du loyer ci-dessus fixé, le Département devra pourvoir, à partir du 1er janvier 1877, au logement du Préfet du département et supporter les indemnités allouées actuellement par l'Etat au Préfet, au Secrétaire général et au Chef du cabinet.

« Art. 9. — L'Etat s'engage, en outre, à fournir dans les dépendances du château de Versailles les locaux nécessaires à la tenue des sessions du Conseil général. — Il mettra également à la disposition du Département un local suffisant dans le palais du Trianon pour recevoir en dépôt les objets mobiliers appartenant au Département qui, par suite de l'occupation de l'hôtel de la Préfecture par le Président de la République, ont dû être retirés des appartements de cet hôtel et déposés dans des pièces aujourd'hui nécessaires au service de la Présidence.

« Art. 10. — L'exécution des engagements financiers contractés par l'Etat en vertu des présentes est subordonnée : 1° au vote des crédits qui seront demandés aux Chambres dans la session actuellement ouverte; 2° à la ratification du Conseil général. »

Les clauses et conditions de ce bail[4] continuaient à être en vigueur quand — en 1879 — le Gouvernement cessa de siéger à Versailles[5]. On dut, par conséquent, songer à éta-

[1] A l'angle de l'avenue de Paris et de la cour d'honneur, éclairées par trois fenêtres donnant sur l'avenue [locaux portant le n° 19].
[2] Cet oratoire particulier se trouvait en réalité dans le pavillon situé à gauche de la cour d'honneur, au rez-de-chaussée, dans le local existant entre la voûte et l'étroit passage [alors muré] conduisant au large couloir des bureaux, en face du cabinet du Secrétaire général. Il aurait mieux valu dire dans le bail : le vestibule entre l'escalier d'honneur et les bureaux de la Préfecture.
[3] Ce pavillon était occupé en 1875 par M. le colonel Robert.
[4] Le Conseil général approuva, le 2 mars 1877, les conventions provisoirement arrêtées par le Préfet, les 28 novembre et 18 décembre 1876, avec les héritiers Grosjean [hôtel de la rue Saint-Louis] et avec l'Etat [Préfecture].
[5] Loi du 22 juillet 1879 relative au siège du Pouvoir exécutif et des Chambres. Art. 1er : « Le siège du Pouvoir exécutif et des deux Chambres est à Paris. »

blir une nouvelle convention en vue de la résiliation du bail de l'hôtel de la Préfecture, et les bases de ce traité furent arrêtées provisoirement dans une conférence à laquelle prirent part MM. Gilbert-Boucher, président du Conseil général, et Lebaudy, conseiller général, ainsi que des représentants du Ministre des Travaux publics. Ce projet, ayant reçu l'adhésion du Ministre des Travaux publics, fut soumis au Conseil général dans sa session d'août 1879. En voici le texte :

« Entre les soussignés, M. de Freycinet, ministre des Travaux publics, représentant l'État, d'une part; M. le baron Cottu, préfet du département de Seine-et-Oise, agissant au nom dudit Département, conformément à l'article 54 de la loi du 10 août 1871, et M. le Président du Conseil général de Seine-et-Oise, intervenant au présent acte en exécution d'une décision du Conseil général en date du....., d'autre part; il a été convenu ce qui suit :

« Art. 1er. — Le bail passé le 18 décembre 1876 entre l'État et le Département de Seine-et-Oise pour la location, au prix annuel de 100,000 francs, pour une durée de temps qui expirerait au plus tôt le 1er janvier 1883, de l'hôtel de la Préfecture et de ses dépendances, en vue de servir à l'habitation de M. le Président de la République, est et demeure résilié à partir du 1er janvier 1880.

« Art. 2. — L'État s'engage à payer au Département avant cette date, et en un seul versement, la somme de cent soixante mille francs (160,000 fr.) à titre d'indemnité. L'État s'engage, en outre, conformément aux dispositions dudit bail, d'une part, à remettre l'immeuble en bon état d'entretien; d'autre part, à restaurer le mobilier qui faisait partie de la location. Enfin, l'État se charge de compléter, au moyen des ressources du garde-meuble, le mobilier dont il s'agit, de manière à meubler les appartements destinés à M. le Préfet de Seine-et-Oise dans les conditions qui existaient avant les événements de 1870 et de 1871.

« L'exécution des clauses de la présente convention est subordonnée : 1º à la ratification du Conseil général de Seine-et-Oise; 2º à l'approbation des Chambres, ainsi qu'au vote des crédits nécessaires pour l'exécution des engagements financiers. »

Le Conseil général prit, à la date du 25 août, la délibération suivante : « Le Conseil général..... donne acte à M. le Préfet de la communication des documents sus visés; remercie M. le Président du Conseil général des soins qu'il a apportés à la négociation de la convention et lui donne tous pouvoirs pour consentir, de concert avec M. le Préfet, au nom du Département et au mieux de ses intérêts, la résiliation du bail de la Préfecture de Seine-et-Oise. »

La convention fut signée le 3 décembre 1879 et ratifiée par une loi du 27 du même mois.

L'année suivante, dans sa séance du 7 avril 1880, le Conseil général adoptait le texte de la délibération qui suit : « Le Conseil général,..... considérant que la convention signée le 5 décembre 1879..... est en cours d'exécution, est d'avis qu'il y a lieu de s'en rapporter à M. le Préfet pour en terminer au mieux le complet accomplissement. » Et le Rapporteur ajouta : « Messieurs, si votre Commission avait cédé à un désir qui était partagé par tous ses membres, elle aurait ajouté à cette délibération des remerciements très sincères pour M. le Président du Conseil et pour M. le Préfet, qui ont obtenu si rapidement et d'une manière si heureuse la conclusion de ce traité avec l'État. » (*Vive approbation.*)

Enfin, au cours de la session ordinaire d'avril 1881, M. Janin fit, le 30 de ce mois, un rapport sur la résiliation du bail et la remise des locaux au Département, rapport à la suite duquel une délibération conçue en ces termes fut adoptée :

« Le Conseil général, ... vu le procès-verbal, en date du 22 janvier dernier, constatant la remise des objets que M. le Conservateur du mobilier national avait été autorisé à délivrer au Département, conformément aux stipulations de la convention approuvée par la loi du 13 décembre 1879, pour meubler les appartements de la Préfecture dans les conditions où ils se trouvaient avant les événements de 1870-1871, donne acte à M. le Préfet de sa communication relative à la complète et heureuse conclusion de cette affaire. »

Nous en avons fini avec l'hôtel de la Préfecture, réoccupé en 1880 par le Préfet et par le Conseil général[1], qui ne l'ont plus quitté depuis. Il nous reste à parler des deux hôtels où furent logés, de 1871 à 1879, les Préfets de Seine-et-Oise, MM. Cochin, de Chambon, Limbourg, de Crisenoy, Delpon de Vissec, de Barthélemy et Cottu, pendant que le Président de la République était installé à la Préfecture.

Le 30 juin 1871, le Ministre de l'Intérieur écrivait au Préfet de Seine-et-Oise : « Je me suis fait rendre compte des dispositions que vous avez prises, d'accord avec mon administration, pour assurer votre installation provisoire à Versailles, jusqu'au moment où le Chef du Pouvoir exécutif cessera d'occuper l'hôtel de la Préfecture. Tenant compte de la difficulté des circonstances, j'approuve, dans leur ensemble, les conditions mises par M. Grosjean à la location de son immeuble et du mobilier qui le garnit. »

Cet immeuble est situé rue Saint-Louis, n° 18. Il appartenait alors à M. Léon Tricot-Grosjean, membre du Conseil général, avec qui M. Cochin était autorisé par le Ministre à conclure un bail.

Le bail fut signé le 13 août 1871 ; les parties contractantes étaient M. Augustin Cochin, préfet, « agissant au nom de M. le Ministre de l'Intérieur et à ce autorisé par une lettre ministérielle du 30 juin », et M. Léon Tricot-Grosjean. En voici les articles principaux : « Art. 1er. M. Léon Grosjean donne à bail à l'État pour servir de résidence provisoire au Préfet de Seine-et-Oise, pendant le séjour du Chef de l'État à l'hôtel de la

---

[1] 1880. Session ordinaire d'avril, 5 avril ; « Le Conseil général s'est réuni à l'hôtel de la Préfecture. »

Préfecture, sa maison sise à Versailles, rue St-Louis, 18, avec toutes ses dépendances e le mobilier qui la garnit, sous la réserve de quelques chambres ou greniers, etc., désignés à l'inventaire. — Art. 2. Le présent bail est fait pour une année qui a commencé à courir à partir du 25 juin 1871 pour finir le 25 juin 1872, sauf les clauses comprises à l'article 5. — Art. 3. Le prix de la location de la maison et du mobilier est fixé à deux mille cinq cents francs par mois. — Art. 4. Les eaux, le gaz, le paiement du concierge à raison de cinquante francs par mois, l'entretien du jardin sont à la charge du locataire. L'impôt, les assurances, les réparations demeurent à la charge du bailleur. — Art. 5. Dans le cas où la Préfecture serait, par ordre du Gouvernement, de nouveau transférée à l'hôtel départemental, pendant la durée du premier semestre, l'État aurait le droit de résilier le bail immédiatement, mais en payant au propriétaire le prix de ce semestre, et un terme pour indemnité de déplacement. Si cette translation avait lieu pendant le troisième terme, ce terme serait dû avec un mois d'indemnité. Si cette translation avait lieu pendant le quatrième terme, ce terme serait dû en entier..... — Art. 6. ..... — Art. 7. Le paiement sera mandaté à la fin de chaque mois, au nom de M. Léon Grosjean, par M. le Ministre de l'Intérieur. Les indemnités stipulées à l'article 5 feraient l'objet d'un seul paiement en cas de retour du Préfet à l'hôtel de la Préfecture. »

C'est dans cet hôtel que mourut M. Cochin, le 15 mars 1872. Quelques jours après, le 24 de ce mois, le Ministre de l'Intérieur écrivit à M. Paul Diard, secrétaire général de la Préfecture, faisant l'intérim : « L'article 5 [du bail avec M. Grosjean] prévoit le cas de résiliation et stipule que, si le bail est dénoncé *pendant le troisième terme, ce terme sera dû avec un mois d'indemnité.* Le Gouvernement ayant, par suite du décès de M. Cochin, résolu d'user de cette faculté, je vous invite à notifier immédiatement sa résolution à M. Grosjean dans les termes du contrat. »

Le Secrétaire général se mit aussitôt en quête d'un autre hôtel, où serait logé le Préfet qui succéderait à M. Cochin. Il arrêta son choix sur un immeuble situé boulevard de la Reine, n° 57 [1], qui appartenait alors à M. et Mme de Valicourt. Le 12 avril 1872, le Ministre de l'Intérieur lui écrivit : « J'approuve en principe les conditions relatives à la location de l'hôtel de Valicourt et du mobilier qui le garnit pour une durée de six mois, avec faculté de prolongation pour six autres mois. Le prix sera de 10,000 fr. pour les six premiers mois de l'année, et de 9,000 fr. pour les six derniers mois, si le bail se continue. Je vous autorise à passer, au nom de l'État, un traité, dans ces conditions, avec M. de Valicourt. Il est bien entendu que toutes les dépenses accessoires telles que salaire du concierge, gaz et eau seront supportées par le propriétaire. »

C'est dans ces conditions que fut passé, le 15 avril 1872, le bail conclu entre M. Paul Diard, chargé de l'intérim de la Préfecture, agissant au nom du Ministre de l'Intérieur,

[1] La maison qui porte actuellement le n° 57 n'est certainement pas l'hôtel de Valicourt; les recherches que nous avons faites nous permettent de dire que cet hôtel est celui qui porte le n° 67;

et M. Alfred-Alexandre de Valicourt. Le bail de l'immeuble situé boulevard de la Reine, « avec toutes ses dépendances et le mobilier qui le garnit, sous la réserve de quelques chambres ou greniers désignés à l'inventaire », était fait pour six mois, devant commencer le 1er mai et finir le 1er novembre, moyennant 10.000 francs, payables par mois. Le paiement devait être mandaté à la fin de chaque mois, au nom de M. de Valicourt.

Cet hôtel fut sans doute jugé insuffisant, et l'on n'éprouva pas le besoin d'en continuer le bail pour l'autre période de six mois qu'avait prévue l'article 5 du contrat. Celui de la rue Saint-Louis, beaucoup plus spacieux, convenait certainement mieux pour servir à l'habitation d'un Préfet de Seine-et-Oise; on y revint donc, à la suite d'un nouveau bail qui fut conclu, le 9 octobre 1872, entre M. le marquis de Chambon, préfet, agissant au nom du Ministre de l'Intérieur, et M. Léon Tricot-Grosjean. Ce bail était fait pour six mois devant commencer le 1er novembre, mais dans le cas où, à l'expiration de la période semestrielle, l'État voudrait continuer cette location aux mêmes conditions de prix pour une nouvelle période de six mois, un avertissement préalable serait inutile; dans le cas contraire, le congé devrait être signifié le 31 mars 1873. Le prix de la location de la maison et du mobilier était fixé à 9.500 francs pour les six mois. Le Ministre approuva le bail le 6 décembre 1872; le Préfet avait quitté dans la seconde quinzaine d'octobre l'hôtel du boulevard de la Reine pour s'installer rue Saint-Louis.

Le chef de l'Administration départementale continua à occuper l'immeuble Grosjean en 1874. On songea, il est vrai, en cette année, à abandonner cet hôtel et à « prendre à bail pour six années un autre hôtel situé dans le voisinage des bureaux de la Préfecture et appartenant à M. Hunnebelle[1]. Le prix de la nouvelle location ne serait que de 10.000 fr., tandis que le prix du bail actuel est de 19,000 fr.; mais, par contre, l'État serait obligé de meubler le nouveau local. » Cependant, on ne tarda pas à renoncer à cette idée et l'on resta rue Saint-Louis.

Deux ans plus tard, quand les lois constitutionnelles eurent mis fin au régime provisoire qui durait depuis 1871 et fixé définitivement à Versailles le siège du Gouvernement, qu'en conséquence, — à raison du bail de 1876, — le Département eût été substitué à l'État pour le paiement du loyer de l'hôtel servant à l'habitation personnelle du Préfet, le Conseil général prit la délibération suivante à la date du 1er septembre 1876 : « Le Conseil général, ... considérant que les héritiers Grosjean, propriétaires de l'hôtel de la rue Saint-Louis, demandent que le loyer de cet hôtel soit élevé de 19,000 fr. à 19,500 fr., autorise M. le Préfet à signer, au nom du département, avec M. Delapalme, représentant les héritiers Grosjean, le bail de l'hôtel situé rue Saint-Louis. »

Ce nouveau bail fut signé le 28 novembre 1876; il porte les signatures de M. de Crisenoy, préfet, agissant au nom du Département, d'une part, et des membres ou représentants

[1] « Impasse des Gendarmes, 4, M. Hunnebelle. » [*Almanach de Versailles* pour 1874.]

de la famille Tricot-Grosjean, d'autre part. Il était fait « pour trois, six ou neuf années, au choix exclusif du preneur, qui commenceront le premier janvier mil huit cent soixante-dix-sept, ... à la volonté du département de Seine-et-Oise seul, qui, pour faire cesser le présent bail, à la fin de l'une ou de l'autre des deux premières périodes, devra prévenir les bailleurs six mois à l'avance et par écrit de son intention à cet égard ». L'hôtel était loué avec toutes ses dépendances, « à l'exception toutefois d'une pièce autrefois à usage de chapelle », ensemble les meubles et objets mobiliers le garnissant, moyennant un loyer annuel de 19.500 francs en quatre paiements trimestriels. Enfin, une convention particulière stipulait : « A partir de la deuxième période du présent bail, c'est-à-dire à partir du 1ᵉʳ janvier 1880, dans le cas où la Préfecture serait de nouveau transférée dans l'hôtel départemental ou dans tout autre immeuble appartenant à l'État ou au Département, le Département aura la faculté de résilier le présent bail en dehors des époques de renouvellement triennal, moyennant une indemnité de 9,750 francs et en prévenant six mois à l'avance de son intention à cet égard. »

Cette hypothèse devint une réalité à la fin de l'année 1879, et voici ce qu'on peut lire dans le rapport adressé par le Préfet au Conseil général à l'occasion de sa session d'avril 1880 : « J'ai dû faire connaître aux héritiers Grosjean que je cesserai, avant le 1ᵉʳ juillet 1880, d'habiter l'hôtel particulier tenu à location par le Département, rue Saint-Louis, n° 18, à Versailles, et que le bail de cet hôtel, du 28 novembre 1876, serait par ce fait résilié à partir dudit jour, 1ᵉʳ juillet 1880. Les héritiers Grosjean m'ont accusé réception de ma dépêche, portant la date du 20 décembre 1879, et il a été procédé, le 4 et le 5 février dernier, en leur présence et en présence de leur architecte, par les soins de M. l'Architecte du département, au récolement de l'inventaire du mobilier de l'hôtel loué au Département. M. l'Architecte du département a dressé l'état des réparations dues par le Département ; cet état a été réglé à la somme de 2,478 fr. 40 c., que les héritiers Grosjean ont acceptée sous la condition que le 10 avril prochain, au plus tard, les clefs leur seraient remises, et qu'un engagement régulier du Département de payer l'indemnité ci-dessus spécifiée leur serait notifié. » La délibération prise par le Conseil général le 7 avril 1880 donna satisfaction aux héritiers Grosjean, et alors se trouva résilié le bail de l'immeuble où les Préfets de Seine-et-Oise avaient fait leur résidence de 1871 à 1880, sauf une interruption de six mois environ en 1872.

Ainsi, en 1880, la Préfecture reprenait la physionomie qu'elle avait perdue pendant près de dix ans, mais, par contre, Versailles avait cessé d'être la capitale politique de la France.

POSTFACE

Avant de prendre congé des lecteurs de cette Monographie des Assemblées départementales, il me reste à remplir un agréable devoir, celui de remercier les personnes qui m'ont aidé à mener à bien l'œuvre entreprise[1].

Ces remerciements, je les adresse tout particulièrement à M. Émile Renaud, l'aimable propriétaire de la maison Oberkampf; à M. Paul Fromageot et à M. Henri Grosseuvre, qui ont mis à ma disposition avec tant de bonne grâce leurs précieuses collections de livres et de gravures; à M. le baron Séguier, ancien préfet du Nord, à MM. le comte de Caraman et Maurice Gilbert-Boucher, conseillers généraux, Fernand Laudet, directeur de la *Revue hebdomadaire*, Charles Maret, inspecteur des Finances, A. Frize, secrétaire général honoraire de la Préfecture, grâce à qui j'ai pu donner les portraits de MM. le baron Le Peletier d'Aunay, le duc de Padoue, G. Gilbert-Boucher, A. Cochin, Maret et Berteaux; à M. Grave, par l'entremise de qui j'ai obtenu de MM. Robert l'envoi du portrait de M. L'Évesque; à M. J. Mayor, qui m'a communiqué l'Album dont j'ai parlé à la page 413; à MM. les photographes qui ont autorisé la reproduction des portraits dont ils sont les auteurs: enfin, et d'une façon toute spéciale, à M. Paul-Émile Mangeant, secrétaire de la Commission des Antiquités et des Arts, auteur du dessin qui forme le frontispice de ce volume et qui représente doublement le département de Seine-et-Oise.

« Dans la partie supérieure, devant la façade du Palais de Versailles, la représentation mythologique de la Seine figurée par la belle statue de Le Hongre. La grâce d'une nymphe eût donné plus de charme peut-être à la personnification de notre fleuve que la gravité imposante de ce vieillard appuyé sur l'urne symbolique;

[1] Je ferai aussi deux constatations : l'une, qui sera fort agréable aux amis de notre Histoire départementale, c'est que M. E. Tambour, de qui j'ai parlé au chapitre II de la première partie [p. 143 et suivantes], a fait paraître tout récemment [Paris, 1913] un beau volume intitulé : *Études sur la Révolution dans le Département de Seine-et-Oise*; l'autre, qui est fort pénible, c'est que Mlle Gabrielle Rocher, professeur agrégée d'Histoire au Collège de jeunes filles, qui préparait une importante monographie du district de Saint-Germain-en-Laye [Voir p. 151, note], est décédée prématurément, le 16 avril dernier : je m'associe de tout cœur aux vifs regrets que cette mort a causés,

mais les sculpteurs du grand siècle en ont décidé autrement, inclinons-nous. Le blason de la ville de Versailles accompagné d'un rameau de laurier représente le point de vue héraldique. Dans la partie inférieure, c'est la réalité : un coin du confluent de la Seine et de l'Oise à Conflans, tel qu'il se voit de nos jours. Le pont suspendu jeté au travers de la rivière, des masures qui l'accompagnent, dominées par un haut peuplier, donnent un aspect pittoresque à l'ensemble. Conservons-en l'image amusante, car sûrement ces masures disparaîtront fatalement, et avec elles le haut peuplier, clocher feuillu, et peut-être aussi le pont suspendu, l'un des derniers vestiges de ce type imaginé par de déjà lointains ingénieurs. Au loin, les berges de la Seine, les hauteurs de la forêt de Saint-Germain entrevues à travers les légères frondaisons des saules de la rive plate. Enfin, la volute de fumée d'un remorqueur halant une péniche, maison flottante détachée de l'un de ces mobiles et singuliers villages aquatiques qui se groupent çà et là le long des rives verdoyantes de nos rivières. » Telle est l'heureuse idée de M. P.-E. Mangeant.

Je prie également M. H. Janin, vice-président du Conseil général et président de la Commission des finances, qui s'est constamment intéressé, et d'une façon si positive, à cette monographie, d'agréer l'expression de ma respectueuse gratitude.

Et je dis un très cordial merci à mon cher successeur et ami M. André Lesort, qui, en me laissant m'installer et travailler tout à l'aise dans le beau dépôt des Archives départementales, m'a permis de me faire pendant plus de quinze mois la douce illusion que j'en étais encore le conservateur. Isolé dans les vastes salles de ce bâtiment, loin du bruit, entouré des dossiers, registres et cartons dont je poursuivais en silence le dépouillement, ayant sous les yeux quelques portraits d'anciens administrateurs du département, je croyais parfois vivre avec ceux qui nous ont précédés et qui ne sont plus, mais dont l'œuvre se poursuit, et en moi chantaient ces vers du poète[1] :

> Je vis avec les morts plus qu'avec les vivants;
> Comme un parfum, autour de moi, flotte leur âme,
> Leur âme impérissable et douce, et qui réclame
> Un peu de cet amour qu'on sème à tous les vents.

[1] Georges LAFENESTRE, *Images fuyantes*, Visites de nuit.

APPENDICES

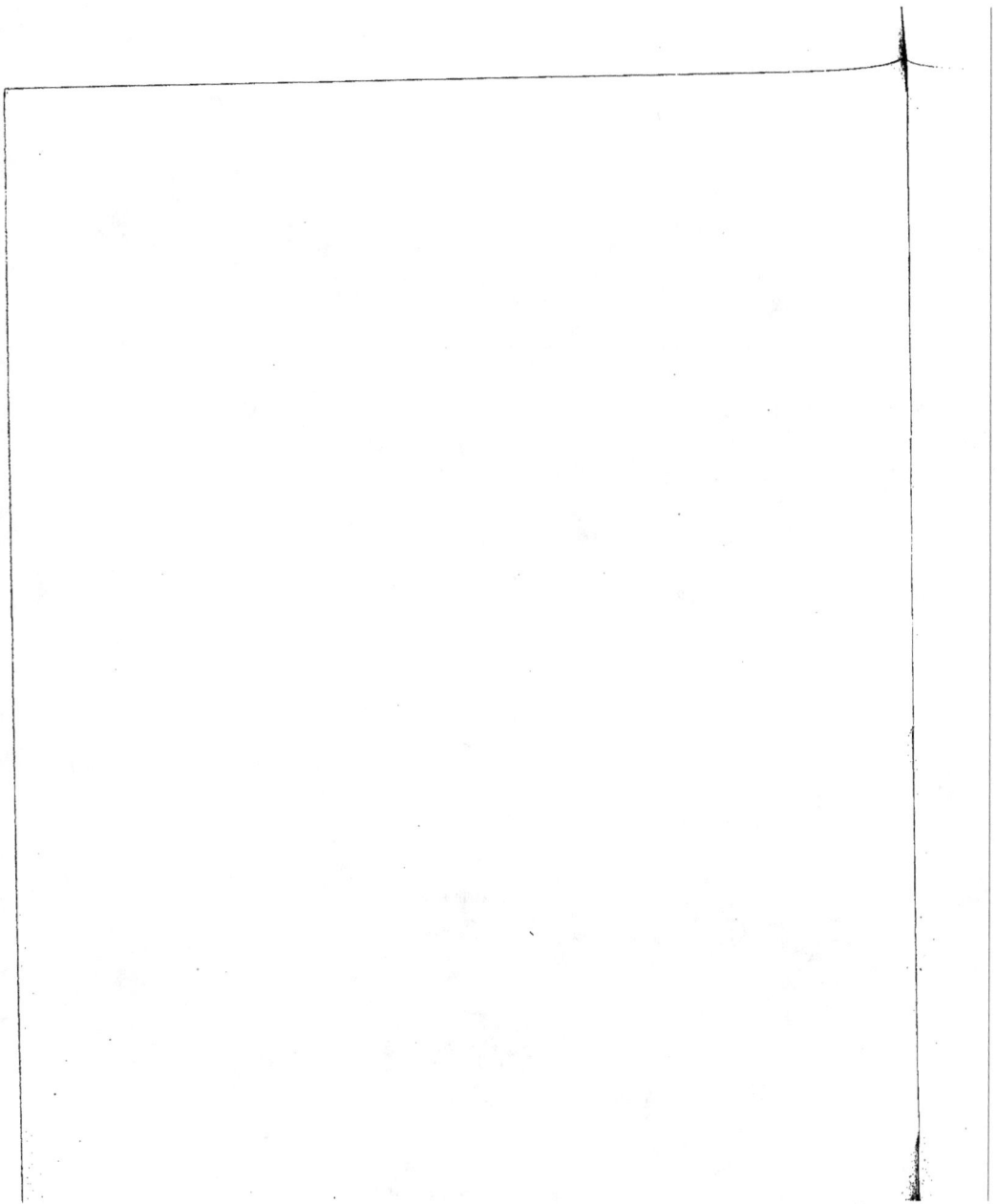

PRÉSIDENTS ET PROCUREURS GÉNÉRAUX SYNDICS DU DÉPARTEMENT DE 1790 A DÉCEMBRE 1793 ET EN 1795 [1].

1° Présidents.

MM. Le Cointre (Laurent), juin-novembre 1790.
Laisné (Louis-Augustin), novembre 1790-novembre 1791.
Le Brun (Charles-François, plus tard duc de Plaisance), novembre 1791.
Cadet-de-Vaux (Antoine-Alexis François), 22 novembre 1791-20 août 1792.
Germain (Simon-François), 21 août-11 décembre 1792.
Richaud (François), 11 décembre 1792-23 septembre 1793.
Germain (Simon-François), 23 septembre-décembre 1793.

Suppression en décembre 1793, rétablissement en avril 1795.

MM. Vallier, 30 juin-4 août 1795.
Le Brun (Charles-François), 4 août-3 septembre 1795.
Farnoux, 4 septembre 1795.
Lépicier, de Méricourt (Jacques-Augustin), 3 septembre-9 octobre 1795.
Vallier, 9-27 octobre 1795.

2° Procureurs généraux syndics.

MM. Challan (Antoine-Didier-Jean-Baptiste), 27 mai 1790-20 août 1792.
Goujon (Jean-Marie-Claude-Alexandre), 20 août 1792-octobre 1793.
Hodanger (Denis-Anne-Ferdinand), octobre-décembre 1793.

Suppression en décembre 1793, rétablissement en avril 1795.

MM. Goujon (Ambroise-Claude), *provisoire*, 21 avril-22 juin 1795.
Guillery (Étienne-Rémy), 21 juin-1er septembre 1795.
Goujon (Ambroise-Claude), *provisoire*, 1er septembre-27 octobre 1795.

[1] Voir première partie, chapitre Ier, p. 3-141, et *Inventaire sommaire*, série L, Introduction.

APPENDICE II

L'ADMINISTRATION CENTRALE DU DÉPARTEMENT, DE 1795 A 1800.
ADMINISTRATEURS DU DÉPARTEMENT
ET COMMISSAIRES DU DIRECTOIRE EXÉCUTIF[1].

———

1° ADMINISTRATEURS.

MM. Hennin, Langoisseur, Carqueville, Garnier, Chandellier [27 octobre 1795-30 janvier 1796].

MM. Morillon [refuse], Lépicier [refuse], Charpentier, Sauvat [refuse] et Goujon ; — Horeau et Fauvel, nommés à la place des refusants, et Lépicier, revenant sur son refus [30 janvier, 6 et 16 février 1796-20 juillet, date à laquelle Fauvel et Horeau sont destitués].

MM. Lépicier, Charpentier, Goujon, Morillon [refuse], Le Couteulx ; — Sauvat, nommé à la place de Morillon [refuse] ; — Le Laurain [20 juillet, 25 août, 31 août, 17 septembre 1796-4 mai 1797].

MM. Chandellier, Garnier, Bessière, Carqueville, Langoisseur [4 mai 1797] et Le Couteulx, en remplacement de Chandellier nommé Commissaire [20 mai 1797-31 août].

MM. Lépicier [refuse], Venteclef, Rivette [refuse], Pellé, Gauthier [31 août 1797], Le Laurain, [30 septembre], Macé-Bagneux [refuse, 13 octobre], Lussy [28 octobre 1797-mai 1798].

MM. Lussy, Le Laurain, Venteclef [16 mai 1798], H. Richaud [18 mai], E. Vénard [26 mai], Lépicier, en remplacement de H. Richaud nommé Commissaire [25 juin 1798-13 mars 1800].

2° COMMISSAIRES.

MM. Lepeletier (Félix) [1795 ; refuse].

Germain (Simon-François) [4 décembre 1795-22 mai 1796].

Chandellier (Jean) [22 mai 1796 ; n'accepte pas].

Brunet [22 juillet 1796-4 mai 1797].

Chandellier [6 mai 1797-29 septembre].

Laporte [29 septembre 1797 ; n'accepte pas].

Challan (Antoine-Didier-Jean-Baptiste) [23 octobre 1797-mai 1798].

Richaud (Hyacinthe) [9 juin 1798-13 mars 1800].

[1] Voir première partie, chapitre II, p. 143-176.

———

APPENDICE III

LES MEMBRES DU CONSEIL GÉNÉRAL, DE 1800 A 1913[1].

PREMIÈRE PÉRIODE. — DE 1800 A 1833.

Le nombre des cantons est de 36, celui des Conseillers généraux est de 24; ceux-ci ne sont pas les représentants d'un ou de plusieurs cantons déterminés ; ils sont nommés par le Chef de l'Etat.

M. Andrieu (Augustin-Marie), propriétaire et maire à Cheptainville. Naissance : 17 avril 1748 ou 1758. Première nomination : 1er prairial an VIII. Deuxième nomination : 11 juillet 1811. Donne sa démission le 8 mai 1824.

M. d'Astorg (Pierre-Hippolyte), ancien officier de marine, propriétaire et maire à Saint-Cyr-la-Rivière; à Paris, place des Vosges, 22. Nomination : 3 ventôse an XIII.

M. de Bertier (Anne-Ferdinand-Louis Bertier de Sauvigny). Nomination : 23 mai 1830.

M. Bertin de Veaux (Louis-François), propriétaire à Villepreux, député de Seine-et-Oise, pair de France. Naissance : 18 août 1771. Nomination : 28 mai 1823.

M. de Bizemont (Louis-Gabriel, marquis), propriétaire et maire à Gironville, député de Seine-et-Oise; refusa la dignité de pair de France, qu'une ordonnance du 19 novembre 1831 lui avait conférée. Naissance : 3 août 1756. Nomination : 19 juillet 1810.

M. de Borie (Jean-François), propriétaire et maire à Courcelles-sur-Viosne. Naissance : 23 juin 1765. Nomination : 19 juillet 1810.

M. Bouchard (Auguste), propriétaire et maire à Vémars, député. Naissance : 29 décembre 1785. Nomination : 6 février 1831.

M. Bouju (Philippe-Xavier), notaire et maire à Franconville. Nomination : 11 mai 1832.

M. Bourgeois (Charles-Germain), propriétaire à Rambouillet, « ancien directeur de l'établisse-

[1] Des notices sur plusieurs membres du Conseil ont paru dans l'*Annuaire du Département*. On les trouvera aisément en consultant, pour la période antérieure à 1884, les *Tables générales des Annuaires de Seine-et-Oise depuis l'origine de cette publication jusques et y compris l'année 1883*, publiées par M. L. THOMAS, dans l'*Annuaire de 1883*, pages 519-532 ; voir spécialement les pages 528-532. Les *Annuaires de 1884-1913* en renferment peu. Quand il s'agira d'un membre du Conseil général ayant été membre du Sénat, de la Chambre des pairs, de la Chambre des députés, on consultera toujours avec le plus grand profit le *Dictionnaire des Parlementaires français*, publié sous la direction de MM. ROBERT, BOURLOTON et COUGNY. Enfin, — en dehors des Dictionnaires biographiques, de la *Grande Encyclopédie* et autres publications similaires, — il convient de citer : H. DANIEL DE SAINT-ANTHOINE, *Biographie des hommes remarquables de Seine-et-Oise*, Paris-Versailles, 1837. Cet ouvrage, dédié à Messieurs les Membres du Conseil général, commence par une « Lettre de M. le baron Le Peletier d'Aunay, député de Seine-et-Oise, à l'auteur ». Voir aussi : *Biographie de Seine-et-Oise*, 1832.

ment rural royal de Rambouillet », maire du Perray. Naissance : 12 janvier 1791. Nomination : 11 juillet 1829.

M. Brunet (Jacques-François), ancien député au Conseil des Cinq-Cents, procureur impérial, puis royal près le Tribunal de Versailles, ensuite président de ce tribunal. Naissance : 1er février 1745. Nomination : 3 ventôse an III.

M. Caillault, propriétaire et entrepreneur de carrières à Vaux. Nomination : 1er prairial an VIII.

M. de Caylus (Joseph-Louis Robert de Lignerac, duc), propriétaire et maire à Saint-Clair-sur-Epte, lieutenant-général et grand bailli d'épée de la Haute-Auvergne, député à l'Assemblée constituante de 1789, pair de France. Naissance : 29 janvier 1764. Nomination : 11 juillet 1811.

M. Chandellier (Jean), avocat du roi au bailliage de Meulan, procureur syndic du district de Saint-Germain, membre de l'Administration centrale et commissaire du Gouvernement près cette administration, procureur impérial près le Tribunal de Mantes, juge, puis juge honoraire au Tribunal de Versailles, propriétaire à Meulan. Naissance : 15 mai 1748. Nomination : 1er prairial an VIII.

M. Chanorier (Jean), député de Seine-et-Oise au Conseil des Cinq-Cents, administrateur de la Caisse d'amortissement, membre de l'Institut, propriétaire à Croissy. Naissance : 15 novembre 1746. Nomination : 1er prairial an VIII.

M. Clausse (Charles-Georges-Louis), avocat et maire de Versailles. Naissance : 24 mai 1769. Nomination : 6 février 1831.

M. Clérisseau (Jean-Jacques), propriétaire et cultivateur à Essonnes, ancien administrateur du district de Corbeil. Naissance : 1er mars 1744. Nomination : 1er prairial an VIII.

M. Cottreau (Jean-Baptiste-Gabriel), propriétaire, manufacturier et raffineur à Villeneuve-Saint-Georges. Nomination : 3 ventôse an XIII. Démissionnaire en 1816.

M. Croix (Gilles), avoué, maire de Mantes. Nomination : 6 février 1831.

M. Debonnaire (Marie-Charles-Louis), propriétaire et maire à Gif, conseiller-maître en la Chambre des comptes de Paris, conseiller en la Cour impériale, conseiller de la Cour de Paris. Naissance : 5 mai 1756. Nomination : 19 juillet 1810. Donne sa démission le 17 mai 1818.

M. Dejunquières (Louis-Jacques-Antoine), ancien procureur au Parlement de Paris, « ex-juge de paix à Auvers », président du Tribunal civil de Pontoise, député de Seine-et-Oise au Corps législatif. Naissance : 21 mars 1740. Nomination : 1er prairial an VIII.

M. Delaitre (Jean-François-Marie, baron), ancien préfet de Seine-et-Oise, député de ce département. Nomination : 11 février 1818. Démissionnaire. Voir à l'appendice V, Préfets.

M. Duchesne (Antoine-Charles-Nicolas), propriétaire à Gillevoisin, près Chamarande, ancien magistrat, député au Corps législatif. Naissance : 20 février 1758. Nomination : 1er prairial an VIII.

M. Dupleix de Mézy (Charles-Joseph-René), propriétaire à Mézy, conseiller au Parlement de Paris, maire de Mézy, préfet de l'Aube, puis du Nord, directeur général des postes, conseiller d'Etat, député du Nord, pair de France. Naissance : 3 décembre 1766. Nomination : 15 juin 1825.

M. Duval-Dumanoir (Michel-Archange, comte), propriétaire et maire à Saint-Vrain. Naissance : 5 avril 1774. Nomination : 11 février 1818.

M. Duvivier (Pierre-Noël), propriétaire à Garges. Naissance : 1774. Nomination : 6 février 1831.

M. Farmain, ancien notaire, propriétaire à Palaiseau. Nomination : 1er prairial an VIII.

M. Farmain de Sainte-Reine (Antoine), propriétaire et maire à Villebon, inspecteur aux revues de l'infanterie de la garde royale. Naissance : 19 septembre 1766. Nomination : 23 avril 1812.

M. Féray (Louis), propriétaire et manufacturier à Essonnes. Naissance : 29 juin 1792. Nomination : 20 août 1824.

M. Fontaine de Cramayel (Jean-François), chevalier, maître des cérémonies de S. M. I. et R., introducteur des ambassadeurs, baron de l'Empire. Nomination : 19 juillet 1810.

M. de Fraguier (Antoine-Geneviève-Amédée, marquis), propriétaire et maire à Tigery, maréchal de camp honoraire, gentilhomme de la chambre du roi, député de Seine-et-Oise. Naissance : 23 juillet 1775. Nomination : 4 juillet 1827.

M. Gabaille (Ange-Jacques-Joseph), ancien procureur du roi au bailliage d'Etampes et subdélégué de l'intendant de Paris et d'Orléans, commissaire du roi au Tribunal du district d'Etampes, administrateur de ce district, juge suppléant, puis juge au Tribunal de 1re instance d'Etampes. Naissance : 14 mars 1744. Nomination : 1er prairial an VIII.

M. Girardin (René), de Vernouillet. Nomination : 1er prairial an VIII.

M. Goulard (Pierre-François-Thomas), directeur général du domaine de Versailles, au palais, administrateur général des domaines de la Couronne en deçà des Alpes. Nomination : 27 germinal an X.

M. de Gouy d'Arsy (Marie-Yves-Athanase-François, comte), propriétaire et maire à Marines. Dans une lettre de décembre 1832, le Sous-Préfet de l'arrondissement de Pontoise dit qu'il est âgé de 48 ans. Nomination : 12 janvier 1833.

M. Granet, propriétaire à Aulnay-sur-Mauldre, « ex-législateur et chef de division à la Marine ». Nomination : 27 germinal an X[1]. Le Préfet propose son remplacement le 2 mai 1806.

M. Guichard (Jean-Baptiste), propriétaire et maire à Franconville-la-Garenne, ancien procureur au Châtelet de Paris, ancien administrateur du district de Pontoise. Naissance : 30 juillet 1745. Nomination : 19 juillet 1810.

M. Haudry de Soucy (André), propriétaire et maire de Fontenay-lez-Briis, commissaire général du roi près l'administration des salines royales, membre de la Chambre des députés. Naissance : 24 ou 25 février 1765. Nomination : 29 mai 1816. Donna sa démission en 1829, quand il ne fut plus propriétaire dans le département.

M. Haussmann (Louis), ancien négociant et maire de Versailles. Naissance : 10 novembre 1781. Nomination : 6 novembre 1831.

M. Hua (Eustache-Antoine), avocat au Parlement de Paris, député de Seine-et-Oise à l'Assemblée législative, juge au Tribunal du district de Mantes, procureur impérial près le Tribunal de Mantes, procureur du roi à la Cour de cassation, avocat général à la Cour de Paris, avocat général, puis conseiller à la Cour de cassation. Naissance : 30 janvier 1759. Nomination : 3 ventôse an XIII. Donna, le 3 juillet 1819, sa démission motivée par l'assiduité qu'exigeaient ses fonctions du ministère public près la Cour.

---

[1] Le *Dictionnaire des Parlementaires* mentionne deux Granet, l'un Marc-Antoine, l'autre François-Omer; je ne saurais dire si le Granet dont il s'agit est l'un d'eux.

M. Javon (Jean-Baptiste), propriétaire à Soisy-sous-Montmorency. Nomination : 1er prairial an VIII.

M. Johannot (Joseph-Jean), propriétaire et maire à Vaucresson, député du Haut-Rhin à la Convention et au Conseil des Cinq-Cents. Naissance : 30 juin 1748. Première nomination : 1er prairial an VIII. Deuxième nomination : 23 avril 1812. Donne sa démission le 2 mai 1815 et se retire en Suisse.

M. Joly de Fleury (Armand-Guillaume-Marie), propriétaire à Fleury-Mérogis, procureur général au Parlement de Paris; préside en l'an V l'Assemblée départementale de Seine-et-Oise; comte de l'Empire. Naissance : 15 mars 1746. Nomination : 3 ventôse an XIII.

M. de Jouvencel (Blaise-François-Aldegonde, chevalier), propriétaire à Versailles, receveur de la Régie des domaines, agriculteur, maire de la ville; noble conduite en 1814-1815 ; député de Seine-et-Oise. Naissance : 9 septembre 1762. Nomination : 11 juillet 1820.

M. de La Londe (Louis-Paul Le Cordier de Bigars, marquis), propriétaire à Versailles, conseiller au Parlement de Normandie, président à mortier au même Parlement. Naissance : 8 juillet 1758. Nomination : 23 juin 1824.

M. de Lameth (Charles-Malo-François, comte), propriétaire à Osny; se distingue avec ses frères Alexandre et Théodore dans la guerre de l'indépendance américaine; député de la noblesse aux États généraux pour la province d'Artois, maréchal de camp en 1792, député de Seine-et-Oise. Naissance : 5 octobre 1757. Nomination : 6 février 1831.

M. de Lamoignon (Anne-Pierre Chrétien, vicomte), propriétaire et maire à Méry-sur-Oise, pair de France. Naissance : juin 1770. Nomination : 30 ventôse an XIII.

M. Lebourlier (Alexandre-Guillaume), propriétaire et cultivateur à Athis. Naissance : 13 janvier 1756. Nomination : 1er prairial an VIII. Démissionnaire en 1816.

M. Le Brun (Anne-Charles), fils aîné du troisième Consul, officier. Naissance : 28 octobre 1775. Nomination : 9 pluviôse an IX. Démissionnaire en l'an X.

M. Legendre de Luçay (Jean-Baptiste-Charles), propriétaire et maire à Saint-Gratien, premier préfet du Palais. Nomination : 19 juillet 1810.

M. Le Peletier d'Aunay (Louis-Honoré-Félix, baron), propriétaire à Mareil-le-Guyon; élève pensionnaire de l'École militaire d'Auxerre, auditeur au Conseil d'État, préfet du Tarn-et-Garonne, d'Eure-et-Loir, de la Stura, député de Seine-et-Oise. Naissance : 10 avril 1782. Nomination : 30 avril 1816.

M. Le Peletier de Rosambo (Louis, vicomte, puis marquis), propriétaire et maire à Fontenay-Saint-Père, pair de France. Naissance : 23 juin 1777. Nomination : 4 août 1819. Donne sa démission par lettre du 27 septembre 1830.

M. Lépicier, de Méricourt (Jacques-Augustin), propriétaire à Méricourt, membre de l'Administration départementale, puis de l'Administration centrale du département pendant la Révolution [voir *Inventaire sommaire*, série L, tome Ier, Introduction, pages XL et XLI]. Naissance : 28 août 1744. Nomination : 1er prairial an VIII.

M. Lerat-Magnitôt (Jean-Jacques-Maurice), propriétaire à Magny-en-Vexin; *alias* Jean-Baptiste-Paul, propriétaire à Saint-Gervais, près Magny-en-Vexin; avocat au Parlement, employé dans les Domaines, agent forestier, juge de paix du canton de Magny. Naissance : 30 mai 1766.

Nomination : 3 ventôse an XIII. Cesse de faire partie du Conseil général en 1812, quand il est nommé Sous-Préfet de Porentruy.

M. Lhoste (Henri-Pierre), négociant à Corbeil. Nomination : 6 février 1831.

M. de Machault d'Arnouville (Charles-Henri-Louis, comte), propriétaire et maire à Arnouville-lez-Gonesse, colonel du régiment de dragons de Languedoc, maréchal de camp, pair de France. Naissance : 22 avril 1747. Nomination : 20 mai 1816.

M. de Maillé (Charles-François-Armand de la Tour-Landry, duc), propriétaire et maire à Longpont et à Saint-Michel-sur-Orge, premier gentilhomme de la chambre de Monsieur, maréchal de camp, premier aide de camp du Roi, pair de France. Naissance : 10 juillet 1770. Nomination : 20 août 1824.

M. Molé (Mathieu-Louis, comte), propriétaire et maire à Epinay-Champlâtreux, pair de France, ministre. Naissance : janvier 1781. Nomination : 28 février 1821.

M. Mollien (François-Nicolas, comte), propriétaire à Morigny, pair de France, ministre. Naissance : 28 février 1758. Nomination : 11 juillet 1829.

M. de Monthiers de Nucourt (Jacques, comte), propriétaire et maire à Nucourt, capitaine de cavalerie et lieutenant-général de Pontoise, juge de paix et président du canton de Marines. Naissance : 15 février 1753. Nomination : 30 avril 1816.

M. de Morant (Thomas-Marie-Louis-Geneviève, marquis), propriétaire à Jouy-en-Josas, membre de la Société d'Agriculture du département. Naissance : 31 juillet 1757. Nomination : 19 juillet 1810. Démissionnaire, « ayant maintenant son domicile dans le Calvados ». [Lettre du 6 mai 1829.]

M. Oberkampf père (Christophe-Philippe), le célèbre manufacturier établi à Jouy-en-Josas. Naissance : 11 juin 1738. Nomination : 1er prairial an VIII.

M. Oberkampf fils (Emile, baron), propriétaire et manufacturier à Jouy-en-Josas, député de Seine-et-Oise. Naissance : 1er novembre 1787. Nomination : 20 mai 1816.

M. Pétigny, chevalier de Maurepas (Thomas-Guillaume), président du Tribunal de commerce de Versailles, maire de cette ville, ancien négociant. Naissance : 7 mai 1744. Nomination : 1er prairial an VIII.

M. Petineau (Jacques-François), propriétaire à Prunay-sous-Ablis et à Jouy-en-Josas, maire de cette dernière commune, négociant. Naissance : 26 février 1763. Nomination : 21 juillet 1819.

M. Picard de Noir-Epinay (Louis), juge au Tribunal d'Etampes; précédemment lieutenant-général au bailliage de cette ville et juge au Tribunal du district. Naissance : 9 octobre 1754 ou 1757. Nomination : 3 ventôse an XIII.

M. Pinon (Anne-Louis, vicomte), propriétaire et maire à Frouville; précédemment conseiller et président à mortier au Parlement. Naissance : 15 février 1755. Première nomination : 1er prairial an VIII. Deuxième nomination : 11 juillet 1811.

M. de Prunelé (Augustin-Marie-Etienne, marquis), propriétaire à Presles; précédemment officier de dragons, député au Corps législatif. Naissance : 5 novembre 1763. Première nomination : 27 brumaire an X. Deuxième nomination : 19 juillet 1810.

M. Roger d'Arquinvilliers (Athanase-Victor), propriétaire à Villers-en-Arthies et à Pontoise; précédemment conseiller-maître en la Chambre des comptes. Naissance : 5 septembre 1760. Nomination : 3 ventôse an XIII. Ecrivant du château de Pontoise, le 13 septembre 1830, pour prêter serment, il dit qu'il est membre du Conseil général depuis 27 ans.

M. Roger de Cherfosse, « propriétaire à Dourdan ». Nomination : 1er prairial an VIII.

M. de Rohan-Chabot (Louis-Guy-Charles-Guillaume, vicomte), maréchal de camp, pair de France. Naissance : 26 octobre 1780. Nomination : 23 janvier 1833.

M. Rousseau de Saint-Aignan (Nicolas-Auguste-Marie, baron), à Gargenville. Naissance : 9 mars 1770. Nomination : 21 juillet 1819.

M. de Sancé (Jean-Baptiste Du Tertre), propriétaire et maire à Montfort-l'Amaury; précédemment maréchal des camps et armées du roi, administrateur de la Compagnie des Indes, député suppléant aux Etats généraux, président de l'Administration municipale du canton. Naissance : mai 1730. Nomination : 23 avril 1812. Décédé en 1813.

M. Segretier (Jacques-Claude-Florimond), propriétaire et maire à Bonnelles; « de Bissy, près Dourdan »; « ex-législateur ». Nomination : 1er prairial an VIII. Est peut-être le même que Segretier, né en 1753, premier suppléant du département de Seine-et-Marne à l'Assemblée législative. [*Dictionnaire des Parlementaires français*, de MM. Robert, Bourloton et Cougny, V, 293.]

M. de Selve (Georges, comte), propriétaire et maire à Cerny; précédemment capitaine au régiment de Normandie. Naissance : 5 janvier 1760. Nomination : 13 prairial an X.

M. de Séran (Jean-Baptiste-François, vicomte), propriétaire et maire à Goussonville; précédemment officier dans le corps royal du génie, puis capitaine de cavalerie dans le régiment Royal-Navarre. Naissance : 11 novembre 1756. Nomination : 23 juin 1824.

M. Soret (Simon), de Pontoise, « ex-liquidateur »; précédemment conseiller du roi, receveur des décimes du Vexin français, premier échevin de Pontoise, procureur syndic du district, député de Seine-et-Oise à l'Assemblée législative; — élu en l'an X député du département au Corps législatif. Naissance : 1748. Nomination : 1er prairial an VIII.

M. Saint-Georges de Vérac (Armand-Maximilien-François-Joseph-Olivier, vicomte, puis marquis), propriétaire et maire au Tremblay-sur-Mauldre; précédemment capitaine de carabiniers, colonel à la suite, pair de France, gouverneur du château de Versailles. Naissance : 1er août 1768. Nomination : 30 septembre 1814.

M. Usquin (Philippe-François-Didier), propriétaire et tanneur près Saint-Germain-en-Laye, maire de cette ville, créé baron par l'Empereur, député. Naissance : 17 mars 1757. Nomination : 1er prairial an VIII.

M. Usquin fils. Nomination : 6 novembre 1831. N'accepte pas.

M. Vallier, « ex-administrateur du département », membre de l'Administration centrale du département, juge au Tribunal de Corbeil, puis président de ce tribunal. Nomination : 1er prairial an VIII.

M. Vénard (Henri-Etienne), « ex-administrateur du département » au Port-Marly, député à la Convention. Naissance : 16 octobre 1744. Nomination : 1er prairial an VIII.

DEUXIÈME PÉRIODE. — DE 1833 A 1848.

Les cantons, au nombre de 36, forment 30 circonscriptions électorales, dont chacune nomme un Conseiller général. Les Conseillers généraux sont élus; ils sont au nombre de 30.

ARRONDISSEMENT DE VERSAILLES.

Circonscription de Versailles-Nord. — M. Deschiens (François-Joseph). Elu le 10 novembre 1833; réélu le 4 décembre 1836. Avocat, avoué près la Cour d'appel de Paris, membre du Conseil municipal de Versailles. Décédé. — M. Frémy (François-Edme). Elu le 11 juillet 1843; réélu le 16 novembre 1845. Pharmacien, membre du Jury médical, secrétaire perpétuel de la Société d'Agriculture, membre du Conseil municipal de Versailles.

Versailles-Ouest. Voir : Circonscription Versailles-Sud et Ouest.

Circonscription de Versailles-Sud et Ouest. — M. Haussmann (Louis). Elu le 10 novembre 1833. Maire de Versailles, ancien membre du Conseil général. Décédé. — M. Demay (Alexandre-Denis-Roland). Elu le 2 février 1838; réélu le 24 novembre 1839. Ancien notaire, adjoint au maire de Versailles.

Circonscription d'Argenteuil. — M. Récappé (Jacques-Honoré-Isidore). Elu le 10 novembre 1833; réélu le 4 décembre 1842. Notaire et maire d'Argenteuil.

Circonscription de Marly-le-Roi. — M. Bertin de Veaux (Louis-François). Elu le 10 novembre 1833. Pair de France, ancien membre du Conseil général. — M. Bertin de Veaux fils (Auguste-Thomas-François). Elu le 4 décembre 1836; réélu le 16 novembre 1845. Propriétaire à Villepreux, capitaine de cavalerie, officier d'ordonnance du Prince royal, chef d'escadron de lanciers, lieutenant-colonel de hussards, colonel du 5e régiment de lanciers, aide de camp honoraire du Prince royal, député de Seine-et-Oise, membre de la Chambre des pairs.

Circonscription de Meulan. — M. Dupleix de Mézy (Charles-Joseph-René). Elu le 10 novembre 1833. Ancien membre du Conseil général. Décédé. — M. de Chantelou (Henri). Elu le 1er mars 1835; réélu le 24 novembre 1839. Ancien sous-préfet et maître des requêtes, maire de Flins.

Circonscription de Palaiseau-Sèvres. — M. Collas (Denis-Jacques). Elu le 10 novembre 1833. Propriétaire et négociant à Sèvres, maire de cette ville. Décédé. — Banès (Antoine). Elu le 24 juin 1838. Maire de Meudon, directeur du chemin de fer de Paris à Orléans. — Pigeon (François). Elu le 4 décembre 1842. Propriétaire et maire à Palaiseau.

Circonscription de Poissy. — M. Collinières (Siméon-Antoine-Gabriel). Elu le 10 novembre 1833. Avocat, maire d'Achères. — Gautier (Jean-Séraphin). Elu le 4 décembre 1836. Propriétaire à Poissy, ancien greffier en chef du Tribunal de la Seine. — Basset (Pierre-François). Elu le 16 novembre 1845. Maire de Poissy; précédemment employé au Ministère de la Guerre et trésorier de ce ministère.

Circonscription de Saint-Germain-en-Laye. — M. Denis (Alexandre-Marie). Élu le 10 novembre 1833; réélu le 24 novembre 1839. Notaire à Saint-Germain-en-Laye, membre du Conseil municipal.

Sèvres. Voir : Circonscription Palaiseau-Sèvres.

ARRONDISSEMENT DE CORBEIL.

Circonscription de Corbeil. — M. le comte de Fitte de Soucy (Louis-Xavier). Élu le 10 novembre 1833; réélu le 24 novembre 1839. Maire d'Auvernaux, ancien secrétaire d'ambassade et sous-préfet de Cambrai. Décédé. — Féray (Ernest). Élu le 22 novembre 1840. Manufacturier à Essonnes.

Circonscription d'Arpajon. — M. Carré (Guillaume-Marie). Élu le 10 novembre 1833; démissionnaire en novembre 1840. Propriétaire et maire à Bruyères-le-Châtel. - M. Camet de La Bonnardière (Rémy-François-Eugène). Élu le 20 décembre 1840, la décision du Bureau de l'assemblée du canton qui avait proclamé élu M. Juge ayant été annulée. Auditeur au Conseil d'Etat, propriétaire à Linas. — M. le vicomte de Mortemart (Anne-Henry-Victurnien). Élu le 4 décembre 1842. Propriétaire à Saint-Vrain, ancien officier de cavalerie.

Circonscription de Boissy-Saint-Léger. — M. Brocard (André-Pierre-Noël). Élu le 10 novembre 1833; réélu le 4 décembre 1836; démissionnaire en août 1838. Propriétaire et maire de Valenton. — M. Adeline (Louis-Amand). Élu le 21 octobre 1838; démissionnaire en mars 1841. Industriel, propriétaire à Brunoy. — M. Brocard fils (Léon). Élu le 9 mai 1841; réélu le 16 novembre 1845. Propriétaire à Valenton, colonel de l'état-major de la garde nationale de Paris.

Circonscription de Longjumeau. — M. Hutin (Louis). Élu le 26 janvier 1834, l'élection faite, le 10 novembre 1833, de M. Bérard (Auguste-Simon-Louis), député, ancien maître des requêtes, conseiller d'Etat, directeur général des Ponts et Chaussées, ayant été annulée. Maire de Villeneuve-le-Roi. Décédé. — M. Chollet (Toussaint). Élu le 13 mai 1838. Négociant et chef de bataillon de la garde nationale à Ablon. — M. Dabrin (Michel-Paul). Élu le 4 décembre 1842. Agent de change, colonel d'état-major de la garde nationale, propriétaire à Epinay-sur-Orge.

ARRONDISSEMENT D'ETAMPES.

Circonscription d'Etampes. — M. le comte Mollien (Nicolas-François). Élu le 10 novembre 1833. Pair de France, à Vayres, ancien membre du Conseil général. — M. Gabaille (Ange-François). Élu le 4 décembre 1836. Procureur du roi, à Etampes. Décédé. — M. Mainfroy (François-Joseph). Élu le 13 mai 1838; démissionnaire en 1842. Ancien négociant et membre du Conseil municipal à Etampes. — M. Pommeret des Varennes (Albin-Nicolas). Élu le 10 avril 1842; réélu le 16 novembre 1845. Propriétaire à Etampes.

Circonscription de La Ferté-Alais-Milly. — M. le marquis de Bizemont (Louis-Gabriel). Élu le 10 novembre 1833; démissionnaire en mars 1837. Pair de France, ancien député, ancien membre du

Conseil général, à Gironville. — M. Bourgeois (Louis-Nicolas). Elu le 4 juin 1837. Propriétaire à La Ferté-Alais; commissaire-priseur à Paris. — M. de Bizemont (Louis-Charles-Eugène). Elu le 24 novembre 1839. Propriétaire et maire de Gironville.

Circonscription de Méréville. — M. Foye (Louis-Isidore). Elu le 10 novembre 1833. Ancien sous-préfet d'Etampes, député, propriétaire à Etréchy. — M. le comte de Laborde (Léon-Emma-nuel-Simon). Elu le 4 décembre 1842. Député, membre de l'Institut, propriétaire à Méréville.

Milly. Voir : Circonscription La Ferté-Alais-Milly.

ARRONDISSEMENT DE MANTES.

Circonscription de Mantes. — M. Brochant de Villiers (André-Jean-Marie). Elu le 10 novembre 1833; réélu le 4 septembre 1836. Membre de l'Institut, inspecteur général des mines. Décédé. — M. de Vergès (Adolphe-Florimond). Elu le 5 juillet 1840. Conseiller à la Cour de Paris, propriétaire à Mantes-la-Ville. — M. L'Evesque (Eugène-Guy). Elu le 16 novembre 1845. Notaire, maire de Mantes.

Circonscription de Bonnières. — M. Denis (Louis-François-Charles). Elu le 10 novembre 1833. Ancien exploiteur de bois et propriétaire à Bonnières. — M. Martin (Jean-Baptiste-François-Marcel). Elu le 4 décembre 1836. Ancien juge de paix de Limay, propriétaire à Mantes. — M. Robert (François-Parfait). Elu le 16 novembre 1845. Avocat, juge suppléant au Tribunal de Mantes.

Circonscription de Houdan. — M. Barre (Jean-Méry). Elu le 10 novembre 1833; réélu le 24 novembre 1839. Maire de Gambais, propriétaire à Villetain, par Jouy-en-Josas; cultivateur à Saclay, ancien député d'Eure-et-Loir.

Circonscription de Limay-Magny. — M. Feuilloley (Jean-Germain). Elu le 10 novembre 1833. A Magny-en-Vexin; ancien commissaire de marine. — M. Feuilloley fils (Guillaume-Etienne). Elu le 4 décembre 1842. Juge de paix à Magny-en-Vexin.

Magny. Voir : Circonscription Limay-Magny.

ARRONDISSEMENT DE PONTOISE.

Circonscription de Pontoise. — M. Delacour (Jean-Antoine). Elu le 10 novembre 1833. Ancien notaire, propriétaire à Pontoise. — M. Touchard (François-Alexandre). Elu le 20 août 1837. Notaire à Pontoise. — M. le baron Rendu (Louis-Athanase). Elu le 4 décembre 1842. Conseiller d'Etat, maire d'Ennery; précédemment notaire, avocat, secrétaire général de la Préfecture de la Seine, procureur général près la Cour des Comptes.

Circonscription d'Ecouen-Montmorency. — M. le comte Molé (Mathieu). Elu le 10 novembre 1833; réélu le 4 décembre 1836. Pair de France, à Epinay-Champlâtreux; ancien membre du Conseil général. — M. Davillier (Théodore). Elu le 16 novembre 1845. Maire de Soisy-sous-Montmorency.

Circonscription de Gonesse. — M. Duvivier (Pierre-Noël). Elu le 10 novembre 1833; réélu en

1839. Maire de Garges, ancien membre du Conseil général. Décédé. — M. Poiret (Nicolas-Christophe). Elu le 21 décembre 1845. Juge de paix de canton, à Roissy-en-France.

Circonscription de L'Isle-Adam. — M. Dambry (Pierre-Charles-André). Elu le 10 novembre 1833; réélu le 4 décembre 1842. Notaire et maire de L'Isle-Adam.

Circonscription de Luzarches. — M. Bouchard (Auguste). Elu le 10 novembre 1833; réélu le 4 décembre 1836. Propriétaire, maire de Vémars, ancien membre du Conseil général, député, référendaire à la Cour des Comptes. — Leflamand (Claude). Elu le 16 novembre 1845. Propriétaire à Chaumontel; précédemment chef de bureau à l'Administration générale des postes, chef de bataillon de la garde nationale.

Circonscription de Marines. — M. le comte de Gouy d'Arsy (Marie-Yves-Athanase-François). Elu le 10 novembre 1833; réélu le 24 novembre 1839. Propriétaire et maire de Marines, ancien membre du Conseil général.

Montmorency. Voir : Circonscription Ecouen-Montmorency.

ARRONDISSEMENT DE RAMBOUILLET.

Circonscription de Rambouillet. — M. Bourgeois (Charles-Germain). Elu le 19 novembre 1833; réélu le 4 décembre 1842. Maire de Rambouillet, directeur de la ferme royale, ancien membre du Conseil général.

Circonscription de Chevreuse-Limours — M. Prud'homme (Jean-Charles). Elu le 8 décembre 1833, l'élection de M. le duc de Luynes faite le 10 novembre 1833 ayant été annulée. Maire de Jouars-Pontchartrain. — M. le duc de Luynes (Honoré-Théodore-Paul-Joseph d'Albert). Elu le 4 décembre 1836; réélu le 16 novembre 1845. Membre de l'Institut, chef de bataillon cantonal.

Circonscription de Dourdan-Nord. — M. Demelz (Auguste-Frédéric). Elu le 10 novembre 1833; réélu le 24 novembre 1839. Président du Tribunal de la Seine, conseiller, puis conseiller honoraire à la Cour royale de Paris, directeur de la colonie agricole de Mettray.

Circonscription de Dourdan-Sud. — M. Boivin (François-Jacques-Emile). Elu le 10 novembre 1833; réélu le 4 décembre 1842. Notaire, chef de bataillon de la garde nationale, propriétaire et maire de Dourdan.

Limours. Voir : Circonscription Chevreuse-Limours.

Circonscription de Montfort-l'Amaury. — M. le baron Le Peletier d'Aunay (Louis-Honoré-Félix). Elu le 10 novembre 1833; réélu le 24 novembre 1839. Député, propriétaire à Mareil-le-Guyon, ancien membre du Conseil général.

TROISIÈME PÉRIODE. — DE 1848 A 1913.

Le nombre des Conseillers généraux est égal à celui des cantons; il est donc de 36 jusqu'en 1882 et de 37 à partir de 1882, date à laquelle Le Raincy est devenu chef-lieu de canton.

ARRONDISSEMENT DE VERSAILLES.

Canton de Versailles-Nord. — M. Frémy, élu le 20 août 1848 [ancien], réélu en 1852 et en 1855; décédé en novembre 1866. — M. Ploix (Edme-Pierre), maire de Versailles, élu le 23 décembre 1866, réélu le 4 août 1867. — M. de Magny (Hippolyte), adjoint au maire de Versailles, élu en octobre 1871, réélu en 1877; décédé en mars 1878. — M. Mainguet (Antoine-Alfred), adjoint au maire de Versailles, élu le 16 juin 1878; décédé en 1882. — M. Ottenheim (Jean-Baptiste-Jules), industriel à Versailles, élu en 1882, réélu en août 1883. — M. Blondel (François-Robert dit Frantz), architecte à Versailles, élu le 4 août 1889. — M. Legrand (Louis), avoué à Versailles, sénateur, ancien sénateur, élu en juillet 1895, réélu en 1901, 1907 et le 3 août 1913, 2ᵉ série.

Canton de Versailles-Ouest. — M. le baron Carvel de Saint-Martin (Paul) [nouveau], maire du Chesnay, député au Corps législatif, élu le 20 août 1848, réélu jusqu'en 1870. — M. de Montfleury (Stéphane), conseiller municipal de Versailles, élu en octobre 1871. — M. Pasquier (Edouard), maire de Guyancourt, élu en octobre 1874, réélu en 1880. — M. Haussmann (Georges), avocat à Versailles, député, élu en août 1886, réélu en 1892. — M. le Dʳ de Fourmestraux (Paul-Ferdinand-Robert), à Versailles, élu en juillet-août 1898; décédé en mai 1902. — M. Folain (Georges), maire de Guyancourt, élu en juin 1902, réélu en 1904 et en 1910. 1ʳᵉ série.

Canton de Versailles-Sud. — M. Demay, élu le 20 août 1848 [ancien]. — M. Vauchelle (André-Jean), intendant militaire en retraite, ancien maire de Versailles, élu en 1852; décédé en 1860. — M. Remilly (Ovide), maire de Versailles, ancien député, élu en avril 1860, réélu jusqu'en 1870. — M. Tricot-Grosjean (Jean-François-Léon), avocat, propriétaire à Versailles, élu en juin 1870. — M. Barbu (Louis-René), avoué, conseiller municipal à Versailles, élu en octobre 1871, réélu en 1874. — M. Deroisin (Hippolyte-Philémon), maire de Versailles, élu en août 1880, réélu en 1886. — M. Rudelle (Théodore), avocat à Versailles, ancien magistrat, député, élu en juillet-août 1892, réélu en 1898 et en 1904. — M. Chrétien (Marie-Alphonse), avocat à Versailles, président de Chambre honoraire à la Cour d'appel de Paris, élu le 24 juillet 1910. 1ʳᵉ série.

Canton d'Argenteuil. — M. Récappé, élu le 21 août 1848 [ancien], réélu jusqu'en 1865; démissionnaire. — M. Barré (Nicolas-Hubert), conseiller référendaire à la Cour des Comptes, à Argenteuil, élu en avril 1865. — M. Aubry-Vitet (Pierre-Jean-Eugène), archiviste-paléographe, conseiller municipal à Argenteuil, élu en octobre 1871. — M. Fautier (Jean-Marie-Michel), propriétaire, agriculteur à Argenteuil, élu en novembre 1877, réélu jusqu'en 1895. — M. Gally (Gabriel), maire de Carrières-sur-Seine, élu en août 1895, réélu jusqu'en 1913; décédé le 1ᵉʳ janvier 1913. — M. Labrière (Alfred-Auguste), président de la Chambre de commerce de Versailles, élu le 9 mars 1913, réélu le 3 août 1913. 2ᵉ série.

Canton de Marly-le-Roi. — M. Bertin de Veaux, élu le 21 août 1848 [ancien], général, propriétaire à Villepreux, réélu jusqu'en 1870. — M. Cramail (Adrien), ancien maire de Rueil, élu en octobre 1871 ; décédé en 1876. — M. Herbette (Pierre-Emile), notaire, conseiller municipal à Rueil, élu en août 1876, réélu jusqu'en 1889. — M. Beer (Guillaume-Louis), propriétaire, conseiller municipal à Louveciennes, élu en août 1889, réélu jusqu'en 1901. — M. Roger-Jourdain (Joseph), artiste peintre, maire de Rueil, élu en juillet 1901. — M. Millet (René), ancien secrétaire général de la Préfecture, ancien résident général en Tunisie, élu en août 1907, réélu le 3 août 1913. 2ᵉ série.

Canton de Meulan. — M. de Chantelou, élu le 21 août 1848 [ancien], réélu jusqu'en 1867. — M. Lecomte (Jean-Jacques-Jules), notaire et maire de Meulan, élu en mars 1867, réélu jusqu'en 1877. — M. Jozon (Albert), notaire et maire de Meulan, élu en novembre 1877, réélu jusqu'en 1911 ; décédé. — M. Larnaude (Pierre-Emile), industriel, maire d'Aulnay-sur-Mauldre, élu en juillet 1911, réélu le 3 août 1913. 2ᵉ série.

Canton de Palaiseau. — M. Bourlon de Sarty (Ernest-Samuel-Henri), ancien préfet, maire de Gif, élu le 21 août 1848 [nouveau], réélu jusqu'en 1864. — M. le Dʳ Morère (Hippolyte-Amédée), docteur en médecine, maire de Palaiseau, élu en juin 1864, réélu jusqu'en 1902 ; décédé. — M. Muret (Louis-Augustin), architecte à Paris, conseiller municipal à Palaiseau, élu en décembre 1902, réélu en 1907 et le 3 août 1913. 2ᵉ série.

Canton de Poissy. — M. Bezanson (Adolphe), notaire, représentant du peuple, à Poissy, élu le 21 août 1848 [nouveau]. — M. le comte Lepic (Napoléon), colonel d'état-major, propriétaire à Andrésy, élu en juillet-août 1852, réélu jusqu'en 1867. — M. le baron Hély d'Oissel (Jean-Léonce-Frédéric), maître des requêtes au Conseil d'Etat, maire de Poissy, élu en août 1867, réélu jusqu'en 1898. — M. Maréchal (Charles-Philippe), architecte, maire de Poissy, élu en juillet-août 1898. — M. Berteaux (Maurice), maire de Chatou, député, ministre de la Guerre, élu en juillet 1904, réélu jusqu'en 1911. — M. Hugues Le Roux (Robert-Charles-Henri), publiciste, à Saint-Germain-en-Laye, élu le 6 août 1911. 1ʳᵉ série.

Canton de Saint-Germain-en-Laye. — M. de Breuvery (Xavier-Jules Saguez), propriétaire, maire de Saint-Germain-en-Laye, élu le 21 août 1848 [nouveau], réélu jusqu'en 1874. — M. Passy (Frédéric), propriétaire au Désert-de-Retz (cⁿᵉ de Chambourcy), député, membre de l'Institut, élu en octobre 1874, réélu jusqu'en 1898. — M. Desoyer (Casimir-Léon), négociant, maire de Saint-Germain-en-Laye, élu en juillet-août 1898, réélu en 1904 et 1910. 1ʳᵉ série.

Canton de Sèvres. — M. Berthon (Philippe), chef de bureau à l'Intérieur, maire de Saint-Cloud, élu le 22 août 1848 [nouveau] ; démissionnaire. — M. Banès (Antoine), directeur de Société d'assurance, précédemment maire de Meudon et ancien conseiller général, élu en août 1850. — M. Bernard (de Rennes), conseiller à la Cour de Cassation, à Ville-d'Avray, élu en juillet-août 1852, réélu en 1855. — M. Dailly (Amédée), officier, attaché aux Affaires étrangères, maire de Viroflay, élu en juin 1858. — M. Fréville (J.-B.-Augustin), ancien président de la Chambre des agréés au Tribunal de commerce de la Seine, conseiller municipal à Sèvres, élu en octobre 1871, réélu jusqu'en 1886. — M. Gauthier de Clagny (Albert), avocat au Conseil d'Etat et à la Cour de Cassation, député, élu en août 1886, réélu jusqu'en 1910. — M. Ganet (Henri), maire de Sèvres, élu le 24 juillet 1910. 1re série.

ARRONDISSEMENT DE CORBEIL.

Canton de Corbeil. — M. Féray (Ernest), manufacturier, maire d'Essonnes, élu le 20 août 1848 [ancien], réélu jusqu'en 1870. — M. Farjasse (Denis-Dominique), avocat, à Chennevières-sur-Marne, élu en octobre 1871. — M. Féray (Léon), manufacturier à Essonnes, élu en novembre 1877, réélu en 1883. — M. Bernier (Emile), ancien magistrat, maire de Champcueil, élu en novembre 1889 ; décédé. — M. Cros (Louis), notaire et conseiller municipal à Corbeil, élu en novembre 1894, réélu jusqu'en 1907. — M. Dalimier (Albert), avocat à la Cour d'appel de Paris, député, élu en juillet 1907, réélu le 3 août 1913. 2e série.

Canton d'Arpajon. — M. Hébert (Antoine-Marie), sous-chef aux Finances, propriétaire à Leudeville ou Leuville, élu le 20 août 1848 [nouveau]. — M. Marquis (Pierre-Jules), maire de Brétigny-sur-Orge, élu en août 1852, réélu jusqu'en 1880. — M. Guérin (Anatole), notaire, conseiller municipal à Montlhéry, élu en août 1880 ; démissionnaire. — M. le comte Treilhard (Jean-Baptiste), maire de Marolles en-Hurepoix, élu en mai 1884, réélu jusqu'en 1910. — M. Simon (Lucien-André-Félix), négociant, maire de Bruyères-le-Châtel, élu le 24 juillet 1910. 1re série.

Canton de Boissy-Saint-Léger. — M. Brocard-Doumerc (Léon), élu le 20 août 1848 [ancien] ; démissionnaire. — M. le prince Berthier de Wagram (Napoléon-Louis-Joseph-Alexandre), séna-teur, maire de Boissy-Saint-Léger, élu le 27 avril 1851, réélu jusqu'en 1870. — M. le prince Berthier de Wagram (Alexandre-Napoléon-Marie), fils, élu en 1870, réélu en 1871. — M. Lebon (Eugène-Adolphe), ingénieur, directeur de la Compagnie centrale du Gaz, conseiller municipal à Mont-geron, élu en novembre 1877, réélu jusqu'en 1889. — M. Savary (Charles), vétérinaire cantonal, conseiller municipal à Villecresnes, élu en juillet-août 1889, réélu en 1895. — M. Argeliès (Jean), avocat, maire de Juvisy, député, élu en juillet 1901, réélu en 1907. — M. Franklin Bouillon (Henry), publiciste, député, à Villiers-sur-Marne, élu le 3 août 1913. 2e série.

Canton de Longjumeau. — M. Godefroy (Alexandre-Charles), cultivateur, maire, à Villeneuve-lé-Roi, élu le 20 août 1848 [nouveau]. — M. Dubourg (Ernest), maire de Longjumeau, élu en août 1852. — M. Dabrin (Michel-Paul), maire du 2e arrondissement de Paris, propriétaire à Epinay-sur-Orge, élu en juin 1858 ; démissionnaire en 1864. — M. le comte Riant (Paul-Edouard-Didier), propriétaire à Epinay-sur-Orge, maire de Longjumeau, élu en juin 1864, réélu en 1867 ; démis-sionnaire en 1870. — M. Gallien (Narcisse-Alexis), tanneur à Longjumeau, élu en juin 1870. — M. Cocheris (Hippolyte-François Jules-Marie), maire de Sainte-Geneviève-des-Bois, conservateur à la Bibliothèque Mazarine, inspecteur général de l'Instruction publique, élu en octobre 1871, réélu jusqu'en 1882 ; décédé. — M. Roux (Auguste), maire de Longjumeau, élu en mai 1882 ; décédé. — M. Bonnefille (Frédéric-Auguste-Joseph), maire de Massy, sénateur, élu en août 1883, réélu jusqu'en 1910. — M. Chaillou (Louis-Eugène), agriculteur, maire de Champlan, élu le 31 juillet 1910. 1re série.

ARRONDISSEMENT D'ÉTAMPES.

Canton d'Étampes. — M. Charpentier (Théodore-Alexis), propriétaire et maire, député, à Étampes, élu le 20 août 1848 [nouveau], réélu jusqu'en 1883. — M. Duclos aîné (Jules), conseiller municipal à Étampes, élu en août 1883; démissionnaire. — M. Lefebvre (François-Emile-Michel), ancien agriculteur, maire d'Etréchy, puis d'Etampes, élu en août 1886, réélu jusqu'en 1901. — M. le Dr Pasturaud (Vincent-Moïse), conseiller municipal à Etampes, élu en juillet 1901. — M. Louis (Pierre-Jules-Frédéric), avoué, maire d'Etampes, élu en juillet 1907. — M. Bouilloux-Lafont (Marcel), maire d'Etampes, élu le 10 août 1913. 2e série.

Canton de La Ferté-Alais. — M. le marquis de Selve (Claude-Georges), maire de Cerny, élu le 20 août 1848 [nouveau]. réélu jusqu'en 1874. — M. Goupy (Edmond), propriétaire et conseiller municipal à Cerny, élu en octobre 1874, réélu en 1880. — M. Kanappe (Gustave), chef de bataillon d'infanterie de marine en retraite, conseiller municipal à Etampes, élu en août 1886; démissionnaire. — M. le Dr Amodru (Laurent). propriétaire, maire de Chamarande, député, élu en octobre 1890, réélu en 1892, 1898, 1904 et le 24 juillet 1910. 1re série.

Canton de Méréville. — M. Tréfouel (Ferdinand-Louis), ancien notaire et juge de paix, chef du contentieux au chemin de fer du Nord, à Angerville, élu le 20 août 1848 [nouveau]. — M. Lecomte (Alexandre-Augustin-Justin), cultivateur, maire de Guillerval, élu en août 1852, réélu jusqu'en 1870. — M. Menault (François-Casimir-Ernest), publiciste, conseiller municipal à Angerville, élu en octobre 1871. — M. Delerue (Emile-Julien), ingénieur en chef des Ponts et Chaussées, maire de Guillerval, élu en octobre 1874. — M. Menault (Fr.-Cas.-Ern.), publiciste, inspecteur général de l'Agriculture, maire d'Angerville, élu en août 1880, réélu en 1886. — M. Dufour (Georges), avocat à la Cour d'appel de Paris, élu en juillet 1892, réélu en 1898, 1904 et le 24 juillet 1910. 1re série.

Canton de Milly. — M. le Dr Trousseau (Armand), professeur à l'Ecole de Médecine de Paris, représentant du peuple, élu le 20 août 1848 [nouveau]. — M. Bos (Jean-Emile), avocat au Conseil d'Etat et à la Cour de Cassation, à Milly, élu en août 1852, réélu jusqu'en 1877. — M. Guibert (Edme), notaire honoraire, conseiller municipal à Milly, élu en novembre 1877; démissionnaire. — M. Poirrier (André-Prince), négociant et maire de Milly, élu en mai 1882. — M. Legendre (Narcisse), agriculteur, maire de Soisy-sur-Ecole, élu en août 1883, réélu en 1889, 1895, 1901, 1907 et le 3 août 1913. 2e série.

ARRONDISSEMENT DE MANTES.

Canton de Mantes. — M. L'Evesque, élu le 20 août 1848 [ancien], réélu jusqu'en 1874; décédé. — M. Hèvre (Joseph), conseiller municipal, député, à Mantes, élu en octobre 1874. — M. Lebaudy (Gustave), industriel, député, à Rosny-sur-Seine, élu en novembre 1877, réélu jusqu'en 1889; décédé. — M. Collet (Arsène-Césaire), industriel, conseiller municipal à Mantes-la-Ville, puis maire de Mantes, sénateur, élu le 19 janvier 1890, réélu jusqu'en 1907; décédé. — M. Benoist (Adolphe), cultivateur, maire de Soindres, élu en décembre 1907, réélu le 3 août 1913. 2e série.

Canton de Bonnières. — M. Robert (François-Parfait), juge d'instruction, président du

Tribunal civil de Mantes, juge au Tribunal de la Seine, élu le 20 août 1848 [ancien], réélu jusqu'en 1874. — M. Michaux (Jules), agriculteur et maire de Bonnières, élu en octobre 1874. — M. Hèvre (Joseph), maire de Mantes, élu en août 1880; démissionnaire en 1881. — M. Michaux (Jules), maire de Bonnières. élu en septembre 1881; démissionnaire. — M. Lebaudy (Paul), industriel, député, ancien député, propriétaire à Rosny-sur-Seine, élu en février 1884, réélu en 1886, 1892, 1898, 1904 et le 24 juillet 1910. 1re série.

Canton de Houdan. — M. le comte de Colbert (Napoléon-Joseph), marquis de Chabannais, propriétaire à Gambais, député du Calvados, élu le 20 août 1848 [nouveau]. réélu jusqu'en 1867. — M. Richard (Maurice-Louis), avocat, propriétaire et député, ministre, à Millemont. élu en août 1867. — M. Delafosse (Lucien), propriétaire et maire de Houdan, élu en octobre 1871, réélu jusqu'en 1888; décédé. — M. le marquis de Labriffe (Arnauld-Christian-Marie-Auguste), ancien officier, propriétaire et conseiller municipal à Gambais, élu en août 1888, réélu en 1892, 1898, 1904 et le 24 juillet 1910. 1re série.

Canton de Limay. — M. Baroche (Pierre-Jules), avocat, représentant du peuple, vice-président du Conseil d'Etat, sénateur, ministre de la Justice et des Cultes, propriétaire à Juziers, élu le 20 août 1848 [nouveau], réélu jusqu'en 1870; mort en Angleterre, en octobre 1870. — M. Maret (Jean-Baptiste-Paul-Anastase), maire de Brueil-en-Vexin, sénateur, élu octobre 1871, réélu jusqu'en 1906; décédé. — M. le Dr Vinaver (Léon), à Limay, élu en janvier 1907, réélu le 24 juillet 1910. 1re série.

Canton de Magny-en-Vexin. — M. Feuilloley (Guillaume-Etienne), juge de paix et maire à Magny-en-Vexin, élu le 20 août 1848 [ancien], réélu jusqu'en 1870. — M. Bachelier (Charles-Germain), cultivateur et maire de Banthelu, élu en octobre 1871. — M. Champy (Charles), propriétaire et maire de Bray-Lû, élu en novembre 1877. — M. Bachelier (Ch.-Ger.), maire de Banthelu, élu en août 1883; décédé. — M. Lalande (Louis-Alexandre), notaire et maire à Magny-en-Vexin, élu en janvier 1886, réélu jusqu'en 1907. — M. Guesnier (Maurice-André-Amédée), maire de Blamécourt, député, élu en juillet 1907, réélu le 3 août 1913. 2e série.

ARRONDISSEMENT DE PONTOISE.

Canton de Pontoise. — M. le baron Rendu (Louis-Athanase), maire d'Ennery, élu le 21 août 1848 [ancien]. — M. Soret de Boisbrunet (Armand), président du Tribunal de Pontoise, élu en juillet-août 1852 réélu, en 1861; décédé. — M. Rendu (Ambroise), avocat au Conseil d'Etat, propriétaire à Labbéville, élu en juillet 1863; décédé. — M. Rendu (Eugène-Marie-Victor), inspecteur général de l'Instruction publique, conseiller municipal à Maurecourt, député, élu en juillet 1864, réélu jusqu'en 1877. — M. Vasserot (Charles), ancien sous-préfet, conseiller référendaire à la Cour des Comptes, à Poissy, élu en novembre 1877, réélu en 1883; décédé. — M. Rendu (Ambroise), avocat, maire de Labbéville, élu en février 1888. — M. Billoin (Charles-Arthur), maire de Pontoise, élu en août 1889; décédé. — M. le vicomte Cornudet (Honoré-François-Joseph), maire de Neuville, élu en janvier 1890, réélu en 1895, 1901, 1907 et le 3 août 1913. 2e série.

Canton d'Ecouen. — M. Bouchon (Jean-Baptiste-Louis), propriétaire, maire de Piscop, élu les 20 août et 24 septembre 1848 [nouveau]. — M. Lechat (Edme), notaire à Villiers-le-Bel, élu en août 1852, réélu jusqu'en 1870. — M. Vallée (Victor-Philippe), propriétaire, maire de Bouffémont, élu en juin 1870, réélu jusqu'en 1883. — M. Brincard (Louis-Ernest), ancien secrétaire d'ambassade, maire de Domont, député de Seine-et-Oise, élu en août 1883, réélu en 1889, 1895, 1901, 1907 et le 3 août 1913. 2e série.

Canton de Gonesse. — M. Poiret (Nicolas-Christophe), élu le 21 août 1848 [ancien]. — M. le comte de Laugier-Villars (Alfred-Charles-Etienne), maire de Gagny, élu en août 1852 ; démissionnaire. — M. Poiret (Pierre-Philippe-Christophe), notaire et maire à Gonesse, élu en avril 1853, réélu jusqu'en 1870. — M. Desnos (Charles-Jules-Pierre), ingénieur civil, maire de Montfermeil, élu en octobre 1871. — M. Maréchal (Adrien), pharmacien et maire de Gonesse, élu en octobre 1874. — M. le Dr Vermeil (Henri-Marc), docteur en médecine, ancien maire de Neuilly-sur-Marne, élu en août 1880. — M. Fontaine (Eustache), propriétaire, maire d'Arnouville-lez-Gonesse, élu en mai 1882, réélu jusqu'en 1898. — M. Colin (Pierre-Victor), élu en juillet 1898, réélu jusqu'en 1913 ; décédé. — M. Moreau (Augustin), maire de Sevran, élu le 10 août 1913. 1re série.

Canton de L'Isle-Adam. — M. Dambry (Pierre-Charles-André), élu le 20 août 1848 [ancien], ancien notaire, maire de L'Isle-Adam, député, réélu jusqu'en 1869 ; décédé. — M. Say (Léon), membre du Conseil de direction du chemin de fer du Nord, élu en novembre 1869. — M. Bélier (Eugène-François), industriel, maire de Méry-sur-Oise, élu en octobre 1871, réélu jusqu'en 1880. — M. Say (Léon), président du Sénat, membre de l'Académie française, ancien ambassadeur, à L'Isle-Adam, élu en août 1880. — M. Bélier (Eugène-François), industriel et maire de Méry-sur-Oise, élu en août 1886. — M. Girolle (Louis-Auguste), industriel, maire de L'Isle-Adam, élu en juillet 1892 et juin 1893, réélu en 1898, 1904 et le 24 juillet 1910. 1re série.

Canton de Luzarches. — M. Gilbert-Boucher (Charles-Gustave), procureur de la République à Avallon, procureur impérial à Sens et à Meaux, juge au Tribunal de la Seine, conseiller à la Cour d'appel de Paris, sénateur, propriétaire à Luzarches, élu le 20 août 1848 [nouveau], réélu jusqu'en 1883. — M. Sainte-Beuve (Jules-Emile), maire de Louvres, élu en août 1883. — M. Gilbert-Boucher (Charles-Louis-Maurice), avocat à la Cour d'appel de Paris, ancien sous-préfet, propriétaire à Luzarches, élu en août 1889, réélu en 1895, 1901, 1907 et le 10 août 1913. 2e série.

Canton de Marines. — M. le comte de Gouy d'Arsy (M.-Y.-A.-F.), élu le 20 août 1848 [ancien]. — M. le comte de Gouy (Alfred), député, à Marines, élu en août 1852 ; décédé. — M. le vicomte de Kersaint (Léon), élu en août 1859. — M. le baron de Boury (Louis-Octave), propriétaire et maire à Gadancourt, élu en juin 1864. — M. le comte de Gouy (Marie-Daniel-Barthélemy-Alfred), maire de Marines, élu en octobre 1871. — M. Delacour (Marie-Alexandre), maire du Perchay, élu en octobre 1874, réélu jusqu'en 1883 ; démissionnaire. — M. le Dr Peyron (Louis-Ernest), directeur de l'Institut national des Sourds-Muets, directeur de l'Administration générale de l'Assistance publique, à Paris, élu en décembre 1883, réélu jusqu'en 1904. — M. Delacour (Edmond), propriétaire, maire de Gouzangrez, élu en juillet-août 1904. — M. le Dr Meynard (François-Xavier), maire de Marines, élu le 31 juillet 1910. 1re série.

Canton de Montmorency. — M. Davillier (Théodore), élu le 20 août 1848 [ancien], réélu jusqu'en 1868 ; décédé. — M. Ganesco (Grégory), élu en décembre 1868 [annulation par le Conseil d'Etat], réélu en juin 1870. — M. Hayem (Armand), publiciste, propriétaire à Saint-Gratien, élu en octo-

bre 1871 [invalidé], réélu en novembre [invalidé], réélu en avril 1872, réélu jusqu'en 1889 ; décédé.
— M. Muret (Pierre-Jean-Théodore-Maurice), propriétaire, maire de Margency, élu en septembre 1889, réélu jusqu'en 1901. — M. Guérin-Bridault (Jules-Emile-Auguste), ingénieur civil, maire de Montmorency, élu en juillet 1901. — M. Aimond (Emile-Théodore), maire de Saint-Leu-Taverny, sénateur, élu en juillet 1907, réélu le 3 août 1913. 2e série.

Canton du Raincy [créé en 1882]. — M. le Dr Vermeil (Henri-Marc), jusque-là conseiller général du canton de Gonesse, élu en mai 1882, réélu jusqu'en 1886. — M. Roger-Ballu, inspecteur des Beaux-Arts, maire de Gournay-sur-Marne, député, élu en août 1886, réélu jusqu'en 1904. — M. le Dr Herpin (Charles-Nicolas), élu en août 1904 ; décédé. — M. Amiard (Louis-Eugène-Clovis), avocat à la Cour d'appel de Paris, maire de Neuilly-sur-Marne, député, élu en février 1905, réélu le 24 juillet 1910. 1re série.

ARRONDISSEMENT DE RAMBOUILLET.

Canton de Rambouillet. — M. Guespereau (Adrien-Jean-Marie), ancien officier de cavalerie, propriétaire et maire d'Emancé, élu le 20 août 1848 [nouveau], réélu jusqu'en 1870. — M. Carrey (Emile), maire de Vieille-Eglise, député, élu au mois de juin 1870, réélu jusqu'en 1877. — M. Dreyfus (Ferdinand), avocat à la Cour d'appel de Paris, conseiller municipal à Emancé, depuis député et sénateur, élu en novembre 1877 ; démissionnaire en 1881. — M. Hache (Eugène), avocat à la Cour d'appel de Paris, maire de Gazeran, élu en octobre 1881, réélu jusqu'en 1898. — M. Gautherin (Eugène-Antoine), avoué honoraire, maire de Rambouillet, élu en juillet 1898, réélu en 1901. — M. Godin (Jules), ancien sénateur, ancien ministre des Travaux publics, conseiller municipal au Perray, élu en juillet 1907, réélu le 3 août 1913. 2e série.

Canton de Chevreuse. — M. le duc de Luynes, élu le 20 août 1848 [ancien], représentant du peuple, propriétaire à Dampierre. — M. le comte de Breteuil (Alexandre-Charles-Joseph), officier de cavalerie, maire de Choisel, élu en août 1852, réélu jusqu'en 1874. — M. Munster (Louis-Henri-Nicolas), propriétaire et maire de Saint-Rémy-lez-Chevreuse, élu en octobre 1874. — M. Janin (Henri-Marie), propriétaire et maire de Saint-Rémy-lez-Chevreuse, élu en août 1880, réélu en 1886, 1892, 1898, 1904 et le 24 juillet 1910. 1re série.

Canton de Dourdan-Nord. — M. Demetz (Frédéric-Auguste), élu le 20 août 1848 [ancien], réélu jusqu'en 1870, conseiller honoraire à la Cour impériale de Paris, directeur de Mettray, propriétaire à Dourdan. — M. Lavallée (Alphonse), maire de Saint-Sulpice-de-Favières, élu en octobre 1871, réélu jusqu'en 1882 ; démissionnaire. — M. Vian (Georges), ingénieur, directeur et administrateur de la Société nationale des poudres-dynamites, maire de Saint-Chéron, élu en mai 1882, réélu jusqu'en 1895. — M. Gautreau (Théophile), ingénieur et industriel, maire de Dourdan, élu en juillet 1895. — M. Vian (Georges), ancien député, à Saint-Chéron, élu en juillet 1901 ; décédé. — M. Degas (Auguste), agriculteur à Sermaise, élu en mars 1905. — M. le Dr Vian (Edmond), maire de Saint-Chéron, député, élu en janvier 1907, réélu en juillet 1907 et le 3 août 1913. 2e série.

Canton de Dourdan-Sud. — M. Boivin (François Jacques-Emile), ancien notaire et maire de Dourdan, élu le 20 août 1848 [ancien], réélu jusqu'en 1870. — M. Debains (Frédéric), rédacteur au Ministère des Affaires étrangères, maire de Clairefontaine, élu en juin 1870. — M. Dujoncquoy

(Paul-Amable), manufacturier, maire de Sainte-Mesme, élu en octobre 1871. — M. Poupinel (Jules), maire de Saint-Arnoult, élu en octobre 1874, réélu en 1880. — M. Thuret aîné (Pierre-François), huissier et propriétaire, conseiller municipal à Dourdan, élu en août 1886, réélu en 1892. — M. Trouvé (Pierre), propriétaire et maire d'Ablis, élu en juillet 1898, réélu en 1904 et le 24 juillet 1910. 1ʳᵉ série.

Canton de Limours. — M. Legendre (Pierre-Marie), propriétaire à Limours, élu le 20 août 1848 [nouveau]. — M. Arrighi, marquis, puis duc de Padoue (Ernest-Louis-Henri-Hyacinthe), élu en août 1852, réélu jusqu'en 1880, ancien préfet de Seine-et-Oise, sénateur, ancien ministre, député, etc., propriétaire à Courson-Monteloup [Voir *Préfets*]. — M. le comte de Caraman (Maurice), propriétaire et maire de Saint-Jean-de-Beauregard, élu en août 1880, réélu en 1886, 1892, 1898, 1904 et le 24 juillet 1910. 1ʳᵉ série.

Canton de Montfort-l'Amaury. — M. le baron Le Peletier d'Aunay (Louis-Honoré-Félix), élu le 20 août 1848 [ancien], réélu en août 1852 ; décédé. — M. Gervais (Alexis-Modeste), administrateur du chemin de fer de l'Ouest, propriétaire à Autouillet, élu en avril 1855, réélu jusqu'en 1870. — M. Brame (Edouard-Auguste), ingénieur en chef des Ponts et Chaussées, à Neauphle-le-Vieux, élu en octobre 1871. — M. Richard (Maurice-Louis), ancien député, ancien ministre, maire de Millemont, élu en novembre 1877, réélu en 1883 ; décédé [Voir *Canton de Houdan*]. — M. Habert (Marcel), avocat à la Cour d'appel de Paris, conseiller municipal à Méré, député, élu en décembre 1888, réélu en 1889 ; démissionnaire en novembre 1893. — M. Flamand (Adolphe), avocat, maire de La Queue-lez-Yvelines, élu en février 1894, réélu jusqu'en 1902 ; décédé. — M. le Dʳ Bertrand (Louis), maire de Neauphle-le-Château, élu en janvier 1903, réélu en 1907 ; décédé. — M. Habert (Marcel), ancien député, élu en juillet 1909 ; démissionnaire. — M. Benoist (Horace), élu en avril 1911, réélu le 3 août 1913. 2ᵉ série.

APPENDICE IV

LES PRÉSIDENTS DU CONSEIL GÉNÉRAL, DE 1800 A 1913.

———

MM. Chandellier (Jean), 1800-1803.
Granet, 1804-1805.
Brunet, 1806-1815.
de Bizemont, 1816, 1822, 1823, 1826, 1828, 1829.
Saint-Georges de Vérac, 1817-1821, 1824, 1825, 1827, 1829, 1831.
le comte Molé, 1831.
le baron Le Peletier d'Aunay[1], 1832-1851.
Baroche, 1852-1870.
L'Evesque, 1871-1874.
Gilbert-Boucher (Charles-Gustave)[2], 1874-1883.
Say (Léon), 1883-1886.
Marel, 1886-1904.
le Dr Amédru, 1904-1908.
Berteaux, 1908-1911.
Aimond, 1911-1913.

[1] Voir la *Notice sur Mareil-le-Guyon*, par F. Musy [Versailles, Aubert, 1901], p. 25.
Voir note, page 341.

———

APPENDICE V

LES PRÉFETS, DE 1800 A 1913 [1].

———

« Il y aura, dans chaque département, un préfet..... Le préfet sera seul chargé de l'administration. » [Loi du 28 pluviôse an VIII, art. II et III.] Trente Préfets ont jusqu'à ce jour administré le département de Seine-et-Oise; ce sont :

M. GARNIER (Germain, marquis). — Né à Auxerre (Yonne), le 8 novembre 1754; procureur au Châtelet; élu en 1789 député suppléant du tiers aux Etats généraux pour la ville de Paris *intra muros*; président du district du quartier Saint-Honoré; nommé préfet de Seine-et-Oise par arrêté du 11 ventôse an VIII [2 mars 1800]; associé résidant en Seine-et-Oise de l'Institut national [Sciences morales et politiques, *Economie politique*]; nommé, le 6 germinal an XII [27 mars 1804], membre du Sénat conservateur; créé comte de l'Empire le 26 avril 1808; président du Sénat; élevé, le 30 juin 1811, à la dignité de grand-officier de la Légion d'honneur; vote la déchéance en avril 1814; appelé par Louis XVIII à la Chambre des pairs en juin 1814; se tient à l'écart pendant les Cent-Jours; est, à la seconde Restauration, nommé ministre d'Etat, membre du Conseil privé et marquis, le 21 août 1817; académicien libre; mort à Paris, le 4 octobre 1821.

M. DE MONTALIVET (Jean-Pierre Bachasson, comte). — Né à Sarreguemines (Moselle), le 5 juillet 1766; conseiller au Parlement de Grenoble; maire de Valence en l'an III; préfet de la Manche en germinal an IX; nommé préfet de Seine-et-Oise le 10 germinal an XII [31 mars 1804], puis, à la date du 3 mai 1806, directeur général des Ponts et Chaussées, et, le 1er octobre 1809, ministre de l'Intérieur; comte de l'Empire; lors du retour de l'île d'Elbe, appelé, le 21 mars 1815, à l'intendance générale des biens de la Couronne; nommé pair de France le 2 juin suivant; se retire dans ses terres après la deuxième abdication; membre de la Chambre des pairs en mars 1819; mort au château de la Grange (Cher), le 22 janvier 1823.

M. LAUMOND (Jean-Charles-Joseph, comte). — Né, le 9 juillet 1755, à Arras (Pas-de-Calais);

[1] Plusieurs Préfets de Seine-et-Oise ont été nommés ministres ou ont fait partie — comme membres du Sénat, de la Chambre des pairs, de la Chambre des députés — des Assemblées françaises, depuis le 1er mai 1789 jusqu'au 1er mai 1889. On trouvera sur eux de très complètes notices biographiques dans l'excellent *Dictionnaire des Parlementaires français*, auquel je fais ici les plus larges emprunts pour la rédaction de cet appendice. Voir également les *Biographies générales*, la *Grande Encyclopédie* et le *Dictionnaire historique et biographique de la Révolution et de l'Empire*. On comprendra que je ne considère pas comme Préfets de Seine-et-Oise le Sr Michaud, nommé à ce poste, le 6 juillet 1815, par l'intendant général des armées du roi de Prusse, qui n'avait pas qualité pour faire une semblable nomination [Voir p. 239-240], et M. de Brauchitsch [Voir p. 313].

secrétaire en chef de l'Intendance de Lorraine et de Barrois; chef de division, puis premier commis à la Caisse de l'extraordinaire, à Paris, en septembre 1790; nommé consul général à Smyrne et aux îles de l'Archipel en thermidor an III, puis consul général à Hambourg en prairial an VI; commissaire civil à l'armée d'Italie en pluviôse an VII; administrateur général des Monnaies en nivôse an VIII; préfet du Bas-Rhin, conseiller d'Etat, préfet de la Roër; nommé préfet de Seine-et-Oise le 3 mai 1806; comte de l'Empire en 1809; appelé par décret du 6 août 1810 à la direction générale des Mines; nommé conseiller d'Etat à vie, le 9 janvier 1812, et conseiller d'Etat, section des finances, le 1er janvier 1816 mort à Paris, le 8 mars 1825 [1].

M. DE GAVRE (Charles-Alexandre Rase, comte). — Né à Bruxelles, le 15 octobre 1759; « capitaine au régiment de Clairfait, major et colonel de cavalerie au service de l'empereur d'Autriche, prince de Gavre »; nommé préfet de Seine-et-Oise par décret du 7 août 1810; comte de l'Empire; chambellan de S. M.; appelé « à d'autres fonctions » le 13 janvier 1814. « Cette mesure, que l'Empereur a prise dans l'intérêt général du service, n'a rien qui puisse vous faire croire que Sa Majesté ait le moindre doute sur votre zèle, sur votre dévouement ni sur les qualités honorables qui vous distinguent. » [Lettre du 14 janvier 1814.]

M. DELAITRE (Jean-François-Marie, baron). — Né à Paris, le 11 juillet 1766; avocat au Parlement; exerce à Paris, en 1786, les fonctions de contrôleur général des entrées; nommé en 1790 administrateur de la fabrique des assignats; s'occupe d'industrie pendant la Révolution; nommé préfet d'Eure-et-Loir le 23 ventôse an VIII (14 mars 1800), baron de l'Empire le 31 janvier 1810, préfet de l'Escaut le 12 mars 1813, et placé, pour la seconde fois, à la tête du département d'Eure-et-Loir par décret du 25 mars 1813; nommé préfet de Seine-et-Oise par celui du 13 janvier 1814; maintenu par décret du 6 avril 1815; envoyé, le 11 mai 1815, à la Chambre des représentants par le collège électoral du département d'Eure-et-Loir; a pour successeur le comte de Girardin.

M. DE GIRARDIN (Cécile-Stanislas-Xavier-Louis, comte). — Né à Lunéville (Meurthe), le 19 janvier 1762; eut pour parrain le roi Stanislas et pour précepteur J.-J. Rousseau; capitaine au régiment de Chartres; président du département de l'Oise en 1790; député de ce département, en 1791, à l'Assemblée législative; emprisonné jusqu'au 9 Thermidor; membre du Tribunat en l'an VIII; général de brigade; entre au Corps législatif en 1809; créé comte de l'Empire le 29 janvier 1810; nommé en 1812 préfet de la Seine-Inférieure, puis, par décret impérial du 17 mai 1815, préfet de Seine-et-Oise; élu représentant à la Chambre des Cent-Jours pour l'arrondissement du Havre, le 24 mai [2]; en 1819, inspecteur des haras et préfet de la Côte-d'Or; député depuis 1819; mort à Paris, le 27 février 1827.

M. DELAITRE (J.-Fr.-M., baron). — Remis à la tête de l'administration du département de Seine-

---

[1] Je tire la plupart de ces renseignements de la notice : Jean-Charles-Joseph comte Laumond, 1733-1825, par M. L. VIANSSON-PONTE. [Extrait des Mémoires de l'Académie de Stanislas, 1896. Nancy, Berger-Levrault, 1897.]

[2] On lit dans l'Annuaire de l'an X, pages 449-450 : « Manufacture hydraulique de filature de coton, établie sur la petite rivière de Juine, commune d'Itteville, près Arpajon. Cette manufacture, établie depuis quinze années et considérablement accrue depuis cinq, doit son perfectionnement aux soins du citoyen Delaitre, préfet d'Eure-et-Loir, propriétaire..... »

[3] Dans cette liste des Préfets, je ne porte pas les noms de Richaud (Hyacinthe) et de Lussy, membres du Conseil de Préfecture, qui furent, à certaines époques, délégués pour remplir les fonctions de préfet.

et-Oise le 14 juillet 1815 ; remplacé comme préfet le 15 février 1816; élu député de Seine-et-Oise à la Chambre d'abord le 4 octobre 1816, puis en 1821; nommé membre du Conseil général par ordonnance du 11 février 1818[1]; admis à la retraite comme préfet le 30 janvier 1828; chargé provisoirement de l'administration des domaines de l'ancienne dotation de la Couronne le 5 novembre 1830; mort à Paris, le 13 avril 1835.

M. des Touches (Alexandre-Etienne-Guillaume Hersant, baron). — Né, le 31 mars 1776, à Paris, « M. le baron Des Touches, après avoir exercé les fonctions de sous-préfet de La Rochelle et successivement celles de préfet dans les départements du Jura, de la Haute-Garonne et d'Indre-et-Loire », est nommé par ordonnance royale du 15 février 1816 préfet de Seine-et-Oise. [Annuaire de 1818-1820]. Le même Annuaire indique qu'il était maître des requêtes au Conseil d'Etat. Il mourut au mois de juin 1826. [Voir p. 248.]

M. de Tocqueville (Hervé-Louis-François-Jean-Bonaventure Clérel, comte). — Né à Menou (Nièvre), le 3 août 1772; suit d'abord la carrière militaire et sert comme sous-lieutenant au régiment de Vexin, puis comme soldat dans la garde constitutionnelle de Louis XVI; propriétaire à Verneuil (Seine-et-Oise); est nommé le 22 juin 1814 préfet de Maine-et-Loire, puis préfet de l'Oise, de la Côte-d'Or, de la Moselle, de la Somme; appelé à la préfecture de Seine-et-Oise par ordonnance du 14 juin 1826; nommé par Charles X gentilhomme de sa chambre et pair de France, le 5 novembre 1827; mort à Clairoix (Oise), le 9 juin 1856.

M. Capelle (Guillaume-Antoine-Benoît, baron). — Né à Salles-Curan (Aveyron), le 9 septembre 1775; d'abord partisan enthousiaste de la Révolution; à 18 ans, lieutenant du 2e bataillon de grenadiers des Pyrénées-Orientales; destitué comme fédéraliste; secrétaire général de la préfecture du département des Alpes-Maritimes en l'an IX, puis de la Stura en l'an XIV; préfet du département de la Méditerranée (chef-lieu Livourne) en 1808, puis du Léman, à Genève, en 1810; baron de l'Empire; suspendu et traduit devant une commission d'enquête, Genève ayant capitulé à la fin de 1813; nommé, sous la Restauration, préfet de l'Ain, puis du Doubs, conseiller d'Etat, secrétaire général du Ministère de l'Intérieur (1822) et préfet de Seine-et-Oise (20 janvier 1828); entre, le 19 mai 1830, comme ministre des Travaux publics dans le cabinet reconstitué par le prince de Polignac et signe les ordonnances de juillet [Voir ce qui a été dit de lui pages 253-255]; meurt à Montpellier (Hérault), le 25 octobre 1843.

M. Aubernon (Joseph-Victor). — Né à Antibes (Var, aujourd'hui Alpes-Maritimes), le 28 novembre 1783; entre d'abord dans l'administration de la Guerre; commissaire des guerres; auditeur au Conseil d'Etat (1809); nommé par l'Empereur préfet de l'Hérault, le 13 janvier 1814; donne sa démission le 3 avril 1815; rentre provisoirement à l'Administration et achète une charge d'agent de change; cherche à rentrer dans l'Administration en 1828; est nommé, par ordonnance du 1er août 1830, préfet de Seine-et-Oise et conserve ce poste jusqu'en 1848 [Voir pages 254-256, 274-275, 277-278]; député du Var, son pays natal, en 1830 et 1831; conseiller d'Etat, 27 août 1831; pair de France, 11 octobre 1832; grand-officier de la Légion d'honneur

---

[1] L'Annuaire de 1818-1820 et ceux des années suivantes mentionnent parmi les Conseillers généraux le baron Delaitre, « commandant de l'ordre royal de la Légion d'honneur, ancien préfet du département, membre de la Chambre des Députés, propriétaire et manufacturier à l'Epine [commune d'Itteville, canton de La Ferté Alais] ».

en 1847; admis à la retraite comme ancien préfet le 3 juin 1848; mort à Paris, le 20 octobre 1851.
[Voir : *Mémoires de la Société d'Agriculture et des Arts de Seine-et-Oise*, 1852. Compte rendu des travaux..... par M. Frémy, notice nécrologique, p. 35 à 40.]

M. DURAND (Hippolyte-Baudel). — Né à Versailles, le 31 octobre 1805; fondateur du *Vigilant de Seine-et-Oise*; achète à Nevers une charge d'avoué, qu'il vend en 1846; devient l'un des rédacteurs du *Nouveau Répertoire de jurisprudence* de Dalloz; nommé, le 28 février 1848, commissaire du Gouvernement dans le département de Seine-et-Oise; élu, le 23 avril suivant, représentant de ce département à l'Assemblée constituante; mort le 18 juillet 1861, « dans sa cinquante-sixième année », à Nevers; la lettre de faire-part du décès le qualifie d' « ancien représentant du peuple à l'Assemblée constituante, ancien commissaire du gouvernement provisoire, administrateur du département de Seine-et-Oise, avoué à Nevers ».

M. ARRIGHI DE PADOUE (Ernest-Louis-Henri-Hyacinthe Arrighi de Casanova, duc de Padoue). — Né à Paris, le 26 septembre 1814; officier du génie; donne sa démission en 1839; nommé préfet de Seine-et-Oise le 24 janvier 1849; passe au Conseil d'Etat comme maître des requêtes en février 1852; élu conseiller général du canton de Limours au mois d'août suivant et depuis jusqu'en 1880; prend à la mort de son père le titre héréditaire de duc de Padoue; sénateur de 1853 à 1870; ministre de l'Intérieur en 1859-1860; rentré dans la vie privée après le 4 septembre 1870; élu, le 20 février 1876, député de l'arrondissement de Calvi (Corse); réélu le 14 octobre 1877; mort à Paris, au mois de mars 1888.

M. DE SAINT-MARSAULT (Claude-Joseph Brandelys Green, comte). — Né, le 28 juin 1807, à Uzerche (Corrèze); sous-préfet de Bar-sur-Seine (Aube), puis préfet du Gers; destitué en 1848; appelé à la préfecture de Seine-et-Oise par décret du 1er février 1852; nommé sénateur au mois de décembre 1865; mort à Paris, le 19 avril 1866.

M. BOSELLI (San-Benedetto-Jules Priamar). — Né à Paris; préfet de la Haute-Garonne; nommé préfet de Seine-et-Oise par décret du 27 décembre 1865; admis à faire valoir ses droits à la retraite et nommé préfet honoraire par décret du 30 janvier 1869; décédé à Versailles, le 18 octobre 1878, à l'âge de 68 ans.

M. CORNUAU (Charles-Jules). — Né à Saint-Amand-Montrond (Cher), le 16 septembre 1822; préfet de la Somme, conseiller d'Etat et grand-officier de la Légion d'honneur; nommé préfet de Seine-et-Oise par décret du 30 janvier 1869; remplacé après le 4 septembre 1870 par M. Edouard Charton.

M. CHARTON (Edouard-Thomas). — Né à Sens (Yonne), le 11 mai 1807; avocat à Paris en 1828; homme de lettres; fonde, en 1833, le *Magasin pittoresque*; appelé auprès de lui comme secrétaire général par Hip. Carnot, ministre de l'Instruction publique, en 1848; élu représentant de l'Yonne le 23 avril 1848; nommé conseiller d'Etat (section de législation) en 1849; rentré dans la vie privée de 1852 à 1870; nommé préfet de Seine-et-Oise le 5 septembre 1870; démissionnaire en février 1871; élu député à l'Assemblée nationale par le département de l'Yonne le 8 février 1871; élu sénateur par le même département le 30 janvier 1876; réélu en janvier 1882; mort à Versailles, le 27 février 1890.

M. Cochin (Pierre-Suzanne-Augustin)[1]. — Né à Paris, le 11 décembre 1823; l'un des chefs du parti catholique; économiste, orateur et écrivain; maire du X° arrondissement de Paris (octobre 1853); membre de l'Institut (février 1865); propriétaire du château de la Roche (C^on du Coudray-Montceaux); nommé préfet de Seine-et-Oise le 14 juin 1871; mort à Versailles, le 15 mars 1872. On trouvera dans la *Concorde de Seine-et-Oise* (numéro du 21 mars 1872) le récit des obsèques de M. Augustin Cochin, auxquelles assista M. Thiers, Président de la République, qui suivit le corps[2].

M. DE CHAMBON (marquis)[3]. — Préfet de Seine-et-Marne; nommé préfet de Seine-et-Oise le 9 mai 1872[4], et préfet de Meurthe-et-Moselle le 21 décembre 1873.

M. LAMBOURG (François-Henri-Gustave). — Avocat; «précédemment nommé préfet du Nord», est nommé préfet de Seine-et-Oise le 21 décembre 1873, et préfet de la Seine-Inférieure le 21 mars 1876.

M. DE CRISENOY (Jules, baron). — Préfet de l'Aisne; nommé préfet de Seine-et-Oise le 21 mars 1876; remplacé le 19 mai 1877, et nommé directeur de l'Administration départementale et communale au Ministère de l'Intérieur le 18 décembre suivant.

M. DELFON DE VISSEC (Charles, comte). — Préfet de Seine-et-Marne non installé; nommé préfet de Seine-et-Oise le 21 mai 1877.

M. DE BARTHÉLEMY (marquis). — Ancien préfet d'Ille-et-Vilaine; nommé préfet de Seine-et-Oise le 18 décembre 1877.

M. COTTU (Félix, baron). — Préfet du Cher; nommé préfet de Seine-et-Oise le 3 mai 1879; appelé à d'autres fonctions le 14 octobre 1884.

M. LAURENS (Paul-Elie-Aristide-Louis). — Ancien préfet; directeur des forêts au Ministère de l'Agriculture; nommé préfet de Seine-et-Oise le 14 octobre 1884, et préfet de la Haute-Garonne le 16 novembre 1885.

M. DE GIRARDIN (Albert-Victor). — Ancien préfet; directeur du cabinet et du personnel au Ministère de l'Intérieur; nommé préfet de Seine-et-Oise le 16 novembre 1885; conseiller-maître à la Cour des Comptes, le 28 mai 1889.

M. BARGETON (Ernest). — Préfet de la Loire; nommé préfet de Seine-et-Oise le 24 mai 1889; remplacé par M. Lépine, le 26 juin 1893; nommé trésorier-payeur général du département de l'Orne le 11 mars 1894.

[1] M. Loriot de Rouvray, vice-président du Conseil de Préfecture, remplit par intérim, du 6 mars 1871 au mois de juin suivant, les fonctions de préfet.

[2] Ne pouvant consacrer que quelques lignes à la biographie de chacun des Préfets de Seine-et-Oise, j'indiquerai à ceux de mes lecteurs qui voudraient savoir ce que fut la vie de M. Cochin les ouvrages suivants : *Augustin Cochin*, par le comte DE FALLOUX [Paris, Didier]; *Portraits de Croyants au XIX° siècle*, par Léon LEFÈBVRE [Paris, Plon]; *Notice historique sur la vie et les travaux de M. Augustin Cochin*, par M. Georges PICOT [Institut de France, Académie des Sciences morales et politiques. Paris, Firmin-Didot, 1905]; *Augustin Cochin*, par Fernand LAUDET [*Revue hebdomadaire*, 10 février 1912].

[3] Pour les Préfets de l'époque tout à fait contemporaine, c'est-à-dire à partir du mois de mai 1872, j'estime qu'il suffit de me borner à une simple énumération. Voir, de plus, le chapitre V de la deuxième partie, p. 311-364.

[4] M. Paul Diard, secrétaire général, remplit par intérim les fonctions de préfet, du 16 mars au 9 mai 1872.

M. Lépine (Louis). — Préfet de la Loire; nommé préfet de Seine-et-Oise le 26 juin 1893, et préfet de police le 11 juillet suivant.

M. Gentil (Elie)[1]. — Ancien préfet; directeur de l'Administration départementale et communale au Ministère de l'Intérieur; nommé préfet de Seine-et-Oise le 11 juillet 1893 et, le 18 octobre 1898, préfet des Alpes-Maritimes.

M. Poisson (Henry)[2]. — Préfet de la Manche; nommé préfet de Seine-et-Oise le 18 octobre 1898; conseiller-maître à la Cour des Comptes, 29 juin 1906; préfet honoraire; sénateur du département depuis 1907.

M. Autrand (Auguste). — Préfet de l'Ain; secrétaire général de la préfecture de la Seine; nommé préfet de Seine-et-Oise le 3 juillet 1906; préfet hors classe le 22 janvier 1909.

[1] MM. de Crisenoy, Delpon de Vissec, de Barthélemy, Cottu, Laurens, de Girardin, Gentil sont décédés.

[2] M de Chambon, ancien préfet, habite à Troyes (Aube), 108, rue Thiers. MM. Limbourg, ancien préfet, à Paris, 213 bis, boulevard Saint-Germain, et à Chaville; Bargeton, préfet honoraire, ancien trésorier-payeur général des Bouches-du-Rhône et régent de la Banque de France, à Paris, 39, rue Vineuse; Lépine, préfet de police honoraire, député de la Loire, à Paris; Poirson, sénateur du département, à Versailles, 63, rue Duplessis.

APPENDICE VI

LES SECRÉTAIRES GÉNÉRAUX, DE 1790 A 1913.

« Les administrations, soit de département, soit de district, nommeront leur Président et leur Secrétaire au scrutin individuel et à la pluralité absolue des suffrages. Le Secrétaire pourra être changé, lorsque l'Administration le trouvera convenable. » [Décret du 22 décembre 1789 et lettres patentes sur ce décret de janvier 1790, Section II, art. 19. Voir page 8.]

« Un secrétaire général de préfecture aura la garde des papiers et signera les expéditions. » [Loi du 28 pluviôse an VIII, art. VII.]

Les « Secrétaires généraux du département », qui étaient en même temps « Archivistes du département », furent, de 1790 à 1800.

MM. CARTON[1], 18 juin-7 juillet 1790;

Bocquet[2], 7 juillet 1790-24 pluviôse an II [12 février 1794][3];

Peyronet[4], 3 ventôse an II [21 février 1794]-14 floréal an VIII [4 mai 1800].

Les « Secrétaires généraux de préfecture » furent supprimés le 9 avril 1817, par voie d'économie, et remplacés par le doyen des Conseillers de Préfecture, qui fut qualifié « Conseiller de préfecture, secrétaire général »; mais trois ans après, le 1er août 1820, ils étaient rétablis par une ordonnance qui permettait aux Préfets de leur déléguer, avec approbation du Ministre, l'administration de l'arrondissement chef-lieu. Supprimés de nouveau, sauf dans six départements, le 1er mai 1832, les Secrétaires généraux disparurent pour longtemps, mais leurs attributions furent confiées à un Conseiller de Préfecture, auquel on donnait une indemnité égale au quart de son traitement. En 1848, on alla plus loin et l'on ne conserva que les Secrétaires généraux de la Préfecture de la Seine et de la Préfecture de police, un Conseiller de Préfecture étant chargé de leurs fonctions et recevant l'indemnité dont il vient d'être parlé. Mais, quelques années après, on estima qu'il y avait lieu de revenir à l'application de l'article VII de la loi du 28 pluviôse an VIII, et les Secrétaires généraux furent rétablis peu à peu : 1° pour la Préfecture du Rhône, le 19 juin 1851; 2° pour les préfectures de première classe[5], par le

[1,2] Voir pages 22 et 381 (note 2).
[3] Bocquet était nommé à l'emploi de Secrétaire général de la Commission des armes et poudres. L. 117, f° 116.
[4] L. 118, f° 21.
[5] La Préfecture de Seine-et-Oise appartenait alors à la première classe. Voir page 360.

décret du 2 juillet 1853; 3° pour les autres préfectures de deuxième et de troisième classe, de 1854 à 1865, la loi du 21 juin 1865 rendant la mesure générale et attribuant aux Secrétaires généraux les fonctions de Commissaires du Gouvernement près les Conseils de Préfecture.

Les Secrétaires généraux de la Préfecture de Seine-et-Oise depuis 1800 furent :

M. Peyronet (Jean-Michel)[1]. — « Secrétaire actuel »; nommé par arrêté du Premier Consul le 15 floréal an VIII [5 mai 1800]; cesse ses fonctions en avril 1817[2]; devient chef du bureau de la Comptabilité départementale à la Préfecture; mort à Versailles.

M. Borel (Claude-Charles). — « Ancien sous-préfet »; nommé par ordonnance du 6 septembre 1820; décédé à Versailles en janvier 1822.

M. Haudry de Soucy (André-Jules). — « Sous-préfet de Saint-Dié (Vosges) »; nommé par ordonnance du 29 janvier 1822; appelé en 1824 au poste de sous-préfet de Doullens (Somme).

M. de Bonnechose (Louis-Gaston). — « Sous-préfet d'Yvetot (Seine-Inférieure) »; nommé par ordonnance du 21 avril 1824; décédé à Versailles en avril 1828.

M. d'Orcières (Guillaume, comte). — « Sous-préfet de La Tour-du-Pin (Isère) »; nommé par ordonnance du 13 avril 1828.

M. Lemonnier (Jean-Baptiste). — « Ancien sous-intendant militaire »; nommé par ordonnance du 17 août 1830; cesse d'être secrétaire général le 1er mai 1832; conseiller de Préfecture remplissant les fonctions de secrétaire général du 12 mai 1832 à mars 1848[3].

M. de Revel du Perron (A.). — « Conseiller de préfecture du Rhône »; nommé conseiller de Préfecture de Seine-et-Oise le 16 mars 1853; chargé de remplir les fonctions de secrétaire général le 30 mars; nommé secrétaire général par décret du 2 juillet suivant; appelé à la Sous-Préfecture d'Arles (Bouches-du-Rhône), février 1859.

M. Duvergier. — « Sous-préfet de Mantes »; nommé par ordonnance du 3 février 1859; appelé le 23 décembre 1865 à la Préfecture de police, comme chef du cabinet du préfet.

[1] On trouvera dans les *Mémoires de la Société d'Agriculture et des Arts de Seine-et-Oise*, année 1827, p. 41-44, une excellente notice nécrologique consacrée par M. Frémy à M. Peyronet, décédé à Versailles, le 18 octobre 1826. « âgé de soixante-neuf ans et sept mois ». Il était né en cette ville le 13 mars 1757. [Baptêmes, Notre-Dame]. Le Conseil général avait tenu à lui témoigner toute son estime quand l'ordonnance de 1817 supprima les Secrétaires généraux. Voici le texte de la délibération qui fut prise le 21 avril 1817 : « Un membre du Conseil expose la situation pénible dans laquelle se trouve placé M. Peyronet, Secrétaire général du département, par l'effet des dispositions de l'ordonnance du 9 de ce mois, qui supprime les Secrétaires généraux. Le Conseil, plein d'estime pour ce fonctionnaire recommandable, estime j ar près de quarante-quatre ans de services assidus et irréprochables, et voulant dans cette circonstance lui en donner une preuve non équivoque, invite son Président à appuyer de tous ses moyens près de Son Excellence le Ministre de l'Intérieur les réclamations qui lui ont été soumises pour obtenir de sa justice la retraite honorable que de longs services paraissent avoir méritée et qui devient d'autant plus nécessaire qu'il est absolument sans fortune. »

[2] A la date du 30 avril 1817, Hyacinthe Richaud, « premier conseiller de préfecture », dont nous avons eu souvent l'occasion de parler [Voir p. 40, 76, 132, 174-175], fut chargé par arrêté préfectoral de remplir les fonctions qu'exerçait précédemment le Secrétaire général et qui étaient attribuées au doyen des Conseillers de Préfecture.

[3] M. Thouret, conseiller de Préfecture, remplit les fonctions de Secrétaire général [Arrêté du 29 mars 1848 et arrêté ministériel du 4 septembre 1848]. M. Phlis (Jean-Joseph), conseiller de Préfecture, les remplit ensuite [Arrêté ministériel du 28 novembre 1848], M. Thouret ayant été appelé à la Préfecture de l'Aveyron. — M. Lemonnier était mort à Versailles, le 29 avril 1854 [né à Rouen, le 12 janvier 1772].

M. Arrighi de Casanova. — « Ancien sous-préfet; chef du cabinet du préfet de police »; nommé par décret du 23 décembre 1865; démissionnaire au mois de septembre 1870 [1].

M. Diard (Paul). — « Avocat au Conseil d'État et à la Cour de cassation »; nommé par arrêté du Chef du Pouvoir exécutif du 19 juin 1871; nommé préfet de la Drôme le 15 février 1873.

M. Falret de Tcite (Henri-Louis). — « Secrétaire général de la préfecture de Seine-et-Marne »; nommé secrétaire général de celle de Seine-et-Oise le 15 février 1873; sous-préfet de Saint-Denis le 6 janvier 1875.

M. de Bastard (François, vicomte). — « Chef du cabinet du Sous-Secrétaire d'État du Ministère de l'Intérieur »; nommé le 6 janvier 1875; sous-préfet de Morlaix, 24 mai 1876.

M. de Marisy (Pierre Bailleux). — « Auditeur au Conseil d'État »; nommé le 24 mai 1876; « appelé à d'autres fonctions » le 26 décembre 1877.

M. Saint-Paul (Achille) [2]. — « Ancien Secrétaire général de Loir-et-Cher »; nommé le 26 décembre 1877; décédé à Turin (Italie), le 23 novembre 1878, « dans sa 28e année ».

M. Gauwain (Paul). — « Auditeur au Conseil d'État »; nommé le 30 novembre 1878; maître des requêtes au Conseil d'État, 15 juillet 1879.

M. Millet (René). — Sous-préfet de Saint-Nazaire; nommé le 3 septembre 1879; chef du cabinet et secrétariat du Ministre des Affaires étrangères, 30 septembre 1880.

M. Duriec (Alexandre). — « Secrétaire général d'Indre-et-Loire »; nommé le 17 novembre 1880; secrétaire général du gouvernement de l'Algérie, 27 janvier 1882.

M. Mastier (Georges). — « Secrétaire général de la préfecture du Pas-de-Calais »; nommé le 26 janvier 1882; préfet de la Creuse, 21 mai 1886.

M. Laurent (Émile). — « Secrétaire général de la préfecture de la Somme »; nommé le 22 mai 1886; préfet du Tarn le 7 janvier 1891.

M. Dufoix (Louis). — « Sous-préfet de Fontainebleau »; nommé le 7 janvier 1891; préfet des Hautes-Alpes le 18 mars 1895.

M. Heim (Émile-Eugène). — « Secrétaire général de la Haute-Garonne »; nommé le 18 mars 1895; préfet de Loir-et-Cher le 31 décembre 1899.

M. Frize (Arthur). — « Secrétaire général d'Ille-et-Vilaine »; nommé le 31 décembre 1899; admis, le 9 juin 1911, à faire valoir ses droits à la retraite et nommé secrétaire général honoraire; chef du Service des retraites ouvrières et paysannes.

M. Jouhannaud (Pierre), sous-préfet de l'arrondissement d'Étampes, a été nommé secrétaire général par décret du 9 juin 1911.

[1] M. Édouard Charton délégua, par arrêté du 19 septembre 1870, M. Loriot de Rouvray, conseiller de Préfecture, pour remplir les fonctions de Secrétaire général en remplacement de M. Arrighi de Casanova, démissionnaire. — M. Loriot de Rouvray, vice-président du Conseil de Préfecture, préfet par intérim, délégua, le 16 mars 1871, M. le baron de Savigny pour remplir les fonctions de Secrétaire général.

[2] Voir l'Annuaire de 1879, où l'on trouvera, page 480, une notice nécrologique consacrée à M. Saint-Paul.

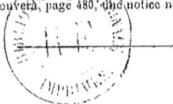

TABLE ONOMASTIQUE

PRÉFETS, SECRÉTAIRES GÉNÉRAUX
MEMBRES DU CONSEIL GÉNÉRAL
DE 1800 A 1913

Les lecteurs n'auront qu'à se reporter à l'Appendice V pour les Préfets, à l'Appendice VI pour les Secrétaires généraux, à l'Appendice III pour les Conseillers généraux. Les Conseillers généraux nommés de 1800 à 1833 sont ceux de la première période; ceux dont le nom est suivi de l'indication de la *circonscription* sont ceux de la deuxième période, 1833 à 1848; ceux dont le nom est suivi de l'indication du *canton* sont ceux de la troisième période, 1848-1913. Les abréviations employées ici sont les suivantes : App. = Appendice; Pér. = Période; Circ. = Circonscription; Cant. = Canton. Les noms des Préfets sont en CAPITALES; ceux des Secrétaires généraux en *normandes italiques* (bas de casse); ceux des Conseillers généraux en PETITES CAPITALES GRASSES.

MM.

ADELINE, Circ. Boissy-Saint-Léger, 1838.
AIMOND, Cant. Montmorency, 1907.
AMIARD, Cant. Le Raincy, 1905.
AMODRU, Cant. La Ferté-Alais, 1890.
ANDRIEU, App. III, 1re pér.
ARGELIÈS, Cant. Boissy-Saint-Léger, 1901.
Arrighi de Casanova, 1865.
ARRIGHI DE PADOUE, 1849.
[Le même], Cant. Limours, 1852.
D'ASTORG, App. III, 1re pér.
AUBERNON, 1830.
AUBRY-VITET, Cant. Argenteuil, 1871.
AUTRAND, 1906.

BACHELIER, Cant. Magny-en-Vexin, 1871 et 1883.
BANÈS, Circ. Palaiseau-Sèvres, 1838, et Cant. Sèvres, 1859.
BARBU, Cant. Versailles-Sud, 1871.
BARGETON, 1889.
BAROCHE, Cant. Limay, 1848.
BARRE, Circ. Houdan, 1833.
BARRÉ, Cant. Argenteuil, 1865.
DE BARTHÉLEMY, 1877.
BASSET, Circ. Poissy, 1845.
de Bastard, 1875.
BRUN, Cant. Marly-le-Roi, 1889.
BÉLIER, Cant. L'Isle-Adam, 1871 et 1886.
BENOIST (Adolphe), Cant. Nantes, 1907.
BENOIST (Horace), Cant. Montfort-l'Amaury, 1911.
BERNARD (de Rennes), Cant. Sèvres, 1852.
BERNIER, Cant. Corbeil, 1889.
BERTEAUX, Cant. Poissy, 1904.
BERTHIER DE WAGRAM père, Cant. Boissy Saint-Léger, 1851.
BERTHIER DE WAGRAM fils, Cant. Boissy-Saint Léger, 1870.

MM.

BERTHON, Cant. Sèvres, 1848.
DE BERTIN, App. III, 1re pér.
BERTIN DE VEAUX (Louis-François), App. III, 1re pér., et Circ. Marly-le-Roi, 1833.
BERTIN DE VEAUX (Auguste-Thomas-François), Circ. Marly-le-Roi, 1836, et Cant. Marly-le-Roi, 1848.
BERTRAND, Cant. Montfort-l'Amaury, 1903.
BEZANSON, Cant. Poissy, 1848.
BILLOIN, Cant. Pontoise, 1889.
DE BIZEMONT, App. III, 1re pér., et Circ. La Ferté-Alais-Milly, 1833.
DE BIZEMONT (Louis-Charles-Eugène), Circ. La Ferté-Alais-Milly, 1839.
BLONDEL, Cant. Versailles-Nord, 1889.
Bocquet, 1790.
BOIVIN, Circ. Dourdan Sud, 1833, et Cant. Dourdan-Sud, 1848.
de Bonnechose, 1821.
BONNEFILLE, Cant. Longjumeau, 1883.
Borel, 1826.
DE BORIE, App. III, 1re pér.
BOS, Cant. Milly, 1852.
BOSELLI, 1865.
BORCHARD, App. III, 1re pér., et Circ. Luzarches, 1833.
BOUCHON, Cant. Ecouen, 1848.
BOUILLOUX-LAFONT, Cant. Etampes, 1913.
BOZU, App. III, 1re pér.
BOURGEROIS, App. III, 1re pér., et Circ. Rambouillet, 1833.
BOURGEOIS (Louis-Nicolas), Circ. La Ferté-Alais-Milly, 1837.
BOURLON DE SARTY, Cant. Palaiseau, 1848.
DE BOURY, Cant. Marines, 1864.
BRAME, Cant. Montfort-l'Amaury, 1871.
DE BRETEUIL, Cant. Chevreuse, 1852.
DE BREUVERY, Cant. Saint-Germain-en-Laye, 1848.
BRINCARD, Cant. Ecouen, 1883.

TABLE DES PLANCHES

Reproduction de l'un des cachets de l'Administration du Département en 1790. [Archives départementales
de Seine-et-Oise, Série L 1 m 337 et L 1 o 501.]

TABLE DES MATIÈRES

PREMIÈRE PARTIE

L'ADMINISTRATION DÉPARTEMENTALE PENDANT LA RÉVOLUTION (1790-1800)

DEUXIÈME PARTIE

L'ADMINISTRATION DÉPARTEMENTALE, DE 1800 A 1913

CHAPITRE PREMIER. — L'ADMINISTRATION DÉPARTEMENTALE, DE 1800 A 1833.

TROISIÈME PARTIE

LES LOCAUX, DE 1790 A 1913

APPENDICES

IMPRIMERIE J. AUBERT & Cie

VERSAILLES

6, AVENUE DE SCEAUX

———

ILLUSTRATIONS EN HÉLIOTYPIE

DES ÉTABLISSEMENTS D'IMPRESSIONS ARTISTIQUES

EDIA

PARIS-VERSAILLES